戦後東京と闇市　新宿・池袋・渋谷の形成過程と都市組織

Tokyo Rising from the Postwar Black Markets: SHINJUKU, IKEBUKURO and SHIBUYA after 1945

戦後東京と闇市

新宿・池袋・渋谷の形成過程と都市組織

Tokyo Rising from the Postwar Black Markets:
SHINJUKU, IKEBUKURO and SHIBUYA after 1945

石榑督和
ISHIGURE Masakazu

鹿島出版会

本書は「一般財団法人住総研」の二〇一五年度出版助成を得て出版されたものである。

まえがき

　東京は変化し続ける都市である。江戸を都市の下敷きとしながら、この一〇〇年の間に関東大震災と戦災によって二度も灰燼に帰し、その後再生した都市は高度経済成長期の開発によってさらに変化していった。かつて建築史家の陣内秀信は、「東京は世界の首都のなかでも異例な都市だ。何しろ百年前の住宅すら、もはや見つけ出すのが難しいのだから」（『東京の空間人類学』筑摩書房、一九八五年）と語ったが、その背景にはこうした東京の変化があった。

　この間、東京では一九一〇年代末から一九三〇年代にかけてと、終戦から一九七〇年ごろまでに急激に人口が増え、同時に鉄道や高速道路など交通インフラが整備された。人びとの移動スピードが交通インフラの整備によって加速し、東京は駅を中心とした地区が集まった都市として成長していった。とくに東京のなかでも重要な核として成長してきたのが、山手線沿線のターミナル駅周辺であり、そのなかでも戦前・戦後を通じて最も急激に都市景観が変化したのは新宿・池袋・渋谷といった、高度成長期に副都心と呼ばれることとなる地区であった。

　建築家の磯崎新は、一九六〇年代の東京を「見えない都市」（『空間へ』美術出版社、一九七一年）と形容した。それは、移動スピードが加速し、あらゆるものが「うごきまわり、とめどなく拡散し、いつまでも堅牢な像を結ぶこともなく、広告や騒音の無限の増殖の渦中にある」都市である。目の前の都市は絶え間なく変化する一断面でしかなく、たちまち次の相への移行がはじまる。本書が検証していくのは、そうした都市論の下にあった都市空間の物理的な変化である。磯崎が見た戦後の東京はどのように戦災から再生し、高度経済成長期に激しく「成長・変化・代謝」したのか。

では、その変化をどのようにつかまえるのか。それは、都市史研究としてはオーソドックスな復原図をつくるという方法である。ただ、本書の特徴は、それを数年単位で繰り返すことで、ダイナミックに変動する都市空間の形成過程を捉えようとしている点にある。変化を捉えるためには、変化しないものを見る必要がある。流れるように変化する新宿・池袋・渋谷のターミナル近傍に、変化しない枠（対象地区）を設定し、そのなかの変化を観察していく。

一般的な書籍であれば、本文に付随して図版が配置されていくが、本書は復原図を各章の口絵にまとめている。あえて復原図をまとめることで、それを一瞥するだけでも都市空間の変化を見ることができる構成をとっている。書籍でありながら、いかに映像的に都市形態の変化を見せるかということに重きを置いている。そのため、実際に読み進めていただく際には、本文を読みながら、途中で口絵ページを確認していただくことになり、たいへん手間をお掛けすることになるが、上記の意図をくみ取っていただき、このことをどうかご容赦いただきたい。

それでは戦後東京のターミナル近傍の形成過程を見ていこう。

戦後東京と闇市　目次

003　まえがき

序章　東京のターミナルと闇市

1　016　東京のターミナル
ターミナルの形成と新宿駅・池袋駅・渋谷駅
災害と都市計画　帝都復興と戦災復興
ターミナルをめざす百貨店とターミナルビルとしての私鉄百貨店
東京の民衆駅

2　022　戦後東京の闇市
闇市とは何か
闇市の建物
闇市のガバナンス　警視庁と東京露店商同業組合

3　027　都市組織の動きを読む
東京の都市史研究
都市組織の動態を観察する
本書の研究方法

4　032　**本書の視点と構成**
場所と計画の契機性
東京のターミナル近傍の形成過程の見取り図
本書の構成

I　東京のターミナルの形成と駅前広場

042　図表構成
045　はじめに
1　046　**首都圏の鉄道網の形成過程**
国鉄と私鉄の関係性
2　054　**ターミナル近傍の基盤整備計画と事業**
東京の駅前広場
戦前の駅前広場計画とその事業化
交通疎開空地

II　四組のテキ屋が組織した闇市の盛衰　新宿の戦災復興過程

070　図表構成

093　新宿の戦後

1　095　**テキ屋と建設業者によるマーケット建設とその整理　新宿駅東口駅前街区の戦災復興過程**

市街地化する駅前　終戦までの変容

テキ屋・建設業者の台頭とマーケットの発生　一九四五-一九五八年

戦災復興土地区画整理事業の漸進とマーケットの持続と整理　一九五二-一九七〇年

地主化するテキ屋、所有地を拡大する有力資本

2　112　**和田組マーケットの誕生・変容・移転**

大土地所有の上に建設された劇場と倉庫　終戦までの新宿武蔵野館周辺

和田組マーケットの誕生　一九四五年八月-四七年六月

和田組マーケットの変容　一九四七年七月-四九年一二月

和田組マーケットの整理①　一九五〇年一月-五一年

和田組マーケットの整理②　一九五二-六八年

和田組マーケット露店部・八十四軒部・六十三軒部の形成・変容・整理

3　137　**戦災復興土地区画整理事業と三越の土地集積**

戦前の三越

戦後の土地集積と戦災復興土地区画整理事業による集中

4　140　**新宿東口民衆駅の計画と建設**

高島屋の新宿進出計画

地元の反対運動と地元案の提出

競願者の調整と計画案の一本化
株式会社新宿ステーションビルディングの設立
新宿ステーションビルディングと駅前広場地下施設の建設

5　149　**都市計画と闇市の相克　新宿駅西口の戦災復興過程**
駅前広場が概成した新宿駅西口　終戦まで
安田組マーケットの誕生　一九四五年八月-四七年
安田組マーケットの持続と小田急の開発計画　一九四八-五三年
新宿副都心計画とマーケットへの立ち退き要求　一九五四-五八年
新宿西口会館の設立と小田急新宿駅西口本屋ビル建設計画の進行　一九五九-六二年
マーケットの立ち退きと新宿駅西口本屋ビル・西口広場の竣工　一九六三-六八年
安田組マーケットの形成と小田急の躍進

6　170　**新宿の露店と露店整理事業**
新宿の露店　戦前
新宿の露店　戦後
新宿の露店整理事業　新宿サービスセンターの建設と衰退
実現しなかった尾津喜之助の大新宿計画

7　176　**テキ屋から有力資本へ**
新宿駅近傍におけるマーケットと露店の発生と変容
闇市変容のタイポロジー
戦災復興土地区画整理事業での特異な換地

III　主体が所有する広大な土地が支えた池袋の戦災復興過程

190　図表構成

213　池袋の戦後

1　214　池袋駅東口の戦災復興と根津山

駅前の市街地化と戦災　終戦までの形成過程

池袋駅東口に建設されたマーケット　一九四五 - 四七年

戦災復興土地区画整理事業による根津山の解体とマーケットの移転・整理　一九四八 - 五三年

百貨店の躍進

百貨店の建設・改築ラッシュ　一九五四 - 五八年

マーケットから百貨店へ　池袋駅東口駅前の戦災復興過程

2　247　マーケットの持続と遅延した戦災復興土地区画整理事業

戦前の市街化と戦災　終戦までの形成過程

マーケットの建設と豊島師範学校の土地　一九四五 - 四七年

マーケットの持続と池袋西口民衆駅の建設　一九四八 - 五三年

マーケットの整理と東武会館の建設　一九五四 - 七〇年

3　268　大規模な土地が規定した池袋の戦災復興

戦災復興の母型　焼け野原には何が刻まれていたか

闇市の変容・持続のタイポロジー

駅ビルと百貨店の隆盛

IV 地主が開発したマーケットの簇生と変容　渋谷の戦災復興過程

278 図表構成
305 線から面へ　闇市の形成を契機とした繁華街の展開

1 306 マーケット化する街道沿いと線路沿い
街道沿いの商店街と裏長屋　戦前から終戦まで
早期に進んだ戦災復興土地区画整理事業とマーケットの開発
マーケットから共同ビルへ

2 312 東急所有地の戦災復興　マーケットから東急文化会館へ
中断した駅前広場の整備事業　終戦までの渋谷駅東口付近
マーケットの建設と戦災復興土地区画整理事業計画
戦災復興土地区画整理事業の施行と東急文化会館の誕生
大資本の開発と神社境内のマーケットの持続

3 321 立体化する駅と駅前　渋谷駅ハチ公口周辺の戦災復興過程
道玄坂の成長と玉電ビルの建設　戦前から終戦まで
渋谷事件とマーケットの形成　一九四五・四七年
仮設的に再生した渋谷駅ハチ公口周辺　一九四七年
戦災復興土地区画整理事業の施行と東急会館の誕生　一九四八・五五年

戦災復興土地区画整理事業の進展としぶちかの開業　一九五六-六七年
闇市を起源とする零細資本と東急の躍進

4　341　**住宅地から繁華街へ　渋谷駅西口周辺の戦災復興過程**
玉電ビルの建設と交通疎開空地　終戦までの渋谷駅西口周辺
仮設的な都市組織の再生　一九四五-四九年
戦災復興土地区画整理事業による換地と駅前の変容　一九五〇-五五年
マーケットの変容と渋谷東急ビルの建設　一九五六-七三年
マーケットの持続と大資本による駅前ビルの建設

5　353　**道玄坂三角地帯の戦災復興過程**
道玄坂の商店街　終戦までの対象地区
マーケットの形成と持続
不法占拠の解消と再開発
マーケットの持続と防災建築街区造成法による不燃共同ビルの建設

6　368　**地権者が開発したマーケットと渋谷を立体的につないだ東急の開発**
闇市の変容・持続のタイポロジー
戦後の渋谷における東急の開発

結章　所有と占有からみる都市史

1　376　ターミナルと闇市
マーケットが建設された土地

2　384　ターミナルと有力資本
有力資本の優遇的な換地
戦災復興土地区画整理事業における駅舎用地

3　386　ターミナルを中心とした都市形成
経路としての類型

4　392　闇市と戦災復興土地区画整理事業
日本都市史における闇市・マーケット
戦災復興土地区画整理事業の歴史的意義

補遺　395　復原図作成に使用した資料と作成手順

398　あとがき
409　索引

序章

東京のターミナルと闇市

1 東京のターミナル

ターミナルの形成と新宿駅・池袋駅・渋谷駅

現在の東京の都市構造は、鉄道ネットワークによって成立している。グローバルに見ても、日本の大都市圏のように鉄道ネットワークが張りめぐらされた都市はない。その鉄道ネットワークの結節点に位置するターミナルとその近傍が高度に都市化してきたことは、日本の大都市の特徴であろう。

東京の鉄道ネットワークは、かつて私鉄各線の東京市内への乗入れを拒否し、「万里の長城」とも呼ばれた山手線を境に所有(組織)の形態が変わる。郊外からの私鉄はそこでせき止められ、その内側は、東京都と国家資本による地下鉄ネットワークに支えられている。鉄道敷設の過程で、東京市が政策的に私鉄の都心部へのアクセスを拒んだためである。これは東京の都市構造の形成過程において大きな意味を持っている。

関西では、明治から大正、昭和にかけて、私鉄各線と、国鉄[＊1]の敷設の過程が時期的に重なり、私鉄同士や私鉄と国鉄の路線が平行して走り営業的に競争関係にあった。そのため、私鉄が国鉄線を越えて都心部へアクセスし、個々に独自のターミナルを建設することができた。その結果、駅前広場や道路を挟んで国鉄の駅と私鉄の駅が対立する位置関係となっていることが多い。こうした背景のもと関西では、私鉄の成長が著しく、戦前期のターミナルデパートは関西を中心に建設されている。

関東では、私鉄の敷設の時期は国鉄よりも遅れていたため、大正から昭和のはじめにかけて、多くの私鉄が国鉄への接続を求めて国鉄の構内に乗入れを行った。その結果、東京の私鉄と国鉄の接続は、関西に比べて一般に有機的であり、連絡跨線橋や地下道、連絡改札口を通じて、相互の旅客の連絡を行っている駅が多い。本書が対象とする新宿駅、池袋駅、渋谷駅は、こうした性格が顕著に表れている駅である[*2]。

一九三二年一〇月に東京市の市域が拡大するまでは、山手線[*3]沿線の駅を中心とした現在副都心と呼ばれるエリア(新宿・池袋・渋谷・大崎)の多くは、市域外に位置しており、戦前期はインナーリング(後述)とでも呼ぶべきエリアであった。一方で一九二三年の関東大震災以降、東京郊外の市街地化に合わせ、私鉄が電気鉄道(郊外電車)を敷設し、こうしたエリアを都心側のターミナルとしたことで都市化が進んだ。新宿駅、池袋駅、渋谷駅などは国鉄、市電、私鉄、その他の交通の結節点として、郊外から都心へ向かう乗換駅となり、駅近傍は都市の核として成長を始めた。これが要因となり、一九三〇年代には、駅付近の都市基盤整備(再開発)が都市計画上の大きな課題となる。

日本の再開発はこの昭和戦前期の駅前再開発がルーツといわれ、かつ駅前再開発は今日に至るまで都市再開発の主要動機であった。戦後の東京において、おもに戦災復興土地区画整理事業や市街地改造事業などによって行われた駅前再開発は、闇市を起源とする不法占拠マーケットの整理の過程でもあった。本書が対象とする新宿駅、池袋駅、渋谷駅周辺は戦前から新興の盛り場として発展しつつあったが、とくに「敗戦直後からヤミ市の成立とその発展を契機に、現在の副都心と呼ばれているような機能を備えるに至った」[*4]といわれ、駅を中心とした都市形成が戦後に本格化した。そして、闇市の整理が進むと私鉄資本を中心とした有力資本による開発が進む。戦後復興期から高度成長期にかけて、ターミナル近傍は闇市に囲まれた木造低層の市街地から、駅ビルや百貨店に囲まれた中高層のビル街へと変貌を遂げていった。

こうしたことを背景に、本書は山手線西側のターミナルである新宿駅、池袋駅、渋谷駅とその近傍の形成過程を明らかにする。一九三〇年代半ばから七〇年ごろにかけての対象地区の都市組織（urban tissue/urban fabric）[＊5]を段階的に復原し、とくに闇市に注目しながらそれらを動態として把握していく。また、都市組織の形成過程を土地所有との関係で分析し、戦災復興土地区画整理事業がフォーマルな土地権利関係だけでなく、闇市・マーケットが形成されることで発生した占有権や営業権といったインフォーマルな権利を補償しながら進められたことも見ていく。

本書では、第一に新宿、池袋、渋谷それぞれのエリアの戦災復興から高度成長期の形成過程をそれを担った主体とともに明らかにし、それぞれの形成過程を比較することで各地区の形成過程の特徴を捉える。第二に山手線西側のターミナル駅近傍の形成過程の特質、具体的には闇市の形成とそれを取り込む形で進められた戦災復興土地区画整理事業の特質を議論する。それは同時に有力資本がさらに台頭していく過程でもあった。

この章ではまず、こうしたことを議論するうえで前提となる東京とターミナルの歴史、そして闇市について確認しておきたい。

災害と都市計画　帝都復興と戦災復興

都市計画は、災害を契機として大きく進展してきた。東京はこの一〇〇年で二度、大きな災害にあっている。一九二三年の関東大震災と一九四五年の戦災である。このふたつの災害の後、都市計画は東京のどこを主題としたのか。

図1は震災復興土地区画整理事業施行区域と、戦災復興土地区画整理事業施行区域を示している。いずれも被災地で区画整理が行われ、都市基盤整備が行われた。両事業の施行区域を見ると明確な地域差がある。

震災復興土地区画整理事業施行区域は、低地の下町を中心とした市街地を対象に都市基盤整備が行われ、街路を拡幅し、面的な都市計画を意図したことが読み取れる。

一方の戦災復興土地区画整理事業施行区域は、その多くが鉄道に付随した地域であり、事業は、駅前の都市基盤整備を主題としていた。一九三〇年代に都市計画的課題となったターミナル周辺の基盤整備は、戦時下にほとんどの事業が頓挫したため、その多くが戦災復興土地区画整理事業に引き継がれて実施されていく[＊6]。

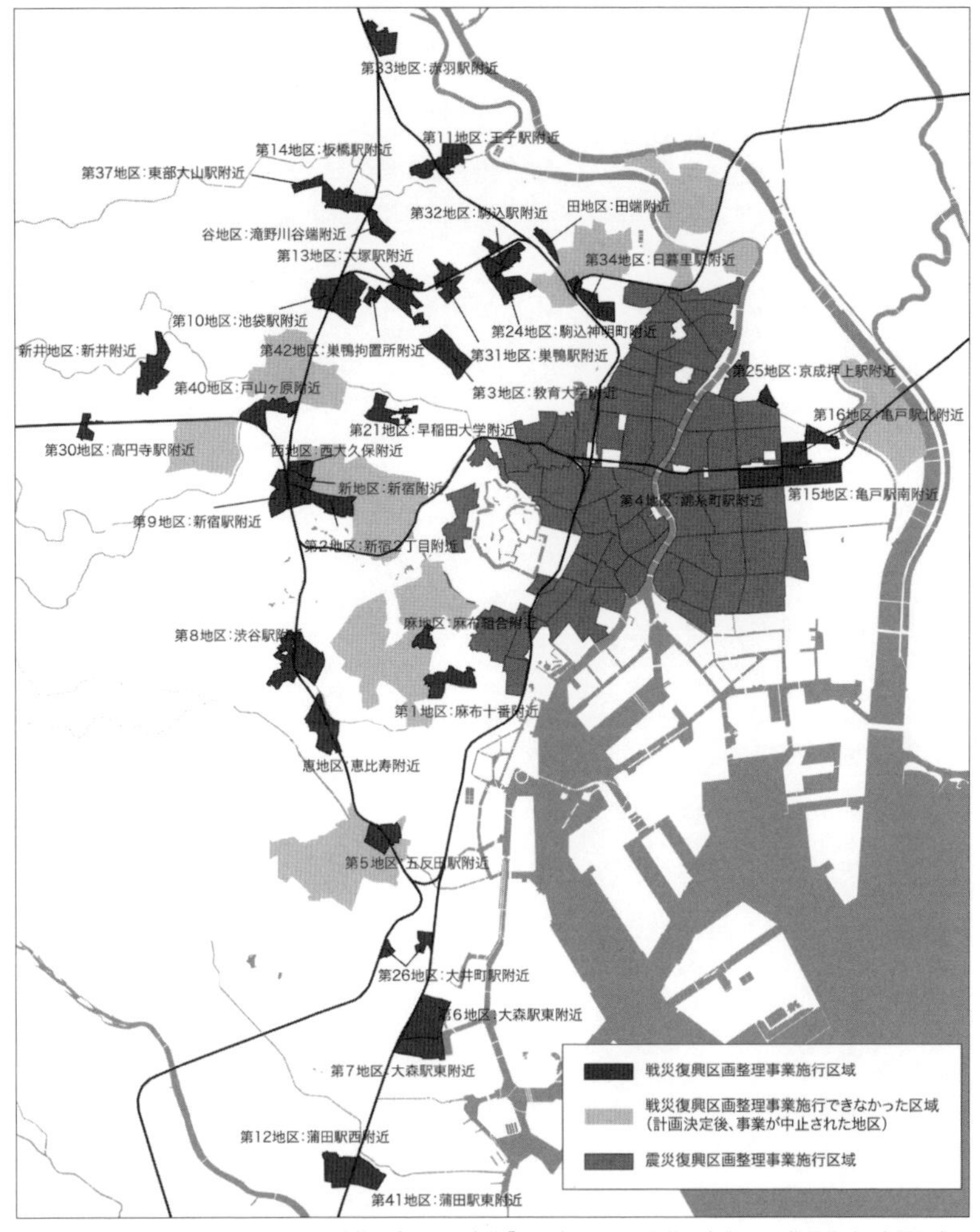

図1――帝都復興と戦災復興の区画整理の範囲（出典：中島伸「戦災復興土地区画整理事業による街区設計と空間形成の実態に関する研究――東京都戦災復興土地区画整理事業地区を事例として」東京大学博士論文、2013年、205頁。作図：中島伸）

ターミナルをめざす百貨店とターミナルビルとしての私鉄百貨店

関東大震災以降、東京の百貨店は大衆化を進めるとともに交通インフラとの関係性を強めていく[*7]。まず下町で地下鉄と百貨店が接続していく。一九三〇年にはじめて、東京地下鉄道と上野松坂屋が連絡した。さらに一九三二年、三越前駅新設に際して三越が建設費と権利金を出資し、停車場から三越へ直接入店できるようにした。その結果、三越の来客数が増え、続いて白木屋、高島屋、松屋もそれぞれの出資により地下鉄との連絡を行った。

同時期、三越は、新宿駅や池袋駅との関係性を強める動きを見せている。一九三一年から三四年にかけて、三越は新宿駅と当時新宿追分に存在した京王新宿駅を結び、中間地点にある三越をつなぐ地下道を計画している。既存の店舗を交通インフラと接続する意図が強く感じられる。また、三越は新宿駅前へ「食のデパート」二幸を出店しており(一九二七年)、池袋駅前には分店設置のための土地を購入している(一九二八年)。

このように百貨店が駅との接続を強化し、駅前への進出を進めるなか、一九三一年の東武鉄道浅草雷門駅(現浅草駅)の開業に際して、松屋がテナントとなったターミナルデパートが完成する。東京においては、はじめての大規模なターミナルデパートであった。さらに一九三四年には、渋谷駅東口に東京横浜電鉄による東横百貨店が開業した。

このように昭和戦前期、東京でもすでに私鉄資本によるターミナルデパートの建設が進みつつあったが、ターミナルデパートの建設が本格化するのは戦後になってからである。

戦後、ターミナル近傍において新築で堅牢な建物を建設する場合、戦災復興土地区画整理事業で敷地の換地が確定されなければ着工できなかった。一九五〇年前後になると同事業が始まり、それにともない鉄道資本の動きが活発化する。昭和戦前期までに私鉄、国鉄は駅およびその近傍に広域な土地を所有していた。一九五〇年代に入り、こうした土地の換地が確定し、駅ビルの建設が本格化する。新宿では東口に民衆駅が、西口には小田急百貨店と京王百貨店が建ち並び、これらは地下でつなげられている。また、池袋駅では東西両口で民衆駅と私鉄の百貨店が軒を連ね、それらを地下のコンコースがつなぎ、渋谷駅では東急が駅を中心にいくつもの開発を行い、跨線橋によってそれらの建物をつないだ。

東京の民衆駅

私鉄資本が自社の駅ビルをターミナルデパートとして開発していく一方で、国鉄の土地には民衆駅と呼ばれる駅ビルが建設され、百貨店がテナントとして入居していく。とくに大丸、丸物、高島屋といった関西の百貨店が、民衆駅のテナントとして東京進出をめざした。

では、民衆駅とは何か[＊8]。

戦後復興期、国鉄では戦災によって荒廃した線路、車輛設備の新増設を最優先に、低下した輸送力を回復することに重点がおかれていたため、駅舎の再建には充分な資金が回らず、本格的な再建は先送りにされていた。そこで、旅客輸送の妨げにならない範囲で駅舎を民間に開放し、売店や食堂、理髪店などを設けて利便性を上げるとともに、駅舎の再建を円滑にするために民資を導入するという構想が生まれた[＊9]。これが民衆駅構想である。

民衆駅とは、駅業務施設と鉄道関連事業施設（商業施設や宿泊施設、オフィスなど）の建設費の一部または全部を国鉄以外の事業者が負担するもので、駅舎の一部をその事業者に使用させることを条件として建設する駅をいう[＊10]。建物の機能としては駅業務施設と鉄道関連事業施設（商店、床屋、食堂など）を一体化させた、いわゆる「駅ビル」である。つまり、資本のミックスと、機能のミックスという、ふたつの性質を持つ駅である。これが、私鉄による駅ビルと異なる点である。私鉄による駅ビルは、私鉄資本のみによって建設されており、外部資本は入っていない。

この民衆駅という国鉄駅舎の再建方法によって、戦後、全国に駅ビルが建設され、全国でも、とくに東京では民衆駅が建設されている。山手線の池袋駅（西口・東口）、新宿駅（東口）、秋葉原駅、東京駅（八重洲口）、目黒駅のほか、錦糸町駅、蒲田駅（東口・西口）、高円寺駅、吉祥寺駅が民衆駅として建設された。関西に比して、東京は戦前期にターミナルでの駅ビルの開発が進んでいなかったため、駅前に開発の余地が十分にあった。

2 戦後東京の闇市

闇市とは何か

第二次世界大戦直後、日本中の都市に闇市が生まれた。闇市とは統制経済下で、非公式な流通経路によって集積した食料や雑貨などの闇物資が売られていた市場（いちば）である。統制価格を逸脱した価格での物資の闇取引は、戦中期から存在したが、各地の主要な駅前や戦前からの市街地の焼け跡や疎開空地など、公の空間に市場のように店が集まり、大々的な闇取引が行われるようになったのは戦後になってからである。

では、闇市を生んだ敗戦直後の社会状況はどのようなものであったか。

まず終戦で物資が圧倒的に不足し、配給制度はほとんど崩壊状態にあったため、公式なルートでは生活のために必要なものが人々の手に渡らない状況であった。そして、敗戦後の混乱によって戦中から存在した闇取引への取り締まりが弱体化していた。配給制度と流通機構の崩壊状態を前に、行政も闇取引を黙認あるいは公認せざるを得ない社会状況であった。

東京では本書が対象とする新宿、池袋、渋谷をはじめ、上野、新橋、大井町、蒲田、錦糸町、有楽町、神田、中野、荻窪、自由が丘、三軒茶屋などに大規模な闇市ができ、その他、国鉄・私鉄沿線の駅前や戦前からの大通りの一角には多数の闇市が生まれた。とくに規模が大きかったのは、戦前にターミナルとなっていた駅の駅前であった。交通の要衝として人々が集まる場所となっていたこと、戦中期に建物疎開が行われた空地が駅前に存在したことが背景となっている。

本書では、店が集まり闇取引が行われていた場所を闇市とする。そのため、土地を不法占拠していたかどうかは闇市の定義には拘わらない。闇市が不法占拠であったかどうかは、それぞれの闇市によって、あるいは時期によっても異なるためである。

闇市の建物

闇取引はどのような建物で行われていたのか。闇市の建物には大きく分けて、ふたつのタイプがある。ひとつは公道上に並んだ露店である（写真1）。闇市はまったくの素人が路上に集まり、物々交換を行う場として始まった。終戦直後の路上での商売は、立ち売り、ムシロや板の上、簡易な台の上に商品を並べるなどの差はあっても、自然発生的なものであった。これが活況を呈すると、戦前からのテキ屋組織が素人商人（素人露天商）たちを統制するようになり、路上での商売は、日除けや屋根を持った露店へと姿を変えていった。露店は歩道上に車道に背を向けて設置され、商店と向かい合って線状に並んだが、日々出店場所を変えるほど浮動的な存在だった。

一般に、露店とは道路や広場、社寺境内などの露天において移動に簡便な店を張り、初現（ふり）の客を相手に、現金取引によって商売をす

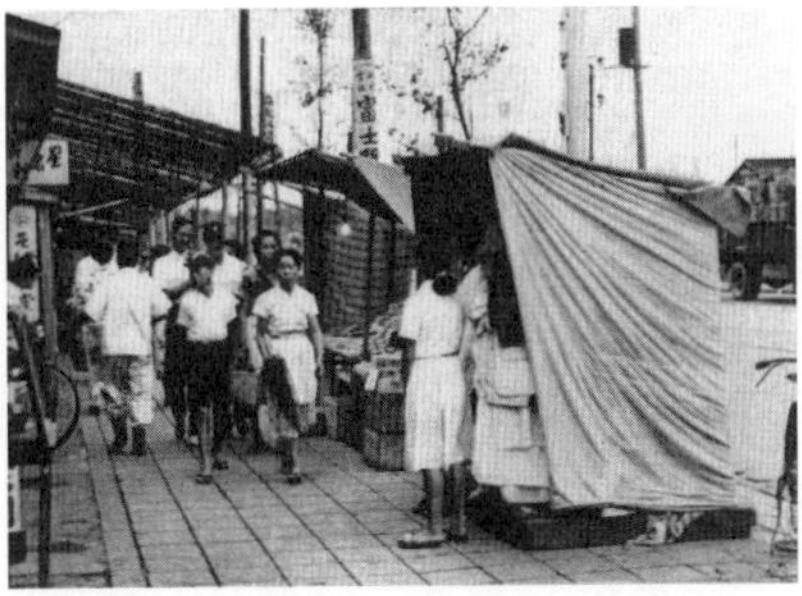

写真1──新宿区に並んだ露店（出典：東京都臨時露店対策部『露店』1952年）

るものをいう。露店が平日（ひらび）化し、さらに夜店が発展したのは江戸時代の中ごろ、享保年間だとされる。歴史的には災害後など経済の復興期、たとえば江戸時代の明暦の大火後、関東大震災後、昭和恐慌後などにおいて、露店の活動が活発化した。戦災復興期も露店の活動が活発化する災害後の経済の復興期にあたる。

もうひとつはマーケットである（第二章写真10）。マーケットとは道路から敷地に通路を引き込み、その通路に沿って店舗を並べた市場のような建物（類型）である。多くは終戦直後からテキ屋が戦中期に疎開空地となった土地や焼け跡などを地割し、よしずなどで各店舗を区画した青空市場が、バラックへと変化したものである。一九四六年春以降に各地で建設され、当初は平屋建ての長屋が通路に並ぶものがほとんどだったが、徐々に二階を増築したり、二階建てのものが建てられていった。

露店は公道上に設置された可動式の店舗であるのに対し、マーケットは宅地に建設され土地に定着した建物であった。両者はマーケットが各地に登場する一九四六年以降に分化していった。

この両者には、ほかにも決定的な違いがある。建物を建てて土地を占有し営業を行えば、仮に土地の所有権、借地権を持っていなくとも、占有権や営業権とでもいうべき権利が発生するのである。不動産に関わる権利関係者は地主、借地人、借家人であり、一般に土地の占有者や、その場所で営業を行う営業者は、この三者のいずれかと一致する。しかし、マーケットが土地を不法占拠して建設されている場合、占有者や営業者は、公式な地主、借地人、借家人とは一致せず、その場所に関わる権利者の数が増え、権利関係が錯綜することとなる。本書はこうした本来の所有権とは異なる権利（占有権・営業権）に注目し、所有権とともに分析を行い、両方の権利がない交ぜになりながら形成が進んだ戦後のターミナル近傍を捉える試みをしている。

マイク・モラスキーが指摘するように、闇市には市場（いちば）と市場（しじょう）というふたつの意味がある［＊11］。前者は物理的な〈場所〉を意味し、後者は非物理的な〈経済流通システム〉を示している。戦後の闇市を捉えるうえではこの両者を見る必要があるが、本書では物理的な市場（いちば）に焦点を絞って議論を進めている。闇市に関わる物理的な都市組織の変化と、それに関わる権利の問題を通じて、新宿、池袋、渋谷の形成過程を明らかにする。新宿、池袋、渋谷で売られていた闇物資がどこから調達され、闇値で買われた商品はどこへいったかという闇の経済流通システムも気になるところだが、それはまた別の機会にまとめてみたい。

闇市のガバナンス　警視庁と東京露店商同業組合

東京の闇市について、最後にガバナンスの機構を見ておきたい。東京の闇市を各地で組織したのはテキ屋の親分たちであったが、彼らと警察との間には深い関係があった。

一九四五年一〇月一六日、警視庁の指導のもと、東京の闇市の支配権を握っていた露天商の親分たちによって東京露店商同業組合という組織が結成された。東京都と警視庁は、同組合本部の下に、警察署の管轄ごとに支部を設けさせ、さらにその下に露天商の「組」組織を配置する組織構造をつくらせた。この組織体系の末端にあたる「組」組織にそれぞれ露天商が所属する。警視庁は東京露店商同業組合に各地の闇市を差配する権限を与え、彼らの自主的な活動を促進したが、警察署の管轄ごとに同組合の支部をつくらせている点からも、取り締まりが及ばない闇市を間接的にでも管理しようという意図があったに違いない[*12]。

では、東京露店商同業組合の組織体系と金銭の流れはどのようになっていたか。新橋の松田組を具体例に見てみよう(図2)[*13]。露天商は所属する「組」組織に多様な経費を納めることで、営業を許可されていた。まず露店を出店する者は松田組に対して組合入会金を一〇円、組合費を月三円、支部入会金を一〇円、支部費を月二円納め、営業を認められたことを証明する鑑札を得る必要があった。

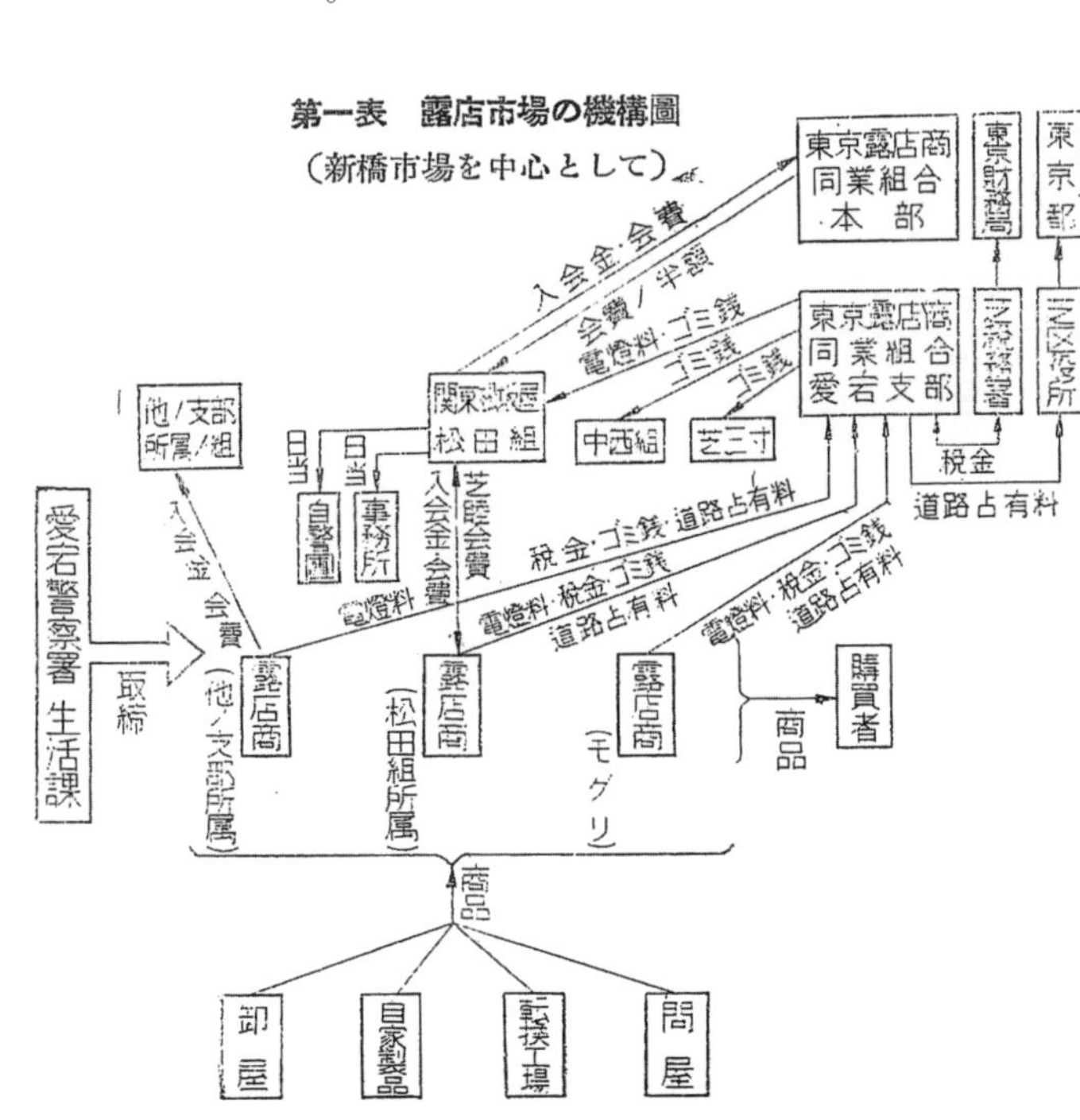

図2――露店市場の機構図（出典：大河内一男編『戦後社会の実態分析』日本評論社、1950年、219頁）

そして、営業する場合は毎日、塵銭一円[＊14]、土地占有料一円、直接税甲二円、乙一円、丙五〇銭、間接税飲食物販売者二円、雑貨販売者一円、小物販売者五〇銭といった経費を納めていた。いずれも東京露店商同業組合愛宕支部が、営業者から直接徴収するとともに、税金については別勘定で同支部長が査定まで行っていたという。こうした組に所属した露天商のうち、戦前から露天商であった人は一九・五パーセントで、残り七九・八パーセントは戦後になって組に所属した素人露天商であった。

営業者から徴収された金銭のうち税金は、支部から芝税務署・東京財務局へと支払われ、塵銭は支部を経て各組の収入となっていた。そして、組合費の半分も所属露天商の数に比例して各組に配分されていた。つまり、組合本部は入会金と組合費のうち各組に配分されなかった半分、各支部は支部入会金と支部費、各組は塵銭と組合費の半分が収入となっていた。

東京露店商同業組合の役員には、どのような人物が付いていたのか見てみよう。戦後の闇市では、戦前からの露天商の一部が継続的に力を持っていた[＊15]。初田香成は、『盛り場はヤミ市から生まれた』で、東京露店商同業組合の理事一覧を、それぞれの露天商の種別と代表を務めるマーケット名とともに名簿にまとめている[＊16]。それを見ると、本書の対象地区に関係する理事は、まず新宿では、東京露店商同業組合の理事長であり淀橋支部長でもある尾津喜之助（テキ屋）、原宿支部長であり新宿駅前にマーケットを建設した和田薫（テキ屋）、新宿通りの露店を戦前から仕切っていた比留間重雄（常設・平日商人）、四谷支部長であり新宿二丁目近辺の露店も仕切っていた丸山茂（常設・平日商人）がいた。池袋については、池袋支部長の森田信一（テキ屋）、渋谷については丸國マーケットを建設・管理した渋谷支部長の國松遷三が名を連ねている。

結成からしばらくは「露店商の最高監督協議機関」とされた東京露店商同業組合であったが、組織は短命に終わる。東京の闇市が同組合に取り仕切られていた期間は終戦から二年ほどで、一九四七年八月三一日には同組合は解散決議を行っている。この間は警察が根本から闇市を取り締まれなかった時期だと考えてよいだろう。同組合が解散するまでは取り締まりの対象とならなかったテキ屋組織やその親分に対しても、これ以降摘発が進み、親分や「組」組織は闇市の表舞台から消えていった。警察は、終戦から二年ほどはテキ屋を積極的に利用し闇市を管理しようと努めた。そして、社会が安定に向かうと直接的な取り締まりにあたっている。その意図が、東京露店商同業組合の結成と解散に表れている。

3 都市組織の動きを読む

東京の都市史研究

近世までの市街地を取り囲むように、同心円状に近代以降形成が進んだエリアをインナーリングと呼ぶ[＊17]。一八六九年三月、東京府では市街地とその外側の郷村との境界線を定める朱引が行われた。この朱引の内側が近世までの市街地であり、そのフリンジが東京のインナーリングである。東京のインナーリングは、西側では山手線沿線に一致する。一方、朱引の東側に目を向ければ、そのフリンジには錦糸町が存在する。高度成長期以降に副都心と呼ばれるようになる場所は、インナーリングのなかのターミナルであった。本書が対象とする新宿・池袋・渋谷は、その中核をなす。

では、東京のインナーリングは近現代の都市史研究のなかでは、どのように扱われてきたのか。

東京の近現代都市史研究には、きわめて厚い蓄積がすでにある。しかし、従来の研究対象は日本橋や銀座などのいわゆる下町の歴史的市街地と、郊外住宅地とに大きく偏っており、高度成長期に副都心を形成する新宿、池袋、渋谷などのインナーリングにあたる地域の都市史研究は大きく立ち遅れてきた。

下町の歴史的市街地研究では近世から近代への土地や空間構造の強固な連続性に、郊外住宅地研究では社会的・経済的・空間的な計画性と均質性に、それぞれ根拠を置くことで明瞭な研究方法が組み立てられてきた。それに対し、インナーリングの新宿、池袋、渋谷などの戦後の状況は、一見無秩序とも思えるような激しい新陳代謝と景観変容に特徴づけられる。新宿、池袋、渋谷などは、戦前期の私鉄敷設による駅のターミナル化と東京の西側の郊外化を背景とする都市化、戦中期の疎開空地による土地所有構造の劇的変化と建物の除去、戦後復興期の闇市を起源とするマーケットによる土地の不法占拠、区画整理による市街地の再編、高度経済成長を背景とする建物の建替えと高度化などを契機として劇的に変化しており、これまでの都市史研究の方法ではうまく扱えていない。

すなわち新宿、池袋、渋谷など鉄道ターミナル近傍を対象に、都市計画史からは都市計画図の分析が[＊18]、建築史からは建物の機能分布変遷に関する研究[＊19]などが行われてきたが、それらの研究は実際の物的な都市空間の変化を捉えているとは言い難い。

ではどのようにしてターミナル近傍の形成過程を捉えればよいのか。

都市組織の動態を観察する

ターミナル近傍の劇的な景観変化は、都市計画者や地主・借地人など都市形成に関わるあらゆる主体の営為によるものであるが、それぞれの意思はバラバラの方向を向いており、当然統一されてはいない。

都市は分裂的なものである。

これまでの日本近代都市史の多くは、現実の都市が分裂的であるにもかかわらず計画する側（都市計画者側）、もしくは計画される側（市井の人々）のいずれかの歴史として描かれてきた。都市空間はある主体の一義的な意思によって決定されているわけではない。バラバラの方向を向いた意思が、あらゆるレベルや時間軸をともない都市へと投入されることで、その総体としてある場所の環境ができあがっている[＊20]。にもかかわらず都市はある方向性をもって形成されているように見える。本書はこうした複数の主体の意思の重合として現れる物的な都市空間を対象化するために、都市組織（urban tissue/urban fabric）に注目する。

都市組織は一般に「建物のあるところとないところを繊維の糸の絡み合った状態に例えた表現で、ひとつのまとまりをなす都市的枠組みの諸要素の総体である。都市組織は、地形、道路網、地割、建築されたところと空地との関係、スケール、建物の形やスタイルなどに寄与する具体的/物質的な要素の総体とこれらの要素を結びつける関係性によって構成され」[*21]、場所の持つ自然的条件、経済的条件などに応えるように固有のパタンを織り上げている。当然、都市計画事業が行われた地区の都市組織には、その都市計画の痕跡も、その都市計画に影響を受けた土地や建物も痕跡として残っていく。都市空間へ介入した痕跡が、都市計画を計画する側のものであれ、計画される側のものであれ、都市組織には並列に刻まれるのである。こうした点が、本書が都市組織に注目する理由である。

通常、都市組織は共時的な平面で捉えられ、隣接する都市組織同士が示すパタンの差異を分析することにより、一定の空間の広がりのなかに、重層的な時間の内包を見出すことができる。こうした方法を最も鮮やかに打ち出したのが、イタリアで確立され、陣内秀信によって日本に紹介された「ティポロジア」(建物類型学、tipologia edilizia)である。ティポロジアはイタリアの歴史的市街地を対象とし、都市を都市組織(tessuto urbano)と建物類型(tipo edilizio)から読み解き、都市の動的な変化のプロセスを捉える方法を提示した。この動的な変化のプロセスとは、社会的、経済的、あるいは高密度に集合する都市からの要請など、その外的・内的性質にかかわらず、条件の変化に応じて建物類型が変容し、そのつど都市組織を更新していくというプロセスである。イタリアにおける都市とは、都市組織が条件の変化に応じて自身を変質させ、整合性をとってきた痕跡が堆積したものである。

しかしながら、永続的な形態が支配的で、かつ建物と敷地が強く関係し合ったイタリアの都市組織とは対照的に、流動性が高く、建物と敷地が別々に扱われる日本の都市空間、とりわけ新宿、池袋、渋谷といった激しく新陳代謝を繰り返してきたような場所では、ティポロジア的な都市解読は難しい。なぜならば、そこでは建物類型を捉えることも、共時的な平面のなかに都市組織の差異を見ることもできないからである。

むしろ、都市組織を共時的な構造として抽出するだけではなく、動態として捉える必要がある。本書は、可能なかぎり時間軸を輪切りにして都市組織を復原し、その変容の型、振る舞いの類型学を考えようとするものである。この方法論において、本書は「計画する側」「計画される側」いずれかを主語とする都市史ではなく、都市組織の動態を対象化し、対象地区の変容と持続の過程を明らかにする。

本書の研究方法

ここでは都市組織の動態を捉えるなかで、都市計画事業と既存の都市組織との関係を明らかにしようとする先行研究を参照する。そのうえで、本書の研究方法を概説する。

まず、松本裕によるポスト・オスマン期のパリの都市組織の変遷をめぐる研究を見ていきたい[*22]。松本は、オスマンによるパリ大改造で計画されたレオミュール通りの道路開設事業(対象となる第三期道路延長事業はポスト・オスマン期に行われた)を契機として、既存の都市組織がいかに再編されていったかを明らかにしている。レオミュール通りに接する土地が道路開設に際して残地収用され、画地が再編されるとともに道路開設後に分譲されていった過程を地割の変遷から示した。さらに、規制緩和や「ファサード・コンクール」によって、分譲後の土地に建てられる建物が華やかになるような政策がとられ、実際に壮麗なファサードが形成された。政策を中心にした叙述だが、都市計画が既存の都市組織をいかに切り刻んだかということだけでなく、その切断面においてどのような縫合が行われたかを検討している。

こうした研究手法を用いて、ひとつの都市の形成過程を捉えた研究に青井哲人の研究がある[*23]。青井は、日本の植民地統治下にあった台湾の都市・彰化に注目した。碁盤目状の道路を敷設する市区改正事業は、毛細血管状に細い巷が張りめぐらされた伝統的な市街地を文字どおり切断していった。それは碁盤目状の街路を生み出した市区改正事業による都市像と、その街区の内側に保存された伝統的な市街地という二重性を都市にもたらした。しかし、青井はそこに単純な二項対立を見出すのではなく、むしろ市区改正によって生まれた切断面を観察し、伝統的都市の自己生成とも呼ぶべき現象に注目している。すなわち、市区改正道路によって斜めに切断された都市組織が、その道路を新たな正面とみなし、宅地が道に対して垂直に並ぶよう、再配置が各所で行われた動きである。それは元来台湾の伝統的都市が持ち合わせていた性質が、市区改正に際しても発動されたものであった。青井の研究は、制度史としての都市計画史と、空間論的な都市史の狭間を埋める手法を鮮やかに打ち出した。

青井が観察した都市の自己生成・再生というべき現象は、災害後において顕著に現れる。都市計画も都市にとっては災害と同様の意味をもつのかもしれない。本書もこうした視点から、都市の自己生成・再生というべき現象を日本の都市において観察するために、戦災復興期の東京、そのなかでもとくにダイナミックな都市組織の再生が観察できると思われるインナーリングエリアを対象としている。

東京における先行研究としては、関東大震災前後の市街地とそこでの生活を扱った田中傑の研究が、方法論的示唆を与えてくれる[*24]。田中は驚異的な解像度で、関東大震災直前の市街地、被災後のバラックによる仮設市街地、区画整理後の市街地を段階的に復原し、個別の土地と建物ごとに所有構造を類型化した。戦災復興期を対象とする本書にとっても、田中の方法論はきわめて有用である。とくに都市組織の復原方法においては、田中の研究手法に多くをおっている。

本書はこうした研究手法を踏まえたうえで、当該期の新宿駅、池袋駅、渋谷駅近傍の都市組織を段階的に復原し、土地の権利関係とともにその動態を捉える。とくに、闇市を起源とするマーケットによる都市組織の再生過程と、戦災復興土地区画整理事業によって土地が動き都市組織が再編する過程を具体的に明らかにする。本書はそうした過程から、都市組織とそれに関わる主体の持続と変容の類型学を見出そうとするものである。

4 本書の視点と構成

場所と計画の契機性

最後に本書における新宿駅、池袋駅、渋谷駅近傍の形成過程の捉え方を示したうえで、本書の構成を示したい。まず、これにあたって中谷礼仁による場所と空間の定義を援用したい。

中谷は「先行形態論」〔＊25〕のなかで、場所が空間に比して固有の性格を持ち、その領域がすでに「歴史的な経緯や実体的な特性をともなって」おり、それ故に「場所は遍在概念として」は成り立ち得ないとしている。つまり、つねにその場所でしか意味をなさない性質を備え、当然「その場所」には、実体的な特性だけでなく、生活のしきたりや所有といった非実体的な権利なども「すでに豊富に含まれている」と考えられる。

これに比して空間は、「ユークリッド空間を代表とする幾何概念に表象されるような、三次元的領域に対する、より普遍的なとらえ方である。その意味からすれば空間は、ある具体的な都市や生活領域を指し示す必然性すらない」とする。

さらに中谷はこのような場所と空間の基本的な意味を拡張して、

都市などの物理的な領域に適用すると、「場所とはすでに固有な意味や自然・都市・建築的スケールでの特異な形態が先行して存在している経緯を示しているといえよう。また空間とは、タブラ・ラサ（白紙状態）からの三次元認識やそれにもとづき刷新的計画概念ならびに手法として現れてくるものともいえる」としている。

そして場所と空間とを時間の推移のなかで連続的に捉えようとした場合、「すでに先行する三次元領域の存在の性格（＝場所）と、いまからそこに加えられようとする計画的行為（＝空間）との、前後関係として把握することができるであろう。ある時期の空間概念によって付加された新しい要素も時が経てば、その場所の性格の一端を担うようになるのだ」としている[＊26]。当然この際、空間は場所に従って歪められることで実現する。

こうした中谷の場所と空間の定義を本書が対象とする時代と地区にあてはめて考えると、図3のように時間軸を三つのフェーズに分けて、場所と空間の関係を考えることができる。フェーズごとの場所と空間の関係が、次のフェーズにおける場所と空間を規定する契機性をもっている。

東京のターミナル近傍の形成過程の見取り図

具体的には、それぞれのフェーズにおける場所とそこへ計画された空間との関係を、次のように捉えようとしている。本書では、一九三〇年代後半から一九七〇年ごろまでの東京の新宿駅・池袋駅・渋谷駅近傍の形成過程を対象とするが、その過程を捉えたものが図3になる。フェーズ1とフェーズ2の間には戦災の影響が、フェーズ2とフェーズ3の間にはバラック再建による市街地の再生があり、これがそれぞれ次のフェーズの場所を規定した。

フェーズ1は、一九三〇年代後半から終戦までを期間としている。このフェーズ1までに、新宿、池袋、渋谷は鉄道や市電、バスなどの交通拠点として発展し、各種交通機関のターミナルとなっていた。もともと新宿、池袋、渋谷は、近世からの街道筋や宿場町として発展していたが、ターミナル化によってさらにこれが進み、交通渋滞や混雑が深刻化していた。こうした状況（場所）に対して、一九三〇年代後半に計画されたのが駅前広場および街路の計画であった。先行研究では、それらの計画は新宿駅西口でのみ事業化し、池袋、渋谷の計画は戦後の戦災復興計画に引き継がれたとしているが、本書ではこうした計画が戦中期の交通疎開空地に引き継がれた可能性を指摘している。交通疎開空地では新宿、池袋、渋谷の各駅近傍の建

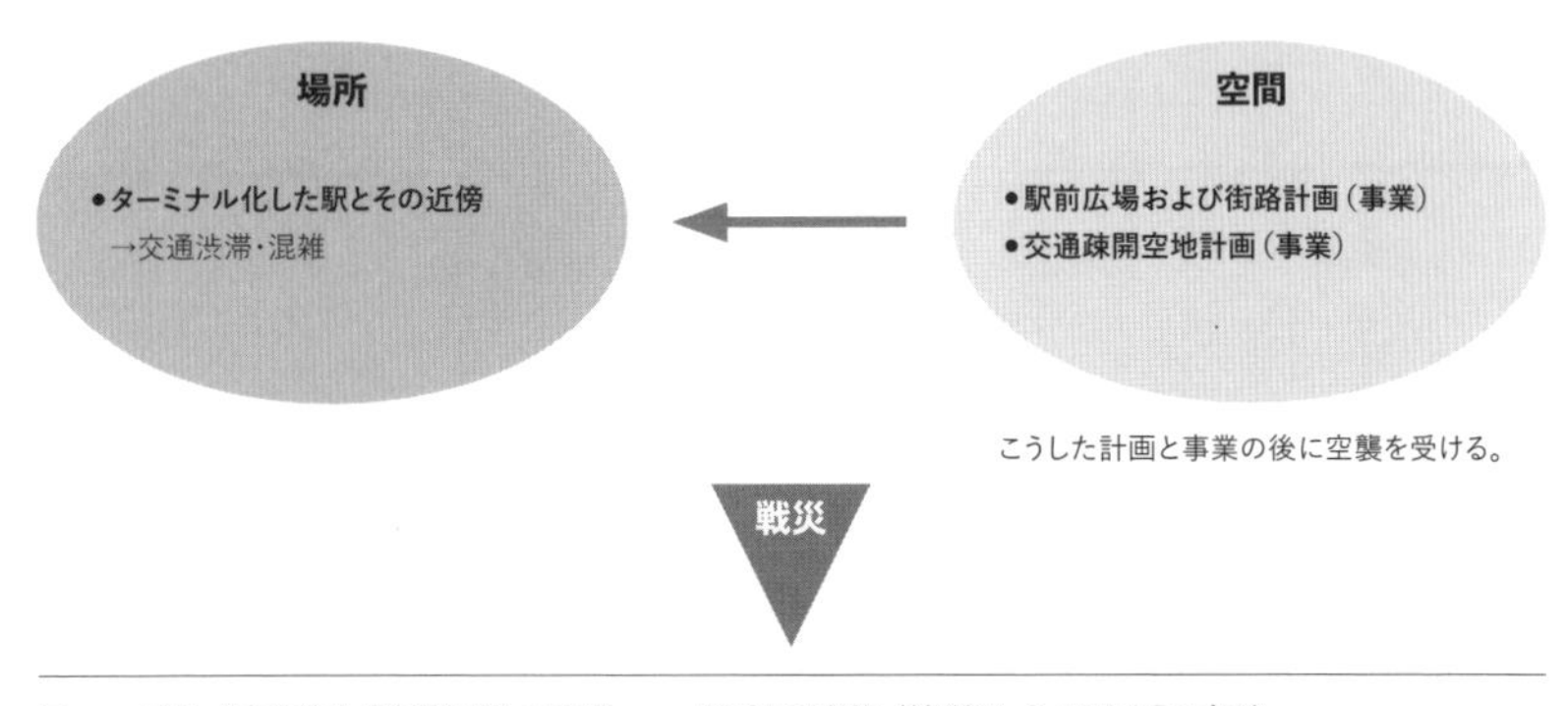

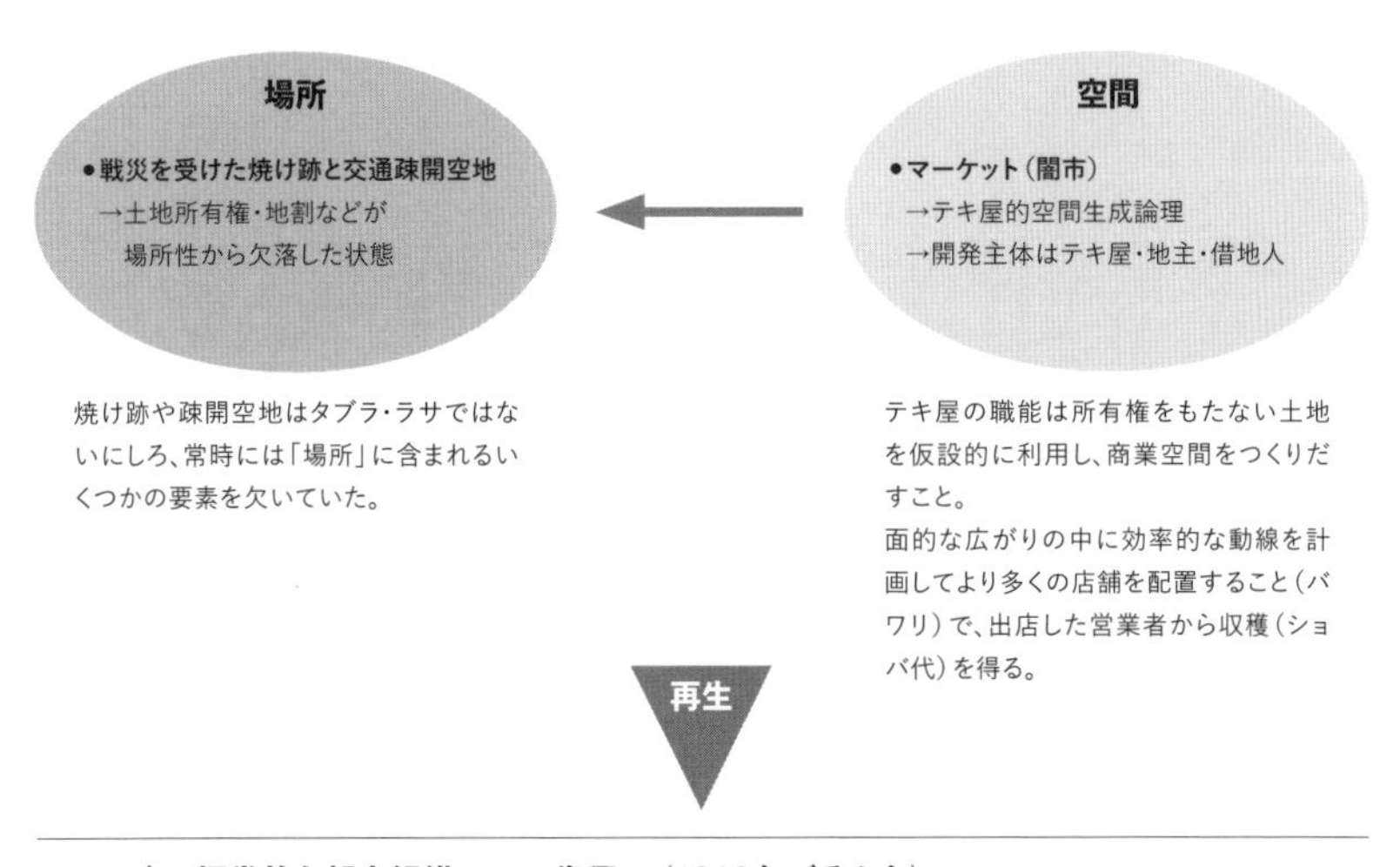

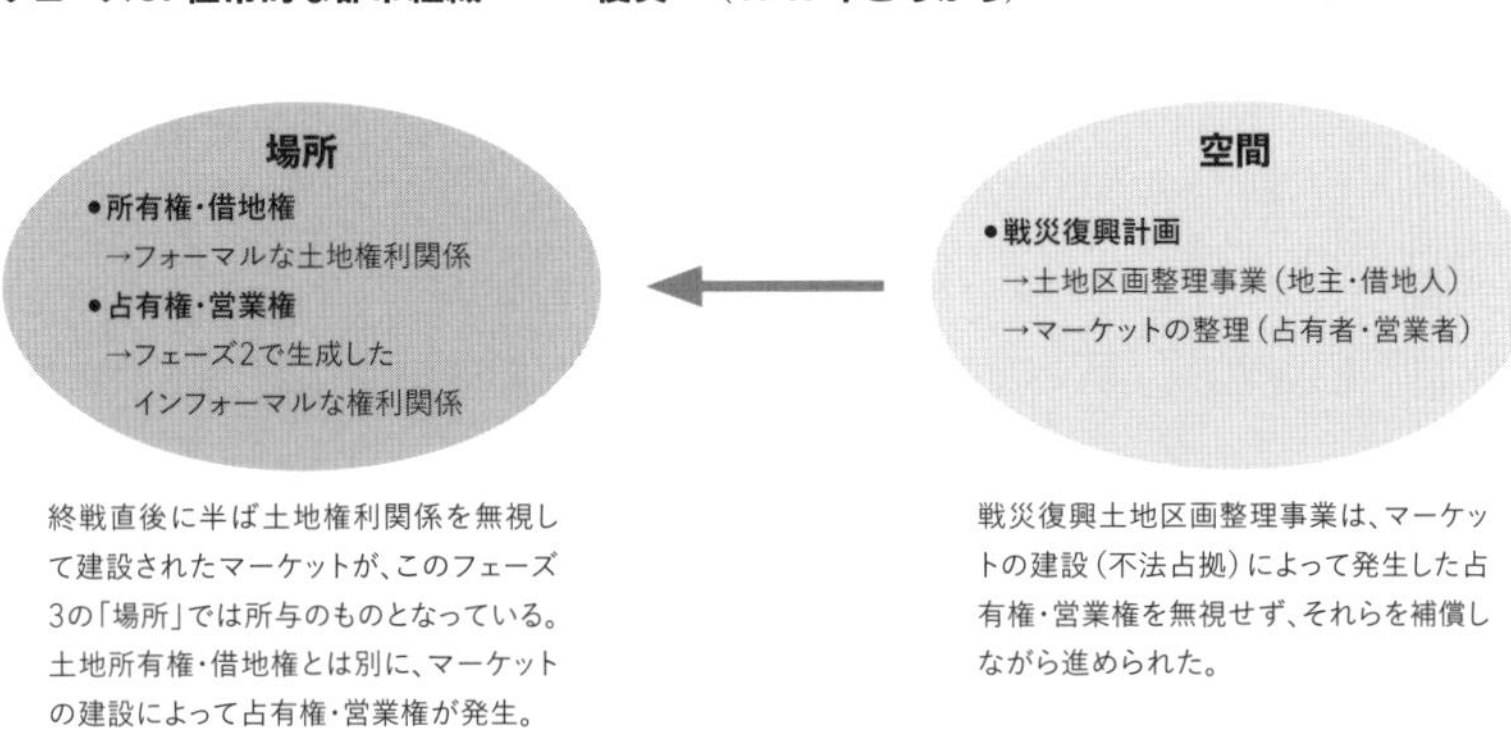

図3——ターミナル近傍の都市組織の動態を読み解くための見取り図

物が除去され、土地は都に買収か借地されるが、いずれの場合も東京都が管理している。こうして駅近傍が東京都に管理された空地になった後に、新宿、池袋、渋谷は空襲を受け、耐火建築を残して焼け野原となった。

フェーズ2では、フェーズ1での場所の性質と都市計画事業、戦災が、すべてその場所の性格の一部となっている。注目すべきは、戦中期に疎開空地となり東京都の所有地や管理地となった土地や、焼け野原となり地主が不在となった土地など、所有権が主張されない土地がターミナル周辺に広がっていたことである。こうした土地は、タブラ・ラサではなかったにしろ、平時であれば空間を歪める場所の要素(土地権利や地割など)が欠落していたと捉えることができるのではないか。

そして、自然発生的な露店として始まった闇市が、しだいにテキ屋によって統制され、やがて疎開空地や焼け跡にマーケットが建設されていった。このマーケットは、先行研究[*27]によって、テキ屋の空間生成論理にもとづく計画的行為であったことが示されている[*28]。マーケットが建設されたことによって、フォーマルな土地所有権や借地権を持たないまま、建物所有者に占有権、営業者に営業権が生まれた。

フェーズ3に入ると、交通疎開空地の土地の権利(所有権・借地権)が東京都から戦前の地主へと返還される(一九四七年)。交通疎開空地に建設されたマーケットの多くは、都から建設の許可を得ていたが、マーケットを建設した主体は土地所有権や借地権を持っていなかったため、土地が戦前の地主に返還されると不法占拠となった。

区画整理事業は、本来土地所有権と借地権を空間的に変換する技術である。しかし、計画的行為としての戦災復興土地区画整理を事業として進めるためには、マーケットの占有権と営業権を無視することはできない。そのため、これらの権利を清算あるいは取り込むことでしか空間を実現することができなかったのではないか。本書の中心的なテーマは、こうした占有権と営業権の清算と、マーケットの変容の過程を捉えることである。その過程は、それぞれの場所の性質、ひいては戦中期の交通疎開空地や焼け跡の地主の性質、マーケットの建設などそれまでの形成過程に規定されている。

以上のように本書では、一九三〇年代後半から一九七〇年ごろの新宿駅・池袋駅・渋谷駅近傍の形成過程を三つのフェーズに分けて、図3のような見取り図で捉えることが可能だと考える。

本書の構成

本書では新宿駅、池袋駅、渋谷駅近傍の形成過程を具体的に明らかにするが、それに先立ち、第一章では東京のターミナルとその近傍の形成過程をふたつの視点から概観する。第一に東京の鉄道敷設について、当該期までを東京の市街地の拡大の過程とともに概観する。第二にターミナル近傍の基盤整備について、とくに戦前の駅前広場計画と戦中期の交通疎開空地について分析する。

第一章を踏まえたうえで、第二章で新宿駅近傍、第三章で池袋駅近傍、第四章で渋谷駅近傍の一九三〇年代後半から一九七〇年ごろまでの都市組織を段階的に復原し、その動態を把握するなかで、それぞれの地区の形成過程を明らかにする。そして、結章で新宿、池袋、渋谷の形成過程を比較し、インナーリングの都市形成過程の一貫性と地域的な特徴を明らかにする。

注

*1——本書では日本の国有鉄道を経営していた事業体を広く「国鉄」と呼ぶ。本書に関係する時期の事業体を具体的に挙げれば、一九二〇年五月一五日以降は鉄道省、一九四三年一一月一日以降は運輸通信省、一九四五年五月一九日以降は運輸省、一九四九年六月一日以降は日本国有鉄道である。

*2——斎藤隆雄「ターミナルビルの最近の傾向について」『鉄道建築ニュース』鉄道建築協会、一九六三年九月号、八-一四頁。

*3——路線としての山手線は、東京都港区の品川駅を起点に、渋谷駅、新宿駅、池袋駅を経由して北区の田端駅を結ぶ全長二〇・六キロメートルの鉄道路線であり、田端駅から上野駅、神田駅を経由して東京駅を結ぶ区間は東北本線、東京駅から新橋を経由した品川駅までの区間は東海道本線である。

*4——東京百年史編集委員会『東京百年史　第六巻　東京の新生と発展』東京都、一九七二年、七九頁。

*5——「都市組織」という日本語は、警察や消防などの都市を維持する組織を指す言葉として使用される場合もあるが、建築史の分野では一般に英語でいう「urban tissue/urban fabric (tessuto urbano (伊)/tissu urbain (仏))」を指す。

*6——区画整理の歴史と東京の戦災復興土地区画整理事業については、中島伸

「戦災復興土地区画整理事業による街区設計と空間形成の実態に関する研究——東京都戦災復興土地区画整理事業地区を事例として」（東京大学博士論文、二〇一三年）を参照。

*7——向山裕二「東京におけるターミナルデパートの誕生」（東京大学修士論文、二〇一三年）。向山裕二の研究は、戦前期の東京におけるターミナルデパートの成立を対象とする。関東大震災以降の百貨店の大衆化、また立地が地下鉄駅との接続や鉄道ターミナルへ近接していることとその背景を追い、私鉄ターミナルに開店した松屋浅草と東横百貨店の計画と建設の経緯を明らかにしている。すなわち両店ともに限られた敷地での事業だったために、鉄道機能と百貨店機能が近接・錯綜したことを空間的に説明している。とくに渋谷駅においては、東横百貨店が行政との折衝を繰り返し、国鉄駅に寄り添う形で誕生したことを指摘し、関西の阪急が決して国鉄と接続しなかったことと対比的に示している。

*8——民衆駅については石榑督和「国鉄民衆駅の誕生と展開——駅本屋の戦災復興と大都市ターミナルビル開発」『前現代都市・建築遺産計画学的研究［若手奨励］特別研究委員会報告書』日本建築学会、二〇一三年三月、六三-六八頁。

*9——日本国有鉄道『鉄道技術発達史　第二篇（施設）Ⅲ』日本国有鉄道、一九五九年、一八六七頁。

*10——施設事務研究会編・福田英雄著『施設事務叢書　第二編　民衆駅概論　付構内営業』（日本国有鉄道施設局、一九五六年、一頁）、および公益財団法人鉄道総合技術研究所「鉄道技術用語辞典 online」（http://yougo.rtri.or.jp/dic/[2016-6-1]）より。

*11——マイク・モラスキー編『闇市』皓星社、二〇一五年、二八八-二八九頁。

*12——東京露店商同業組合の組織形態に関しては、初田香成「東京の戦後復興とヤミ市」初田香成・橋本健二編著『盛り場はヤミ市から生まれた』（青弓社、二〇一三年、一九-五四頁）を参照。

*13——大塚斌・高橋洸・濱誠「戦後における露店市場」大河内一男編『戦後社会の実態分析』日本評論社、一九五〇年、二一六-二六一頁。

*14——戦前に「場代」と呼ばれていたものが、戦後に清掃代を意味する「塵銭」と呼ばれるようになる。「塵銭」とは、本質的には「場代」を意味する言葉である。

*15——戦前の露天商は、縁日や祭礼に際して一定の日時にかぎって出店する縁日（えんにち）商人と、それ以外の慣行地に指定された街路に日常的に出店する平日（ひらび）商人に大別され、前者のほとんどはテキ屋であった。縁日商人の業態には、おとなしく客待ちをする「コミセ」、口上をつけて商売を行うものの静かな「三寸」、口上やタンカを述べながら勢いよく商売をする「コロビ」、根無しの植木を巧みに売りつける「ハボク」などが含まれるが、このうち「ハボク」以外をテキ屋と称した。テキ屋は盃を交わし、親分子分関係を結んだ露天商人集団が一家をなし、非常に強固な相互扶助の関係を持った社会を形成していた。親分は露店出店の際、場所割りを紛争なく仕切ることがその最大の仕事である。入門者には、その特殊な販売技術の習得のための修行を施すが、その修業は親分の商品を貸与し、販売させることからはじまる。一方、平日商人はテキ屋の口上のような特殊な技術を使った商売を行わない者で、それぞれの地域の露店組合に入会金を支払い、露店慣行地として定められた路上に出店していた。そして月々の組合費および交際費を負担すること、寄り合いに参加することが義務づけられていた。戦前の露天商に関しては、和田信義『香具師奥義書』（文藝市場社、一九二九年）、東京市役所『露店に関する調査』（東京市役所、一九三二年）、横井弘三『露店研究』（出版タイムス社、一九三一年）、大岡聡「昭

和恐慌前後の都市下層をめぐって——露天商の動きを中心に」(『一橋論叢』一一八巻二号、三四二-三六〇頁)、添田知道『てきやの生活』(雄山閣出版、一九七三年)などを参照。

*16——初田前掲「東京の戦後復興とヤミ市」三二-三四頁。

*17——水内俊雄・加藤政洋・大城直樹『モダン都市の系譜——地図から読み解く社会と空間』(ナカニシヤ出版、二〇〇八年)を参照。水内俊雄・加藤政洋・大城直樹は同書で「現代大都市の「光」を発する中心は、多様な発展を遂げてきた歴史的コアと、そのフリンジにあたるインナーリング(とくに歴史的コアに近接する地区)」に見出すことができるとし、「都市の《光》は歴史的な都市空間構造の遺産・遺制を部分的に引き継ぎつつ、資本主義の発展に応じて新しいカラーを上塗りしながら、人・モノ・資本・情報を集合せしめる出会いの場として機能してきた。この過程で、とりわけそのポテンシャルを大いに発揮したのが、歴史的コアをとりまくインナーリングのターミナルであった。高価で見栄えのする建造環境が充填され、高度な消費空間と化したターミナル周辺は、人やカネを惹き付け、そしてますます輝くのである」と指摘している。

*18——越沢明『東京都市計画物語』(日本経済評論社、一九九一年)、同『東京の都市計画』(岩波新書、一九九一年)、榛沢芳雄・為国孝敏「東京の駅広場計画の変遷——明治時代からの戦災復興期まで」(『日本土木史研究発表会論文集』第九巻、土木学会、一九八九年)など。

*19——初田亨他による機能分布変遷に関する一連の研究。内野伸勝・初田亨・平井充・小黒康典・西岡大輔「商店・事業所の機能分布からみた都市・新宿駅東口周辺の変遷(一九三三-二〇〇四)——東京の繁華街に関する都市・建築史の研究その四」(『工学院大学研究報告』第一〇〇号、一四五-一五二頁)、二本柳望・初田亨・川島一記・佐藤勇輝「新宿駅西口周辺における一九五八年から二〇〇五年までの商店・事業所の分布からみた都市の歴史的変遷」(『工学院大学研究報告』第一〇六号、八七-九四頁)ほか。

*20——クリストファー・アレグザンダーは、空間の機能が一義的に決定されている近代都市計画思想を批判して"A city is not a tree."と述べた(クリストファー・アレグザンダー、稲葉武司、押野見邦英訳『形の合成に関するノート/都市はツリーではない』鹿島出版会、二〇一三年)。これによれば、都市とはその空間の機能が多義的な性質を持つセミラティス構造である。ツリー構造は一義的であるがゆえに、意味体系において同時に多義的なセミラティス構造にはなり得ない。このふたつの構造の対立に対して、中谷礼仁は『セヴェラルネス+(プラス)——事物連鎖と都市・建築・人間』(鹿島出版会、二〇一一年)のなかで、セミラティスは「時間差を含めれば、事物の一義的な状態としてのツリー構造が重合したものとして解釈でき」、ツリー構造とセミラティス構造の対立は、「時間概念を含めれば、連続的になる」と説明した。アレグザンダーは「都市はツリーではない」ことを指摘したのではなく、文字通り「ひとつの都市はひとつのツリーではない」ことを指摘したのだと。

*21——松本裕「『ポスト・オスマン』期のパリ都市空間形成——レオミュール通りにおける都市組織の変遷をめぐって」『都市文化の成熟』(東京大学出版会、二〇〇六年、三一五-三六六頁)において松本が『都市計画と地域開発の辞典』(MERLIN, Pierre et CHOAY, Françoise, *Dictionnaire de l'urbanisme et de l'aménagement*, Puf, Paris, 1988(2éme édition), pp.792-793) から引用している「tissu urbain」の解説文より。また、陣内秀信『イタリア都市再生の論理』(鹿島出版会、一九七八年)を参照。

*22——松本前掲「『ポスト・オスマン』期のパリ都市空間形成」『都市文化の成熟』三一五-三六六頁。

*23——青井哲人『彰化一九〇六年——市区改正が都市を動かす』アセテート、二〇〇六年。

*24——田中傑『帝都復興と生活空間——関東大震災後の市街地形成の論理』東京大学出版会、二〇〇六年。

*25——中谷前掲『セヴェラルネス+(プラス)——事物連鎖と都市・建築・人間』二六四-二六五頁。

*26——この場所と空間の捉え方は、*20で示した中谷礼仁の、クリストファー・アレグザンダーの"A city is not a tree."の捉え方にもつながっている。

*27——松平誠「焼け跡再興のプロデューサー」『ヤミ市　幻のガイドブック』(ちくま新書、一九九五年、一六三-一八二頁)、石榑督和・初田香成「ヤミ市の建築——都市建築の一系譜」、初田・橋本前掲『盛り場はヤミ市から生まれた』一九九-二一九頁)など。

*28——そもそも場所を改変する行為は、都市計画であれ建物を一棟建てることであれすべて計画的行為であるが、ここでは個人が営んだ自然発生的な露店と比較し、より大規模な計画的行為としてマーケットの建設を位置づけている。

東京のターミナルの形成と駅前広場

1 首都圏の鉄道網の形成過程

図1――1895年の首都圏の鉄道網
青木栄一、野田正穂、老川慶喜『民鉄経営の歴史と文化 東日本編』（今昔書院、1992年）、4頁の図より筆者作成

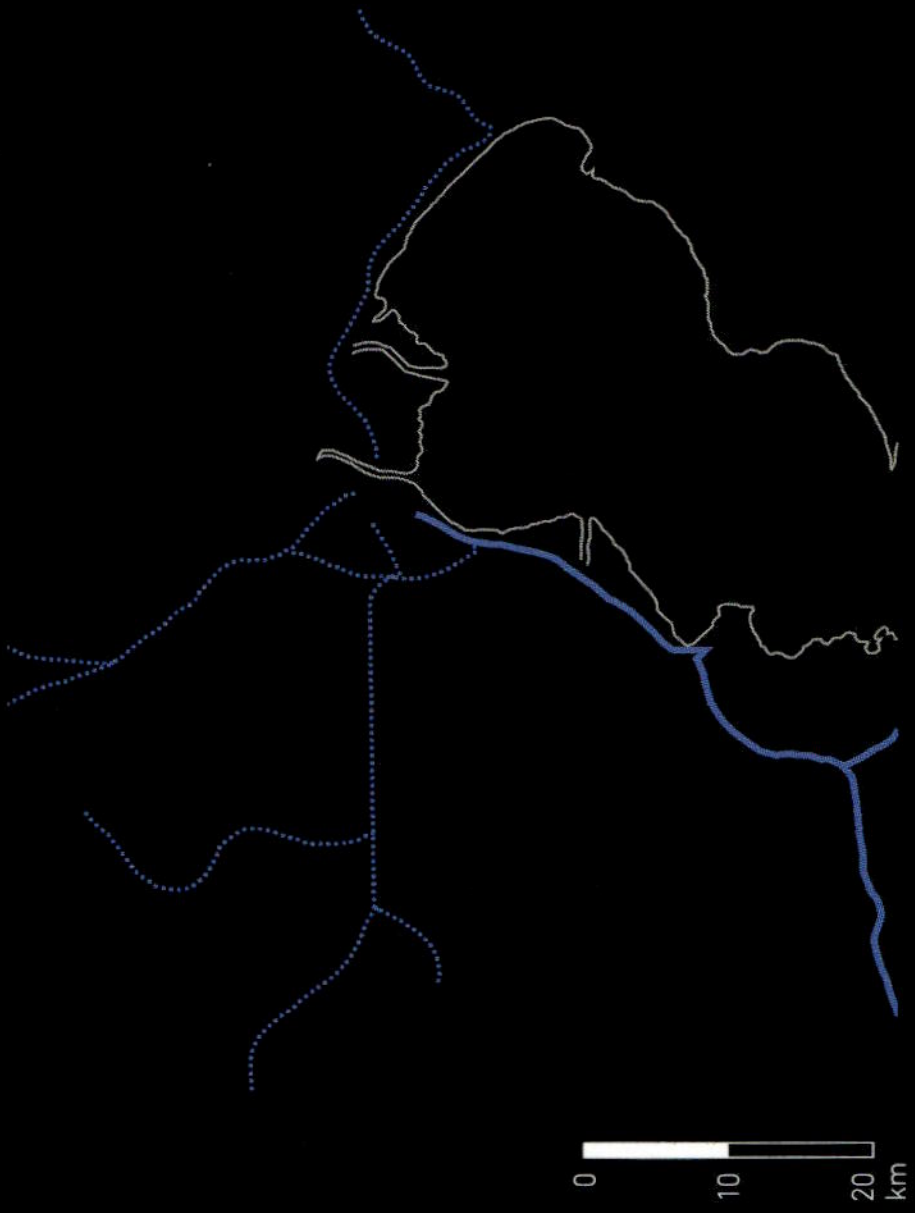

図2――1910年の鉄道と人口集中地区(Densely Inhabited District)

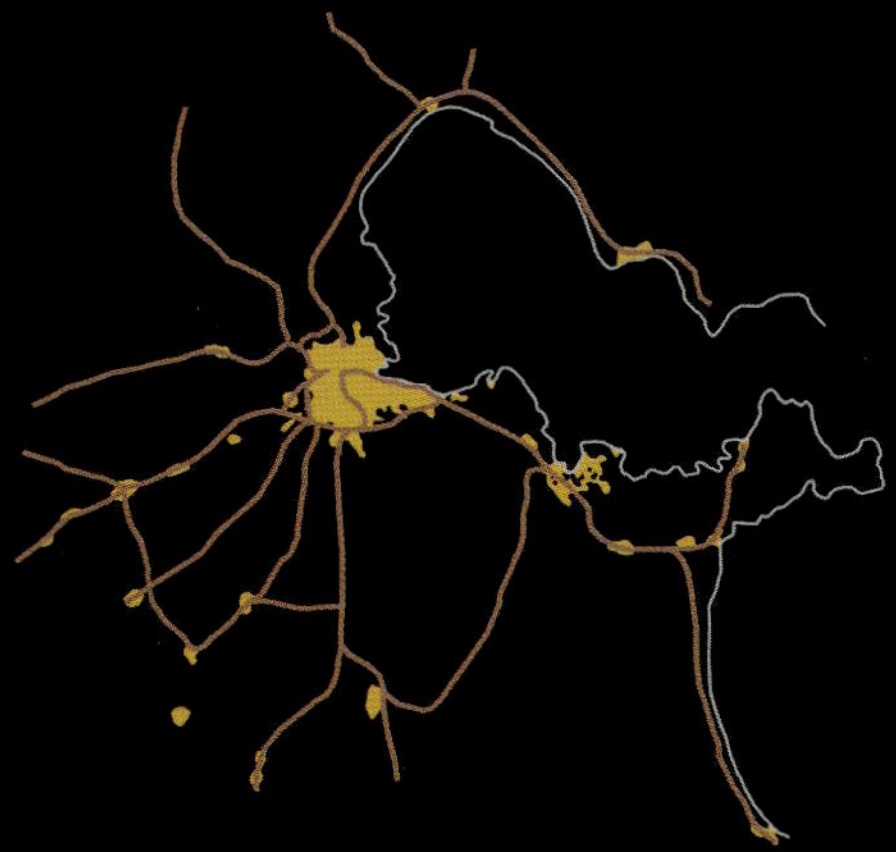

図3――1920年の首都圏の鉄道網
青木栄一、野田正穂、老川慶喜前掲『民鉄経営の歴史と文化 東日本編』4頁の図より筆者作成

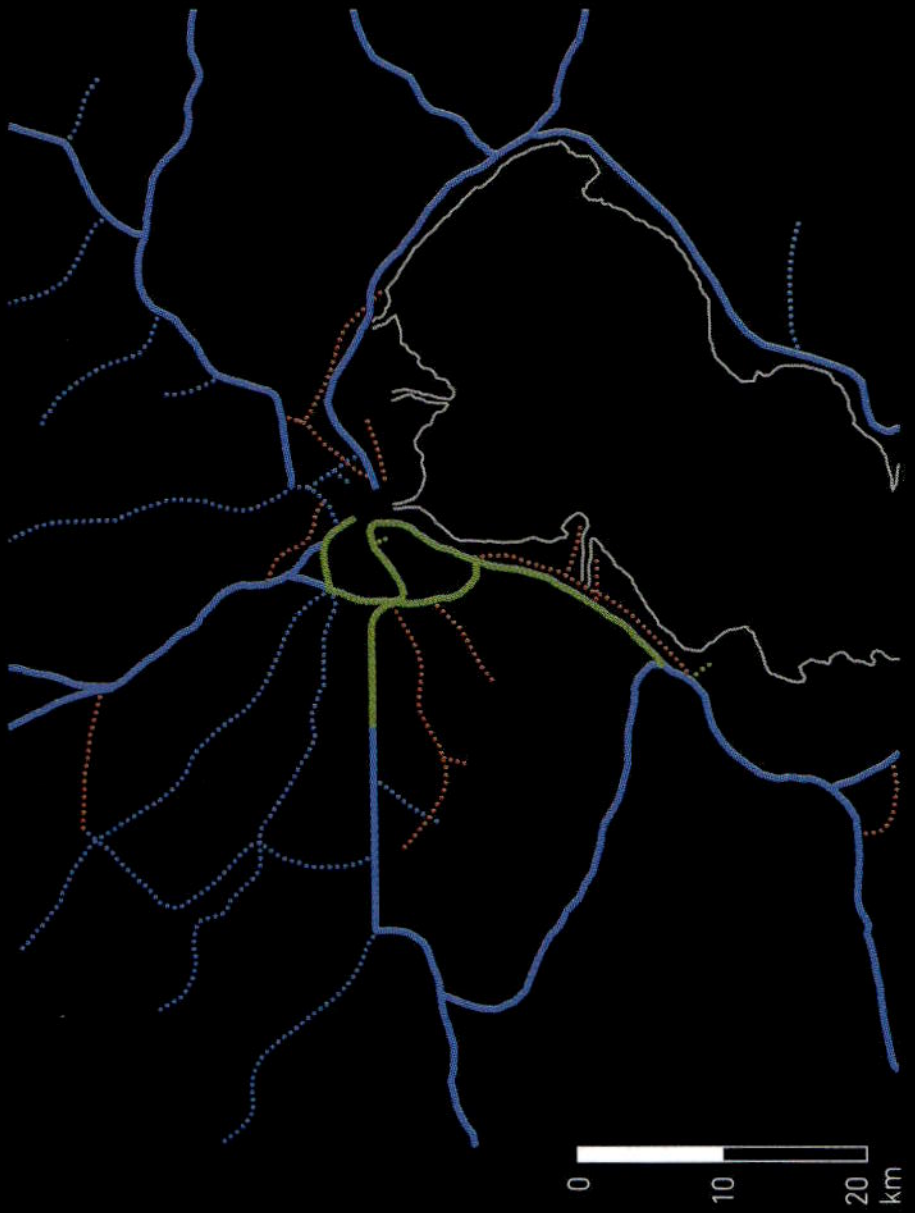

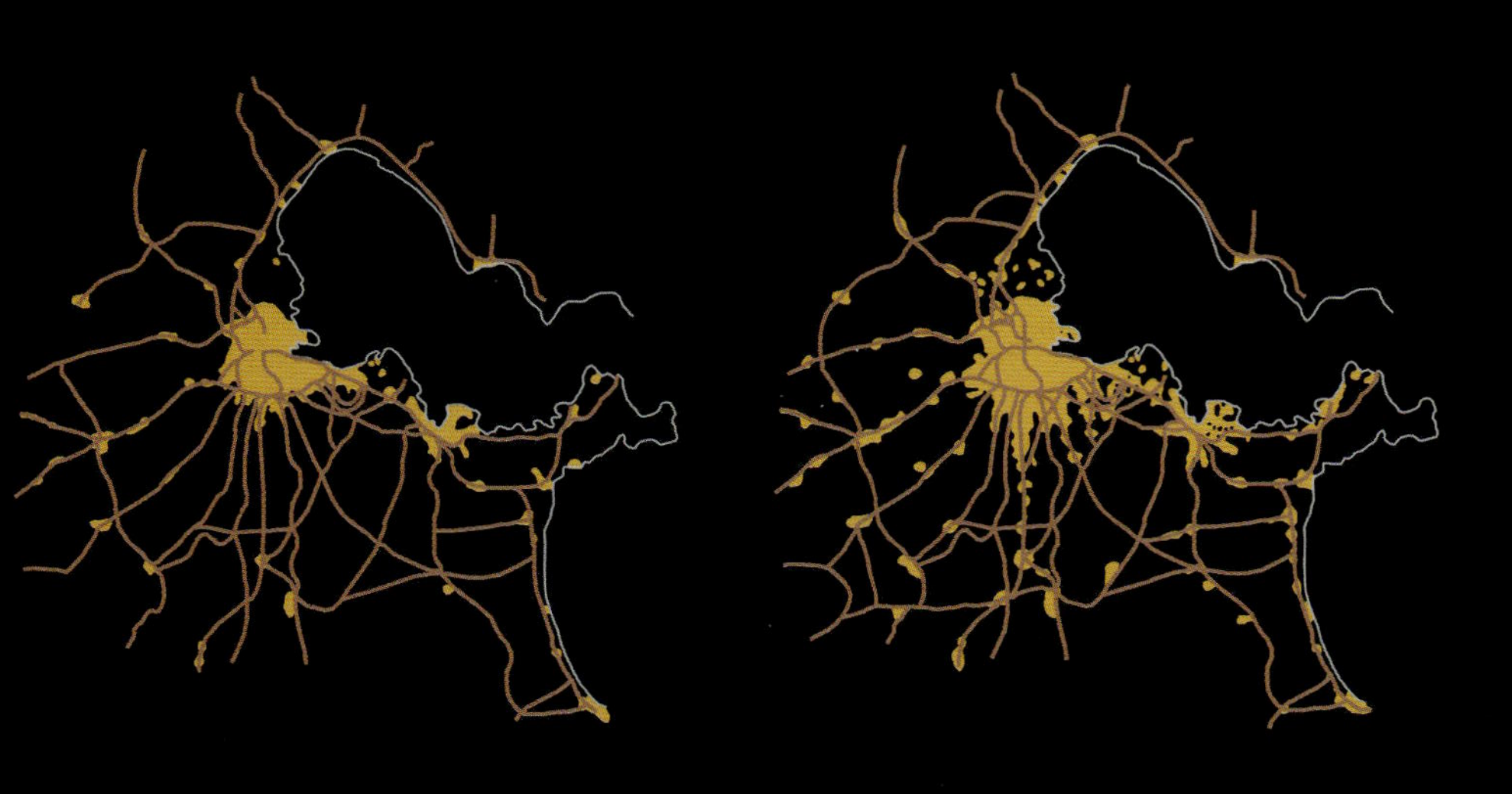

図6――1929年の鉄道と人口集中地区
(Densely Inhabited District)

図9――1952年の鉄道と人口集中地区
(Densely Inhabited District)

図10――1940年の首都圏の鉄道網
青木栄一、野田正穂、老川慶喜前掲『民鉄経営の歴史と文化 東日本編』5頁の図より筆者作成

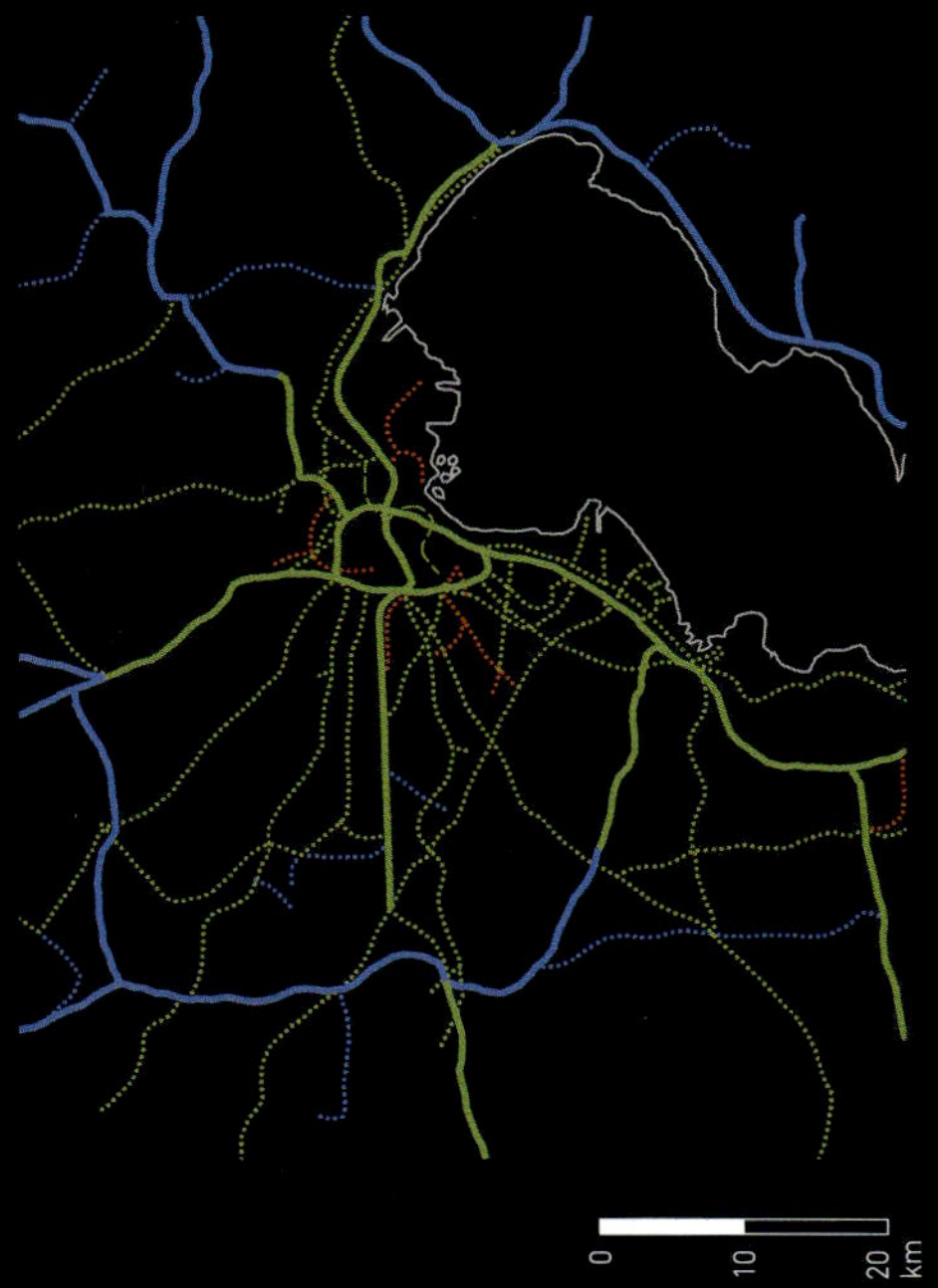

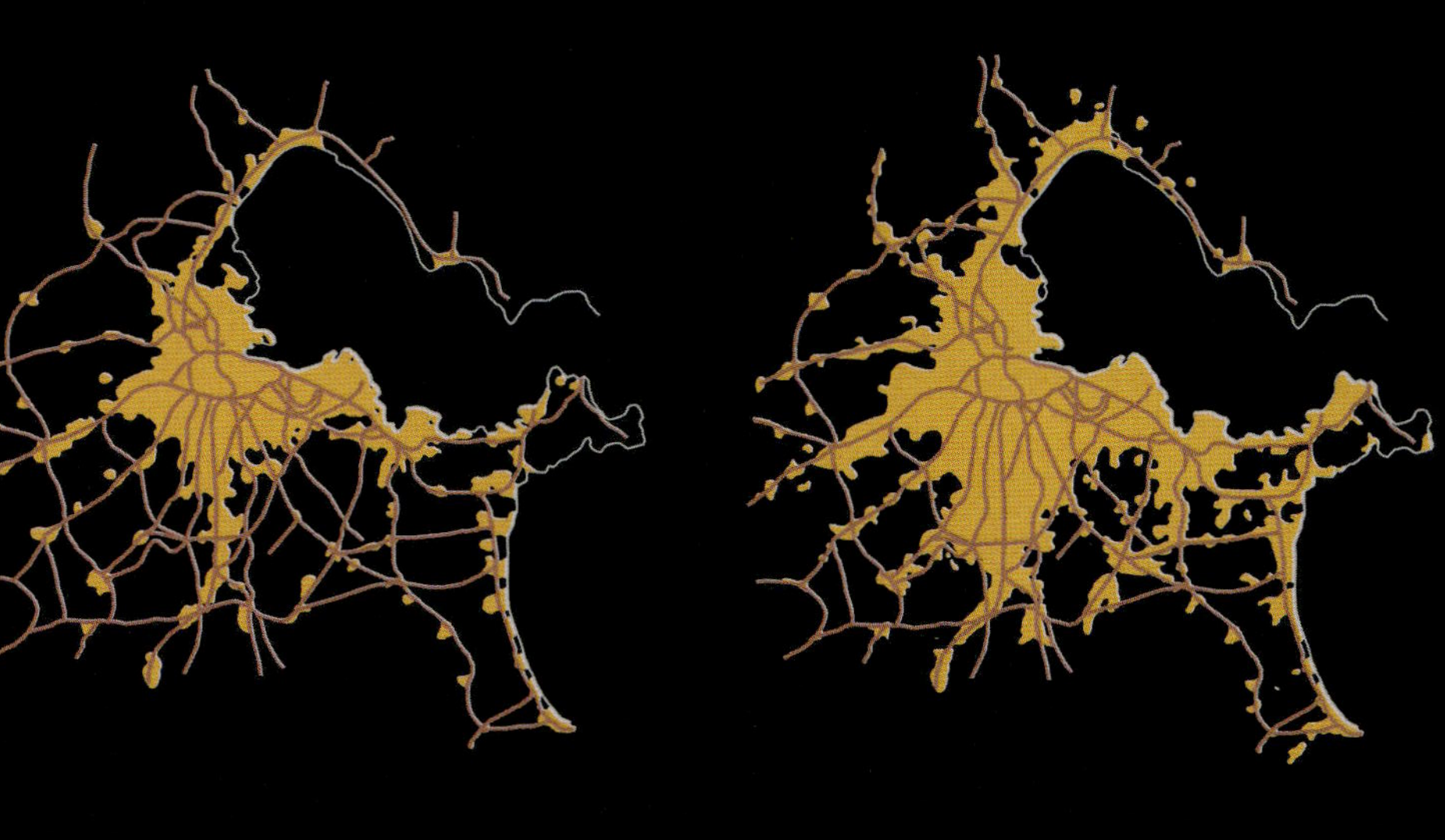

図11――1960年の鉄道と人口集中地区
(Densely Inhabited District)

図12――1970年の鉄道と人口集中地区
(Densely Inhabited District)

はじめに

第二次世界大戦後に都市として隆盛する新宿、池袋、渋谷は、終戦以前は東京においてどのような位置にあったのか。本章では、まず鉄道が敷設されていく過程で、新宿、池袋、渋谷が交通ネットワークのなかでいかに重要性が増していったのかを見ていく。そのなかで、関西のターミナルとは異なる、東京のターミナル像が浮かび上がってくるだろう。そして次に、交通量が増した新宿、池袋、渋谷の駅前にどのような基盤整備事業が行われたのかを都市計画と土地所有の視点から見ていく。以上ふたつの視点から、東京における新宿、池袋、渋谷の歴史的、地理的位置づけを確認し、次章以降で示すそれぞれの具体的な形成過程の基礎を見ていきたい。

1 首都圏の鉄道網の形成過程

国鉄と私鉄の関係性

首都圏の私鉄が急速に敷設された背景には、関東大震災後の東京郊外の市街地化がある。下町で被災した人々のなかには、郊外へ移り住む者が多くいた。これにともなって私鉄の敷設が急速に進み、郊外から都心への通勤を可能にした。しかし東京の私鉄は、市内への乗入れを拒否するように聳え、「万里の長城」とも呼ばれた山手環状線の駅をターミナルとしなければならなかったため、郊外に住んだ人々は乗り換えなしで直接都心へアクセスできるわけではなかった。東京市が政策的に私鉄の都心部へのアクセスを拒んだためである。

原武史は関東と関西それぞれの国鉄と私鉄の関係性を比較して、関東を「官」の鉄道に支配された「帝国」、関西を各社私鉄が沿線ごとに文化圏をつくり出す「王国」と呼んだ[*1]。戦前期、山手線に都心へのアクセスを阻まれ、山手線に寄り添う形で都心側のターミナルをつくった関東の私鉄に対して、関西の私鉄は国鉄に従属するのではなく、独自に都心にターミナルをつくり出し、さらには沿線に住宅地開発、観光地開発を行い、民間としての独立性を持ち得ていたと評価している。そして「帝国」を代表する私鉄に東急、「王国」を代表する私鉄に阪急を挙げ、「旧国鉄＝『官』に対立する阪急と、旧国鉄＝『官』に依存する東急」と、それぞれの特徴を捉えている[＊2]。

本書でも原のこの指摘を踏まえつつ議論を進めているが、とくに関東の鉄道敷設が国鉄に従属する形で進んだが故に、山手線沿線に大規模なターミナルが複数生まれたという点を評価したい。これらターミナル近傍の多くが戦後の高度成長期には副都心と呼ばれるようになる。戦前期、私鉄が国鉄の駅をターミナルとして鉄道を敷設し、国鉄と私鉄が相互連絡を円滑にするために駅を合築するなどして整備したことが、戦後のターミナル近傍での闇市の発生や、複合的なターミナルビル形成の背景になったことは間違いない。つまり、「官」の鉄道に支配された東京であるからこそ生まれた、ターミナルの都市景観が東京のターミナルの特質となっている。本節ではこうした視点に立って、東京の鉄道網の形成を見ていきたい。

青木栄一は明治中期から現代までの首都圏における大手私鉄の展開を六期に区分し、とくに高速電車の路線網の延伸に注目して整理を行っている[＊3]。ここでは本書が対象とする時期の東京を中心とした鉄道交通網の展開を、青木による整理を下敷きにしつつ新宿、池袋、渋谷に焦点を当てて見ていこう。

第一期　明治中期まで

一八七二年、新橋-横浜間に日本最初の鉄道が敷設された。近代日本の鉄道は当初から都市部だけに敷設するのではなく、全国に展開することを目標としていた[＊4]。この時期の鉄道は蒸気鉄道であり、もちろん高速輸送にも、頻繁な運転にも対応していなかった。鉄道は市街地の周縁部を起点とし、そこから広がる放射線と、起点をつなぐ連絡線（後の山手環状線）とから成っており、路線の密度は低かった。

図1はこの時期までに敷設された鉄道を示している。先に見たとおり、一八七二年に新橋をターミナルとする官設鉄道（東海道線）、一八八三年に上野駅を起点とし北へ敷設された日本鉄道（一八九〇年に上野-秋葉原間開通。後の国鉄東北線・常磐線）が誕生した[＊5]。そして、一八八五年には日本鉄道が品川-赤羽間でこの二本の鉄道をつないだ[＊6]。このとき新宿駅、渋谷駅が設けられている。近世からの交通インフラである、新宿を通る青梅街道と甲州街道、渋谷を通る大山街道と、鉄道の結節点として両駅はつくられた。一八八九年には新宿駅（後にターミナルは飯田町駅に）を始発とする甲武鉄道が開通し、さらに一八九四年に本所駅（後にターミナルは両国橋駅に）を始発とする総武鉄道が開通した。

以上の四蒸気鉄道が一八九四年までに開業したが、日本鉄道以下の私鉄は政府の保護や助成を受けていたり、資金の乏しい政府に代わって主要鉄道を建設、運営するという側面が強かった。また、これらの私鉄は、陸軍の軍事的見地および渋沢栄一ら財界首脳による経済基盤の整備という観点から、一九〇六年に鉄道国有法が制定され、国有化されていくことになる[＊7]。

市街地の周縁部を起点としていることからわかるように、この時期に敷設された鉄道は都市内交通を担っていたわけではない。都市内の交通は馬車と馬車鉄道による路上交通機関がおもであった。東京では馬車鉄道として東京馬車鉄道と品川馬車鉄道が開業していた。

この時期の新宿駅には日本鉄道、甲武鉄道が通っていたが、都市としての中心は新宿三丁目の追分（青梅街道と甲州街道の分岐点）にあり、駅の周辺は都市としては拓けていなかった。むしろ、鉄道の交差点であることから物流の拠点として発展し、栃木や群馬、山梨方面などから木材や石材、薪炭が運ばれてくるため、東口にはそれらを取り扱う材木屋や石屋、薪炭問屋、運送屋が建ち並んでいた。

他方で渋谷駅には日本鉄道しか通っておらず、駅周辺は田園であったと考えてよい。この時期、池袋駅はまだ存在しない。

第二期　明治中期から大正中期

明治中期から大正中期にかけて、低速の路面電車が急速に敷設され、馬車や馬車鉄道に代わって市街地の交通を担うようになった。図2は一九一〇年の首都圏の鉄道と人口集中地区（DID＝Densely Inhabited District）を示している。当時の市街地は山手線と隅田川に囲まれるエリアであったが、徐々にその外側のエリアが市街地化されつつあった。西側の武蔵野台地はおもに住宅地として開発されていたが、北側あるいは南側の台地を刻む谷戸では工場と住宅の混在する土地利用が見られる[＊8]。大正に入ると、さらに街道や鉄道に沿って、郊外へと市街地化が進んだ。

第一期に整備されていた鉄道では、起点と郊外を往復する郊外列車を増やし、さらに全国的な鉄道ではなく周辺地方都市と東京を結ぶ、よりローカルな鉄道が新たにつくられていった。こうした地域を走る列車は蒸気鉄道だけでなく、既設の蒸気鉄道が電化された高速電車や、軌道条例による許可を受けた軌道を走る低速電車も存在した[＊9]。

この時期は現在存続している私鉄のなかでも古いものが開業している。当時の東京市一五区の外縁部から郊外へと向かう鉄道では、東武鉄道、東上鉄道、武蔵野鉄道が蒸気鉄道として、京浜電気鉄道、玉川電気鉄道（玉電）、京成電気軌道、京王電気軌道などが、この時期に低速電車として開業した。これらの鉄道は東京市電の終点もしくは山手線上の駅をターミナルとし放射状に広がった（図3）。とはいえ、沿線の地域のほとんどは市街地化していない農村で、通勤・通学といった郊外と都心をつなぐ交通需要はそれほど発生していなかった。

一九〇三年に日本鉄道に田端への支線を設けるにあたり、池袋駅が開設された。池袋駅からは一九一四年に東上鉄道、一九一五年には武蔵野鉄道が郊外へと開通し、このときすでに池袋駅は現在のターミナルの基本的な構造ができあがっている。この間、渋谷駅には西口には玉電（一九〇七年）が、東口に東京市電（一九一一年）が敷設されている（図4）。玉電により、渋谷駅を経由して郊外と都心がつながったとはいえ、玉電は当初は玉川の砂利を東京市内へ運ぶことを目的に敷設され、郊外と都心をつなぐ旅客輸送を担っていたとはいいがたい状況にあった。

新宿ではこの時期、急激に軌道（路面電車）の敷設が進んだ。荻窪

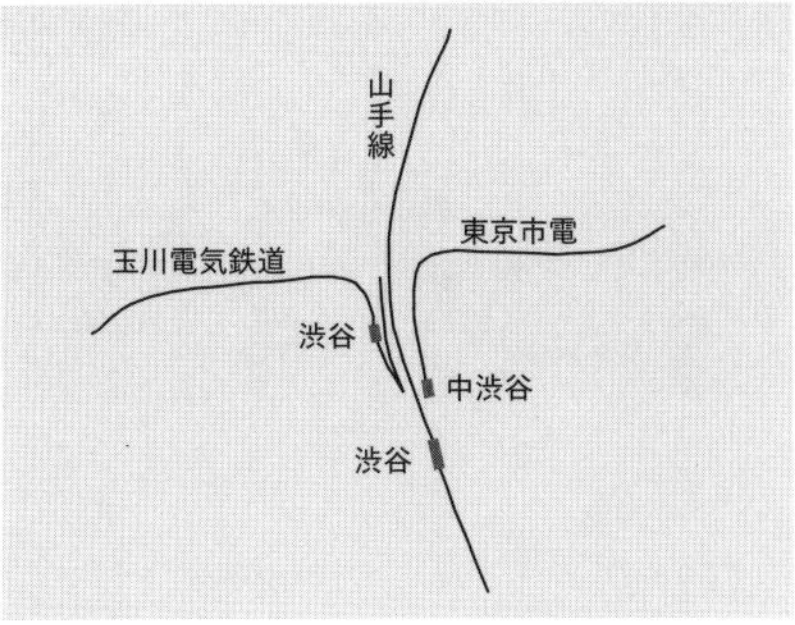

図4――1911年の渋谷駅。宮田道一・林順信『鉄道と街・渋谷駅』（大正出版、1985年）52頁の図より筆者作成。

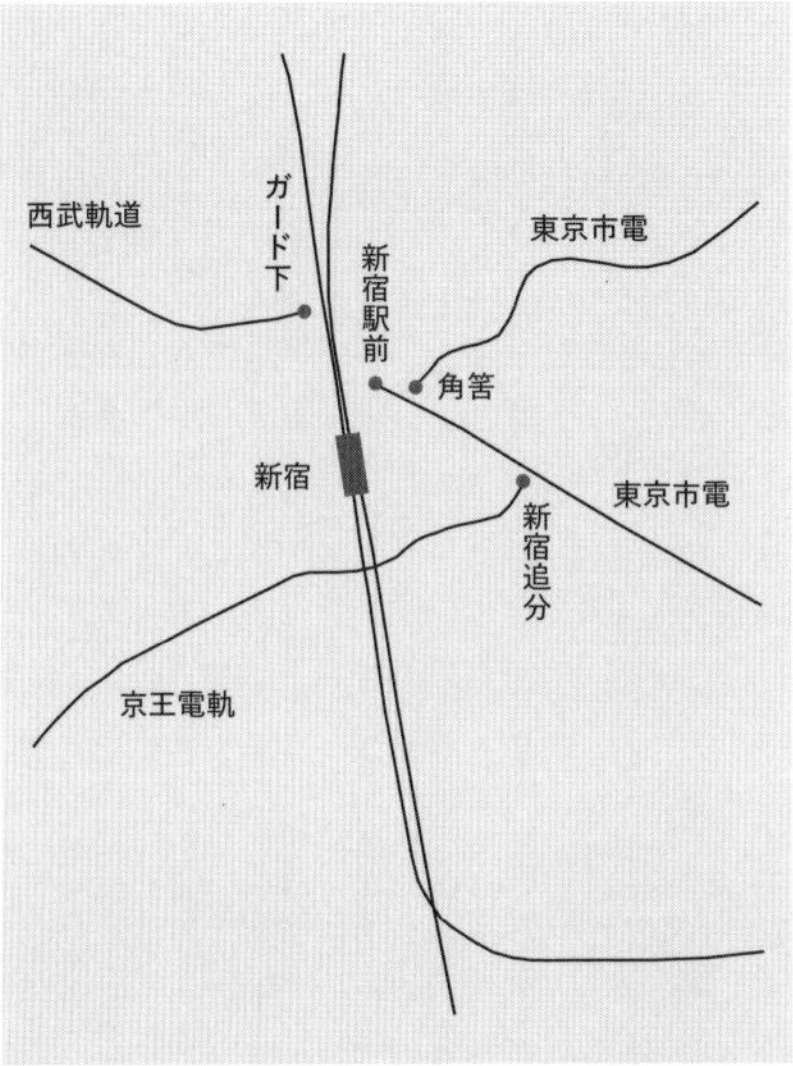

図5――1922年の新宿駅。三島富士夫、生方良雄『鉄道と街・新宿駅』（大正出版、2000年）100頁の図より筆者作成。

から駅北側のガードまで西武軌道（一九二二年）が、京王電気軌道（一九一五年）が国鉄を跨いで新宿追分まで敷設されている。また、新宿三丁目まで開通していた東京市電が新宿駅前まで延伸し、東大久保からも市電が延びてきた（図5）。

第三期　大正末期から一九四〇年ごろ

第一次世界大戦以降、住まいと職場の地域的な分離が進み、急増した中産階級の人々が郊外に住宅を構えるようになる。こうした傾向は関東大震災後に急速に進み、多くの人々が東京の西側の郊外へ居を移していった。こうして郊外と都心部の間の交通需要が増したことで、既設の鉄道交通網の高速電車化が促進され、さらに高速電車線の敷設や蒸気鉄道の電車化、路面電車の路線改良と移設などによって、大量輸送、高速、運行回数を増やすための運転能力が向上していった。また、既成市街地では高架鉄道や地下鉄が敷設されたが、依然として都市内交通の主力は路面電車であった（図6）。

この時期、新たに開業した電気鉄道には、池上電気鉄道、目黒蒲田電鉄、東京横浜電鉄、小田原急行鉄道、西武鉄道（高田馬場‐東村山間）、帝都電鉄などがあり、東京の鉄道交通網の基盤はこの時期にできあがったと考えてよいだろう。しかし、こうした電気鉄道は依然として山手環状線上を起点としていた。くりかえしになるが、「万里の長城」とも呼ばれた山手線を越えて、都心部にターミナルを置くことはできなかったのである。この理由のひとつとして、「東京市内交通機関の公営方針を貫く東京市の交通政策」［＊10］によって、東京市が私鉄の市内への延伸を拒んでいたことが挙げられる。私鉄を利用して郊外から都心にアクセスする場合、必ず山手環状線上で乗り換えを必要とした。まさに原武史が指摘する「官」の現れであった。

新宿駅ではこの時期、小田原急行鉄道が開通し、既設の西武軌道が東口まで延伸された。こうして、新宿駅とその周辺には戦後復興期までの基盤ができあがった（図7）。この時期の新宿駅の様子を生き生きと捉えた今和次郎の文章があるので、少し長いが引用したい。

「正確に四分の時をはさんで発着する中央線電車は、これは夫れ夫れ数万の居住者を有する大久保、東中野、中野、高円寺、阿佐ヶ谷から、更らに吉祥寺、国分寺、立川まで延びて、それ等の居住者を一手に引き受けて運んで来る。汽車は遠く信州、甲州からの客を運び、山手線、小田原急行線が、それぞれの沿線住民を運び込む。これ等が四つのプラットホームへ集り、そこから潮の如く階段をなだれ下るこれが即ち新宿駅である。

早朝から深夜まで、こゝはまことに肩磨轂撃。最近の鉄道省の調べに依ると、乗降客数東京駅を凌ぐこと数万、即ち一日の乗客が九万余、降客がまた九万余、合せて十八万余の人間が、あの長い明るいタイル張りの地下道を流れ通るのである。しかも新宿駅は、他駅の如くラツシユアワーの時刻にのみ雑沓するのではなく、未明から夜明けまで、間断なしの群衆の洪水なのである。この洪水を流す地下道はこれまさに日本一の地下道で、都下に日本一は数多くあるが、これほど素晴らしい日本一は他にはあるまい。

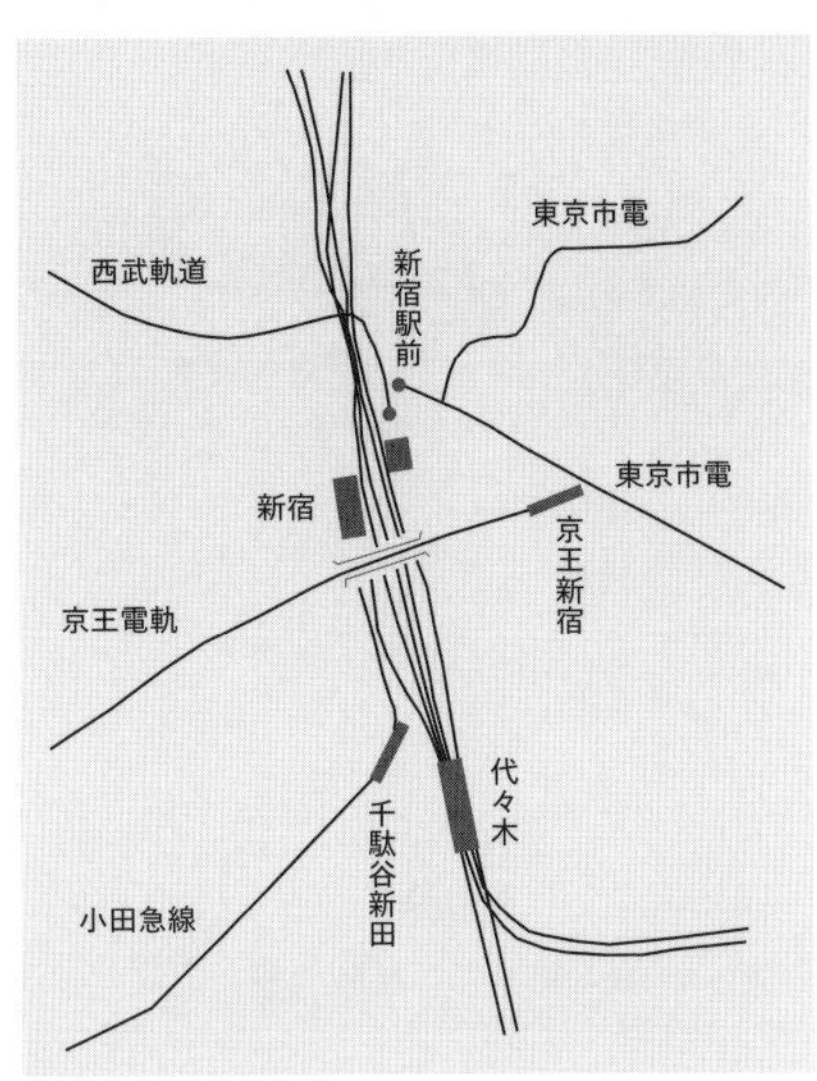

図7──1927年の新宿駅。『鉄道と街・新宿駅』100頁の図より筆者作成。

駅前の広場が、市電の終点の起点、西武電車の起点、市営、私営のバスがここで方向を転換をする。その間を縫つて疾走する無数の円タク。三丁目の京王電車の発着駅と併せて、こゝ新宿は都の西郊、中部日本、裏日本の大関門となり、東京駅と上野駅とが都の二つの表玄関であれば、こゝは出入自在の通用門といふところである。

で、新宿の群衆は、浅草の停滞、上野の遊楽、銀座の漫歩と異なり、すべて流動する人間の集まりだ。忙しさうな顔をした急速テンポの大衆だ」[＊11]

(今和次郎『新版大東京案内　上』筑摩書房、二〇〇一年、二二六頁。底本となった『新版大東京案内』は一九二九年、中央公論社)

このように戦前の新宿は終着駅、そして都心と郊外との中継点として発展していった。

他方、渋谷駅周辺は東京横浜電鉄と帝都電鉄が開業し、急激に変化している。玉電が山手線の嵩上げの後にその下をくぐり抜け、一九二四年に天現寺橋まで延伸された。しかし一九三八年、玉電が東京横浜電鉄と合併し玉電ビル(一九三七年着工)の二階に乗入れたため、市内側の路線とは直通運転ではなくなった(図8)。こうして、この時期に渋谷でもターミナルの基盤ができあがる。またこのころ、新宿と渋谷に遅れて池袋駅前にも東京市電が延伸されている。

こうして新宿駅、渋谷駅、池袋駅近傍の鉄道交通網の基盤が第三期までに完成した。

第四期　一九四〇年ごろから一九五五年ごろ

第四期は、第二次世界大戦から戦災復興の期間にあたる。一九三八年に施行された陸上交通事業調整法（四月二日法律第七一号）は、私鉄間の過度な競争を抑制し、二重投資を避けるために私鉄を統合して連絡輸送を強化する目的を持っていた。これにより東京の私鉄は、一九四二年から一九四四年にかけて、西南地区の東京急行電鉄、西北地区の西武鉄道、東北・北地区の東武鉄道、東南地区の京成電鉄の四社に統合された。しかし、終戦直後の一九四六年から一九四八年には、GHQのもと施行された集中排除法によって、こうした戦中期に行われた私鉄の合併が再び戦前に近い姿に解体されることとなる。東京では一九四八年に東京急行電鉄から京浜急行電鉄、小田急電鉄、京王帝都電鉄が分離し、東京急行電鉄はかつての東横、

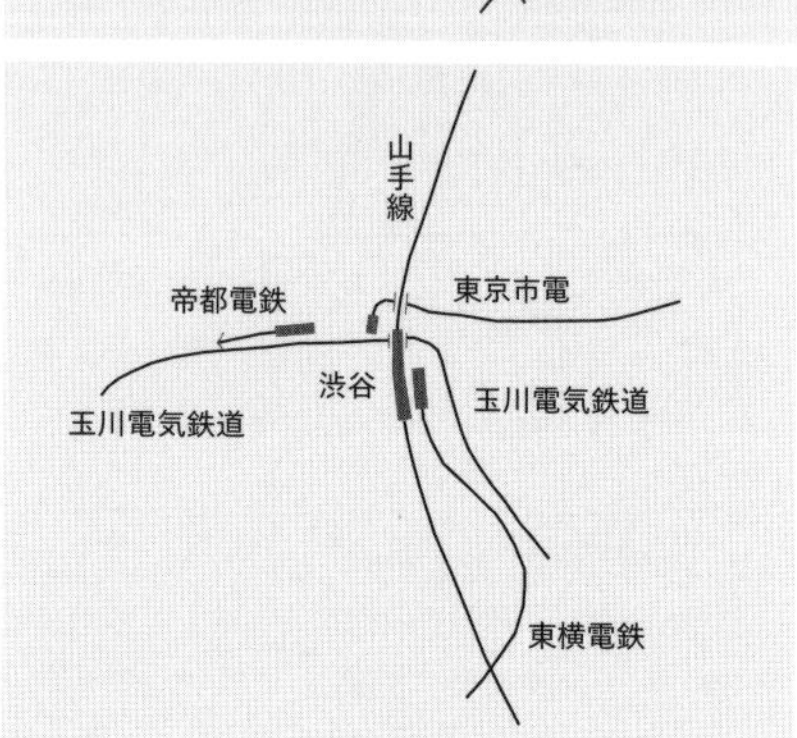

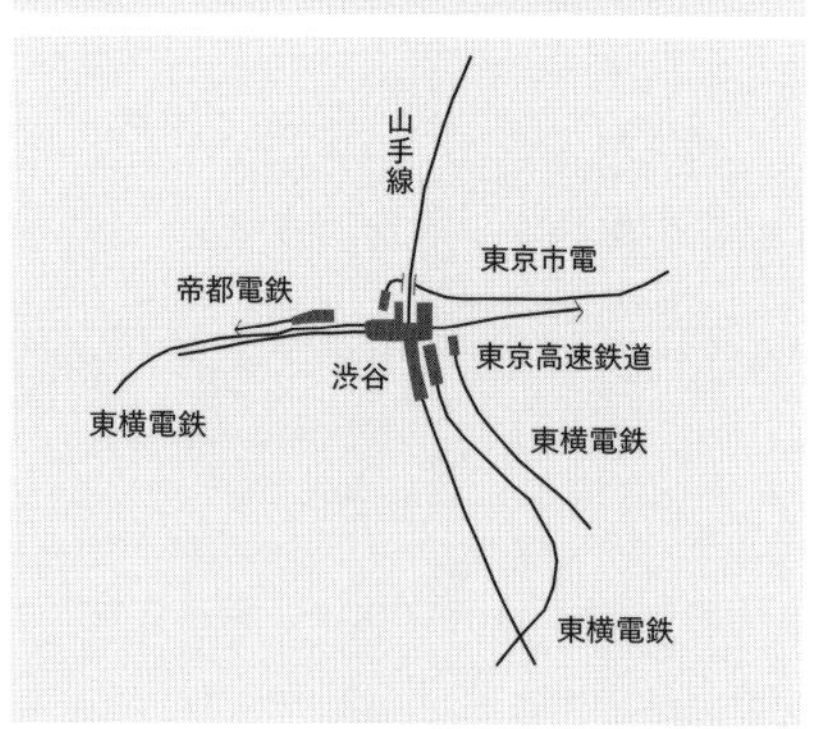

図8――1927年・1933年・1938年の渋谷駅。宮田道一・林順信『鉄道と街・渋谷駅』（大正出版、1985年）52頁の図より筆者作成。

目蒲、池上、玉川の各電鉄の範囲に戻った。

一方で、都心部では地下鉄を経営していた東京地下鉄道と東京高速鉄道は陸上交通事業調整法により帝都高速度交通営団に統合された。当初は民間資本も入っていたが、戦後には排除され、国鉄と東京都のみの出資となっている(図10)。

第五期　一九五五年ごろから一九七五年ごろ

この間、日本住宅公団が設立(一九五五年)され、住宅金融公庫融資付建て売りが販売開始(一九五〇年代半ばから私鉄各社の住宅分譲が本格化)されるなど、大型住宅地開発が進むとともに、中小の地主が所有する農地が急速に宅地化されていった。その結果、郊外の市街地化が進み、各私鉄は高速電車の車輌を大型化すると同時に、車両数を増やして、大量・高速輸送、運行回数の増加をめざした。そのため一九五五年から一九六五年にかけて郊外電車の旅客輸送量は二倍ほどに膨れあがっている。こうした郊外の市街地化は図11と図12からも読みとれる。東武鉄道や西武鉄道など、ほとんど田園地帯を走っていた鉄道が、通勤電車として本格的に整備されていくのはこのころであった。

この時期、新規の鉄道敷設は少なかったものの、東急田園都市線や京王帝都高尾線など、沿線の宅地開発や分譲事業と密接に関係した鉄道敷設が見られた。都心部では地下鉄網が拡大し、路面電車が地下鉄に置き換えられていく。また、郊外電車との相互乗入れも進み、郊外と都心が直通運転でつながる区間が拡大した。

こうして東京全体の鉄道交通網の形成と、新宿、池袋、渋谷ごとのターミナルの形成過程を見ると、おおむね終戦までに鉄道交通の基盤が整ったうえで、戦後に郊外の後背地が爆発的に成長していったことがわかる。また、新宿、池袋、渋谷のどの駅でも、国鉄の駅舎に対して平行になるように私鉄が駅へと近づき(玉電は例外で、国鉄渋谷駅のうえに乗入れるような形になっている)、私鉄と国鉄が有機的な関係性を持ってターミナルを形成していた。こうしたことが、ターミナルとなった新宿、池袋、渋谷駅近傍を発展させ、戦後復興期、駅前に広大な闇市を形成する背景となっていく。

2 ターミナル近傍の基盤整備計画と事業

東京の駅前広場

前節で見てきたように、東京では関東大震災後に郊外の市街地化が進み、私鉄郊外電車が多く敷設された。これによって山手環状線上のターミナル駅近傍で激増した交通量に対処すべく、都市計画東京地方委員会では駅前広場および街路の計画が行われた。そして一九三二年に新宿、池袋、渋谷、大塚、一九三九年には駒込、巣鴨、目白、目黒、五反田、大井町、蒲田の各駅近傍の駅前広場計画および街路計画が都市計画決定されている[＊12]。

越沢明を中心としたこれまでの先行研究では、こうした戦前期の計画のうち「都市計画事業として決定されていたのは新宿（一九三四年四月決定）と渋谷・池袋・大塚（一九三六年四月決定）であり、実際に事業が着手されたのは新宿のみであった」[＊13]とされ、さらに新宿西口を除き事業着手されなかった計画は「戦災復興事業において原計画が継承され（昭和二一年八月二〇日都市計画決定）」[＊14]、完成を見たと考えられてきた。さらに越沢がいうように都市計画からの視点でいえば、「戦後になり、池袋、新宿、渋谷が副都心として成長していくきっかけは、戦前の駅前広場計画に端を発する」[＊15]。このように、これまでの研究では、新宿、池袋、渋谷といった後に副都心と呼ばれる地域の駅前広場の形成過程は、戦前の計画が戦後の戦災復興計画に継承されたという点に注目してきた。言いかえれば、両計画の間をつなぐ視点が欠落していたのである。筆者は、むしろ両計画の間に目を向けなければ、こうした地域の駅前広場の形成過程が捉えられないと考えている。

結論を先にいえば、事業が着手されていないとされてきた渋谷駅近傍の駅前広場と街路計画は、東口の一部で事業着手されており、渋谷駅西口の駅前広場と池袋駅東西両側の駅前広場は、交通疎開空地として終戦間際の一九四四年にはまがりなりに完成していた。

こうした視点はこれまでの東京の駅前広場の研究にはなかったが、交通疎開空地の目的が「特に交通量多く且附近に家屋密集する駅の附近に空地を設け之を広場又は道路として非常時に於ける交通の混乱を防止せんとするもの」[＊16]である以上、戦前期の駅前広場計画と同様の形態であってもおかしくない。

本節では戦前期の駅前広場計画と戦後の戦災復興事業で実現する駅前広場の間に、交通疎開空地を位置づけ、とくに渋谷駅近傍と池袋駅近傍でこれを検証していきたい。

まず東京市監査局都市計畫課『新宿驛前廣場計畫概要』（一九三七年調製）と東京市役所『渋谷驛前廣場計畫概要』『池袋驛前廣場計畫概要』をもとに、戦前の駅前広場計画と事業区域を把握したうえで、渋谷駅東口については旧土地台帳の記載事項から東京市が買収した土地を特定し、事業の実施状況を復原する。『渋谷驛前廣場計畫概要』と『池袋驛前廣場計畫概要』はともに調製年は不明であるが、一九三六年四月の事業決定後に調製されたものである。

交通疎開空地については次の資料から実態を把握し、そのうえで戦前の計画と比較検討を行う。航空写真からは交通疎開空地の形状を、旧土地台帳からは所有関係の変化を読みとる。

新宿駅近傍については一九四五年一月六日に陸軍が撮影した航空写真「95D4-C1-2」（国土地理院所蔵）と一九四七年九月八日に米軍が撮影した「USA-M451-29」（同院所蔵）および旧土地台帳の記載事項をもとに一九四四年から一九四七年の駅前広場の状態を捉え、『新宿驛前廣場計畫概要』と比較を行う。

池袋駅近傍については東京都防衛局建物疎開課『豊島区建物疎開地区図』（一九四四年五月、豊島区郷土資料館所蔵）と一九四四年一〇月二二日に陸軍が撮影した航空写真「8912-C1-150」（国土地理院所蔵）と一九四七年八月八日に米軍が撮影した「USA-M390-34」（同院所蔵）

および旧土地台帳の記載事項をもとに一九四四年から一九四七年の駅前広場の状態を捉え、『池袋驛前廣場計畫概要』と比較を行う。

　また渋谷駅近傍についても、一九四五年一月一九日に陸軍が撮影した「95F15-C4-54」(国土地理院所蔵)と一九四七年九月八日に米軍が撮影「USA-M449-116」(同院所蔵)および旧土地台帳の記載事項から東京市が買収した土地を特定し一九四四年から一九四七年の駅前広場の状態を捉え、『渋谷驛前廣場計畫概要』と比較を行う。

戦前の駅前広場計画とその事業化

新宿駅前広場計画

戦前の新宿駅前広場計画については越沢が詳しくその全体像と都市計画的意義を明らかにしているため[＊17]、ここでは交通疎開空地との比較ができるよう『新宿驛前廣場計畫概要』からおもに位置と規模のみをおさえる。

　駅前広場の位置は「近く移轉する新宿驛西側の専賣局淀橋工場跡地の中央部」とし、その面積は二万六六四平方メートル(六二五一坪)としている。広場の南東で国鉄と小田原急行鉄道の駅と接続し、広場内には集団駐車場、乗合自動車乗降場、芝生、車道、歩道等を適当に配置して、将来敷設予定の西武高速鉄道および地下鉄道のターミナル駅は、この広場地下に収容し既設鉄道駅との連絡を至便にする方針であった。

　さらにこの広場と周辺の主要街路との連絡をよくするため街路を放射状に新設し、甲州街道へ通じる幅員三三メートル、延長二〇四メートルの第一号路線(図13㊀)、淀橋浄水場方面へ通じる幅員二七メートル、延長二六八メートルの第二号路線(㊁)、広場北西から青梅街道へ通じる幅員三三メートル、延長一一五メートルの第三号路線(㊂)、第三号路線と第五号路線を連絡する幅員一一メートル、延長一一四メートルの第四号路線(㊃)、広場北東から青梅街道へ通じる幅員二七メートル、延長一二八メートルの第五号路線が計画された(㊄)。この計画は資材統制下でありながら工事が進み、広場は一九四一年に概成した。図13のとおり、こうした計画はすべて駅の西側で計画されていたが、一九三六年一二月には「新宿駅付近広場及街路」の決定区域が東口を含むように変更された[＊18]。図13はこの計画拡張後に描かれたもので、東口の街路が拡幅され、甲州街道に沿っては広場が計画されていたことがわかる。

渋谷駅前広場計画

『渋谷驛前廣場計畫概要』によれば、渋谷駅は大山街道に面する唯一の駅として栄えていたが、とくに関東大震災を契機として東京西南部の郊外地域が急激に発展したため、経済上も交通上も枢要な駅となった。そして、山手線を中心に、東京市電、東横電鉄、玉川電鉄、帝都電鉄および東京高速度鉄道ならびに、市営、東横、玉川、山ノ手などのバスが渋谷駅を中心に発着しており、これらの電車とバスを合わせて平日一日の乗降客数は二五万人に達し、東京駅、上野駅を遥かに凌駕する状態だった。こうした状況に対処すべく、駅前広場と街路が次のように計画された。

まず駅前広場は、渋谷駅西側の玉川電気鉄道株式会社社屋付近に面積一万二〇九八平方メートルで計画された（図14）。国鉄、玉電、帝都電鉄と工事中の東京高速度鉄道の停車場を集約して共同駅舎（玉電ビルとして建設される）とし乗客の利便性を向上させ、将来市電を移設して広場を通過するよう計画していた（図15）。

そして、この駅前広場と周辺の主要街路を連絡するために、七線の街路を新設し、すでに計画済みの二路線の一部を接続させる計画であった。第一号路線は宮益坂中腹より渋谷小学校東側に沿って渋谷町道路第六号路線に通じる幅員一一メートル、延長一〇五メー

図13――東京都市計画新宿駅付近広場及街路之図。計画された路線番号を示す漢数字は筆者追記。

トルで（図14㊀）、第二号路線は東横百貨店東側より玉川電車通りに沿って渋谷町道路第六号路線に通じる計画であった。この第二号路線は駅東側の広場としての機能も備えており、駐車場、芝生なども予定されており、幅員は二八〜四九メートル、延長一三五メートルとなる計画であった（㊁）。第三号路線は西口広場南から渋谷町道路第一九号路線に通じる幅員一八メートル、延長二九メートルの街路（㊂）、第四号路線も西口広場中央から渋谷町道路第一九号路線に通じる幅員一八メートル、延長四五メートルの街路（㊃）。第五号路線は大山街道から西口広場北に通じる幅員二五〜三三メートル、延長一〇一メートル（㊄）、第六号路線は第五号路線より渋谷駅前を通過し大山街道へ通じる幅員六〜一〇メートル、延長七五メートルのL字状の街路（㊅）、第七号路線は大山街道の一部を拡幅し山手線の下を通るもので幅員二二〜二九メートル、延長一〇三メートル（㊆）。これに加え、渋谷町道路第六号路線の一部として、宮益坂上の大山街道から駅西側の広場へ通じる幅員二〇〜二二メートル、延長四六五メートルの街路と、渋谷町道路第一九号路線の一部として、駅西側広場の外側を回る街路が計画された。

『渋谷驛前廣場計畫概要』によれば、こうした「前述の諸計画を全部実施して初めて広場計画の全機能を発揮し得るものであるが、本

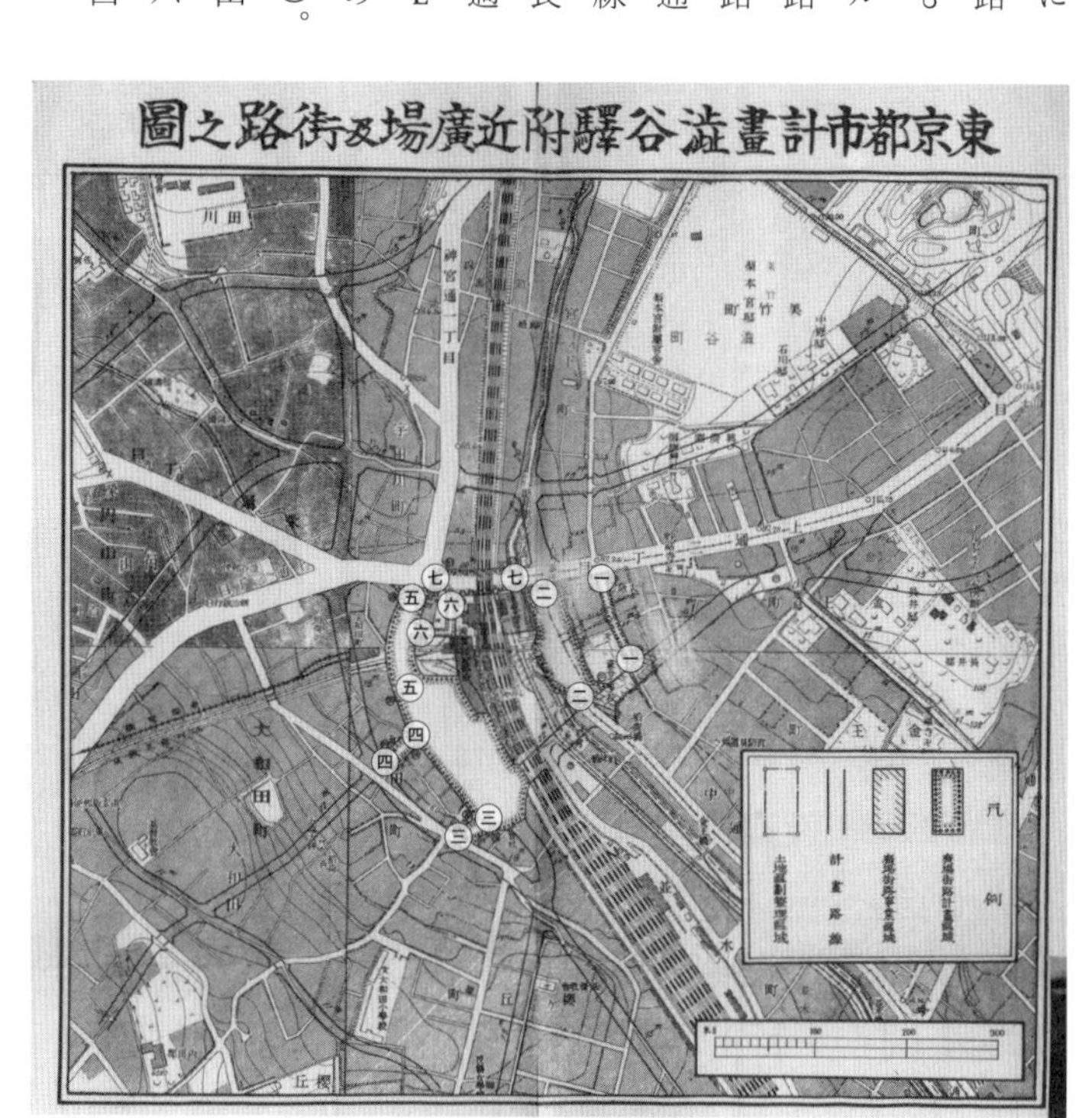

図14──東京都市計画渋谷駅付近広場及街路之図。計画された路線番号を示す漢数字は筆者追記。

市財政の現状に照し差当り其の内最も急施を要すると認めらるる東口の」第一号路線、第二号路線、第七号路線、渋谷町第六号路線ノ二（渋谷町道路第六号路線の一部）の「四路線を実施し、激化せる交通の現状を緩和し更に進んで宅地の利用を増進せしむる為め一部の附近地に対し土地区画整理をも併せ実施せむとする」としている。

また、『渋谷驛前廣場計畫概要』の図14を見ると、渋谷町第六号路線ノ二が「広場街路事業区域」となっている。

先述したとおり既往研究[＊19]では、戦前にはこうした渋谷駅近傍における駅前広場および街路計画は事業着手されておらず、戦後の戦災復興事業に継承されたとされているが、上記のとおり渋谷駅東口では事業化されていた。次に旧土地台帳の記載事項から、こうした地域で東京市がどれほど土地を買収していたかを見てみよう。

図16は東京都市計画第八-一地区復興土地区画整理事業の換地処分時の地割（区画整理以前）のうち、旧土地台帳の記載から一九四〇年もしくは一九四三年に東京市が買収を行っている土地を網掛けした図である。この図16を図14と比較すると、渋谷町第六号路線ノ二、

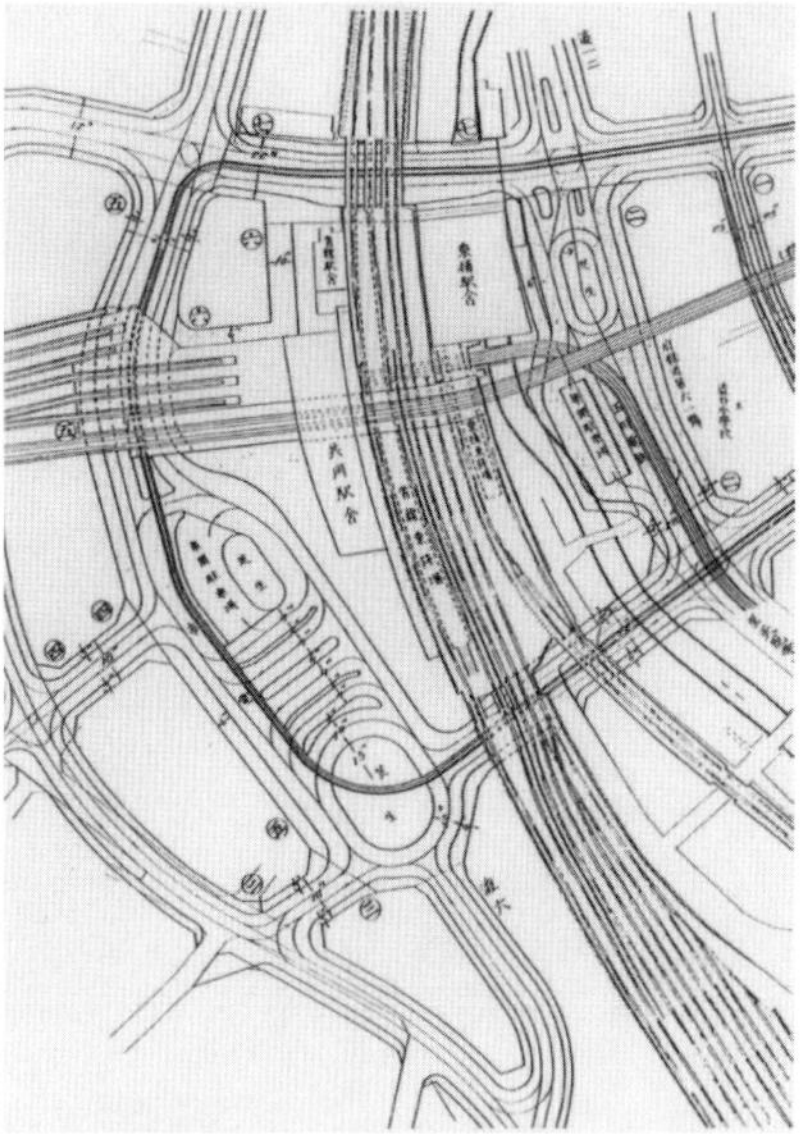

図15──東京都市計画渋谷駅付近街路計画図（1935年12月16日、出典：青木栄一、野田正穂、老川慶喜『民鉄経営の歴史と文化 東日本編』今昔書院、1992年、56頁）。

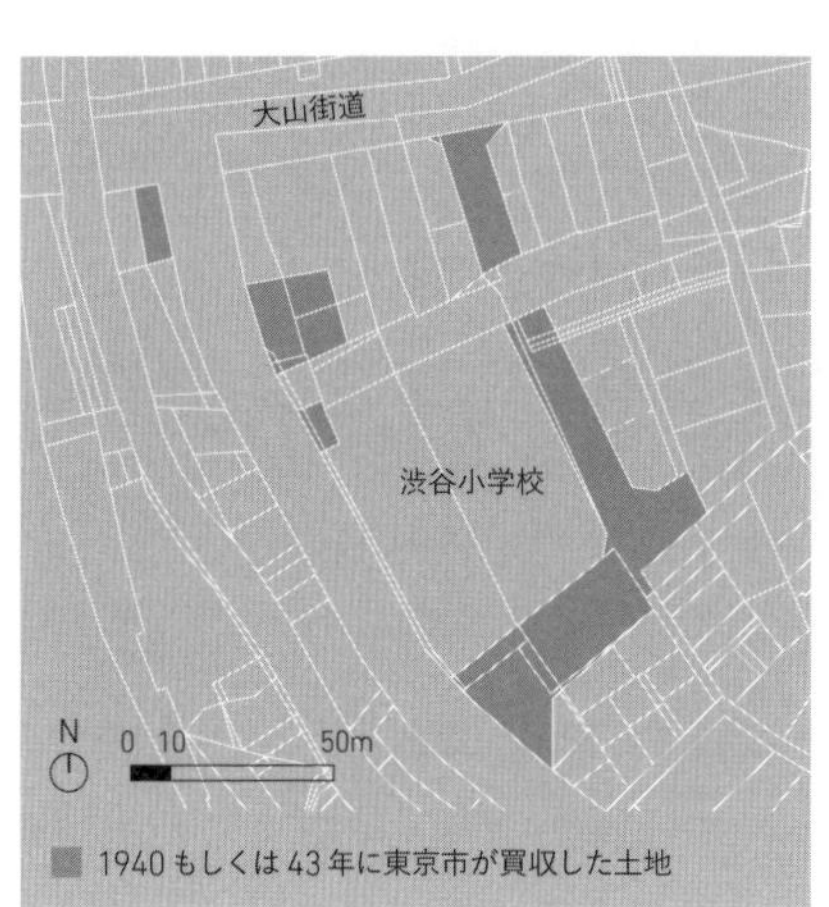

図16──1940年もしくは43年に東京市が買収した土地

第一号路線、第二号路線の一部の土地の買収が行われていることがわかる。以上から渋谷駅東口では、西口に先立って広場および街路計画が事業化され、一九四〇年もしくは一九四三年に東京市によって土地買収が進んでいたと見ることができる。しかし、買収が一部であったことからも事業は戦時体制のため中断したと見てよいだろう。

池袋駅前広場計画

『池袋驛前廣場計畫概要』によれば、戦前期の池袋駅付近は環状線明治通りに駅東側で接し、東京の西北部における殷賑な盛り場となっていた。池袋駅は一九一〇年代半ばごろから交通上の要衝になっており、後背地が急速に発展したことで交通量が増加していた。山手線、東武鉄道東上線、武蔵野鉄道、王子電軌バス、東京環状バス、池袋バス等を合わせて一日の乗降客は平均一一万人に及んでいた。また、駅近傍の自動車の交通量も一日約一万二〇〇〇台に達し、将来の道路事業によってさらに増加するものと予想されていた。さらに池袋駅をターミナルとする市営地下鉄、東京東北鉄道、武蔵野鉄道の護国寺方面延長線の敷設計画があり、将来ますます混雑することが予想された。こうした状況へ対処するために駅前広場が計画されている。池袋駅付近の駅前広場および街路計画は図17のとおりである。東西口に駅前広場が設けられ、その周辺に主要街路と連絡する街路が計画されている。

まず、駅前広場は一万二四一平方メートルの東口広場と八六九八平方メートルの西口広場が計画された。これに加え、東口広場を迂回して明治通りをつなぐ幅員一八メートル、延長四二二メートルの第一号路線（図17㈠）、東口広場より第一号路線に通じる幅員一八メートル、延長七八メートルの第二号路線㈡、西口広場より目白方面に通じる幅員一五メートル、延長一一六メートルの第三号路線㈢、西口広場から豊島師範学校前に通じる幅員一五メートル、延長四七メートルの第四号路線㈣、豊島師範学校東側に隣接し南北にのびる幅員一五～一八メートル、延長三八七メートルの第五号路線㈤、第五号路線と直行する幅員一一～一五メートル、延長一四九メートルの第六号路線㈥、その第六号路線と直行し第五号路線と平行して走る幅員一一メートル、延長三三メートルの第七号路線の計七路線の街路が計画されていた㈦。

また渋谷と同様、計画全体を同時に実施するわけではなく、最も急を要する西口広場を先行するとしている。しかし、渋谷駅東口と異なり、図17には「広場街路事業区域」に指定された場所はなく、旧土地台帳の記載事項を確認しても池袋駅西口広場付近で図17

に従って一九四四年までに東京市に買収された土地は見当たらない。以上から池袋駅前広場および街路の計画は事業着手されていなかったと考えられる。

このように新宿駅、池袋駅、渋谷駅近傍の広場および街路の計画は、新宿では一九四一年に概成し、渋谷では優先して東口の事業が着手されたが完成には至らず（西口は未着工）、池袋では事業が着手されていなかった。こうして事業途中で中断していた渋谷や池袋の駅前広場は、平時と非常時の違いはあれ、目的を共有していた一九四四年以降の交通疎開空地事業によってまがりなりにも実現していくこととなる。

交通疎開空地

では、新宿駅東口、渋谷駅西口と池袋駅東西口で行われた交通疎開空地事業を確認し、先の計画と比較することとしよう。

渋谷駅西口

一九四五年一月一九日に陸軍が撮影した航空写真（写真1）を見る

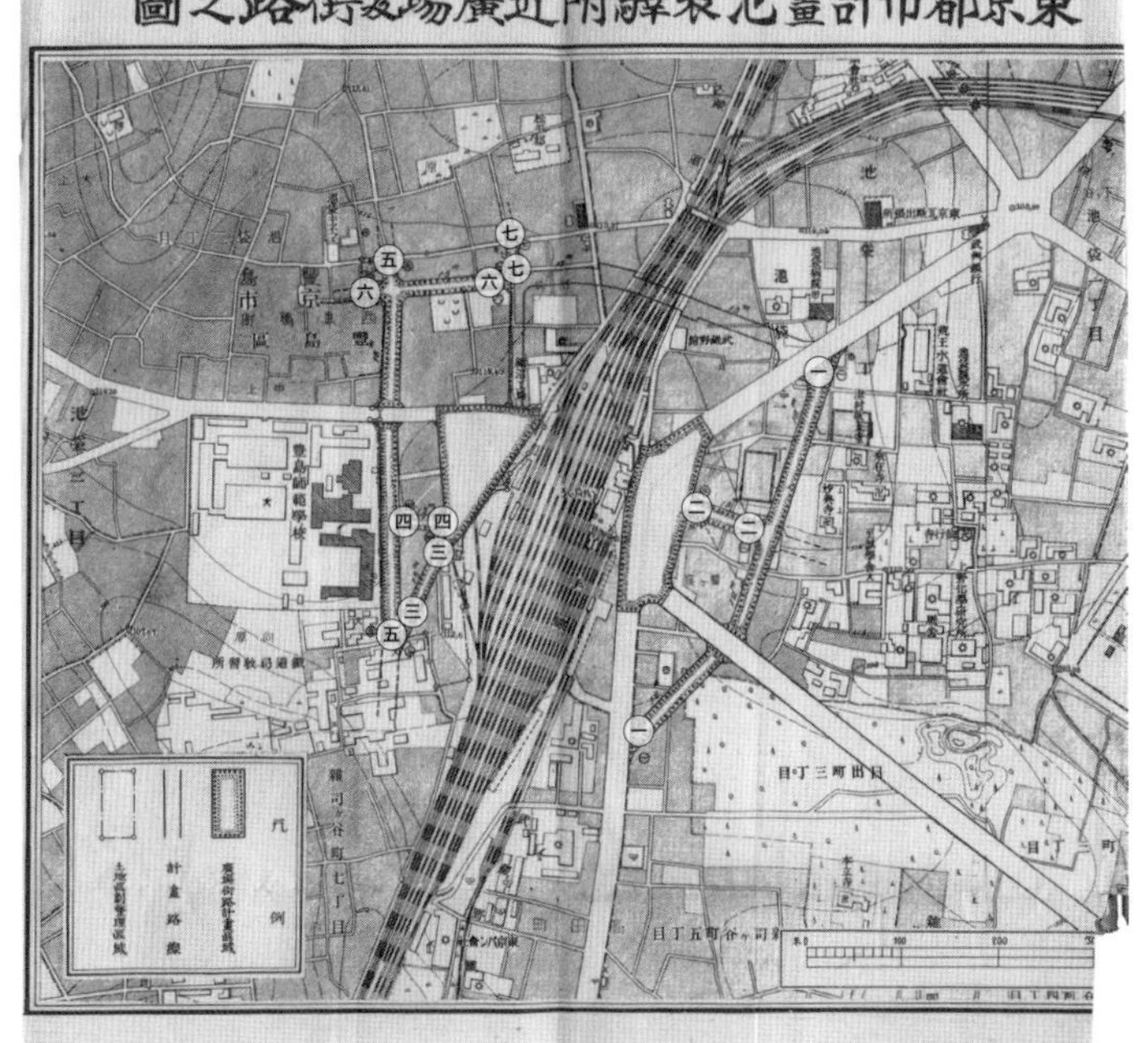

図17——東京都市計画池袋駅付近広場及街路之図。計画された路線番号を示す漢数字は筆者追記。

と、駅西側に曲線を描きながら広大な空地が取られていることがわかる。この空地が疎開事業の第一次（一九四四年一月二六日）と第三次（一九四四年四月一七日）で指定された交通疎開空地三三九〇坪（一万一二〇七平方メートル）である［＊20］。「渋谷驛前廣場計畫」として計画された駅前広場は三六五九・六五坪（一万二〇九八平方メートル）であったため、規模が少し小さいものの、写真1と図14を比較すると、ほとんど同じ形状で広場が取られていることがわかる。さらに旧土地台帳の記載事項を確認すると、このうち図18の網掛け部分の土地が一九四四年から一九四五年の間に東京都に買収されていることがわかる。疎開空地の「土地は所有者の申出に依り都で買うか借りること」［＊21］になっていたが、ここでは大部分が都に買い取られている。

渋谷駅西口の交通疎開空地は、戦後になっても短期間、闇市に不法占拠されただけで、一九四六年夏以降は全面的に広場として利用されている。一九四七年九月八日に米軍が撮影した写真2を見ると、緑地帯が設けられ駅前広場として利用されていることがわかる。

また、戦前の計画が事業着手されたものの未完成となっていた東口でも、焼け残った協和銀行が戦前と同じ位置にあり、第二号路線は成立しているように見受けられる。これは「最も混雑する駅付近の建物を疎開して広場及道路を造成する」［＊22］ことを目的に行われ

写真1──1945年1月19日に陸軍が撮影した渋谷駅上空の航空写真「NI-54-25-7」、国土地理院所蔵。

た主要駅付近疎開事業の一環で建物が除去された地域であると考えられる。主要駅付近疎開事業では、渋谷駅付近五六〇坪が指定されている。

池袋駅前広場

本書が対象とする三つの駅近傍のうち、池袋駅については唯一疎開空地の図面が残されている。『豊島区建物疎開地区図』(東京都防衛局建物疎開課、一九四四年五月)がそれである。この図面では疎開空地が三種に塗り分けられている。幅員の広い「疎開空地帯」が緑、あるポイント周辺を面的に建物疎開する「疎開空地」が黄色、幅員の狭い帯状の「疎開小空地」が赤に塗り分けられている。

池袋駅東西口の交通疎開空地は「疎開空地」に該当し、図19では黄色く塗られている。これは疎開事業の第三次で指定された交通疎開空地で、池袋駅東口の五三〇〇坪と西口の二一〇〇坪である[＊23]。この交通疎開空地は、一九四四年一一月七日に陸軍が撮影した航空写真(写真3)で、建物が除去されていることがわかる。

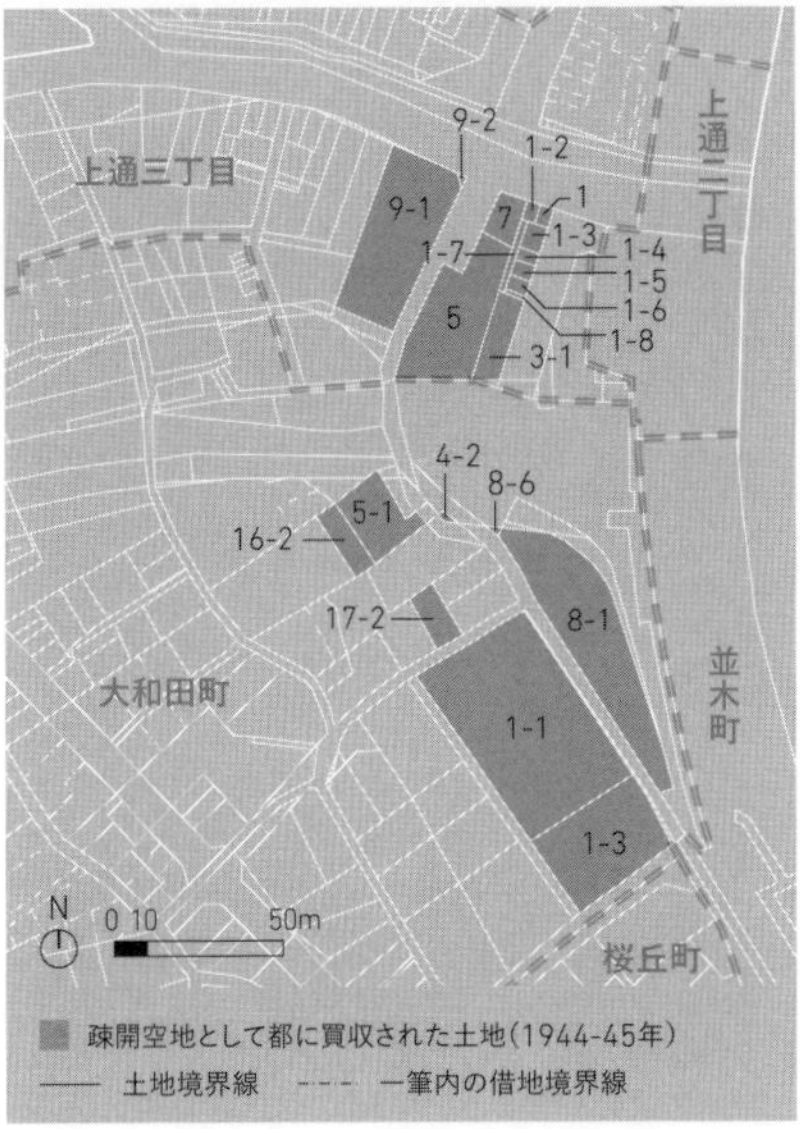

上通三丁目
上通二丁目
9-2
1-2
9-1
7
1
1-3
1-7
1-4
1-5
1-6
5
1-8
3-1
4-2
8-6
5-1
16-2
17-2
8-1
大和田町
並木町
1-1
1-3
N
0 10
50m
桜丘町
疎開空地として都に買収された土地(1944-45年)
土地境界線
一筆内の借地境界線

図18――交通疎開空地として東京都に買収された土地。

協和銀行

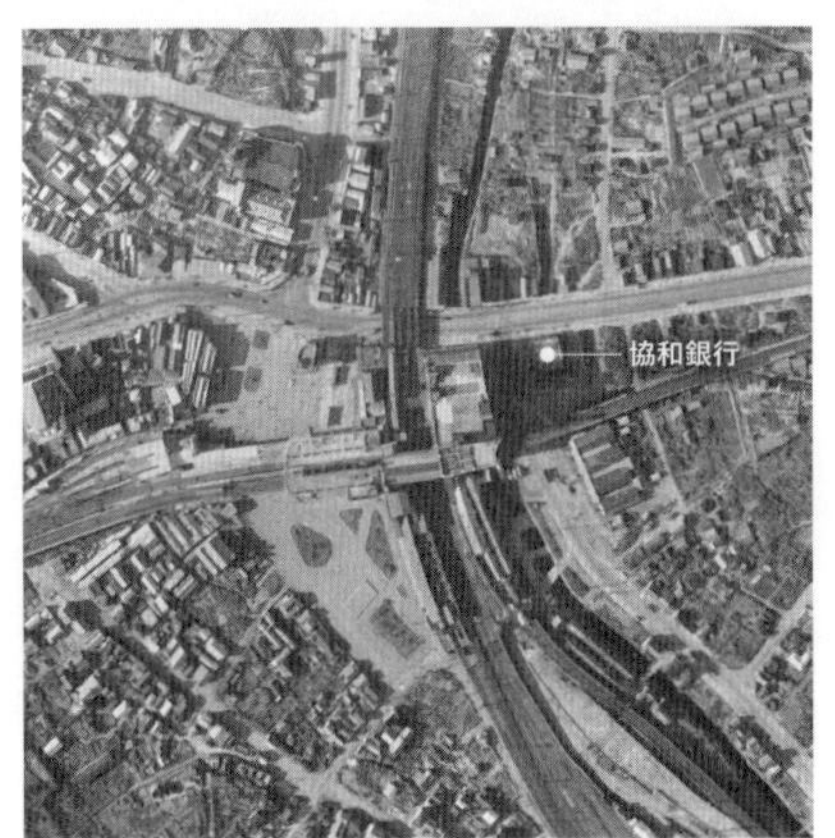

写真2――1947年9月8日に米軍が撮影した渋谷駅上空の航空写真「USA-M449-116」、国土地理院所蔵。

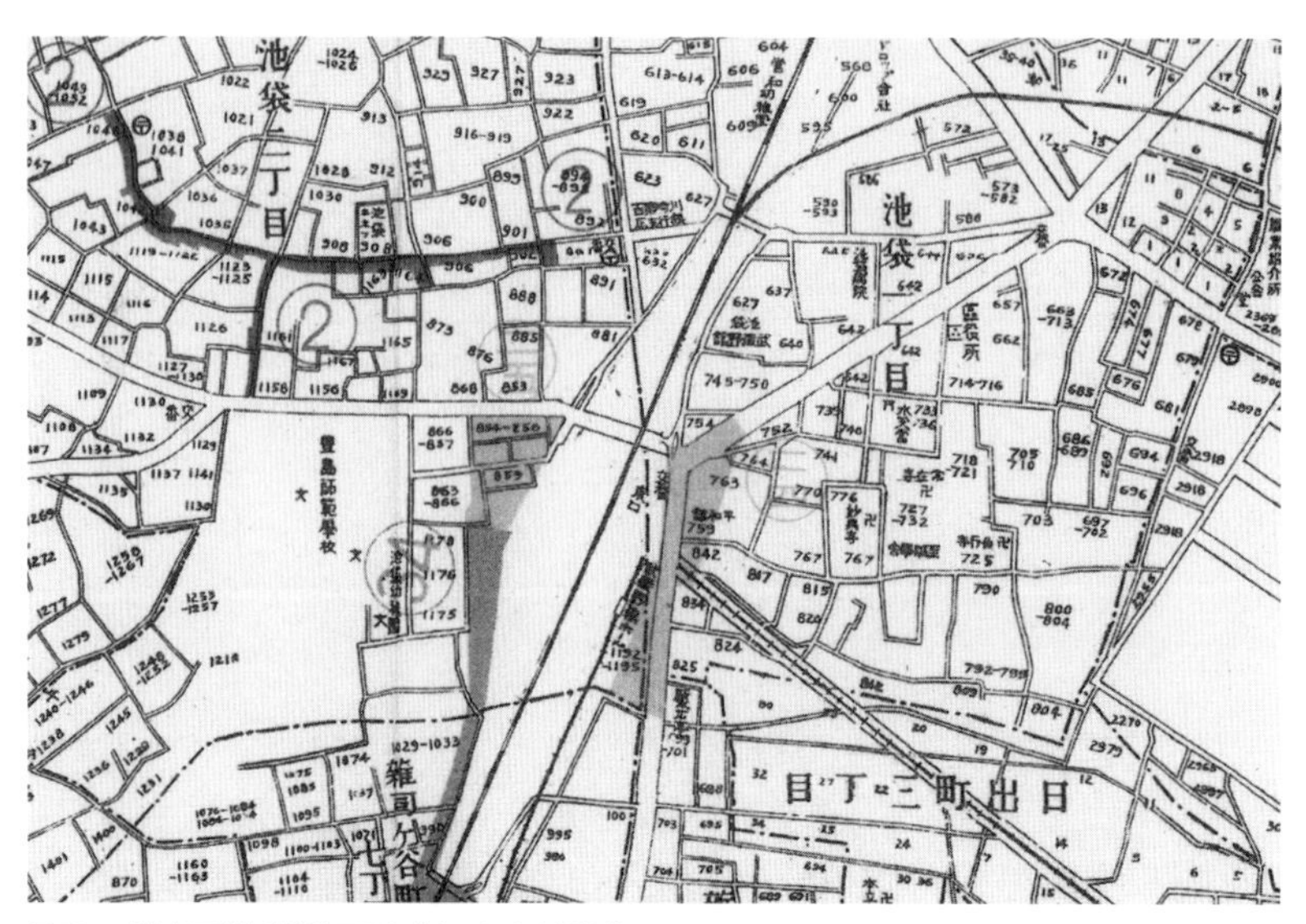

図19──『豊島区建物疎開地区図』、豊島区郷土資料館蔵

図19と図17を比較すると、東口では交通疎開空地が武蔵野鉄道の駅舎部分も含み面積が広くなっているものの、西口ではほとんど駅前広場計画と同規模の空地がつくられていることがわかる。

池袋の駅前広場の土地のうち、東口広場の土地に関する旧土地台帳は散逸して確認することができないが[＊24]、西口広場の土地については図20の網掛け部が一九四五年に疎開空地として東京都に買収されていることが、旧土地台帳の記載事項からわかる。

写真4は一九四七年八月八日に米軍が撮影した航空写真である。戦後になると、東口では交通疎開空地のうち北側の場所に、池袋露店商組合支部が「明るい連鎖市場（J・V・C）」を看板に掲げ、二五〇戸のマーケットを建設している[＊25]。また、武蔵野鉄道（戦後一九四六年からは西武鉄道）用地には武蔵野デパートが建設されている。ただ、こうしたマーケットも一九五〇年までに戦災復興土地区画整理事業によって早期に整理が進んでいる。

一方の西口の交通疎開空地は、何棟かのバラックが建設されているが、大半は空地のまま残されている。一九五〇年にはここに池袋西口民衆駅が建設されるが、戦後も交通疎開空地がほとんど空地として存在していたことが民衆駅建設をスムーズに進めた大きな要因となった。

新宿駅東口

新宿駅近傍では、先に見たとおり一九四一年に西口に広場が概成したが、広場に面した街区には資材統制のため建物が建たず、更地のまま終戦を迎えている。そのため疎開事業は、駅の東側にかぎられていた。

一九四五年一月六日に陸軍が撮影した航空写真(写真5)からは、駅東側一帯の建物が除去されていることがわかる。これは疎開事業の第三次で指定された一九〇〇坪の交通疎開空地である。渋谷、池袋と異なり戦前の計画(図13)とは対応しない空地である。この疎開空地のうち、駅に近いふたつの街区の土地のみが一九四五年に都に買収されている。

以上のように、新宿、渋谷、池袋の駅近傍を対象とする戦前の都市計画と、交通疎開空地事業を比較し、その関係性を見てきた。目的の一致、戦前の駅前広場と交通疎開空地の形態的一致、都による土地買収などを確認し、さらに渋谷西口と池袋西口では交通疎開空

写真3──1944年11月7日に陸軍が撮影した池袋駅上空の航空写真「Ni-54-25-6」、国土地理院所蔵。

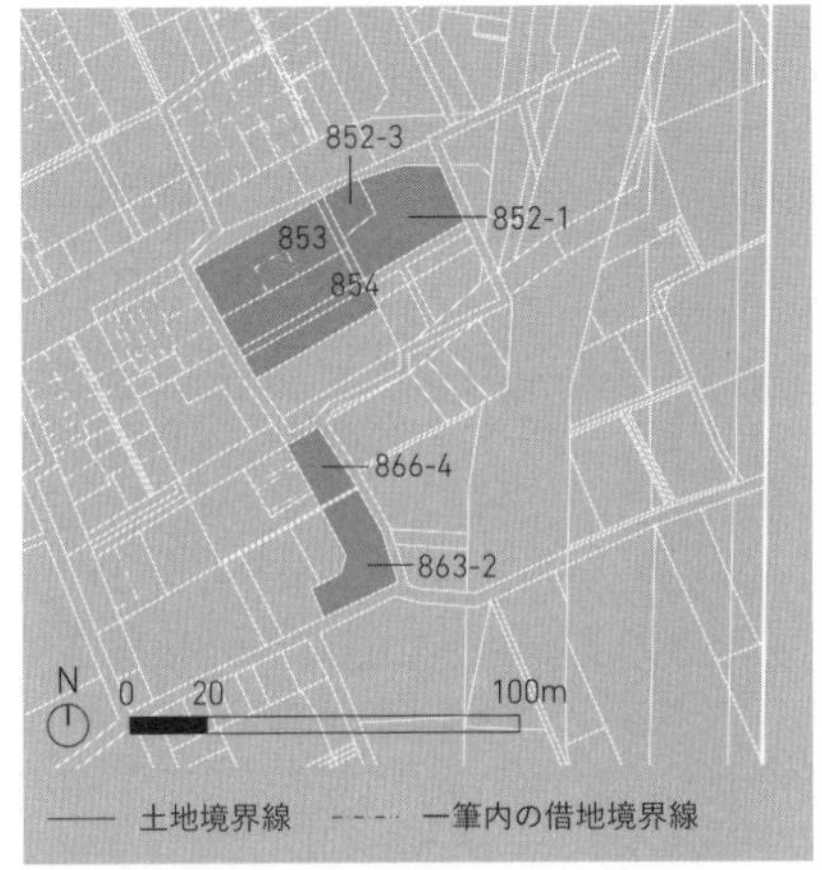

図20──池袋駅西口で交通疎開空地として東京都に買収された土地。

写真4──1947年8月8日に米軍が撮影した池袋駅上空の航空写真「USA-M390-34」、国土地理院所蔵。

地が戦後も空地として存在したことを指摘した。

　これまでの研究では指摘されることがなかったが、戦災復興土地区画整理事業による駅前広場の造成と戦前の駅前広場計画の連続性を考えるうえでは、戦災復興事業の前に交通疎開空地が存在したことを考慮する必要がある。この交通疎開空地が、戦後にどのように扱われたかが、戦後の各駅前の復興を規定することになる。これについては次章以降で見ていこう。

写真5──1945年1月6日に陸軍が撮影した新宿駅上空の航空写真「95D4-C1-2」、国土地理院所蔵。

注

*1——原武史『「民都」大阪対「帝都」東京——思想としての関西私鉄』講談社、一九九八年。

*2——同『「鉄学」概論——車窓から眺める日本近現代史』新潮文庫、二〇一一年、一一三-一四二頁。

*3——青木栄一「総説」『民鉄経営の歴史と文化　東日本編』今昔書院、一九九二年、一-一七頁。

*4——原前掲『「民都」大阪対「帝都」東京』二〇頁。

*5——日本国有鉄道『日本国有鉄道百年史　通史』一九七四年、五六-五七頁。

*6——同書、五七頁。

*7——原前掲『「民都」大阪対「帝都」東京』二一頁。

*8——日埜直彦はこうした地域を「下町／山手」という図式からはずれた場所として「サード・ドメイン」と呼び、東京の形成史においてきわめて重要な地域であると指摘している。「北は駒込、滝野川、王子近辺、南は戸越、荏原、碑文谷あたり。南北に分かれたまったく別の地域なのだが、意識して調べてみると共通点が少なくない。例えば北には石神井川、南には目黒川と立会川が流れ、川が台地を浸食したちょっとした谷がある。起伏に富んだ地形に沿った道が、歩くにつれて展開する街路の景観を形成している。川沿いには精密工業・軍需工業が明治以来立地し、このあたりの住宅地にはそこで働く賃労働者が多かったろう。もっぱら集約的で近代化された工業に従事する労働者たちが住んだ街がサード・ドメインである」（日埜直彦「山の手／下町／サード・ドメイン」『10＋1』四六号、ＩＮＡＸ出版、二〇〇七年、四八-五六頁。

*9——原前掲『「民都」大阪対「帝都」東京』二六頁。

*10——小風秀雅「京浜急行電鉄——戦間期における都市縦貫計画とその挫折」前掲『民鉄経営の歴史と文化　東日本編』八九-一一〇頁。

*11——本節の内容とずれるが、ここで今が「新宿の群衆は……すべて流動する人間の集まりだ」と捉えていることにも注目したい。このころから駅舎空間は電車を待つ滞留の空間から、電車と都市をつなぐ道路のような流動空間へと変化している。これを駅空間の設計論とし、御茶ノ水駅で展開したのが国鉄の建築家伊藤滋であった。これは鉄道が都市間交通から都市内交通へと変化したことに起因する。

*12——越沢明『東京都市計画物語』日本経済評論社、一九九一年、七四-七六頁。

*13——同書、七六頁。

*14——榛沢芳雄・為国孝敏「東京の駅前広場計画の変遷——明治時代からの戦災復興期まで」『日本土木史研究発表会論文集』第九巻、土木学会、一九八九年、二〇一-二〇八頁。

*15——越沢前掲『東京都市計画物語』七六頁。

*16——東京都『東京都戦災誌』明元社、二〇〇五年、一八五頁。

*17——越沢前掲『東京都市計画物語』七六-八七頁、同『東京の都市計画』（岩波新書、一九九一年、一〇〇-一一二頁）など。

*18——越沢前掲『東京都市計画物語』八一頁。

*19——同書および越沢前掲『東京の都市計画』。榛沢・為国前掲「東京の駅広場計画の変遷——明治時代からの戦災復興期まで」『日本土木史研究発表会論文集』など。

*20——第一次指定された渋谷区上通三丁目の七九〇坪と、第三次指定された渋谷区上通三丁目、大和田町、桜ヶ丘町の二六〇〇坪。東京都前掲『東京都

戦災誌』一八六 - 一八八頁。

*21——東京都前掲『東京都戦災誌』一八二頁。

*22——同書、一八一頁。

*23——東口は豊島区池袋一丁目、同二丁目、雑司ヶ谷町五丁目。西口は豊島区池袋二丁目。東京都前掲『東京都戦災誌』一八六 - 一八八頁。

*24——池袋駅付近の旧土地台帳は法務局豊島出張所に所蔵されているが、東口の交通疎開空地の土地の旧土地台帳は保管されていなかった。

*25——「池袋に連鎖市場の店開き」『朝日新聞』一九四六年二月一三日朝刊二面。

四組のテキ屋が組織した闇市の盛衰

新宿の戦災復興過程

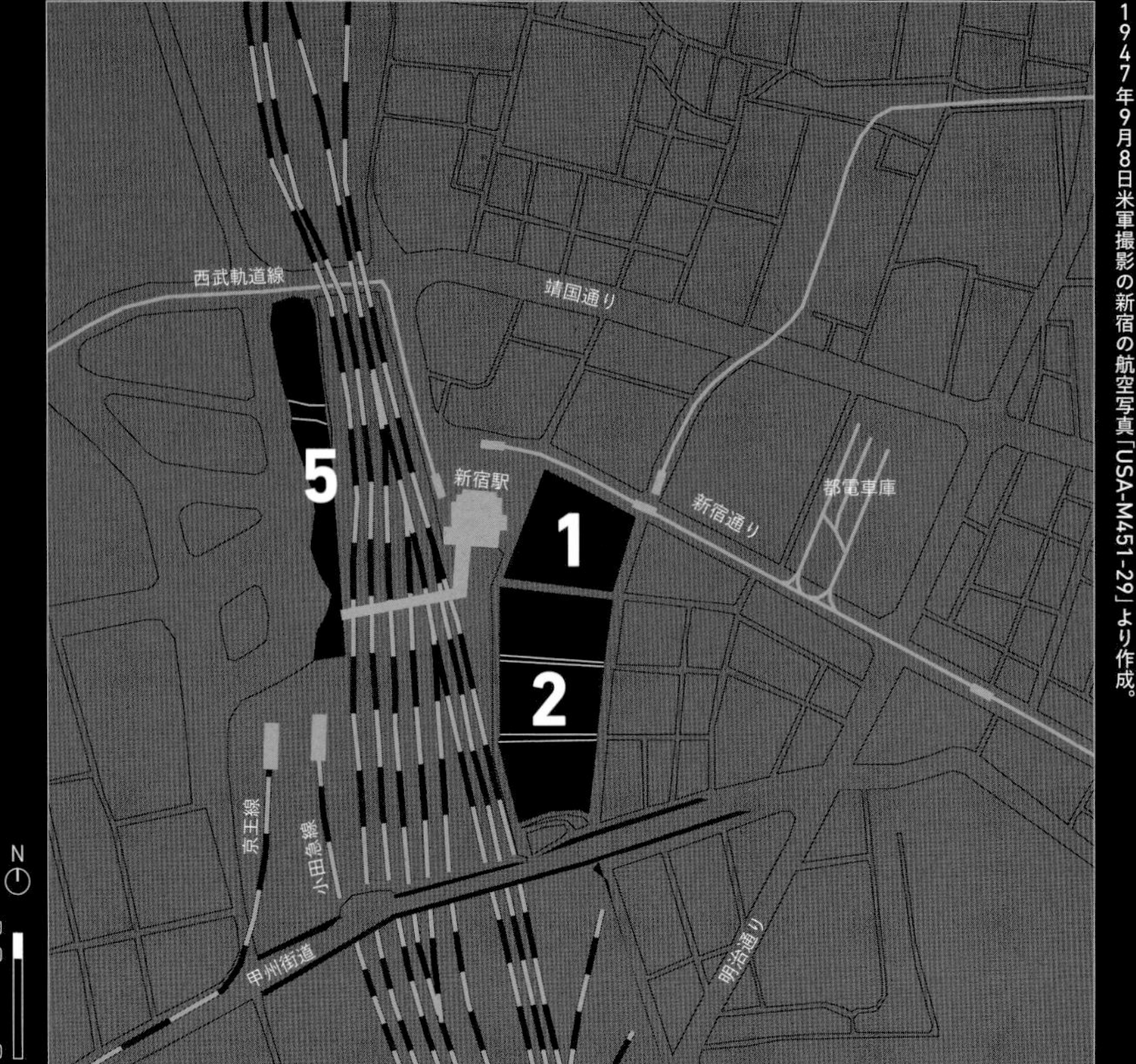

図1——終戦直後の新宿駅近傍と各節の対象地区
地図資料編纂会『戦災復興期　東京1万分1地形図集成』(柏書房、1988年)の「中野」と「四谷」および、1947年9月8日米軍撮影の新宿の航空写真「USA-M451-29」より作成。

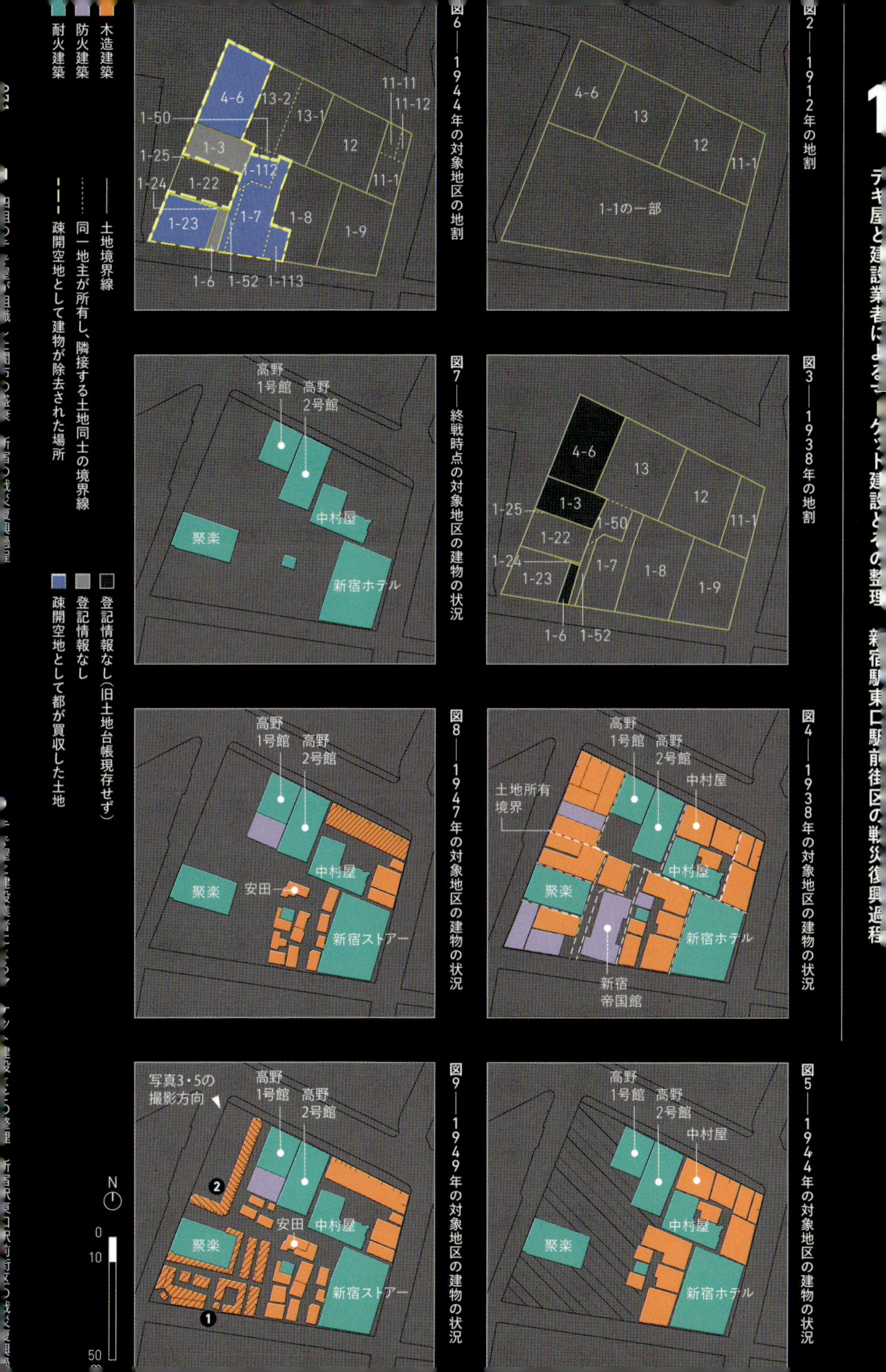

1 テキ屋と建設業者によるマーケット建設とその整理 新宿駅東口駅前街区の戦災復興過程

図2——1912年の地割

図3——1938年の地割

図4——1938年の対象地区の建物の状況

図5——1944年の対象地区の建物の状況

図6——1944年の対象地区の地割

図7——終戦時点の対象地区の建物の状況

図8——1947年の対象地区の建物の状況

図9——1949年の対象地区の建物の状況

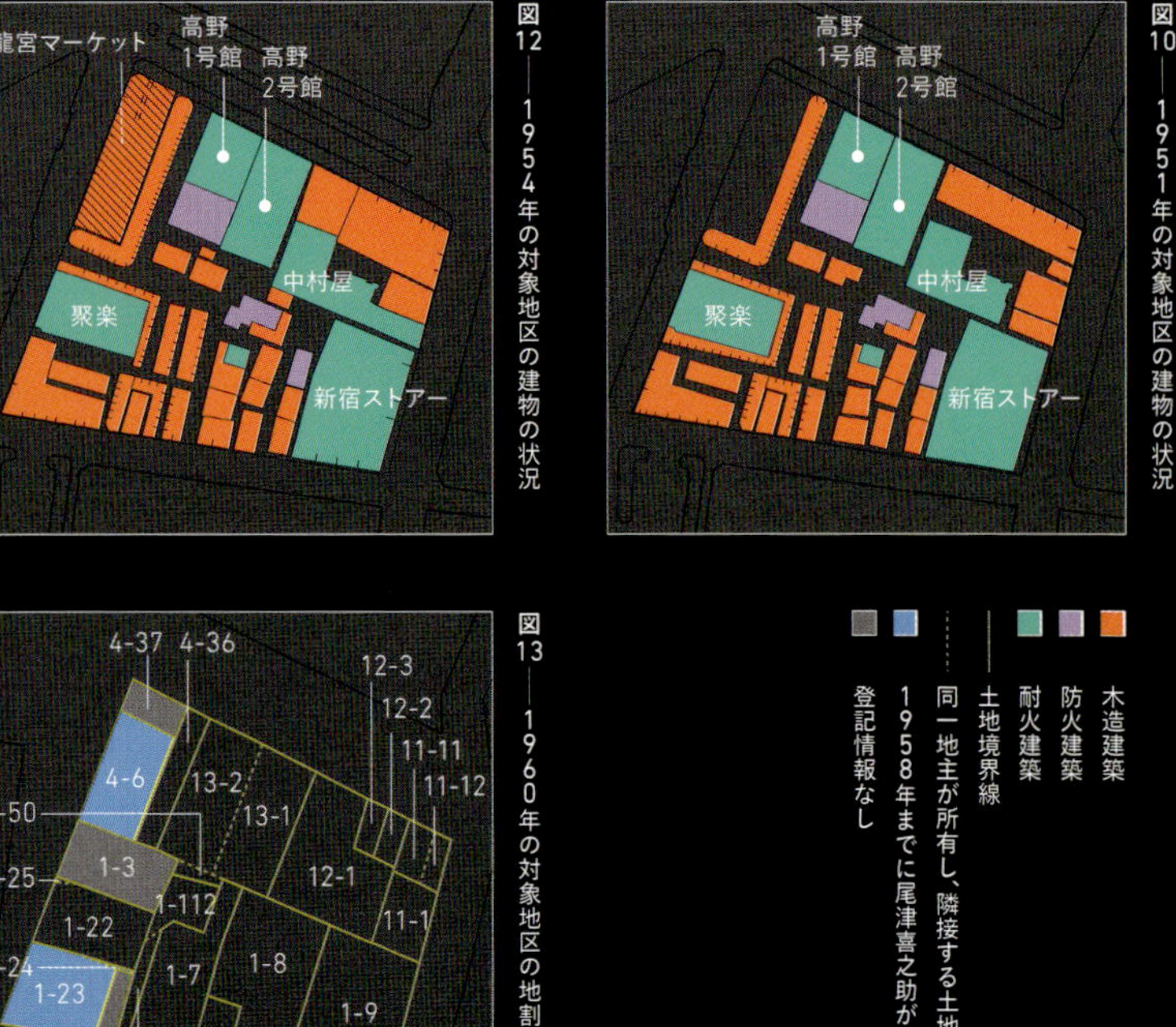

図10——1951年の対象地区の建物の状況

図12——1954年の対象地区の建物の状況

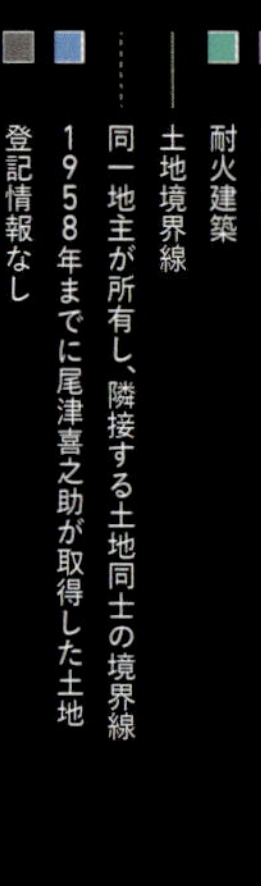

図13——1960年の対象地区の地割

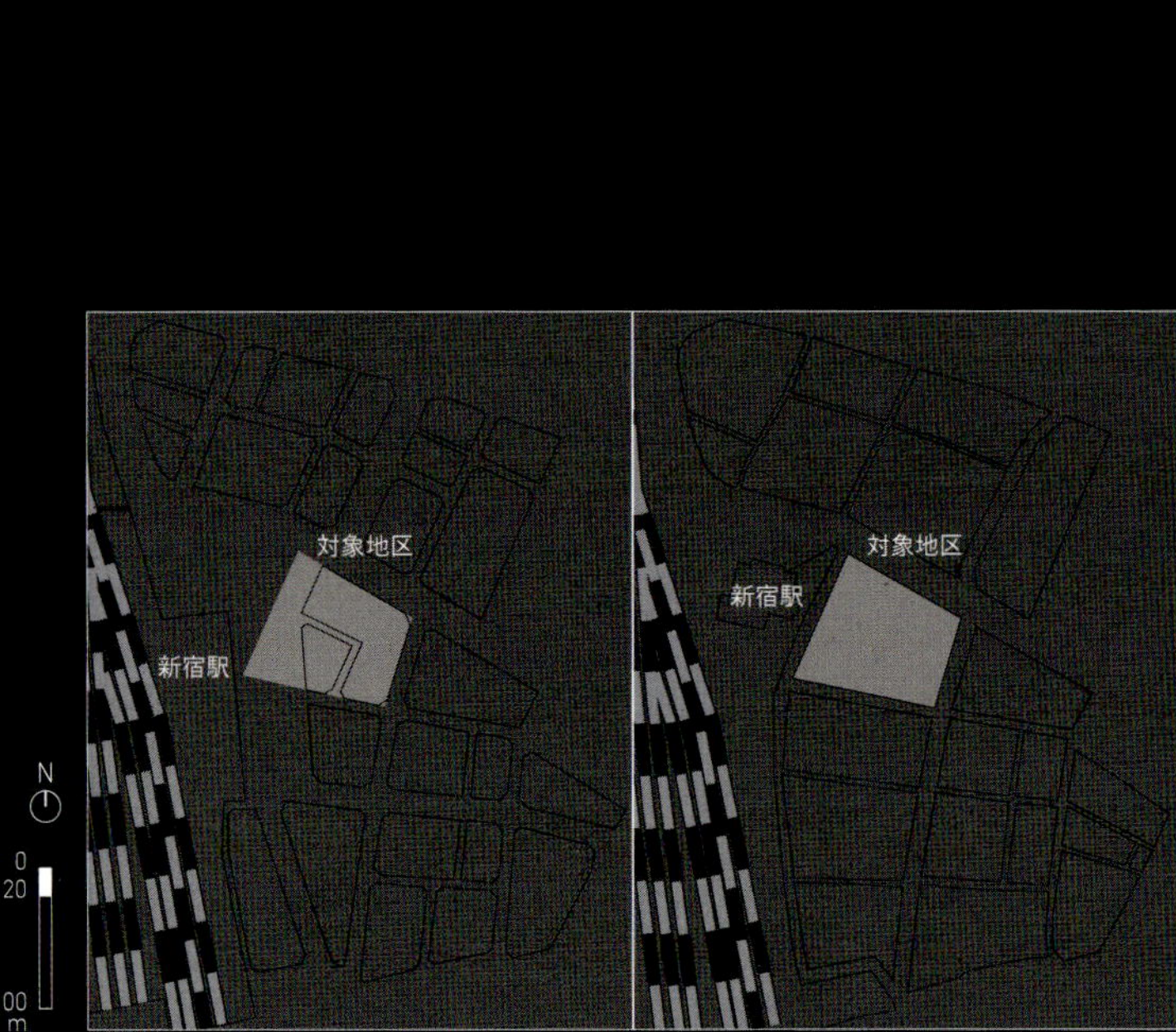

図11——東京都市計画第9-2地区復興土地区画整理事業前後の街区形状と対象地区（右：以前／左：以後）。東京都所蔵『戦災復興土地区画整理第九地区第二工区換地確定図』より作成。

東京都所蔵『戦災復興土地区画整理第九地区第二工区換地確定図』と、東京都所蔵『換地明細書』の情報をもとに、換地による土地の動きを復原した。

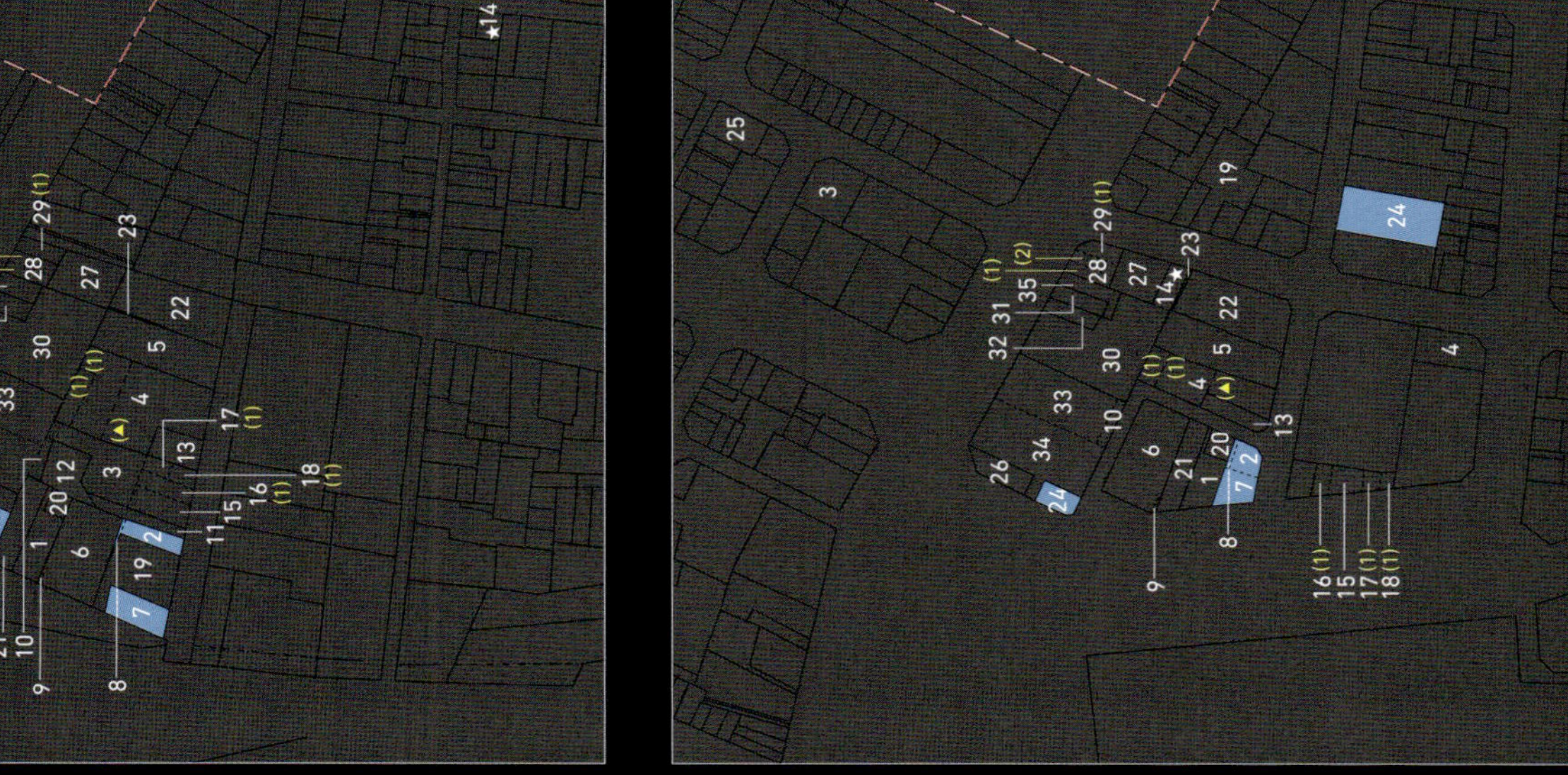

数字　区画整理前後で同一権利者の土地を、同じ英字で示した。

（青色）　換地処分時に尾津喜之助が所有していた土地

（▲）　地主が使用している土地

（数字）　借地人が借りている土地。数字の違いは、借地人の違いを表す便宜的な番号。一筆内に同じ数字の借地が複数ある場合、同じ借地権者を表している。

――　土地境界線

-・-・-　一筆内の借地境界線

……　同一地主が所有し、隣接する土地同士の境界線

- - -　第9-2地区境界線（東京都市計画復興土地区画整理事業）

N

0 10 50

表1──図14に関する換地情報

	戦災復興土地区画整理事業　以前				戦災復興土地区画整理事業　以後				
	町丁名	地番	地目	地積（㎡）	町丁名	地番	地目	地積（㎡）	減歩率(%)
1	角筈1丁目	1-3	宅地	174.96	角筈1丁目	12-7	宅地	132.89	75.95
2	角筈1丁目	1-6	宅地	63.40	角筈1丁目	12-5	宅地	58.51	92.29
3	角筈1丁目	1-7	宅地	282.94	角筈1丁目	802-9	宅地	245.91	86.91
4	角筈1丁目	1-8	宅地	743.80	角筈1丁目	12-3	宅地	341.91	70.46 *1
					角筈1丁目	11-1	宅地	182.14	
5	角筈1丁目	1-9	宅地	359.86	角筈1丁目	12-2	宅地	381.48	106.01
6	角筈1丁目	1-22	宅地	418.08	角筈1丁目	12-11	宅地	422.68	101.10
7	角筈1丁目	1-23	宅地	143.76	角筈1丁目	12-6	宅地	90.24	62.77
8	角筈1丁目	1-24	宅地	8.19	角筈1丁目	12-24	宅地	7.63	93.16
9	角筈1丁目	1-25	宅地	5.09	角筈1丁目	12-10	宅地	5.12	100.59
10	角筈1丁目	1-50	宅地	37.35	角筈1丁目	12-25	宅地	35.70	95.58
11	角筈1丁目	1-52	宅地	77.22	-	-	-	-	0.00 *2
12	角筈1丁目	1-112	宅地	153.25	-	-	-	-	0.00 *2
13	角筈1丁目	1-113	宅地	118.47	角筈1丁目	12-4	宅地	83.73	70.68
14	角筈1丁目	1-132	宅地	54.94	角筈1丁目	12-23	宅地	67.70	123.23 *3
15	角筈1丁目	1-214	宅地	112.42	角筈1丁目	11-5	宅地	67.76	60.27
16	角筈1丁目	1-215	宅地	68.36	角筈1丁目	11-6	宅地	41.22	60.30
17	角筈1丁目	1-216	宅地	43.90	角筈1丁目	11-4	宅地	26.47	60.30
18	角筈1丁目	1-217	宅地	35.50	角筈1丁目	11-3	宅地	19.00	53.52
19	角筈1丁目	1-229	宅地	396.69	角筈1丁目	6-8	宅地	308.69	77.82
20	角筈1丁目	1-250	宅地	63.17	角筈1丁目	12-8	宅地	47.96	75.92
21	角筈1丁目	1-251	宅地	195.68	角筈1丁目	12-9	宅地	148.59	75.94
22	角筈1丁目	1-252	宅地	414.39	角筈1丁目	12-1	宅地	414.61	100.05
23	角筈1丁目	1-254	宅地	5.86	角筈1丁目	12-26	宅地	5.78	98.63
24	角筈1丁目	4-6	宅地	379.80	角筈1丁目	7-15	宅地	367.76	114.37 *1
					角筈1丁目	12-12	宅地	66.61	
25	角筈1丁目	4-36	宅地	214.90	角筈1丁目	803-9	宅地	154.74	72.01
26	角筈1丁目	4-37	宅地	129.25	角筈1丁目	12-13	宅地	104.66	80.97
27	角筈1丁目	11-1	宅地	217.65	角筈1丁目	12-22	宅地	152.77	70.19
28	角筈1丁目	11-11	宅地	94.51	角筈1丁目	12-20	宅地	84.82	89.75
29	角筈1丁目	11-12	宅地	51.96	角筈1丁目	12-21	宅地	46.97	90.40
30	角筈1丁目	12-1	宅地	720.52	角筈1丁目	12-16	宅地	660.46	91.66
31	角筈1丁目	12-2	宅地	66.18	角筈1丁目	12-18	宅地	66.14	99.94
32	角筈1丁目	12-3	宅地	66.18	角筈1丁目	12-17	宅地	66.14	99.94
33	角筈1丁目	13-1	宅地	458.84	角筈1丁目	12-15	宅地	440.20	95.94
34	角筈1丁目	13-2	宅地	509.75	角筈1丁目	12-14	宅地	545.48	107.01
35	角筈1丁目	819-10	宅地	110.97	角筈1丁目	12-19	宅地	79.30	71.46

*1──分筆
*2──法90条により金銭清算法104条1項により消滅
*3──宅地地積の適正化

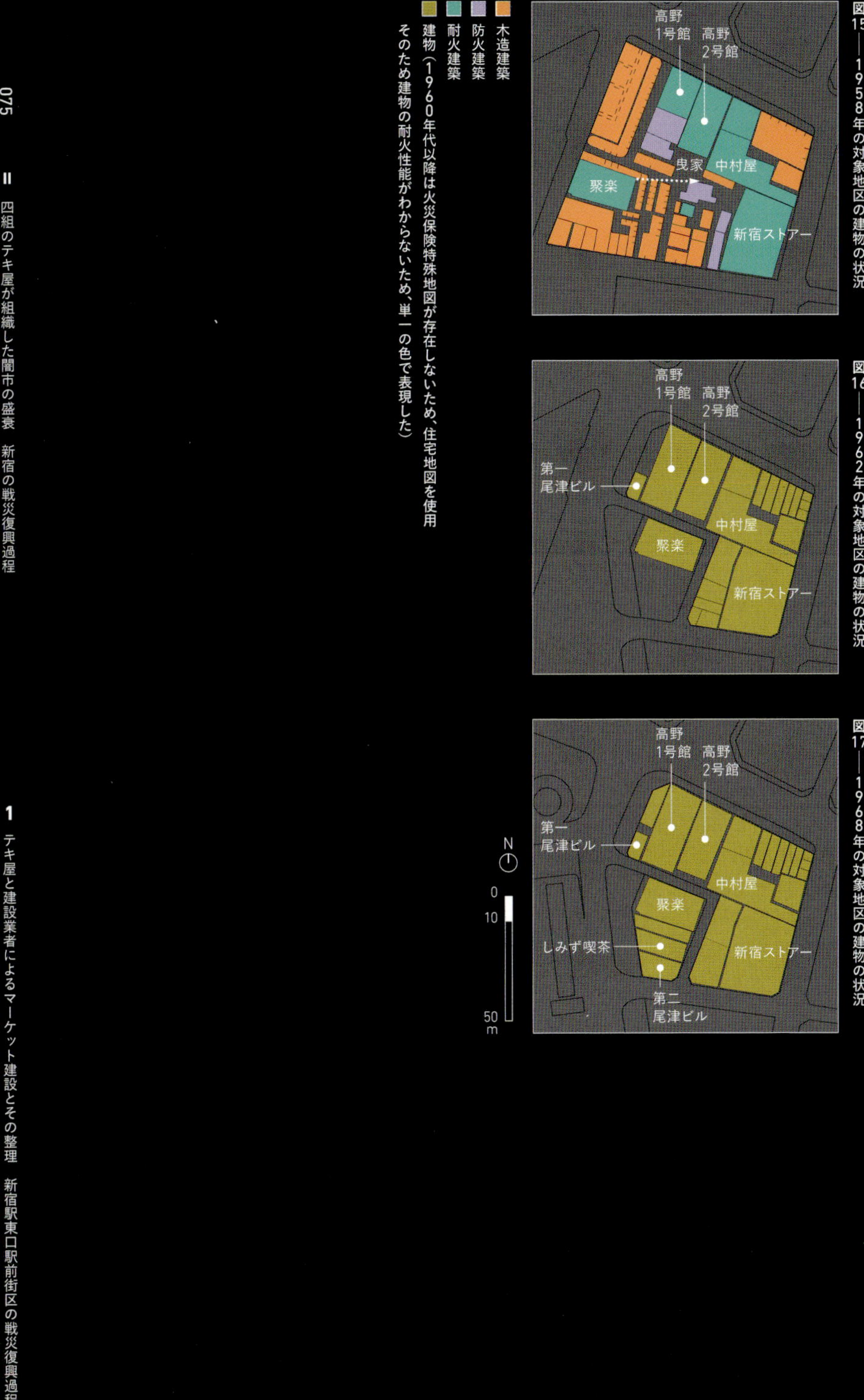

図15——1958年の対象地図の建物の状況

図16——1962年の対象地図の建物の状況

図17——1968年の対象地図の建物の状況

木造建築
防火建築
耐火建築
建物（1960年代以降は火災保険特殊地図が存在しないため、住宅地図を使用
そのため建物の耐火性能がわからないため、単一の色で表現した）

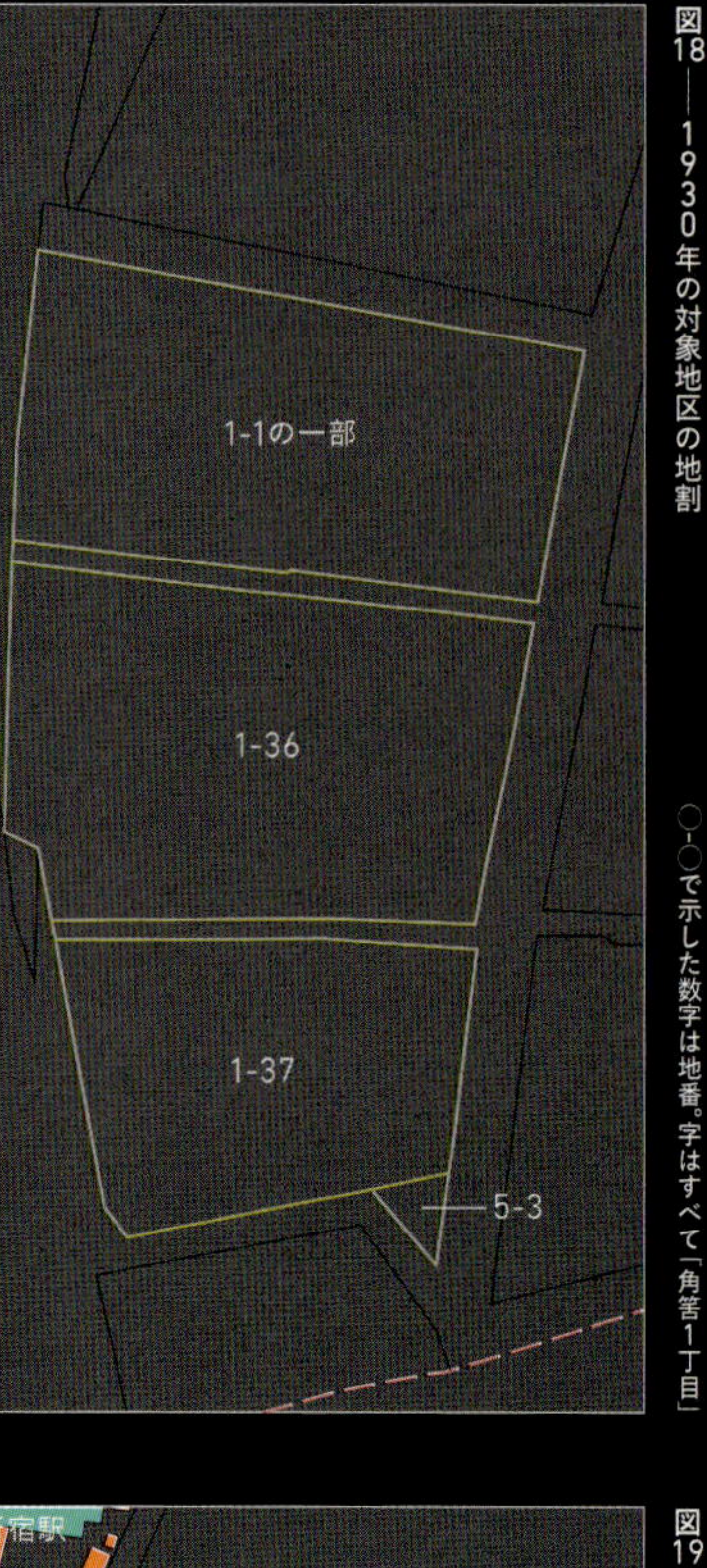
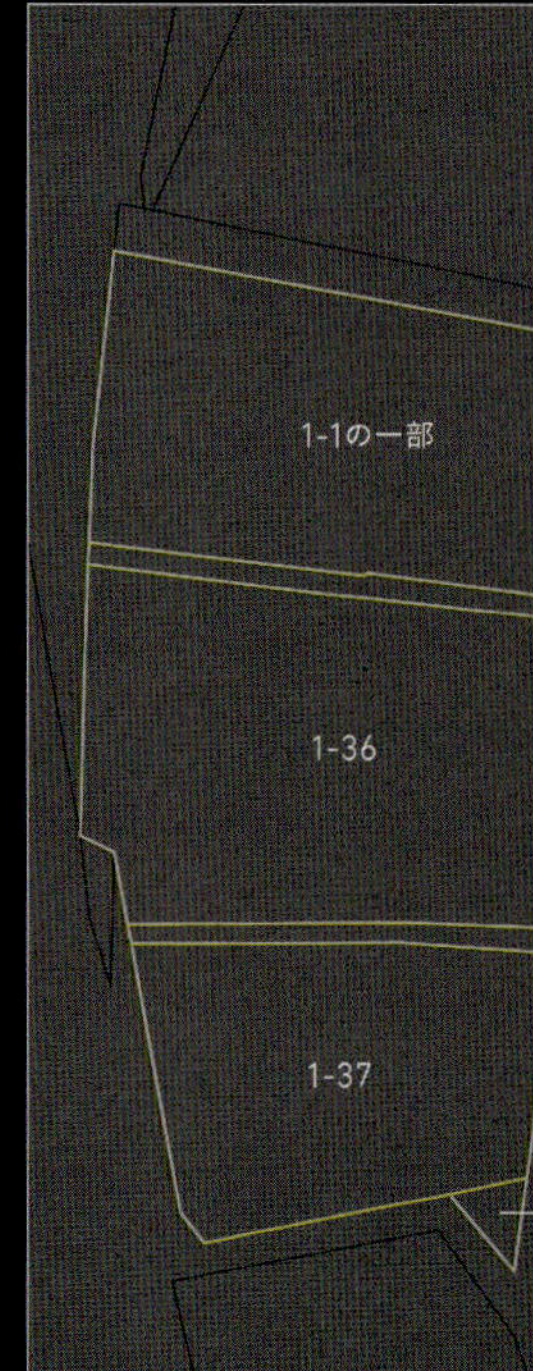

図18——1930年の対象地区の地割
○-○で示した数字は地番。字はすべて「角筈1丁目」

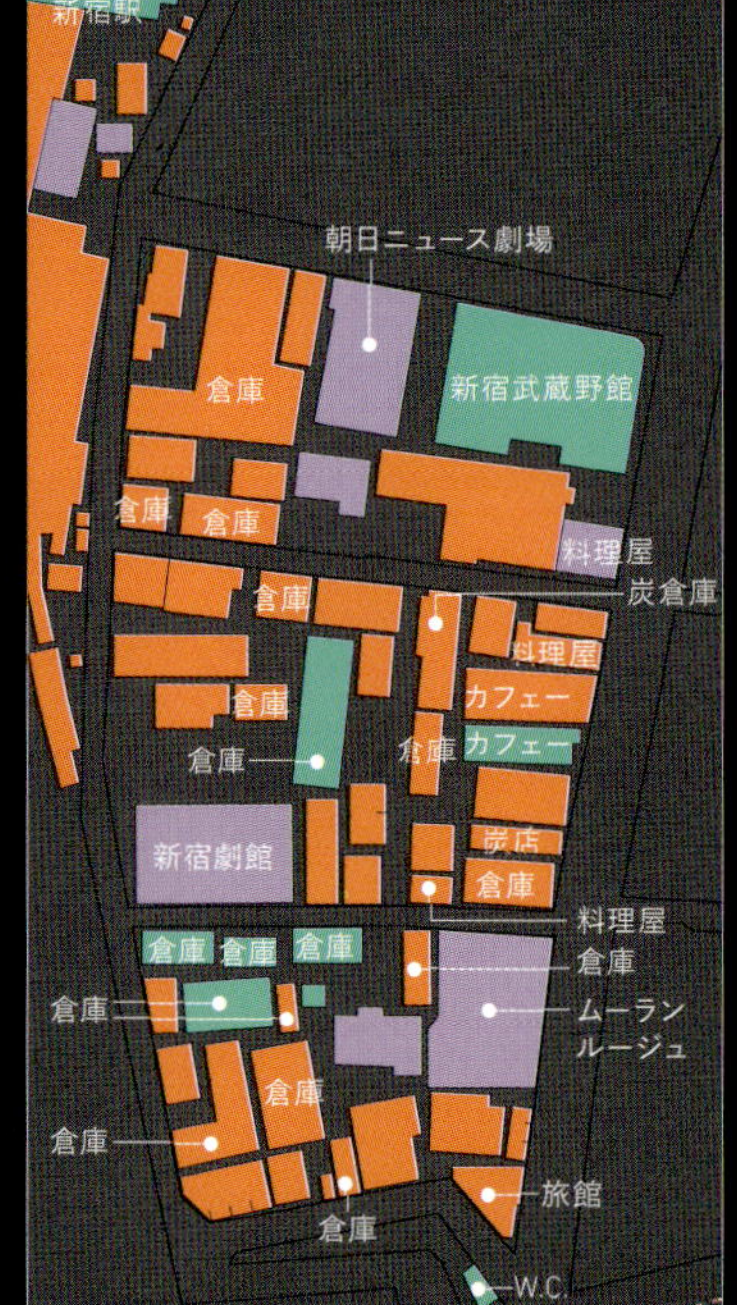

図19——1938年の対象地区の建物の状況

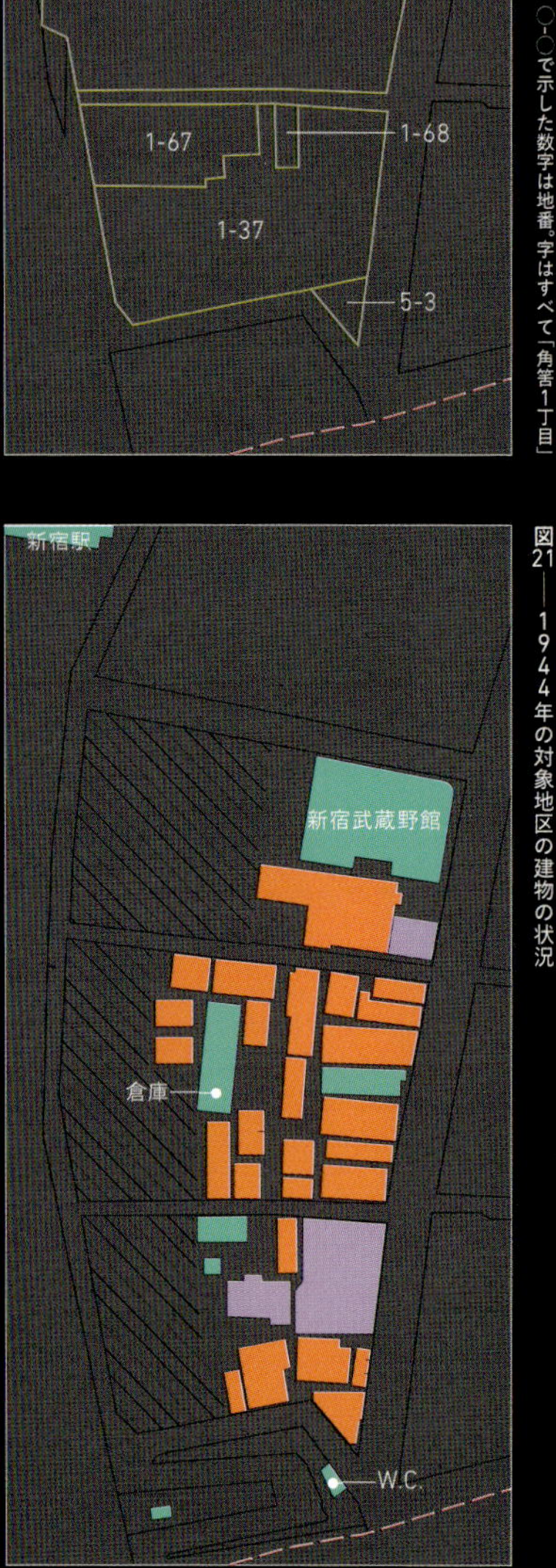

図20——1938年の対象地区の地割
○-○で示した数字は地番。字はすべて「角筈1丁目」

図21——1944年の対象地区の建物の状況

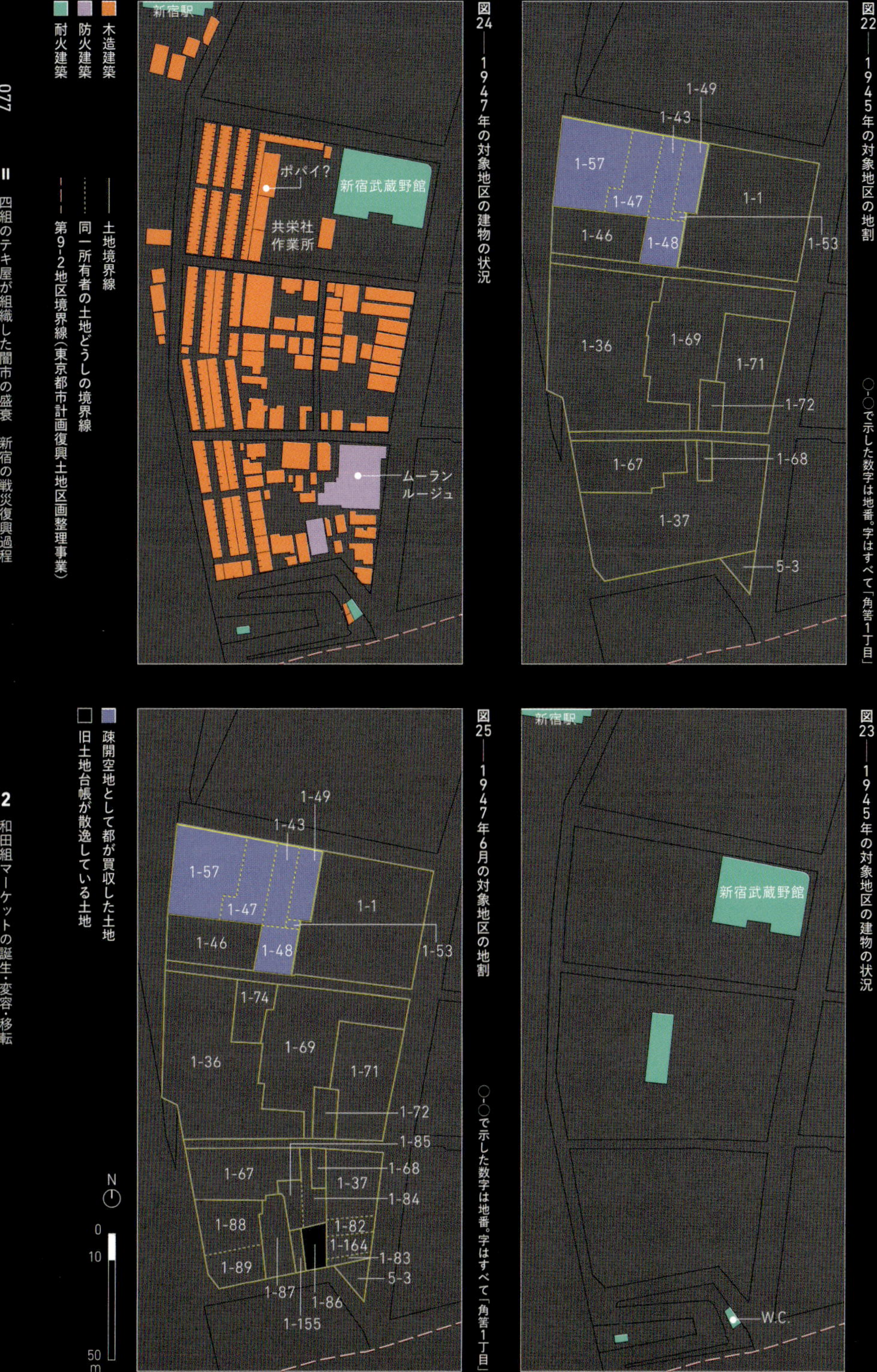

図22——1945年の対象地区の地割
○-○で示した数字は地番。字はすべて「角筈1丁目」

図23——1945年の対象地区の建物の状況

図24——1947年の対象地区の建物の状況

図25——1947年6月の対象地区の地割
○-○で示した数字は地番。字はすべて「角筈1丁目」

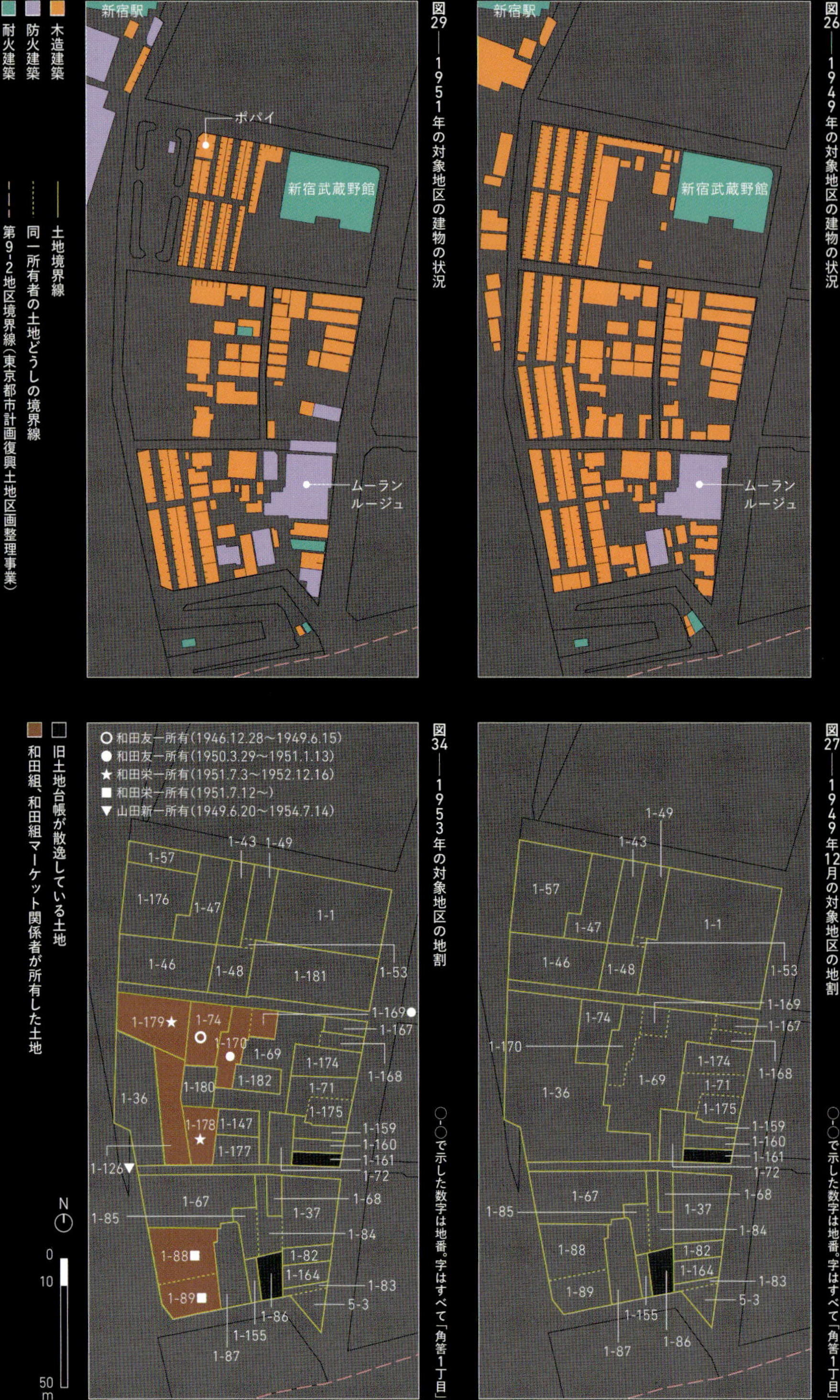

図29——1951年の対象地区の建物の状況

図26——1949年の対象地区の建物の状況

図34——1953年の対象地区の地割

図27——1949年12月の対象地区の地割

○-○で示した数字は地番。字はすべて「角筈1丁目」

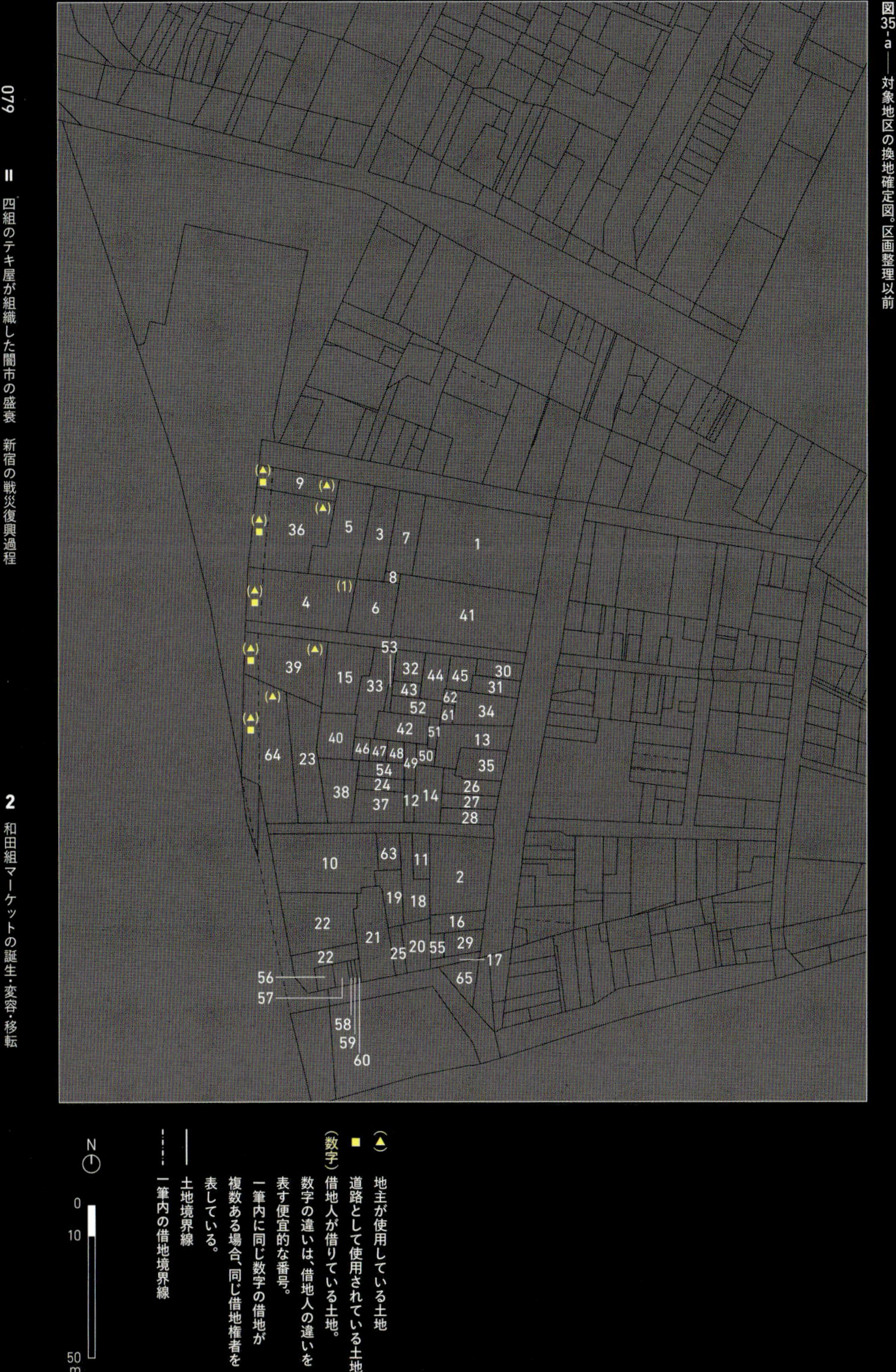

図35-a——対象地区の換地確定図。区画整理以前

図35-b——区画整理以後

(▲) 地主が使用している土地
■ 道路として使用されている土地
(数字) 借地人が借りている土地。数字の違いは、借地人の違いを表す便宜的な番号。一筆内に同じ数字の借地が複数ある場合、同じ借地権者を表している。

—— 土地境界線
- - - 一筆内の借地境界線

表2──図35に関する換地情報

	戦災復興土地区画整理事業 以前				戦災復興土地区画整理事業 以後					
	町丁名	地番	地目	地積(㎡)	町丁名	地番	地目	地積(㎡)	減歩率(%)	
1	角筈1丁目	1-1	宅地	1182.01	角筈1丁目	11-8	宅地	1194.41	101.05	
2	角筈1丁目	1-37	宅地	532.29	角筈1丁目	10-39	宅地	373.75	70.22	
3	角筈1丁目	1-43	宅地	273.71	-	-	-	-	0.00	*1
4	角筈1丁目	1-46	宅地	625.58	角筈1丁目	14-12	宅地	453.05	72.42	
5	角筈1丁目	1-47	宅地	383.90	角筈1丁目	7-16	宅地	279.14	72.71	
6	角筈1丁目	1-48	宅地	274.64	角筈1丁目	10-13	宅地	191.07	69.57	
7	角筈1丁目	1-49	宅地	256.85	角筈1丁目	10-12	宅地	178.25	69.40	
8	角筈1丁目	1-53	宅地	15.10	角筈1丁目	10-11	宅地	10.54	69.80	
9	角筈1丁目	1-57	宅地	205.19	角筈1丁目	7-18	宅地	148.59	72.42	
10	角筈1丁目	1-67	宅地	753.58	角筈1丁目	14-9	宅地	545.42	72.38	
11	角筈1丁目	1-68	宅地	95.63	角筈1丁目	10-9	宅地	69.91	73.10	
12	角筈1丁目	1-69	宅地	48.95	角筈1丁目	10-14	宅地	35.99	73.52	
13	角筈1丁目	1-71	宅地	240.76	角筈1丁目	10-34	宅地	142.31	59.11	
14	角筈1丁目	1-72	宅地	185.45	角筈1丁目	10-10	宅地	135.57	73.10	
15	角筈1丁目	1-74	宅地	290.54	角筈1丁目	14-14	宅地	211.63	72.84	
16	角筈1丁目	1-82	宅地	111.37	角筈1丁目	10-5	宅地	77.71	69.78	
17	角筈1丁目	1-83	宅地	37.81	角筈1丁目	10-2	宅地	30.84	81.57	
18	角筈1丁目	1-84	宅地	199.30	角筈1丁目	10-7	宅地	145.38	72.95	
19	角筈1丁目	1-85	宅地	133.52	角筈1丁目	10-6	宅地	99.20	74.30	
20	角筈1丁目	1-86	宅地	152.62	角筈1丁目	14-1	宅地	106.44	69.74	
21	角筈1丁目	1-87	宅地	381.98	角筈1丁目	14-17	宅地	277.95	72.77	
22	角筈1丁目	1-88	宅地	446.38	角筈1丁目	14-8	宅地	401.88	69.23	*2
	角筈1丁目	1-89	宅地	134.14						
23	角筈1丁目	1-126	-	-	角筈1丁目	9-11	-	-	-	*3
24	角筈1丁目	1-148	宅地	86.14	角筈1丁目	8-19	宅地	53.58	62.20	
25	角筈1丁目	1-155	宅地	74.47	角筈1丁目	14-2	宅地	51.93	69.73	
26	角筈1丁目	1-159	宅地	121.81	角筈1丁目	10-36	宅地	89.85	73.76	
27	角筈1丁目	1-160	宅地	104.06	角筈1丁目	10-37	宅地	76.46	73.48	
28	角筈1丁目	1-161	宅地	89.22	角筈1丁目	10-38	宅地	68.26	76.51	
29	角筈1丁目	1-164	宅地	88.03	角筈1丁目	10-4	宅地	60.59	68.83	
30	角筈1丁目	1-167	宅地	99.17	角筈1丁目	10-29	宅地	69.22	69.80	
31	角筈1丁目	1-168	宅地	98.47	角筈1丁目	10-30	宅地	71.76	72.87	
32	角筈1丁目	1-169	宅地	99.17	角筈1丁目	10-17	宅地	64.76	65.30	
33	角筈1丁目	1-170	宅地	314.04	角筈1丁目	10-16	宅地	215.20	68.53	
34	角筈1丁目	1-174	宅地	224.06	角筈1丁目	10-33	宅地	165.25	73.75	
35	角筈1丁目	1-175	宅地	173.12	角筈1丁目	10-35	宅地	128.99	74.51	
36	角筈1丁目	1-176	宅地	622.38	角筈1丁目	14-13	宅地	466.90	75.02	
37	角筈1丁目	1-177	宅地	166.61	角筈1丁目	14-16	宅地	112.49	67.52	
38	角筈1丁目	1-178	宅地	230.01	角筈1丁目	14-15	宅地	155.43	67.58	
39	角筈1丁目	1-179	宅地	457.85	角筈1丁目	14-10	宅地	314.44	68.68	
40	角筈1丁目	1-180	宅地	194.08	角筈1丁目	14-11	宅地	132.29	68.16	
41	角筈1丁目	1-181	宅地	958.28	角筈1丁目	11-2	宅地	675.37	70.48	
42	角筈1丁目	1-182	宅地	196.69	角筈1丁目	10-15	宅地	138.80	70.57	
43	角筈1丁目	1-186	宅地	44.13	角筈1丁目	10-26	宅地	32.42	73.46	

44	角筈1丁目	1-187	宅地	100.26	角筈1丁目	10-27	宅地	67.00	66.83
45	角筈1丁目	1-188	宅地	91.23	角筈1丁目	10-28	宅地	66.8	73.22
46	角筈1丁目	1-197	宅地	45.12	角筈1丁目	10-22	宅地	32.95	73.03
47	角筈1丁目	1-198	宅地	45.12	角筈1丁目	10-23	宅地	32.95	73.03
48	角筈1丁目	1-199	宅地	45.12	角筈1丁目	10-24	宅地	32.95	73.03
49	角筈1丁目	1-200	宅地	44.76	角筈1丁目	10-25	宅地	32.95	73.61
50	角筈1丁目	1-201	宅地	48.92	角筈1丁目	10-21	宅地	35.83	73.24
51	角筈1丁目	1-202	宅地	48.99	角筈1丁目	10-20	宅地	35.99	73.46
52	角筈1丁目	1-203	宅地	89.78	角筈1丁目	10-19	宅地	65.91	73.41
53	角筈1丁目	1-204	宅地	25.95	角筈1丁目	10-18	宅地	19.04	73.37
54	角筈1丁目	1-210	宅地	79.33	角筈1丁目	8-20	宅地	49.48	62.37
55	角筈1丁目	1-211	宅地	33.71	角筈1丁目	10-3	宅地	23.20	68.82
56	角筈1丁目	1-220	宅地	50.14	角筈1丁目	14-7	宅地	34.71	69.23
57	角筈1丁目	1-221	宅地	40.13	角筈1丁目	14-6	宅地	27.76	69.18
58	角筈1丁目	1-222	宅地	10.04	角筈1丁目	14-5	宅地	6.94	69.12
59	角筈1丁目	1-223	宅地	10.04	角筈1丁目	14-4	宅地	6.94	69.12
60	角筈1丁目	1-224	宅地	10.04	角筈1丁目	14-3	宅地	6.94	69.12
61	角筈1丁目	1-225	宅地	28.33	角筈1丁目	10-32	宅地	20.89	73.74
62	角筈1丁目	1-226	宅地	23.33	角筈1丁目	10-31	宅地	17.22	73.81
63	角筈1丁目	1-246	宅地	98.34	角筈1丁目	10-8	宅地	72.92	74.15
64	角筈1丁目	1-247	宅地	574.18	角筈1丁目	9-26	宅地	396.92	69.13
65	角筈1丁目	5-3	宅地	74.04	角筈1丁目	10-1	宅地	60.36	81.52

＊1──法90条により金銭清算法104条1項により消滅
＊2──合筆
＊3──換地明細書が散逸しており、換地情報が不明。他の換地情報との関係から、場所のみ特定。

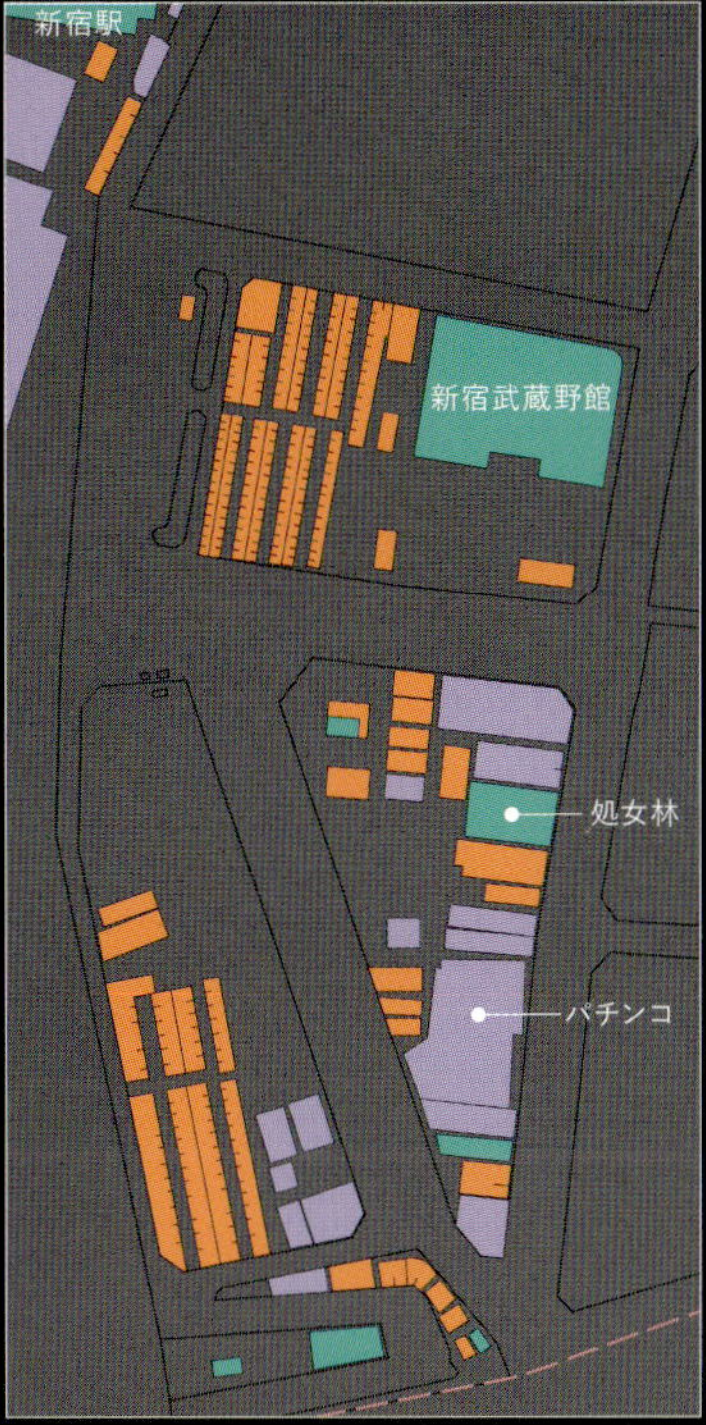

図36——1954年の対象地区の建物の状況

新宿駅
新宿武蔵野館
処女林
パチンコ

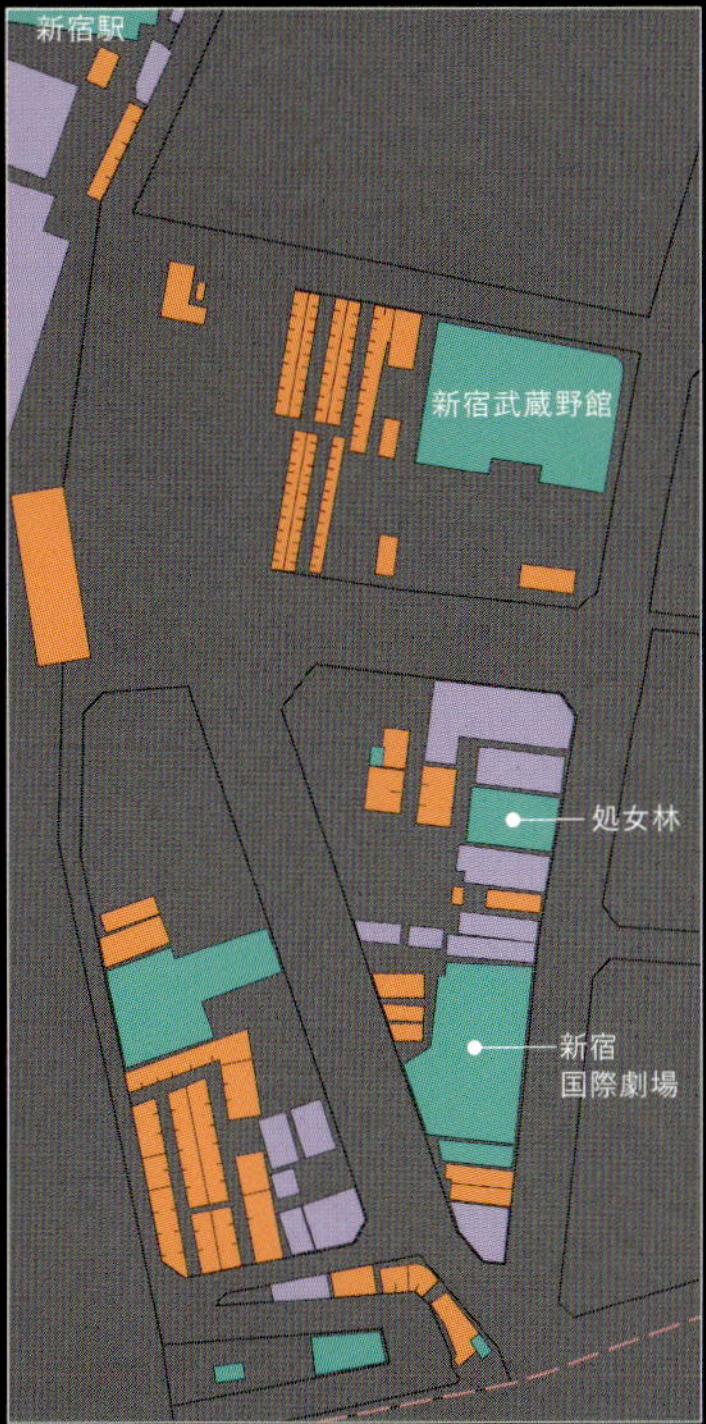

図37——1958年の対象地区の建物の状況

新宿駅
新宿武蔵野館
処女林
新宿
国際劇場

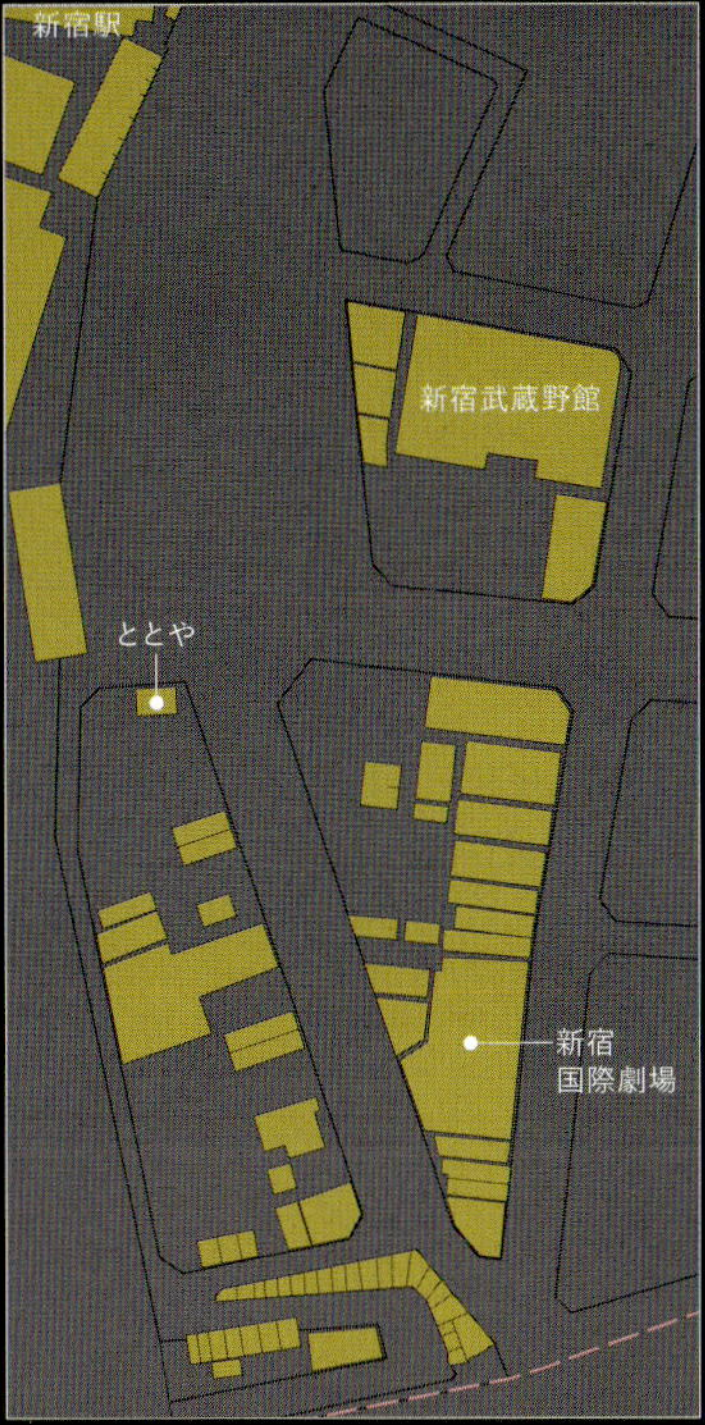

図38——1962年の対象地区の建物の状況

新宿駅
新宿武蔵野館
ととや
新宿
国際劇場

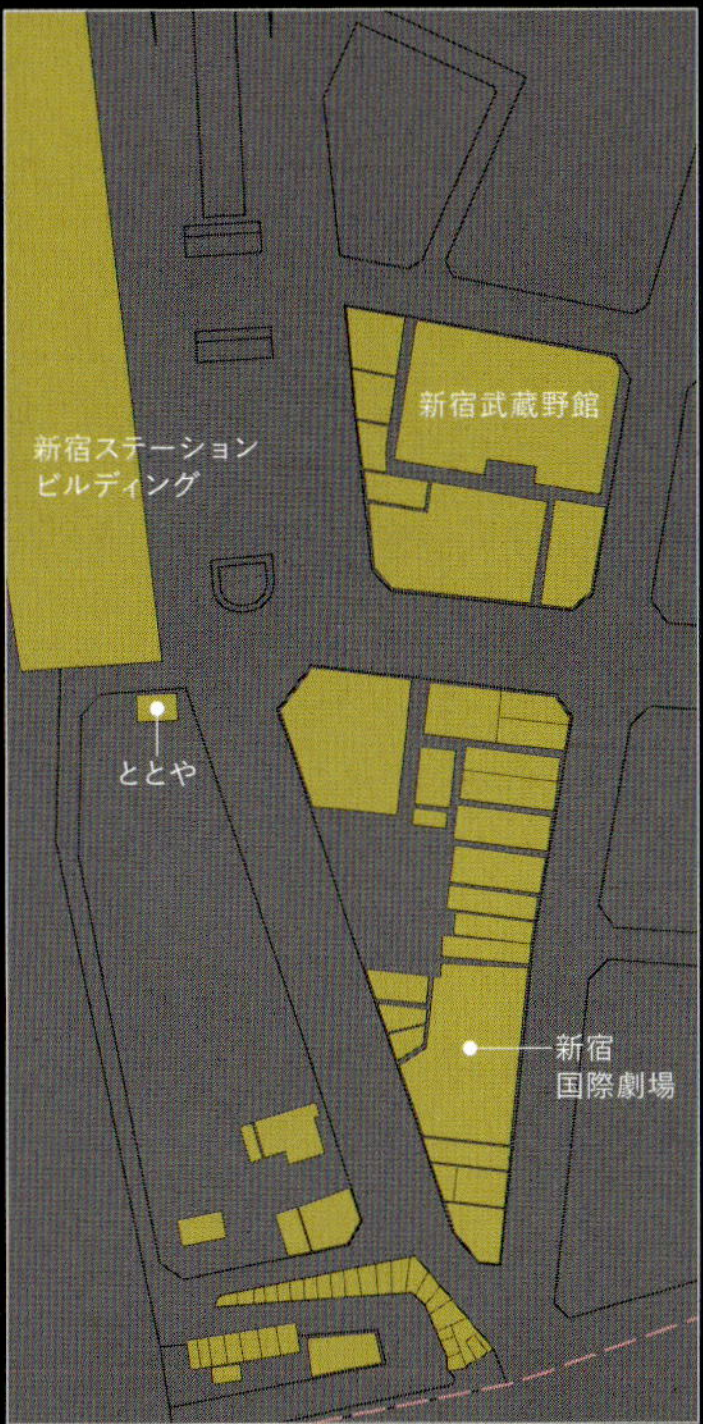

図39——1968年の対象地区の建物の状況

新宿ステーション
ビルディング
新宿武蔵野館
ととや
新宿
国際劇場

木造建築
防火建築
耐火建築
建物
第9-2地区境界線(東京都市計画復興土地区画整理事業)

N
0
10
50
m

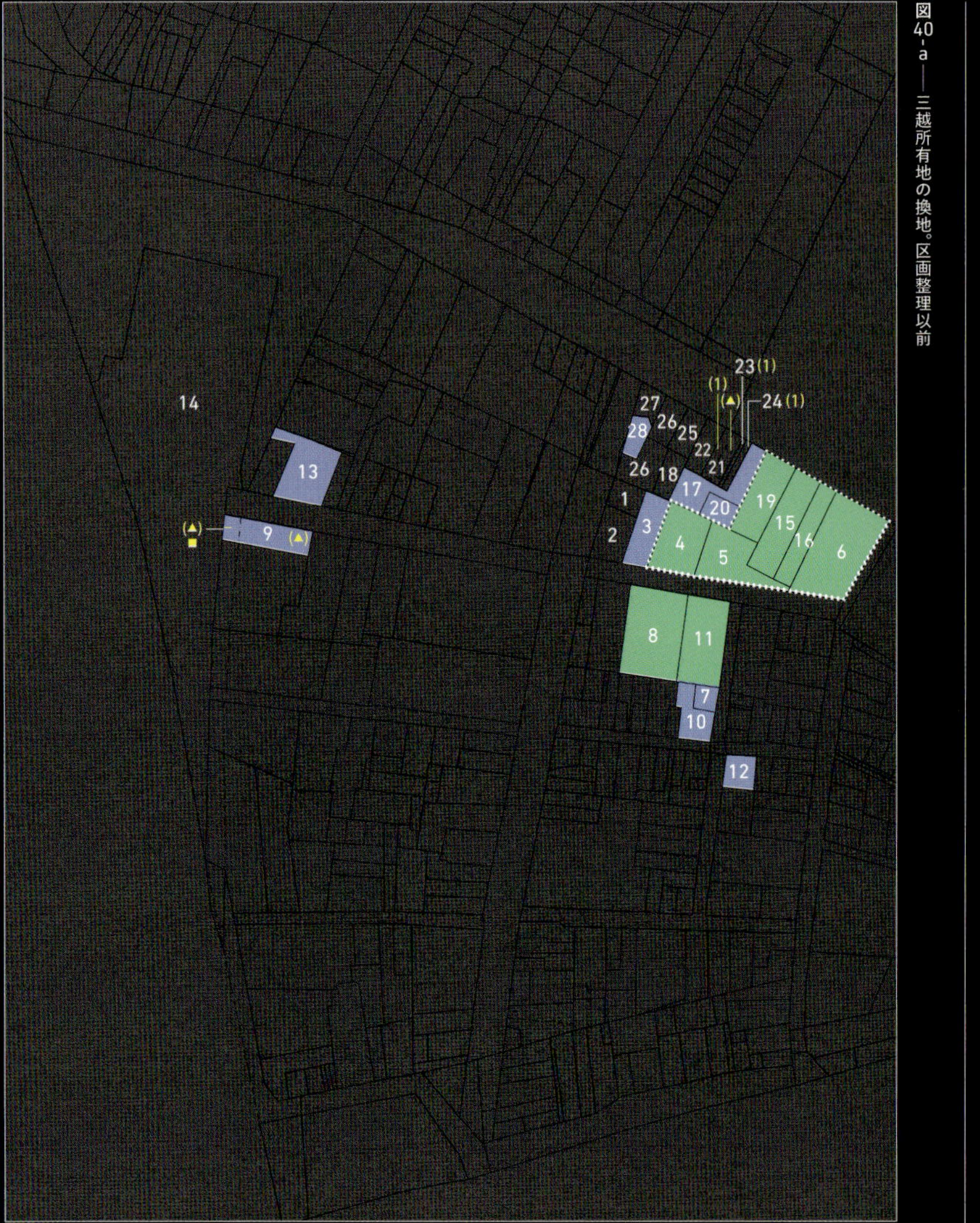

図40-a——三越所有地の換地。区画整理以前

14
27
26
25
22
21
23
(1)
(▲)
24
28
18
1
13
17
19
15
16
6
12
20
2
3
4
8
5
11
9
7
10
(▲) 地主が使用している土地
■ 道路として使用されている土地
(数字) 借地人が借りている土地。
数字の違いは、借地人の違いを
表す便宜的な番号。
一筆内に同じ数字の借地が
複数ある場合、同じ借地権者を
表している。
土地境界線
一筆内の借地境界線
三越が戦前から所有していた土地
三越が戦後、換地処分までに
取得した土地
三越の建物の増床前後の
敷地の範囲

N
0
10
50
m

図40-b——区画整理以後

表3──図40に関する換地情報

	戦災復興土地区画整理事業　以前				戦災復興土地区画整理事業　以後					
	町丁名	地番	地目	地積（㎡）	町丁名	地番	地目	地積（㎡）	減歩率(%)	
1	角筈1丁目	1-10	宅地	87.66	角筈1丁目	6-7	宅地	66.18	75.50	
2	角筈1丁目	1-11	宅地	172.26	角筈1丁目	6-5	宅地	124.99	72.56	
3	角筈1丁目	1-12	宅地	194.90	角筈1丁目	6-4	宅地	141.58	72.64	
4	角筈1丁目	1-13	宅地	273.98	角筈1丁目	6-3	宅地	221.32	80.78	
5	角筈1丁目	1-14	宅地	308.09	角筈1丁目	6-1	宅地	248.83	80.77	
6	角筈1丁目	1-15	宅地	516.76	角筈1丁目	6-22	宅地	417.45	80.78	
7	角筈1丁目	1-40	宅地	60.09	角筈1丁目	7-19	宅地	66.11	110.02	*1
8	角筈1丁目	1-45	宅地	502.71	角筈1丁目	6-2	宅地	406.61	80.88	
9	角筈1丁目	1-57	宅地	205.19	角筈1丁目	7-18	宅地	148.59	72.42	
10	角筈1丁目	1-98	宅地	133.95	角筈1丁目	7-1	宅地	97.88	73.07	
11	角筈1丁目	1-105	宅地	370.90	角筈1丁目	7-17	宅地	269.29	72.60	
12	角筈1丁目	1-129	宅地	97.95	角筈1丁目	6-6	宅地	73.45	74.99	
13	角筈1丁目	1-229	宅地	396.69	角筈1丁目	6-8	宅地	308.69	77.82	
14	角筈1丁目	5-8	雑種地	5256	角筈1丁目	13	雑種地	4232.00	80.52	
15	角筈1丁目	6-2	宅地	327.27	角筈1丁目	6-20	宅地	264.43	80.80	
16	角筈1丁目	6-4	宅地	191.73	角筈1丁目	6-21	宅地	154.91	80.80	
17	角筈1丁目	7-1	宅地	225.32	角筈1丁目	6-18	宅地	154.97	68.78	
18	角筈1丁目	7-3	宅地	95.86	角筈1丁目	6-25	宅地	82.38	85.94	
19	角筈1丁目	7-4	宅地	238.01	角筈1丁目	6-19	宅地	191.83	80.60	
20	角筈1丁目	7-5	宅地	92.56	角筈1丁目	6-13	宅地	71.37	77.11	
21	角筈1丁目	7-6	宅地	119.00	角筈1丁目	6-15	宅地	105.78	88.89	
22	角筈1丁目	7-7	宅地	108.89	角筈1丁目	6-14	宅地	96.79	88.89	
23	角筈1丁目	7-8	宅地	19.66	角筈1丁目	6-16	宅地	16.52	84.03	
24	角筈1丁目	7-10	宅地	32.69	角筈1丁目	6-17	宅地	27.37	83.73	
25	角筈1丁目	8-1	宅地	95.86	角筈1丁目	6-12	宅地	77.32	80.66	
26	角筈1丁目	9-1	宅地	95.86	角筈1丁目	6-10	宅地	200.42	83.03	*2
	角筈1丁目	11-3	宅地	145.52						
27	角筈1丁目	10	宅地	90.28	角筈1丁目	6-11	宅地	75.00	83.07	
28	角筈1丁目	11-5	宅地	76.13	角筈1丁目	6-9	宅地	66.24	87.01	

＊1──宅地地積の適正化
＊2──合筆

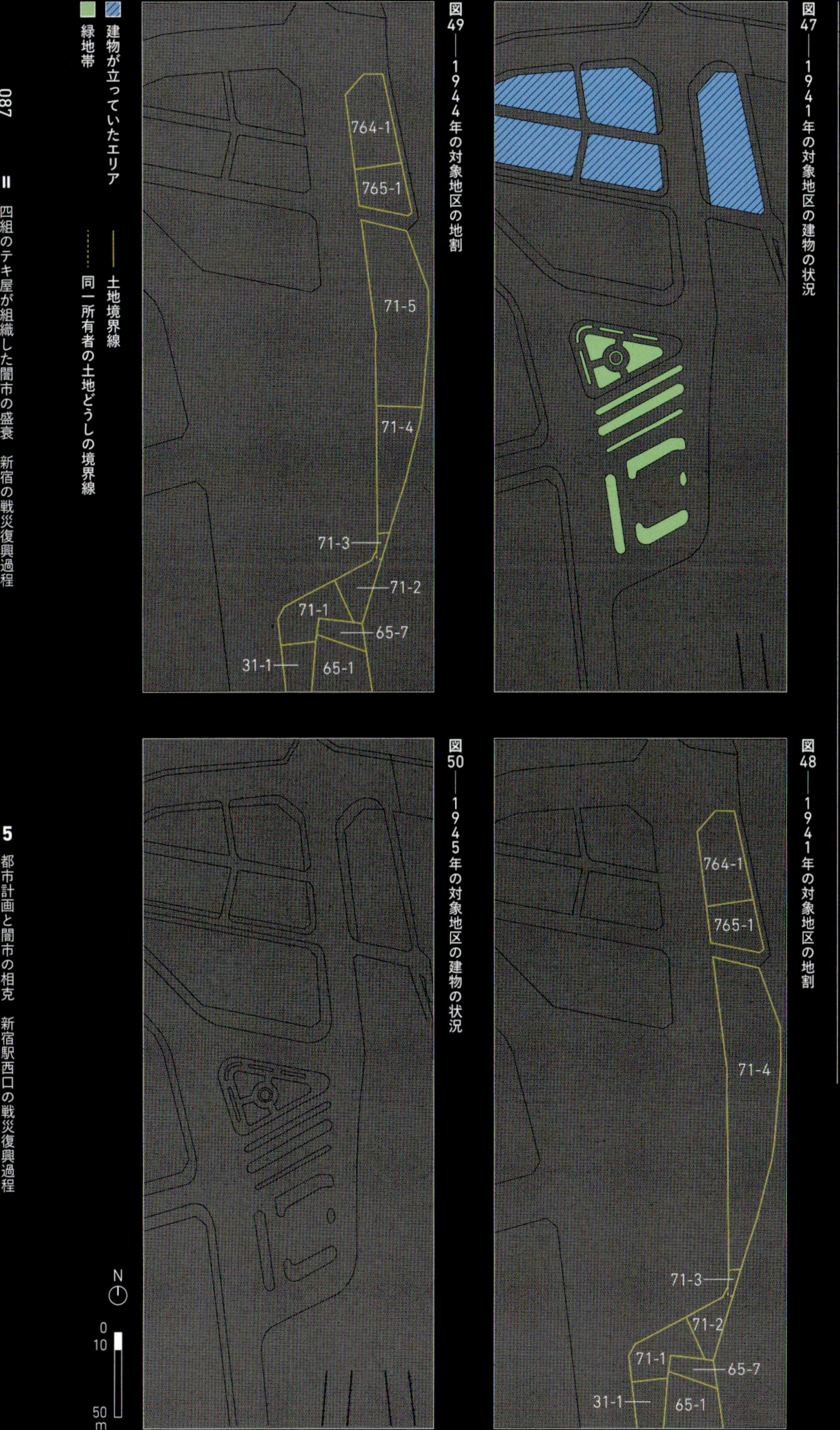

図47——1941年の対象地区の建物の状況

図48——1941年の対象地区の地割

図49——1944年の対象地区の地割

図50——1945年の対象地区の建物の状況

建物が立っていたエリア
緑地帯
土地境界線
同一所有者の土地どうしの境界線

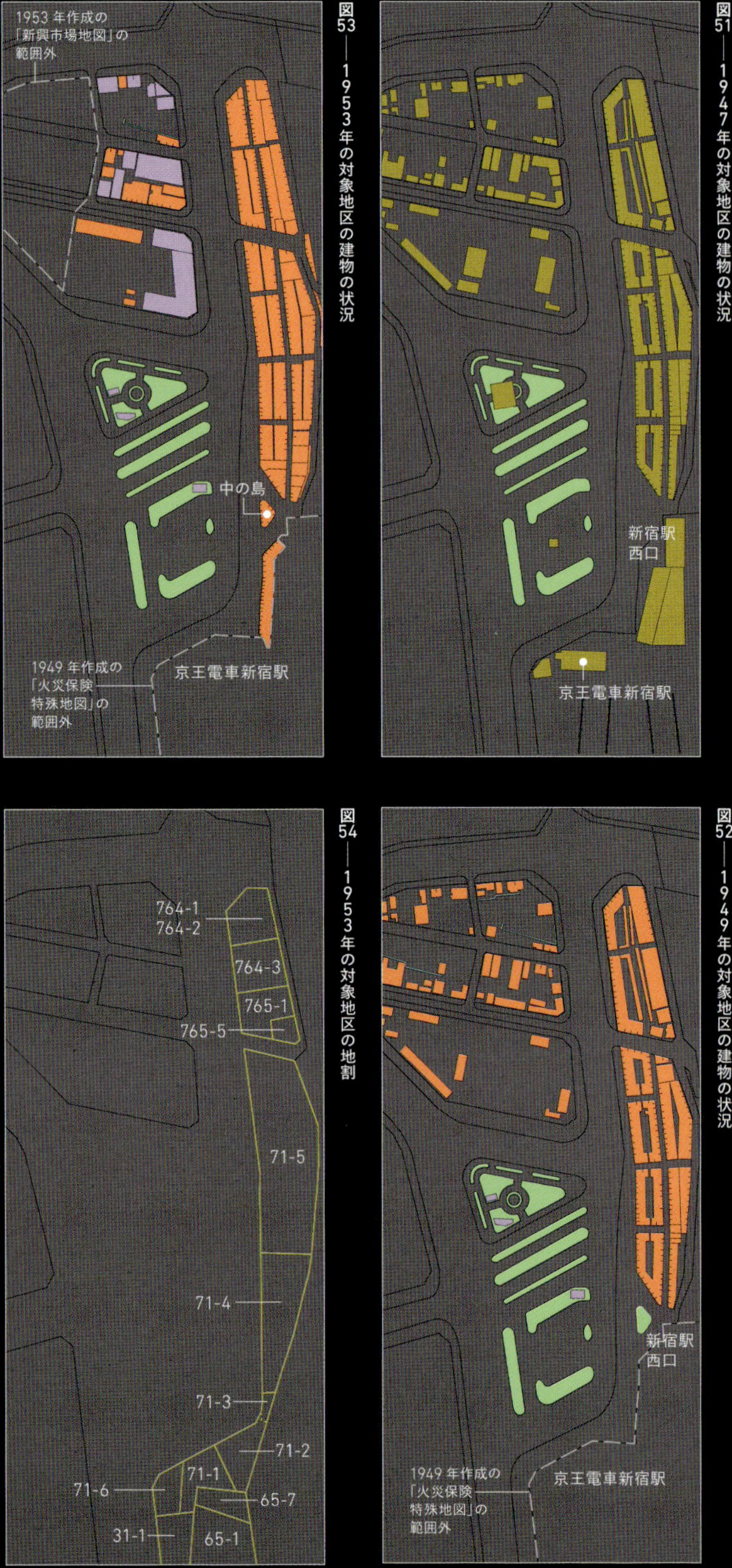

図51——1947年の対象地区の建物の状況

図52——1949年の対象地区の建物の状況

図53——1953年の対象地区の建物の状況

図54——1953年の対象地区の地割

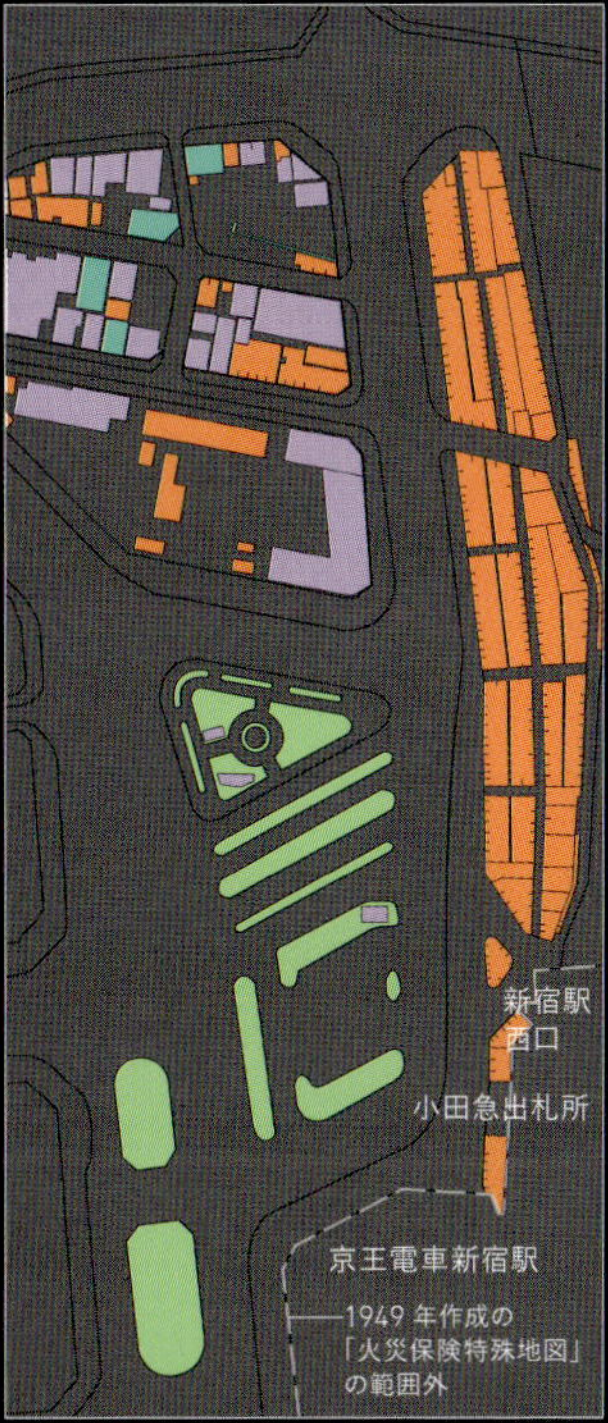

図55 1958年の対象地区の建物の状況

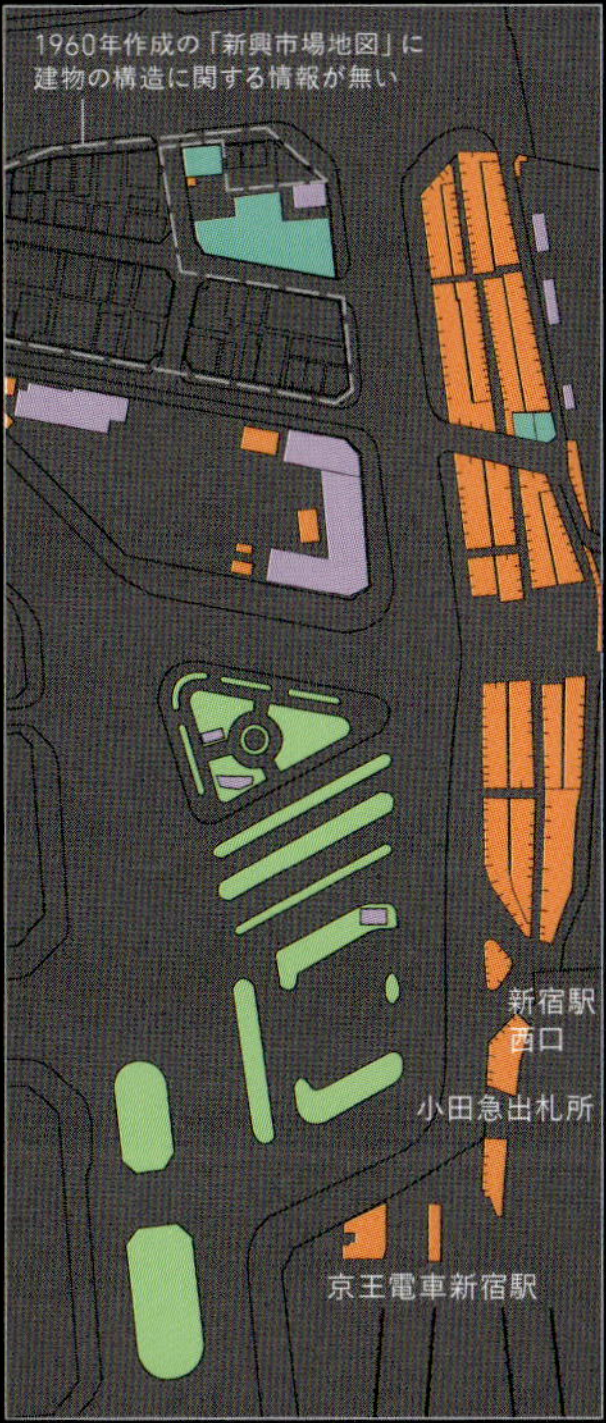

図58 1960年の対象地区の建物の状況

木造建築
防火建築
耐火建築

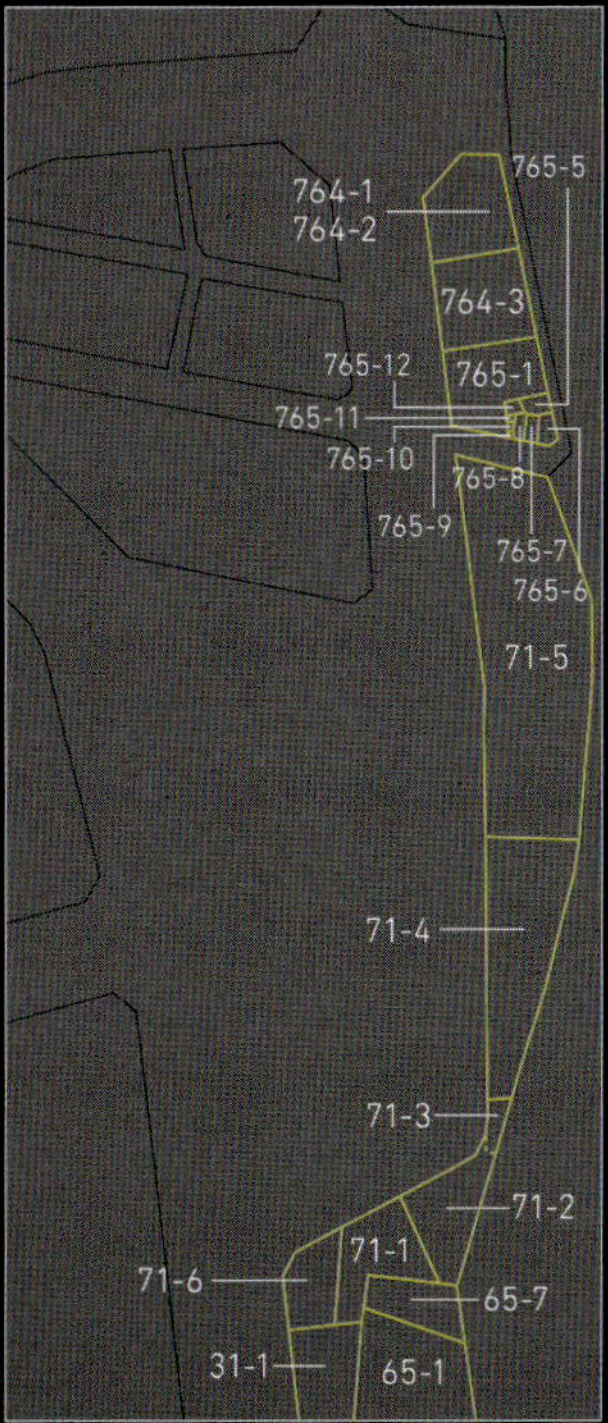

図57 1960年の対象地区の地割

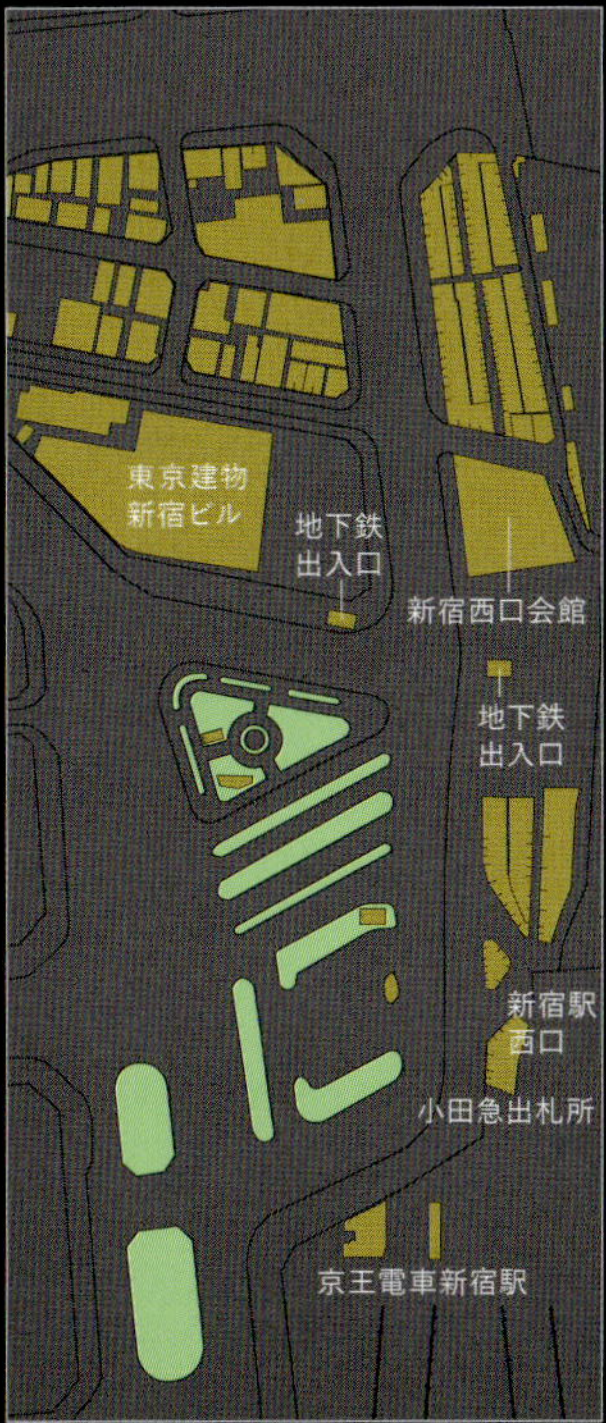

図59 1962年の対象地区の建物の状況

建物
緑地帯
土地境界線
同一所有者の土地どうしの境界線

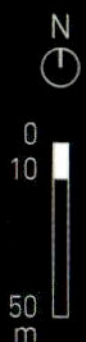

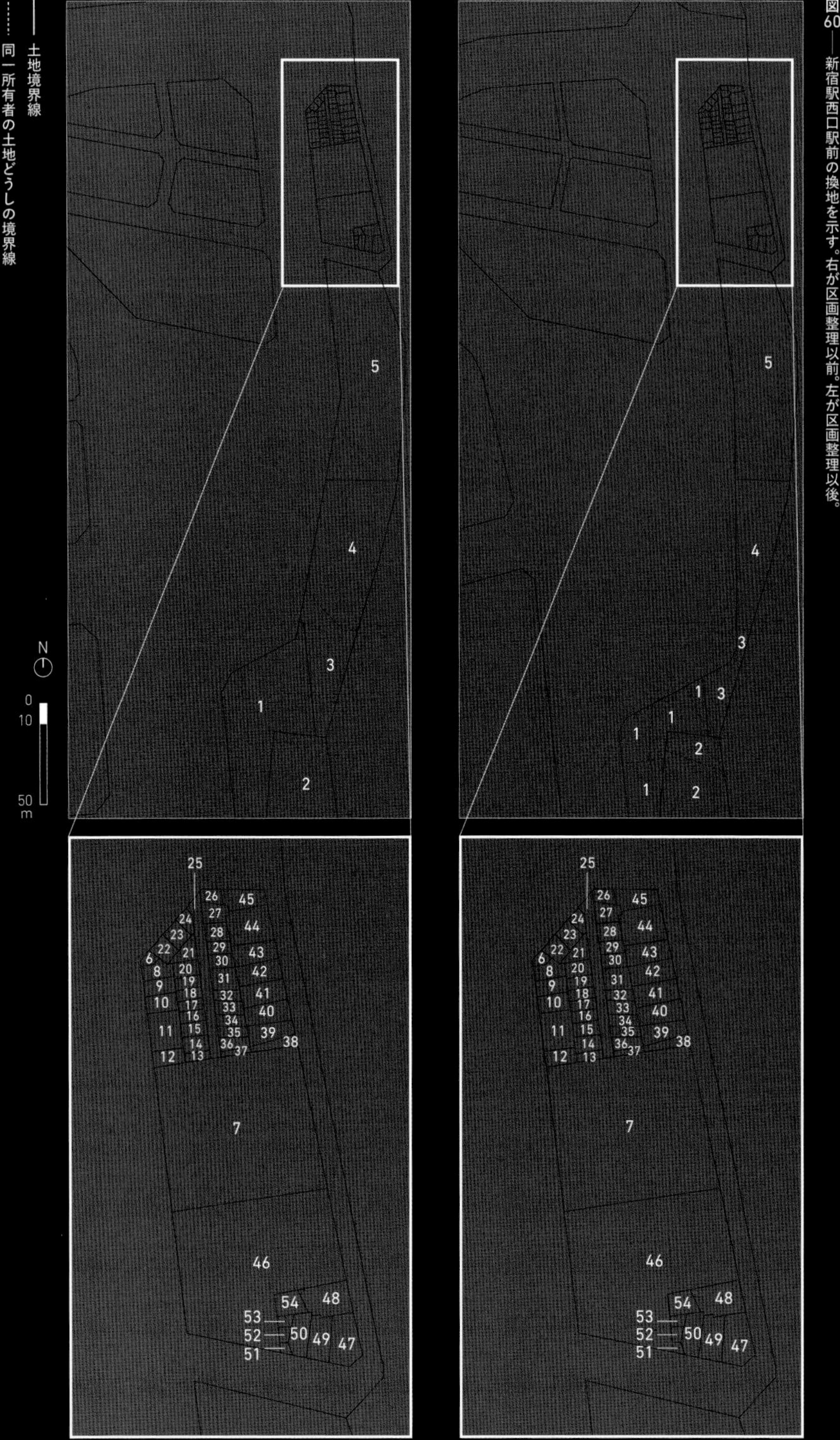

図60——新宿駅西口駅前の換地を示す。右が区画整理以前。左が区画整理以後。

表4――図60に関する換地情報

	戦災復興土地区画整理事業　以前				戦災復興土地区画整理事業　以後					
	町丁名	地番	地目	地積（㎡）	町丁名	地番	地目	地積（㎡）	減歩率(%)	
1	角筈2丁目	31-1	鉄道用地	2991.00	角筈2丁目	1-2	鉄道用地	4383.00	106.67	*1
	角筈2丁目	71-1	鉄道用地	561.00						
	角筈2丁目	71-7	鉄道用地	158.00						
	角筈2丁目	71-6	雑種地	399.00						
2	角筈2丁目	65-1	鉄道用地	4409.00	角筈2丁目	1-1	鉄道用地	5858.00	106.41	*1
	角筈2丁目	65-2	鉄道用地	601.00						
	角筈2丁目	65-7	鉄道用地	495.00						
3	角筈2丁目	71-2	鉄道用地	472.00	角筈2丁目	1-3	鉄道用地	1068.00	191.74	*1
	角筈2丁目	71-3	鉄道用地	85.00						
4	角筈2丁目	71-4	宅地	1363.43	角筈2丁目	1-4	鉄道用地	2307.00	169.21	
5	角筈2丁目	71-5	宅地	3291.90	角筈2丁目	1-5	宅地	3481.45	105.76	
6	角筈2丁目	764-1	宅地	6.67	角筈2丁目	2-16	宅地	6.67	100.00	
7	角筈2丁目	764-3	宅地	677.58	角筈2丁目	2-10	宅地	677.58	100.00	
8	角筈2丁目	764-4	宅地	18.51	角筈2丁目	2-15	宅地	18.51	100.00	
9	角筈2丁目	764-5	宅地	25.45	角筈2丁目	2-14	宅地	25.45	100.00	
10	角筈2丁目	764-6	宅地	25.15	角筈2丁目	2-13	宅地	25.15	100.00	
11	角筈2丁目	764-7	宅地	37.68	角筈2丁目	2-12	宅地	37.68	100.00	
12	角筈2丁目	764-8	宅地	14.74	角筈2丁目	2-11	宅地	14.74	100.00	
13	角筈2丁目	764-9	宅地	3.30	角筈2丁目	2-28	宅地	3.30	100.00	
14	角筈2丁目	764-10	宅地	8.33	角筈2丁目	2-27	宅地	8.33	100.00	
15	角筈2丁目	764-11	宅地	8.03	角筈2丁目	2-26	宅地	8.03	100.00	
16	角筈2丁目	764-12	宅地	8.62	角筈2丁目	2-25	宅地	8.62	100.00	
17	角筈2丁目	764-13	宅地	8.03	角筈2丁目	2-24	宅地	8.03	100.00	
18	角筈2丁目	764-14	宅地	8.03	角筈2丁目	2-23	宅地	8.03	100.00	
19	角筈2丁目	764-15	宅地	8.26	角筈2丁目	2-22	宅地	8.26	100.00	
20	角筈2丁目	764-16	宅地	8.62	角筈2丁目	2-21	宅地	8.62	100.00	
21	角筈2丁目	764-17	宅地	10.01	角筈2丁目	2-20	宅地	10.01	100.00	
22	角筈2丁目	764-18	宅地	22.80	角筈2丁目	2-17	宅地	22.80	100.00	
23	角筈2丁目	764-19	宅地	17.12	角筈2丁目	2-18	宅地	17.12	100.00	
24	角筈2丁目	764-20	宅地	14.47	角筈2丁目	2-19	宅地	14.47	100.00	
25	角筈2丁目	764-21	宅地	82.11	角筈2丁目	2-49	宅地	82.11	100.00	
26	角筈2丁目	764-22	宅地	6.14	角筈2丁目	2-40	宅地	6.14	100.00	
27	角筈2丁目	764-23	宅地	11.47	角筈2丁目	2-39	宅地	11.47	100.00	
28	角筈2丁目	764-24	宅地	12.03	角筈2丁目	2-38	宅地	12.03	100.00	
29	角筈2丁目	764-25	宅地	7.27	角筈2丁目	2-37	宅地	7.27	100.00	
30	角筈2丁目	764-26	宅地	7.53	角筈2丁目	2-36	宅地	7.53	100.00	
31	角筈2丁目	764-27	宅地	15.53	角筈2丁目	2-35	宅地	15.53	100.00	
32	角筈2丁目	764-28	宅地	8.46	角筈2丁目	2-34	宅地	8.46	100.00	
33	角筈2丁目	764-29	宅地	8.26	角筈2丁目	2-33	宅地	8.26	100.00	
34	角筈2丁目	764-30	宅地	8.66	角筈2丁目	2-32	宅地	8.66	100.00	
35	角筈2丁目	764-31	宅地	9.12	角筈2丁目	2-31	宅地	9.12	100.00	
36	角筈2丁目	764-32	宅地	9.35	角筈2丁目	2-30	宅地	9.35	100.00	
37	角筈2丁目	764-33	宅地	3.66	角筈2丁目	2-29	宅地	3.66	100.00	
38	角筈2丁目	764-34	宅地	8.82	角筈2丁目	2-48	宅地	8.82	100.00	
39	角筈2丁目	764-35	宅地	28.52	角筈2丁目	2-47	宅地	28.52	100.00	

40	角筈2丁目	764-36	宅地	28.19	角筈2丁目	2-46	宅地	28.19	100.00
41	角筈2丁目	764-37	宅地	28.72	角筈2丁目	2-45	宅地	28.72	100.00
42	角筈2丁目	764-38	宅地	28.66	角筈2丁目	2-44	宅地	28.66	100.00
43	角筈2丁目	764-39	宅地	28.09	角筈2丁目	2-43	宅地	28.09	100.00
44	角筈2丁目	764-40	宅地	55.73	角筈2丁目	2-42	宅地	55.73	100.00
45	角筈2丁目	764-41	宅地	21.02	角筈2丁目	2-41	宅地	21.02	100.00
46	角筈2丁目	765-1	宅地	582.57	角筈2丁目	2-9	宅地	582.57	100.00
47	角筈2丁目	765-5	宅地	44.23	角筈2丁目	2-1	宅地	44.23	100.00
48	角筈2丁目	765-6	宅地	46.97	角筈2丁目	2-8	宅地	46.97	100.00
49	角筈2丁目	765-7	宅地	28.62	角筈2丁目	2-2	宅地	28.62	100.00
50	角筈2丁目	765-8	宅地	26.90	角筈2丁目	2-3	宅地	26.90	100.00
51	角筈2丁目	765-9	宅地	2.84	角筈2丁目	2-4	宅地	2.84	100.00
52	角筈2丁目	765-10	宅地	3.43	角筈2丁目	2-5	宅地	3.43	100.00
53	角筈2丁目	765-11	宅地	5.61	角筈2丁目	2-6	宅地	5.61	100.00
54	角筈2丁目	765-12	宅地	24.99	角筈2丁目	2-7	宅地	24.99	100.00

＊1――合筆

図61――1968年の対象地区の建物の状況

新宿の戦後

新宿は近世からの宿場町である甲州街道と青梅街道の追分を中心に市街地化が進んでいたが、終戦までに進んだ駅のターミナル化を背景に、戦後は闇市が発生し、急激に繁華街として栄えていった。本章ではその過程を都市組織レベルで明らかにしていくが、その前に、新宿の形成過程をフェーズごとに概観しておこう。

フェーズ一

先に見たように、ターミナル化が進み交通量が増した新宿駅、渋谷駅、池袋駅、大塚駅周辺では、昭和戦前期に駅前広場と周辺街路の都市計画事業決定がなされている。新宿では西口に駅前広場と駅ビル建設用地が造成されるが、戦局が悪化し、物資が不足したことで駅ビルなどは建設されず、更地のまま終戦を迎える。また、東口に交通疎開空地がつくられ、駅の東西に空地を持ったまま終戦を迎えることとなる。

フェーズ二

戦後、その空地に闇市ができ、新宿の戦災復興を支えた。新宿の闇市の特徴は形成過程において、テキ屋が台頭したことである。戦後復興期、新宿駅を囲むように四組のテキ屋組織による闇市が生まれている。他の地域でも闇市形成にはテキ屋が中心的に関わっているが、新宿の闇市はほぼすべてがこの四組のテキ屋組織によって組織されていた。

フェーズ三

一九五〇年以降、戦災復興土地区画整理事業や駅ビルの開発が行われ、闇市は移転や整理が進められる。その結果、浮かび上がってくるのは、戦前から鉄筋コンクリート造のビルを建設していた地元の有力資本である。戦災復興土地区画整理事業では、堅牢建物は極力移動させずに換地設計が進められたため、彼らの土地は原位置換地となった場合が多く、有力資本の土地が優遇的に換地されている可能性が見えてくる。

一九七〇年ごろまでに新宿の闇市は大半が整理され、新宿は木造でできた都市からビルへと更新され、仮設から恒常的な都市空間へと変化していった。

それでは具体的に新宿駅近傍の形成過程を見ていこう。

1 テキ屋と建設業者によるマーケット建設とその整理

新宿駅東口駅前街区の戦災復興過程

本節は図1の**1**の範囲である新宿駅東口駅前街区を対象とする。東口は昭和戦前期から新興の盛り場として発展していた。そのなかでも対象地区は、北側で戦前戦後を通じて新宿のメインストリートである新宿通りに接しており、それに沿って対象地区内には新宿高野や中村屋といった新宿を代表する商店が軒を連ねている。本章が対象とする期間を通じて、新宿駅近傍において最も商業的ポテンシャルが高い場所のひとつであった。

市街地化する駅前　終戦までの変容

戦前期　一九三八年

戦前の対象地区について図2・3から土地の状況を、図4から建物の状況を見ていきたい。図2は一九一二年、図3は一九三八年の対象地区における土地境界、地番を示した図である。一九一二年には五筆で構成されていた対象地区が、一九三八年までに一六筆に分筆され、宅地の細分化が進んでいることがわかる。

対象地区で店を開いていた有力資本のうち、一九三八年時点では、旧土地台帳から高野（土地［13］）と聚楽（土地［1-22］［1-25］）は店舗が建つ土地を経営者が所有していることがわかる。また、高野は店舗の建つ土地だけでなく、土地［1-50］［1-52］も所有している。一方で、中村屋は淀橋（一九三二年から四七年まで新宿駅周辺は淀橋区）の大地主であった渡辺家の土地［12］を借地し、店を構えていた。後述するが、中村屋は戦後復興期に同地に闇市を建設した尾津組と不法占拠問題で争っている時期に、この土地［12］を渡辺家から買収している。

ヤミ市調査団他がまとめた『東京都江戸東京博物館調査報告書第二集　常設展示制作に伴う調査報告二（大型模型二）ヤミ市模型の調査と展示』には、こうした有力資本以外の地主が、戦後に闇市とどのように関わりを持っていたのかを証言した貴重な聞き取りがある［＊1］。対象地区では土地［1-3］の地主と、土地［1-6］［1-23］［1-24］の地主が証言をしている。

土地［1-3］は旧土地台帳が現存せず、戦前期の権利関係変遷は明らかではないが、戦前のある時期から炭問屋を営んでいた清水家が所有していた。清水家は戦後に同地の大半を不法占拠した野原組と係争をしながら、同地の一部で炭問屋を再開している。土地［1-6］［1-23］［1-24］の所有者である市島敬造は、対象地区の南側の街区でも土地を所有しており、市島家は戦前そこで石炭問屋と運送業を営んでいた（次節で扱う土地［1-67］［1-68］）。

次に建物の状況を見ていこう。一九三八年時点の対象地区に建つ建物は三一棟で、そのうち五棟がコンクリート造、一棟が土蔵（以上、耐火建築）、五棟がラスモルタル壁の防火建築、残りの二〇棟が木造瓦葺きの建物であった（図4）。大正末期から昭和初期にかけて、新宿駅前では木造瓦葺きの建物群のなかに高野、中村屋、聚楽、新宿ホテルといった鉄筋コンクリート造三階建て以上の建物が徐々に建ち始めた。ここでは、中村屋の鉄筋コンクリート造のビルが接道しておらず、新宿通り沿いには木造瓦葺きの町家型の店舗が建っていたことに注目しておきたい。ここが木造であったため戦災で焼失し、戦後復興期の中村屋の営業に大きく関係することになる。

他方で、戦後に対象地区に闇市を建設する尾津喜之助や野原松次郎、和田薫、安田朝信といったテキ屋は、大正末期から昭和初期にかけて自身の組をつくり新宿やその周辺を拠点としながら縁日を回り露店を出していた。今和次郎は『新版大東京案内』（中央公論社、一九二九年）のなかで、この時期の東京市内および近郊では毎月一日、二日の縁日だけでも、それぞれ二五ヵ所、二三ヵ所存在していたと述べており、日々各地で縁日が開かれていたことがわかる。縁日のにぎわいのなかでテキ屋は勢力を広げていた。

建物疎開と戦災　一九四四-四五年

対象地区は一九四四年に建物疎開によって木造家屋が取り壊され、また翌四五年の空襲で、景観が激変する。

対象地区では、一九四四年四月一七日の第三次指定（内務省告示第一七七号）により、新宿駅東口の一九〇〇坪（交通疎開空地番号一一一）が交通疎開空地に指定され、同年七月三一日までに耐火建物を除き建物の除去を終えている[*2]。建物疎開は、建物に対しては補償がなされたが、「土地は所有者の申出に依り都で買うか借りることに」[*3]なっていた。東京都の疎開空地に関する図面資料は、公に確認できるものはほとんどなく、新宿駅東口の交通疎開空地の図面もない。そこで、対象地区における建物疎開の実態を、一九四五年一月六日に陸軍によって撮影された航空写真[*4]と、旧土地台帳に記載された土地所有の変遷をもとに復原した（図5・6）。

写真1──1928年ごろの新宿駅東口の空撮。駅前から現在の歌舞伎町までが見渡せる。木造瓦葺きの建物群の中に、鉄筋コンクリート造の建物が点在している。写真中央に二幸、右端に建設中の新宿武蔵野館、その左に新宿ホテル、その奥に建設中の三越が確認できる（新宿歴史博物館提供）。

写真2──1932年発行の『大東京都市写真帖』に掲載された新宿大通り（新宿歴史博物館提供）。

写真3──影山光洋撮影の1945年9月30日の新宿駅東口。二幸屋上から甲州街道方面を見る。疎開空地となっていた場所が更地のまま残っている（影山智洋写真事務所提供）。

陸軍の航空写真からは、対象地区において建物が建っていない範囲が図5の斜線部分であることがわかる。旧土地台帳によれば、この範囲のうち図6の土地[1-7][1-23][1-24][1-52][1-112][1-113]六筆[*5]は、一九四四年末ごろに東京都に買収され、一九四七年九月ごろにその多くがもとの所有者に売却されている。また、旧土地台帳が欠損し登記情報がない土地のうち、[4-6]は一九四八年に払い下げされるまで都有地であったことから[*6]、鉄筋コンクリート造の聚楽が建つ土地[1-22][1-25]を除いて、図6の太い破線で囲んだ範囲の土地が都に買収され、建物が除去されていたといえよう。

こうした時期、統制経済下で一般の商店はまともに機能しなくなっていたが、先にあげたテキ屋たちは露店営業を続けている。一九四一年、安田朝信は都の露店商組合の常任理事兼淀橋支部長として、区内の組合員全員分の業務用物資を東京都から受け取り、保管と配給を行っていたという[*7]。また、尾津喜之助は一九四三年に歌舞伎町を本拠地として、都下四大新聞に「商品何でも買います。関東尾津組」という広告を連日出し、露店で販売する商品を集め、戦時中も露店事業を拡大していた[*8]。この時期には彼ら以外の東京の露店は激減し、戦前に新宿通りに並んでいたテキ屋以外の露店組合も機能していなかった。

そして対象地区は一九四五年五月二五日夜から二六日にかけての空襲によって劫火に包まれ、灰燼に帰した[*9]。ここでは、一九四五年八月から九月にかけて撮影された米軍の航空写真をもとに描かれた地形図[*10]と、報道写真家・影山光洋が一九四五年九月三〇日に撮影した新宿の風景写真(写真3)から、戦災直後の対象地区を図7のように復原した。空襲後に対象地区に焼け残った建物は、鉄筋コンクリート造の建物五棟と、土蔵一棟であった。

戦後、闇市の成立に際してテキ屋組織に対して土地の一時利用許可が与えられるなど公権力からのバックアップがあったが、その背景には戦時中のテキ屋と警察との関係がある。たとえば尾津組は、一九四五年三月一〇日の空襲で罹災し新宿へと歩いてきた下町の人々に対して、慰問品を配り、おむすびの炊き出しを行ったほか、本来であれば警防団が行うはずの防空壕の建設や、焼け跡の整理を淀橋警察署に頼まれて行ったという[*11]。同様に、安田朝信は輸送挺身隊を編成して物資移動を手伝ったり、治安維持の確保に努め、淀橋警察署に協力したという。

テキ屋・建設業者の台頭とマーケットの発生 一九四五-一九五八年

尾津喜之助と新宿マーケット　一九四五-四七年

灰燼に帰した対象地区の再生を終戦直後から担ったのは、闇市であった。戦後復興期、山手線の駅前に出現した闇市の多くは、テキ屋集団、引揚者団体、あるいは土地の有力者などが組織したものであったが、先で述べたとおり新宿駅近傍の闇市においては、戦前から新宿周辺を「庭場」[*12]としてきたテキ屋集団の力がとくに顕著であった。テキ屋の職能は、縁日に露店を出したり、それらを仕切ることからもわかるように、自身が法的になんの権利も持たない土地を刹那的に利用し、そこに集まる人々の欲望に応えるモノや場を創出・管理することである[*13]。そして敗戦直後の東京には、テキ屋がその職能を発揮できる場所として、疎開空地や焼け跡が広がっていた。

図8[*14]の斜線部は、テキ屋の尾津喜之助が終戦後五日目にして始めた闇市、新宿マーケットの一部である。尾津喜之助が終戦翌日から露店再開の準備を始め、営業の許可を得るために所轄の淀橋警察署を訪ねると、署長の安方四郎はそれに賛同し新宿マーケット設営のバックアップを約束した[*15]。

尾津組組員による焼け跡の整理が終わり、資材が届くと、新宿通りに沿った高野の二号館の東から三越にかけての土地に全三二コマの仮設建築（木材でフレームを組み、日よけのヨシズを載せただけの構築物）を建設し、うち一二コマで一九四五年八月二〇日に新宿マーケットを開店した。当初は仕入れから販売まで全コマが直営であった。

当初ヨシズ張りであった新宿マーケットは、一九四五年末、暖取

写真4――裸電灯の灯る新宿マーケット。中村屋の鉄筋コンクリート造のビルの前にもヨシズ張りの店が並んでいることがわかる（新宿歴史博物館提供）。

り用の焚き火が燃え移り一六コマを焼失したことをきっかけに、木造屋根付きでペンキ塗装を施した建物へと建替えられている。この当時、尾津組は新宿マーケットだけでなく、新宿通りに並ぶ数百軒もの露店も差配していた。

尾津が新宿マーケットを建設した土地は空襲による焼け跡で、民有地であった。つまり、成立の際に公権力の協力があったとはいえ、法的には不法占拠である。

新宿マーケットが占拠した土地には、図4で確認した中村屋の木造店舗の焼け跡も含まれていた。中村屋は鉄筋コンクリート造のビルは焼け残ったが、そのビルへアクセスする店舗部分が占拠されてしまったため、営業が再開できなくなってしまった。やむを得ず裏側で居酒屋を経営していた安田善一に対して、焼け残ったビルの三階の一部と四・五階を貸す代わりに、安田が湯沢不動産から借り受けていたビル裏手に面する土地の一部を貸与するよう交渉した。安田善一は次節の対象地区に土地を持っていたが、そこは戦中期に交通疎開空地に指定されており、一九四七年まで都有地になっていた。さらに、一九四七年にその土地の所有権が戻ったが、そのころには同地を和田組に占拠されていたため、土地を使用することができなかった。そのため、対象地区に土地を借り商売を行っていた。

一九四七年四月、安田が中村屋の申し出を承諾し、中村屋は南側の路地から客を引き入れることで営業を再開した。安田は中村屋ビルで旅館「ととや」を経営している[＊16]。

中村屋ほか、新宿マーケットに土地を占拠されてしまった戦前からの地主や借地人は、こうした戦後の状況に泣き寝入りしたわけではない。

終戦後しばらくすると、尾津は中村屋を中心とする地主や借地人など一一人から土地の返還を求められる[＊17]。そして、終戦直後協力的であった警察も、社会が安定に向かうとテキ屋に対する規制を強め、尾津は土地問題で地主を脅迫したとして一九四七年六月二六日逮捕された[＊18]。尾津の逮捕後、尾津組は同年七月二三日に解散、尾津組商事株式会社へと改組し、新宿マーケットの管理は新会社へ引き継がれる[＊19]。このときにはすでにマーケットは直営ではなくなっており、マーケットの区画は占有者へ転売されていた。

その後、地主は占有者を相手に土地不法占拠問題で訴訟を起こした。その結果、不法占拠であることが確認され、同時に占有者は占有権を認められた。こうして、これ以降は地主に対して地代を支払うこととなり[＊20]、公式な借地契約が結ばれることとなった。この裁判の結果を受け立ち退く店舗もあり、一九四八年夏ごろに中村屋の土地の一部が返還され、さらに徐々にではあるがその他の土地も返還されていった。以上のように、マーケットの発生が合法的な都市組織の形成に大きく影響を与えていたことがわかる。

尾津は新宿マーケットを建設する一方で、一九四五年八月二六日から、高野の本店ビル一号館で無料診療所を開業している[＊21]。当初は一階で開業したが、一ヵ月後には設備と人員を整え二階へ移転。その後、一九四八年初頭までに一号館から裏通りへと移転している。

高野のビルは新宿マーケットとは異なり尾津組が建設したわけではないし、またそこで商売をしていたわけでもないので、尾津の無料診療所の移転がスムーズだったともいえるが、これには野村工事株式会社[＊22]社長の野村専太郎が関係したという雑誌報道と証言がある。すなわち、野村が尾津組に高野ビルからの立ち退きを交渉し、その対価として野村工事が一九四八年四月から高野ビル一号館三階を借りることになったのである[＊24]。この背景には、当時の関係者に野村は「尾津の番頭をしていた」[＊25]と証言されるほど、野村専太郎と尾津喜之助の深い関係があった。

この時期、尾津と野村は強い関係を持ちながら、新宿駅前を動かしていく。

一九四七年六月、土地[1-6][1-23][1-24]の戦前の地主である市島敬造は、都から返還された同地に露店街を建設しようと区役所に出店許可を願い出たところ、復興都市計画緑地に指定されているため、同地への建物の建設は許可できないと却下された。そこで仕方なく、土地を手放すこととした。

これを聞いた野村は、一九四七年一二月一八日に尾津から融資を受け、この土地を驚くほど安い値段で購入したという（登記は野村工事）[＊25]。この土地には、一九四八年以降野原組がマーケットを建設することになるが、このマーケット建設に野村が深く関わっていたとする報道がある[＊26]。

野村工事は、戦後復興期の新宿の中心地ともいえる東口駅前の高野本店ビル三階に事務所を構え、新宿通りから靖国通りへの都電の路線変更工事（一九四九年）[＊27]や、露店整理事業で建設された新宿サービスセンターの施工（一九五一年一二月竣工）[＊28]を一手に請負うなど、戦後復興期から高度成長期にかけて建設会社として新宿の形成に大きく関わっていくこととなった。

一方、高野の商店としての復興は、まず果実部が一九四七年一月から仮営業を始め、同年二月二六日からは二号館で果実部とフルーツパーラーが本格的に業務再開する。そして、同年三月二六日からは二号館の二階、三階、地下一階を東急会館へ貸与し、二号館の全フロアの使用が始まる。その後、一九五六年一一月末に東急会館は新宿東急文化会館を歌舞伎町に開業するまで高野二号館に入居していた[＊29]。高野の社史によれば、一九四七年当時、一号館は未使用となっているが、尾津の無料診療所が入居していたはずである。

図8に戻り一九四七年の新宿マーケット以外の建物を確認しよう。戦前・戦後を通じて民有地であった土地には、地主もしくは借地人が戦前の建物よりも小振りなバラックを建設している。そうしたなかで、唯一高野が一号館の南側に接して二階建ての防火建築を建設している。この建物の入口は西側を向いている（写真5「増築部入り口」）。高野の西側の土地には戦前は建物が建っており、入口を設けることはできなかったが、先述したとおり戦時中は疎開空地になっていた。対象地区の疎開空地であった土地には、一部を除き建物が建っていない。そのため、高野一号館の増築部の入口は疎開空地を通ってアクセスするような場所に設けることが可能であった。これが後に戦災復興土地区画整理の換地設計に影響を与えることとなる。

戦時中に疎開空地に指定され都有地となっていた土地は、戦災復興土地区画整理事業で金銭清算される[1-52][1-112]を除き、一九四七年九月までにすべて戦前の所有者に売却するか、一九四八年の払い下げによって民有地になっていく。この疎開空地であった場所では、一九四七年七月ごろから野原組[＊30]によって縄で地割りが行われ、闇市が組織されつつあった[＊31]。これは市島が同地に露店街の建設を計画し都に認められず、土地を手放すことを検討し始めたころと時期が一致する。

写真5──1948年4月の新宿駅東口。影山光洋撮影の写真「復興を始めた新宿」3枚を筆者合成。（影山智洋写真事務所提供）

野原組マーケットの誕生　一九四八-五一年

写真5は一九四八年四月の東口駅前であるが、写真3では更地になっていた場所にバラックが並んでいる。このうち図9の斜線部の建物は、野原組によって建設されたマーケットである[*32]。聚楽周辺の野原組マーケット①は、一九四七年九月八日から翌四八年四月の間に建設された[*33]。高野の西側に鉤の手状に並ぶ野原組マーケット②は、一九四八年一月から四月の間に建設された[*34]。一コマの広さは六尺×四尺五寸で、小さなコマが並ぶその形から、後にハモニカ横丁と呼ばれるようになった[*35]。

マーケット②が建設されたのは一九四八年に尾津喜之助が払い下げを受けた土地[4-6]であり[*36]、尾津の土地取得の時期とマーケット②の建設時期が相関する。さらに先に述べたとおり、マーケット①の建設を差配したのは野村専太郎だという報道もあり、また後述する龍宮マーケットの建設を野原組の後継組織が請負っていることからも、尾津組と野原組と野村工事はかなり密接な関係にあった。

こう考えると、野原組のマーケット①は土地[1-6][1-23][1-24]を野村工事から借地し、それ以外の土地[1-3][1-7][1-50][1-52]を不法占拠していたと考えられ、また同様にマーケット②は、土地[4-6]を尾津喜之助から借地し、土地[1-3]を不法占拠していたと推察される。

土地[1-3]の地主である清水家は、一九四七年に都から疎開空地であった土地を返還されたが、戻ったときにはすでに野原組のマーケット②に土地の大半を占拠されていた。そのため、土地[1-3]の東端、高野一号館の南に五、六坪のバラックを建設し、炭問屋を再開した[*37]。清水家は一九五〇年ごろから五五年まで、野原組を相手に土地不法占拠問題で裁判をしたが、結局解決したのは戦災復興土地区画整理事業が行われた一九六〇年ごろであった。

先述したとおり、一九四八年夏ごろに中村屋の借地の一部が尾津組から返還された。そして、それに先立ち一九四八年六月二九日に中村屋は借地であった土地[12](図6)を地主から買収している。その後、中村屋の土地がすべて返還されたのは一九五三年であった。新宿マーケットが占拠した土地のうち、借地人からの返還が遅かった土地では一九七六年というところもあった[*38]。

図10は一九五一年の対象地区である。野原組マーケット①は聚楽の南北両側で建て増しが進んでいる。次節で見ていくが、一九五〇年初頭になると対象地区の南側の街区では戦災復興土地区画整理事業にともない和田組マーケットの除去・移転が進み、暫定的な駅前広場ができていた。この影響で、隣接する野原組マーケット①周

辺の空地に新たにマーケットが建てられ、営業者が移ってきた可能性がある。

　マーケットの建て増しが進む一方で、それを管理する野原組に対しては警視庁の取り締まりが行われ[*39]、一九五〇年九月一二日、野原組は団体等規制令違反として解散指定を受ける。しかしこれは表向きにすぎず、野原組は野原商事株式会社へ改組されるが、依然としてマーケットに対しては力を持ち続け、管理費などの名目で営業者から搾取を続けていく[*40]。

戦災復興土地区画整理事業の漸進とマーケットの持続と整理
一九五二-一九七〇年

戦災復興土地区画整理事業と都市組織の動態　一九五二-五四年

一九五二-五四年にかけて、対象地区においても、戦災復興土地区画整理事業の仮換地の影響による都市組織の変化が観察される。まず、対象地区を含む区画整理事業を確認したうえで、都市組織の動態を観察しよう。

　対象地区を含む、新宿駅東口の戦災復興土地区画整理事業は東京都市計画第九-二地区復興土地区画整理事業[*41]として、一九四六年四月二五日に都市計画決定、一九四八年六月三日都市計画事業決定され、一九七〇年三月三一日に換地処分されている[*42]。図11は第九-二地区の区画整理以前・以後の街区形状を記したものである。対象地区は、街区内部に幅員四メートルのL字状道路が挿入されていること、駅前広場(全体で一万四一八八平方メートル)ができたことにより街区の西側が大きく削られている。

　では、この時期の都市組織の動きを見ていこう。

　一九五二年五月、一九四七年に逮捕されていた尾津喜之助がサンフランシスコ講和条約の恩赦で保釈された[*43]。一九五二年九月に『尾津商事株式会社』を設立、最初の事業として新宿駅前の(中略)百坪の土地にマーケット」の建設を計画した[*44]。

　尾津商事の専務は戦前戦後を通じて淀橋警察署長を務めた安方四郎で、尾津と地元警察とが深い関係にあったことを明白に物語っている。

　尾津がマーケット建設を計画した土地は、疎開空地であった「かつての都有地」で、「(筆者注、( )以下同。昭和)廿三年の払下げで尾津氏の所有となった」(都第三復興事務所談)土地である。同地は区画整理用地であるため、建築物の建設が許可されていない。そこで、尾津は「柱、土台、壁、屋根のない簡易店舗（テーブルに四本の鉛管をつけ、ビニールの天井）の設立を計画（中略）野原商事株式会社（元野原組）に請負わせ」た。「この店舗使用の保証金（実際には権利金）が坪卅五万円から五十万円、ほかに日掛として二百円ぐらいで雑貨、洋品店など五十店を予定し、将来区画整理で換地になる新宿三越横三百五坪の土地に地上五階、地下一階のビルを建て、保証金はその時に使う」計画であった。一九五二年に建設され、龍宮マーケットと名付けられたこのマーケットの位置は、図12のとおりである。

翌一九五三年一〇月七日、同マーケットが建つ土地[4-6]から土地[4-36]が分筆され、野村工事が取得している。ここにも尾津と野村の深い関係を感じる。[4-37]も旧土地台帳は散逸しているものの、[4-36]と同時かそれ以降一九六〇年までに分筆されている[＊45]（図13）。

尾津喜之助は龍宮マーケットを建設した土地の他にも、一九五八年一一月二一日に図14の土地7と8を取得し、時期は定かではないが一九七〇年までに土地2も取得している[＊46]（図14）。

一方で先述したとおり、一九五三年に中村屋は新宿マーケットに占拠された土地をすべて取り戻した。このころ、区画整理にともなった建物の不燃化のため、新宿通り沿いに建つ中村屋の木造店舗（新宿マーケットから返還された土地に建つ店舗）をコンクリート造に建て替えるよう行政指導が行われた。中村屋は建替えを行うこととしたが、ふたつの問題が浮上した。

ひとつ目は、建替え工事期間中の代替の売り場を設けなければならないこと。ふたつ目は、新宿通り側の店舗は中村屋の土地で唯一接道する部分であるため、建替え工事期間中も敷地裏のビルを使用するためには、別の場所からアクセスできるようにしなければならないことであった。

『中村屋一〇〇年史』によれば、この対策を検討していたところ、中村屋の敷地の東側に隣接する「キャバレー『パリー』の土地約二〇坪（六六平方メートル）を買収できることが分かり、ただちに一四八九万円で」買い取り、「新しいビル『東館』を建設して、急場を凌ぐことにした」という[＊47]。

しかし、この中村屋が買収したというビル東側の土地は、図14の土地14（図14・表1）で、もともとこの場所にあった土地ではなく、換地前は図14の★の位置にあった土地である。図6・13の土地[11-1]ではない。旧土地台帳によれば、中村屋はこの土地を一九五三年八月一九日に買収している。その後、同年一一月に東館建設工事に着工。翌年六月に竣工している。つまり、この過程は中村屋の意図が

写真6──1952年6月の新宿駅東口。中央の空地が龍宮マーケットの計画地。この時期、警察に道路使用許可を得て靴磨きの団体がこの場所を使用していた。(朝日新聞社提供)

写真7──1959年7月の新宿駅東口。中央に龍宮マーケットが見える。(新宿歴史博物館提供)

写真8──1954年の新宿駅東口。中村屋の東館が建設中であることがわかる。(読売新聞社提供)

区画整理の換地設計に反映されたことを示しているのではなかろうか。実際には、この土地の仮換地がいつ決まったのか、区画整理委員会において仮換地がどのような経緯で決定されたのか明らかにしなければ断定はできないが、それを知る資料はない。しかし、中村屋が図6における自身の土地[12]の隣地である土地[11-1]の一部を買収したのではなく、対象地区の南東約一〇〇メートルに位置した土地14(図14)を買収し、その土地が中村屋のビルの東側に換地されたことによって、中村屋は東館を建設することができたという事実は明らかだ。この換地によって、中村屋は店舗の建替え工事期間中も営業を続けることができたのである。

マーケットの焼失と再建　一九五五-五八年

区画整理が始まったこの時期、マーケットで火災が起きる。建物が消失してしまえば、建物に関わる権利、ここでいえば土地の占有権や営業権は消え、不法占拠は解消する可能性が高かった。しかし、このときマーケットは再建を黙認され、闇市から続く都市組織が持続することとなる。

　一九五四年一二月三〇日午前二時ごろ、野原組マーケット①内の飲食店から出火、聚楽を含む「約一二棟九六世帯四〇〇坪が全半焼」した[＊48]。焼失した野原組マーケット①の店舗の営業者たちは、ただちに復興対策委員会をつくり、まとまって安い材木を仕入れ、再建を始める。このマーケットの再建に際して、消防庁、都建設局、都建築局からそれぞれ個別の見解が出された。消防庁からは焼失以前の路地が狭すぎるため、消防活動が可能な幅員への変更を要求する通告、都建設局からは一九五五年三月までの一九五四年度は予算がないため区画整理を施工しないので、一九五五年三月末までの期限付きで建設を許可する見解、都建築局からは区画整理用地であるため建築物の建設を禁じるという通告である。

　これに対して、マーケット営業者は「九尺の道路を中にはさんで両側に一坪平均の連鎖式店舗六十三軒をつくり、一軒一軒の土台には四つの車輪のような板きれをくっつけた。つまり、消防庁のいう幅の広い道路もあれば、建築局のいう〝建物〟ではない移動式屋台が六十三軒、区画整理地に集まったという」ことにしたのである[＊49](図15)。路地を三倍に広げたため各店舗の建坪が従来の一坪半から一坪に減った。これを都建築局は「固定した建物を建ててはいけない。あの建物には車がついているので一軒一軒の屋台があつまったものとして黙認」した。終戦から一〇年を経過し、なおも不法占拠でありながら、公的に再建が黙認されたのである。

　ところで一九五四年に東館を建設した中村屋は、一九五八年から行政指導に従って新宿通りに面した木造平屋の店舗を鉄骨鉄筋コンクリート造に建て替え、既存ビルと一体化し、既存ビルも大規模な改修を行った。店舗は地下で地下鉄丸ノ内線新宿駅に通じるメトロプロムナードへとつなぐこととし、一九五八年一月から工事を開始した。工事は予定どおり一九五八年一一月末に終了し、地上六階地下二階の本社・本店ビルが竣工した(図15)。

野原組マーケットの整理と聚楽の曳家　一九五九-七〇年

　一九五九年末からは駅前広場の施工を行うため、対象地区の不法占拠マーケットが撤去されていく。また、地下鉄丸ノ内線新宿-池袋間が開通したことや、新宿通り地下のメトロプロムナードが完成したことなどを背景に、建物の建替え、増改築が相次いで行われていく。

　図16は対象地区の区画整理がある程度進んだ一九六二年の建物の状況を示している。戦前に建設され、戦後も焼け残った建物は六

棟で、そのうち一棟の土蔵は戦災復興土地区画整理事業にともなって取り壊されている。土蔵以外の鉄筋コンクリート造の五棟のうち、聚楽を除く四棟は堅牢建物として建物移転を行わず、その敷地は原位置換地された。

ここで聚楽の土地・建物について注目したい。聚楽の建物は鉄筋コンクリート造の堅牢建物であるが、駅前広場をつくるためには原位置換地を行うことはできなかったので、曳家による建物の移転が行われた。一九五九年末から、聚楽の曳家を行うために、周辺に存在した野原組のマーケットが撤去されていく。野原組のマーケットは大半が不法占拠で、占有権と営業権の補償を受けたものの区画整理後に移転する土地が存在しなかった。そのため反発も強く、仮移転場所を求めて、マーケット営業者一四、五名が駅前の土地に新たにバラックを建てて占拠するという事件まで起きた[＊50]。

一九六〇年のはじめに不法占拠のマーケットが整理されると、聚楽の曳家工事が行われる。聚楽は地上五階地下二階の延べ床面積二二〇九・四二平方メートル、五八〇〇トンの建物で、第一次の曳家では北へ一〇メートル、第二次の曳家では東へ二五メートル移動した[＊52]。この曳家で対象地区の区画整理が一気に進み、換地には次々と中高層のビルが建ち並んでいくことになる。また、野原組によって長期に続いた不法占拠も、区画整理によって解消され、地主は換地を使用できるようになった。

次に図14より、土地34（図14・表1）の換地に注目したい。換地設計は、一般的には宅地がいずれかの辺で接道するように行われるが、図14の区画整理以前・以後を比較すると、土地34（図14・表1）は南北で接道しているにもかかわらず、不自然な形で西側でも接道していることがわかる。この土地は、鉄筋コンクリート造の高野一号館が建っていたため、原位置換地となった土地である。高野一号館は、戦後すぐに南側へ増築されていているが（図7・8、写真5）、土地34（図14・表1）の換地が不自然な形をしているのは、戦後に増築されたこの建物の出入口を戦災復興土地区画整理事業後も使用できるよう考慮して、換地設計を行ったためである。二〇一六年現在もここは高野ビルへの入口となっている。このように、移転が行われなかった堅牢建物とその増築部のプランが、換地設計に影響を与えたことが観察できる。

対象地区には原則的に区画整理で建物移転を前提としない堅牢建物が周辺の街区よりも多く存在し、さらに駅前広場の整備のために対象地区の西側が削られたことによって、堅牢建物の敷地以外は周辺の街区へ移動換地されるなど、大幅な組替えが行われた。

他方で区画整理事業が進むと、尾津喜之助は自身の所有する三ヵ所の換地（土地2・7・8、土地24×2ヵ所）にそれぞれ雑居ビルを建設していった（図14・16・17）。

また対象地区およびその周辺では建物の建て替え、増改築が相次いで行われていく。一九六四年五月二〇日には国鉄の民衆駅である新宿ステーションビルと駅前広場が竣工した。高野は一九五九年に改修した建物を一九六七年一〇月から取り壊し、新社屋建設に着工し、一九六九年四月に竣工させている。

図17からは土地1（図14・表1）の所有者である清水家（株式会社しみず）が、換地にしみず喫茶を建設していることがわかる。清水家が、野原組に不法占拠されていた自らの土地の権利をすべて取り戻したのは、この戦災復興土地区画整理事業以降である。

地主化するテキ屋、所有地を拡大する有力資本

整理すると、序章で提示したターミナル近傍の形成過程のフェーズ二においては、マーケットの形成とその土地の所有関係の差異に注目し形成過程を、フェーズ三においては戦災復興土地区画整理事業に注目することで恒常的な都市組織の形成を観察した。

フェーズ二においては、テキ屋の尾津喜之助（尾津組）と野原松次郎（野原組）が一九四〇年代に建設したマーケットは、共に不法占拠であるものの、前者の新宿マーケットは焼け跡を整理して建てたもの、後者の野原組のマーケットは戦時中に疎開空地となり一時的に都有地となっていた土地に建てたもの、という土地の権利関係の差がそのまま存続の差異にもなっていった。

民有地である焼け跡に新宿マーケットを建設し土地を不法占拠した尾津組に対して、戦後しばらくすると地主たちが土地の返還を求めた。これに対して地主を脅迫したとして一九四七年六月尾津喜之助は逮捕され、翌四八年夏からは土地が地主や借地人へと徐々に返還されていった。しかし、後に尾津が土地を取得したことは注目すべきである。本来土地を持たず他人の土地で商売を行うテキ屋が、土地を所有しフォーマルな市街地形成に参加していった。尾津は取得した土地に建築確認上建築物ではない龍宮マーケットを建てて、区画整理が実施されるまで、仮設的な店舗で営業を行った。

一方で、野原組マーケットが建設された土地は、終戦から約二年間都有地として更地のままであったが、大半が一九四七年九月に戦前の所有者に売却されて民有地になっていた。野原組マーケットは、

途中で焼失し再建を行いながらも、店舗に車輪らしき板を付けるなどして仮設物であることを記号的に示しつつ、聚楽の曳家工事が着工される直前、一九六〇年ごろまで新宿駅前に不法占拠のまま存続していった。このように野原組マーケットが不法占拠であるにもかかわらず長期に存続したのは、戦後約二年間都有地となっており、その後も戦前の所有者に権利が移ったとはいえ、大半が不在地主だったこともその要因として考えられる。

龍宮マーケットは建築確認のレベルにおいて、野原組マーケットは建築確認のレベルおよび土地権利関係のレベルにおいてインフォーマルな存在として持続していた。いずれの場合も曖昧な存在であり続けることで、結局一〇年以上もの間、新宿駅前に仮設的な場を持続させていた。

また、建設業者の野村工事が、尾津喜之助から受けた融資で土地を取得し、野原組にマーケットを建設させていた。そして高野本店ビルの三階に事務所を置き、東口駅前を拠点とする地元企業として大きく力を発揮していた。

フェーズ三の都市組織の動態を捉えるうえでは、とくに戦災復興土地区画整理事業に注目した。同事業によって駅前広場を整備するため、堅牢建物であるにもかかわらず聚楽の建物が曳家され、野原組マーケットが整理されたことで、対象地区の同事業が急速に進み、終戦後一〇年以上も続いた不法占拠も解消された。

戦災復興土地区画整理事業においては中村屋や高野の土地に対して、特徴的な換地が行われていた。区画整理はそれぞれ従前の土地の価値を算出し、平等に換地するよう行われる。区画整理後の土地に生じた不釣り合いは、金銭清算によって平準化される。中村屋や高野は戦争で焼け残った堅牢建物を戦後も改修して利用していたが、戦災復興土地区画整理事業では、こうした堅牢建物を極力移動させずに換地設計を行っていた。中村屋の東館が建設された土地の換地や、高野の換地が西側へ突起状に接道した得意な形状をしていることには、中村屋と高野それぞれの建物を移転させなかったことが影響していた。

戦災復興土地区画整理事業によって駅前広場となった場所に存在した土地の一部には、周辺の街区へ移動換地されたり、あるいは金銭清算によって処分された土地もあった。これに比して、戦前期、すでに木造の建物から鉄筋コンクリート造のビルへと建替えを行えるほど資本力を持っていた主体の土地は、戦災復興土地区画整理事業に際して、地積の変化も場所の変化も少なかった。むしろ、基盤整備が進んだにもかかわらず減歩が少なく、接道性が上がったことからみれば、戦災復興土地区画整理事業以前に比べて、土地の価値が上がった。これは都市計画事業レベルにおけるインフォーマルな動きといえるであろう。もちろん、建物が耐火建築であったために、戦中期に疎開空地として東京都に土地が買収されなかったことも、戦前戦後を通じた土地の持続性には大きく関係している。このように、個別の土地の物的な持続性という意味では、戦前から資本力を持っていた主体と、それ以外の主体との間には大きな差があった。

2 和田組マーケットの誕生・変容・移転

次に対象とする地区は、新宿駅東口駅前街区の南側から甲州街道までの三つの街区、図1の**2**の範囲である。この地区の三つの街区を北から、街区Ⅰ、街区Ⅱ、街区Ⅲとして、その形成過程を見ていこう。

ここでの対象地区の特徴は、おもに次の三点である。第一に一九三〇年には一社の所有地だったが、戦後細分化が進み多くの新規地主を生んだ地区であること。第二に新宿駅周辺のヤミ市を起源とするマーケットのなかで、最初に戦災復興土地区画整理事業によって整理が始まった場所であること。第三に同地に闇市を建設した和田組解散後に結成されたマーケットの商店街組合や、区画整理に際して営業者の権利を守るために結成された対策委員会など、営業者が組織した団体が複数存在し、その動向が資料からわかることである。本節では、和田組が建設したマーケットを和田組解散後も便宜的に和田組マーケットと呼ぶこととする。実際には時期ごとの運営主体名で呼ばれたり、元和田組マーケットなどと呼ばれていた。

大土地所有の上に建設された劇場と倉庫
終戦までの新宿武蔵野館周辺

戦前期　一九三八年

図18は一九三〇年当時の対象地区の地割である。街区Ⅱと街区Ⅲは、街区ごとに一筆の土地になっていたが、街区Ⅰは街区単位での分割が進んでおらず、周辺の街区と一体の角筈一丁目[1-1]という土地の一部であった。また、これらの土地はすべて東京建物株式会社の所有で、この当時、対象地区にはすでに建物が建ち並んでいたが、すべて借地人として建物を建設し、土地の細分化は進んでいなかった。

図19は一九三八年の対象地区の建物の状況を示している。戦前の対象地区には新宿武蔵野館、朝日ニュース劇場、新宿劇場、ムーランルージュなどの劇場が存在し、街区東側の通りに沿っては商店が建ち並んでいたが、対象地区内の西側は倉庫や資材置き場が占めていた。明治時代から新宿駅は日本鉄道と甲武鉄道が交差する物流の拠点となっていたことから、駅近傍に多くの薪炭問屋や石屋が存在していたが、一九三八年時点でもこれらの店の倉庫や資材置き場がこの辺りに存在した。当時の耐火建築のほとんどが、こうした店の石造の倉庫であった。

図20は一九三八年の対象地区の地割である。街区Ⅰと街区Ⅲで土地の細分化が進んでいる。街区Ⅰはとくに細分化が進み、土地[1-47][1-57]のみ東京建物の所有で、あとの六筆の土地は売却されている。土地[1-1][1-46]は新宿武蔵野館の所有、土地[1-48][1-49][1-53]は安田与一の所有となっていた。安田与一は前節の対象地区で中村屋の裏で居酒屋を経営していた安田善一の父で、関東大震災後にここへ転居し、メリヤス問屋、割烹料理店を営んでいた。

街区Ⅲでは土地[1-67][1-68]が分筆され、市島敬造の所有地となっている。市島敬造はここで炭問屋と運送屋を営んでいた。市島は前節の対象地区で交通疎開空地となった土地を所有し露店街建設を計画していた人物である。戦後になると、この土地[1-67]は和田組マーケットによって不法占拠されることになる。

対象地区は一九三〇年までに土地は細分化しておらず、借地として市街地化が進んでいた。これが一九三八年になると、街区Ⅰと街区Ⅲで土地の分筆が進み、建物所有者の一部が地主となっていった。

他方で戦後に対象地区において闇市を組織しマーケットを建設することになる和田薫は、この時期すでに和田組を結成し、小倉二代目尾津喜之助の弟分としておもに原宿を庭場(にわば)としていた。

前節同様、本節の対象地区の一部は、一九四四年の第三次指定（内務省告示第一七七号）により交通疎開空地に指定された新宿駅東口の一九〇〇坪（交通疎開空地番号一一）の一部で、同年七月三一日までに耐火建物を除き建物の除去を終えている［＊52］。対象地区における建物疎開の実態は、一九四五年一月六日に陸軍によって撮影された航空写真［＊53］と、旧土地台帳に記載された土地所有の変遷をもとに復原した（図21・22）。

陸軍の航空写真からは、一九四五年初頭には図21の斜線部の範囲の建物が、石造の倉庫を含め除去されていたことがわかる。図22は一九四五年の対象地区の地割を示したものであるが、旧土地台帳によればこのうち土地［1-43］［1-47］［1-48］［1-49］［1-53］［1-57］が一九四五年前半に東京都に買収されている。交通疎開空地の指定範囲を示した図面が確認できないため、厳密には疎開空地の範囲を特定できないが、図21の斜線部が交通疎開空地に指定されたと考えてよいだろう。この斜線部のうち街区Ⅰでは一部を除き東京都が土地を買収していたが、街区Ⅱと街区Ⅲでは東京都に買収された土地はない。疎開空地に指定された「土地は所有者の申出に依り都で買うか借りることに」［＊54］なっていたため、交通疎開空地指定範囲内にこうした土地所有の差が生まれることとなった。

対象地区は一九四五年五月二五日夜から二六日の午後にかけての空襲によって劫火に包まれ、灰燼に帰した。ここでは、一九四五年八月から九月にかけて撮影された米軍の航空写真をもとに描かれた地形図［＊55］と、影山光洋が一九四五年九月三〇日に撮影した新宿の風景写真（写真3）から、戦災直後の対象地を図23のように復原した。対象地区において戦後も使用できる程度に焼け残った建物は、新宿武蔵野館と街区Ⅲの南から甲州街道へと登る斜路に建つ二棟の建物だけであった。街区Ⅱに倉庫が一棟焼け残っていたが、屋根が焼け落ちていることが影山の写真（写真3）からわかる。

和田組マーケットの誕生　一九四五年八月-四七年六月

和田組マーケットの建設

疎開空地として戦中に建物が除去されていた範囲に、戦後大規模な闇市が発生する。テキ屋の和田薫を中心とした和田組によってつくられた闇市である。

図24は一九四七年の対象地区の建物の状況を、一九四七年九月八

日に米軍が撮影した航空写真「USA-M451-29」と一九四九年の火災保険特殊地図から復原した図である。

戦中に疎開空地となっていた範囲には和田組によって建設されたマーケットが三街区にまたがって南北に伸び、街区Ⅰでは三本、街区Ⅱと街区Ⅲでは二本の通りを挟むように長屋が並んでいる。

和田組は、終戦直後、三越裏の焼け跡にゴザを敷いて闇市を開いていたが[＊56]、同地の所有者と所有権をめぐって紛争となったことをきっかけに、和田と宮内淀橋署長、区長の三者がその打開策を検討した結果、新宿の戦災復興のためと対象地区の疎開空地であった場所を「都の命令あり次第何時でも立退く」という条件付きで和田に貸与することになり、一九四五年一二月、和田組の闇市がここへ移転してきた[＊57]。移転した和田組の闇市は対象地区の街区Ⅰに展開されていた。当初は文字どおりの露天市場で、和田薫親分が場所割りを行い、そこへそれぞれの営業者が屋台を並べ、一〇〇くらいの店があったという。しばらくすると、これがヨシズで区画されるようになり、区画を背合わせにして列をつくり、通りを挟む形で四列ほどが並んでいた。一区画の大きさは一間×一間ほどで、区画に対して屋台をどう配置するかは、商売の性質や客の座席を置くかどうかによって様々であった。出店場所は、まず「お偉方」（和田組の親分・子分）が立地のよい区画に入り、次いでそれまで商売をやっていた人の区画が抽選で決めたという[＊58]。この当時、ヨシズ張りの区画に持ち込まれた屋台の形状は様々であったが、大半の屋台のカウンター上部には、開けると日除けになる蔀戸がついていた。

時期は定かではないが、街区Ⅰでヨシズ張りの闇市が開かれている間に、街区Ⅱと街区Ⅲには木造マーケットが建設された。これは図24に復原した街区Ⅱと街区Ⅲのマーケットである。一九四六年五月一〇日に行われた立教大学の学生による都内の露店市場の実態調査では、新宿に存在するマーケットは三二店となっており[＊59]、これは尾津組による新宿マーケットのコマ数と一致するため、一九四六年五月時点では新宿には新宿マーケット以外のマーケットが存在しなかったと考えられる。また、街区Ⅰの闇市二〇〇軒は、一九四七年三月一四日に統制違反である主食を売っていたとして営業停止となっているが[＊60]、このときすでにマーケット化していた。このときまでに街区Ⅱと街区Ⅲにはマーケットが建てられていたと考えられる。すなわち対象地区での和田組の闇市は、当初は街区Ⅰでの露天市場として始まり、一九四六年五月下旬以降に街区Ⅱと街区Ⅲにマーケットが建設され、その後、一九四七年初頭までに街区Ⅰもマーケット化していた。
一九四七年初頭までに建設された和田組マーケットは、街区ごとにまとまった組織として名称が付けられおり、不動産的な取扱いもそれぞれに異なっていた。

街区Ⅰのマーケットは「露店（部）」と呼ばれ、区画数は二〇〇コマ、一区画の大きさは一間×一間半で、通路幅は一間半であった[＊61]。この露店部は一九四〇年代末まで露店慣行地として警察へ申請されていた。木造のバラックでありながら、法的に仮設の空間として申請しており、テキ屋と営業者との賃貸関係（営業者はテキ屋から区画を借りて「場代」あるいは「塵銭」を支払う）も短期的で、店舗の入れ替わりも激しく、マーケットの形態を持ちながらも戦前からのテキ屋の文化を強く引き継いでいるマーケットであった[＊62]。露店部は一九四七年末には一〇日単位で貸し出されており、街商が借りることを前提としていた[＊63]。これに対し、街区Ⅱと街区Ⅲのマーケットはコマが大きく、権利関係も露店部とは異なるものであった。

街区Ⅱのマーケットは「八十四軒（部）」、街区Ⅲのマーケットは「六十三軒（部）」と呼ばれ、文字どおり八四（後に八八）と六三の区画を有し、ともに一区画の大きさは「一間半×二間が基本」であった[＊64]。八十四軒部、六十三軒部ともに和田組が建設したが、八十四軒部は和田薫を大家とする賃貸店舗、六十三軒部は和田を土地の管理者（正式な土地所有者ではないが地代を取っていた）とする建売店舗であった[＊65]。店舗の内部には奥に畳二枚を敷いた店と、鉤の手形にカウンターを持つ店とがあり、こうした店内の造作物は営業者自ら設えていた。

和田組マーケットと土地権利関係

終戦から一九四七年六月までの対象地区の土地所有と和田組マーケットの建物との関係を図25から見ていきたい。街区Ⅰの露店部は土地[1-46]を除き都有地に建っていた。これに対し、街区Ⅱ・Ⅲは民有地にマーケットが建設されていた。

街区Ⅱ・Ⅲにおいて和田組マーケットが建設されたのは東京建物の土地[1-36][1-88][1-89]と市島敬造の土地[1-67]であった。ここで注目すべきは、街区Ⅱの土地[1-36]から一九四六年一二月二八日に土地[1-74]が分筆され、和田友一が買い取っていることである。和田友一という人物についてはくわしい情報はないが、旧土地台帳に記載された住所が和田薫の当時の住所と一致しており、和田薫の親族あるいは本名であったと考えられる。このことから、一九四六年末に和田組と地主東京建物の間に接触があり、不法占拠であった

［1-36］［1-88］［1-89］についても賃貸関係が結ばれていったと考えられる［＊66］。

一方で地主の市島と和田組の関係はどうだったか。市島は『ヤミ市模型の調査と展示』のなかで、和田組とのやりとりをくわしく述べているので紹介したい［＊67］。

終戦となり市島が出兵先から新宿に戻ると、街区Ⅲの自身の土地に和田組のマーケット（六十三軒部）が建設されていた。これに対して市島が土地を「空けろ」と和田組へ要求したところ、しぶしぶ街区Ⅰの和田組マーケットの一部を市島に使用させることとしたという。そこは面積は土地［1-67］よりも狭いものの、より駅や新宿通りに近い場所であった。こうして市島は土地を占拠された代わりに街区Ⅰの一部（都有地）を使用して、パチンコ屋「ポパイ」を営むことになった。市島は、自身の土地を使用することはできなかったが、和田組マーケット内に代替の店舗をあてがわれた。

和田組マーケット以外の都市組織

次に和田組マーケット以外の土地建物の状況を簡単に見ていこう。まず街区Ⅰでは焼け残った新宿武蔵野館が戦後も同地で営業を再開している。新宿武蔵野館の南側は空地のままで、同館と和田組マーケットの間には共栄社の作業所がある。新宿武蔵野館は戦前からの所有地に変化はないが、共栄社は都有地と新宿武蔵野館の土地にまたがって立地している。共栄社は一九四九年末まで同地に存続するが、どういった会社であったか示す資料がない。後述するが、この共栄社の跡地が戦災復興土地区画整理事業による和田組マーケットの整理に重要な意味を持つことになる。

図22と図25を比較すると街区Ⅰ・Ⅱと比して、街区Ⅲの土地が終戦から約二年の間に急激に細分化していることがわかる。東京建物の所有地であった土地［1-37］（図22）が図25では一一筆に分筆され、そのうち土地［1-84］［1-85］［1-86］［1-87］は個人に売却されている。これらの土地に建つ建物の所有者と、土地の所有者の関係は不明であるが、戦後に建設された建物に則した形で土地の分筆と売却が早期に進んだのであろう。

和田組の社会構造

以上のように終戦から一九四七年六月までの対象地区の都市組織の変化を観察してきた。最後に和田組の社会構造について、簡単に触れておきたい。和田組は戦前から原宿を本拠地とするテキ屋であったが、戦後はおもに新宿駅周辺を庭場としていた。

一九四六年七月の東京全体の露天商は、約二〇パーセントのテキ屋と約八〇パーセントの素人露天商によって構成されており、素人露天商はテキ屋の傘下に入ることによって闇市での商売を行っていた[＊68]。テキ屋のなかには戦後に組織に加わったものも存在した。

和田組も同様に戦後に大量の素人露天商を抱え込んでいた。彼らはテキ屋ではなかったが、「かおる会」という和田薫の名を冠した組織に加入し、和田組の支配下に置かれていた[＊69]。かおる会に所属する営業者は、和田組に対して店舗や土地の賃貸費としての場代（「塵銭」）だけでなく、かおる会の組合費を納めていた[＊70]。彼らがマーケットで営業を行っていくうえでは「かおる会」に所属し、組合費を毎月納めなければならなかったのである。また、彼らはテキ屋ではなかったものの、月に一回の寄合に出席し、通常テキ屋同士で挨拶をする際に述べる口上を言わされていたことにも触れておきたい[＊71]。

和田組は他のテキ屋組織同様、警察の取り締まり強化のなか、一九四七年夏に解散するが、それまでは以上のようなテキ屋と営業者の関係があった。

和田組マーケットの変容　一九四七年七月・四九年一二月

和田組の解散以降、和田組マーケット内では複数の営業者組織がつくられている。和田組の支配力を引き継ぐ組織から、和田組や地主に対抗し営業者の権利を保守しようとする組織まで様々であった。

和田組の解散から戦災復興土地区画整理事業による和田組マーケットの整理が始まる直前の一九四九年一二月にかけての対象地区の都市組織と社会の変化を見ていこう。

都市組織の動態

図26は一九四九年の対象地区の建物の状況を示している。この時期、対象地区の建物には大きな変化はないが、和田組マーケットでは増築が進んでいる。八十四軒部が、一九四七年一一月以降「八十八軒部」[＊72]と呼ばれるようになり店舗数が増加したと考えられる。

写真11は一九五〇年ごろの和田組マーケット露店部の写真である。写真10と比較すると、屋根の上への増築が進んだことと、通りの入口に門が設置されていることがわかる。この時期、屋根上への増築は露店部だけでなく、八十八軒部、六十三軒部でも進み、とくに八十八軒部と六十三軒部では二階が街娼の利用する売春宿となっている店も存在した[＊73]。

また、和田組マーケット内には、一九四七年一二月一六日に同地の居住者を対象とした、組合員数一五三名の生活協同組合「新宿購買利用組合」が結成されており、マーケット内に居住者が相当数いたことがわかる。

建物に大きな変化がなかったのに対して、地割には大きな変化があった。図27は一九四九年一二月時点での対象地区の地割である。図25と比較して、街区Ⅱの土地［1-69］［1-71］の分筆が進み、とくに街区東側では建物に従って、分筆が進んでいる。このうち土地［1-159］［1-160］［1-161］などは東京建物から個人へ売却されているが、それ以外の土地の所有者に変化はない。

一方で街区Ⅲの東側においては、一九四七年六月までに分筆が進んでいた土地［1-82］［1-83］［1-164］が売却されている。

以上のように一九四九年末までの対象地区では、和田組マーケットに占拠された土地に大きな動きは見られないものの、それ以外では戦後建てられた建物に従って土地が分割され、地主が土地を売却していた。

写真10――建設されたばかりの和田組マーケット（出典：『1億人の昭和史　占領から講話へ』毎日新聞社、1975年、41頁）。

写真11――1950年頃、取り壊し直前の和田組マーケット。増改築が進んでいることがわかる（東京都建設局提供）。

また、街区Ⅰにおいては疎開空地に指定され、都に買収されていた土地のうち[1-47]が一九四七年六月六日、[1-48][1-49][1-53][1-57]が同年一一月一三日に戦前の所有者へ売り戻されている(土地[1-43]は都有地のまま。戦前の所有者が売り戻しを要求しなかったと考えられる)。よって、一九四七年以降、露店部は都有地ではなく民有地を占拠することとなった。

このように焼け跡や疎開空地から再生し、土地の分筆が進んだ対象地区の都市組織であったが、一九四八年夏にはすでに戦災復興土地区画整理事業によるマーケットの整理が決定しており、翌四九年一月三一日かぎりでの和田組マーケットの露店部の立ち退きが命じられていた[＊74]。ただこの整理は約一年延期される。

和田組の解散　和田組マーケットの社会構造の変化①

一九四七年七月に和田組が解散して以降、営業者を中心にいくつかの組織が誕生している。このうち代表的なものが同年八月に結成された「新宿武蔵野商業組合」と、戦災復興土地区画整理事業にともなうマーケットの整理に対抗するために翌四八年一月に六十三軒部で結成された「新宿角筈六十三軒区画整理対策委員会」である。ここではこれらふたつの組織の機関誌『武蔵野』[＊75]と『六拾参軒』[＊76]を中心的な資料として、和田組解散後の和田組マーケットの社会構造にせまる。

一九四七年夏以降、東京において闇市に対する規制が強まり、各地の闇市は大きく変容していく。この時期の闇市に対する取り締まりには大きくふたつあった。

ひとつは「東京における六月一日からの『六・一休業』であり、七月一日に公布された飲食営業緊急措置例(政令一一八号)」であった[＊77]。これによって、飲食店のうち、外食券食堂や旅館、喫茶店などを除くすべてが営業を禁止されてしまったのである。この影響を受けて、和田組マーケット内にも空き店舗が増えている[＊78]。

もうひとつは、それまで末端の露店や闇市の営業者に限定されていた警察の取り締まりが、テキ屋組織などの「組」組織へと向かったことである。一九四七年六月二七日の『読売新聞』には「暴力団・不良を一斉追放　尾津喜之助氏を収容　関東一圓に〝厳戒〟の緊急指令」という記事があり、新宿マーケットの土地問題で地主側を脅迫したとして警視庁が尾津喜之助を逮捕したことを伝えている。警察は以後全国的に「街の顔役」狩りを実施し、東京各地の闇市を支配する「組」組織は解散へと追い込まれ、和田組も一九四七年七月六日に幹部会を開き解散を決定する[＊79]。しかし、「組」組織は解散を宣言しながらも実際には組織形態を株式会社などに変えただけで、その性質はこれ以降も温存され、マーケットに対する利権を持ち続けた。

「組」組織がマーケットから得ていた収入をふたつに分類して、整理してみよう。

先に和田組とかおる会の関係でみたように、「組」組織がマーケット出店者から得る収入のひとつは「塵銭」や「場代」と呼ばれる、出店者が店舗の区画を使用するために支払う家賃であり、もうひとつは「組合費」や「会費」と呼ばれる、出店者が「組」組織に所属するうえで支払わなければならない費用である。

「組」組織の解散によって、親分たちは露店やマーケットの表舞台から退くものの、前者は地主・大家として賃料収入を継続的に得ることによって、後者は協同組合の主要なポストに子分を就かせることによって利権を保持し続けようとした。こうした状況は、和田組マーケットの商業組合にみることができる。

和田組は解散を決定した後、すぐに後継の営業者組織「新宿街商かおる親睦会」を結成するが、その幹部は会長に和田薫、副会長に和田組事務長であった野村篤と、後に和田組社長（和田組は解散後株式会社化している）となる和田正久などが就任した。つまり、名称が変わっただけで和田組は営業者組織としても継続的に利権を得ることを目論んでいたのである。

しかし、この状況に外部からの圧力があったのか、同年八月二日「新宿街商かおる親睦会」は幹部会を開き、改めて「新宿武蔵野商業組合」を結成することを決定している[＊80]。当日、新委員長の選挙が「新宿街商かおる親睦会」の幹部（つまり旧和田組組員）によって行われ、和田組事務長の野村篤が当選した。和田薫が代表者から退いたものの、幹部の多くは和田組組員によって占められることとなった。

新宿武蔵野商業組合の結成
和田組マーケットの社会構造の変化②

新宿武蔵野商業組合の結成総会は一九四七年八月二五日に開催された。全組合員は二六〇名、総会出席者は一八〇名であった。

結成総会では新宿区長代理の山崎土木課長、重原新司淀橋署長、和田薫、自由党四谷支部長丸山茂（新宿二丁目赤線街周辺の露店を配下におく露天商の親分）、尾津東口睦会（尾津組後継組織）会長河井栄一が祝辞を述べ、旧和田組役員代表として鈴木金作（新宿武蔵野商業組合の相談役に就任）が挨拶をしている[＊81]。組合の役員は図28のとおり決定した。先述したとおり、和田組事務長であった野村篤が委員長になったほか、和田正久なども役員に名を連ねている。こうした新宿武蔵野商業組合の組織形態からは、和田組が依然としてマーケットの営業者に対して力を持っていたことがわかる。

さらに、商業組合と和田薫（和田組）との関係は金銭のやりとりとしても現れてくる。総会では組合員が組合へ納める費用が一日七円（衛生費三円、夜警費一円半、組合費二円、水道費半円）、一ヵ月二一〇円と決定しているが、総会の一週間後の九月三日には新宿区内での和田薫の交際費は全額組合費から支出することが決定しており、さらに一〇月三日には組合員が月に支払う金額の七分の三にあたる衛生費をすべて和田薫に移譲することが決定している［＊82］。

本来、トイレなどの衛生設備の整備、清掃にあてられる衛生費を和田薫に移譲したものの、その後の『武蔵野』にはトイレの清掃がまったくされていないという苦情や、衛生費を支払っている出店者自らが清掃を行っているという記事が掲載されており、衛生費は実質和田薫へ渡すだけの金となっていたようだ。このように新宿武蔵野商業組合の運営における和田薫への金銭の流れが見えてくる。

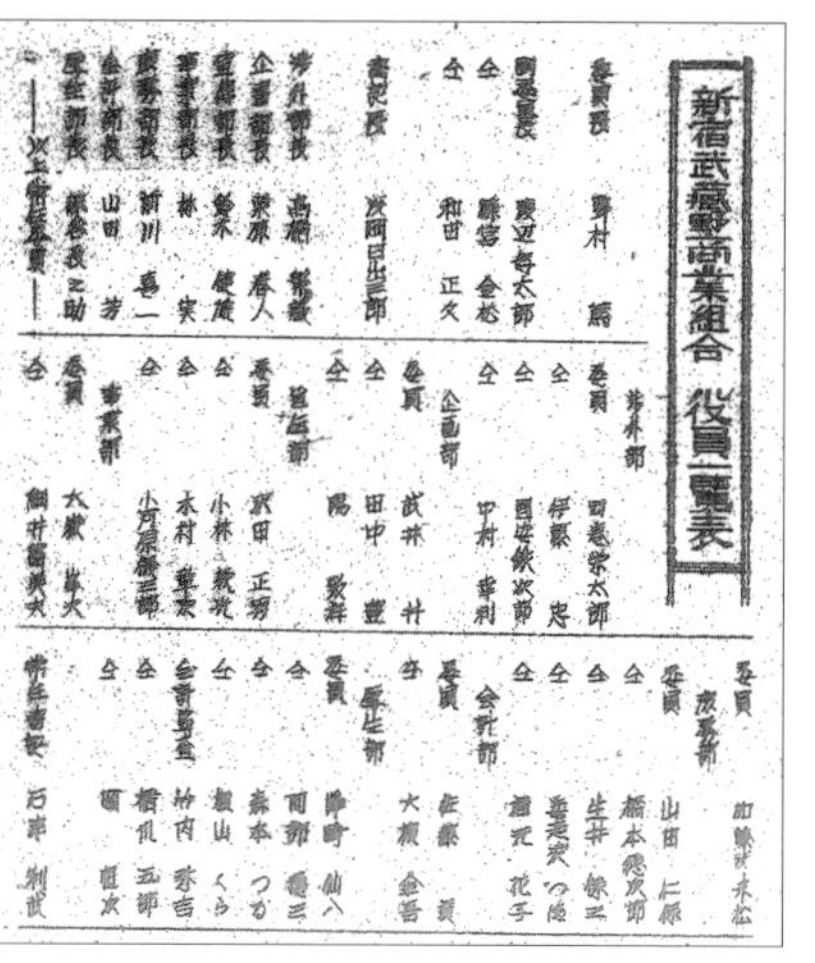
新宿武蔵野商業組合 役員一覧表

図28――新宿武蔵野商業組合役員一覧表（出典:『新宿武蔵野商業組合機関誌 武蔵野』創刊号、1947年10月）

新宿角筈六十三軒区画整理対策委員会の動き
和田組マーケットの社会構造の変化③

和田組解散後も依然として和田薫の影響下にあった和田組マーケットであったが、一九四八年になり戦災復興土地区画整理事業の施行がせまってくると、一部のマーケット営業者らが自らの権利を守るために委員会を組織し、和田薫とも敵対しながら闘争を繰り広げた。それが、六十三軒部の営業者が結成した新宿角筈六十三軒区画整理対策委員会である。

同委員会は、和田組マーケットの六十三軒部の営業者四六名によって一九四八年一月二八日に結成された。六十三軒部は、和田組マーケットのなかでも唯一営業者が和田薫から建物を購入していた場所である。戦災復興土地区画整理事業に際して、彼らは地主の東京建物と土地の管理者であった和田組から立ち退きを要求されたため、借地人としての権利を守るために対策委員会を結成したのである[＊83]。彼らは「地上権・居住権・営業権」の保証を求め、都庁、区役所、登記所などを回り、権利を主張した[＊84]。都庁は六十三軒部の主張を認めたものの、権利を明文化するためには、営業者と土地管理者である和田薫の連署のある営業権、占有権、地上権に関する申告書を提出する必要があった。対策委員会では営業者の申告書を作成し和田薫に提出したが、和田は地主の「東京建物の言に依り署名することは出来ぬとし該申告書を返戻して来た」[＊85]。またその後に、和田に代わって地主である東京建物に申告書の連署を嘆願したが「君たちに土地を貸したのではなく和田氏に貸したのであるから、君達の話には応じられぬ」と断られたため[＊86]、やむなく六十三軒部では理由書を添え営業者の署名のみで申告書を都知事宛で提出した。こうした活動の結果として、区画整理にともなうマーケットの整理が行われた際には、都から営業保証金が支払われることとなった。

　また、新宿角筈六十三軒区画整理対策委員会は露店部と八十八軒部の営業者とも合流し闘争を続けたが、借地人である六十三軒の営業者と、借家人である露店部と八十八軒部の営業者とには目的のズレがあり、数ヵ月で分裂している。ただ、ここで注目しておきたいのは、六十三軒部の営業者とともに闘争に参加しようとした露店部と八十八軒部の営業者は、多くが朝鮮人や中国人などの外国人であったことだ。新宿武蔵野商業組合の幹部にはまったく名前が入っていなかった外国人が、営業者レベルには相当数存在し、かつ彼らがテキ屋に対して闘争の意思を示していたことは注目すべきである。渋谷や新橋では外国人組織が大規模な闇市を組織しているが、その他の地域でも日本人が組織した闇市のなかに表には出ないが多くの外国人が入っていた。

　さらに一九四八年九月には、対策委員会は建物の所有権を明確にするため、マーケットの建物を個人ごとの分割登記とすることとし、新宿区役所、中野登記所、淀橋税務署等を訪問した。しかし、そもそも和田組マーケットの建物について和田薫が登記を行った事実がないことが判明した。やむを得ず「和田氏をして登記せしめ、然るのち吾々の個人個人の分割登記を行うことに一決」し[＊87]、「税務署側に於いても吾々の要求を承認、早急に此の件について処理することになった」が、当然これにも和田は同意せず、登記は進まなかった。また、こうした活動の支援を受けるため、一九四八年一〇月対策委員会は全国借地借家人同盟に加入している[＊88]。

六十三軒部の土地を地主から買収することが決定
和田組マーケットの社会構造の変化④

こうした活動を展開してきた対策委員会（一九四八年一〇月に「新宿小路商業会」へ改称。新宿武蔵野商業組合のうち六十三軒部の営業者によって組織されている）に対して、一九四九年四月、和田薫が栗原春人（新宿小路商業会理事長）宛に、栗原を含む五七名との土地賃貸契約を解除する旨の示達書を送ってきた[＊89]。これを契機として、新宿小路商業会に交渉委員会が設置され、和田と土地問題に関して交渉を進めることとなった。交渉は一九四九年四月前半に行われ、その場で和田より「六十三軒地域を売買する妥協案」[＊90]が示され、新宿小路商業会が同地を買収することになり、この問題が解決される方向へと急速に進み始めた。

新宿小路商業会では一九四九年四月一三日に臨時総会を開き、次の三点を条件に居住地を買収することを決定した。その条件は、（一）通路を含む六十三軒地域を全部買収すること、（二）希望価格として坪当たり一万二千円とすること、（三）資金は日割り計算で消却すること、である[＊91]。

この条件をもとに新宿小路商業会交渉委員会は和田と交渉し、次の条件で土地を買収する合意を得た。その条件とは、（一）地価は坪当り一万四千円とすること、（二）道路は売買せず無償で貸借すること、（三）将来和田は道路を宅地その他に使用しないよう公正証書を作成すること、（四）売買は全額即金とすること、（五）売買は新宿小路商業会代表栗原春人と東京建物との間で行うこと、以上五点である[＊92]。そして、売買後は至急、各個人に分筆登記することとした。しかし、先述したように六十三軒部の建つ土地のうち、土地[1-88][1-89]は東京建物の所有地であったが、土地[1-67]は市島の所有地であったため、この合意の範疇ではなかった（図27）。

結局、新宿小路商業会が購入する土地は、市島所有のこの土地を除いた、一五〇坪と決定した[＊93]。この土地購入に新宿小路商業会の組合員のどれ程が参加したかは不明である。和田との合意時には、支払い能力を持った組合員が三分の一程度しかいなかったこと、当初の六十三軒部の面積よりも買収可能な土地の面積が狭かったことを考慮しても、組合員全員が土地購入に参加したとは考えにくい。

　さて、和田組マーケット六十三軒部における営業者の権利をかけた闘争を追ってきた。その結果として新宿小路商業会による東京建物所有地の買収が決定した。しかし、後述するが、栗原春人が東京建物から土地を買収した事実は旧土地台帳には残されておらず、代わりに土地[1-88][1-89]は、一九五一年七月一二日に和田栄一によって東京建物から買収されている。和田栄一は、和田薫と姓と住所が一致しており、和田薫の親族もしくは和田組関係者と考えられる。『新宿小路新聞』は一九四九年六月一五日発行の第二〇号で廃刊しており、新宿小路商業会のその後の動きを知ることはできない[*94]。六十三軒部は、これ以降も同地に存続したが、一九五〇年代末に地図上から消えている。この間の経緯は明らかではないが、資金不足によって新宿小路商業会での土地購入に至らなかったため、和田組が代わって土地を買い取り、区画整理が進む一九六〇年ごろまでは和田組と営業者の関係が続いたのではないかと考える。

和田組マーケットの整理①　一九五〇年一月・五一年

露店部の共栄社空地への移転

新宿駅近傍の闇市を起源とするマーケットの整理は、一九五〇年一月五日の和田組マーケット露店部の取り壊しと移転から始まった[*95]。和田組マーケット露店部は、同日午前一〇時より店舗を取り壊して、隣接する共栄社跡地に建設された新築マーケットへ移転した（写真12・13）。露店部にはおもに飲食店が入っていたため、移転に際してはカマ、ナベなどが狭い道路を運ばれて混雑したという。先述したように、露店部は一九四九年一月三一日かぎりで立ち退きを命じられていたが、結局一年延期されている。これには都第三復興区画整理事務所移転係長と新宿区事業協同組合（旧新宿武蔵野商業組合）の幹部の賄賂による癒着が影響していた。

　写真14は露店部の整理後を撮影した写真である。露店部であった場所は土塁で囲まれた暫定的な駅前広場となっている。

　図29は一九五一年の対象地区の建物の状況を復原した図である。一九五〇年一月五日の露店部の整理では一八四戸の店舗が移転したが、翌五一年の火災保険特殊地図から確認できる新築マーケットの区画は一六四である。区画は整理前の露店部と同規模（一間×一間

写真13──解体中の和田組マーケット（東京都建設局提供）

写真12──解体中の和田組マーケットの通路。1950年1月5日撮影（毎日新聞社提供）

写真14──暫定的な駅前広場と新築された新宿東口協同組合のマーケット（東京都建設局提供）。

半）と推察される。屋根は露店部ではバタフライ屋根となっていたが、新築マーケットでは背割り部分に隙間を空けており、雨仕舞を考慮して建物の形態が変化したと推察される。この新設マーケットが建つ土地は、大半が将来駅前広場になる土地で、このときは暫定的な移転であった。こうした暫定的な移転を許された背景には、和田組組員で和田薫の親族であったと思われる和田友一が、新宿駅近傍を対象とした戦災復興土地区画整理事業の第九地区の土地区画整理委員であったことも関係していると考えられる［＊96］。

露店部の整理に続いて、都は「残り百六十二戸の居住者に対し第二次立退を要求していた」が［＊97］、業者が立ち退かないため、一九五〇年三月三一日に一部の強制取り壊しを行った。これに対して、業者は居住者大会を開き「移転さきに水道、電気、ガス、衛生施設を完備せよ」と主張したため、都は取り壊しを中断し、業者とさらに交渉することとなった。この時、行き場を失った業者のためにマーケット一〇戸を仮設し収容した。図29を見ると、図26では空地だった場所に新築マーケットが建設されていることや、一戸建ての建物であったものがマーケットになっていることがわかる。これらが、都が仮設したマーケットであるかは定かではないが、露店部と後述する八十八軒部の整理の際に行き場を失った業者が存在しており、その一部がこうした新設マーケットに移転した可能性がある。

八十八軒部の三光町への移転とゴールデン街の形成

一九五〇年三月に中断された和田組マーケットの整理は、その後、都と営業者の間で話し合いが進み、一九五一年三月までに八十八軒部のマーケットが撤去され［＊98］、多くの営業者は新宿三光町花園神社西側へ集団移転した［＊99］。このとき誕生したマーケットが、現在のゴールデン街の一部である。

図30は一九五一年のゴールデン街周辺の火災保険特殊地図である。ゴールデン街はふたつの地域から露天商とマーケット営業者が、集団移転して建設した木造二階建てのマーケットであり、ふたつの組合がある。ひとつは三光商店街振興組合（旧新宿区事業協同組合）、もうひとつは花園商業組合（後の新宿ゴールデン街商業組合）である。

図30の破線で囲ったマーケットのうち、北側が和田組マーケット、八十八軒部が集団移転し建設した三光商店街振興組合、南側が新宿二丁目の赤線附近で営業をしていた露天商が集団移転し建設した花園商業組合である。ともに区画整理の施行に際して、都が土地確保の斡旋をしたものと考えられる。

それではここで、少し詳しくゴールデン街の形成過程を明らかにしたい。

まず、三光商店街の形成過程を復原したい。一九五〇年九月一二日に新宿武蔵野商業組合の後継組織である新宿区事業協同組合は、約五〇三坪の民有地［三光町49-1］を買収し、木造二階建てのマーケットを建設した。八十八軒部の営業者は、一九五一年三月までにこのマーケットへ移転し、同月末までに和田組マーケットは撤去を終えていることから［*100］、三光商店街のマーケットは一九五〇年九月から翌五一年三月の半年の間に建設されたこととなる。一九五三年六月三日には、土地［三光町49-1］から八一筆の土地［三光町49-4～84］が分筆されているが、この分筆はすべてマーケットの各コマに沿ったもので、分筆後の土地［三光町49-1］はマーケットの通路部分と西側空地を占めている（図32）。土地［三光町49-4～84］の地積は、八一筆中九筆が六坪、残り七二筆は三坪であった。一店舗の基本区画を三坪とし、一区画であれば三坪、二区画であれば六坪と規格を決めたうえでマーケットを建設したと考えられる。間口一間半奥行

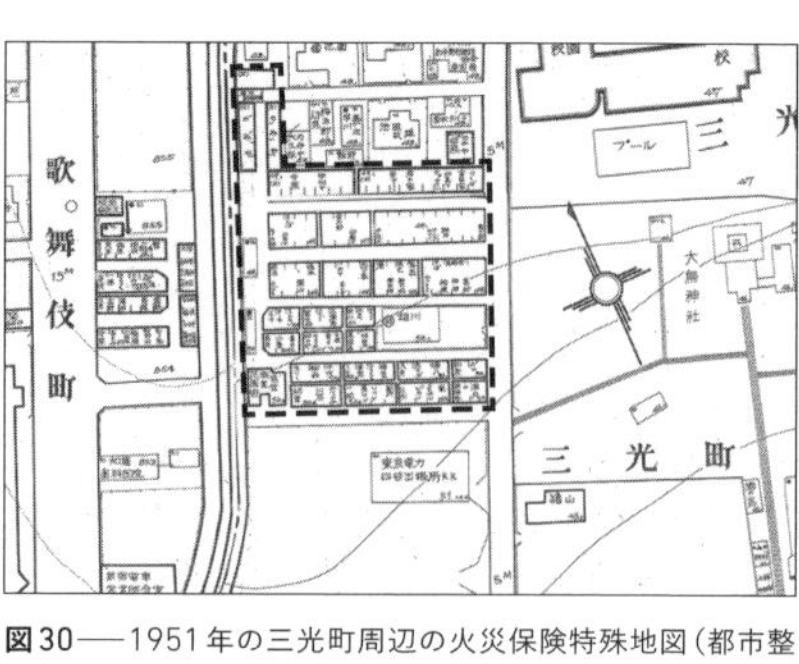

図30――1951年の三光町周辺の火災保険特殊地図（都市整図社発行）に筆者追記。

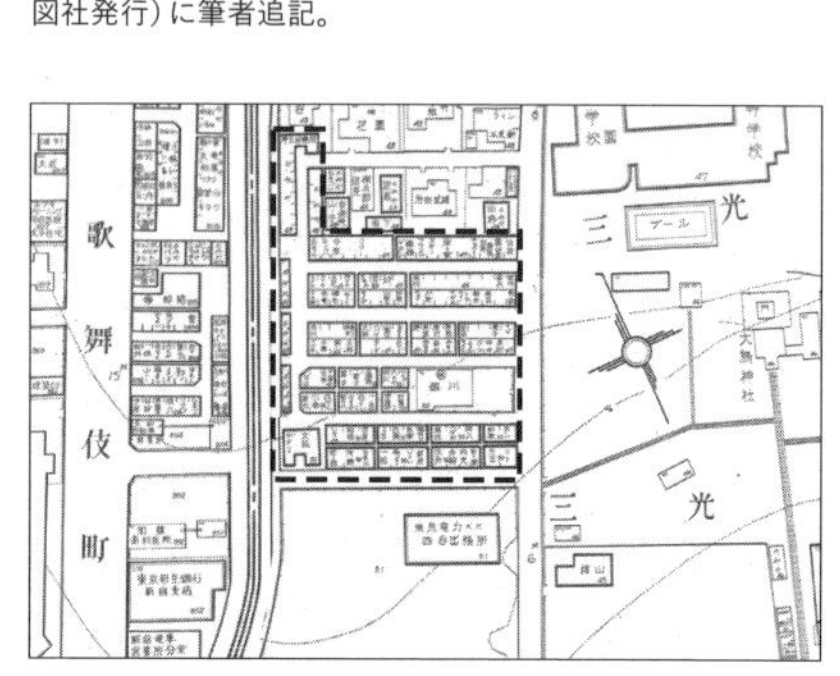

図31――1958年の三光町周辺の火災保険特殊地図（都市整図社発行）に筆者追記。

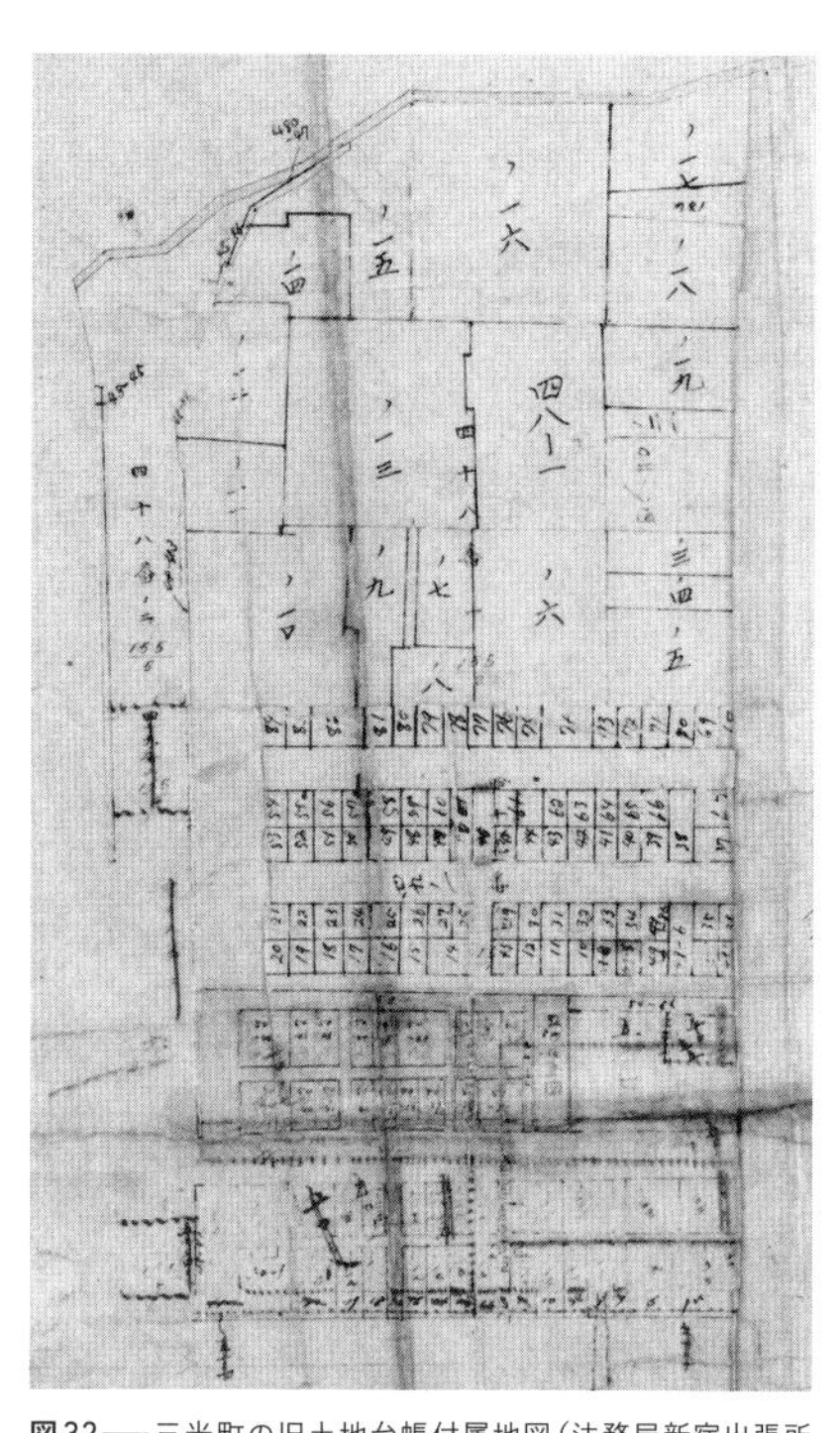
図32――三光町の旧土地台帳付属地図（法務局新宿出張所所蔵）

二間で三坪の区画であろう。土地［三光町49-4〜84］は分筆から一ヵ月後の一九五三年七月二日、新宿区事業協同組合から営業者（大半が同地に居住している）へ売却されている。

一九五一年、「新宿区事業協同組合は、高い組合費を取り、私腹をこやす人がいたので」、営業者たちは「強引に独立して、三光事業協同組合を創設」したという［*101］。これは、和田組マーケットの八十八軒部の整理が完了した時期と一致しており、三光町への移転時に新宿区事業協同組合から独立したと考えられる。これ以降、新宿区事業協同組合は露店部が共栄社跡地へ新設したマーケットに限った組織となる。

図30を見ると、土地［三光町49-4〜84］だけでなく土地［三光町49-1］の西側のエリアにも狭長の建物が一棟建設されており、さらに一九五八年（図31）にはこれが長屋状の店舗に仕切られ、二棟に増えている。

また、図30では土地［三光町49-1, 4〜84］だけでなく、土地［三光町48-10, 11］にも長屋状の店舗が建設されていることがわかる。これらの土地は、戦後すぐは民有地であったが、財産税の物納として一九四九年六月七日に大蔵省の所有地となっている。一九五五年一月一四日に新宿区事業協同組合がこの土地の払い下げを受けており、一九五一年当時に建っていたマーケットも同組合所属の店舗と考えられる。

次に花園商業組合の形成過程を見ていきたい。花園商業組合のマーケットは土地［三光町50-1］に建っている。この土地は、大正末期から新宿市場があった場所で、一九四一年に個人へ売却されるまで財団法人東京府市場協会の所有地であった。一九四一年以降、中島飛行機に売却され、さらに一九四六年に富士産業株式会社へ所有権が移転している。土地［三光町50-1］は、一九五〇年三月一〇日、日掛貯金東京殖産株式会社が富士産業から買収した後、一九五二年一一月一九日に土地［三光町50-9〜53］を分筆し、さらに同年一二月一二日に日掛貯金東京殖産から営業者（同地居住）へ贈与されている。つまり、日掛貯金東京殖産が、花園商業組合のマーケットが建設された時期に、同地を買収し、数年後に土地を分筆し営業者へ個別に「贈与」しているのである。具体的な経緯は不明であるが、集団移転をする営業者がまとまって花園商業組合をつくり、日掛貯金東京殖産に土地［三光町50-1］の購入を依頼したと考えられる。日掛貯金東京殖産は土地［三光町50-1］を購入し、その代金と利子を営業者組織から二年間にわたって受け取り、完済した時点で土地を店舗ごとに分筆、それぞれへ贈与したと推察される。こうしたプロセスを踏んで、花園商業組合は土地を確保し、マーケットを建設したと考えて大過ないだろう。

渡辺英綱によれば一九八六年当時、花園商店街(新宿ゴールデン街)の「店は、一軒あたり平均約四・五坪」であったというが[*102]、一九五二年一二月一二日に営業者へ贈与された際の地積には三坪、四・五坪、六坪、九坪とばらつきがあった。しかし、店舗の一区画は三坪と四・五坪があり、その倍を所有する権利者もいたと考えれば、全体に規格化された建物であったと考えられる。

先述したように、新宿二丁目付近の露天商が集団移転し建設したのが、花園商業組合のマーケットである。現在もゴールデン街できしめん屋を営む「双葉」は、戦後復興期に新宿二丁目の遊郭周辺で始めた屋台が起源である。屋台が戦災復興土地区画整理事業によって取り払われたことをきっかけに、双葉は三光町へ移転した[*103]。双葉には尾津喜之助が出入りしていたというが、これは戦後復興期に新宿二丁目付近で露店営業を行っていたころからだと考えられる。図33は一九四九年の新宿遊郭周辺の火災保険特殊地図である。遊郭の北側新宿通り沿いに小さな屋台群が、西側の都電軌道に沿って長屋状のマーケットが並んでいることがわかる(図33破線部)。こうした屋台、マーケットが戦災復興土地区画整理事業にともなって撤去され、一部がまとまって三光町へ移転することとなった。

図33──新宿二丁目遊郭周辺の1949年の火災保険特殊地図(都市整図社発行)に筆者追記。

以上のようにゴールデン街形成のプロセスを見てきた。和田組マーケット八十八軒部の営業者も、新宿遊郭周辺の屋台営業者も、ともに土地を持たなかったにもかかわらず、戦災復興土地区画整理事業では代替地を確保し移転することができた。そもそも和田組マーケットは駅前という立地、新宿二丁目付近の露店は遊郭周辺という立地を活かして商売を行っていた。しかし三光町に代替地を得て、集団性を持ってマーケットを開設することができたものの、商業的に依存できる対象を失いそのままの業態で利益を生むことは困難であった。形成からほどなくして、ゴールデン街一帯は非合法の風俗営業を行う青線地帯へと変化していった[*104]。

新宿区事業協同組合幹部の横領・逮捕

さて一九五一年に戻り、この時期の和田組マーケットの組織内部に目を向けたい。和田組の幹部が継続的に運営していた新宿武蔵野商業組合は、一九四九年六月には封建的組織構造が問題視され、解散を命じられる一歩手前となっていた[*105]。そのため、時期は定かではないが、新宿武蔵野商業組合は、一九四九年一〇月までに改組し、新宿区事業協同組合を結成している。しかし、この改組は組織の内部の構造に大きな変化を与えることはなかった。

新宿区事業協同組合理事長・山田新一を含む四名の幹部は、組合員から徴収した電気料、衛生費、税金、区画整理立退料など計数百万円を横領し、一九五一年六月二一日逮捕されている[*106]。また、山田は一九四九年一〇月一五日に、都第三復興区画整理事務所移転係長へ賄賂を渡し、和田組マーケット露店部の立ち退きを延期させ、さらに移転代替地の選択を有利にしてもらえるよう依頼した。また、移転代替地に建てる新マーケットの木材割当額を不当に増すようにしむけたことが明らかになっている[*107]。この影響は、先述した露店部の立ち退き延期と、共栄社跡地へのマーケットの新設として現れている。

不動産開発の意思を持たない和田組の土地取得

以上のように、戦災復興土地区画整理事業にともなう、和田組マーケットの露店部と八十八軒部の立ち退きと移転のプロセスを明らかにした。急激に対象地区の風景が変化した一九五〇年一月から翌五一年末にかけて、対象地区の土地所有に注目すると和田薫の親族と思われる人物(和田栄一と和田友一)による、和田組マーケットが占拠していた土地の取得が目立つ。和田栄一と和田友一はともに和田薫と住所と氏が一致している。

図34に茶色で示した土地は一九五一年末までに和田薫の関係者・新宿区事業協同組合の関係者に取得された土地である。

和田友一が対象地区で取得した土地は三筆で、いずれも街区IIの土地であるが、和田組マーケットが建っていた場所ではない。一筆目は図34の土地[1-74]で、一九四六年一二月二八日に東京建物から買収し、一九四九年六月一五日には個人へ売却している。二筆目と三筆目は土地[1-169]と[1-170]で、ともに一九五〇年三月二九日に土地［1-69］の相続人から無償譲渡を受けた後、翌五一年一月一三日に高千穂ビルヂング株式会社（一九五四年に会社合併で三信興業株式会社となる）へ所有権移転をしている。和田友一の土地所有は数年間と短期間であり、一方で、和田栄一が対象地区で取得した土地は、先述した六十三軒部の土地（三筆）を含め四筆で、そのうち三筆が和田組マーケットが建っていた土地である。街区Ⅱの土地［1-178］は、和田栄一が取得した土地で唯一和田組マーケットの建っていた土地ではなく、一九五一年当時は、火災保険特殊地図を確認すると「たぬき」という飲み屋が入った店舗併用住宅が建っている。二筆目は八十八軒部の北端に位置する土地［1-179］である。和田栄一は土地［1-178］を一九五一年一月二九日に、土地［1-179］を同年七月三日に東京建物から買収し、翌五二年七月一二日に両筆とも個人へ売却している。所有期間は一年と一年半で、この間に同地で建物を更新した形跡はない。

三筆目、四筆目は、先述した六十三軒部「新宿小路商業組合」が買収することになっていた土地［1-88］と［1-89］で、この二筆は、一九六〇年以降に和田栄一（和田組）から野村工事へ売却されている。また、和田組ではないが新宿区事業協同組合理事長の山田新一が、この時期に土地［1-126］を取得している。和田組関係者と新宿区事業協同組合関係者が、この間対象地区の土地を買収しているが、どれも一時的な所有であり、不動産開発の意図は見受けられず、前節で取り上げた尾津喜之助とは対照的である。

さて、以上のように対象地区の一九五〇年一月から一九五一年末の急激な都市組織の変化を見てきた。とくに注目した和田組マーケット露店部と八十八軒部の整理は、戦災復興土地区画整理事業による新宿駅近傍の闇市を起源とするマーケットに対する最初の整理であった。そして露店部の立ち退きに際しては、隣接地への暫定的な移転、八十八軒部の立ち退きでは、三光町の土地の取得と集団移転が可能となったことが、早期の整理を可能にした。

和田組マーケットの整理②　一九五二-六八年

進む戦災復興土地区画整理事業　一九五二-五四年

対象地区では一九五二年以降、戦災復興土地区画整理事業による街区の再編が進む。ここではマーケットに関わる部分を簡単に確認しよう。

図35は対象地区の戦災復興土地区画整理事業による換地を、表2はそれに対応する換地情報を示している。街区Ⅰは西側が駅前広場となり、土地4・6・7・8・37が南側の街区へ、土地5・9が東側の街区へ飛び換地され、都有地のままであった土地3は金銭清算法にもとづいて消滅した。一方で、街区Ⅰの東側に位置した、堅牢建物の新宿武蔵野館が建つ土地1は原位置換地となり、隣接する土地41もほぼ原位置換地となっている。

街区Ⅱ・Ⅲでは中央を駅前広場から甲州街道に向かって斜めに街路が敷設されるとともに、北側では道路が拡幅され、南北に分かれていた街区が統合されたうえで、東西に二分されている（東側を街区E、西側を街区Wとする）。街区Ⅱ・Ⅲは、街区Ⅰと異なりほとんどの土地は原位置に近い場所に換地されており、大きく飛び換地されたのはそれぞれ隣接する土地24・54と、土地23・64だけである。

一九五四年の街区Wには、北側には建物が建っておらず、南東端の防火建築の五棟、六十三軒部のマーケット、その北側の木造の二棟の建物が存在する（図36）。六十三軒部のマーケットは区画整理で空いた土地に店舗をさらに建設し、コマ数を増やしている。

図36で注目したいのは、対象地区の南側に位置し、対象地区と国鉄南口をつなぐヘアピン状に屈折した斜路である。ここに複数の店舗が建設されている。この斜路に店舗を建設する計画は、一九四九年初頭から六十三軒部内で議論されていた。当初は露店慣行地としての申請が考えられていたが、その後有志によって商業店舗を建設することになった[*108]。さらに六十三軒部の有志だけでなく、和田組マーケットの露店部と八十八軒部の整理のときに移転できず行き場のなかった店舗が加わり、この斜路に店舗を建設したと考えられる。この斜路は国鉄所有地であり、店舗はすべて不法占拠であった。こうした店舗は、一九八六年に新宿駅に埼京線が乗入れ、新改札を建設するために立ち退き交渉が進められるまで存続した[*109]。新宿駅の東側では最も遅くまで存続する、戦後の闇市の残滓となった。

マーケットの整理と建物の更新　一九五五-六八年

図37は一九五八年時点の対象地区の建物の状況を示している。まず、露店部が移転してできたマーケットの一部が整理されている。一九五八年当時このマーケットの営業者組織は、新宿東口協同組合（旧新宿区事業協同組合）となり、そのマーケットは、一九五八年六月までに一二四軒が立ち退き、残りの六五軒は一九五八年八月二九日に自主的に立ち退き、マーケットの取壊しを行った[*110]。図37はその途中を描いた火災保険特殊地図をもとにしている。

六十三軒部のマーケットも同様に北側が除去され、面積が小さくなっている。その土地は、かつて和田栄一の所有地であったが一九五二年に売却されている。次の土地所有者がビルを建設し、その分六十三軒部のマーケットは除去されて小さくなっている。これで和田栄一所有地に建つマーケットのみが残った。

一九六二年になると、終戦直後に誕生した闇市を起源とするマーケットが新宿駅の東側から姿を消す。図38は一九六二年の対象地区の建物の状況を示している。まず街区I周辺では新宿東口協同組合のマーケットが完全に整理され、さらに北側に隣接する街区（前節の対象地区）の区画整理が進んだことで、暫定的な駅前広場の範囲が広がっている。また、六十三軒部も同年には姿を消した。一方で、対象地区の南側の斜路に並ぶ店舗が増加している。これは新宿東口協同組合のマーケットや六十三軒部に入居していた営業者の一部が、整理後に行き場を失い、この場所に新たに店舗を構えたためと考えられる。

一九六八年になると、現在の対象地区における都市組織の基盤がほぼ完成する。新宿駅の改築が進み、民衆駅である新宿ステーションビルが竣工。駅前広場も完成し、民衆駅会社による地下駐車場や地下街が開業した。

写真15——1952・53年ころの新宿駅東口。和田組マーケットの整理が進んでいることがわかる（新宿歴史博物館提供）。

図39は一九六八年の対象地区の建物の状況を示している。街区Ⅰには稠密にビルが建ち並び、街区Eでも安田善一の土地を除いて建物が稠密に並んでいる。一方で街区Wにはほとんど建物が並んでいない。安田善一は土地36（図35・表2）に喫茶ととやを開いているが、仮設建築である。

和田栄一の所有地であった土地22・56・57・58・59・60（図35・表2）は、すべて野村工事へ売却され、同社の事務所が建っている。同社代表取締役であった平山巳之吉によれば、自社の所有地であった図14・表1の土地25と、この土地22・56・57・58・59・60（図35・表2）を和田組と交渉して交換したという[＊111]。このとき、図14・表1の土地25は野村工事から和田雄幸の所有になっている。前節で尾津組と野村工事の関係を指摘したが、ここでは和田組と野村工事の関係が見える。野村工事は戦後復興期の新宿において、尾津組や和田組など主要なテキ屋組織と近い関係にあったことが明らかである。

和田組マーケット
露店部・八十四軒部・六十三軒部の形成・変容・整理

以上のように、和田組マーケットに焦点をあて、対象地区の戦前、戦中、戦災の状況を把握したうえで戦後の形成過程を明らかにした。

和田組マーケットは三つの部に分けられ、それぞれ権利関係や規模が異なっていた。街区Ⅰの露店部は一区画の規模が最も小さく（一間×一間半）、契約も短期的で建物も仮設的であった。街区ⅡとⅢの八十八軒部と六十三軒部はともに同規模（一間半×二間）で、バラックながら屋根裏に寝泊まりすることができた。八十八軒部は借家であったが、六十三軒部は建物を営業者が買い取っていた。

当初の和田組マーケットは権利関係上も、営業組織上も和田組の支配下にあったが、一九四七年中旬以降、和田組による直接支配から、営業者で構成された組合による運営に変わっていった。しかし、その構造は和田組時代を引きずるもので、依然として組織の上層部が下層の営業者を搾取する構造が持続した。

こうしたなかでも、ボトムアップ型の組織として「新宿角筈六十三軒区画整理対策委員会」が誕生し、和田組や地主に対して闘争を開始した。マーケットのコマを賃貸する営業者ではなく、建物を所有していた六十三軒部だからこそ可能となった、テキ屋組織から独立した組織体であった。

一九五〇年を過ぎるとマーケットの整理が始まり、露店部は隣接する共栄社跡地へ、八十八軒部は三光町の土地を買収し、集団移転を行った。前者は不法占拠でありながら駅前に代替地を用意され好立地を保持し続けたが、暫定的な移転であったため一九五八年には整理された。一方で後者は土地を取得し集団移転を行ったものの、駅前から離れたことで営業形態を変える必要があった。しかし、土地を取得したことによって、戦後のマーケットの様相を残す都市組織として現存している。

本節の対象地区は一九三〇年にはすべて東京建物の所有地であったが、街区Ⅰの戦前の細分化、街区Ⅱ・Ⅲの戦後の細分化と売却を経て多くの地主を生んだ。和田組マーケットの占有していた土地以外の場所が、区画整理に際して建物ごとに分筆され細分化していったことが、本節の対象地区では特徴的であった。

3 戦災復興土地区画整理事業と三越の土地集積

さて、第一節・第二節と新宿駅東口の形成過程を都市組織の動態と、それに関わる社会の変容として観察してきた。そのなかで、戦後復興期における闇市やマーケットの形成に交通疎開空地が重要な役割を果たしたことを明らかにしたが、ここでは戦災復興土地区画整理事業によって恒常的な都市空間が形成されていくなかで三越が行った土地集積を見ていく。三越が集積した土地の一部には、交通疎開空地であった土地が含まれる。

本節の内容を先取りすれば、高度成長期、三越は戦前に疎開空地であった土地や近隣の土地を取得した。そして、戦災復興土地区画整理事業によって戦前からの堅牢建物周辺へそれらの土地を集中させ、増床が可能となり、売場面積を増やしていった。こうした換地によって土地を集中させる動きは、第一節の中村屋の動きにもつながり、強力な資本力を持った主体の動きとして捉えることができるだろう。

戦前の三越

図40は戦災復興土地区画整理事業による三越所有地の換地を示した図である。図の右側が区画整理以前、左側が区画整理以後の地割である。ともに換地処分時点、一九七〇年三月三一日の地割を示している。

三越は図40-aの点線で囲んだ箇所に、一九三〇年に地上八階地下三階建ての新店舗を建設し、新宿駅前の二幸の位置から店舗を移した。三越はこの新店舗の土地4・5・6・15・16・19をすべて一九二七年に買収している。次いで、一九三六年に土地8を買収し、倉庫を建設した。戦前の新宿の三越は、新宿通り沿いに堅牢建物の店舗を建て、裏通りを挟んで倉庫を持っていた。

戦後の土地集積と戦災復興土地区画整理事業による集中

終戦直後からターミナル近傍を占拠した闇市を起源とするマーケットは、周辺の都市組織が再生するとともに衰退していった。一九五〇年ごろには、ターミナルに集まる消費者を吸収するのは、マーケットから百貨店へと変わっていた。東京のターミナル駅周辺には次々と百貨店が建設されたが、とくに関西を拠点とする百貨店の進出が目立った[＊112]。戦前からの百貨店も次々と増床の計画を立て、改築が行われていった。

当然、新宿の三越も増床を計画し、一九五〇年から戦災復興土地区画整理事業が換地処分される一九七〇年までに一〇筆の土地を買収し集積している。そのなかには戦前期の所有地に隣接する土地だけでなく、土地9・12・13・28など、三越所有の土地に隣接していない土地も含まれていた。また、このうち土地9・13は、交通疎開空地として戦中から戦後の一時期、都有地となっていた土地で、土地9は尾津喜之助から、土地13は安田善一から買収している。

こうした土地は区画整理がなければ、三越が戦前から所有していた土地とは離れており、増床には役立たなかったはずであるが、図40のとおり換地で三越の建つ土地へと引き寄せられている。図40-bの太い破線が増床後の三越の建物が建つ土地で、土地1・2・18などの他の所有者の土地も含めて一体的なビルとなっている。増床工事は一九六二年から一九六八年の間に行われた(図41・42)。また三越の南側の街区に集められた土地7・9・10・11は、一九六〇年代を通じて駐車場として利用され、後に三越の別館が建設されている。

もうひとつ、土地8の換地に注目したい。三越の建物は堅牢建物のため建物移転を行わない換地が行われた。しかし、第一節の新宿高野や中村屋の換地のように減歩がほとんどなかったわけではない。三越が戦前から所有する土地4・5・6・8・15・16・19の総面積は二三五八・五五平方メートルで、区画整理後は一九〇五・三八平方メートルと全体で約二〇パーセント減歩されている。店舗を移転せずに区画整理を行うためには、南側の街区に位置した土地8を建物の場所へ換地する必要があった。こうした点は、同じく戦前から堅牢建物を建てていた高野や中村屋の換地とは異なり、正当な減歩が行われている。堅牢建物が建つ土地以外の所有地の有無によって、堅牢建物の換地の方法が異なることがわかる。

図41——1962年の三越周辺の住宅地図（出典：『新宿区西部［1962］』住宅協会、1962年、1292頁）

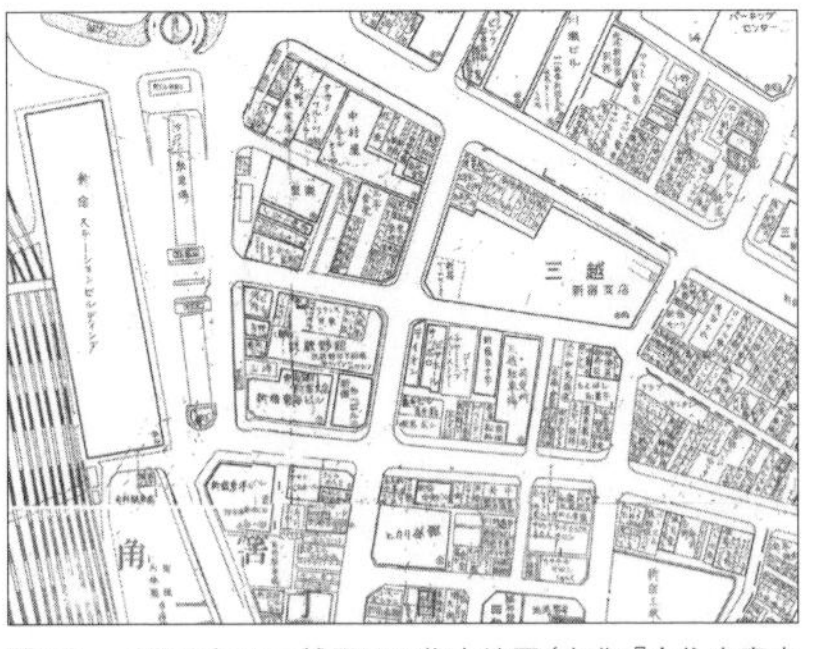

図42——1968年の三越周辺の住宅地図（出典：『全住宅案内地図帳 新宿区 昭和43年版』公共施設地図、1968年、1292頁）

4 新宿東口民衆駅の計画と建設

第一節・第二節で見たとおり、一九六〇年を過ぎると新宿駅東口の戦災復興土地区画整理事業が進み、ようやく駅前広場の外形が整い、駅舎の改築が可能となった。新宿駅東口駅舎の建設予定地の換地は図40の土地14である。

新宿駅東口駅舎も民衆駅方式（序章第一節）で改築が行われた駅である。建設に際しては、複数の主体から建設の請願が出ている。本節では各主体による新宿東口民衆駅建設の請願を追いながら、最終的に新宿東口民衆駅を建設する株式会社新宿ステーションビルディングの設立と、民衆駅の建設の過程を見ていきたい。

新宿東口民衆駅は全国で誕生した五五の民衆駅（池袋西口と豊橋は二回建設承認を受けている）のうち、三二番目の駅である。建設請願から承認が下りるまでの期間、とくに高島屋の新宿東口民衆駅への進出計画が明るみに出ると、地元から強力な反対運動が起きた。東京駅八重洲口鉄道会館の大丸、池袋の東横、西武、東京丸物、渋谷の東横、大井町の阪急など、東京の民衆駅への百貨店の進出と私鉄資本の百貨店業への進出、既存百貨店の増床申請が目立ち、中小の小売店を圧迫するようになっていた。こうした背景のなか、本格化した高島屋の新宿東口民衆駅の建設請願に対して、新宿とその後背地（新宿区、中野区、杉並区、世田谷区、三鷹市、武蔵野市……）の商店が集団的に反対運動を行った。そして、この反対運動を契機として百貨店法が制定されるまでに至る。さらに新宿では一九五〇年代中盤までターミナルビルの建設が本格化しておらず、伊勢丹や三越新宿店が伝統的な百貨店の地歩を守っていた。

　こうした背景のもと、新宿東口民衆駅は最初の建設請願があった一九五〇年八月四日（池袋西口民衆駅を建設した日本停車場株式会社による請願）から、建設承認（一九六一年七月二九日）が下りるまでに一一年を要することになる。それではこの紆余曲折の過程を見ていこう。

高島屋の新宿進出計画

　新宿東口民衆駅建設が大きな話題となったのは、高島屋が民衆駅建設の出願を行っていることが新聞に取り上げられた一九五五年八月ごろからである[*113]。

　高島屋は、戦前に大阪のミナミのターミナル難波へ進出していた。戦後は東京への進出をめざし、新店舗の開設地として新宿に目を付けた。新宿は日本最大のターミナルでありながら、戦後にターミナルビルが建設されておらず、立地としては申し分なかった。高島屋は一九五二年一月、翌五三年四月、翌々五四年七月と毎年国鉄総裁に宛てて新宿東口民衆駅建設の出願をしている。この間、高島屋に対して東京駅八重洲口の鉄道会館、名古屋の名鉄ビル、大阪梅田の阪神ビルなどから出店の勧誘があったが、高島屋は新宿出店に固執していた[*114]。

　高島屋が極秘裏に進めていたこの計画が、一九五五年八月一八日付の『日本経済新聞』で次のように報道された。

「新宿駅を民衆駅にしようとの建設計画は、同駅前広場の区画整理のメドがつかず足踏み状態だったが、最近国鉄と東京都との間の話し合いもまとまり、いよいよ現実化への第一歩として、このほど新宿建物株式会社創立発起人代表の元日本航空会長原邦造氏ら一一氏から、わが国では初めての試みの地上地下制の駅前広場、駅を中心にして新宿一帯に伸びる地下計画を含めた大ターミナル・ビルの建設計画が国鉄総裁、東京都建設局長あてに申請された。

新宿駅東口を民衆駅にしようとの計画は、二七年にすでに新宿停車場会社が名乗りをあげ、東口本屋を含めて、約千百坪に地下二階、地上八階のビルを建てるという計画もあったが、東京駅の鉄道会館の汚職事件[＊115]以来国鉄がこの問題に消極的で、その上新宿駅前の広場計画が国鉄側と都側とで若干の食い違いがあってお預けの形になっていた。ところが今春来、国鉄首脳部も民衆駅承認のハラを固めて来ているといわれ、一方、懸案だった新宿駅前広場計画は具体的に取り上げられねばならぬところまで来ていた。

今度の新宿建物会社の民衆駅プランは、このような潮どきをとらえて、発起人には代表の原邦造氏をはじめ、石坂泰三、藤原銀次郎、正力松太郎各氏などの有力者をそろえており、一方この申請と同時にさきに提出された新宿停車場株式会社発起人の申請は取り下げられているので、関係者の間ではこの新会社により新駅計画は実現の見込みが大きいとみられている。

この計画の内容は、新しく創立される新宿建物会社が現在の駅の裏側に建坪八〇〇坪、地上三階、地下二階(一部中二階)延べ五千坪の新駅舎を建て、この構内に西武鉄道、新しく敷かれる予定の地下鉄を引き込み地下の目標である新宿〝副都心計画〟にタイアップした交通センターを作るとともに、構内の二、三階、地下には東京駅八重洲口と同様にいろいろな店舗を入れ、一大商業センターを作ろうというもの」

ここで取り上げられている新宿建物株式会社と新宿停車場株式会社の代表者は、それぞれ原邦造と飯田慶三(高島屋創業者一族、一九五二年に高島屋社長に就任)であり、両者ともテナントとして高島屋を想定している。さらに同紙では、地下広場に建設予定の立体駐車場や地下街計画などの将来構想を取り上げている。

地元の反対運動と地元案の提出

先述のとおり、東京駅八重洲口鉄道会館の大丸、池袋の東横、西武、東京丸物、渋谷の東横、大井町の阪急などの進出に端を発し、この時期東京中のデパートが増築を開始していた。そして、これに対して、どこの商店街でもいっせいに反対運動が起こっていた。

当然、新宿駅への高島屋の出店に対しても、地元商店街から反対運動が起きる。とくに新宿大通り商店街が強く反対した。さらに反対運動は広がり、新宿区商店街連合会がこの問題を取り上げ、総会を開いて、中小企業の生活権を脅かす重大問題だとして「新宿駅百貨店進出反対期成同盟」を結成するに至った。

また、この運動は新宿にとどまらず新宿の後背地や周辺地区へと拡がりを見せる。新宿を中心とした中野、杉並、世田谷、渋谷の五区の区商店街連合会が参加し、参加店二万三千軒という勢力になった。この運動は参加店の資金カンパに始まり、国会、代議士、運輸省、通産省、国鉄に対しての波状的な陳情運動に発展した。さらに商店会の主婦を動員しての主要駅でのビラ配り、アドバルーン掲揚へと広がりを見せる。

他方で、新宿駅百貨店進出反対期成同盟の活動は、駅への百貨店の進出を阻止することが本来の目的であったため、新宿だけでなく広く百貨店と小売業者の問題となり、中小小売業者を擁護する百貨店法の制定を推進した。

一九五六年四月二五日百貨店法が衆議院を通過。同法付帯決議第二項に「政府は、国、地方公共団体及び公共企業体の所有する土地又は施設を利用して、百貨店業を営むことを原則として許可しない」と規定されたことによって、国鉄用地に建設される民衆駅には百貨店は進出できなくなった。

一方で同時期、地元でも小売店ではない飲食店などは高島屋の新宿駅進出に好意的な態度を示している。駅舎施設の建設は地元発展のための喫緊の課題とし、おもに飲食店経営者がまとまり「大新宿駅舎建設推進連合会」という組織が設立されている。

こうした状況に、地元で統一的な見解（地元案）を打ち出すべきとの意見が高まり、新宿経済会議所の斡旋で「新宿総合駅舎建設促進委員会」という調整機関が設けられた。そして、新宿駅の改造は緊急を要する課題であるため、むしろ公共性の高い施設を建設するべきであるという意見が強まっていく[＊116]。

地元案の取りまとめ役として、人望も厚く新宿の大地主でもある濱野茂が地元から推された。同時に濱野は国鉄総裁からも同様の取りまとめ役を依頼されており、親友であり姻戚関係にもあった参議院議員の井野碩哉や地元の有力者とも話し合ったうえで、引き受けることとした。地元案の取りまとめ役、代表となった濱野茂と井野碩哉[＊117]は、一九五六年三月一〇日、中央区日本橋室町一丁目「日本橋クラブ」内に「株式会社新宿ステーション・ミーティングホールセンター」創立事務所を開設し、国鉄総裁に宛てて民衆駅建設の地元案として「東口ミーティングホールセンター」建設案を提出した。

しかし、実際には地元の別派閥からも民衆駅建設案が提出され、ひとつにはまとまらなかった。新宿駅の民衆駅建設の出願経過は以下のとおりである。

出願主体別の新宿民衆駅出願経過[＊118]

※出願日、内容、出願者名の順。（ ）は代表者名。

〇、日本停車場株式会社
一九五〇年八月四日
「新宿駅東口本屋改装」
日本停車場株式会社（矢下治蔵。筆者注、池袋西口民衆駅を建設した会社）

一、高島屋系
一九五二年一月一日
「新宿駅中央口本屋新築」
高島屋（飯田直次郎）
↓一九五三年四月一二日
「新宿駅中央口本屋新築」
新宿停車場株式会社（原邦造、飯田慶三）
↓一九五四年七月一二日
「新宿駅中央口本屋新築」
新宿停車場株式会社（原邦造、飯田慶三）
↓一九五五年七月二〇日
「新宿駅交通文化センター建設」
新宿建物株式会社（原邦造、飯田慶三）
↓一九五六年一月二一日
「新宿（東口および東南口）改築」
新宿建物株式会社（原邦造、飯田慶三）
↓一九五六年四月一〇日
「マーチャン　ダイズマート　オブ　トーキョー」
新宿交通建物株式会社（原邦造、飯田慶三）

二、地元（＋西武…地元小売店が中心）
一九五六年二月一〇日
「新宿駅東口本屋改築」
新宿ステーションビル株式会社（井野碩哉、濱野茂）
↓一九五六年三月一〇日
「東口ミーティングホールセンター」
新宿ステーションビル株式会社（井野碩哉、濱野茂）

三、地元（地元飲食店が中心）
一九五六年四月二〇日
「東口民衆駅建設」
百貨名店街ビル（池田仲治郎）

四、地元（その他）

一九五六年八月一〇日
「新宿駅改装ビル」
新宿駅改装ビル建設協力会（須貝正）
↓一九五六年八月二七日
「新宿駅改装ビル　追加並びに変更」
新宿駅改装ビル建設協力会（須貝正）
↓一九五七年九月二六日　八月一〇日
「新宿駅改装ビル　建設許可に関する願」
新宿駅改装ビル建設協力会（須貝正）
↓一九五七年一一月二五日
「新宿駅舎等建設について」
新宿駅改装ビル建設協力会（須貝正）

五、三者協定（高島屋系（一）＋濱野（二）＋百貨名店街（三））
一九五八年三月三日
「新宿駅東口駅舎および同駅前広場地下街建設」
株式会社新宿交通文化センター（濱野茂）
↓一九五九年四月三日
「同上　駅舎単独目論見書提出」
株式会社新宿交通文化センター（濱野茂）
↓一九五九年四月一四日
民衆委において株式会社新宿交通文化センターに対して
民衆駅建設の許可が下りる
↓一九五九年一〇月一〇日
「社名変更」
株式会社新宿ステーションビルディング（濱野茂）
↓一九六〇年一月一二日
「新宿東口駅前広場地下駐車場設置」
株式会社新宿ステーションビルディング（濱野茂）

競願者の調整と計画案の一本化

一九五六年春の時点で、高島屋系の新宿交通建物（代表・原邦造、飯田慶三）、地元＋西武系の新宿ステーションビル（代表・井野碩哉、濱野茂）、地元の別の一派の百貨名店街ビル（代表・池田仲治郎）の三者が競願している状態であった。こうした状況に、民衆駅について の国鉄総裁の諮問機関である民衆駅等運営委員会（委員長代理・工藤昭四郎）では一九五六年八月二〇日、新宿駅の東口に民衆駅を建設するかどうかの問題について「競願中の三者が折り合わなければ新宿駅の混雑緩和のため、国鉄は自己資金で駅を建設すべきだ」との中間報告を国鉄当局に提出した[＊119]。

これを受けて上記三者は計画案を一本化することとし、新宿交通文化センター(代表・濱野茂)案にまとまって、一九五八年三月三日「新宿東口駅舎及び同駅前広場地下街建設整備に関する請願書」を国鉄へ提出した。この計画は民衆駅の建設だけでなく、駅前広場に地下街を建設する計画も含んでいた。民衆駅は一階すべてと二階の大部分を国鉄が使用し、三階に西武鉄道が乗入れ(後に二階に変更)[＊120]、残りを新宿交通文化センターが使用するという割当であった。

しかし、この計画案は民衆駅等運営委員会を通過しなかった。デパート形式にすると増築をきびしく制限している百貨店法に触れるうえ[＊121]、地下街をつくりそのテナントの権利金、敷金を民衆駅と地下街建設の資金にあてるという計画が確実性を欠くと判断されたためであった。また、民衆駅においては一度に大量の観客が出入りするホール、映画館、劇場は、国鉄の旅客処理に混乱を与えるとの理由で拒否された[＊122]。

その結果、新宿交通文化センターはホールを民衆駅から除くこと、百貨店形式はやめて名店街、問屋街、物産展示場、食堂などにする方針に切り替えて代案を作成し、駅舎のみの請願書を一九五九年四月三日に国鉄へ提出した。そして同年四月一五日、第五二回民衆駅等運営委員会は、新宿民衆駅の認可について、新宿交通文化センター案を適当と認める答申を出した。なおこの決定後、もう一者の競願者であった新宿駅改装ビル建設協力会と新宿交通文化センターは、円満に妥結し、新宿駅改装ビル建設協力会代表・須貝正は民衆駅建設の請願書を取り下げることとなった。

株式会社新宿ステーションビルディングの設立

こうして株式会社新宿交通文化センターが新宿東口民衆駅を建設することに決定した。一九五九年四月二三日、新宿交通文化センター発起人会を開催、社名を株式会社新宿ステーションビルディングに改称し、代表は濱野茂に決定した。

同年八月二五日の発起人会において、発起人の引受株式が次のとおり決定した。

濱野茂　六四〇〇〇株……東口ミーティングホールセンター案の発起人。新宿の大地主。

飯田慶三　三〇〇〇〇株……高島屋創業者一族。

飯田新一　二〇〇〇〇株……高島屋創業者一族。
井野碩哉　二〇〇〇〇株……東口ミーティングホールセンター案の発起人。政治家。濱野茂の親戚。
池田仲治郎　九〇〇〇〇株……百貨名店街ビル案の発起人。
堤清二　九〇〇〇〇株……西武グループ創業者の息子。
内田秀五郎　九〇〇〇〇株
不破祐俊　二〇〇〇〇株
小菅千代市　九〇〇〇〇株……伊勢丹創業者一族。
比留間安治　二〇〇〇〇株
牧野良三　六〇〇〇〇株……政治家。競願時に高島屋と濱野、井野を仲介した。
早川慎一他　六〇〇〇〇株
計　六〇〇〇〇〇株

こうして地元有力者、高島屋、西武、伊勢丹などの資本が入った新宿ステーションビルディングが同年一〇月一〇日に設立された。

新宿ステーションビルディングと駅前広場地下施設の建設

株式会社新宿ステーションビルディングでは、民衆駅建設の承認の見通しが明らかになると、改めて駅前広場の地下街建設の請願に取り組むこととなった。

一九六〇年一月一二日、株式会社新宿ステーションビルディングは東京都知事に宛てて「新宿東口駅前広場地下駐車場設置願」を提出し、同年二月二九日に同設置願いを国鉄総裁宛で提出した。三月二二日、東京都都市計画地方審議会で、新宿東口地下駐車場、および地下道を特許事業とすることが認められた。同年四月一八日には、国鉄総裁からも特許を与えることに支障はないが、具体的な設計、施行については建設省、東京都、国鉄間で協議を行うことという回答があった。

一九六一年二月二四日、第六四回民衆駅等運営委員会において新宿東口民衆駅と地下駐車場の建設は、新宿ステーションビルディングに承認を与えることが決定した。さらに同年五月一五日には、東京都市計画街路（新宿駅付近地下公道）事業ならびに東京都市計画自動車駐車場（新宿駅東口）の建設について建設大臣より特許がおり、同年年一二月二〇日、新宿東口民衆駅同特許駐車場および同地下道建設工事に着工した。これらの施設の設計は、民衆駅の躯体と駅部分は国鉄が行い、それ以外の部分は鉄道会館が行なった。着工から二年半後の一九六四年五月一八日、総工費四三億円で新宿ステーションビル（地上八階、地下三階、延べ床面積四万二八〇〇平方メートル）は竣工し、同年五月二〇日開店した。二五〇軒の専門店を中心に、ギャラリー、催物場、総合文化学園、文化クラブ、結婚式場、屋上には庭園と屋外ステージ、ビアホールを備えていた（図43・44）。これで新宿東口の戦災復興がおおむね完成したといってよいだろう。

新宿ステーションビルはその後順調な売上げを記録し、開店から一四年を経た一九七八年に全館改装を行ない、この時一般公募により呼称をマイシティに変更した。さらに二〇〇六年四月一日、JR東日本グループである株式会社ルミネに吸収合併され、ルミネエストに名称が変更されている。

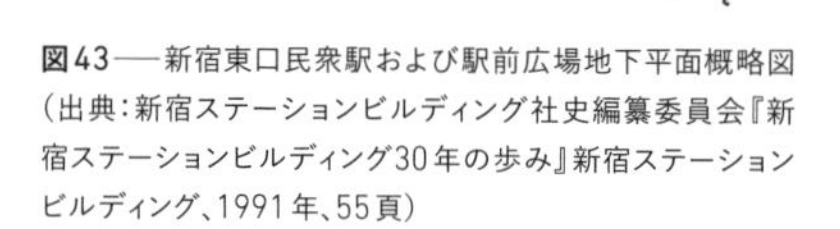

図43──新宿東口民衆駅および駅前広場地下平面概略図（出典：新宿ステーションビルディング社史編纂委員会『新宿ステーションビルディング30年の歩み』新宿ステーションビルディング、1991年、55頁）

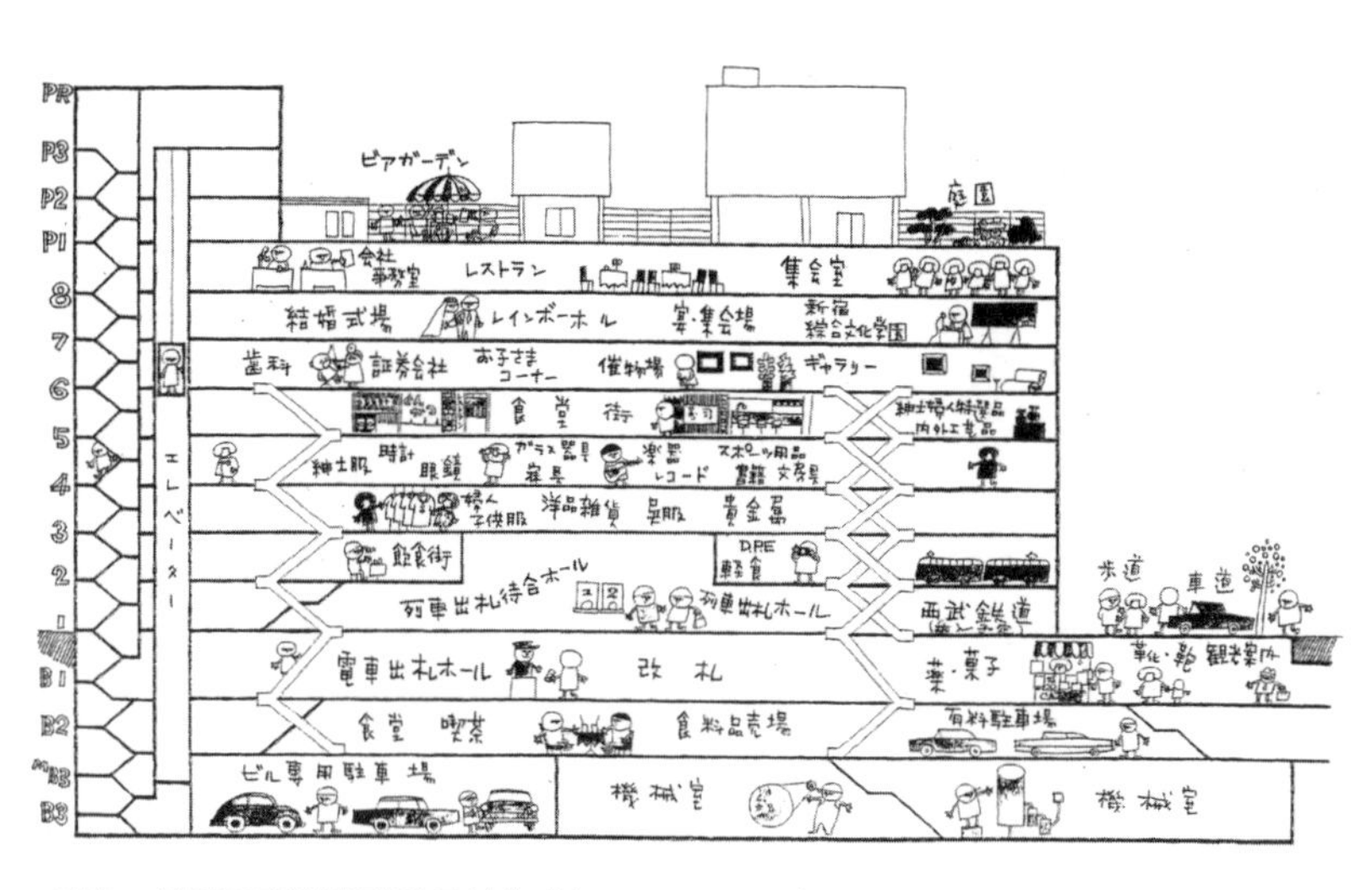

図44──新宿東口民衆駅断面概略図（出典：新宿ステーションビルディング社史編纂委員会『新宿ステーションビルディング30年の歩み』55頁）

5 都市計画と闇市の相克

新宿駅西口の戦災復興過程

前節まで新宿駅東口の形成過程を見てきたが、本節では新宿駅西口を対象とする。図1の**5**で示したエリアである。

戦前の西口は都市としては開けていなかった。西口の開発が進むのは、戦前から戦中にかけて私鉄が西口に集中して敷設され、また、駅前広場が造成されたことを端緒としている。同時に、それが西口駅前に広大な闇市が発生する要因にもなった。ここでは、戦前期の駅前広場事業によって成立した駅前の土地所有関係の状況を把握したうえで、新宿駅西口の形成過程を観察していこう。

駅前広場が概成した新宿駅西口　終戦まで

新宿駅付近広場および街路計画とその施行　一九四一年まで

一九三四年四月一八日、新宿駅西口では駅前広場を中心とした周辺街路が都市計画事業決定し、駅前広場は一九四一年に竣工している。まずはこの新宿駅前広場および周辺街路計画から、戦前の対象地区を読み解いていこう。

関東大震災以降、盛り場として一気に発展した新宿であったが、東口方面とは異なり西口方面は東京地方専売局淀橋工場と淀橋浄水場があるくらいで、それ以外には人家と学校だけの閑散とした地区であった。そのため、広大な面積を占める浄水場の移転が大正末期ごろから地元民によって要望され、一九三二年四月、東京市による淀橋浄水場の移転が計画される[*123]。これを受け、都市計画東京地方委員会は浄水場移転を前提とした街路計画を策定し、一九三二年九月三〇日に都市計画決定する[*124]。

浄水場移転計画とときを同じくして、大蔵省東京専売局淀橋工場の品川への移転も計画され、これを背景に都市計画東京地方委員会は新宿駅西口側の大改造を計画。一九三二年八月にその計画案を作成する。これをもとに同年一一月-翌三三年六月の間、関係機関(内務省、鉄道省、東京府、警視庁、東京市、都市計画東京地方委員会)の協議会が六回開催され計画案がまとまり、「新宿駅付近広場及街路計画」は一九三四年四月一八日に都市計画決定し、同日都市計画事業としても決定された[*125]。

第一章の図13はその計画図である。越沢明によれば、この駅前広場計画の特徴は①超過収用の方式を導入した土地区画整理事業を行うことで広場周辺の敷地造成を行い、②さらにそこに建築物の形態規制を行うことで土地の高度利用を図ったこと、また③鉄道施設と駅前広場および街路を一体的に計画したことであるという[*126]。

①については、元専売局の土地とその周辺の土地において、都市計画法(一九一九年公布の旧法)第一六条第二項による超過収用を採用した土地区画整理事業を実施し、広場(六二五〇坪)の周囲に建築敷地を造成し、それを一六区画に区分し建築条件付きで売却した。その売却方法は「五区画(五五六〇坪)は一般公開入札」し、「都市計画法第一六条第二項に

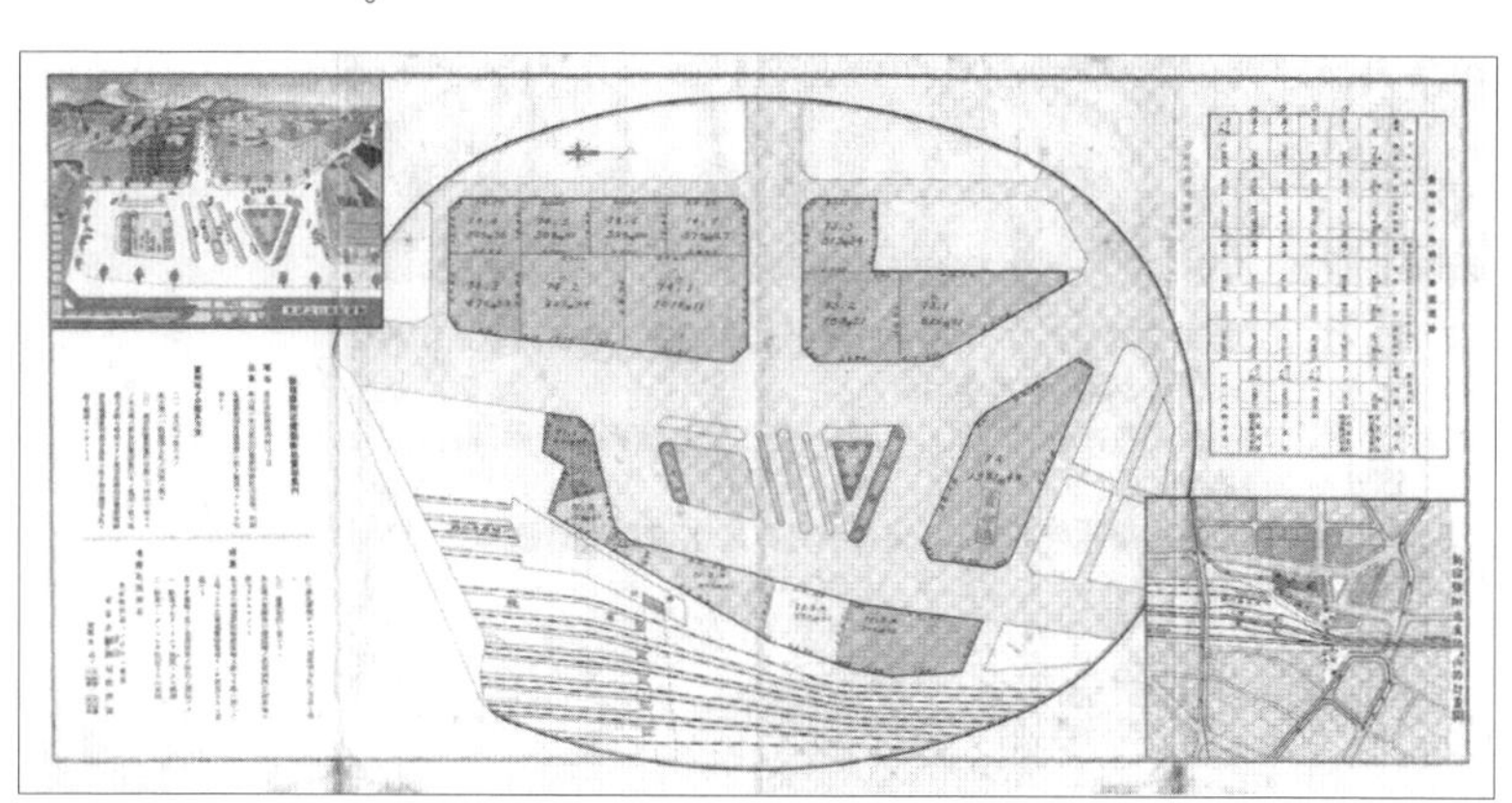

図45――パンフレット『新宿駅付近建築敷地売却案内』(東京市役所、出典:中島直人・西成典久・初田香成・佐野浩祥・津々見崇『都市計画家 石川栄耀』鹿島出版会、2009年、120頁)

より強制買収した民有地六区画（二九九三坪）は旧地権者に指名競争入札」、「省線、小田急、京王、東京高速鉄道の停車場予定地五区画（一二一二坪）は鉄道事業用地として随意契約」するというものであった（図45）。さらに、この売却には「売却後の転売、分譲は一切許可しない」こと、「三年以内に本建築を完成させ」、「建物の高さは広場に面するものは軒高一七メートル（五階建を想定）以上とし、それ以外は軒高一一メートル（三階建を想定）以上とする」[*127]という条件がついていた。三つの条件のうち、最後の建築物の軒高の最低限度を指定するものは、一九三四年四月一二日に警視庁告示第九二号で高度地区に指定されている。

③については、広場周辺区画の売却先に省線、小田急、京王、東京高速鉄道が含まれていることからも窺えるが、「新宿駅付近広場及街路計画」では駅前広場とその周辺街区だけでなく、鉄道施設も同時に計画されていた。当時、追分付近にあった京王電車の終点を小田急の新宿ターミナル駅西隣に移設し、さらに渋谷が終点となっていた東横電鉄を新宿まで延長し、私鉄三線を合流させ、総合ターミナル駅を建設する計画である。広場地上には集団駐車場、乗合自動車乗降場、芝生を適宜配置し自動車交通の整備を行い、広場地下には東京高速鉄道および西武高速鉄道の起終点駅を設置し、都心とも地下鉄でつながる計画となっている（図46）。

この「新宿駅付近及街路計画」には、一九三六年一二月一八日に駅東側の六路線の街路計画が追加されるが、戦時体制突入により着工されることはなかった。広場の「工事は戦時下の資材統制、資材不足の状況を考えると不思議なほど順調に進み」、一九四一年四月に竣工している[*128]。同時期に、広場北側に隣接した角筈第一土地区画整理組合地区の区画整理が完了し、省線軌道の東側では靖国通りができ、新宿通りが拡幅された。新宿駅近傍における、これ以外の計画は戦争への突入で中断し、広場周辺街区は建築物の形態規制によ

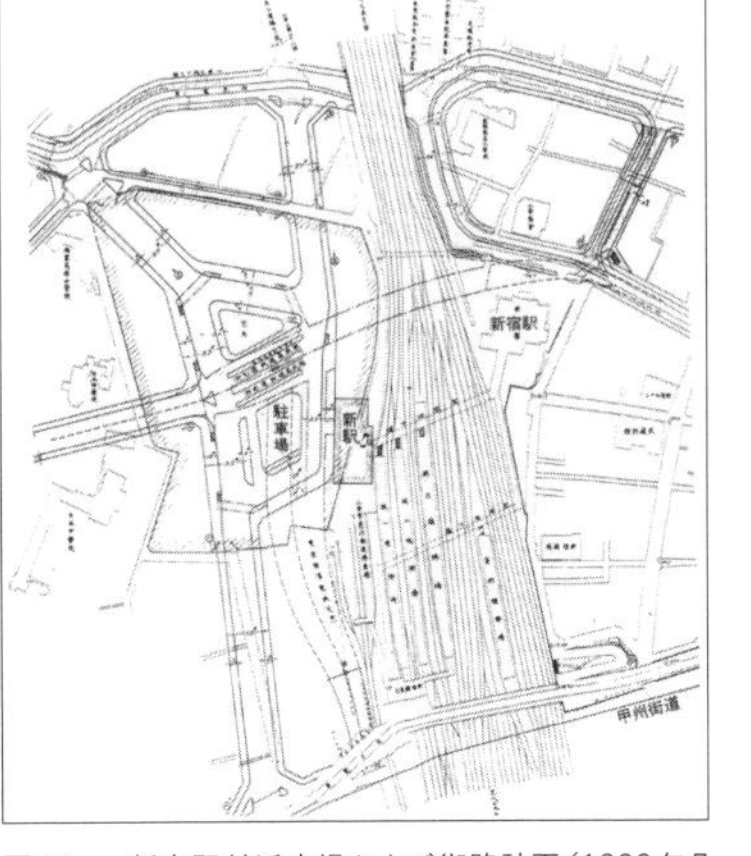

図46――新宿駅付近広場および街路計画（1933年7月現在、出典：越沢明『東京都市計画物語』日本経済評論社、1991年、83頁）

る高度利用が図られたものの、建物が建つことはなく更地のまま終戦を迎えることとなった。

図47は一九四一年の対象地区である。角筈第一土地区画整理組合地区の区画整理後の建物の状況を示す資料がないため、復原することができなかったが、駅前広場周辺に造成された街区には建物は建っておらず、同地区にのみ建物が建っていた。

図48は一九四一年の対象地区の土地境界を示している。角筈第一土地区画整理組合地区は苗村商事株式会社所有の土地［764-1］と、十二社に住む淀橋の大地主・渡辺文雄の土地［765-1］の二筆によって構成されている。京王の電車が電力不足のため甲州街道の高架の坂を上れず、終点を新宿三丁目の追分から新宿駅西口へと切り替えるのは一九四五年七月のことであるが［＊129］、駅前広場とその周辺街区の造成が進んだ一九四〇年に、京王は土地［71-1］、同時期に小田急は土地［71-2］［71-3］の払い下げを受けている。さらに一九四四年には東京市所有の土地［71-4］から土地［71-5］が分筆され帝都高速度交通営団に払い下げられている（図49）。

図46の計画はそのまま実現されることはなかったが、追分にあった京王の終点を新宿駅西口へ移動させ、帝都高速度交通営団に土地を払い下げるなど、西口に私鉄を集約する企図は土地の所有からも見えてくる。

戦後、西口には省線軌道沿いに安田組のマーケットが建設される。安田組マーケットは、角筈第一土地区画整理組合地区の二名の地主が所有する民有地と、「新宿駅付近及街路計画」のなかで鉄道の停車場予定地として確保された帝都高速度交通営団の土地と東京市有地にまたがって建設されることとなる。

戦災　一九四五年

対象地区は交通疎開空地にも、疎開空地帯にも指定されておらず［＊130］、一九四五年一月六日に陸軍によって撮影された航空写真でも、角筈第一土地区画整理組合地区の建物が除去されていないことがわかる（第一章写真5）。対象地区のうち、同地区は一九四五年五月二五日夜から二六日の午後にかけての空襲によって焼け野原となった。

図50は一九四五年の対象地区である。木造で構成されていた角筈第一土地区画整理組合地区を含め、焼け残った建物は一棟もなかった。

安田組マーケットの誕生　一九四五年八月・四七年

ラッキーストリートの開設からマーケット建設まで

終戦後、東口ではすぐさま尾津組の新宿マーケットが開店したが、まもなく西口でも安田組が組織した闇市「ラッキーストリート」が開かれる。東京早野会初代分家新宿安田組親分・安田朝信は『都会の風雪——安田朝信自伝』のなかで、「ラッキーストリート」ができた経緯を語っている。以下はその概略である[＊131]。

終戦からほどなくして、安田のもとに「淀橋警察の当時の安方署長から急いで会いたいとの連絡」が入った。安田は戦時中に生活物資の物流をさばく輸送挺身隊の隊長として動き、淀橋警察署長の安方とは戦前から面識があった。

安田が淀橋署に着くと、安方から「都や警視庁の当局者の間に、都民の極端な物資窮乏を緩和するための応急処置として、適当な管理者を定めて露店を開かしめようとの意見がきまった」と伝えられ、安田にその管理者を引き受けてほしいという旨が伝えられた。都や警察は物資統制の法規を逸脱した政策をとることはできないため、テキ屋を管理者にたて、当時の状況に対処しようとしていた。安田がこれを引き受け、西口の駅前を露店出店場所に希望すると、安方は安田とともに都や国鉄や私鉄会社などの土地所有者のもとへ出かけ、土地利用の承諾を得る協力をする。土地所有者としても、このころすでに外国人による土地不法占拠が問題となりつつあり、一括して安田に貸すことでその問題を解決できると、どこも快く承諾してくれた。つまり、新宿駅西口の闇市には公からの要請と、土地所有者からの一時使用の許可があった[＊132]。

安田組のラッキーストリートは他の闇市同様、しばらくは台やゴザを並べただけの文字どおりの青空市場であったが、一九四六年夏に西口改札付近に一区画の間口が一間半、奥行きが二間半の新宿西口マーケットが建設される。

その後、一九四六年一〇月二五日、現在の思い出横丁の仲通りの店三〇〜四〇軒(一〇二坪)が火事で全焼したことを契機として[＊133]、安田組は西口一帯にマーケットの建設を開始する。

まずは焼失した場所に五〇コマほどの木造長屋が年末までにつくられる。これは間口七尺、奥行き九尺の木造平屋で、材料は杉、敷居があるが戸は入っておらず、三方は板張りで、中は土間であった。焼失前の営業者がこの新しいバラックに入居するためには、もう一度権利金が必要であった。出店者は安田組から一コマの権利を買うと、各自で内装や戸、看板、設備などを設置し、営業を開始した[＊134]。

そして年が明けると、安田組は青梅街道から西口改札前まで一気にマーケットを広げ、新宿西口には三〇〇軒ほどのマーケットができあがった[*135]。

図51は一九四七年の対象地区の建物の状況を示している。新宿駅西口改札の北側から青梅街道にかけての街区に、中心に南北の通りを通したマーケットが建設されている。この当時の土地境界と土地所有は図49から変化はない。

終戦直後、対象地区の地主は一時的に安田へ土地を貸したが、新宿駅西口は一九四六年四月には東京都市計画第九‐一地区復興土地区画整理事業として都市計画決定され、区画整理が行われることとなっており、戦前の計画どおり帝都高速度交通営団用地、都有地（旧市有地。国鉄へ払い下げ国鉄の駅を建設する予定であった）には駅を建設する予定であった。しかし、まだこうした計画が緒に就かない一九四七年、安田が駅前の都有地（土地[71-4]と推察される）を国鉄用地と誤認して、東京鉄道局新宿保線区用地係宛にこの土地の借用と店舗建設の許可を願い出たところ、同係がこれを承認してしまった。すでにマーケットを建設していた安田は、これによって法的根拠を得たとし、隣接する帝都高速度交通営団用地や、国鉄用地でも強気に占有権を主張するようになった。東京都は、すぐに国鉄と安田に対して抗議したが、戦後の混乱状態のなか許可を取り消したり、立ち退きを要求できる情勢にはなかった。

写真17──1946年11月の安田組のマーケットと周辺の露店（毎日新聞社提供）

安田朝信の新宿区議会議員への選出と逮捕　安田組の解散

東京都が安田朝信への立ち退きを強行できなかった理由には、一九四七年に安田が新宿区議会議員に選出されたことも影響していたと考えられる。

そこで都は国鉄と協議し、安田が国鉄用地と誤認した土地を仮設建築物に限って建設を許可する敷地として、一九四七年六月に半年間の一時使用許可を与えた。この一時使用許可は、その後一九四八年一二月まで延長されることとなった[＊136]。

こうして強気に不法占拠を続けた安田組と安田朝信であったが、一九四七年夏になると尾津喜之助と尾津組同様に取り締まりの対象となる。封建的な「組」組織を解体し、民主的な組織へという公の指導のもと、同年七月三日に関東早野会初代分家安田組は解散する。しかし、この解散は他の「組」組織の解散と同様、安田組の人員を引き継ぐ改組でしかなかった。安田組では新しく「新宿西口街商組合」を結成、会長に安田朝信が選任され、組合員は五〇〇名であった[＊137]。

さらに取り締まりは進む。「安田組組長安田朝信、実兄興業場経営安田俊三兄弟」は「新宿駅付近の建築敷地にからむ恐喝の疑いにより」、一九四七年七月二六日検挙された[＊138]。この検挙によって、区議選での安田の暗躍が明るみに出ることとなった。安田は一九四七年四月の選挙に際して、マーケット居住者を強制的に新宿区へ転入させたうえ、区議会議員選で自身へ投票させていたことが明らかになり、さらに安田組の縄張りを利用して戦災者、引揚者などの店子から金を巻き上げ、その金を区議会議員にばらまき区政を牛耳っていたとの報道が出ている[＊139]。

安田組マーケットの権利関係と中の島へのマーケット建設 一九四八-五三年

安田組マーケットの権利関係と中の島へのマーケット建設

図52は一九四九年の対象地区の建物の状況を示している。図51から和田組マーケットには大きな変化はない。また、地割や土地権利関係も図49から変化はない。

東京都には、戦前の計画どおり土地[71-4]を駅舎建設用地として国鉄に譲り渡す意向があり、国鉄も一九五〇年度から新宿駅西口本屋の建設に着工する方針であったため、都は安田朝信に対して一時使用許可期限が満了する一九四八年一二月末までに、立ち退くよう要求した。しかし、安田組はこれに応じず、以降も不法占拠を続けた。

他方でこの時期、新宿駅西口に新たなマーケットが建設されている。その場所は、安田組マーケットに隣接した西口改札口正面の通称「中の島」と呼ばれた緑地帯であった。

『小田急エース二五年のあゆみ・別冊』によれば、ここは「国鉄の所有地で、都市計画事業による区画整理用地の一部となっていた」

土地で、「昭和二十三年に清田洋二氏という人物がここに小売店設置の許可を新宿区に願い出たところ、区は道路占有権の範囲を誤認し、当時のRTO（連合軍鉄道運輸事務所）の許可を得たうえで、二十九年六月までの期限でその使用許可を与えた」という[*140]。この清田洋二は安田組の幹部であった[*141]。しかし、この「中の島」は土地[71-4]内にあり、国鉄用地ではなく都有地である（図49）。おそらく右の記述が間違っており、新宿区はこの場所を道路だと誤認し道路占有権の範囲内で許可を出してしまったのではないだろうか。いずれにしても、新宿区が清田洋二に対して、一九五四年六月までの期限で小売店設置の許可を与えたことは事実である。新宿区は許可を出した後、「許可を取り消し、立ち退き通告を発したが」、すでに店舗が占有しており、以降不法占拠が続くこととなった。

　図52にはこの中の島のマーケットは描かれていないが、図53からはマーケットが建設されていることがわかる。

戦災復興土地区画整理事業　土地区画整理委員

戦災復興土地区画整理事業には民意を反映させるために土地所有者と借地人から選挙で選出された土地区画整理委員が存在した。新宿駅近傍の戦災復興土地区画整理事業（第九地区）の特徴のひとつは、この委員に露天商とテキ屋が三名（和田友一・安田朝信・比留間重雄）も就いていたことであろう。和田友一については先述したが、新宿通りに並ぶ露店を差配していた比留間重雄と、安田朝信も第九地区の委員となっている[*142]。安田がこの委員会の委員であったことが区画整理にどのように影響したかは委員会の議事録などの資料がないため明らかにすることはできないが、安田組のマーケットが建つ土地はまったく減歩されることなく戦災復興土地区画整理事業で換地が行われている。当時こうした動きに対しては、「区画整理の裏面には野村専太郎、安田朝信などの地元のボスが暗躍している」との報道も出ている[*143]。

小田急の新宿西口総合開発計画

新宿駅西口を対象とした東京都市計画第九 - 一地区復興土地区画整理事業は、一九四八年六月三日に事業計画決定した[*144]。これに続き、一九四八年一二月、建設省告示第二六一号によって、新宿西口駅舎建設予定地の建設ラインが決定された（その後何度も修正された）ため、国鉄・小田急・京王の三者の間で駅舎建設についての協議が進められることとなった。

　小田急電鉄初代社長の安藤楢六は、この時期から駅ビルを建設して新宿駅西口を開発する構想を練っていたことを、後年次のように語っている。

「新宿東口は戦前から都内有数の繁華街であったが、西口は小田急開通の直前までたばこ工場があったり、つい先頃まで、浄水場があったりして発展が遅れていた。その西口を玄関口としている小田急発展のカギは、西口の復興いかんにかかっている」[＊145]。

こうして、安藤は一九四九年ごろに駅ビルの構想をしたが、後述するとおり、その構想が具体化するには一〇年以上かかることとなる。

一九五三年の都市組織と権利関係

戦災復興土地区画整理事業によって整理されていった新宿駅東口のマーケットに対して、西口の駅周辺は戦前に基盤整備が進んでおり、先に述べたとおり安田組のマーケットはまったく減歩されることがなく換地が進んだため、戦災復興土地区画整理事業による整理を受けなかった。

図53は一九五三年の対象地区の建物の状況を示している。マーケットの店舗裏側に存在した空地を埋めるようにマーケットが改築され、店舗裏口用の通路が残るだけとなっている。こうした隙間は現在の思い出横丁でも確認することができるが、この当時すでにマーケットのフットプリント（占有領域）は現在と同程度になっていたと推察される。

この当時、安田組マーケットには八つの商店会が存在した。「青梅街道寄りの線路際が柳会、仲通りが新宿会、小滝橋通り側が緑会、地下道に通じる通りが仲通り商店街」で、ここまでが思い出横丁（新宿西口商店街振興組合）として現存している。これより南にも四つの商店会があり、「線路際が八部会（筆者注、八番目にできたところ）、駅近くが中之島商店街」、駅前広場側が「新興会、それと京王駅前商店街だった」[＊146]。

先に見たとおり、安田組マーケットの一部は帝都高速度交通営団（以下「営団」とする）の土地に建設されていた。一九五一年、戦前に計画され戦時体制で工事が中止されていた丸ノ内線が、池袋で着工された。この直後から、営団は安田朝信に対して建物の撤去と土地の明渡しを求めていたが、安田側はこれに一切応じようとしなかった。この時、同地で営業する商店約一七〇軒には、営団から安田に対して建物の撤去が要求されていることは伝えられていなかった[＊147]。

図54は一九五三年当時の対象地区の地割を示している。京王所有

地[71-1]から[71-6]が分筆され、現在の思い出横丁の街区で土地[764-1]から土地[764-2][764-3]が、土地[765-1]から[765-5]が分筆されている。図54では土地[764-1]と[764-2]の境界を復原できなかったため示していない。このうち、土地[764-1]は苗村商事株式会社から青木晴江へ、土地[764-3]は三甲◯業株式会社(◯は旧土地台帳から判読できない)へ売却されている。また、土地[764-2]は分筆後に渡辺文雄から丸全青果有限会社へ売却されている。

終戦直後から安田組マーケットで焼き鳥屋を経営していた金子正巳によれば、上記の土地[764-1][764-2][764-3][765-1][765-5]で構成された街区(現在の思い出横丁)は、「もともと三人の地主が持っていた。安田組と、不動産会社三光土地と、十二社に住む渡辺という地主だ」という[*148]。さらに安田組の土地の南隣りの土地が、三光土地の所有地だったと述べている。これを旧土地台帳に記載された登記情報と照合すると、金子がいう安田組の土地は青木晴江所有の土地[764-1]と苗村商事所有の土地[764-2]に、不動産会社三光土地の土地は三甲◯業所有の土地[764-3]に対応することとになる。

金子が正確な会社名を忘れているとすれば、不動産会社三光土地と三甲◯業は同一の会社である可能性が高い。一方で苗村商事は戦前からの所有者であり、安田組の関係者とは考えにくい。青木晴江は安田組関係者であったのであろうか。この辺りを明らかにすることはできないが、当時を知る金子の証言から推察すれば、土地[764-1]と[764-2]は事実上安田組が管理していたと考えてよいだろう。

新宿副都心計画とマーケットへの立ち退き要求 一九五四-五八年

戦災復興土地区画整理事業では、立ち退きを免れた安田組マーケットであったが、一九五◯年代中盤以降の新宿副都心計画と、それにともなう駅ビルの建設によって立ち退きを迫られることとなった。ここでは新宿

写真18——1950年代後半の新宿駅西口広場。西口には木造低層の建物しかないことがわかる。

副都心計画を概観してから、安田組マーケットの変化を見ていきたい。

新宿副都心計画と新宿西口駅前広場

一九五六年九月、戦前から要請されていた「淀橋浄水場の移転に関する請願」が都議会で採択され、新宿駅西口は本格的に副都心建設へと舵をきる[*149]。

新宿副都心計画は一九五六年四月に公布された首都圏整備法にもとづき、一九五八年七月に首都圏整備委員会において、新宿・渋谷・池袋を副都心として整備する計画が策定されたことに端を発している。一九六〇年一月、首都圏整備委員会は新宿副都心計画を決定し、同年六月一五日、東京都市計画新宿副都心計画が都市計画決定される。この計画の対象区域は、新宿駅西口広場を要とする扇状の範囲で、北は青梅街道、南は甲州街道、西は十二社通りに囲まれた範囲約九六万平方メートルであった。また、同年六月二一日には財団法人新宿副都心建設公社が設立された。

新宿駅西口広場の整備は新宿副都心計画においてまさに要の事業であったが、その周辺街区の土地形状は一九四八年六月三日に事業決定された戦災復興土地区画整理でほとんど確定しており、広場の面積は限られていた。また、淀橋浄水場跡地の地形は西に行くほど土地が下がっており、これを処理するために副都心計画はふたつの地盤面を重ねる計画となる。西口広場は、これら周辺の先行して存在する形態、および今後の副都心計画に即し、人と車の流れ、バス乗り場、各鉄道との接続、駐車場の問題、地下街などあらゆるものの流れと諸問題とを一挙に解決しなければならないプロジェクトであった。

図55は一九五八年の対象地区を示している。戦災復興土地区画整理事業が進行し、駅前広場の形状が変わっていることがわかる。戦前に整備された駅前広場から面積が拡がり、広場西側の街路が東西方向に沿うように変更されている。

この広場の設計は、一九六三年に坂倉準三に依頼され、地上と地下の広場は新宿副都心建設公社、地下二階の駐車場とこれに付帯する地下広場に面する店舗街は小田急電鉄の特許事業として建設されることとなった。

一九六六年に新宿駅西口広場は完成し、これに先行して計画されていた地下鉄ビル、小田急新宿駅本屋ビルも、それぞれ一九六六年、翌六七年に竣工し、両ビルには小田急百貨店が入居した。こうして、完成した広場および周辺建物の多くに小田急が関与し、西口広場の現在の姿ができあがる(図56)[*150]。

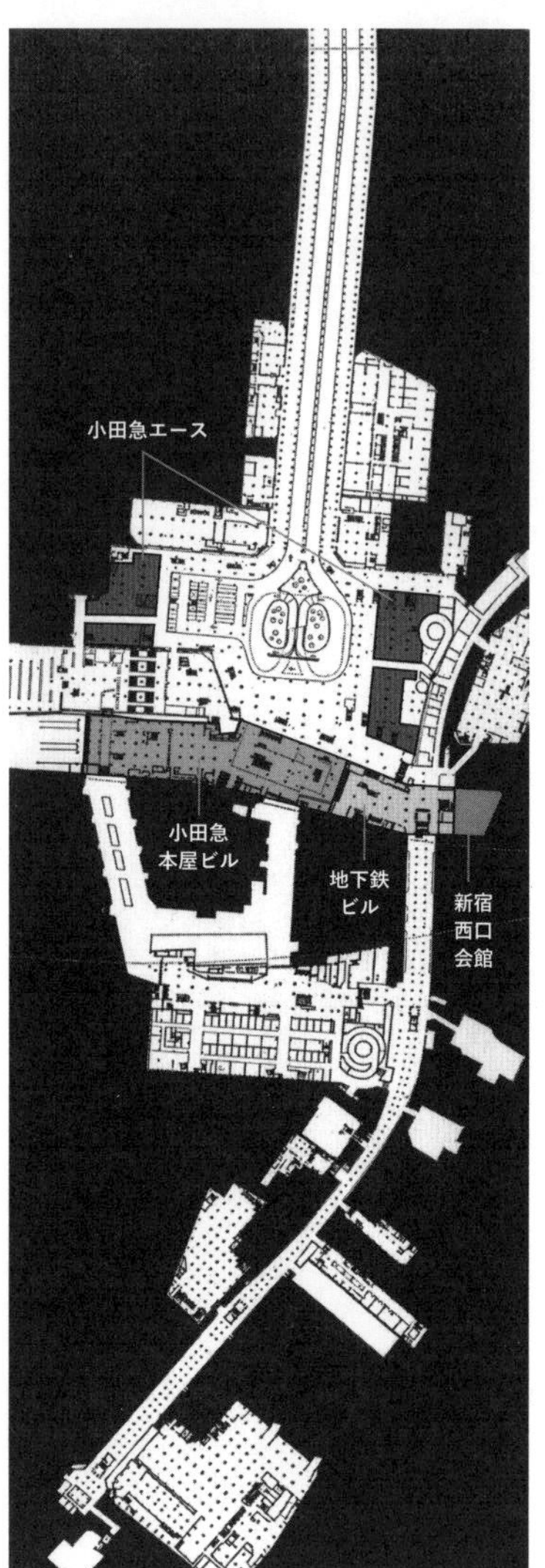

図56——新宿の地下平面図。『SD』1967年12月号56頁収録の図(坂倉建築研究所提供)に筆者追記。

この時期の新宿駅西口の開発においては、小田急電鉄の資本力が強く作用している。また、この開発の過程こそ安田組のマーケットが整理されていく過程でもあった。

安田組マーケット占有者へ営団からの立ち退き要求

一九五六年一〇月、西口のマーケットのうち営団地下鉄の土地で営業する店舗約一七〇軒に対して、立ち退きを要請する書類が届く。営団が、地下鉄丸ノ内線の延伸(西銀座〜新宿間)にともない、書面で土地の明渡しを求めるとともに、建物占有者との直接交渉を開始したのである[*151]。不法占拠であったにもかかわらず、マーケットを建設した安田組と営業者の間では建物の売買契約が行われ、さらにその後には次々と転売が行われていた。

立ち退き要請を受け取ったマーケット営業者のなかには諦めて移っていくものもいたが、多くは「この店は安田から買った店」という意識が強く、営業者は団結して一九五六年一一月に新宿西口協同組合を結成し、営業既得権の保護を掲げ争うこととなった。当初の活動は営団との直接交渉で、集団で営団本社へ行き、生活権・地上権の確保を訴えた。しかし、ほとんど門前払いで活動の成果は得られなかった。

一九五七年二月、営団は東京地方裁判所に建物収去、土地明渡しの訴訟を起こし、法的措置に踏み切った。その結果、建築主(安田組)に対しては営団勝訴の判決が早くに下りた。安田組はこれに控訴することなく決着がつき、安田組は営団から立ち退き料を受け取り、この問題から手を引くこととなった[*152]。こうして建築主(安田組)と地主の裁判は早期に決着する。

一方で、不法占有者(営業者)に対する訴訟は、権利関係の複雑さから審理が進まなかった。この当時、営団所有地では「美登利会(表通り)三六店舗、仲通り五一店舗、八部会(線路際)二二店舗の合計一〇九店舗が営業して」[*153]おり、占有者は一八〇人ほどで権利関係はきわめて複雑な状態にあった。

しかし占有者一八〇人との交渉が進まず、一九五八年三月、営団は地下鉄荻窪線と新宿本駅施設の建設に支障が出ると判断し、西口用地九九五坪のうち二四一坪の路線通過部分について早期決着を図るべく、東京地裁に「建物収去、土地明渡断行の仮処分命令」を申請した。東京地裁では九ヵ月の審議の結果、営団の地下鉄建設工事の緊急性と必要性を認め、一九五九年一月一六日「建物所有者以外の債務者(組合員)は建物より退去して、建物所有者は建物収去して、それぞれの債務者に対して建物敷地を明け渡すべし」[*154]との判決がくだされた。営団の主張する地下鉄建設工事の公共の利益が私権に優先するとした判決で、協同組合の敗訴が決定した。

こうした裁判の流れとは別に、一九五七年夏ごろから営団との裁判闘争の不利を悟った新宿西口事業協同組合[*155]の幹部は、政治的解決を模索し始め、賀屋興宣元大蔵大臣、林唯義衆議院議員、田中栄一衆議院議員、安井謙参議院議員に協力を求めていた。一九五九年一月一四日、先に述べた東京地裁の判決が下りる直前、賀屋をはじめとする国会議員から組合側へ、この問題を解決するための仲介案が示される。その内容は、「①組合側が不法占有している新宿西口周辺の営団所有地約九九五坪の土地から速やかに立ち去ること、②とくに断行仮処分地域(丸ノ内線新宿駅建設工事地域)からは昭和三四年四月一六日までに土地建物を収去し立ち去ること、③その他の部分については昭和三六年三月末日までに任意立退くことについて、裁判上の和解を昭和三四年四月一六日までにすること、④前記した内容が履行したときには、占有者全員の出資により設立した組織に対し西口用地の一部二五〇坪を賃貸する。賃貸期間は三〇年間、賃料は土地の時価に基づく相当額とする、⑤この内容の履行に当たり、賀屋興宣、田中栄一、林唯義、安井謙の各氏は責任を持って協力すること」などであった[*156]。これは一九五九年四月一五日までに丸ノ内線の新宿駅までの開通を急ぐ営団と、裁判で敗訴が濃厚な組合を仲介する妥協案であった。

この妥協案を記した「協議書」の内容は、一九五九年一月一三日に賀屋興宣代議士と営団総裁・鈴木清秀との間で、一六日の裁判判決の勝敗にかかわらず成立するものとして、承認されていた。同年一月二六日、新宿西口事業協同組合の全体理事会はこの協議書の内容を受け入れることとし、翌二七日には鈴木と営団所有地占有者全員の代理人(賀屋以下四名の代議士)が、この協議書を交わした。この時、占有者は一三四人まで減っていた。

こうして政治家の仲介により営団と協同組合の間で和解が成立し、地下鉄工事への全面的協力、営団が仮処分命令で申請した二四一坪二九店舗の一九五九年四月一六日までの収去と立ち退き、それ以外の占有者に対しては一九六一年三月末日までに収去と立ち退きを行うことを条件に、営団は営団用地の北部二五〇坪を営業者全員の出資により設立する株式会社へ三〇年間賃貸することを決定した。

小田急新宿駅本屋ビル建設の動き

営団用地のマーケットの整理、丸ノ内線新宿駅の建設が進む一方で、営団所有地の南側では国鉄・小田急・京王による駅舎建設の協議が進められていた。西口に接続する小田急・京王にとって、自社の発展は西口の発展にかかっていた。

新宿駅西口駅前は、都有地と国鉄、小田急、京王所有の土地が入り組んでおり、駅ビルを建設するには、それらの土地の整理と都有地の払い下げを受ける必要があった。

一九五六年八月、国鉄、小田急、京王の三社は新宿駅西口本屋ビル建設に関する三者協定を締結し、三者の連名で都有地四一二坪の払い下げおよび、戦災復興土地区画整理用地一四四〇坪の換地確定を東京都知事に請願した。

西口本屋ビル建設予定地はもともと、戦前の区画整理で西口駅舎用地として都が確保した土地で国鉄に譲渡する予定であったが、戦後の国鉄は輸送力強化に追われ、新宿駅西口駅舎建設には手が回らない状態であった。また、新宿駅東口では民衆駅の建設計画が進んでいた時期である。一九五五年末、国鉄は東京都に西口駅舎用地として都が所有している土地を、国鉄を除く私鉄二社に払い下げるよう申し出た。これで事実上国鉄が西口本屋建設を断念したこととなる。これを受け小田急、京王は共同駅舎を計画するがまとまらず、小田急は単独で構想をまとめ、関係各方面と折衝を進める。その結果、小田急の駅ビルのなかを、国鉄をはじめ各交通機関の利用者を通すことを前提に小田急が新宿駅西口本屋ビルを建設することとなった[*157]。

このように利用者を相互に駅ビル内を通すということは、国鉄と私鉄の駅舎が連結してターミナルを形成しているからである。当然、戦前の総合ターミナル駅の計画が影響しているが、私鉄の駅が国鉄の駅から独立している関西とは異なる、東京のターミナル駅の特徴であるといえよう。国鉄の旅客は西口の改札を出ると小田急の駅ビルを抜けて西口広場や、京王への乗り換えを行う。こうした関係性は渋谷駅でも見ることができ、東急の駅ビルと国鉄の改札が接続して建設されている。

思い出横丁の土地を営業者が取得

以上のように、西口ではこの時期急速に再開発事業が動き出した。しかし、そうした場所にあって、思い出横丁は現在も再開発されることなく、戦後の闇市を起源とするマーケットの景観を残す。その背景には、営業者が地主から土地を買い取っていたことがあるが、そうした営業者による土地買収が行われたのもこの時期である。

一九五三年ごろ、土地[764-3][765-1]をそれぞれの地主から密かに買い取ろうとする商人がいた。この商人は同地の営業者ではない。開発が進みつつある西口の土地を買収し、再開発することを目論んでいたと考えられる。これを知った営業者たちは、この商人に対抗し同地の買い取りを進めることとなった。この経緯を先の金子正巳が次のように語っている[*158]。

土地[764-3]で商売をする二十数軒の営業者は、土地を買収するために地主の三光土地(旧土地台帳では「三甲○業株式会社」)に交渉を始める。その後、各店舗はそれぞれの店舗部分の土地を買い取り、それぞれに所有することとなった。現在は店舗ごとに分筆され、登記も個別に行われている。

土地[765-1]では、先の商人が地主から土地を買い取ろうとしているということを営業者たちが知ったときには、すでに地主の渡辺文雄は土地売買を決めていた。これに占有者である営業者は対抗して訴訟を起こし、先の商人も「建物があって商売をやっている人には譲る」と折れたという。その後、営業者たちは「新宿繁栄協同組合」をつくり、組合名義で地主の渡辺文雄が重役を務める平和信用組合から金を借り、土地を買い取った。一九五五年五月三一日、土地は一括して「新宿繁栄協同組合」名義で登記されている。

こうして土地［764-3］［765-1］は営業者が所有する土地となった。同地は何度も火災に見舞われているが、店舗ごとに土地所有権が確保されていたために、（建築基準法違反であるとはいえ）再建することができ現在の姿がある。

新宿西口会館の設立と小田急新宿駅西口本屋ビル建設計画の進行 一九五九-六二年

図57は一九六〇年時点の対象地区の土地境界を示している。一九五九年五月三〇日に、土地［765-5］から土地［765-6〜12］が分筆され、［765-5］［765-6］［765-9］［765-11］［765-12］が丸全青果有限会社から売却されている。このうち［765-6］を買い取った有限会社水仙屋は一九五八年の火災保険特殊地図、一九六〇年の新興市場地図から同地で営業していることが確認できる。このことから、この時期に同地で営業していた店舗ごとに土地が分筆されて、売却されたと推察される。

図58は一九六〇年の対象地区を示している。図57の土地［765-5〜7］に鉄筋コンクリート造のビルが建設されている。木造長屋形式のバラックとして誕生した安田組マーケット内に、本建築とみなせる建物が建設されている。不法占拠であったマーケットの土地の権利関係が整理され、占有者の所有になったことから、こうした建物更新が行われたと考えてよいだろう。

新宿西口会館の設立とマーケットの除去

一九五九年一月、営団と新宿西口事業協同組合との間で協議書が交わされた。これ以降、協議書に沿って、まずは断行仮処分地域の建物撤去が急がれた。この地区の大方の店舗は早期に撤退したものの、商売が振るわず経営が厳しい店舗はビルができるまでの期間を凌ぐのが切実な問題としてあり、マーケットの撤退も遅れていた。こうした店舗に対しては「ビル建設促進委員会」が組織され、説得と交渉にあたり、多少の遅れがあったものの断行仮処分地域の撤退を完了した［＊159］。図58からは丸ノ内線新宿駅の出入口をつくるため、断行仮処分地域に指定されていた場所のマーケットが除去されていることがわかる。

一九五九年四月一四日に営団用地の営業者全員が出資する株式会社新宿西口会館が設立され、新宿西口会館ビル建設へと歩み始め、これ以降、資金調達、株主のフロア割当にあたることとなった。

断行仮処分地域以外も「ビル建設促進委員会」がリードして、建物の撤去が進められたが、例外的に撤去が難航した店舗があった。それは、尾津組によって買収された一店舗と、安田朝信に賃貸された数店舗であった。彼らは立ち退きにまったく応じなかったために、最終的には組合が立ち退き料を支払うことで交渉を進め、撤去を完了している。

図59は一九六二年の対象地区を示している。新宿西口会館は建設途中であるが、図のとおり営団所有地[71-5]の北端に位置している。また、営団所有地に立っていたマーケットがすべて撤去され、丸ノ内線の出入口が完成している。新宿西口会館の西側の街区では、東京建物所有地に東京建物新宿ビルが建設中である。

マーケットからビルへ　新宿西口会館のフロア割当

一九六二年三月ビル建設に着工、翌六三年九月二〇日地上八階地下二階の新宿西口会館が竣工した。五階から八階にはテナントを入れ、その保証金と敷金を建設費の一部にあて、一一〇名以上の株主は地下二階から地上四階までのフロアに入ることになった。こうして、マーケットはビルへと置き換わっていったが、その過程で物理的な条件がどのように変換されたのか。

株式会社新宿西口会館では割当委員会を設置し、以下の原則に従ってフロアの配分案を作成した。まず基本的には、美登利会(表通り)は一階および二階、仲通振興会(仲通り)は地下一階、地下二階および四階、八部会(線路際)は三階と整理前の商店会別にフロアを割り振った。割当坪数はマーケット一コマ(原則として四・五坪)に対して通路部分を除く五坪を割り当てる(ただし四階は二割増)。さらにこれを点数制によって調整を行う。すなわち、保証金の払込状況、除去期限、撤去状況、組合義務の遂行状況、地域差、役員得点の事項において、株主を採点し、合計点の高い者から五坪のベースを基本とした希望スペースを配分していったのだ。また、この際除去期限が早い地域から率先して建物を撤去した場合、比較的に高得点となるように設定し、立ち退きを促進した[*160]。

新宿西口会館は一九八〇年まで来客数を更新し続け、人気を集めた。一九八〇年代前半になると、株主の多くは自身での営業は行わず区画を賃貸する不動産業へと業務転換をしていき、二〇〇〇年に建替えが行われた。現在はユニクロもテナントとして入るパレットビルとなっている。

四者協定締結と都有地の小田急への払い下げ

一九六一年六月八日、小田急電鉄が新宿駅西口本屋ビル建設に関して、国鉄、帝都高速度交通営団、京王帝都電鉄との間で四者協定を締結した。四者協定の内容は、①新宿駅西口に散在する各社の用地を整理すること、②各社の駅施設の内容を大筋で取り決め、各社相互の連絡方法を決めること、③東西口の駅前広場やお互いの駅の床面が水平になるよう図面で示すこと、④さらに旅客が小田急の駅舎を通り抜けられることを条件とした国鉄については、詳細な条項を取り決めた。

四者協定が締結された直後の一九六一年六月二七日、小田急は東京都知事に宛てて正式に都有地四一二坪の払い下げを申請し、これに続いて同年七月三日、事業認可申請を行った。駅ビル建設のためとはいえ、都有地を民間企業に払い下げることになるため、都の管財部は慎重に検討を進め、西口駅前の不法占拠者の立ち退きを小田急が処理することを条件に払い下げを決定した。翌六二年一月三一日、小田急は約一〇億円で土地4（図60・表4）の払い下げを受け、所有権移転の登記を完了している［＊161］。

この当時小田急が払い下げを受けた元都有地には三七軒の占有者が営業しており、国鉄の所有地なども含めると駅ビル建設予定地全体には五八軒の店舗が不法占拠していた（図59）。小田急は①一坪あたり八〇万円の立ち退き協力金を出すこと、②副都心建設公社の建設する駅前広場地下店舗（地下名店街・後の小田急エース）を優先して貸し付ける、というふたつの条件を提示し、一九六二年三月に立ち退き勧告を発し交渉を進めた。しかし、一九六二年末までに交渉が成立したのはわずか二軒、翌年秋までにさらに二軒というペースで、一九六四年年七月までに、さらに一軒が立ち退いたものの依然として三二軒が建設予定地で営業を続けていた。

マーケットの立ち退きと新宿駅西口本屋ビル・西口広場の竣工 一九六三‐六八年

マーケットの立ち退き

一九六四年の東京オリンピックを控え、東京の都市整備が行われ、新宿駅西口整備もこれらと歩調を合わせる必要に迫られた。新宿副都心建設公社、国鉄、東京商工会議所新宿支所から小田急新宿西口駅本屋の早期着工の要望書が提出されるなど、整備が急がれた。一九六三年一二月一八日付で新宿駅西口本屋ビルの建築確認が東京都から下りた。そして、翌六四年一〇月一三日に東京地裁から立ち退き断行の仮処分申請が下りたことを契機とし、小田急は占有者に対し強制執行の処置をとることを通知する。その結果、同年一一月三日までに一四軒が立ち退いたが、四業者五軒が最後まで立ち退かなかったため、翌四日、小田急は仮処分断行で一軒を収去し、残る店舗も同月七日までに強制執行で撤去した。こうして、新宿西口駅前のマーケットはすべて整理されることとなった[*162]。

戦災復興土地区画整理事業による換地

図60は対象地区の換地処分時点での換地を示している。対象地区を含む東京都市計画第九‐一地区復興土地区画整理事業は一九六九年一月二五日に換地処分された、二九・一三ヘクタールの地区である。この換地処分までに、思い出横丁の北側の土地が店舗ごとに細分化され、それぞれの店舗に売却されていることがわかる。

換地時の減歩に目を向けると、第九‐一地区全体の減歩率は二六・一パーセントであるにもかかわらず、対象地区では思い出横丁の街区は換地に際して減歩がなく、思い出横丁以外の土地は平均二七パーセント地積が増えている。

他の戦災復興土地区画整理事業地区でも同様であるが、戦後に旅客に対応するために駅舎面積が拡大し、駅ビル建設も想定されたため、駅舎建設予定地の土地が広くなるように換地されている。本節の対象地区も、営団用地の途中から駅舎建設予定地が拡がるように換地が行われている。とくに小田急所有地の換地による地積の増加は顕著で、土地3（図60・表4）は一九一・七パーセント、土地4（図60・表4）は一六九・二パーセント拡大している。この辺りにも小田急が新宿駅西口の開発を主導した結果が現れている。

地下鉄ビル・西口広場・新宿駅西口本屋ビルの竣工

マーケットの整理に先立ち、一九六三年六月には小田急の地上三線、地下二線の立体ホームが完成している。また、小田急新宿駅西口本屋ビルに隣接する土地では帝都高速度交通営団が地下鉄ビルの建設を計画し、完成後には大丸百貨店が借り受け営業することとなっていた。これに対して小田急の安藤楢六社長は、大丸の北沢敬次郎会長に面会し、大丸百貨店の新宿進出中止を要請し、北沢がこれを承諾した。あわせて、小田急は営団と交渉し、地下鉄ビルを大丸百貨店に代わり、小田急百貨店が借り受けるよう契約をまとめた。この結果、地下鉄ビルを新宿駅西口本屋ビルと一体で小田急が建設することとなり、ふたつのビルは坂倉準三の統一されたファサードデザインでつながれることとなった。さらに、小田急は新宿副都公社から委託を受けた、西口広場の建設工事も並行して行ってい

写真19──1964年の新宿駅西口広場。西口には小田急ハルク、新宿西口会館ができ、小田急新宿駅西口本屋ビルが建設途中。東口には新宿ステーションビルが見える。（新宿歴史博物館提供）

写真20──建設中の新宿駅西口広場。1966年10月撮影。（新宿歴史博物館提供）

た。西口広場は地上にバスターミナル、地下一階に公共広場と店舗街、地下二階に駐車場を設ける三層構造の立体広場であった。二万四〇〇〇平方メートルの西口広場を掘削し、地下二層の空間を構築し、さらにこれに隣接し地上一二階（一部一四階）、地下二階、地下鉄ビルと小田急新宿西口本屋ビルを合わせて延べ一四万平方メートルにも及ぶビルを同時に建設する工事であった。

まず、一九六六年九月、地下鉄ビルが竣工して小田急百貨店の新館として開店した。続いて同年一一月に西口広場が完成し、同時に地下街名店街も開業を迎える。ここに新宿西口駅前を占拠していたマーケット営業者の一部が入居した。翌六七年一一月小田急新宿駅西口本屋ビルが竣工、同月地下鉄ビルと合わせて新たに小田急百貨店の本館とし、新宿店全館営業開始した（図61）。

以上が西口におけるマーケット整理と再開発の過程である。

安田組マーケットの形成と小田急の躍進

新宿西口を対象に戦前の都市計画と土地所有構造を踏まえ、戦後の安田組マーケットの誕生と整理の過程を見てきた。

その過程は端的に、土地所有構造の差からマーケットの持続に差が現れた。民有地に位置したマーケットは営業者が個別に土地を取得することができ、現在でもその姿が維持されている（思い出横丁）。一方で、営団用地と都有地に位置したマーケットは整理されていった。

この整理の過程では、東口のマーケット整理との対比が明確に現れた。それは区画整理を進める都の建設局によって整理された東口に対して、西口では整理する主体が企業であったことである。それ故に、企業が開発する地下商店街へ優先的に移転することや（西口広場地下街）、企業の所有地の一部を賃貸することを条件に（新宿西口会館）、姿を変えながらも同地に存続することができた。これは同地に存続することができなかった東口の事例とは大きく異なる。

こうした安田組マーケットの整理の過程は、同時に小田急による新宿駅西口の開発の過程でもあった。戦前の時点ではごくわずかしか西口の土地を所有していなかった小田急が、戦後の副都心計画を主導した。新宿駅西口に建設された駅ビルや地下街の大部分は小田急資本によって成立していた。

6 新宿の露店と露店整理事業

これまで新宿駅近傍の戦災復興過程を、戦前の都市組織の状況をおさえつつ、とくにマーケットに注目しながら明らかにしてきた。しかし、戦後復興期に闇市の空間となったのはマーケットだけではない。公道上に並んだ露店も大きな役割を果たしていた。戦前から、新宿通りには露店が並んでおり、戦後も新宿通りと西口の安田組マーケット周辺に露店が並んでいた。最後に、戦前から露店整理事業に至る過程を対象に、新宿の露店の出店場所とその社会に迫っていきたい。

新宿の露店　戦前

戦前の新宿の露店を今和次郎が以下のように観察している。

「露店は、浅草には及ばないが、銀座には負けないほどに並ぶ。しかも午後から夜更けまで並んでゐる。道路は狭く、それへ露店が並ぶので、人道はまるで路次（筆者注、ママ）の如く狭い。そこを新宿駅から吐き出す十八万余の人波と、市電や徒歩で集つて来た数万の群衆とがごつちやになつて往来するのだから、字義通り押すな押すなの騒ぎ、この雑沓も正に日本一であらう」[*163]

戦前、新宿通りに並んだ露店は進商会、有信会、商道会の三つの組合によって運営されていた。雑誌『大新宿』一九三〇年九月号の「新ブラ夜店」という記事に新宿の露店（夜店）の様子がくわしく説明されている。

「夜店は昔は矢つ張りテキ屋の支配を受けたもので、関東で一番古いと言われる飯嶋（筆者注、ママ）一家などの息もかゝつてゐたし、又、小倉平三郎君（ママ。正しくは「米三郎」）などは、つい最近まで、こゝを縄張りとしてゐたものであつたが、大正十年頃、警察の方針で、斯うした制度を断然改めて、今のやうな組織にしたもので、始め振商会（進商会）が出来、それから分れて商道会が出来、更に優新会（有信会）が出来て来た。三つとも土地の有志が会長だの理事だのになつて、萬事を執行してゐる」[*164]

このように、当初はテキ屋の庭場であったが、一九一二年ごろには警察によってテキ屋が排除され、平日商人による常設露店となっている。平日商人には振商会（進商会）、商道会、優新会（有信会）の三つの組合があったが、これらを束ねていたのは比留間重雄という平日商人であった[*165]。

戦前の新宿の露店の出店場所については初田亨と石原二郎が『露店に関する調査』と先の「新ブラ夜店」、岩田義之「新宿夜店一覧表」[*166]をもとに分析しており、それぞれの組合は図62のように分布していたことを明らかにしている。また、新宿通りの露店は通りの北側と南側を一〇日ごとに移って片側をあけていた。とはいえ、駅前から四谷にかけて北側あるいは南側だけではなく、南北交互に並んでいた（図63）[*167]。通りに並ぶ露店の数は日ごとに異なるだろうが、新宿駅前から太宗寺にかけて「新ブラ夜店」では二六〇軒余、『露店研究』[*168]では二五八軒、「新宿夜店一覧表」では新宿駅前から新宿二丁目停留所までで二九八軒並んでいたと報告していることから、一九三〇～三一年ごろ、同地にはおおよそ二六〇軒の露店が並んでいたといえよう。

新宿の露店　戦後

図64は一九四九年の新宿を描いた火災保険特殊地図である。戦後の新宿の露店は、東口では新宿駅前から新宿通りに沿って、西口で

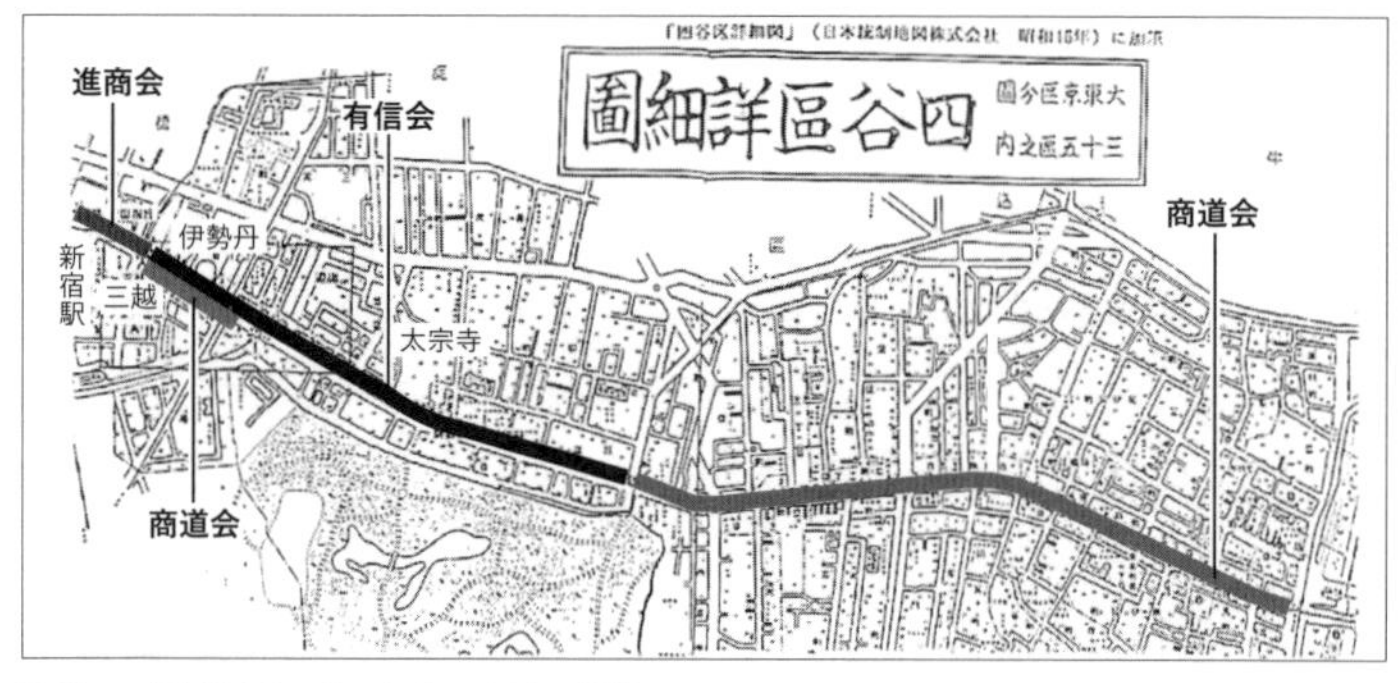

図62――新宿駅から四谷にかけての露店の組織

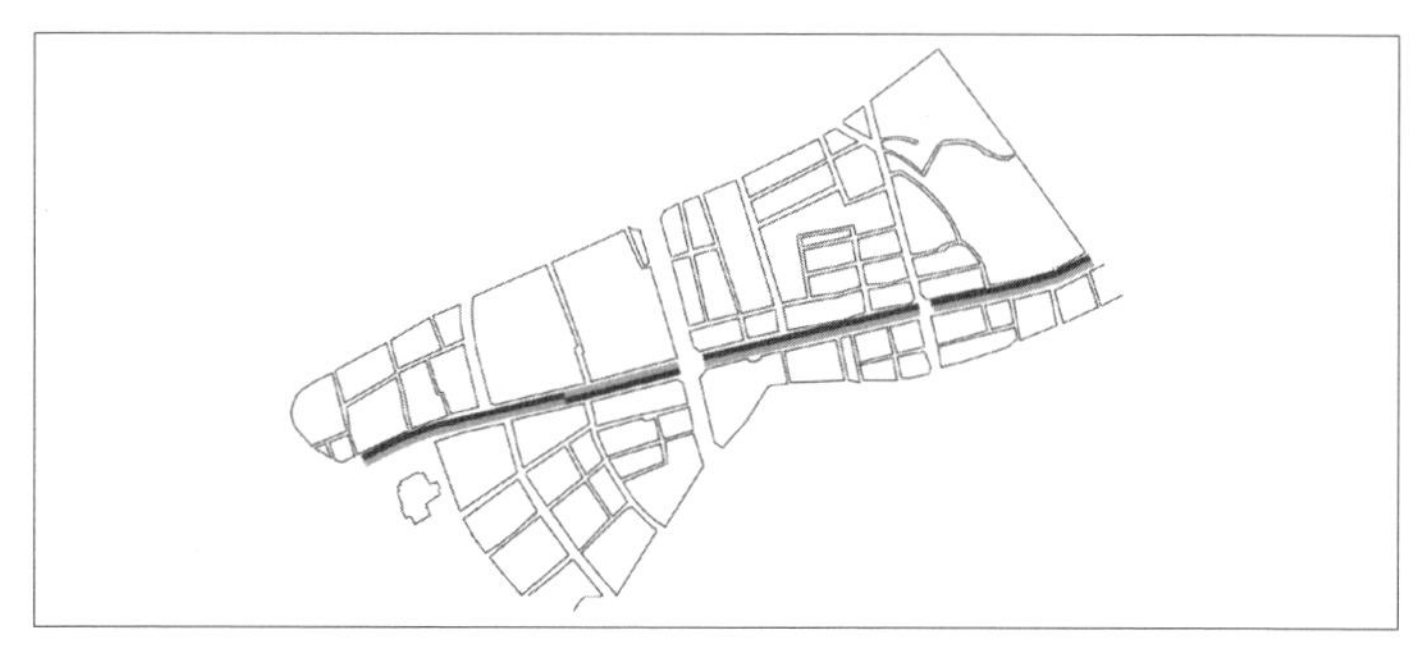

図63――新宿大通りの露店の出店場所

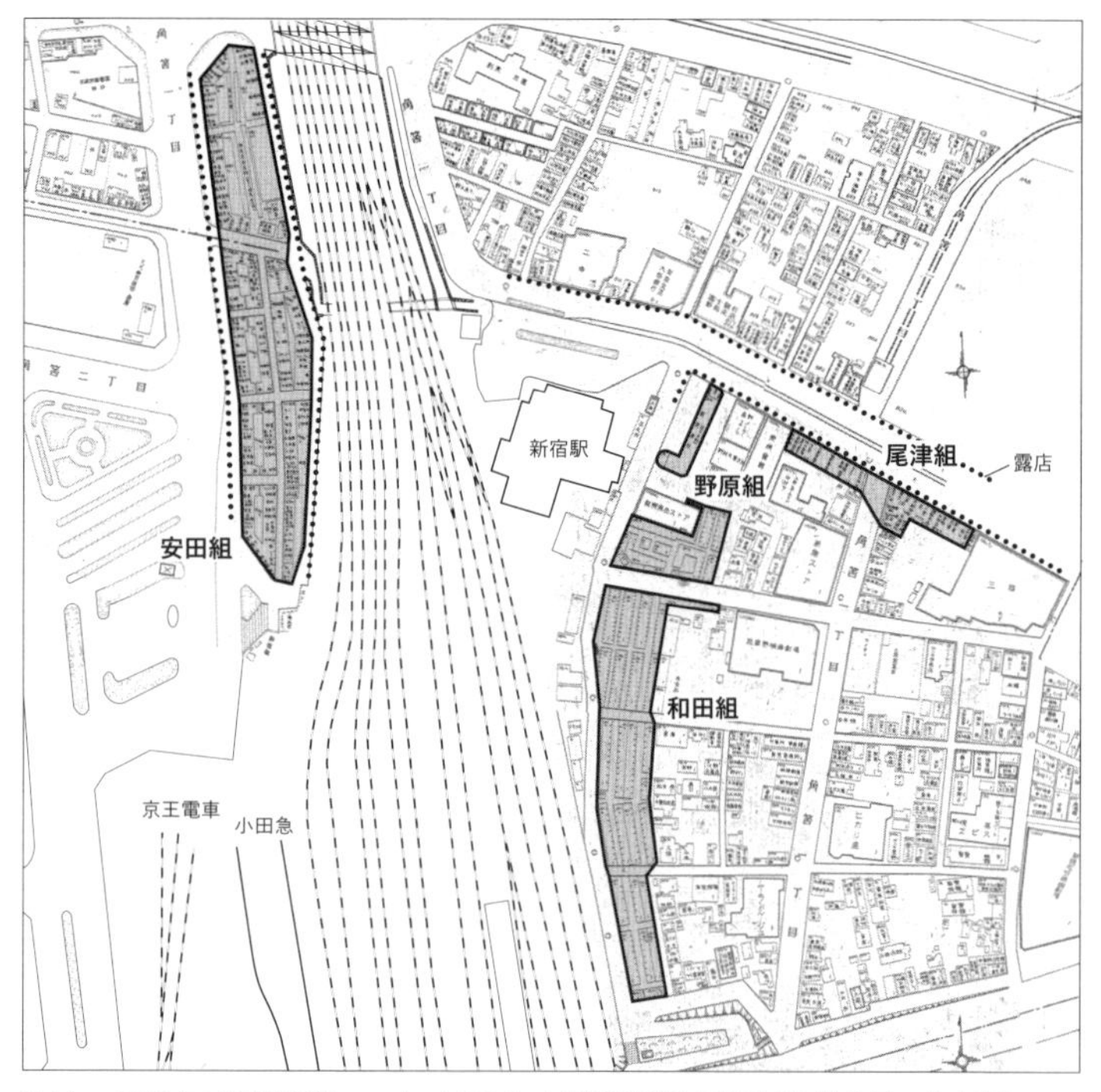

図64――1949年の新宿駅近傍のマーケットと露店。火災保険特殊地図（都市整図社発行）に筆者追記。

は安田組マーケット周辺に並んでいた。

戦前の新宿通りの露店は常設露店で比留間重雄によって仕切られていたが、戦後になるとテキ屋の尾津喜之助の勢力が伸び、ふたつの勢力が縄張り争いを続けていた[＊169]。比留間は戦後に常設露店の代表者として、東京露店商同業組合の理事を務めており、尾津はその東京露店商同業組合の理事長で、淀橋支部長であった[＊170]。こうした状況が、尾津の逮捕（一九四七年六月二七日）と、比留間の老齢による衰えによって変化する。

浅草を庭場とする眞木康年配下の一派と、新宿二丁目遊郭周辺の常設露店の親分・丸山茂らが、ここに食い込んできたのだ[＊171]。丸山は先の東京露店商同業組合で四谷支部長を務めている[＊172]。

一方で西口の露店は、出店場所はわかるものの、誰が仕切っていたのかは明確でない。ただ、西口をショバとしていたのは安田組と野原組（戦後の一時期）であるから、このいずれかの組が差配していた露店と見てよいだろう。

新宿の露店整理事業　新宿サービスセンターの建設と衰退

一九四九年夏、東京都内の公道上の露店がすべて整理されることとなった。いわゆる露店整理事業である[＊173]。

新宿の露店整理は新宿通りの露店と西口の安田組のマーケット周辺の露店を対象に行われた。その後四〇〇名がひとつの組合にまとまり、当時「露店商デパート」とも呼ばれた新宿サービスセンターを建設することとなる。

整理が始まった当時、新宿の路上に出店していた露店は約七〇〇軒で、整理後はその半数以上で「新宿商業協同組合」を結成し、残りは転廃業した。露店整理事業での融資六七〇〇万円と自己資金二〇〇〇万円をもとに、伊勢丹西側の都有地である交通局車庫跡地の一部、靖国通りに面した七四七・九七坪の払い下げを受け、建設費六七二九万円で鉄筋コンクリート造、地上三階、地下一階、延べ床面積一一三九坪の新宿サービスセンターを建設した。施工は野村工事であった。敷地は南北で八尺（約二四二四ミリメートル）の高低差があり、建物に北から入ると一階、南から入ると二階という構成であった。一九五一年八月に着工し、同年一二月初旬竣工、同月一二日に開店した（写真21）。こうして、新宿の露店整理事業は一九五一年一一月三〇日に完了する。店内は、地下が食料品、一階が諸雑貨、二階が繊維品、三階が古物とアメリカ中古品と特売所、屋上の北側は子ども向けの遊園地、南側はストリップ劇場のフランス座に小屋を貸し出していた。経営は百貨店形式で、個人経営の店は一店舗もない。すべての商品を共同仕入れ、共同販売し、組合員全員が理事長以下五部、三課に所属した経営者兼従業員(事務と販売)であった。「昼夜デパート」をうたい、朝一〇時から夜九時まで営業し、従業員は二部制勤務であった。

しばらくは売上げが好調で、経営も安定していたが、他のデパートとの特売合戦で深刻な打撃を受け一九五四年五月に株式会社に切り替えたものの赤字がかさみ、一九五五年八月に京都の丸物百貨店に買収されることとなる。しかし、丸物も一九六五年一一月三〇日に閉店、伊勢丹に買収され一九六七年に伊勢丹の新館としてオープンする。新宿サービスセンターが建っていた場所は、現在伊勢丹新宿店メンズ館になっている。

実現しなかった尾津喜之助の大新宿計画

このように新宿駅近傍の露店は、ひとつの組合にまとまり、新宿サービスセンターを建設することで整理された。スムーズに進んだ新宿の露店整理事業の過程には、実は逮捕前の尾津喜之助が構想した「大新宿計画」が布石としてあった。ここではこの尾津の「大新宿計画」の概要を明らかにし、新宿駅近傍の露店整理事業との関係を見ていこう。

終戦後しばらくして、尾津喜之助は新宿マーケットの土地不法占拠問題で中村屋ほか一一人の地主から立ち退きを求められていた。それに対し、共同経営、土地買収案を地主に提示したが受け入れられず、尾津は新宿マーケットの移転を考え始めていた[*174]。

当時、新宿は新宿通りの交通量増加が問題となっており、円滑な交通を妨げるひとつの原因は新宿通りを走る都電であった。また、

写真21——靖国通りから見た新宿サービスセンター。奥に伊勢丹が見える(出典:東京都臨時露店対策部『露店』1952年3月)。

伊勢丹隣の都電車庫は一等地であり、車庫の立地に適していなかった。

尾津は新宿マーケットをこの車庫の土地へ移転しようと考える。この計画は、都電が伊勢丹横の車庫を大久保車庫に吸収し、車庫跡地を尾津に払い下げることで資金を調達、新宿三丁目〜新宿駅前間の軌道を靖国通りへ移設することで新宿通りの交通問題に対処し、その一方で、尾津組は車庫跡地を新宿マーケットの代替地として移転し営業を続けることができる、というものであった。

当時の尾津としては、商品の揃わない百貨店よりも、自身の新宿マーケットのほうが物流に支持されており、伊勢丹とも争えるという自負があったからこその計画であった。尾津はこの計画の実現のために、都の交通局の大須賀局長、建設局の大森局長を訪れ説得し、払い下げの手続きについては再度両局長と懇談し、価格は都議会で決定する価格とした。都議会での折衝は、民主党の上條都議会議員、民自党の野村都議会議員に依頼していたという。新宿の地域新聞である『新宿民報』は都電の車庫跡地の「払下げについては前々から尾津喜之助氏が買うそうだとのうわさもあった」[＊175]と報道しており、尾津は実際にこうした折衝を行っていた可能性が高い[＊176]。

しかし、先述したとおり一九四七年、尾津は土地不法占拠問題に関して地主を脅迫したとして検挙される。それにともない、以上のような新宿マーケットの移設計画も頓挫することとなった。

尾津が「大新宿計画」の一環として構想し、都の交通局と建設局の担当者を説得した都電軌道と車庫の移設は、一九四九年四月実現した。それまで新宿通りを走っていた都電が、靖国通りへと移設される。同時に、伊勢丹横の車庫が大久保車庫に吸収され、広大な車庫跡地が残る。露店整理事業による新宿サービスセンターの建設は、尾津の新宿マーケット移転計画である「大新宿計画」を布石としている、と捉えることができる。

新宿通りでは、都電軌道が撤廃された後、一九五一年一〇月から幅二メートルのグリーンベルトが新設される。これは、当時東京都の建設局長であった石川栄耀を中心に、新宿通りの商店街連合会が、五〇〇〇万円の工費でつくったものである。このグリーンベルトも一九五七年二月、地下鉄建設工事のため撤去されることとなった。

7 テキ屋から有力資本へ

新宿駅近傍におけるマーケットと露店の発生と変容

新宿の闇市はテキ屋と建設業者の「組」組織によって統制されていたことが、その最大の特徴であった。新宿駅近傍に建設された闇市を起源とするマーケットは、すべて「組」組織の名前を冠している。こうした「組」組織は互いに関係性を持ち、マーケットの建設を委託したり、誘致を受けたり、土地の交換を行うなど戦後復興期の新宿の都市組織形成に大きな影響力を持っていた。

こうした「組」組織によって新宿駅近傍に建設されたマーケットと露店を、建設された土地の性質、変容の過程からそれぞれ整理すると図65のようになる。

闇市変容のタイポロジー

さて最後にこれらのマーケットの発生と変容の過程を総合的に考察してみたい。

新宿のマーケットが建設された土地の性質をその所有関係から、

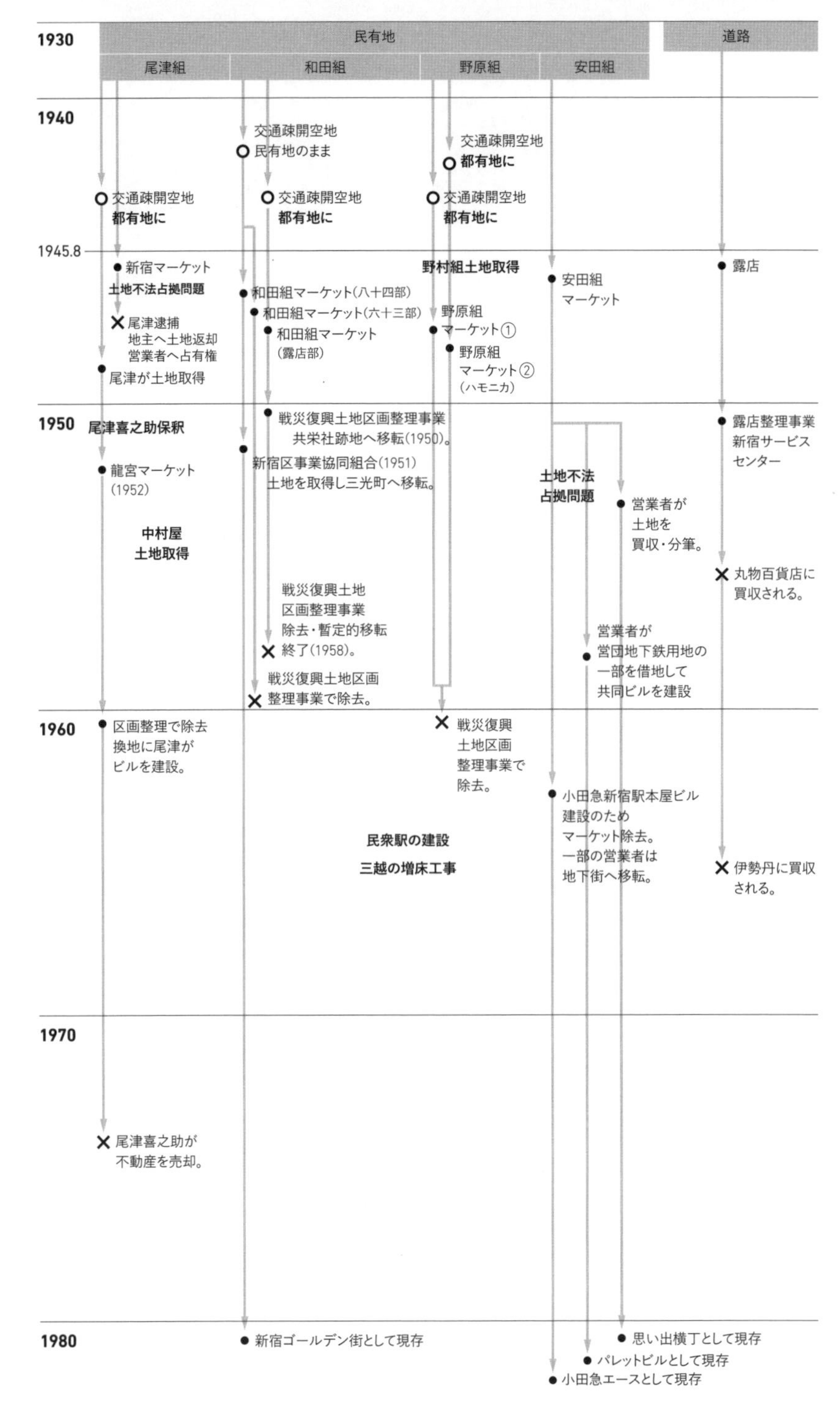

図65——新宿駅近傍におけるマーケットの発生と変容

（一）私有地、（二）交通疎開空地、（三）駅舎建設予定地に分類し、それぞれの土地に建設されたマーケットを整理したい。

まず、（一）私有地に建設されたものには新宿マーケット、安田組マーケットの一部（思い出横丁）がある。このふたつの土地を比較すると、新宿マーケットの土地は戦前から新宿でも中心的な商業地区であったため、不法占拠に対する地主の反発が強く、営業者は占有権を認められたものの、占有者を排除する動きが強く一九七六年までにすべての土地が地主に戻っている。一方で、安田組マーケットの土地は、営業者が地主から土地を購入することができ、増改築を繰り返しながら現存している。この差は、戦前からの土地の商業的ポテンシャルの差によって、地主の意向に差が生まれたことが要因と考えられる。

（二）交通疎開空地に建設されたマーケットには、和田組マーケットと野原組マーケット、龍宮マーケットがある。和田組マーケットは都有地と都の管理地であった土地に建設され、おもに一九五〇年ごろと一九六〇年ごろに整理されたことは先に見たとおりである。このうち、一九五〇年ごろの整理では駅前に暫定的なマーケットを新設し、依然としてマーケット営業者が駅前で営業を続けることを認められたこと、営業者組織が三光町に土地を取得しマーケットを新設したことが注目された。一方で、一九六〇年ごろの整理ではこうした移転地が存在しなかった。ともに整理の際には営業者に対して立ち退き料と営業補償費が支払われているが、その後の営業者の動きに差があった。

他方で野原組マーケットと龍宮マーケットは、戦中期に交通疎開空地に指定され都有地となっていた土地が、戦前の所有者に売却された後に建設されていた。龍宮マーケットは同地を取得した尾津喜之助によって建設されたもので、公式な権利を持っていた。野原組マーケットも野村工事の土地は公式な借地契約が結ばれていたと推察されるが、それ以外は不法占拠であった。これらのマーケットは一九六〇年ごろに区画整理によって整理されていく。尾津は先述のとおり所有地の換地に雑居ビルを建設し、不動産開発を行っていく。一方の野原組マーケットは大半が不法占拠であったため、整理に際しては営業者に立ち退き料と営業補償費が支払われたものの、野原組も営業者も同地からは消えていく。区画整理に際して整理されたマーケットの建物所有者と営業者に対しては、都から立ち退き料と営業補償費が支払われている。

最後に（三）駅舎建設予定地に建設されたマーケットを見ていく。これに含まれるのは、帝都高速度交通営団用地と都有地に建設された安田組マーケットである。安田組マーケットが、戦災復興土地区画整理事業での整理を受けず、一九五〇年代末以降の駅舎建設計画に際して整理されたことは先に見たとおりである。同地において、マーケット営業者は公式な借地人（新宿西口会館）や借家人（新宿西口広場地下街）となっていった。この場合、マーケットの整理時には地主から立ち退き料が支払われている。

このように終戦までの土地の性質や権利関係が、終戦直後に発生したマーケットの、その後の変容に影響を与えていたとみなすことができる。終戦直後は序章第四節で仮説を立てたように、場所の性格が一部欠落し、一様にマーケットが建設されたが、その後の変容は戦前までの場所の性格と深く関係し、変容過程の一部が規定されていた。

戦災復興土地区画整理事業での特異な換地

以上のようなマーケットの整理の一方で、有力資本の土地や駅ビル用地が戦災復興土地区画整理事業によって、特異な換地が行われていることを見てきた。

戦前から鉄筋コンクリート造の建物を建設していた高野、中村屋、聚楽、新宿ホテル、新宿武蔵野館といった、有力資本の土地は、堅牢建物が建っているがゆえに戦災復興土地区画整理事業では原位置換地が行われ、減歩もほとんどされていない。これが、有力資本に有利に働いた。

当然、区画整理では公平性を担保すべきであるから、減歩されなかった土地については金銭的な清算が行われたことが予想されるが、こうしたことを明らかにできる資料は管見のかぎりだがない。仮に仮換地が指定された時点（一九四〇年代後半）で金銭的な清算が行われていたとしても、新宿が急激に発展したため換地処分時点では地価は高騰していたはずで、減歩の少なかった有力資本が含み益を得たことは確かであろう。

また、高野や中村屋の換地が有利な形で行われていた。そして、原位置換地ではなかったものの、三越は戦後に複数の土地を取得し、戦災復興土地区画整理事業でこれらの土地を集約したことで、売場の増床を行えたことも明らかにした。

他方で、戦災復興土地区画整理事業の換地では駅ビル建設用地が広く取られていることを確認した。とくに、西口の小田急用地は区画整理前よりも広く換地が取られており、小田急の駅ビル開発の計画が換地に影響した可能性がある。

注

*1――ヤミ市調査団・他『東京都江戸東京博物館調査報告書 第二集 常設展示制作に伴う調査報告二(大型模型二)ヤミ市模型の調査と展示』江戸東京博物館、一九九四年、九二－一二九頁。
*2――東京都『東京都戦災誌』東京都、一九五三年、一七八－一九八頁。
*3――東京都前掲『東京都戦災誌』一八二頁。
*4――国土地理院所蔵一九四五年一月六日陸軍撮影の空中写真「95D4-C1-2」。
*5――[－]で示した数字は土地の地番である。ここでは字はすべて角筈一丁目。以下、同様。これ以降、特記なき土地所有に関する情報は法務局所蔵の旧土地台帳、および法務局で得られる土地登記情報によっている。
*6――『読売新聞』一九五二年九月六日朝刊、三面。
*7――安田朝信『都会の風雪 安田朝信自伝』東京書房、一九六四年、七二－七四頁。
*8――尾津喜之助『新やくざ物語』早川書房、一九五三年、一〇六頁。
*9――新宿区『新宿区史 区成立五〇周年記念 第一巻』新宿区、一九九八年、三八七－三九二頁。
*10――地図資料編纂会『戦災復興期 東京一万分一地形図集成』柏書房、一九八八年、二八頁。
*11――尾津前掲『新やくざ物語』八四－八八頁、九八－九九頁。
*12――テキ屋の「ナワ張り」のことを「庭場(にわば)」という。
*13――闇市とテキ屋の関係については、松平誠『ヤミ市 幻のガイドブック』(筑摩新書、一九九五年、一六四－一八二頁)。
*14――国土地理院所蔵一九四七年九月八日米軍撮影の空中写真「NI-54-25-6」を参考に作図した。
*15――尾津前掲『新やくざ物語』九九頁。
*16――中村屋社史編纂室『中村屋一〇〇年史』株式会社中村屋、二〇〇三年、一三二頁。安田善一は後に伊勢丹の重役も務めた、新宿の有力者。
*17――一九四六年、同地の地主・借地人一一人は「睦会」という団体をつくり、尾津に土地の返還を要求。一九四七年四月一一日に尾津組に対して撤退を求める訴訟を起こす。中村屋社史編纂室前掲『中村屋一〇〇年史』一三二頁。有馬宏明『新宿大通り二八〇年』新宿大通商店街振興組合、一九七七年、六三頁。
*18――『読売新聞』一九四七年六月二七日朝刊、二面。
*19――『読売新聞』一九四七年八月二二日朝刊、二面。
*20――「(9)T・K氏の話」ヤミ市調査団・他前掲『東京都江戸東京博物館調査報告書 第二集』一〇八頁。
*21――尾津前掲『新やくざ物語』二一二－二一五頁。
*22――一九四八年一〇月一五日に社名「株式会社野村組」を「野村工事株式会社」へ改称。現在の大和小田急建設。野村専太郎は一九四九年一月二三日の第二四回衆議院議員総選挙に東京一区から民主自由党公認として立候補し、当選。一九五二年まで衆議院議員を務める。一九四七年四月二五日の第二三回衆議院議員総選挙には同区から尾津喜之助が立候補し、落選している。
*23――関根弘『新宿 盛り場・ターミナル・副都心』大和書房、一九六四年、一八〇－一八一頁、(『週刊朝日』一九四九年一〇月二日号、朝日新聞社、からの引用)。
*24――ヤミ市調査団・他前掲『東京都江戸東京博物館調査報告書 第二集』一〇一頁、一一八頁。当時の関係者へのインタビュー(一九九〇年二月一三日、

一九九〇年二月二日）より。同報告では野村専太郎は「S・N氏」と表記されているが、「土建屋」と言われていることと当時の年齢、さらに「高野のところを不法占拠していた尾津組を追っ払って、自分が高野の三階に入った」という証言から、野村専太郎と断定した。

*25――平山巳之吉『小狸の体験記』野村工事株式会社、一九七〇年、二三一頁。平山巳之吉は野村工事の戦後を支えた取締役。

*26――「民自内部で利権争い 暴力の街〝新宿〟」『新宿民報』第二〇号、一九四九年八月一日、一頁。

*27――戦後、新宿通りの交通量が増加したため、円滑な交通を妨げている都電の移設が計画され、新宿通りを走っていた都電の軌道が一九四九年四月に靖国通りへと付け替えられた。

*28――露店整理事業での六七〇〇万円の融資と自己資金二〇〇〇万円をもとに、伊勢丹西の都有地である交通局車庫跡地の一部で靖国通りに面した七四七・九七坪の払い下げを受け、建設された百貨店ビル。建設費六七二九万円で鉄筋コンクリート造、地上三階、地下一階、延べ床面積一一三九坪の建物。北鬼助・眞継不二夫「露店商デパート」『中央公論』一九五三年二月号、一五二頁。

*29――新宿高野一〇〇年史編集委員会『新宿高野一〇〇年史 創業九〇年の歩み 戦後編』新宿高野、一九七五年、二八－三二頁。

*30――杉東会岡本分家野原組。親分野原松次郎。一九二六年創立。『読売新聞』一九五〇年九月一二日夕刊、二面。

*31――『読売新聞』一九五一年三月一八日朝刊、三面。

*32――野原組はここへマーケットを建設する前に西口でマーケットを建設している。「二百軒のマーケットを旧淀橋専売局後に建て、これらマーケットには主に引揚者、戦災者、その他特に困っている人には事情により無料で世話したが、半年後に地主より土地返却の要求があったのでマーケットで働いていた人々を露天商に転向させ直ちにマーケットをとりこわし土地の明渡しをした」という。場所は特定できなかった。「一年前に親分制度を解消 先覚野原松太郎氏の時局談」『新宿ニュース』第四号、一九四七年七月二五日、二頁。

*33――国土地理院所蔵一九四七年九月八日米軍撮影の空中写真「NI-54-25-6」と、写真5の比較から断定。

*34――『サン写真新聞』一九四八年一月二一日号掲載の写真から断定。毎日新聞社『毎日グラフ別冊 サン写真新聞〝戦後にっぽん〟③昭和二三年－一九四八・戊子』一九八九年、五二頁。

*35――渡辺英綱『新宿ゴールデン街』晶文社、一九八六年、八〇頁。

*36――『読売新聞』一九五二年九月六日朝刊、三面。

*37――「(15)F・S氏の話」ヤミ市調査団・他前掲『東京都江戸東京博物館調査報告書 第二集』一二〇頁。

*38――有馬前掲『新宿大通り二八〇年』六三頁。

*39――『読売新聞』一九五〇年九月一二日夕刊、二面。

*40――渡会淀橋署長と野原松次郎は一九四八年末から賄賂でつながっており、警察の取り締まりが行われる場合も、事前に情報が伝えられていた。『読売新聞』一九五一年三月一八日朝刊、三面。

*41――戦災復興土地区画整理事業については、東京都建設局区画整理部計画課『甦った東京 東京都戦災復興土地区画整理事業誌』（東京都建設局区画整理部計画課、一九八七年）および、建設省『戦災復興誌 第十巻 都市編Ⅶ』（都市計画協会、一九五七年）を参照。

*42――一五・二六ヘクタールの地区で換地処分時の土地は五一三筆、所有者は二九一人、借地権者は四七人であった。事業の目的は、①新宿駅の混雑緩和

と都市美を備えた駅前広場の造成、②道路網の整備と整然とした街区の造成、③宅地規模の適正化による通風、日照、採光など環境条件等の改善、④公共用地の確保とともに用地に応じた宅地の適正な配置である。東京都建設局区画整理部計画課前掲『甦った東京』一〇四-一〇五頁。

*43——『朝日新聞』一九五二年五月一三日朝刊、三面。

*44——『読売新聞』一九五二年九月六日朝刊、三面。

*45——現在、法務局に保管されている旧土地台帳附属地図（一九六〇年に廃止）では分筆されているため、一九六〇年までに分筆されたと断定した。

*46——換地処分時点での角筈一丁目地番[1-6]の土地所有者が尾津喜之助であることが登記情報から明らかなため。

*47——中村屋社史編纂室前掲『中村屋一〇〇年史』一五九-一六〇頁。

*48——『読売新聞』一九五四年一二月三〇日朝刊、七面。

*49——『読売新聞』一九五五年一月一八日朝刊、七面。

*50——『読売新聞』一九五九年一一月三日夕刊、五面。

*51——聚楽社史編集委員会『聚楽50年のあゆみ』株式会社聚楽、二〇〇三年、一〇四頁。

*52——東京都前掲『東京都戦災誌』一七八-一九八頁。

*53——国土地理院所蔵、一九四五年一月六日陸軍撮影の空中写真「95D4-C1-2」。

*54——東京都前掲『東京都戦災誌』一八二頁。

*55——地図資料編纂会前掲『戦災復興期　東京一万分一地形図集成』二八頁。

*56——ヤミ市調査団・他前掲『東京都江戸東京博物館調査報告書　第二集』九二頁。

*57——「立退きの気運のう厚　マーケット（和田組）紛争の跡を辿る」『新宿新報』第九八号、一九四九年九月一〇日、一頁。

*58——ヤミ市調査団・他前掲『東京都江戸東京博物館調査報告書　第二集』九三頁。

*59——大塚斌・高橋洸・濱誠「戦後における露店市場」『戦後社会の実態分析』日本評論社、一九五〇年、二二六頁。

*60——『一億人の昭和史　五　占領から講話へ』毎日新聞、一九七五年、四一頁。

*61——ヤミ市調査団・他前掲『東京都江戸東京博物館調査報告書　第二集』一〇六頁。

*62——同書、九八頁。

*63——書記局「議事録集」『新宿武蔵野商業組合機関誌　武蔵野』第二号、一九四七年一一月、八-一二頁。

*64——ヤミ市調査団・他前掲『東京都江戸東京博物館調査報告書　第二集』一〇六頁。

*65——権利関係上、和田薫は実際には地主ではないが、六十三軒の営業者から地代を取っていた。山田仁保「正義の下吾等起つ!!」『協議会報』第四号、新宿武蔵野商業街区画整理対策協議会発行、一九四八年四月二五日、一頁。

*66——一九四八年四月の時点では、これらの土地について和田薫が東京建物に地代を支払っている。山田仁保前掲「正義の下吾等起つ!!」一頁。

*67——ヤミ市調査団・他前掲『東京都江戸東京博物館調査報告書　第二集』一〇一頁。

*68——大塚斌・高橋洸・濱誠前掲「戦後における露店市場」二二三頁。

*69——「新宿武蔵野街の裏表」『新宿民報』第三号、一九四八年一〇月二日、二頁。

*70——「投書函」『新宿武蔵野商業組合機関誌　武蔵野』（創刊号、一九四七年一〇月、二〇-二一頁）に、かおる会の毎月の組合費が三〇円だったとの記載がある。

*71——ヤミ市調査団・他前掲『東京都江戸東京博物館調査報告書　第二集』九四頁。

*72——浅岡日出三郎「報告　議事録集」『新宿武蔵野商業組合機関誌　武蔵野』第三号、一九四七年一二月、一二-一八頁。

*73——松平誠前掲『ヤミ市　幻のガイドブック』四五頁。

*74——「露店（第一マーケット）は一月末で立退きだ」『委員会報』第九号、新宿角筈六十三軒区画整理対策委員会発行、一九四八年八月二五日、二頁。

*75——一九四七年一〇月創刊。一九四八年三月までに全六号が発行された。第五・六号は新宿武蔵野商業組合および新宿購買利用組合の機関誌となっている。

*76——新宿角筈六十三軒区画整理対策委員会の機関誌として創刊。組織形態が変わるごとに『協議会報』、『委員会報』、『新宿小路新聞』などと改題し、一九四八年二月から一九四九年六月までに、全二〇号を発行。国会図書館プランゲ文庫所蔵であるが、第一五・一七・一九号は収蔵されていない。

*77——松平誠『ヤミ市 東京池袋』ドメス出版、一九八五年、四四‐四五頁。

*78——書記局「議事録集」『新宿武蔵野商業組合機関誌 武蔵野』（第二号、一九四七年一一月、八‐一二頁）などで、空き店舗対策について議論されている。

*79——「民主に即応する街の顔役 実業界に組合に第一歩」『新宿ニュース』第四号、一九四七年七月二五日、二頁。

*80——「和田組改組」『新宿ニュース』第五号、一九四七年八月六日、二頁。

*81——書記局「報告 議事録集」『新宿武蔵野商業組合機関誌 武蔵野』創刊号、一九四七年一〇月、一二‐一五頁。

*82——書記局「議事録集」『新宿武蔵野商業組合機関誌 武蔵野』第二号、一九四七年一一月、八‐一二頁。

*83——会計 山田仁保「所感」『六拾参軒』第一号、新宿角筈六十三軒区画整理対策委員会発行、一九四八年二月一〇日、二頁。

*84——「東京都庁は確認したぞッ!!俺たちの生活権を＝区画整理対策闘争で＝」『六十三軒☆改題 協議会報』第二号、新宿武蔵野商業街区画整理対策協議会発行、一九四八年三月五日、一頁。

*85——「和田氏 申告書に捺印せず」『委員会報』第七号、新宿角筈六十三軒区画整理対策委員会発行、一九四八年七月二五日、一頁。

*86——「土地所有者連署に応ぜざる理由書（七月十三日提出）」『委員会報』第七号、新宿角筈六十三軒区画整理対策委員会発行、一九四八年七月二五日、一頁。

*87——「家屋登記に奔走のところ 和田氏の非合法発覚」『委員会報』第一二号、新宿角筈六十三軒区画整理対策委員会発行、一九四八年一〇月五日、一頁。

*88——「全国借地借家人同盟に吾が対策委員会加盟す。」『委員会報』第一二号、新宿角筈六十三軒区画整理対策委員会発行、一九四八年一〇月五日、一頁。

*89——「和田氏よりの内容証明による示達書（全文）」『新宿小路新聞』第一八号、全国借地借家人同盟新宿支部・新宿小路商業会発行、一九四九年五月二〇日、一頁。

*90——「臨時総会開催され居住土地の買収決定す」『新宿小路新聞』第一八号、全国借地借家人同盟新宿支部・新宿小路商業会発行、一九四九年五月二〇日、一頁。

*91——「臨時総会開催され居住土地の買収決定す」、「総会出席四十九名!議長に栗原・書記に阿部選任」、「交渉委員会設置さる 総会決議の執行機関として」より。すべて『新宿小路新聞』第一八号、全国借地借家人同盟新宿支部・新宿小路商業会発行、一九四九年五月二〇日、一頁。

*92——「地価壱萬四千円と確定＝交渉委員の最後的妥協案＝」『新宿小路新聞』第一八号、全国借地借家人同盟新宿支部・新宿小路商業会発行、一九四九年五月二〇日、二頁。

*93——「購入土地は一五〇坪 但し区画整理後の旧拾弐班の地域とす」『新宿小路新聞』第二〇号、全国借地借家人同盟新宿支部・新宿小路商業会発行、一九四九年六月一五日、二頁。

*94——『新宿小路新聞』最終号では浅草、池袋、神田、銀座、品川、蒲田、五反田、新宿のマーケットおよび屋台の業者で連合会組織をつくり、飲食営業臨

時規整法と食品衛生法の二法令による弾圧へ対抗する動きを見せている。最終号発刊後も新宿小路商業会は存続したと考えられるが、その活動は不明である。「マーケット屋台連合会結成準備会構成さる!」、「浅草、池袋、神田、銀座、品川、蒲田、五反田、新宿の全マーケット屋台の業者、続々と連合会組織に参加結集!」より。ともに『新宿小路新聞』第二〇号、全国借地借家人同盟新宿支部・新宿小路商業会発行、一九四九年六月一五日、一頁。

*95——「新宿和田組マーケット取壊し」『読売新聞』一九五〇年一月六日夕刊、二頁。

*96——建設省前掲『戦災復興誌　第十巻　都市編Ⅶ』八三頁。

*97——「一部を強制取り壊し　新宿和田組マーケット」『読売新聞』一九五〇年四月一日夕刊、二面。

*98——「明るい新宿建設へ　消える区画整理のガン　和田組マーケット明渡し」『読売新聞』一九五一年九月二九日朝刊、四面。

*99——「焼け野原が細切れにして売られた」(『週刊朝日』一九八六年一〇月二四日号)で三光商店街建設時を知る人物への聞き取りが行われ、「ここへ移った人たちはさまざまだが、新宿のヤクザだった和田組のマーケット内で営業していた人など、新宿周辺の露天商が多かった」という証言がある。また、武蔵野商業組合の後継組織である新宿区事業協同組合が三光商店街の土地を買収していること、三光商店街に最初にできたマーケットが八一区画であり、八十八軒に近似している。『新宿ゴールデン街』で、渡辺英綱は三光商店街を尾津組の龍宮マーケットが移転したものとしているが、龍宮マーケットが新宿駅前に建設されるのは一九五二年であるため一九五〇年に移転することは不可能。『ヤミ市　東京池袋』で松平誠は一九五〇年一月五日の和田組マーケットの整理で、一部が三光町へ移転すると記しているが、「新宿和田組マーケット取壊し」(『読売新聞』一九五〇年一月五日夕刊、二頁)には一月五日の取り壊しでは隣接する共栄社跡へと引っ越したと記されており、これも正しい情報ではない。また、初田香成も『都市の戦後』で和田組マーケットの整理と三光町への移転について記述しているが、『ヤミ市　東京池袋』の情報をもとにしているため、これも上記の理由で正しい情報ではない。

*100——前掲「明るい新宿建設へ　消える区画整理のガン　和田組マーケット明渡し」

*101——「焼け野原が細切れにして売られた」(『週刊朝日』一九八六年一〇月二四日号)

*102——渡辺英綱前掲『新宿ゴールデン街』九一‐九二頁。

*103——双葉の二代目はバー、現在はきしめん屋を営んでいる。初代店主・萩原清光は「ゴールデン街」の名付け親。「3-3-2 インタビュー1:「双葉」二代目萩原幸子さん」(草間詠子『都市の盛り場の再生に関する研究——新宿ゴールデン街再生計画』明治大学修士論文、二〇〇〇年)より。

*104——渡辺英綱前掲『新宿ゴールデン街』。

*105——前掲「武蔵野商業組合解散　購買利用組合に合流?」『新宿小路新聞』第二〇号、二頁。

*106——「横領四幹部取調べ　新宿和田マーケットのボス退治」『読売新聞』一九五一年六月二二日朝刊、二面。

*107——「官廳にも波及か　新宿粛正　池の内氏を逮捕」『読売新聞』一九五一年七月六日夕刊、三面。

*108——「南側高台より六十三軒周辺に屋台設置再燃」および「南側高台より周辺一帯の屋台設置は」。ともに『新宿小路新聞』第一六号、一九四九年一月三〇日、一‐二頁所収。

*109——「戦後のヤミ市の面影残す　新宿駅南口の一画　立ち退き交渉難航」『読売

新聞』一九八六年一月一六日朝刊、一八面。

*110——「ハーモニカ横町姿消す　新宿　けさ自主的に立退く」『朝日新聞』一九五八年八月二九日夕刊、五面。

*111——平山巳之吉前掲『小狸の体験記』二三二頁。

*112——「デパート新地図　大阪方の攻勢　狙う東京駅、銀座、新宿、池袋」『読売新聞』一九五二年一一月二三日夕刊、三面。

*113——新宿東口民衆駅の建設の過程については、株式会社新宿ステーションビルディング社史編纂委員会『新宿ステーションビルディング30年の歩み』（新宿ステーションビルディング、一九九一年）を参照。

*114——高島屋『高島屋一五〇年史』高島屋、一九八二年、一四五頁。

*115——「東京駅の鉄道会館の汚職事件」とは通称鉄道会館問題（民衆駅問題）のことで、国鉄用地（国有地）を民間企業が利用して駅ビルの開発をすることに対して、国会で問題として取り上げられたことに端を発している。建設に際して、国鉄OBによって設立された株式会社鉄道会館が、東京駅八重洲口の民衆駅建設を有利に進められるよう、国鉄が便宜を図っていることが問題視された事件。この責任をとって鉄道会館の上層部が辞任している。

*116——「貪欲バレて遂に敗退した高島屋の新宿進出」『実業展望』一九五六年四月、八二-八五頁。

*117——地元案の取りまとめ代表に「井野氏の御出馬を見るに至った陰には、ご親戚にあたられる鉄道会館社長伊藤滋氏の御奔走があった」という。山崎兌「新宿東口民衆駅雑語」『東建工　新宿東口民衆駅特集』一九六五年二月号、一-三頁。伊藤滋は民衆駅方式を生んだ国鉄の建築家であり、東京で最初の民衆駅池袋西口民衆駅の建設に大きく関わった人物である。池袋西口民衆駅についてくわしくは第三章を参照。井野碩哉の息子はルミネエスト（新宿東口民衆駅）に現存するビアカフェ「ベルク」の創業者だが、同店は二〇〇七年からルミネから立退きを迫られている。新宿東口民衆駅の創始者の子孫の店が、新宿東口民衆駅から立退きを迫られるとは皮肉なものである。

*118——下記資料より作成。株式会社新宿ステーションビルディング社史編纂委員会前掲『新宿ステーションビルディング30年の歩み』二三-二四頁。前掲「貪欲バレて遂に敗退した高島屋の新宿進出」八二-八五頁。「新宿民衆駅　こんどは実現か　あす審議会で検討　昨年の計画をねり直し申請」『読売新聞』一九五九年一月八日朝刊、六面。

*119——「〝競願、折り合わねば国鉄が乗り出せ〟新宿東口の民衆駅建設運営委が答申」『朝日新聞（東京）』一九五六年八月二一日朝刊、七面。

*120——西武線を歌舞伎町の西武新宿駅から延伸し、駅舎の二階に連絡する予定であったが、一九六五年三月二五日の取締役会で、乗客の予想以上の増加で現在のホームでは対応できず、乗客に危険がおよぶ可能性があるため、また運輸省関係からの勧告があり、断念することになった。

*121——「新宿民衆駅　こんどは実現か　あす審議会で検討　昨年の計画をねり直し申請」『読売新聞』一九五九年一月八日朝刊、六面。

*122——民衆駅ではホール、映画館、劇場は許可されておらず、ニュース映画館（定員二〇〇～三〇〇名）しか許可されていない。斎藤隆雄「ターミナルビルの最近の傾向について」『鉄道建築ニュース』一九六三年九月、八-一四頁。

*123——境浄水場に淀橋浄水場の機能を移転する計画。実際に移転し、浄水場が廃止となるのは一九六五年。越沢明「東京都市計画史話（六）新宿西口の都市改造——新宿新都心のルーツ」『地域開発』一九九一年四月号［三一九号］、五二頁。

*124——越澤明『東京都市計画物語』日本経済評論社、一九九一年、七八頁。

＊125――越沢前掲「東京都市計画史話(六)新宿西口の都市改造」五三‐五四頁。

＊126――越澤前掲『東京都市計画物語』八二頁。道路、広場等の整備に必要な土地面積以上に買収(超過収用)し、土地区画整理事業を施行し、土地を処分する。

＊127――越沢前掲「東京都市計画史話(六)新宿西口の都市改造」五七頁。

＊128――一九三八年七月一六日の読売新聞では新宿駅前広場を「大防空広場」と読んでいる。

＊129――京王電鉄『京王電鉄五十年史』京王電鉄株式会社、一九九八年、四七頁。

＊130――東京都前掲『東京都戦災誌』一八六‐一八八頁。

＊131――安田朝信『都会の風雪――安田朝信自伝』東京書房、一九六四年、三四‐四四頁。

＊132――新宿西口会館社史編纂委員会『新宿西口会館――設立四〇周年記念誌』株式会社新宿西口会館、二〇〇〇年、三四頁。

＊133――『読売新聞』一九四六年一〇月二六日朝刊。

＊134――金子正巳『やきとり屋行進曲――西新宿物語』文園社、一九八三年、七八‐八二頁。

＊135――金子正巳前掲『やきとり屋行進曲』二九頁。

＊136――小田急エース総務委員会『小田急エース二五年のあゆみ・別冊』小田急エース名店会、一九九二年、一〇頁。

＊137――「民主に即応する街の顔役　実業界に組合に第一歩」『新宿ニュース』第四号、一九四七年七月二五日、二頁。

＊138――『朝日新聞』一九四七年七月二七日。

＊139――「〝区議安田〟の仮面剥がる 西口マーケットはどうなる」『新宿ニュース』第七号、一九四七年八月二九日、二頁。

＊140――中の島へのマーケット建設については、小田急エース総務委員会前掲『小田急エース25年のあゆみ・別冊』(一二‐一三頁)。

＊141――「新宿の〝殺人横丁〟凶行の十七少年自首」『読売新聞』一九五〇年七月七日夕刊、三面。

＊142――建設省前掲『戦災復興誌　第十巻　都市編Ⅶ』八三頁。

＊143――「問題はらむ区画整理　背後にボスが暗躍　新宿駅前マーケット露店に大打撃」『新宿民報』第二〇号、一九四九年八月一日、二頁。

＊144――東京都建設局区画整理部計画課前掲『甦った東京』一〇二頁。

＊145――小田急エース総務委員会前掲『小田急エース25年のあゆみ・別冊』一〇頁。

＊146――金子正巳前掲『やきとり屋行進曲』一四二頁。緑会は『新宿西口会館　設立四〇周年記念誌』では美登利会と表記されている。

＊147――新宿西口会館社史編纂委員会前掲『新宿西口会館　設立四〇周年記念誌』四二頁。

＊148――金子正巳前掲『やきとり屋行進曲』一四四頁。

＊149――新宿副都心建設公社『新宿副都心建設公社事業史』一九六八年、九頁。

＊150――西口広場および周辺における小田急に関する施設に、東京建物新宿ビル(小田急ハルク)一九六二年竣工、地下鉄ビル(小田急百貨店新宿店本館北側部分)、新宿西口広場(地下街は小田急エース)新宿駅西口本屋ビル(小田急百貨店新宿店本館南側部分)。

＊151――新宿西口会館社史編纂委員会前掲『新宿西口会館』四二頁。

＊152――金子正巳前掲『やきとり屋行進曲』一四〇頁。

＊153――新宿西口会館社史編纂委員会前掲『新宿西口会館』四四頁。

＊154――同書、四六頁。

＊155――一九五七年七月、営業者は新宿西口協同組合を法人格を持った組織に再組織化し「新宿西口事業協同組合」を設立している。

＊156――新宿西口会館社史編纂委員会前掲『新宿西口会館』六〇‐六一頁。

*157——小田急エース総務委員会『小田急エース25年のあゆみ・別冊』一〇-一一頁。

*158——営業者が地主から土地を買い取っていく過程については、金子前掲『やきとり屋行進曲』(一四四-一四六頁)。

*159——新宿西口会館社史編纂委員会前掲『新宿西口会館』一〇四-一〇六頁。

*160——同書、一一〇-一一二頁。

*161——『読売新聞』一九六四年七月一六日夕刊。

*162——小田急エース総務委員会『小田急エース25年のあゆみ』小田急エース名店会、一九九二年。小田急エース総務委員会前掲『小田急エース25年のあゆみ・別冊』。

*163——今和次郎編纂『新版大東京案内 上』筑摩書房、二〇〇一年、二二六頁。底本は『新版大東京案内』中央公論社、一九二九年。

*164——「新ブラ夜店」『大新宿』大新宿社、一九三〇年九月号、一六頁。

*165——「民自内部で利権争い 暴力の街〝新宿〟」『新宿民報』第二〇号、一九四九年八月一日、一頁。比留間重雄は東京都市計画第九地区復興土地区画整理事業の土地区画整理事業委員に土地所有として名を連ねており、地元の有力者であったと推察される(建設省前掲『戦災復興誌 第十巻 都市編Ⅶ』八三頁)。

*166——東京市役所『露店に関する調査』東京市役所、一九三二年。前掲「新ブラ夜店」一九頁。岩田義之「新宿夜店一覧表」今和次郎・吉田謙吉『考現學採集——モデルノロヂオ』学陽書房、復刻版、一九八六年。

*167——初田亨・石原二郎「昭和戦前期の新宿通りと銀座通りの露店について」『工学院大学研究報告』七六号、一九九四年、一二九-一三六頁。

*168——横井弘三『露店研究』出版タイムス社、一九三一年。

*169——前掲「民自内部で利権争い 暴力の街〝新宿〟」一頁。

*170——初田香成「東京の戦後復興とヤミ市」橋本健二・初田香成編『盛り場はヤミ市から生まれた』青弓社、二〇一三年、三二-三四頁。

*171——前掲「民自内部で利権争い 暴力の街〝新宿〟」一頁。

*172——初田香成前掲「東京の戦後復興とヤミ市」三二-三四頁。

*173——新宿の露店整理事業に関しては次の文献を参照した。北鬼助・眞継不二夫「露店商デパート」『中央公論』一九五三年二月。東京都商工指導所・税務経営指導協会『露店問題に関する資料』一九五二年四月。東京都臨時露店対策部『露店』一九五二年三月。東京都露店対策部「露店整理対策の概要」『新都市』六巻四号、一九五二年四月、二〇-二四頁。芳賀善次郎『新宿の今昔』紀伊國屋書店、一九七〇年。

*174——尾津喜之助前掲『新やくざ物語』一四五頁。

*175——「都電営業所の払下を繞り 新宿街のボス暗躍?」『新宿民報』第三号、一九四八年一〇月二日、二頁。

*176——尾津の逮捕後は都電車庫跡地の払い下げを狙って野村専太郎(都議)等が陳情運動を行っているという報道も出ている。前掲「都電営業所の払下を繞り 新宿街のボス暗躍?」二頁。

一主体が所有する広大な土地が支えた池袋の戦災復興過程

1 池袋駅東口の戦災復興と根津山

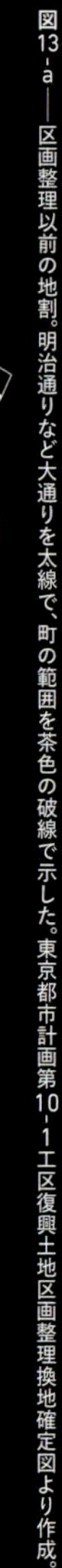

図13-a――区画整理以前の地割。明治通りなど大通りを太線で、町の範囲を茶色の破線で示した。東京都市計画第10-1工区復興土地区画整理換地確定図より作成。

図13-b——区画整理以後の地割。東京都市計画第10-1工区復興土地区画整理換地確定図より作成。

図14-a——根津山の土地の換地。区画整理以前の地割。東京都市計画第10-1工区復興土地区画整理換地確定図、換地明細書より作成。

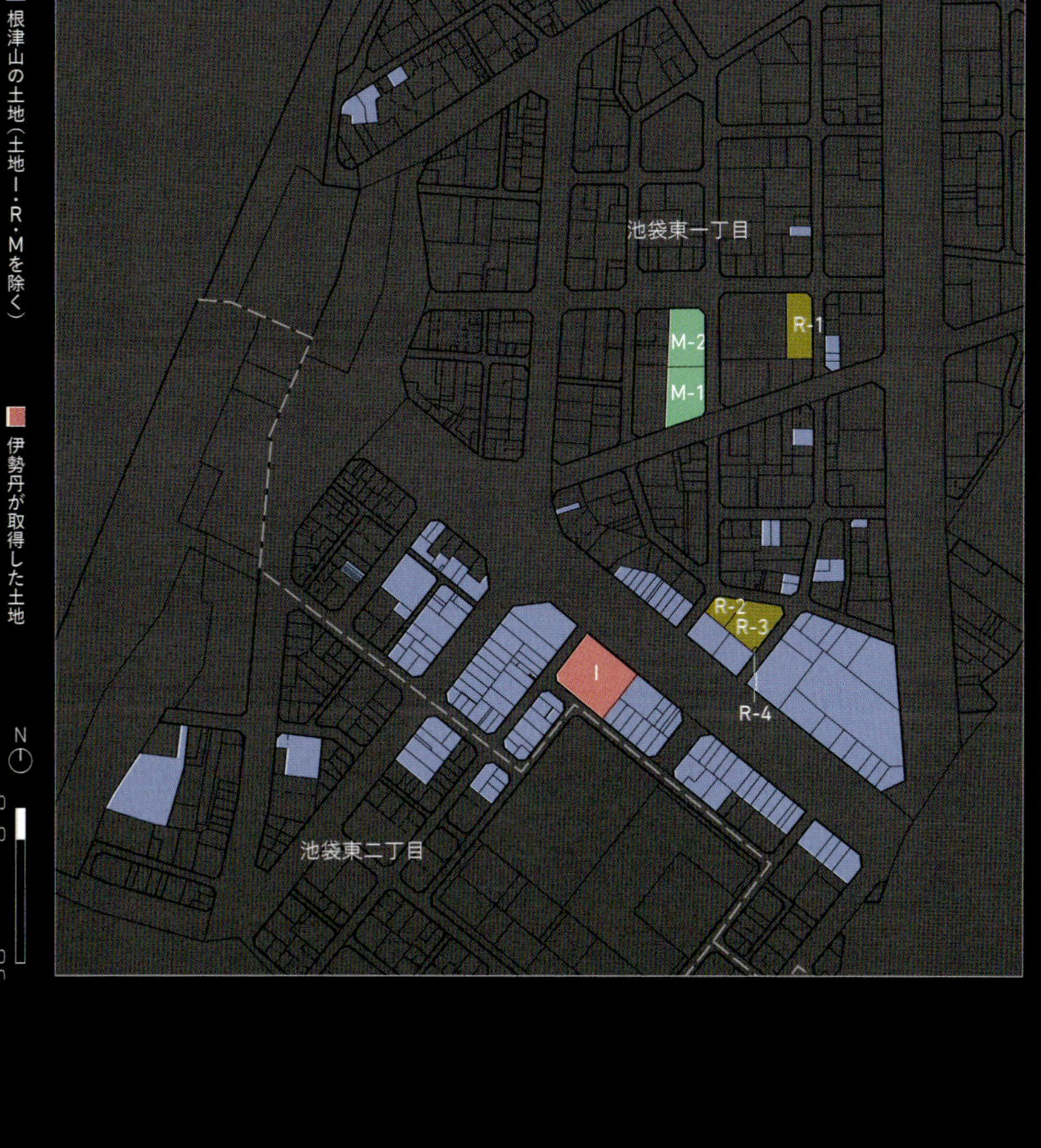

図14-b——区画整理以後の地割 東京都市計画第10・11工区復興土地区画整理換地確定図、換地明細書より作成、

表1——図14に関する換地情報

	戦災復興土地区画整理事業　以前				戦災復興土地区画整理事業　以後				
	町丁名	地番	地目	地積（㎡）	町丁名	地番	地目	地積（㎡）	減歩率（%）
I	豊島区日出町3丁目	10-57	宅地	198.35	豊島区池袋東1丁目	95-8	宅地	1650.58	61.95 ＊1
	豊島区日出町3丁目	10-117	宅地	198.35					
	豊島区日出町3丁目	10-127	宅地	198.35					
	豊島区日出町3丁目	10-141	宅地	780.17					
	豊島区日出町3丁目	10-142	宅地	1289.26					
R-1	豊島区日出町3丁目	10-19	宅地	1157.16	豊島区池袋東1丁目	21-2	宅地	757.39	65.45
R-2	豊島区日出町3丁目	10-42	宅地	494.65	豊島区池袋東1丁目	24-4	宅地	320.76	64.85
M-2	豊島区日出町3丁目	10-186	宅地	1356.46	豊島区池袋東1丁目	14-2	宅地	938.61	69.20
M-1	豊島区日出町3丁目	10-187	宅地	1367.18	豊島区池袋東1丁目	14-1	宅地	943.57	69.02
R-4	豊島区日出町3丁目	19-7	宅地	9.79	豊島区池袋東1丁目	24-2	宅地	9.92	101.35
R-3	豊島区日出町3丁目	19-16	宅地	786.91	豊島区池袋東1丁目	24-3	宅地	787.11	100.03

＊1——合筆

図16-a——栄町通り・美久仁小路の土地の換地
区画整理以前の地割。東京都市計画第10-1工区復興土地区画整理換地確定図、換地明細書より作成。

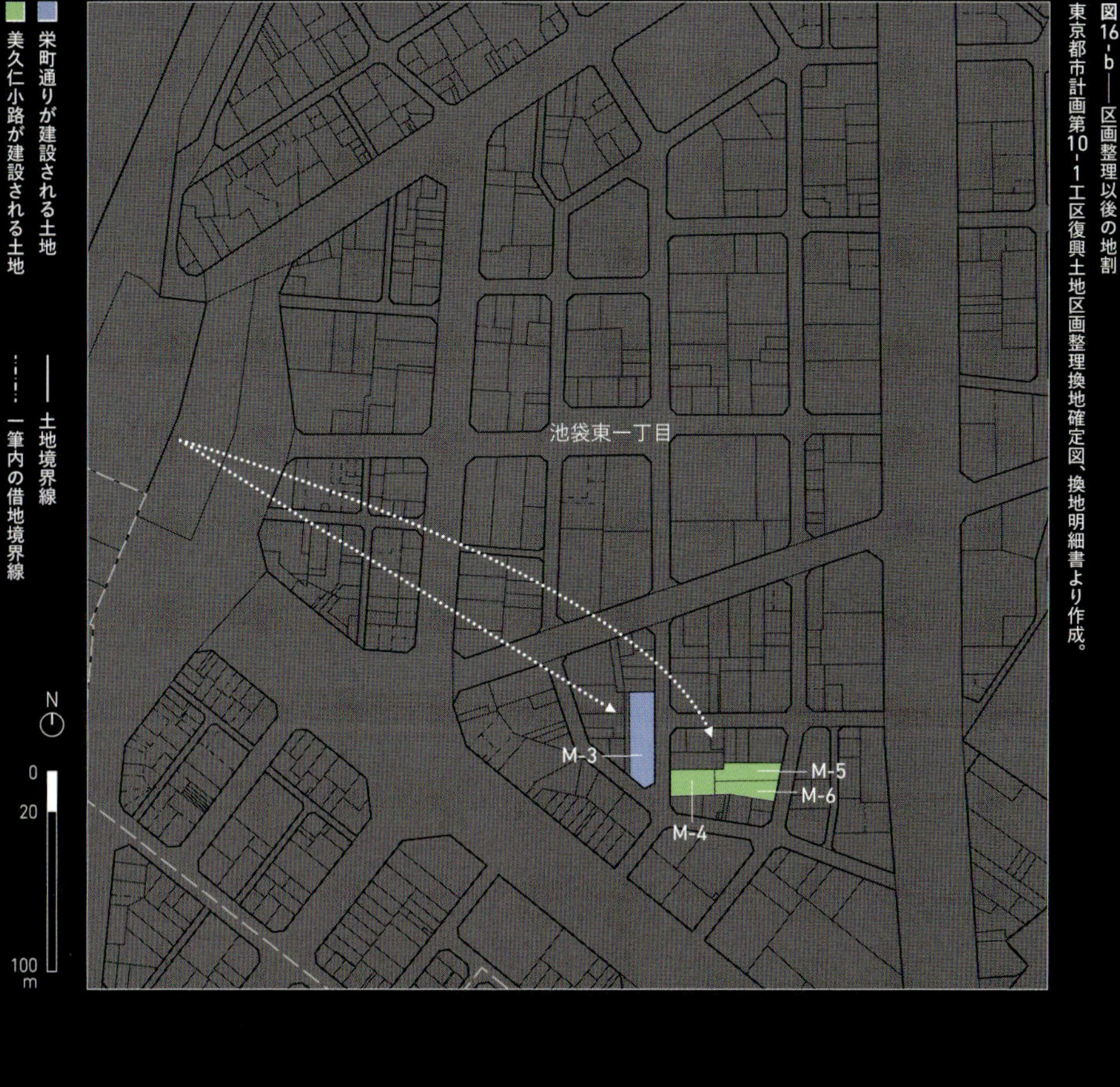

図16-b——区画整理以後の地割
東京都市計画第10-1工区復興土地区画整理換地確定図、換地明細書より作成。

表2——図16に関する換地情報

	戦災復興土地区画整理事業　以前				戦災復興土地区画整理事業　以後				
	町丁名	地番	地目	地積（㎡）	町丁名	地番	地目	地積（㎡）	減歩率(%)
M-3	豊島区池袋1丁目	689	宅地	961.98	豊島区池袋東1丁目	13-1	宅地	603.87	62.77
M-6	豊島区池袋1丁目	807-1	宅地	405.32	豊島区池袋東1丁目	23-3	宅地	276.13	68.13
M-5	豊島区池袋1丁目	807-8	宅地	426.88	豊島区池袋東1丁目	23-4	宅地	290.15	67.97
M-4	豊島区池袋1丁目	809-1	宅地	470.74	豊島区池袋東1丁目	23-13	宅地	301.22	63.99

図20-a——平和マーケット・ミューズマーケット・東口マーケットの土地の換地
区画整理以前の地割。東京都市計画第10-1工区復興土地区画整理換地確定図、換地明細書より作成。

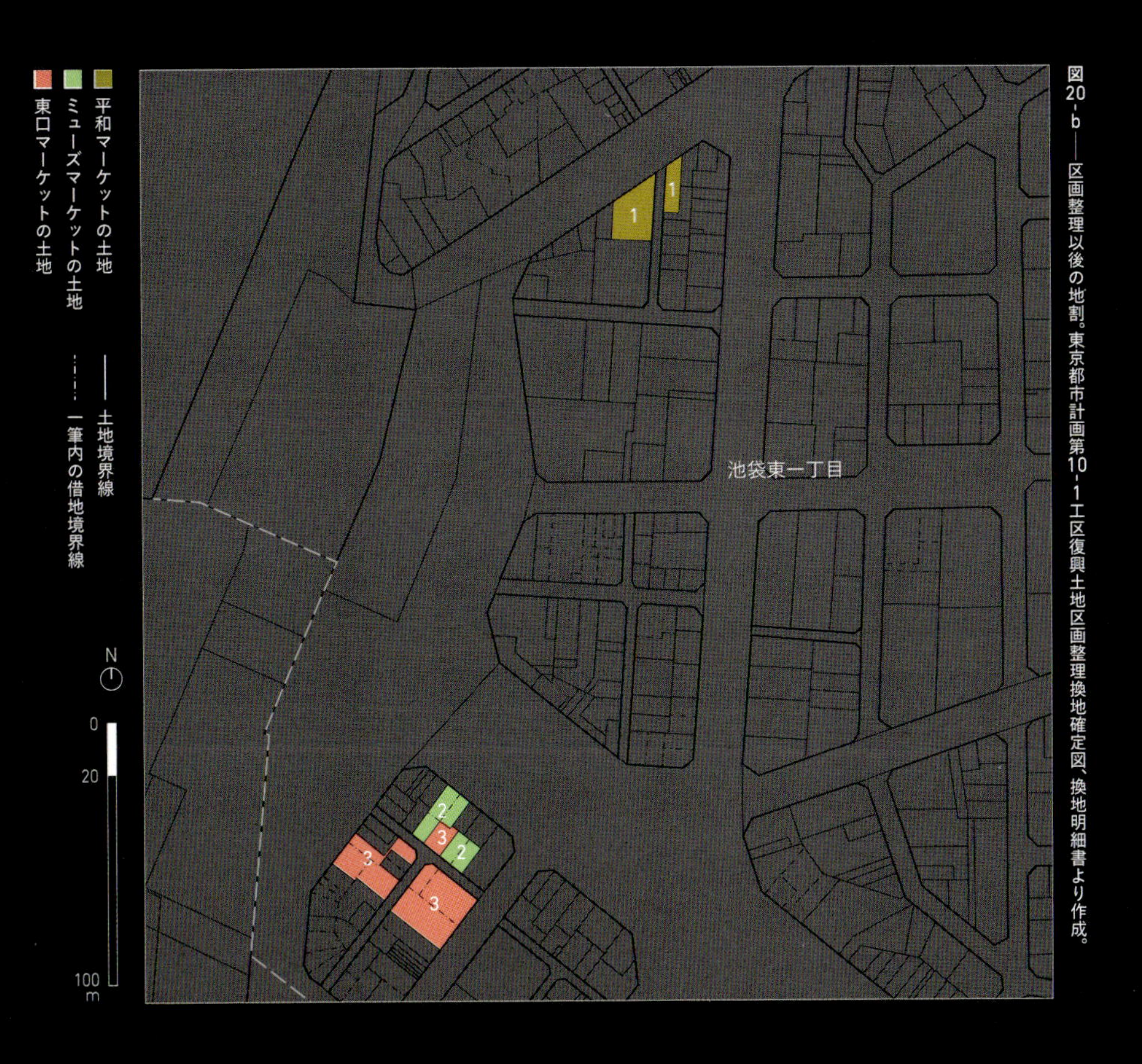

図20-b——区画整理以後の地割。東京都市計画第10-1工区復興土地区画整理換地確定図、換地明細書より作成。

表3——図20に関する換地情報

	戦災復興土地区画整理事業　以前				戦災復興土地区画整理事業　以後				
	町丁名	地番	地目	地積（㎡）	町丁名	地番	地目	地積（㎡）	減歩率（%）
1	豊島区池袋1丁目	742-1	宅地	737.19	豊島区池袋東1丁目	7-9	宅地	119.50	61.34 ＊1
					豊島区池袋東1丁目	6-2	宅地	332.69	
2	豊島区池袋1丁目	832-1	宅地	506.94	豊島区池袋東1丁目	103-6	宅地	213.52	68.37 ＊1
					豊島区池袋東1丁目	103-2	宅地	133.06	
3	豊島区池袋1丁目	824-1	宅地	1737.03	豊島区池袋東1丁目	101-9	宅地	619.11	63.05 ＊1
					豊島区池袋東1丁目	102-3	宅地	382.48	
					豊島区池袋東1丁目	103-5	宅地	93.62	

＊1——分筆

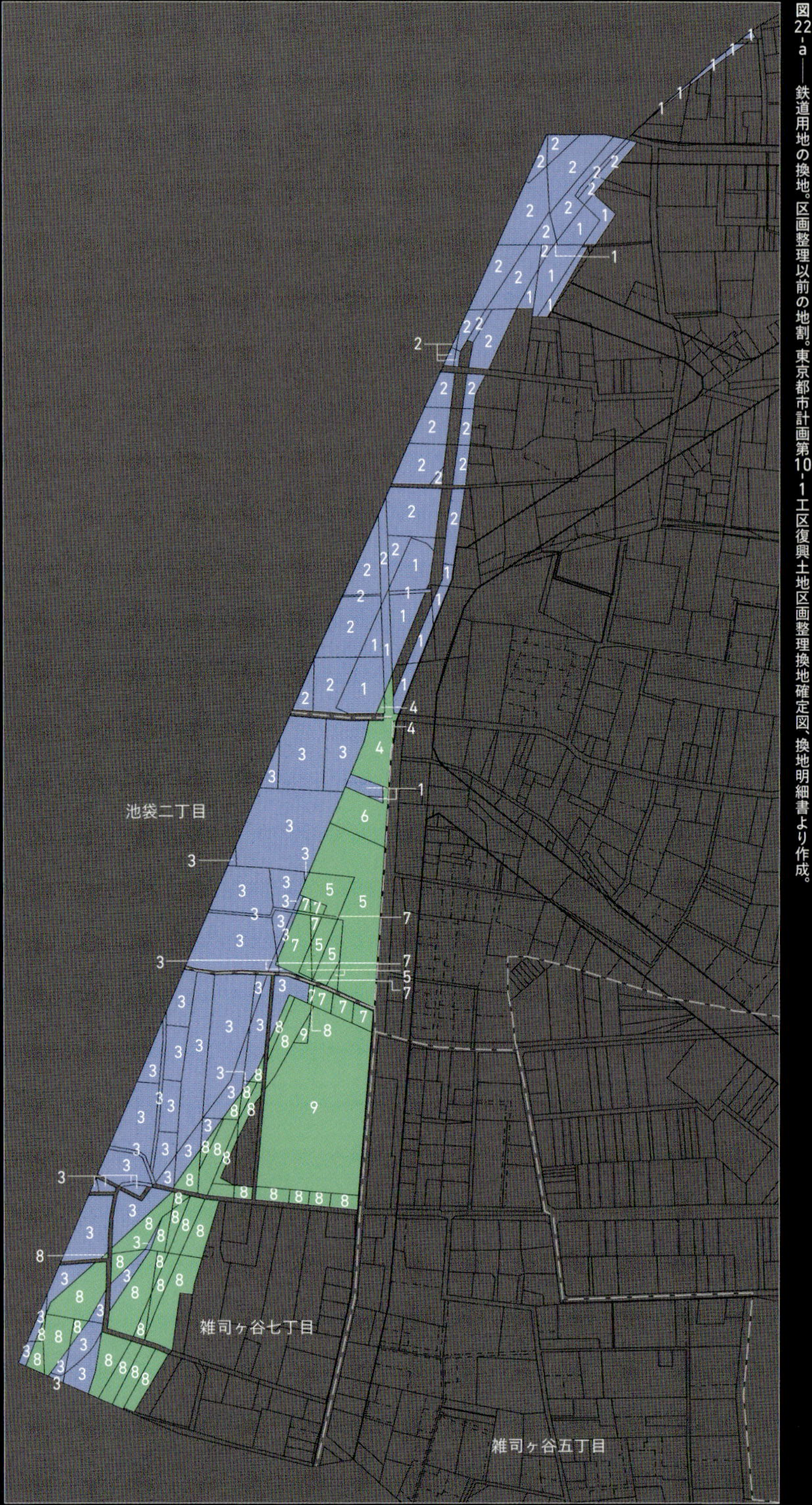

図22-a——鉄道用地の換地。区画整理以前の地割。東京都市計画第10-1工区復興土地区画整理換地確定図、換地明細書より作成。

図22-b――区画整理以後の地割。東京都市計画第10-1工区復興土地区画整理換地確定図、換地明細書より作成。

表4──図22に関する換地情報

	戦災復興土地区画整理事業　以前				戦災復興土地区画整理事業　以後				
	町丁名	地番	地目	地積(㎡)	町丁名	地番	地目	地積(㎡)	減歩率(%)
1	豊島区池袋1丁目	591－4	官用地	6.94	豊島区池袋東1丁目	104	国鉄用地	5281.23	172.37 *1
	豊島区池袋1丁目	592－6	官用地	16.75					
	豊島区池袋1丁目	593－7	官有地	5.40					
	豊島区池袋1丁目	594－7	官用地	2.12					
	豊島区池袋1丁目	598－6	官用地	5.87					
	豊島区池袋1丁目	629－10	鉄道用地	222.71					
	豊島区池袋1丁目	629－11	官用地	201.47					
	豊島区池袋1丁目	630－10	鉄道用地	0.40					
	豊島区池袋1丁目	633－7	鉄道用地	27.64					
	豊島区池袋1丁目	637－2	鉄道用地	411.07					
	豊島区池袋1丁目	637－3	官用地	121.98					
	豊島区池袋1丁目	755－11	官用地	24.00					
	豊島区池袋1丁目	756－2	官用地	406.68					
	豊島区池袋1丁目	756－4	官用地、成地	10.91					
	豊島区池袋1丁目	756－8	官用地	110.38					
	豊島区池袋1丁目	757－2	官用地、成地	308.43					
	豊島区池袋1丁目	757－4	官地	103.41					
	豊島区池袋1丁目	758－3	官用地	14.88					
	豊島区池袋1丁目	759－3	官用地	105.27					
	豊島区池袋2丁目	843－4	官用地	706.56					
	豊島区池袋2丁目	848－5	官用地、成地	126.74					
	豊島区池袋2丁目	1188－4	官用地、成地	3.97					
	豊島区池袋2丁目	1190－4	官用地、成地	120.25					
2	豊島区池袋1丁目	629-2	官用地、成地	28.76	豊島区池袋東1丁目	107	国鉄用地	8170.86	103.37 *1
	豊島区池袋1丁目	629-3	官用地、成地	512.73					
	豊島区池袋1丁目	629-4	鉄道用地	423.90					
	豊島区池袋1丁目	629-5	官地	21.82					
	豊島区池袋1丁目	629-7	官用地	115.88					
	豊島区池袋1丁目	629-8	官用地	114.64					
	豊島区池袋1丁目	630-3	鉄道用地	100.76					
	豊島区池袋1丁目	630-4	官用地	20.83					
	豊島区池袋1丁目	630-5	官用地、成地	519.67					
	豊島区池袋1丁目	633-3	鉄道用地	415.67					
	豊島区池袋1丁目	633-4	官用地、成地	416.53					
	豊島区池袋1丁目	634-3	官用地、成地	8.93					
	豊島区池袋1丁目	634-8	官用地、成地	0.99					
	豊島区池袋1丁目	635-3	官用地、成地	203.31					
	豊島区池袋1丁目	635-4	官用地、成地	5.95					
	豊島区池袋1丁目	635-6	鉄道用地	73.88					
	豊島区池袋1丁目	635-7	官用地	402.56					
	豊島区池袋1丁目	637-11	鉄道用地	14.38					
	豊島区池袋1丁目	747-4	官用地、成地	303.47					
	豊島区池袋1丁目	747-11	官地	107.73					
	豊島区池袋1丁目	748-4	官用地、成地	317.36					
	豊島区池袋1丁目	748-8	官用地	104.78					

豊島区池袋1丁目	749-4	官用地、成地	524.63	豊島区池袋東1丁目107	国鉄用地	81
豊島区池袋1丁目	749-7	官用地	17.85			
豊島区池袋1丁目	749-8	官用地	112.53			
豊島区池袋1丁目	755-3	官用地、成地	522.64			
豊島区池袋1丁目	755-5	官用地	310.33			
豊島区池袋1丁目	756-7	官用地	208.20			
豊島区池袋1丁目	756-6	官有地	111.07			
豊島区池袋2丁目	843-6	鉄道用地	518.23			
豊島区池袋2丁目	843-5	官用地、成地	112.07			
豊島区池袋2丁目	848-3	官有地	911.60			
豊島区池袋2丁目	849-3	官用成地	317.36			
豊島区池袋2丁目	849-7	官用地、成地	3.53			
豊島区池袋2丁目	1186-3	官有成地	6.94	豊島区池袋東2丁目49-61	国鉄用地	189
豊島区池袋2丁目	1188-5	官有成地	2094.55			
豊島区池袋2丁目	1189-2	官用成地	221.16			
豊島区池袋2丁目	1189-3	官有成地	1102.81			
豊島区池袋2丁目	1190-3	官用地成地	906.20			
豊島区池袋2丁目	1194-3	官用地成地	118.02			
豊島区池袋2丁目	1194-9	鉄道用地	14.88			
豊島区池袋2丁目	1194-10	鉄道用地	5.95			
豊島区池袋2丁目	1195-3	官用地成地	315.37			
豊島区池袋2丁目	1195-4	官用地成地	0.65			
豊島区池袋2丁目	1195-9	鉄道用地	4.96			
豊島区池袋2丁目	1196-3	官用地成地	804.30			
豊島区池袋2丁目	1197-1	官用地	15.87			
豊島区池袋2丁目	1197-4	官用地成地	1412.23			
豊島区池袋2丁目	1197-6	官用地	22.58			
豊島区雑司ヶ谷町7丁目	982-4	官用地	105.12			
豊島区雑司ヶ谷町7丁目	983-1	官用地	112.38			
豊島区雑司ヶ谷町7丁目	983-3	鉄道用地	214.21			
豊島区雑司ヶ谷町7丁目	984-3	官用地	222.67			
豊島区雑司ヶ谷町7丁目	984-4	鉄道用地	213.96			
豊島区雑司ヶ谷町7丁目	985-3	官用地	9.92			
豊島区雑司ヶ谷町7丁目	985-4	鉄道用地	0.85			
豊島区雑司ヶ谷町7丁目	986-5	鉄道用地	16.62			
豊島区雑司ヶ谷町7丁目	987-6	鉄道用地	28.76			
豊島区雑司ヶ谷町7丁目	993-4	鉄道用地	719.01			
豊島区雑司ヶ谷町7丁目	994-2	官用地成地	2.98			
豊島区雑司ヶ谷町7丁目	994-4	鉄道用地	309.42			
豊島区雑司ヶ谷町7丁目	994-6	官用地	9.92			
豊島区雑司ヶ谷町7丁目	1005-2	鉄道用地	307.44			
豊島区雑司ヶ谷町7丁目	1006-2	官用地成地	24.79			
豊島区雑司ヶ谷町7丁目	1006-3	鉄道用地	509.75			
豊島区雑司ヶ谷町7丁目	1007-2	鉄道用地	1.98			
豊島区雑司ヶ谷町7丁目	1008-2	官用地成地	1192.07			
豊島区雑司ヶ谷町7丁目	1008-3	鉄道用地	602.98			
豊島区雑司ヶ谷町7丁目	1009-2	鉄道用地	14.88			
豊島区雑司ヶ谷町7丁目	1010-2	官用地成地	1196.03			

豊島区雑司ヶ谷町7丁目	1010-3	鉄道用地	3.97	豊島区池袋東2丁目49-61	国鉄用地	18902.97	124.13	
豊島区雑司ヶ谷町7丁目	1011-1	鉄道用地	20.83					
豊島区雑司ヶ谷町7丁目	1011-2	官用地成地	125.95					
豊島区雑司ヶ谷町7丁目	1012	官用地成地	297.52					
豊島区雑司ヶ谷町7丁目	1013	官用地成地	299.50					
豊島区雑司ヶ谷町7丁目	1014-1	官用地成地	308.43					
豊島区雑司ヶ谷町7丁目	1018-3	官用地成地	227.11					
豊島区雑司ヶ谷町7丁目	1019-1	官用地成地	611.90					
豊島区雑司ヶ谷町7丁目	1019-5	官用地	112.65					
豊島区雑司ヶ谷町7丁目	1021-1	鉄道用地	9.92					
豊島区雑司ヶ谷町7丁目	1021-3	官用地成地	316.36					
豊島区雑司ヶ谷町7丁目	1021-7	官用地成地	9.92					
豊島区雑司ヶ谷町7丁目	1021-8	官用地成地	19.11					
豊島区雑司ヶ谷町7丁目	1022-3	鉄道用地	2.98					
豊島区池袋1丁目	842-2	宅地	8.07	豊島区池袋東2丁目18-1	宅地	1104.30	164.47	*1
豊島区池袋1丁目	843-1	宅地	29.75					
豊島区池袋2丁目	1190-1	宅地	633.62					
豊島区池袋2丁目	1188-1	宅地	2501.49	豊島区池袋東2丁目18-3	宅地	3805.26	104.27	*1
豊島区池袋2丁目	1192-2	宅地	459.50					
豊島区池袋2丁目	1194-1	宅地	334.81					
豊島区池袋2丁目	1194-2	宅地	79.34					
豊島区池袋2丁目	1194-7	宅地	208.26					
豊島区池袋2丁目	1194-8	宅地	66.12					
豊島区池袋2丁目	1188-12	宅地	708.36	豊島区池袋東2丁目18-2	宅地	702.55	99.18	
豊島区池袋2丁目	1194-4	雑種地	0.99	豊島区池袋東2丁目18-4	宅地	1136.17	128.00	*1
豊島区池袋2丁目	1194-5	雑種地	102.15					
豊島区池袋2丁目	1194-6	雑種地	410.58					
豊島区池袋2丁目	1195-5	雑種地	14.88					
豊島区池袋2丁目	1195-6	雑種地	5.95					
豊島区池袋2丁目	1197-7	雑種地	0.99					
豊島区池袋2丁目	1197-8	雑種地	9.95					
豊島区雑司ヶ谷町7丁目	1001-2	雑種地	113.06					
豊島区雑司ヶ谷町7丁目	1002-2	雑種地	115.04					
豊島区雑司ヶ谷町7丁目	1003-2	雑種地	104.13					
豊島区雑司ヶ谷町7丁目	1005-6	雑種地	9.92					
豊島区雑司ヶ谷町7丁目	974-6	宅地	377.82	豊島区池袋東2丁目18-6	雑種地	8366.29	147.72	*1
豊島区雑司ヶ谷町7丁目	974-7	鉄道用地	213.06					
豊島区雑司ヶ谷町7丁目	974-8	鉄道用地	122.15					
豊島区雑司ヶ谷町7丁目	975-4	鉄道用地	213.22					
豊島区雑司ヶ谷町7丁目	980-4	鉄道用地	618.84					
豊島区雑司ヶ谷町7丁目	981-2	宅地	63.47					
豊島区雑司ヶ谷町7丁目	981-3	鉄道用地	214.22					

8	豊島区雑司ヶ谷町7丁目	986-6	鉄道用地	99.82	豊島区池袋東2丁目18-6	雑種地	8366.29	147.72	
	豊島区雑司ヶ谷町7丁目	987-3	鉄道用地	12.89					
	豊島区雑司ヶ谷町7丁目	993-1	鉄道用地	0.99					
	豊島区雑司ヶ谷町7丁目	994-1	鉄道用地	27.77					
	豊島区雑司ヶ谷町7丁目	994-5	鉄道用地	304.46					
	豊島区雑司ヶ谷町7丁目	995-2	鉄道用地	1.98					
	豊島区雑司ヶ谷町7丁目	995-3	鉄道用地	214.22					
	豊島区雑司ヶ谷町7丁目	995-4	鉄道用地	15.87					
	豊島区雑司ヶ谷町7丁目	995-5	鉄道用地	222.15					
	豊島区雑司ヶ谷町7丁目	1001-3	鉄道用地	99.17					
	豊島区雑司ヶ谷町7丁目	1002-3	鉄道用地	26.78					
	豊島区雑司ヶ谷町7丁目	1003-3	鉄道用地	23.80					
	豊島区雑司ヶ谷町7丁目	1003-4	宅地	1.29					
	豊島区雑司ヶ谷町7丁目	1004-2	鉄道用地	114.05					
	豊島区雑司ヶ谷町7丁目	1005-4	宅地	324.23					
	豊島区雑司ヶ谷町7丁目	1005-5	宅地	87.44					
	豊島区雑司ヶ谷町7丁目	1006-1	鉄道用地	5.95					
	豊島区雑司ヶ谷町7丁目	1007-3	鉄道用地	20.83					
	豊島区雑司ヶ谷町7丁目	1007-4	鉄道用地	22.81					
	豊島区雑司ヶ谷町7丁目	1007-5	鉄道用地	25.79					
	豊島区雑司ヶ谷町7丁目	1008-1	鉄道用地	6.94					
	豊島区雑司ヶ谷町7丁目	1009-3	鉄道用地	16.86					
	豊島区雑司ヶ谷町7丁目	1009-4	鉄道用地	214.22					
	豊島区雑司ヶ谷町7丁目	1009-5	鉄道用地	99.17					
	豊島区雑司ヶ谷町7丁目	1009-6	鉄道用地	28.76					
	豊島区雑司ヶ谷町7丁目	1010-1	鉄道用地	109.09					
9	豊島区雑司ヶ谷町7丁目	1001-1	宅地	5232.67	豊島区池袋東2丁目18-5	宅地	3495.21	66.13	*1
	豊島区雑司ヶ谷町7丁目	1005-3	宅地	52.89					

*1──合筆

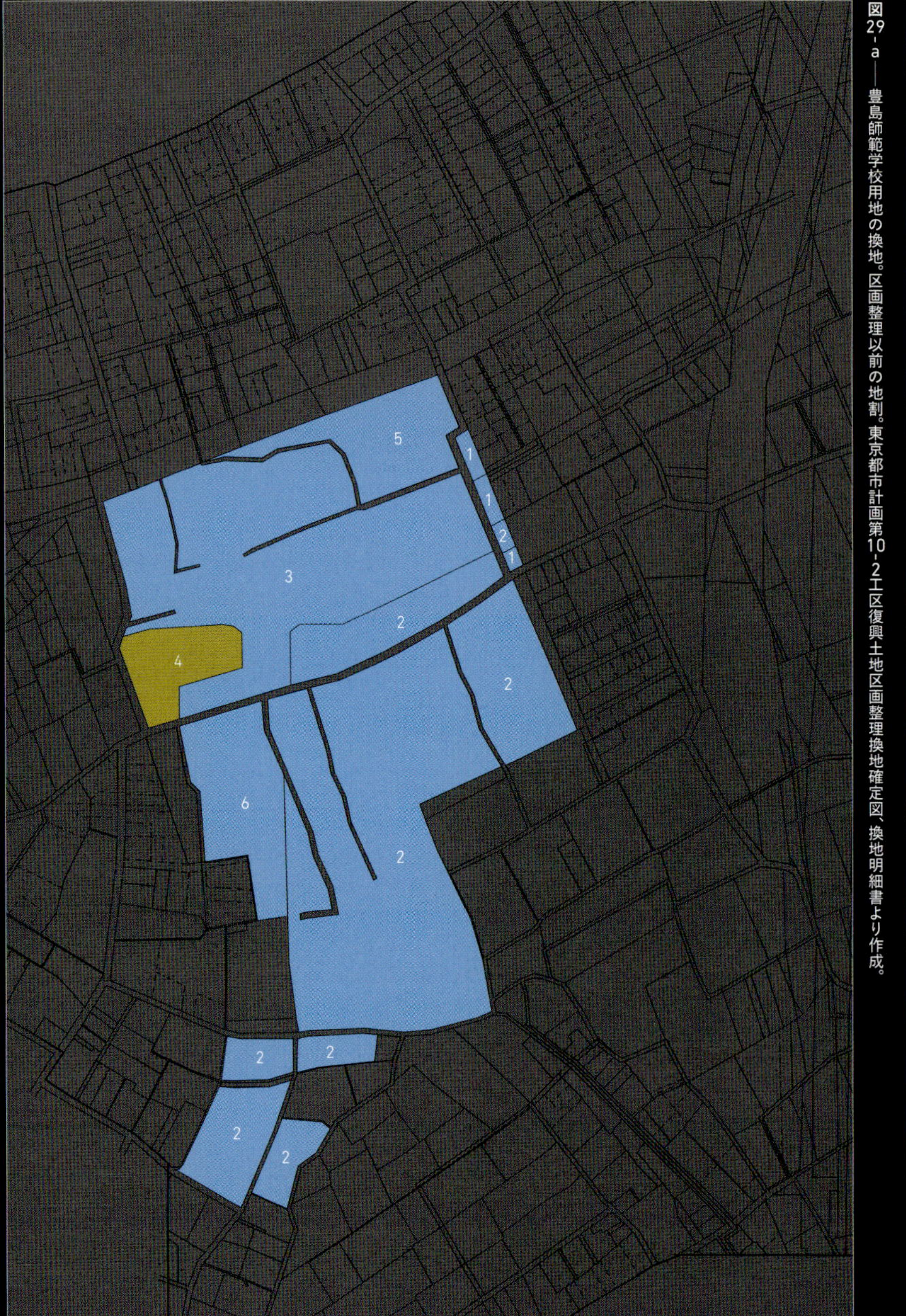

図29-a——豊島師範学校用地の換地。区画整理以前の地割。東京都市計画第10-2工区復興土地区画整理換地確定図、換地明細書より作成。

図29-b——区画整理以後の地割。東京都市計画第10-2工区復興土地区画整理換地確定図、換地明細書より作成。

表5──図29に関する換地情報

	戦災復興土地区画整理事業　以前				戦災復興土地区画整理事業　以後					
	町丁名	地番	地目	地積（㎡）	町丁名	地番	地目	地積（㎡）	減歩率(%)	
1	池袋2丁目	864-2	学校敷地	95.00	西池袋1丁目	17-1	宅地	304.59	66.07	*1
	池袋2丁目	865-2	学校敷地	148.00						
	池袋2丁目	868-2	学校敷地	218.00						
2	池袋2丁目	864-3	学校敷地	132.00	西池袋1丁目	8	雑種地	20675.62	82.02	*1
	池袋2丁目	1144-2	学校敷地	2290.00						
	池袋2丁目	1171	学校敷地	3319.00						
	池袋2丁目	1204-3	学校敷地	15074.00						
	池袋2丁目	1224	学校敷地	575.00						
	池袋2丁目	1225-1	学校敷地	760.00						
	池袋2丁目	1227	学校敷地	922.00						
	池袋2丁目	1228-1	学校敷地	2135.00						
3	池袋2丁目	1144-1	学校敷地	14224.00	西池袋3丁目	28-2	記載無し	3120.33	61.09	*2
					西池袋2丁目	37-3	記載無し	1396.26		
					西池袋1丁目	10-5	記載無し	580.59		
					西池袋1丁目	7-1	記載無し	3592.42		
4	池袋2丁目	1144-3	学校敷地	1824.00	西池袋3丁目	27-2	宅地	1501.19	82.30	
5	池袋2丁目	1156-2	学校敷地	3127.00	西池袋1丁目	17-2	宅地	1907.27	60.99	
6	池袋2丁目	1204-2	学校敷地	3778.00	西池袋3丁目	27-3	宅地	761.15	59.25	*2
					西池袋3丁目	25-3	宅地	559.27		
					西池袋3丁目	24	宅地	206.57		
					西池袋3丁目	27-1	宅地	131.99		
					西池袋3丁目	26	宅地	579.30		

＊1──合筆
＊2──分筆

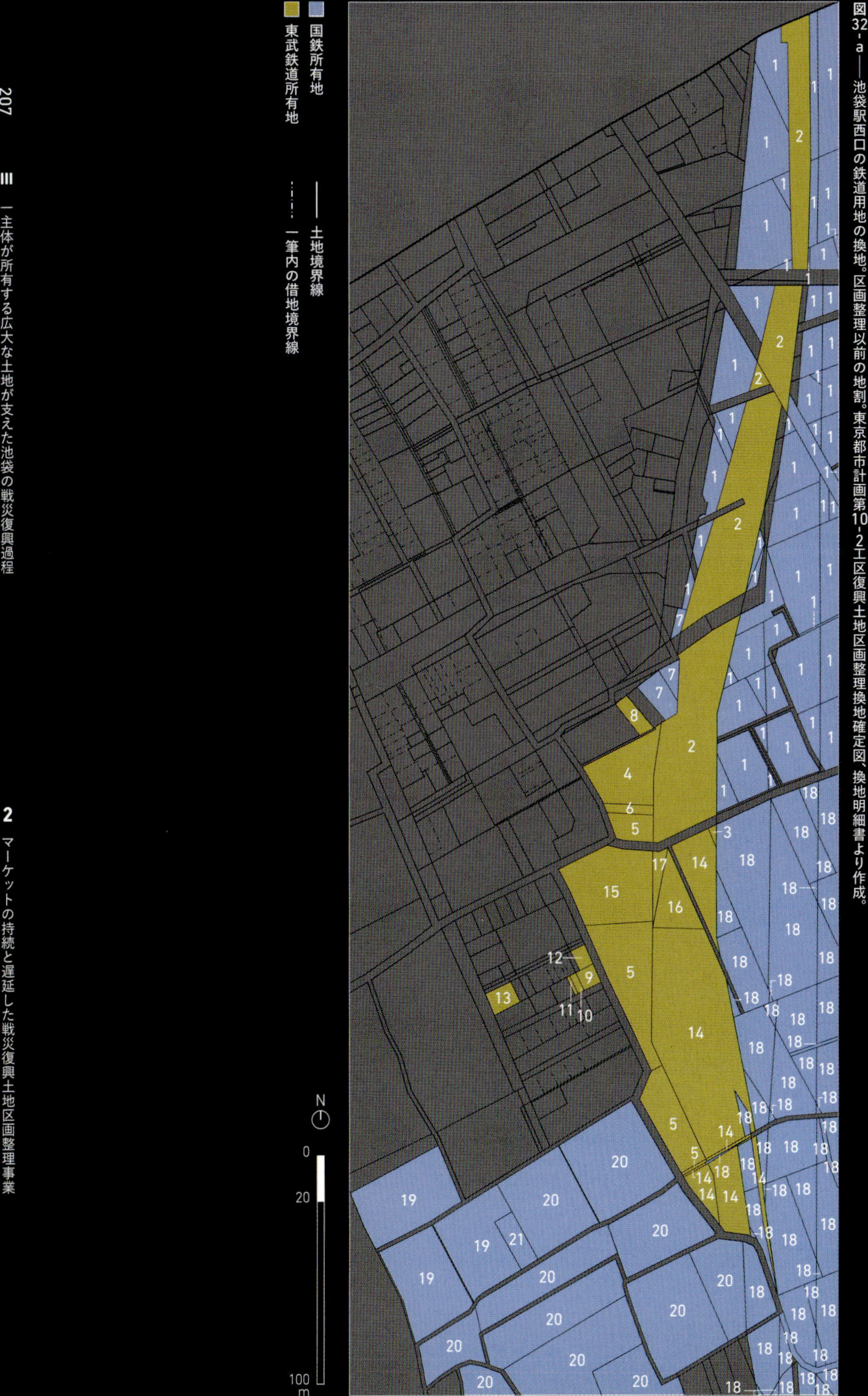

図32-a——池袋駅西口の鉄道用地の換地。区画整理以前の地割。東京都市計画第10-2工区復興土地区画整理換地確定図、換地明細書より作成。

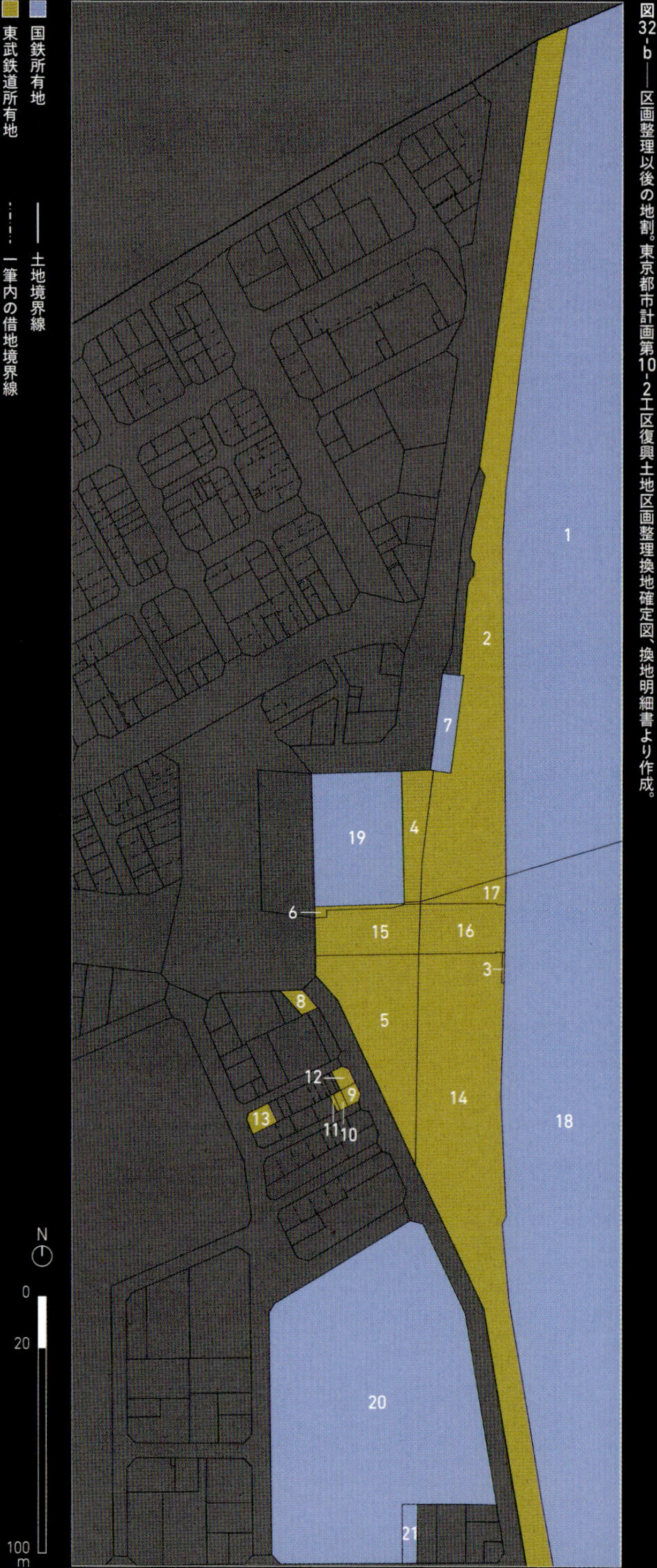

図32-b――区画整理以後の地割。東京都市計画第10-2工区復興土地区画整理換地確定図、換地明細書より作成。

表6──図32に関する換地情報

	戦災復興土地区画整理事業　以前				戦災復興土地区画整理事業　以後				
	町丁名	地番	地目	地積(㎡)	町丁名	地番	地目	地積(㎡)	減歩率(%)
1	池袋1丁目	630-2	鉄道用地	621.00	西池袋1丁目	1-2	鉄道用地	14431.50	115.42 *1
	池袋1丁目	630-6	鉄道用地	260.00					
	池袋1丁目	630-9	宅地	422.90					
	池袋1丁目	631-3	畑	532.00					
	池袋1丁目	632-5	畑	915.00					
	池袋1丁目	633-1	畑	112.00					
	池袋1丁目	633-2	鉄道用地	383.00					
	池袋1丁目	633-5	鉄道用地	171.00					
	池袋1丁目	634-1	宅地	297.52					
	池袋1丁目	634-2	鉄道用地	95.00					
	池袋1丁目	634-4	宅地	34.21					
	池袋1丁目	634-5	鉄道用地	125.00					
	池袋1丁目	634-7	鉄道用地	145.00					
	池袋1丁目	634-13	鉄道用地	3.30					
	池袋1丁目	635-2	鉄道用地	13.00					
	池袋1丁目	747-2	鉄道用地	201.00					
	池袋1丁目	747-5	鉄道用地	234.00					
	池袋1丁目	747-8	鉄道用地	62.00					
	池袋1丁目	748-2	鉄道用地	185.00					
	池袋1丁目	748-5	鉄道用地	195.00					
	池袋1丁目	749-2	鉄道用地	181.00					
	池袋1丁目	749-3	鉄道用地	46.00					
	池袋1丁目	755-2	鉄道用地	6.61					
	池袋1丁目	756-5	鉄道用地	145.00					
	池袋2丁目	843-2	雑種地	188.00					
	池袋2丁目	843-3	雑種地	66.00					
	池袋2丁目	844-1	雑種地	16.00					
	池袋2丁目	844-2	雑種地	19.00					
	池袋2丁目	844-3	雑種地	611.00					
	池袋2丁目	845-2	雑種地	16.00					
	池袋2丁目	845-4	雑種地	565.00					
	池袋2丁目	846-2	雑種地	128.00					
	池袋2丁目	846-3	雑種地	161.00					
	池袋2丁目	846-5	雑種地	423.00					
	池袋2丁目	847-3	雑種地	161.00					
	池袋2丁目	847-5	雑種地	39.00					
	池袋2丁目	847-6	雑種地	304.00					
	池袋2丁目	848-1	雑種地	595.00					
	池袋2丁目	848-2	雑種地	320.00					
	池袋2丁目	849-1	雑種地	723.00					
	池袋2丁目	849-2	雑種地	363.00					
	池袋2丁目	849-5	雑種地	423.00					
	池袋2丁目	849-6	雑種地	19.00					
	池袋2丁目	850-2	雑種地	59.00					
	池袋2丁目	850-6	雑種地	52.00					

1	池袋2丁目	850-7	雑種地	152.00	西池袋1丁目	1-2	鉄道用地	14431.50	115.42	
	池袋2丁目	861-2	雑種地	122.00						
	池袋2丁目	883-2	雑種地	33.00						
	池袋2丁目	883-3	雑種地	46.00						
	池袋2丁目	883-4	雑種地	436.00						
	池袋2丁目	883-9	雑種地	26.00						
	池袋2丁目	884-1	雑種地	115.00						
	池袋2丁目	884-2	雑種地	19.00						
	池袋2丁目	884-5	雑種地	62.00						
	池袋2丁目	885-5	雑種地	478.00						
	池袋2丁目	850-8	雑種地	119.00						
	池袋2丁目	851-5	雑種地	125.00						
	池袋2丁目	881-2	雑種地	134.00						
2	池袋1丁目	630-7	雑種地	1120.00	西池袋1丁目	1-3	鉄道用地	5415.57	88.10	*1
	池袋1丁目	634-14	雑種地	532.00						
	池袋2丁目	845-1	雑種地	2479.00						
	池袋2丁目	850-1	雑種地	1993.00						
	池袋2丁目	885-3	雑種地	23.00						
3	池袋2丁目	845-5	雑種地	905.00	西池袋1丁目	1-5	鉄道用地	504.89	55.79	
4	池袋2丁目	845-6	宅地	211.70	西池袋1丁目	1-11	宅地	1832.29	149.51	*1
	池袋2丁目	1199-1	雑種地	879.00						
	池袋2丁目	1199-10	宅地	16.85						
	池袋2丁目	1179-1	宅地	118.01						
5	池袋2丁目	845-9	宅地	92.89	西池袋1丁目	1-7	宅地	78.04	84.01	
6	池袋2丁目	846-1	雑種地	119.00	西池袋1丁目	1-4	鉄道用地	335.63	76.11	*1
	池袋2丁目	851-7	雑種地	45.00						
	池袋2丁目	858-4	雑種地	277.00						
7	池袋2丁目	858-1	宅地	125.61	西池袋1丁目	15-2	宅地	78.94	62.85	
8	池袋2丁目	1177-3	宅地	59.9	西池袋1丁目	14-1	宅地	47.83	79.85	
9	池袋2丁目	1177-6	宅地	29.35	西池袋1丁目	14-12	宅地	23.43	79.83	
10	池袋2丁目	1177-7	宅地	13.85	西池袋1丁目	14-11	宅地	11.3	81.59	
11	池袋2丁目	1178-19	宅地	74.97	西池袋1丁目	14-2	宅地	59.86	79.85	
12	池袋2丁目	1178-24	宅地	137.95	西池袋1丁目	14-7	宅地	97.61	70.76	
13	池袋2丁目	1179-2	雑種地	2948.00	西池袋1丁目	1-12	鉄道用地	6580.89	144.87	*1
	池袋2丁目	1184-1	雑種地	704.00						
	池袋2丁目	1199-7	雑種地	6.61						
	雑司ヶ谷町7丁目	1015-1	雑種地	499.00						
	雑司ヶ谷町7丁目	1015-5	雑種地	76.00						
	雑司ヶ谷町7丁目	1016-3	宅地	2.94						
	雑司ヶ谷町7丁目	1016-4	雑種地	191.00						
	雑司ヶ谷町7丁目	1022-11	鉄道用地	115.00						
14	池袋2丁目	1179-3	宅地	1147.20	西池袋1丁目	1-9	宅地	810.61	70.66	
15	池袋2丁目	1179-4	雑種地	492.00	西池袋1丁目	1-10	鉄道用地	713.05	144.93	
16	池袋2丁目	1179-5	雑種地	135.00	西池袋1丁目	1-8	鉄道用地	203.63	150.84	
17	池袋2丁目	1183-2	雑種地	36.00	西池袋1丁目	1-1	鉄道用地	15711.10	109.87	*1
	池袋2丁目	1184-2	雑種地	1.75						
	池袋2丁目	1184-3	雑種地	588.00						
	池袋2丁目	1185-2	雑種地	161.00						

17	池袋2丁目	1186-2	雑種地	165.00	西池袋1丁目	1-1	鉄道用地	15711.10	109.87
	池袋2丁目	1186-4	雑種地	1451.00					
	池袋2丁目	1186-5	雑種地	1487.00					
	池袋2丁目	1187-1	雑種地	684.00					
	池袋2丁目	1187-2	雑種地	122.00					
	池袋2丁目	1188-2	雑種地	185.00					
	池袋2丁目	1188-3	雑種地	19.00					
	池袋2丁目	1189-1	雑種地	145.00					
	池袋2丁目	1189-4	雑種地	142.00					
	池袋2丁目	1196-1	雑種地	29.00					
	池袋2丁目	1196-2	雑種地	218.00					
	池袋2丁目	1196-4	雑種地	542.00					
	池袋2丁目	1197-2	雑種地	238.00					
	池袋2丁目	1197-3	雑種地	185.00					
	池袋2丁目	1197-5	雑種地	29.00					
	池袋2丁目	1198-2	雑種地	3.30					
	池袋2丁目	1198-3	雑種地	519.00					
	池袋2丁目	1198-4	雑種地	429.00					
	池袋2丁目	1199-2	雑種地	9.91					
	池袋2丁目	1199-3	雑種地	122.00					
	池袋2丁目	1199-5	雑種地	46.00					
	雑司ヶ谷町7丁目	983-2	鉄道用地	23.00					
	雑司ヶ谷町7丁目	986-2	鉄道用地	82.00					
	雑司ヶ谷町7丁目	986-3	鉄道用地	19.00					
	雑司ヶ谷町7丁目	987-1	畑	211.00					
	雑司ヶ谷町7丁目	987-2	鉄道用地	340.00					
	雑司ヶ谷町7丁目	987-4	鉄道用地	175.00					
	雑司ヶ谷町7丁目	987-5	鉄道用地	99.00					
	雑司ヶ谷町7丁目	988-8	官用地	0.89					
	雑司ヶ谷町7丁目	988-7	官用地	148.00					
	雑司ヶ谷町7丁目	989-2	宅地	99.07					
	雑司ヶ谷町7丁目	989-3	宅地	22.14					
	雑司ヶ谷町7丁目	990-2	畑	6.61					
	雑司ヶ谷町7丁目	991-2	鉄道用地	3.30					
	雑司ヶ谷町7丁目	991-3	畑	66.00					
	雑司ヶ谷町7丁目	992-2	鉄道用地	122.00					
	雑司ヶ谷町7丁目	992-3	鉄道用地	109.00					
	雑司ヶ谷町7丁目	992-4	鉄道用地	485.00					
	雑司ヶ谷町7丁目	992-5	畑	52.00					
	雑司ヶ谷町7丁目	993-2	鉄道用地	251.00					
	雑司ヶ谷町7丁目	993-3	鉄道用地	23.00					
	雑司ヶ谷町7丁目	1014-2	鉄道用地	76.00					
	雑司ヶ谷町7丁目	1015-2	鉄道用地	36.00					
	雑司ヶ谷町7丁目	1015-3	鉄道用地	522.00					
	雑司ヶ谷町7丁目	1015-4	鉄道用地	72.00					
	雑司ヶ谷町7丁目	1015-6	畑	138.00					
	雑司ヶ谷町7丁目	1015-7	雑種地	1.15					
	雑司ヶ谷町7丁目	1016-2	畑	3.30					

17	雑司ヶ谷町7丁目	1017-2	鉄道用地	6.61	西池袋1丁目	1-1	鉄道用地	15711.10	109.87
	雑司ヶ谷町7丁目	1017-3	鉄道用地	578.00					
	雑司ヶ谷町7丁目	1017-4	鉄道用地	3.30					
	雑司ヶ谷町7丁目	1017-6	畑	112.00					
	雑司ヶ谷町7丁目	1018-1	鉄道用地	310.00					
	雑司ヶ谷町7丁目	1018-2	鉄道用地	366.00					
	雑司ヶ谷町7丁目	1019-2	鉄道用地	297.00					
	雑司ヶ谷町7丁目	1019-3	鉄道用地	42.00					
	雑司ヶ谷町7丁目	1019-4	鉄道用地	52.00					
	雑司ヶ谷町7丁目	1020-1	鉄道用地	218.00					
	雑司ヶ谷町7丁目	1020-2	鉄道用地	33.00					
	雑司ヶ谷町7丁目	1021-2	鉄道用地	69.00					
	雑司ヶ谷町7丁目	1021-6	鉄道用地	82.00					
	雑司ヶ谷町7丁目	1022-2	鉄道用地	62.00					
	雑司ヶ谷町7丁目	1022-4	鉄道用地	66.00					
	雑司ヶ谷町7丁目	1022-5	鉄道用地	46.00					
	雑司ヶ谷町7丁目	1022-6	鉄道用地	56.00					
	雑司ヶ谷町7丁目	1022-9	鉄道用地	314.00					
	雑司ヶ谷町7丁目	1022-10	畑	178.00					
	雑司ヶ谷町7丁目	1025-2	畑	13.00					
	雑司ヶ谷町7丁目	1026-3	鉄道用地	66.00					
	雑司ヶ谷町7丁目	1026-4	畑	310.00					
	雑司ヶ谷町7丁目	1027-2	畑	277.00					
18	池袋2丁目	1184-4	雑種地	9.91	西池袋1丁目	1-13	鉄道用地	10.90	109.99
19	池袋2丁目	1202-1	雑種地	1239.00	西池袋1丁目	1-6	宅地	1979.14	48.38 *1
	池袋2丁目	1203	学校敷地	1431.00					
	池袋2丁目	1204-1	学校敷地	1421.00					
20	池袋2丁目	1200	学校敷地	1828.00	西池袋1丁目	11-4	宅地	9853.19	67.25 *1
	池袋2丁目	1201	雑種地	1375.00					
	雑司ヶ谷町7丁目	966-1	学校敷地	78.00					
	雑司ヶ谷町7丁目	1024	学校用地	1295.00					
	雑司ヶ谷町7丁目	1027-1	学校用地	495.00					
	雑司ヶ谷町7丁目	1028	学校用地	1629.00					
	雑司ヶ谷町7丁目	1029	宅地	1289.25					
	雑司ヶ谷町7丁目	1030	学校用地	988.00					
	雑司ヶ谷町7丁目	1031	学校用地	1001.00					
	雑司ヶ谷町7丁目	1032	学校用地	1355.00					
	雑司ヶ谷町7丁目	1033	官有地	327.00					
	雑司ヶ谷町7丁目	1034-1	官有地	330.00					
	雑司ヶ谷町7丁目	1034-2	官用地	175.00					
	雑司ヶ谷町7丁目	1036	官用地	178.00					
	雑司ヶ谷町7丁目	1074	学校敷地	780.00					
	雑司ヶ谷町7丁目	1075-1	学校用地	1069.00					
	雑司ヶ谷町7丁目	1084-1	学校用地	459.00					
21	池袋2丁目	1202-2	雑種地	211.00	西池袋1丁目	11-5	宅地	154.24	73.10

*1――合筆

池袋の戦後

西武鉄道、東武鉄道のターミナルとして、昭和戦前期に駅前が繁華街へと変化し始めていた池袋。戦後さらに発展を遂げるが、池袋の戦災復興には戦前から駅近傍に存在した一主体が所有する広大な土地が大きく影響していた。一主体が所有する広大な土地とは、東口の駅前に戦中期整備された交通疎開空地と、東武鉄道の経営者・根津嘉一郎が所有した通称根津山と呼ばれる雑木林、そして西口の豊島師範学校用地である。

こうした土地がどのように扱われ、池袋が戦災復興を遂げたのか、具体的に見ていきたい。

写真1——本章の対象地区。1947年8月8日米軍撮影の池袋駅上空の航空写真「USA-M390-34」をトリミング、国土地理院所蔵。

1 池袋駅東口の戦災復興と根津山

写真1は一九四七年に撮影された池袋の航空写真であるが、前章の新宿と比較すると、建物の再建が駅周辺や大通り沿いにかぎられていることがわかる。東口では住宅地であった場所が再建されていない。また、戦前から雑木林として市街地化されていなかった根津山があったことも空地が目立つ要因となっている。

池袋駅東口の戦災復興土地区画整理事業は、都内でも最も早く進んだが、その背景のひとつにこの根津山の存在がある。

ここではまず、写真1の**1**の範囲である池袋駅東口の駅前広場とその近傍を対象とし、戦前の都市組織を確認したうえで、交通疎開空地の範囲、戦災の状況、戦後のマーケットの形成、戦災復興土地区画整理事業によるマーケットの整理・移転と露店整理事業、そして駅前広場の整備とその周辺の建物の建設を見ていく。その際、とくに根津山の土地と焼け跡のまま空地となっていた土地に注目していくことになる。

駅前の市街地化と戦災　終戦までの形成過程

戦前期　一九三八年

池袋駅周辺は、新宿、渋谷とともに副都心の繁華街として成長していくが、それはおもに戦後のことで、戦前の池袋は駅を中心とした泥臭い盛り場であった。池袋は、山手線の主要な駅近傍の繁華街のなかでも、都市としての蓄積は浅く、明治時代から大正中期までは事実「村」であった。その池袋が都市として成長し始めるのは武蔵野鉄道、東上鉄道など私鉄が開業してからである。豊島区域の人口は第一次世界大戦期に年々増加し、一九一八年には約八万人、一九二〇年には一〇万人を超えて、畑と雑木林が広がる田園から東京の郊外住宅地へと変化していく。一九三二年、巣鴨町・西巣鴨町・長崎町・高田町が東京市へ編入し、四町の区域をもって豊島区が誕生する。このころ、宅地のインフラ整備も進み、交通拠点としての池袋駅の乗降客数は増加していった。

このころになると池袋駅東口は、駅前を中心に商店街が発展し始めた。その様子を、後に豊島区議会議長になる森茂吉は次のように述べている。

「大正九年に私が店を出した頃の駅前は幅八米位の砂利道で自転車の数もまばらで乗降客も少なかった。池袋の発展それは護国寺まで来ていた市電を延長する事だ。（中略）昭和二年五月、区議会議員の中から護国寺線延長期成同盟なるものをつくった。委員長である私と一五名の議員が市会の各委員会が開かれる毎に陳情に通った。（中略）昭和一四年四月に、めでたく開通。それと同時に人の足はどっと護国寺から池袋へと伸び、休日の池袋駅では一万円からの売上げがあり、武蔵野鉄道の山名社長（引用者注、当時社長は空席で、山名義高は専務取締役）は駅員に一円の大入袋を出したりした。秋には遠足の子供たちが豊島園へ押しかけた」[＊1]

こうして池袋は国鉄、私鉄、市電の利用者、バスの乗降客によって賑わっていく。この時期、東京の他の私鉄のターミナルには、従来からの百貨店だけでなく、私鉄資本による新しい百貨店が進出しつつあった。池袋駅東口でも一九三五年一一月に、呉服店系老舗百貨店の白木屋と京浜電気鉄道が共同で設立した京浜百貨店が「菊屋デパート」をオープンさせた。これを武蔵野鉄道が買収し、武蔵野デパートと改称してオープンしたのが一九四〇年三月であった。一方で、戦後に対象地区の駅前広場に面して店舗を建設する三越も、戦前に池袋駅東口に進出している。三越は、一九二八年に駅前に分店を設置するために土地七二三坪を取得している[*2](図1)。

こうした状況のなかで、第一章で見た駅前広場は計画された。

図1は、一九三八年の火災保険特殊地図であるが、こうした百貨店以外の商店街は明治通り沿いに展開していることが確認できる。また、こうした表通りの小売店に対し、駅前の路地を入るとカフェが並んでいる。そして、駅前にはふたつの市場があった。

繁華街と呼べるのは駅前にかぎられていた。とくに駅南東には、財団法人根津育英会(東武鉄道社長の根津嘉一郎が設立した奨学育成財団)の所有地である根津山と呼ばれた広大な林(大半の土地の地目は畑)が、未開発のまま残っていた。ここが終戦まで、地目上「畑」として残っていたことが、池袋駅東口の戦災復興に大きく影響する(図2)。

建物疎開と戦災　一九四四-四五年

第一章で見たとおり、池袋駅東口では疎開事業の第三次指定(一九四四年四月一七日)によって駅前の建物が除去され、交通疎開空地がつくられた[*3]。

そして空襲を受け、一九四五年四月一三日に池袋駅周辺は焼き尽くされた。『豊島区史』によれば、この日、雑司ヶ谷や池袋で早めに避難した人々は長崎方面(池袋駅より西)へ逃げたが、逃げ遅れた人の多くは根津山に避難したという。当時、林と竹やぶとなっていた根津山には、コンクリート造の防空壕が数ヵ所つくられていたため、多くの人々が避難してきた。

図3は一九四五年八月から九月にかけて撮影された米軍の航空写真をもとに、焼け残った建物のみを描いた地図である。空襲にあった池袋駅東口には、建物がまばらに残るのみである。ここから、池袋駅東口はいかにして再生、そして復興していったのだろうか。

池袋駅東口に建設されたマーケット　一九四五-四七年

終戦直後の池袋駅東口に関する資料

池袋駅東口の終戦から一九四七年までの再生の過程を明らかにする資料は三つ存在する。

ひとつ目は一九四七年八月八日に米軍によって撮影された航空写真「USA-M390-34」である。この航空写真は池袋駅を中心に、撮影された航空写真で、おおむね建物の形状が判断できる解像度を持って

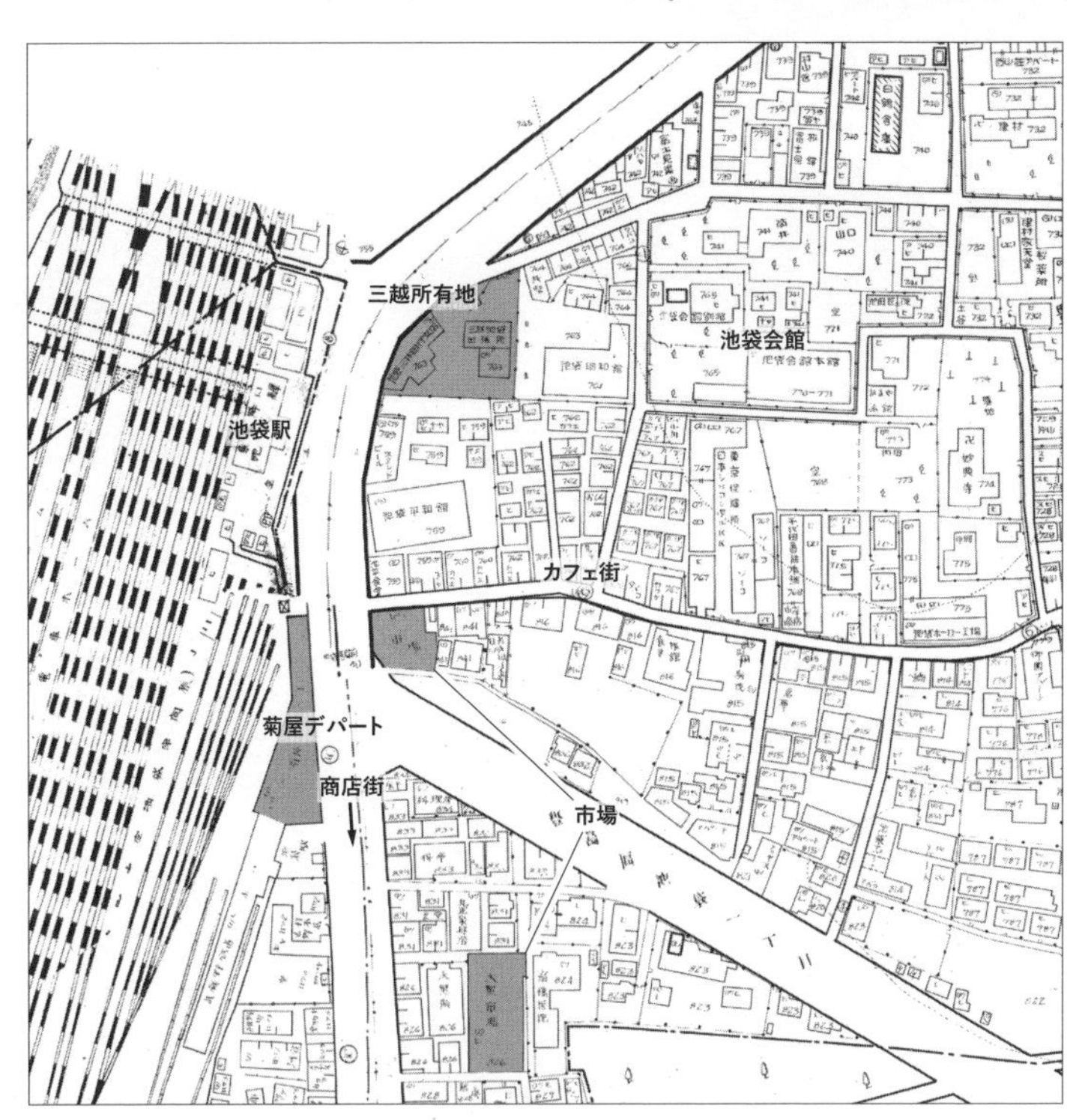

図1──1938年の火災保険特殊地図（都市整図社発行）に筆者追記。

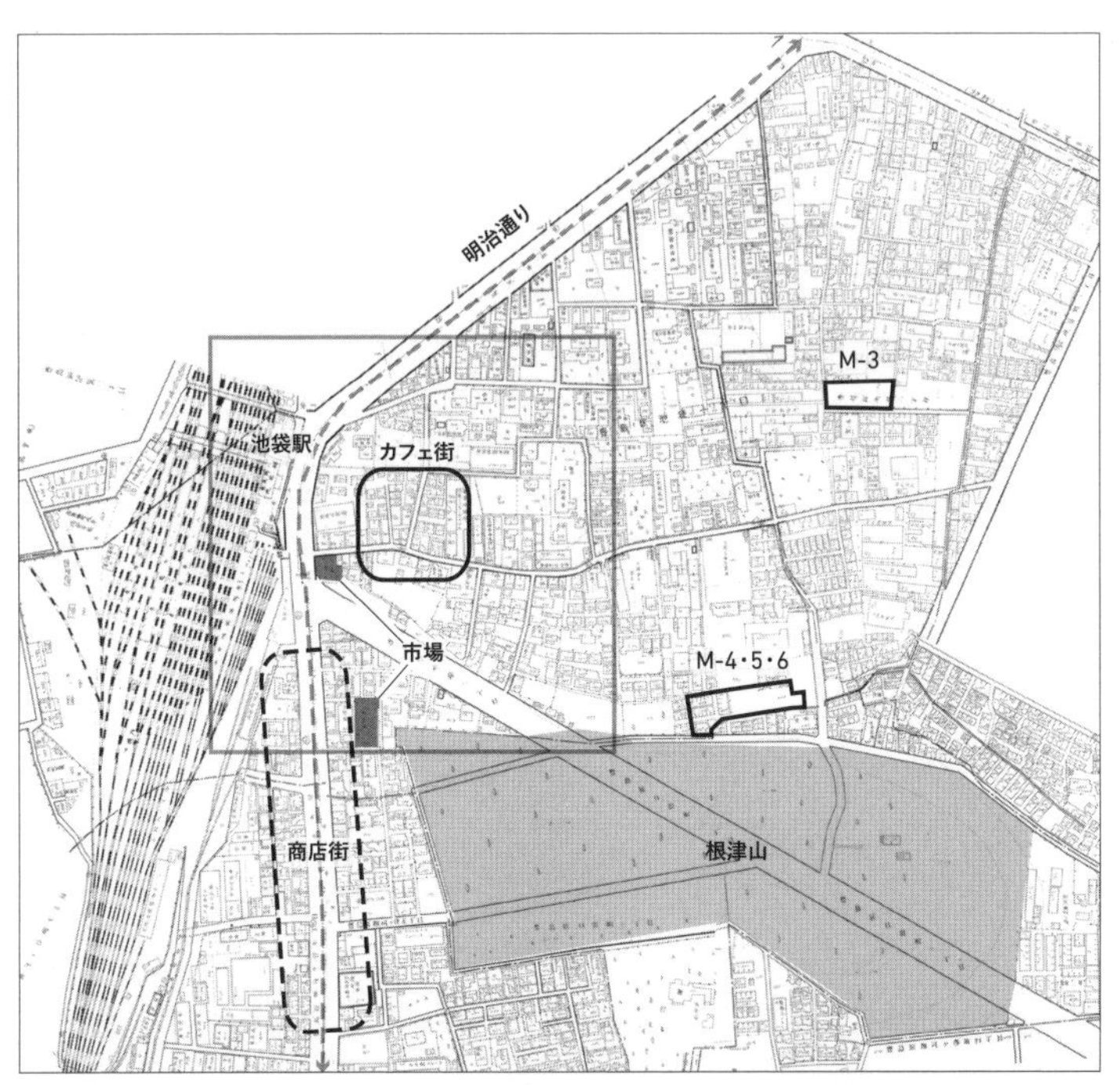

図2──1938年の火災保険特殊地図（都市整図社発行）に筆者追記。

いる（写真１）。

ふたつ目は、当時東京高等師範学校文科四部二年に在学中であった星野朗が、一九四七年二月〜五月の池袋駅周辺の連鎖商店街（マーケット）を対象として、その実態を調査しまとめた記録「池袋駅を中心とする連鎖商店街について」［＊4］である。この記録には星野が調査した、全一三ヵ所のマーケットの建設時期、規模、店舗数、業種などがまとめられており、当時の池袋駅周辺のマーケットの状況を示す最も重要な資料である。ただ、マーケットの分布図を一九二二年作成の地図をもとに描いているため、道路形状が戦後復興期のものとは異なっており、マーケットの位置が誤って記されている箇所がある。これについては、航空写真「USA-M390-34」との比較から、正確な位置を特定する。

三つ目は、松平誠が主となって一九八三年三月〜一〇月に実施した聞き取り調査の記録「池袋『やみ市』の実態——第二次世界大戦後の戦災復興マーケット」［＊5］である。この記録は、当時の営業者に聞き取り調査を行いながら、戦後復興期のマーケットの店舗を図面に起こし店舗内の造作物までも復原したものである。本節では、航空写真「USA-M390-34」（写真１）と、星野の「池袋駅を中心とする連鎖商店街について」をおもな資料として用い、補足的に松平による

図３——戦災後に池袋駅周辺で焼け残った建物（出典：『戦災復興期東京１万分１地形図修正』柏書房、1988 年）

「池袋『やみ市』の実態」を参照することで、一九四七年の池袋駅東口を復原する。

一九四七年の池袋駅東口

まず、写真1から一九四七年八月八日当時の池袋駅東口を確認したい。戦中期に交通疎開空地として建物疎開が行われていた駅前の街区と西武鉄道(旧武蔵野鉄道)の土地には、建物が再建されていることがわかる。とくに駅前の街区には、建物疎開以前の街区の範囲を埋めるようにマーケットが建設されている。これは都内でも最初期に建設された森田組東口マーケットである。

西武鉄道の所有地で、戦前に武蔵野デパート(旧菊屋デパート)が建っていた場所には、戦後も同名のデパートが再建されている。

さらにこれらの周辺に目を向けると、街区のガワの部分にのみ建物が再建されている。とくに駅を中心にした大通り沿いに建物が再建されているが、そこから一歩街区内部へ踏み入れると焼け跡が広がっており、一部の宅地は農地に戻っている。終戦から二年が経過した時期であるが、新宿と比較すると建物の再建が進んでいない。

池袋駅東口では、終戦から戦災復興土地区画整理事業が行われるまでの時期に描かれた火災保険特殊地図が存在しないため、どういった建物が再建されていたか詳しくはわからない。ただ、マーケットについては星野朗による詳細な記録が存在するため、星野の記録から池袋駅東口の状況を見ていくことにしたい。

図4は一九四七年五月当時の池袋駅近傍のマーケットの分布を示している。本節の対象地区には、①森田組東口マーケット、⑥武蔵野デパート、⑨平和マーケット、⑩ミューズマーケット、⑪東口マーケットの五つのマーケットが存在した。それぞれのマーケットの成立を見ていこう。

森田組東口マーケット

森田組東口マーケットは、テキ屋の森田信一を親分とする森田組によって建設された、池袋駅周辺で最初の木造長屋形式のマーケットであった[*6]。一九四六年二月中旬に建設が始まり、「明るい連鎖市場(J・V・C)」を看板にして翌三月にオープンした(写真2)。建設段階では「一坪と一坪半とりまぜ八棟二百五十戸の店が建つ豫定だが、第一次として百三十二戸、残りの百十八戸は二次、三次工事でそれぞれ」[*7]を建設し、二月末までに竣工した。同年二月に第一次の募集を行ったところ、四〇〇人の申込みがあり東京露店商同業組合池袋支部で「露店商人の範となるべき人を基準に」選定したという。申込み金は千円、あとは店を開いた日だけ雑費として五円払うことになっていた。

星野朗が調査した一九四七年二‐五月ごろには、六〇〇‐七〇〇坪の土地を占め、建坪は三四六坪で二五七軒の店舗が並んでいた[＊8]。位置は国鉄池袋駅東口の明治通りを挟んだ向かいで、建物の配置は図6のとおりである。池袋駅東口正面から明治通りを渡ると、東へ街区の内側に伸びる道路がある。この道路が、森田組東口マーケットの南三分の一程度のところを通っている。星野が図6にふった記号で言えば、マーケットにはAからIまでの、全九列の店舗がある。駅に一番近いA列は、明治通りに向かって店を開く長屋が並び、この列より東は、B列とC列、D列とE列、F列とG列、H列とI列とペアになった背中合わせのコマが東西に開きながら並んでいる。こうしたB列からI列までの建物は切妻屋根で、平入の棟割り長屋となっている。マーケットの一区画の規模は、A列およびH‐I列は間口一間奥行一間で、その他では一区画間口一間奥行一間ないし間口一間半奥行一間であった。

第一章でみたとおり、この土地は一九四四年に交通疎開空地に指定され、所有者の申し出により都で買い取るか、借りていた土地である。しかし、この一帯の旧土地台帳が散逸しており、法務局豊島

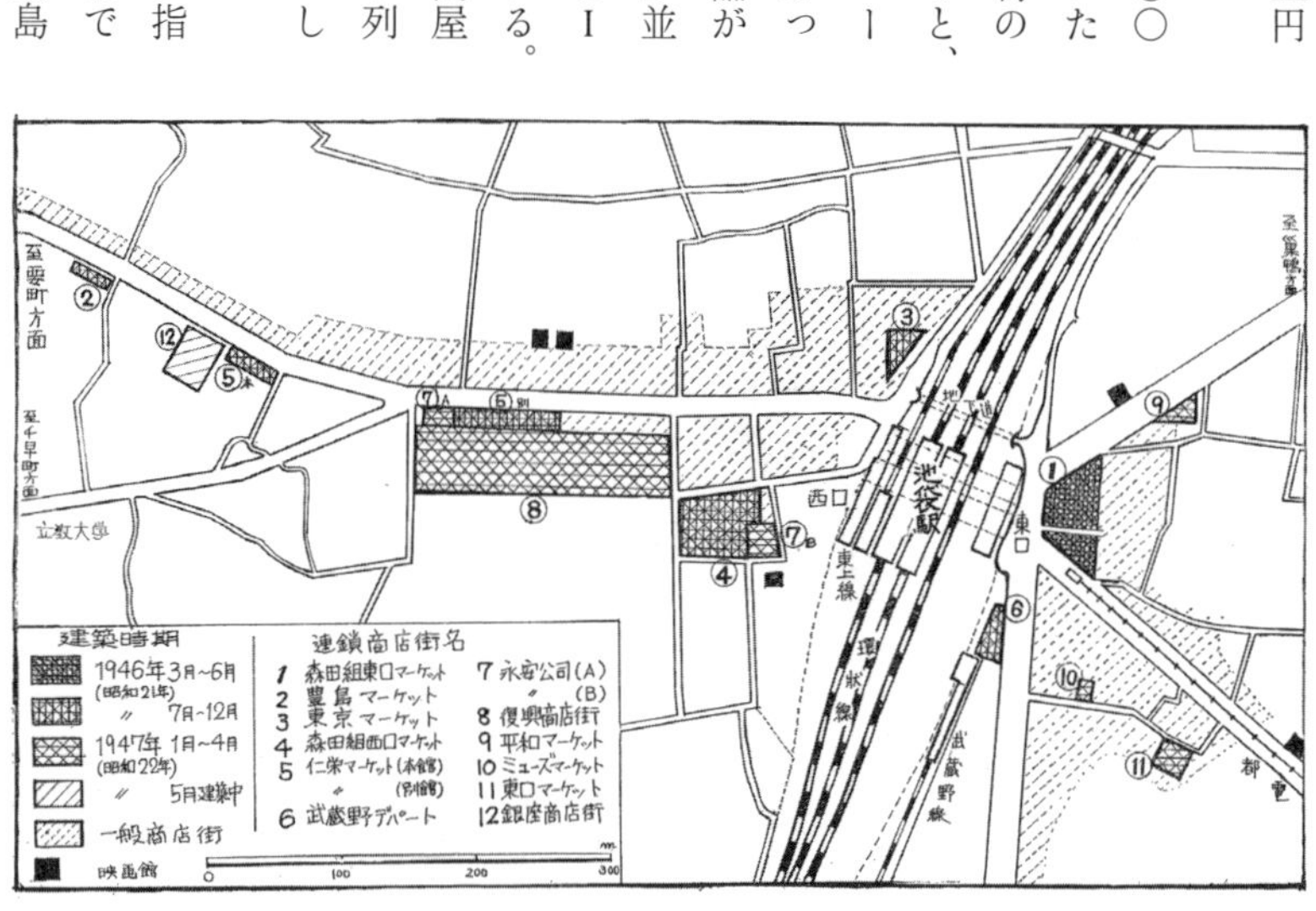

図4――星野朗が1947年5月に調査した池袋駅近傍のマーケットの分布(出典:星野朗、松平誠「池袋『やみ市』の実態――第2次世界大戦後の戦災復興マーケット」『応用社会学研究』25号、1984年、119-142頁)。

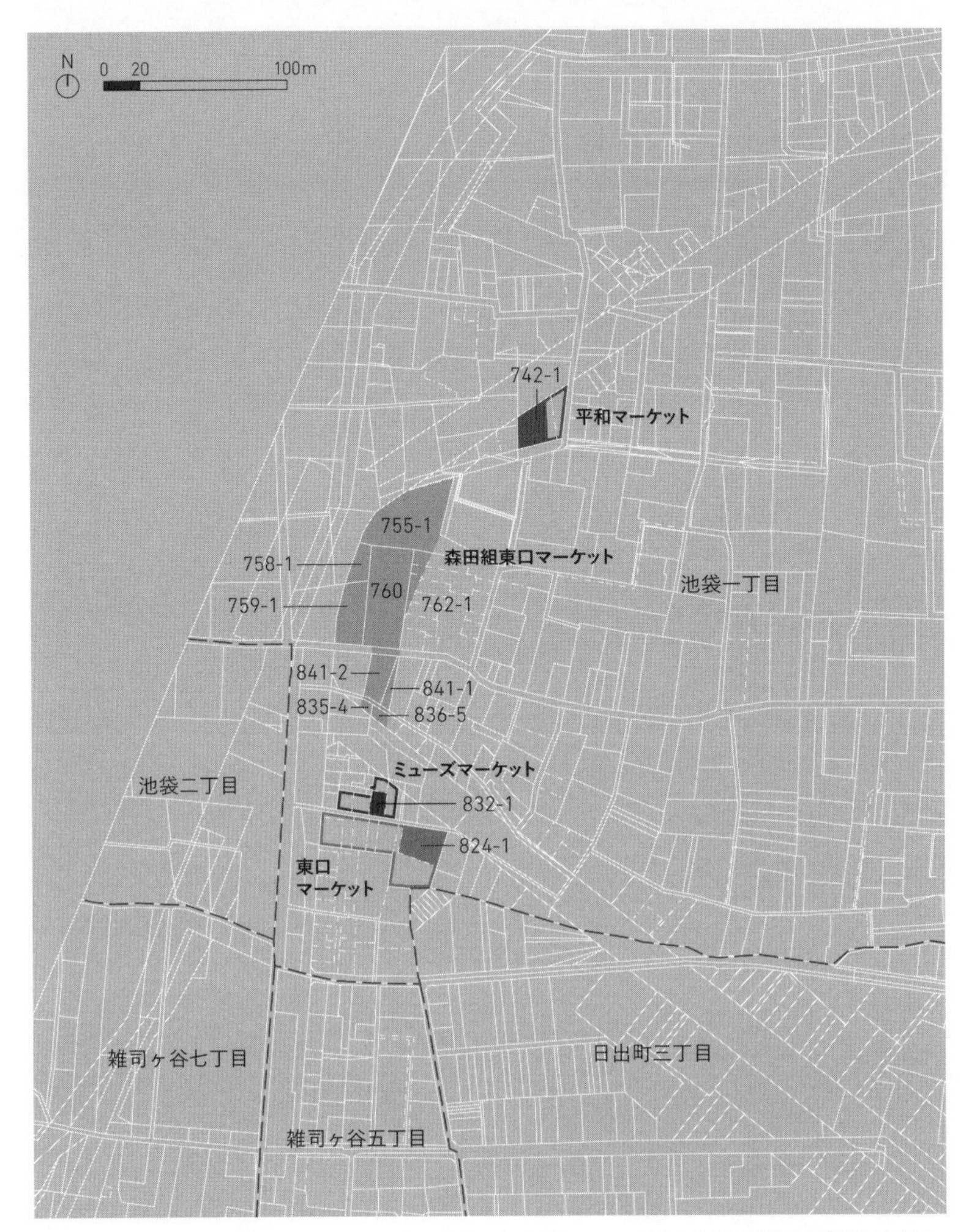

図5──マーケットが建設された土地の位置と地番。東京都市計画第10-1工区復興土地区画整理事業換地確定図の区画整理以前の地割(1960年10月31日現在)に表示。

出張所に保存されていなかったため、一九四四年ごろから一九四七年の間にこれらの土地が東京都の所有になっていたのかを確かめることができない。

だが、戦災復興土地区画整理事業の換地確定図と換地詳細書を確認すると、森田組東口マーケットが建っている土地はすべて民有宅地として換地が指定されていることから、この一帯で戦災復興土地区画整理事業が行われた一九四九年から一九五一年には、これらの土地は民有地であったことがわかる。つまり、第二章で見た新宿駅東口の交通疎開空地のように、森田組東口マーケットが建ったのは戦前に民有地だった土地で、交通疎開空地に指定されたことで一九四四年から一九四五年初頭に、都に土地を買収あるいは賃貸されたが、一九四七年ごろには戦前の所有者に土地の権利(所有権・使用権)が返還されたと考えてよいだろう[＊9]。

したがって森田組東口マーケットが建設された一九四六年二月当時、その土地は東京都の管轄下にあった可能性が高い。そのため、森田組東口マーケットの建設は、新聞でも大きく取り上げられており、都もその建設を認めていたと考えられる。

武蔵野デパート

図4の⑥武蔵野デパートは、一九四六年一二月に再建され、木造杉板葺き(トントン葺き)の二棟が、国鉄池袋駅と武蔵野線池袋駅をつなぐ通路の両側に並んでいた[＊10]。名称はデパートであったが、建物の形状は木造長屋形式のマーケットであった。このマーケットを建設したのは、当然、テキ屋ではなく武蔵野デパートであり、土地は西武鉄道の所有であった[＊11]。

星野朗の調査によれば、この二棟の建物に四〇戸の店が入り、そのうち三四戸が国鉄池袋駅と武蔵野線池袋駅をつなぐ通路に沿って、残り六戸が明治通りに沿って並んでいたという(写真3・図7)。建坪は二〇〇坪で、店一戸あたり五坪、「建物もしっかりした材木で大きくつくられている」[＊12]。

このマーケットが建設される以前、武蔵野デパートは武蔵野線池袋駅改札口前にテントを張って、一九四五年一二月から食料品の小売販売を行っていた。このテントの設置経緯を、西武関係企業の復興工事を担当していた復興社(後の西武建設)の中村正次が次のように述べている。

「戦後、保谷に疎開中の西武鉄道本社に勤務していた。上司から豊

写真2──1948年の森田組東口マーケット（東京都建設局提供）

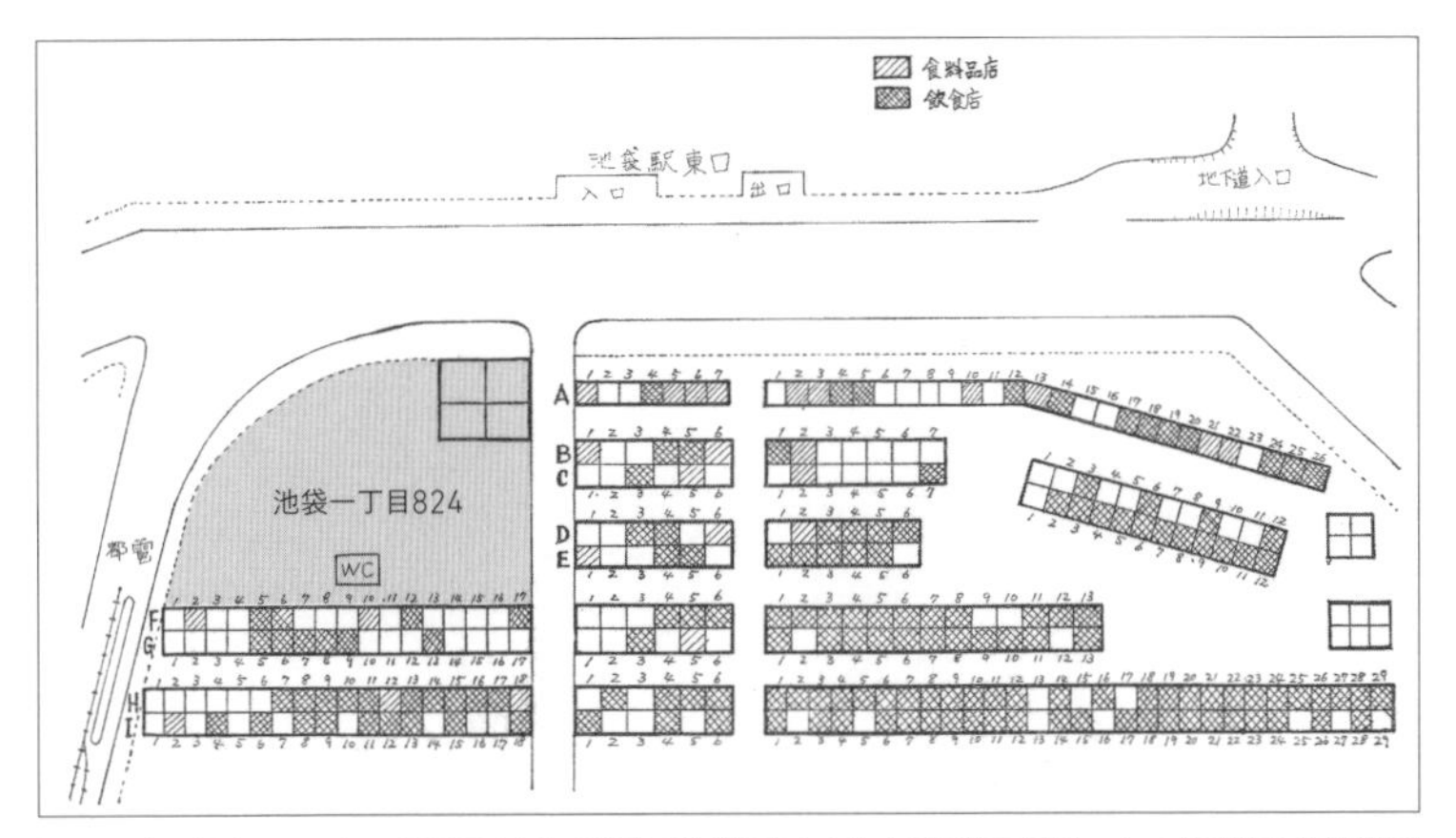

図6──森田組東口マーケット配置図（出典：星野朗「池袋駅を中心とする連鎖商店街について」『応用社会学研究』25号、1984年、119-142頁、▨は食料品の店、▩は飲食店）

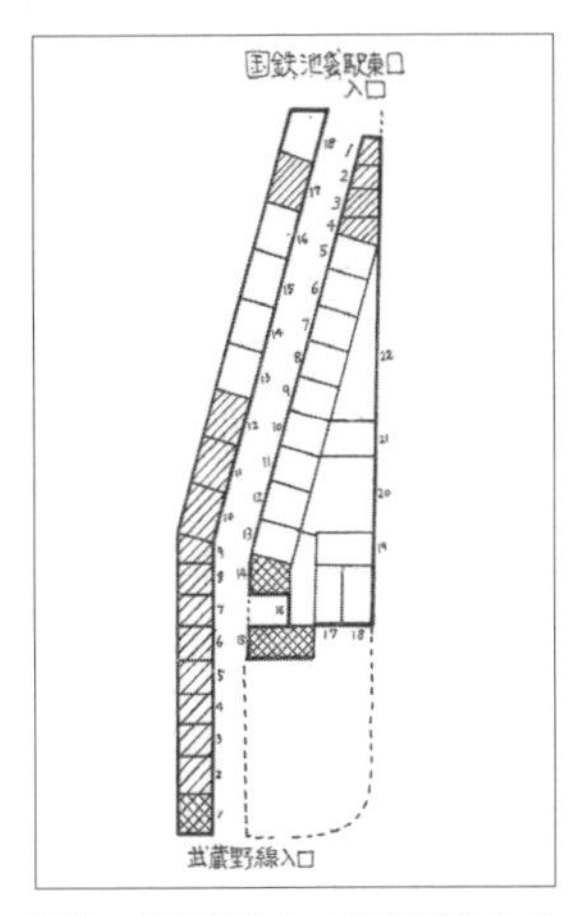

図7──武蔵野デパート平面図（出典：星野朗「池袋駅を中心とする連鎖商店街について」▨は食料品の店、▩は飲食店）

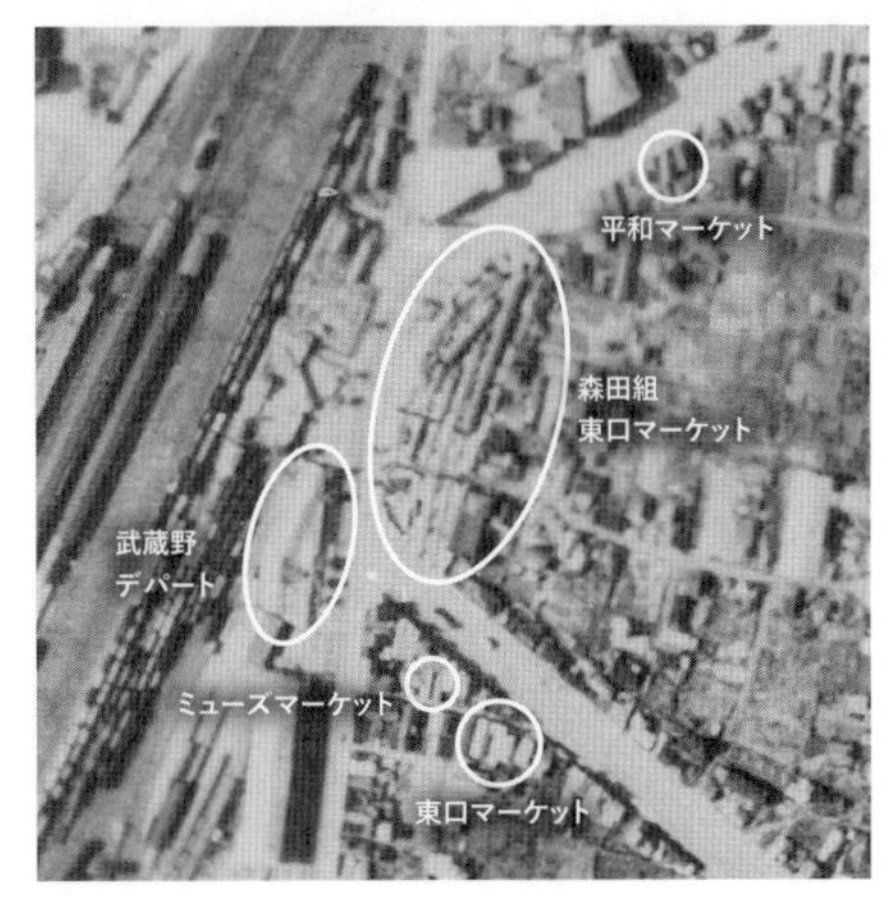

写真3──森田組東口マーケット、武蔵野デパート、平和マーケット、ミューズマーケット、東口マーケットの航空写真。1947年8月8日米軍撮影の「USA-M390-34」をトリミング、国土地理院所蔵。

島園にある軍から払下げのテントで店を作れ、と指示された。自分はテントの知識がないため、もと陸軍少尉とかいう国土計画興業の社員と一緒に豊島園に行き、野戦用の格納庫と戦闘機が二機入るくらいのテント張りと、八畳か一〇畳分くらいの幕舎用のテント数張りを荷車で引き取ってきた。このテントは、成増にあった業者に手伝って貰い、継ぎはぎをし、付属品の鉄骨を支柱に使って組み立てた。その場所は、武蔵野線の池袋駅の改札口の前であった」［＊13］

こうして設営された店の面積は四八坪強で、内部をA・B・Cの三つのブロックに仕切り、野菜、果物、魚などが販売された。鮮魚は福島県から、果物と野菜は西武鉄道沿線の埼玉県産のものをトラックで運び店頭に並べていたという。このテントでの営業は約一年続けられ、一九四六年一二月にバラック建てのマーケットが建設されたことで役目を終えた。西武鉄道創業者堤康次郎の意向で、マーケットでは食料品だけでなく、日用品も販売された。注目したいのは店の経営体制についてである。武蔵野デパートの直営の店は一部であり、「多くの売場は戦争で店舗を失った池袋近辺の人々や縁故者の出店で、極めて雑多な店舗群を構成」［＊14］していたというのだ。すなわち、建物は武蔵野デパートで建設したが、多くの区画は武蔵野デパート以外の営業者に貸し出しており、まさに他のマーケットと同じ状況であった。

山手線池袋駅と西武・武蔵野線池袋駅とを結ぶ通路に位置した武蔵野デパートの盛況ぶりは甚だしいもので、作家の青地晨は、当時の盛り場の情景として、武蔵野デパートの店頭を次のように描写している。

「もう遠い記憶になってしまったが、敗戦間もない頃の池袋を、いくらか私は覚えている。…ただ一つ眼をひいたのが、国電池袋駅から西武電車の改札口まで、うねうねとつづく薄汚いバラックの建物であった。…カーキ色の軍隊服やモンペ姿の乗客のむれが、ひしめきながら通りぬけた。…この通路が最短距離だったからである。また雨が降っても濡れないですむ、ただ一つの重宝な通りでもあった。

通路の両側に大葉の葉っぱやイワシやシジミのたぐいが山と積み上げられ、店員たちは手づかみで客へ売り、客はよごれた新聞紙にくるみ、肩からぶらさげた雑のうのなかへ大事そうにしまいこんだ。

生ぐさいにほいがムンムンと立ちこめるこの狭い通路は、魔女の大鍋のように、あらゆる雑多な品物がみちあふれていた。たとえそれが、海草でこしらえた奇怪なめん類だったり、しがない寒天をかためてサッカリンを入れただけのゼリーだったにせよ、当時は飢えから人間をまもる大切な糧だったのである。…せまい通路の両側が品物を山と積みあげたマーケットなのだから、歩くのに随分と手まどった」［＊15］

この描写から、マーケットの間の通路には屋根があったことがわかる。このマーケットが統制品を闇値で販売していたかどうかはわからないため、闇市であったのかどうかは判別できない。区画は、他のテキ屋が建設したマーケットと比較して大きいが、その空間構成や、並べられていた商品に関する青地晨の描写を見ると、他のマーケットに近い風景であったであろう。

平和マーケット

図4の⑨平和マーケットは一九四七年三月に完成している。位置は池袋駅東口から明治通りを巣鴨方面へ一五〇メートルほど進んだ南側で、土地［池袋一丁目742-1］（図5）に建設されていたと推察されるが、航空写真が不鮮明なため明確に建物を特定できない（写真3）。土地［池袋一丁目742-1］には、戦前は富士見湯という銭湯があったが、旧土地台帳が散逸しているため、戦前戦後の土地所有者は不明である。

平和マーケットの総建坪は五四坪で、三坪（間口一間半奥行二間）の区画を一八持っていた。明治通りを挟んだ向かいに映画館があるものの、通行人の少ない場所のためか、一九四七年五月時点で開店しているのは一八区画中四軒のみであったという［＊16］。一八戸の区画は図8のように配置されており、L字状の通路とマーケットの敷地西側にコマをひらく構成になっている。このことから、敷地西側には空地があったと考えられる。

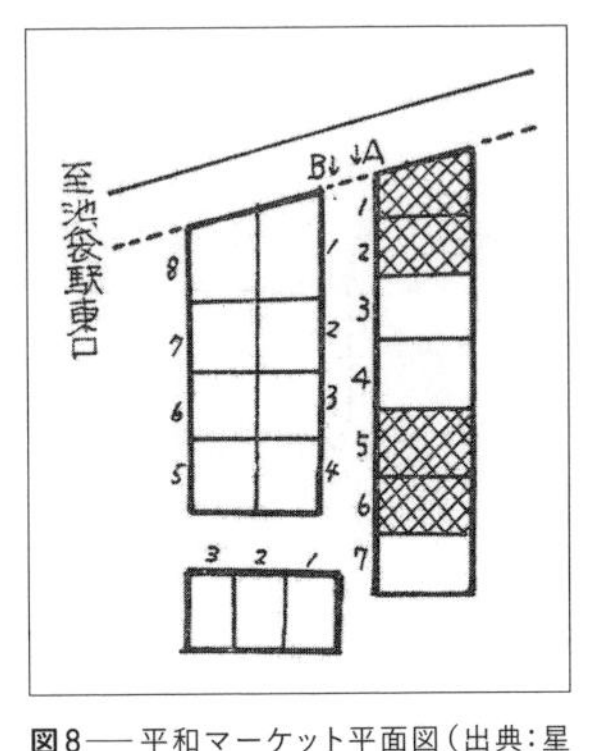

図8――平和マーケット平面図（出典：星野朗「池袋駅を中心とする連鎖商店街について」▨は食料品の店、▩は飲食店）

先述したとおり、星野朗・松平誠「池袋『やみ市』の実態」所収のマーケットの分布図（図4）は、一九二二年に作成された地図をもとに作成しているため、道路形状が戦後の状況とは異なっており、マーケットの位置が誤って記されている。そのマーケットが、⑩ミューズマーケットと⑪東口マーケットである。一九四七年八月八日に米軍によって撮影された航空写真「USA-M390-34」をもとにマーケットの位置を正確に復原すると、図9のようになる。

ミューズマーケットは一九四七年四月に完成した、全九区画のマーケットである。総建坪は三六坪で、それぞれの店舗は四坪であった。注目すべきは、建物が二階建て本建築で（図10）、入居していた店舗もすべて高級料理店であったことだ[＊17]。

戦災復興土地区画整理事業の換地確定図から、ミューズマーケットが建つ土地は土地［池袋一丁目832-1］であることがわかるが、ここも旧土地台帳が散逸しているため戦前戦後の土地所有者は不明である（図5）。また、戦前の火災保険特殊地図を確認しても、同地には建物が建っていることがわかるだけで、業種などは記載されていない。

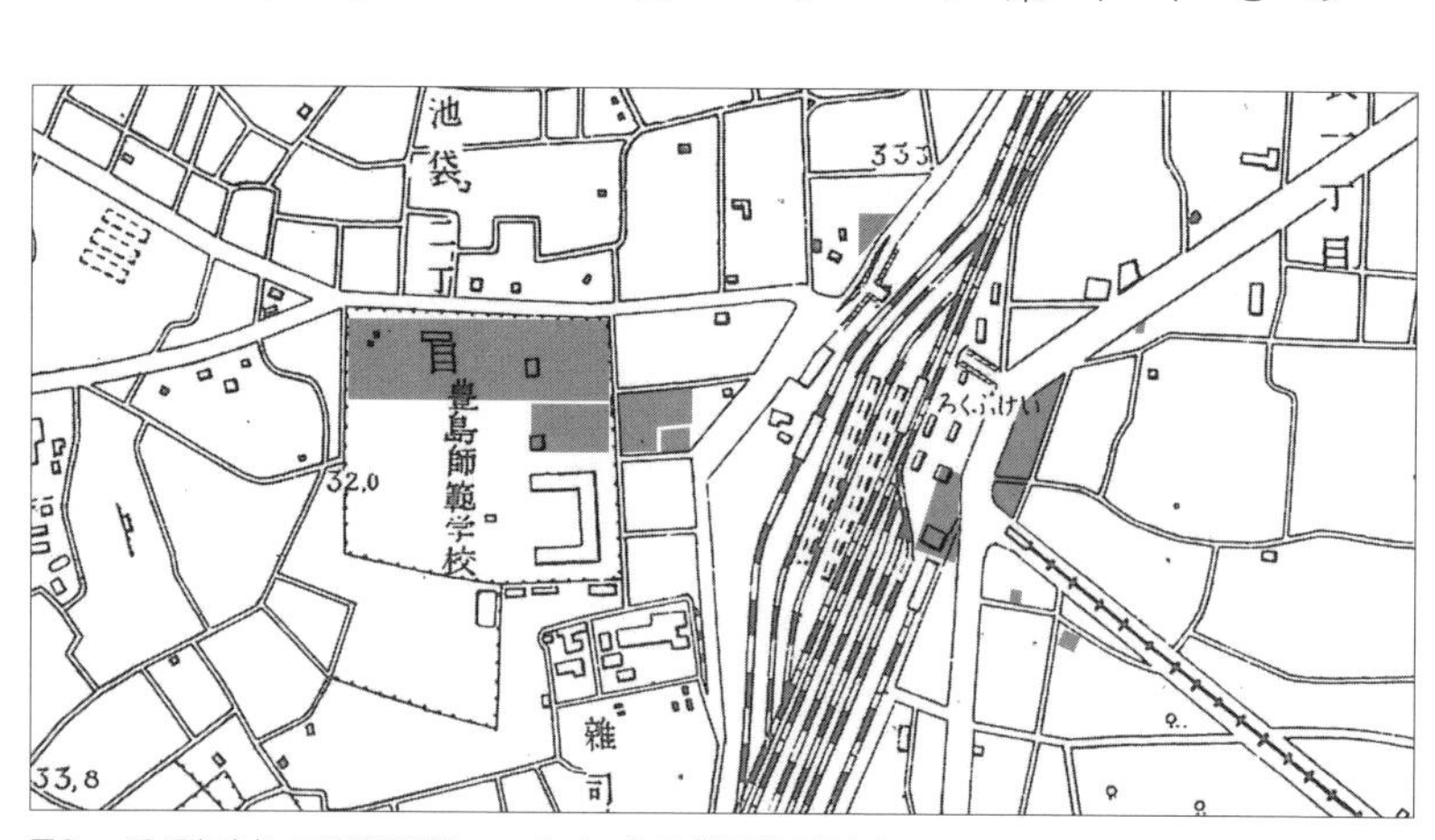

図9――1947年時点での池袋駅近傍のマーケットの位置。『戦災復興期東京1万分1地形図集成』に筆者追記。

東口マーケット

図4の⑪東口マーケットもミューズマーケット同様、一九四七年四月に完成している。全一八区画のマーケットで、業種は喫茶店と料理店が各一店舗確認できたが、他の一六区画の店舗は不明であった[*18](図11)。

戦災復興土地区画整理事業の換地確定図(図5)から、東口マーケットが建つ土地を確認すると土地[池袋一丁目824-1]の北半分の借地であることがわかるが、ここも旧土地台帳が散逸しているため戦前戦後の土地所有者は不明である。

池袋駅東口の露店

以上のようにこの時期、池袋駅東口に五つのマーケットが誕生したが、終戦直後から自然発生した露店も継続的に路上に並んでいた。図12は池袋周辺の露店の分布を示している。この図からは駅前の森田組東口マーケット周辺以外では、日活や人生坐などの映画館周辺に露店が並んでいることがわかる。これは、駅前以外はあまり商店街の復興が進んでおらず、人が集まる場所は映画館にかぎられていたためで、星野朗が図4のなかに映画館をプロットしていたのにも納得がいく。

新宿の新宿通りや、渋谷の道玄坂と異なり、戦前、池袋の通りに

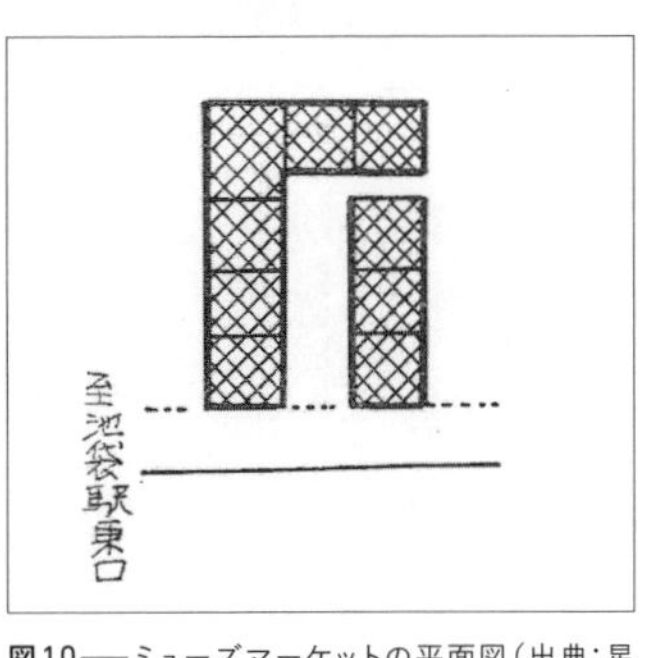

図10——ミューズマーケットの平面図(出典:星野朗「池袋駅を中心とする連鎖商店街について」▨は食料品の店、▩は飲食店)

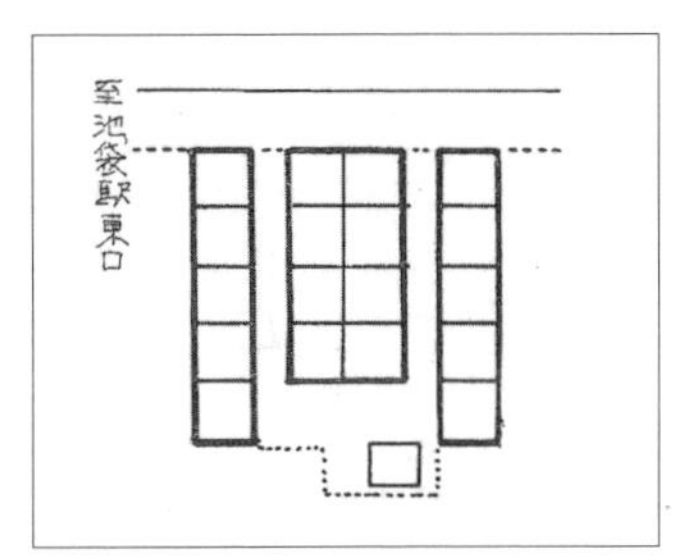

図11——東口マーケットの平面図(出典:星野朗「池袋駅を中心とする連鎖商店街について」▨は食料品の店、▩は飲食店)

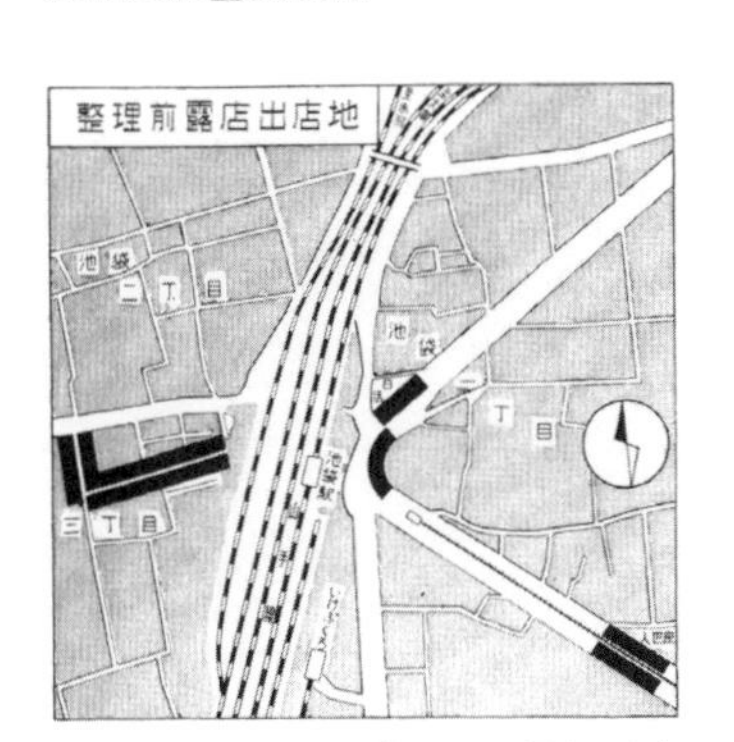

図12——1949年頃の池袋駅周辺の露店の分布(出典:東京都臨時露店対策部『露店』1952年)

は露店が並んでいなかった。そのため、平日商人の組合は存在せず、戦後の露店はすべてテキ屋の「組」組織に所属していたと考えられる。

戦災復興土地区画整理事業による根津山の解体と マーケットの移転・整理　一九四八-五三年

一九四八年から一九五三年の間に、戦災復興土地区画整理事業によってマーケットが整理されるが、一部の営業者はまとまってマーケットを新設している。また露店整理事業によっても、新たにマーケットが建設された。これらのマーケットはすべて戦災復興土地区画整理事業第一〇-一工区の範囲内に建設されているが、こうした動きは新宿では見られなかった。新宿では土地を取得してのマーケットの移転や、露店整理事業による新宿サービスセンターの建設は駅前の戦災復興土地区画整理事業工区の外側であった。池袋駅東口のマーケットや露店が駅前の工区内に移転場所を得られた背景には、根津山が戦災復興土地区画整理事業第一〇-一工区内に存在したことがある。

マーケットの変容

新宿で「組」組織が解散していった一九四七年中旬、東京の他の地域でも封建的な「組」組織が解散に追い込まれていた。森田組も一九四八年なかごろまでに解散し、さらに同年七月二〇日には、森田組東口マーケット建設以降、営業者から税金や家賃と称して金を巻き上げ、暴利を得ていたことにより池袋署が森田組親分の森田信一の検挙に乗り出し[*19]、同月二九日に実施している[*20]。

一方で、西武資本によって建設された武蔵野デパートは、この時期に改築の計画が進められた。先の青地晨の描写にあったように、武蔵野デパートは他のマーケット同様、きわめて簡素なバラックであった。しかし一九四七年になると、西武鉄道の駅舎事務所とともに木造の本建築へ改築する計画が始まった。西武鉄道の関連会社である復興社が設計と建設を担当し、一九四七年一一月に改築工事に着手。資材は千葉県蘇我の元陸軍航空兵器研究所の木造施設を落札・払い下げによって調達した。しかし、建設途中の一九四八年二月三日未明に焼失してしまう。止むを得ず、武蔵野デパートは建設途中も規模を縮小しながら営業していたマーケットを活用し、営業を継続し、もう一度再建をめざす。

その後、木造モルタル外装二階建ての新しい建物は一九四九年一二月に完成し、ターミナルデパートとして武蔵野デパートから西武百貨店に改称し再スタートしている[*21]。新築の建物は、西武鉄道資本によって西武鉄道の資産として建設された。同時に、それまで貸店舗が中心だった武蔵野デパートから、直営の百貨店経営に変更した。これがターミナルデパートとしての西武百貨店の戦後のスタートである。

西武の根津山買収

この時期、西武は百貨店事業を進めるとともに、池袋駅東口の発展をにらんで土地の買収を進めていた。戦後早々に武蔵野鉄道事務所用地に隣接する商店街の建物疎開による空地三六〇坪（地主一名、借地権者二八軒）の交渉を始め、一九四七年一月に買収を完了している。この土地は、一九五〇年に西武が最初の本格的な駅ビルを建設する際に、中心的な用地となった。

西武が続いて買収を進めたのが、根津育英会が所有する根津山であった。根津山は約一万五〇〇〇坪にもおよび、池袋駅の徒歩圏内でありながら広大な雑木林のまま終戦を迎えていた。西武はこの土地に着目し、根津嘉一郎東武鉄道社長に譲渡を願い出るとともに根津育英会に直接交渉し、根津山の大部分を買収することに成功、一九四六年三月に登記を行っている[*22]。ただし、西武が根津山の土地買収時に具体的な開発計画を持っていたわけではなかった。

他方でこの時期、戦災復興土地区画整理事業が進展し、一九四六年一二月には池袋駅東口（第一〇-一工区）の地権者（地主・借地人）からなる土地区画整理委員会において、東京都提案の戦災復興土地区画整理の計画が具体化しつつあった[*23]。西武鉄道は同工区の大地主として、土地区画整理委員に名を連ねていた[*24]。戦災復興土地区画整理事業推進のためには、駅前に建つマーケットの整理が急務であった。東京都は、池袋駅東口の区画整理を迅速に進めるために、西武所有となっていた根津山の土地を都へ売却するよう願い出た[*25]。そして、西武は「都当局立案の復興・整備計画に全面的に協力することとし」、一九四九年早々に根津山を中心とした保有地を都に売却した[*26]。

東京都はこの土地を森田組東口マーケットの区画整理で行き場を失った人々、一九四九年からの露店整理事業で生まれた商業協同組合に購入させて整理を進めたが、それはあくまで根津山の土地の一部であり、実際には根津山の土地の分譲によってマーケット営業者や露天商以外にも多くの新規地主が生まれた。

戦災復興土地区画整理第一〇-一工区の事業は都内でもきわめ

て早期に進んだ。これ以降、池袋駅東口が急激に復興した背景には、この根津山の解体と新規地主の急増があったことは明らかである。

戦災復興土地区画整理事業第一〇-一工区の換地

池袋駅東口を対象とした、戦災復興土地区画整理事業第一〇-一工区の換地を見ていこう。

図13は東京都市計画第一〇-一地区復興土地区画整理事業の換地確定図である。aが区画整理以前、bが区画整理以後を示している。同整理事業は一九四六年四月二五日に都市計画決定、一九四八年九月二日に事業計画決定し、一九六〇年一〇月三一日に換地処分された[*27]。戦災復興土地区画整理事業第一〇-一工区は、換地処分が一九七〇年前後までかかった新宿や渋谷あるいは池袋駅西口と異なり、きわめて早く事業が進んだことが特徴で、一九五三年の火災保険特殊地図をみると、すでに街区の整備は完了していることがわかる。

駅前には一万二九一四平方メートルの広場が整備されているが、注目したいのはこの広場に面した駅舎建設用地の換地である。区画整理前後を比較すると、区画整理後に国鉄、西武の土地とともに駅舎建設用地の奥行が深くなっていることがわかる。これは戦前から急増していた旅客をスムーズに処理するための広い駅舎を建設すること、商業床を上層に積んだ駅ビルの建設を前提としたからである。単なる駅の出口であった駅舎から、百貨店を抱え込んだ駅ビルへの変化である。後述するように、国鉄用地には民衆駅として東京丸物が、西武用地には西武百貨店が開業することとなった。

戦災復興土地区画整理事業では換地処分時点で九七八筆の土地が存在したが、そのうち一八七筆が根津山の土地であった。この根津山が解体、分譲されたことで土地所有権を持たなかった森田組東口マーケットの営業者の多くがフォーマルな権利を持つようになった。図14に戦災復興土地区画整理前に根津山であった土地の換地を示している。ほぼ原位置にあたる都電通り沿いだけでなく、広範囲に飛び換地されていることがわかる。

それでは、戦災復興土地区画整理事業によるマーケットの整理と移転、露店整理事業にともなう営業者の集団移転の過程を区画整理の換地とともに明らかにしていきたい。

森田組東口マーケットの整理

一九四九年二月一七日の『朝日新聞』によれば、森田組東口マーケットは戦災復興土地区画整理事業の施行のため、同年二月二〇日までに立ち退くよう都から指示されていた[*28]。一九四九年三月二日の『読売新聞』によれば、森田組東口マーケットは都に立ち退きを求められたとき四六〇坪、二〇棟に二九八戸の区画があり、そのうち一一戸には居住者がいたとし［＊29］、他方で同日の『朝日新聞』は四五〇坪に三六五軒の店があったと伝えている［＊30］。立ち退きにあたり、都は建物所有者である森田組と交渉を進め、営業者に対しては仮移転場所として「三百数十世帯に対して三角小屋十軒分」を用意し、「換地として一坪三万円の土地を斡旋」するなどの条件を出したが、営業者は納得せず、同年二月一六日に副知事と会見し立ち退き延期を申し入れた。しかし申し入れは受け入れられず一〇日ほど延期されたものの同年三月二日に強制執行で取り壊しが決定したため、同月一日に占有者は自主的にマーケットを取り壊し始めた。しかし、実際にはこのときも予定どおりには進まず、森田組東口マーケットが本格的に取り壊されたのは、一九五〇〜五一年にかけてであった［＊31］（写真4）。

立ち退いた営業者の一部には、区画整理が進行中であった駅前広場周辺に土地を借り、バラックを建設して営業を続けた者もいた。松平誠の『ヤミ市 東京池袋』には、こうした営業者の証言が収録されている。ここでは、二名の証言を紹介したい。

ひとり目の志田恒平（仮名）は、終戦まではパイロットであったが、終戦の二年後に西口の復興マーケットで八百屋を開いた後、西口の復興マーケットと森田組東口マーケットでパチンコ屋を営んだ人物である［＊32］。森田組東口マーケットが、区画整理で取り壊されると、西口の復興マーケットの店を売って、「森田組東口マーケットのすぐ裏で…一時的なマーケットみたいなもんで…一年中華料理屋をやった」という。このマーケットのような商店が並んだバラックは、四軒続いた長屋で、志田の店はその角に位置していたという。

写真4── 森田組東口マーケット整理後の池袋駅東口。区画整理が施行されるまでの暫定的な駅前広場ができている（出典：東京都豊島区企画部広報課『写真でみる豊島区50年のあゆみ』東京都豊島区、1982年、71頁）。

志田はその長屋の裏に空地があったため、六畳ほどの二階建ての住まいを建て、そこに住んでいた。一年ほどで、この店と住宅も取り壊すことになり、志田は一九四八年ごろに購入していた根津山の土地へ移転して行くことになった。

ふたり目の加賀谷勇(仮名)は、一九四六年ごろから森田組東口マーケットでそば屋を営んだ人物である[*33]。森田組東口マーケットの整理が始まると、都から立ち退き料をもらって店をたたんだ。加賀谷はそのとき、三越の所有地の北側にあった池袋会館という戦前からの料理店の空いている土地を借りて移転した。この時期には、新設のマーケットは認められていなかったため、加賀谷を含め、まとまって移転した七軒は車輪がついた屋台風の小屋をつくり、移動可能ということで都から許可を得た。実際には動かすためというより、移動式であるという意味を示すための車輪であった。その後、同地に掘建小屋でマーケットを建設し、飲み屋を始めたがすぐに立ち退くこととなり、区画整理後の池袋会館横の空地に移ったという(図15)。そこでも七軒でマーケットを建設して飲み屋を続け、一九五四年ごろまで営業した。その後、加賀谷は地主から同地を買い取り、それをすぐに三越に転売した。その金を資金とし、人生横丁の空いた区画を購入して移転したという。

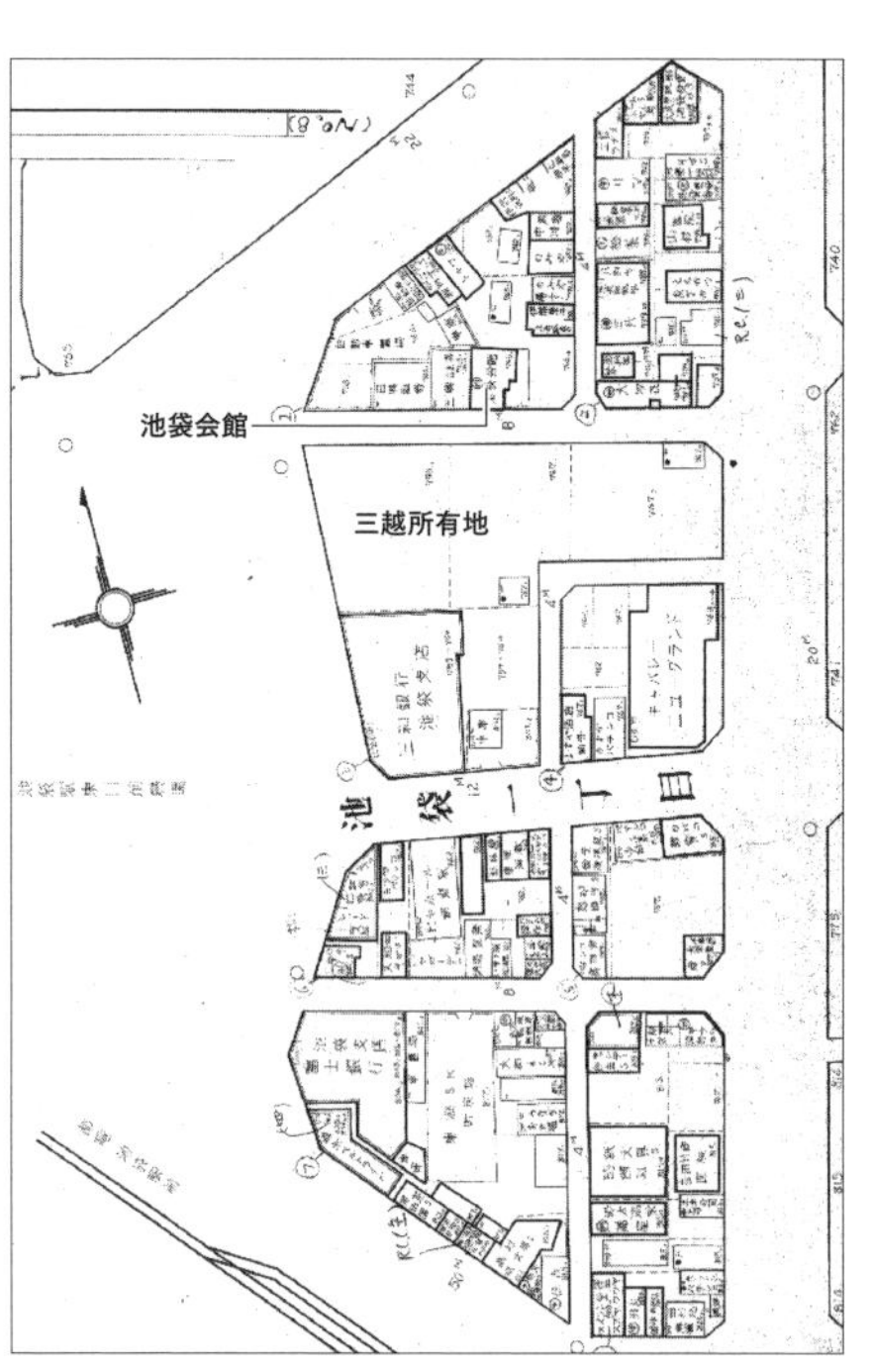

図15——池袋駅東口駅前の1953年の火災保険特殊地図(都市整図社発行)に筆者追記。

このように森田組東口マーケットの整理が始まってから完了する一九五四年ごろまでは、志田、加賀谷などのように駅前広場周辺の土地にバラックを建設し、営業を続けた人々がいた。駅前広場が竣工し周辺の土地でも本建築の建設が始まると、そうした人々ももう一度立ち退きを求められ、さらに移転して行くことになった。駅前から立ち退いた営業者たちは、その後、個人で代替地を見つけて移転するものもいれば、まとまって土地を購入し新たにマーケットを建設するものもいた。先述したとおり、そうした人々の多くが駅前の戦災復興土地区画整理事業用地内で土地を取得できたことが、池袋駅東口の戦災復興の特徴である。

池袋駅東口に戦後誕生したマーケットの営業者が集団で移転したマーケットには、ひかり町通り、栄町通り、美久仁小路があった[＊34]。このうちひかり町通りは根津山の土地の換地に建設されている。また、栄町通り、美久仁小路を建設する営業者たちも一九四七年の航空写真では焼け跡や、畑になっていた土地を購入しマーケットを建設している。戦前は住宅地であった土地である。

ひかり町通り、栄町通り、美久仁小路といった呼称は、マーケットが誕生した当時のものではない可能性が高いが、ここでは便宜的にこれらのマーケットをこうした通称で呼ぶ。それではこうした区画整理後に誕生したマーケットの誕生の経緯を考えていこう。

栄町通りと美久仁小路の誕生

まず、栄町通りについて見ていこう。栄町通りは図16のM-3の土地（表2）を営業者がまとまって購入し、建設されたマーケットである。土地M-3は、区画整理前は九六一・九八平方メートルの土地であったが、区画整理によって減歩され六〇三・八六平方メートルになっている。土地M-3は一九三八年の火災保険特殊地図（図1）では空地となっており、一九四七年の航空写真でも建物が建っていない。同地の旧土地台帳は散逸しており、戦前戦後の土地所有者について知ることはできないが、法務局で現在公開されている登記情報によれば、一九五一年一一月三〇日に二五名によって買収されている。

換地後のM-3は南北に長い敷地で、東と南で接道している。マーケットがいつ建設されたかは不明であるが、一九五三年一月に描かれた図17によれば、敷地に対して長手方向に通路が取られ、この通路と東側の道路に面して三四軒の店が並んでいる。このうち一七軒が酒場で、店舗構成は森田組東口マーケットのそれを引き継いでいるものと考えられる。栄町通りは現在も飲み屋街として賑わっている。

次に美久仁小路について見ていこう。美久仁小路は図16の区画整理後の土地M-4・M-5・M-6に建設されたマーケットである（表2）。一九三八年の火災保険特殊地図を見ると（図1）、これらの土地の一部には木造長屋の住宅が建っているが、大半は空地であり、一九四七年の航空写真でも建物は建設されていない。土地M-4・M-5・M-6の旧土地台帳も法務局豊島出張所には保管されておらず、戦前から戦後すぐの所有関係を明らかにできない。しかし、土地M-3

同様に法務局の登記情報から土地M-4は一九五一年五月二九日に一八名によって購入されたこと、土地M-5と土地M-6は一九四九年四月三日にそれぞれ同じ一七名によって購入されたことがわかる。M-5とM-6は登記されている所有者が一致しており、購入日も同日であることからも一七人の営業者がマーケットを建設するためにまとまって購入したと考えられる。M-5とM-6の土地取得は、森田組東口マーケットの整理が始まった直後である。区画整理で土地M-4は四七〇・〇八平方メートルから三〇一・二二平方メートルへ、土地M-5は四二六・八八平方メートルから二九〇・一五平方メートルへ、土地M-6は四〇五・三二平方メートルから二七六・一三平方メートルへ減歩されている(表2)。

続いて、土地M-4が一八人によって購入され、土地M-5、土地M-6と連続してマーケットが建設された。一八人のうち、二名は土地M-5の購入者と一致するがその他の一六人は新たに参加した営業者と考えられ、美久仁小路の土地は計三三名によって土地が取得されマーケットが建設された。建設の時期は不明であるが、一九五三年一月に調査された図17では、美久仁小路に三九区画の店舗と住宅が確認できるため、マーケットの建設はそれ以前と推定される。

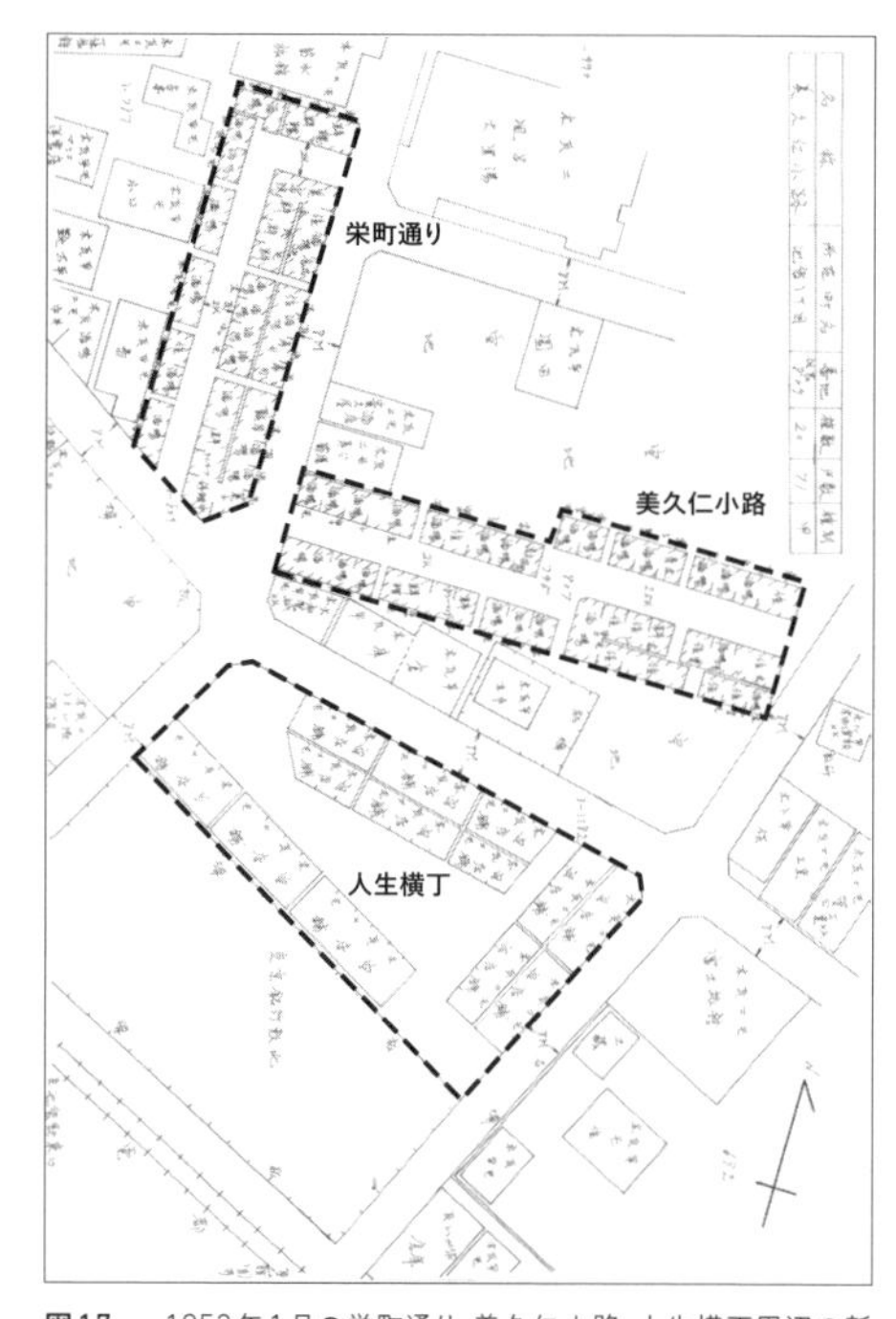

図17――1953年1月の栄町通り・美久仁小路・人生横丁周辺の新興市場地図(都市整図社発行)に筆者追記。

このうち二三軒が酒場になっており、こちらの店舗構成も森田組東口マーケットのそれを引き継いでいるものと考えられる。美久仁小路も飲み屋街として現在も賑わっている。

こうして戦後に駅前に建設されたマーケットの営業者の一部は、駅から三〇〇メートルほど離れたが、区画整理用地内に栄町通り(三四軒)と美久仁小路(三九軒)を建設し、営業を続けた。

根津山の解体　ひかり町通りの誕生

これから見ていくひかり町通りのマーケットは、根津山の土地の換地に誕生したものである。また、池袋駅周辺における露店整理事業ではふたつのマーケットが誕生しているが、その土地もかつて根津山であった。

まず、ひかり町通りの形成を見ていこう。ひかり町通りは、図14の土地M-1と土地M-2に建設されたマーケットである（表1）。ともに区画整理前は根津山の南東端に位置した土地で、土地M-1は一九五一年五月三一日に有限責任末廣住宅組合によって、一方の土地M-2は一九五〇年八月二二日に池袋新天地株式会社に買収されている。

一九五三年一〇月作図の火災保険特殊地図（図18）をみると、土地M-1・M-2を一帯として南北に通路を通し、その通路と東側の道路に向かって店を並べているが、土地M-1のマーケットは北側で東の道路と接続する動線を持っており、店をこの動線に向かって並べ、土地M-1だけでまとまりを持つ配置にもなっている。土地M-1と土地M-2に建設されたマーケットがまとめて後に「ひかり町通り」と呼ばれるようになったが、実際にはふたつの主体によって開発されたマーケットであった。一九五三年一〇月作図の火災保険特殊地図（図18）からは、土地M-1と土地M-2それぞれに三三軒の店が並んでいることが確認できる。

土地M-2を買収した末廣住宅組合は、旧土地台帳から所在地が「豊島区池袋一丁目824」であることがわかる。この住所は、池袋駅南東側に存在した東口マーケットの住所に一致する。東口マーケットを開発した主体が、新たにマーケットの開発を目論み一九五〇年に根津山の土地M-2を買収し、換地にマーケットを建設した可能性がある。

その一方で、池袋新天地が土地M-1にマーケットを開発し、森田組東口マーケットを含めた駅前に建設されたマーケットの営業者の一部が店子として入居している。さらに、土地M-1は、一九五一年六月二八日に三一名に売却され、入居した営業者へ分譲されている。三一名のうち二九名の住所は土地M-1である「日出町三丁目10」となっているが、残り二名は「池袋1-762」となっている。「池袋1-762」とは森田組東口マーケットが建っていた土地の一部で、少なくともこの二名は森田組東口マーケットに居住していた営業者であった。

これまで焼け跡の未利用地を集団で購入して建設されたマーケッ

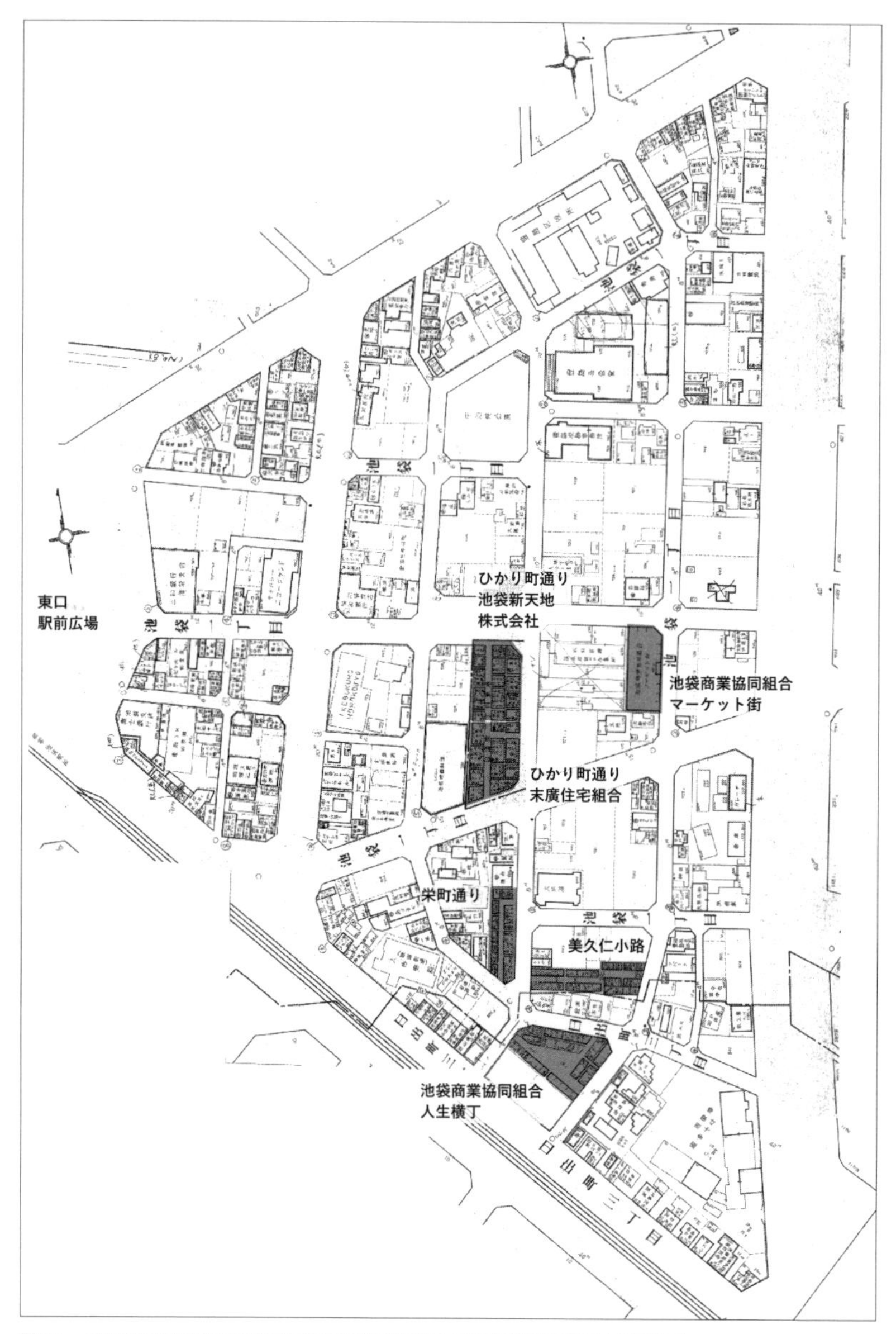

図18──1953年10月の池袋駅東口周辺の火災保険特殊地図（都市整図社発行）に筆者追記。

トや、末廣住宅組合や池袋新天地といった法人が根津山の土地を購入しマーケットを建設した過程を見てきたが、池袋駅東口に戦後建設されたマーケットの営業者の移転先は、こうした新設のマーケットだけではなかった。たとえば、先に紹介した志田恒平は、こうした新設のマーケットに入居していない。一九四八年ごろに、根津山の土地が売りに出ていることを知り、西口の復興マーケットと森田組東口マーケットのパチンコ屋で稼いだ金に借金を加えて六五坪の土地を購入している。この土地が戦災復興土地区画整理事業によって四〇坪に減歩されたが、志田はそこで連れ込み旅館を経営した。

この当時、森田組東口マーケットの営業者のなかには、志田のように根津山の土地の分譲を知り、土地を購入した人々が他にもいただろう。また、他のマーケットの営業者や、マーケット営業者以外でも土地を取得し地主になった人々が池袋駅東口には多く存在した。そして、根津山の土地を購入した主体にはそうした個人だけでなく、伊勢丹のような百貨店も含まれ、根津山の土地を計五筆、八〇六坪を購入している。そして、これらの土地は区画整理によって合筆され、四九九・三〇坪の土地となった(図14)。伊勢丹はその土地に池袋店の建設を計画し、当時の新聞にも紹介されている[＊35]。伊勢丹は用地取得をしただけで、結局池袋には出店しなかった。しかし、この当時、西のターミナルが急速に成長し、とくに東急が地歩を固める渋谷を除いた新宿と池袋は、どの百貨店にとっても最も重要なエリアであった。

このように戦後の根津山の解体は、個人から大企業までさまざまな地主を生み出し、池袋駅東口の戦災復興にきわめて大きな影響を与えた。

露店整理事業　人生横丁・池袋商業協同組合マーケット街

根津山の土地は戦災復興土地区画整理事業を進めるうえで重要な役割を果たしただけでなく、露店整理事業においても、露店営業者組合の集団移転地として利用されている。

池袋の露店は図12のとおり、東口では駅前と映画館の人生坐・日活周辺に、西口では復興マーケットの裏手に並んでいた。『読売新聞』によれば、池袋の露店整理事業では、このうち東口の六八軒と、西口の六五軒の露店が池袋商業協同組合(理事長小川竹松)を結成し、豊島区役所土木課との交渉を行った。一九五一年七月二日に区有地の払い下げが決定し、西武鉄道所有地と個人名義の土地も「池袋発展のためなら…」と時価より安い値段で売買が行われることが決定し、「恒久的な商店街として更生することになった」という[＊36]。土地取得の交渉には一年を要している。池袋の露店がまとまってマーケットを建設することとなった区有地、西武鉄道所有地、個人名義の土地はすべてかつての根津山であった。

具体的には図14に示した土地のうち、土地R-1が戦後に西武鉄道所有地となった土地、土地R-2が根津山のなかでも珍しく終戦前の一九四二年一〇月七日に根津育英会から個人へ分譲されていた土地、土地R-3と土地R-4が区有地で御野立所公園となっていた土地である（表1）。旧土地台帳から土地R-3と土地R-4もかつては根津山であったことがわかる。

池袋商業協同組合は、商工中金から融資を受け、これらの土地を購入しマーケットを建設することになった。区画整理でこれらの土地は、土地R-1とそれ以外の土地R-2・R-3・R-4とに分かれて換地されている。そして土地R-1には池袋商業協同組合マーケット街が、土地R-2・R-3・R-4には人生坐の近くということで人生横丁という名のマーケットが建設された。

池袋周辺の露店の立ち退きを予定どおり進めるため、一九五一年一一月中旬に池袋署は池袋東西両口の露店代表者を呼んで一一月末での立ち退きを通告したが[*37]、結局露店業者は立ち退かず、一九五二年一一月時点でも東口の裏通りで営業を続けていた[*38]。この時にはすでに二ヵ所のマーケットは建設されていたが、一九五三年一月に調査された新興市場地図（図17）では人生横丁の店舗はすべて空き店舗と表記されており、店は入っていなかったようである。これが一九五三年一〇月作図の火災保険特殊地図（図18）になると、人生横丁の半数ほどの区画には店名が入っている。つまり人生横丁の建物は一九五二年末には完成していたものの、露天商は駅前の立地を手放すことができず露店のまま営業を続け、一九五三年半ばになって徐々に入居したと考えられる。

また、人生横丁は発足当初から店が入れ替わり、先に紹介した加賀谷勇は駅前の池袋会館横のバラック店舗が立ち退きとなると、一九五四年に人生横丁の一区画を三五万で買って移転している。人生横丁と池袋商業協同組合マーケット街は、土地も建物も池袋商業協同組合所有となり、組合員がそこで営業し、商工中金への借金を返すことになっていた。

人生横丁は二〇〇七年三月時点でも土地・建物は組合によって所有されており、権利が個人に分かれていなかったことが、再開発を容易に進める要因となった。人生横丁は二〇〇八年七月末で営業を終了し、南側の土地を含めた街区全体で再開発が行われた。現在は同地に超高層ビルが建っている。

戦災復興土地区画整理事業の市街化計画図

こうして一九五三年には、区画整理が進んだ池袋駅東口に新設のマーケットが複数誕生した（図18）。

図19は一九四八年九月二日に東京都が作成した、戦災復興土地区画整理事業第一〇工区の市街化計画図である。これまで見てきた新設マーケットが建設された場所は、市街化計画図では特殊飲食業、興行場・遊技場が立地する地区に指定されている。東京都はこの辺りに都市計画的な意図で飲食店街をつくろうとしていた。新設マーケットは、こうした都市計画的な意図が反映され、まとまりを持って換地されていた。

駅前の区画整理

では、森田組東口マーケット以外のマーケットは戦災復興土地区画整理事業によってどのように変化したのか。

図20は池袋駅東口駅前の戦災復興土地区画整理事業前後の地割を示している。平和マーケットの土地の換地、ミューズマーケットの土地の換地、東口マーケットの土地の換地を色別に示している。三つのマーケットはいずれも、一筆の土地全体ではなく、その一部に建っていた。

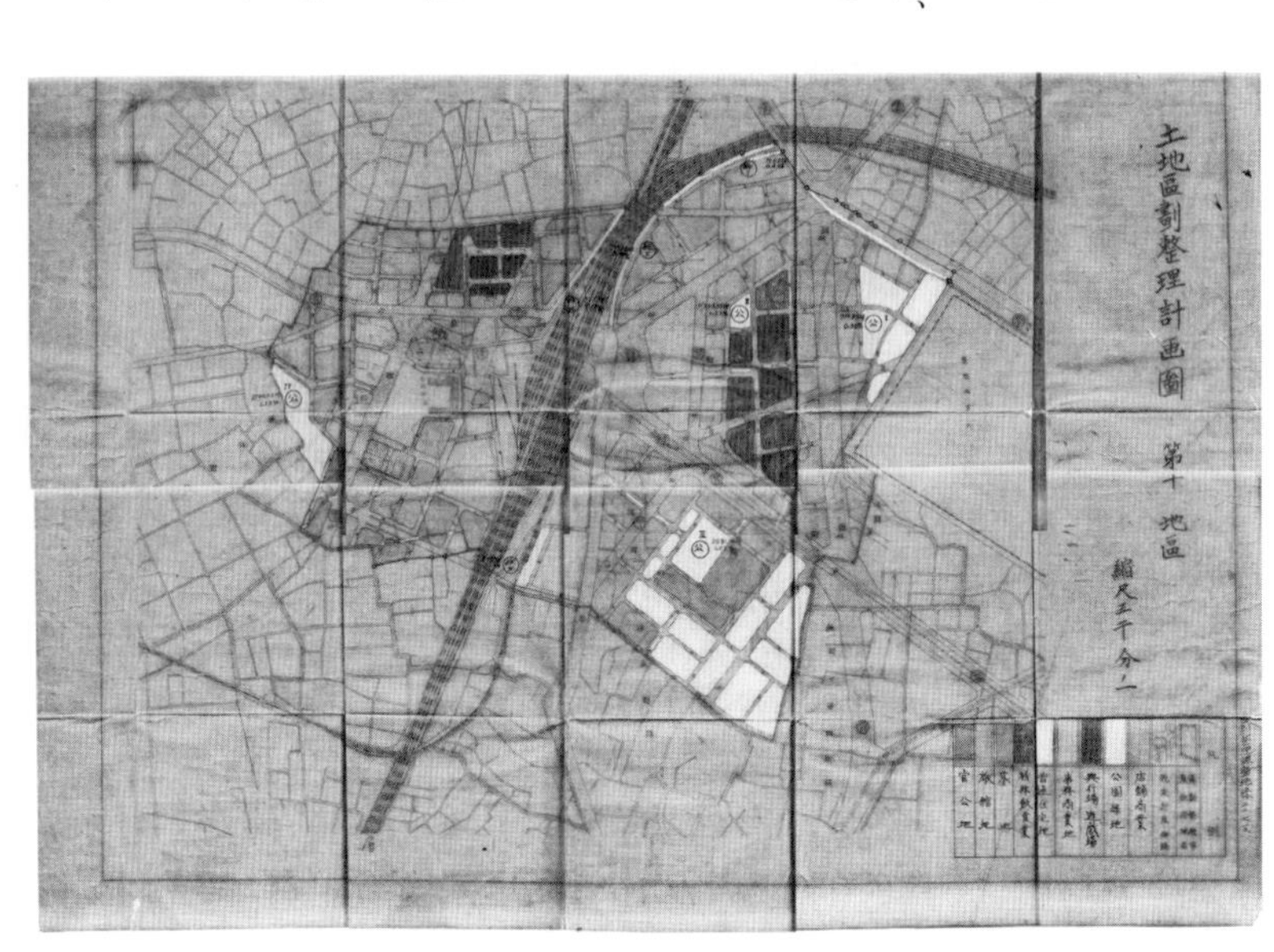

図19――第10地区市街化計画及公園緑地配置図（出典：中島伸「戦災復興土地区画整理事業による街区設計と空間形成の実態に関する研究――東京都戦災復興土地区画整理事業地区を事例として」東京大学博士論文、2013年の巻末資料）

区画整理後のそれぞれの土地の換地に建つ建物を一九五三年の火災保険特殊地図から確認しよう。平和マーケットの換地には三軒長屋と飲み屋が二軒建っているなど、一主体が借りている土地に複数の店舗が存在しているが、区画整理以前に存在した平和マーケットの店舗との連続性は確認できない。また、ミューズマーケットの土地の換地には戸建ての商店が四棟建っており、マーケットの性質を受け継いでいるようには見受けられない。

一方で、東口マーケットの換地にはマーケットが再建され、八軒の飲み屋が入っている。東口マーケットを建設した主体が、換地後の借地にもマーケットを建設した可能性がある。ただ、これも区画整理前後の店名を明らかにする資料がないため、店の連続性を確認することはできない。

これら三つのマーケットについては、星野朗の調査以外に有力な情報を得られる資料がなく、区画整理に際してもその連続性を示すことは難しい。唯一、換地後の東口マーケットの土地に飲み屋が並ぶマーケットが建設されていることが、区画整理前のマーケットとの関連を感じさせる。

百貨店の躍進

戦災復興土地区画整理事業が進み、駅前のマーケットや露店が整理された。営業者たちは、駅からは離れてしまったものの、区画整理用地内に土地を得てマーケットを建設し、恒久的な店舗で営業を継続していった。

駅前の区画整理が進むにつれ、駅舎の改築が始まる。戦後、マーケットから始まった西武百貨店もこのころから本格的な開発を始める。また一方で、国鉄用地では民衆駅の建設計画が進み、民衆駅会社が設立されている。

図22は国鉄と西武鉄道の所有地の換地を示している。先にも指摘したとおり、換地では駅前広場に面する国鉄所有地、西武鉄道所有地の奥行が増し、明確に駅ビルを建設する意図を持って街区設計と換地設計が行われている。

西武鉄道は一九四九年一二月に木造モルタル二階建ての西武百貨店を開業していたが、翌五〇年一一月五日には鉄筋コンクリート造の百貨店の建設に着工した(第一期工事)[＊39]。場所は前年に建設した木造店舗の南側である。この背景には、池袋駅東口の国鉄駅舎が復旧再建されたこと、駅前広場を含めた区画整理が進捗したこと、一九四九年一二月に地下鉄丸ノ内線池袋 - 御茶ノ水間の建設が決定したこと、そして決定的な出来事として一九五〇年一二月に開業した池袋西口民衆駅のテナントとしての東横百貨店の開業があった。同年、伊豆箱根鉄道の専用自動車道路の乗入れ問題をめぐって、堤康次郎率いる西武と五島慶太率いる東急は激しく対立していた。こうした時期での東急資本下にある東横百貨店の池袋への進出は、堤康次郎を強く刺激し、新店舗建設を急いだのである。

鉄筋コンクリート造の新店舗は七階建ての計画であったが、資金不足と開店を急いだために、全館の完成を待たず、まずは翌五一年一二月一八日に完成した二階までをオープンさせ、その後各階の工事完成の都度オープンを繰り返し、一九五二年九月、七階までの全館が開店した(写真5)。

さらに一九五三年初旬、西武鉄道は木造店舗の北側で、北館の建設に取り掛かる(第二期工事、写真6)。この第二期工事の北館と、第一期工事の百貨店との間に一九四九年に建設された木造店舗が挟まれたままになっていた。これには、一九五一年四月から始まった丸ノ内線の工事が要因としてあった。丸ノ内線敷設の工事の障害となるため、木造店舗部分の工事を第二期として行えなかったのである。その後、丸ノ内線は一九五四年一月二〇日に完成。地下一階、地上二階建ての西武百貨店北館は同年六月五日に竣工した[*40]。写真7は西武百貨店北館完成時の池袋駅東口の様子である。北館の右に写っている池袋駅東口の駅舎は区画整理前の土地に再建されており、これと換地に建設された西武百貨店北館を比較すると、西武百貨店がかなり広場側へせり出して建設されていることがわかる。つまり、これだけ駅舎用地が広く換地されたのである。

池袋東口民衆駅の計画

西武百貨店の開発が進む一方で、池袋東口民衆駅の計画が進んでいる。一九五二年六月一八日の『読売新聞』には「私鉄や地下鉄を結ぶ池袋交通会館九月に着工」という見出しで、池袋東口民衆駅の計画とそれを建設する民衆駅会社の設立を紹介している。

「池袋駅東口に国鉄駅本屋をかねた新ビルが来年末までに誕生する。これは地元有志が設立した株式会社池袋交通会館(資本金一億円、発起人元運輸次官伊能繁次郎氏)で、地上五階、地下一階、延四千三百五十坪地下と地上一階は国電池袋駅東口本屋に使用、二階以上はホテル、貸事務所、貸店舗として地下鉄、東武線なども連結される予定、九月から工費五億七千万円で着工、来年末までに完工、将来は八階建てにする設計となっている」[*41]

写真6──1953年の池袋駅東口。写真左手前では西武百貨店の2期工事が進む。駅前広場に沿っては鉄筋コンクリート造の建物が立ち並びつつある(出典:東京都豊島区企画部広報課『写真でみる豊島区50年のあゆみ』東京都豊島区、1982年、72頁)。

写真5──1期竣工後の西武百貨店とその周辺。手前に駅前広場が見える(出典:由井常彦編『セゾンの歴史　上巻』リブロポート、1991年、61頁)。

写真7──2期工事竣工後の西武百貨店(出典:由井常彦編『セゾンの歴史　上巻』リブロポート、1991年、52-53頁)。

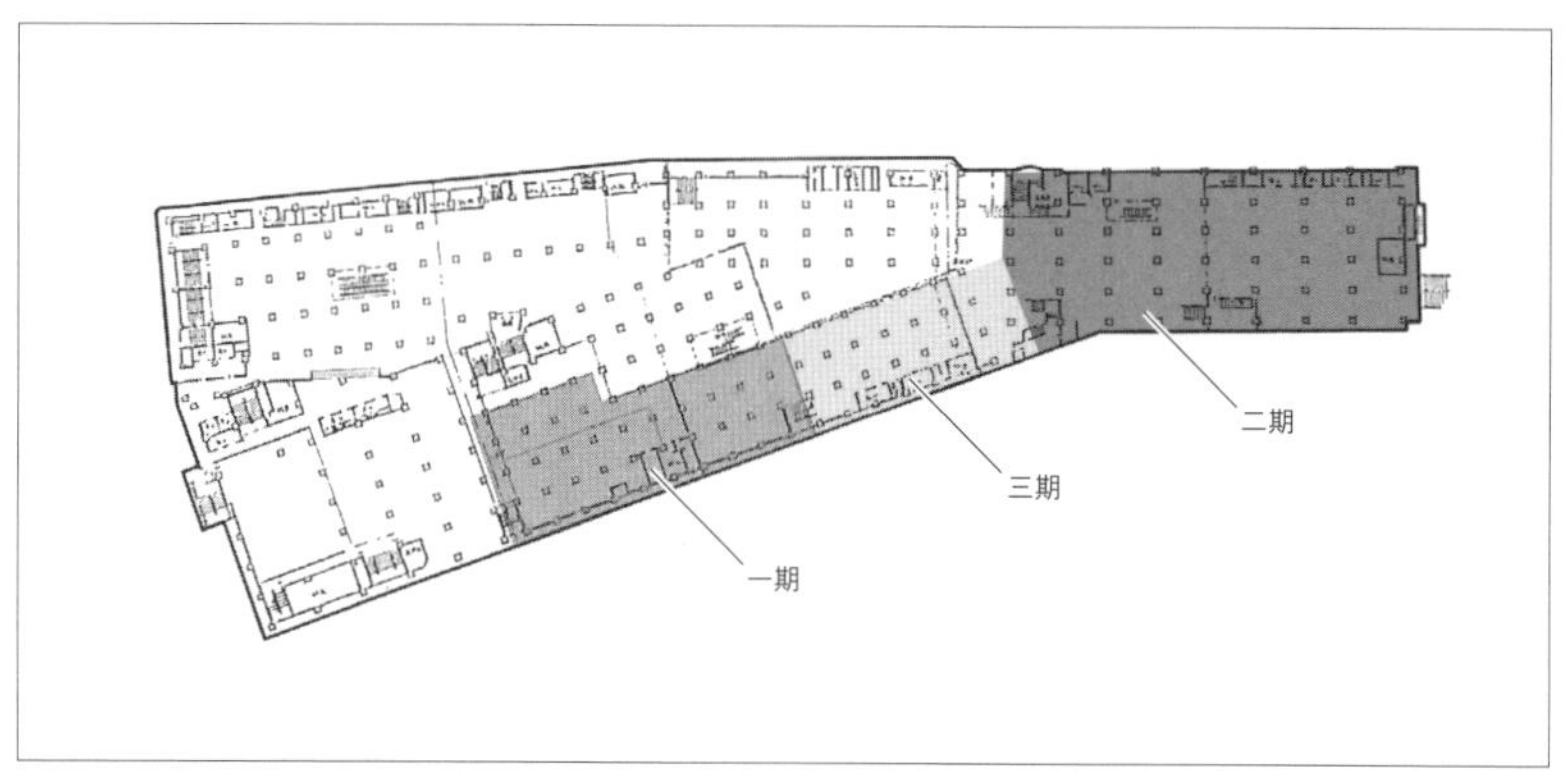

図21──西武百貨店平面図に筆者追記。網掛け部分が1期から3期の工事箇所(図面は9期工事完成時、出典:由井常彦編『セゾンの歴史　上巻』リブロポート、1991年、61頁)。

この株式会社池袋交通会館が以降も建設計画を進めるが順調には進まず、池袋東口民衆駅の開業は一九五八年となった。これ以降新聞では『「大池袋」の建設進む』[＊42]という見出しで駅ビルや三越、銀行など駅前広場周辺のビル建設ラッシュや、丸ノ内線の建設によって浮上した地下街の建設計画に注目している。

百貨店の建設・改築ラッシュ　一九五四・五八年

一九四八年から一九五三年までの期間が、戦災復興土地区画整理事業によって基盤整備が進んだ時期だとするならば、一九五四年から一九五八年はその上に本建築が次々と建設されていった時期である。とくに一九五六年に制定された百貨店法の直前に百貨店の建設や改築の着工ラッシュが起きている。

池袋東口民衆駅の誕生

池袋東口民衆駅を建設するために発足した株式会社池袋交通会館は、一九五三年二月、社名を池袋ステーション・ビル株式会社に改称している。これを契機とし、京都丸物百貨店が同社に対して、池袋東口民衆駅への参入を打診した。そして翌五四年一〇月、丸物百貨店が池袋ステーション・ビルの持株過半数を肩代わりして資本金を増資し民衆駅会社は新会社として発足した。丸物からは役員が派遣され、新会社の会長には池袋交通会館時代の発起人・伊能繁次郎、社長には丸物社長の中林仁一郎が就き、事業目的をステーション・ビルから百貨店に変更し、池袋東口民衆駅の建設申請を行った[＊43]。

一九五五年一一月四日、池袋東口民衆駅の建設承認が国鉄から下り、池袋ステーション・ビルが国鉄使用部分も含めた総工費の一五億円を全額負担することが決定した[＊44]。設計は、そごう大阪店を評価した社長・中林仁一郎によって村野藤吾に依頼されている。

一九五二年九月には東京駅八重洲口民衆駅の鉄道会館に大丸が進出し、翌五三年には大井町へ阪急百貨店が出店し、関西の百貨店の東京進出が進んでいた。そこへ丸物の池袋駅への出店が決まる。さらに池袋駅周辺の百貨店は、この時期に増築が決定しており、池袋地元商店街ではこうした百貨店の動きに反対運動が起こった。一九五六年一〇月三一日には、地元商店街小売商二〇〇人が池袋駅への丸物と、東京駅への大丸の出店許可の取り消し、他の百貨店の増床面積を減らしてもらいたいと通産省へ陳情に訪れている。これが影響し、通産省は、丸物の売場面積を申請床面積の五〇パーセント（約三三二〇坪）にかぎって認めることとした。

一九五七年五月、池袋ステーション・ビル株式会社は株式会社東京丸物に商号を変更、池袋東口民衆駅の構内営業者として準備を進め、一九五九年三月、地下三階、地上八階建ての池袋東口民衆駅が竣工した。建設費を全額民衆駅会社が負担し、一階以下を国鉄の所有、二階以上を民衆駅会社の所有とした、首都圏のターミナルにおける民衆駅特有の資本構成・所有構造で誕生した。

西武百貨店の完成　三・四期増築

西武百貨店は、竣工した二期工事に続き地下鉄丸ノ内線が開通したことで、一九五四年に一期と二期の間にあった木造店舗を改築する三期工事に着手した。翌五五年末には地上三階、地下二階の建物が完成した。この時、南側の一期工事で完成した七階建ての建物と接続し、北側の二期工事で完成した地上二階建ての建物を建増しして、南北全館で三階までを完成させた[＊45]。ついで四期工事が着手された。四期工事は、二期と三期で完成した三階の上に、四階から七階まで建設するもので、一九五六年三月に着工され同年一一月に完成した。明治通りと駅前広場に沿った、鉄筋コンクリート造地上七階建て、売場面積一万三〇〇〇坪の西武百貨店が完成したのである。この後も増床は続くが、四期までの建物で現在の店舗の原型が完成したといってよい。こうして西武百貨店は池袋駅東口の中心的な百貨店として地歩を固めていった。

三越池袋店の開業

一九五五年一一月に着工していた三越池袋店は、一九五七年九月に竣工し、一〇月一日に開店した。途中、百貨店法によって売場面積の二割が削減となったが、完成した建物は地上七階、地下二階、総面積二万五四六六平方メートルで、都内の三越四店舗のなかでは日本橋本店に次ぐ規模であった[＊46]。

三越が完成したことで、池袋東口の駅前には西武、丸物、三越が建ち並び、西口の東横百貨店を含め四つの百貨店がしのぎを削ることとなる（写真8・9）。

マーケットから百貨店へ　池袋駅東口駅前の戦災復興過程

以上に見てきたように、池袋駅東口は一九六〇年ごろまでには戦災復興を遂げたといってよいだろう。これは新宿、渋谷、池袋西口と比較してもきわめて早い復興であった。

本節の対象地区では、最大のマーケット（森田組東口マーケット）

が新宿駅東口と同様に交通疎開空地跡に建設された。旧土地台帳が散逸しているため、実証はできないが、交通疎開空地の土地は戦争末期の一九四四年から一九四七年にかけては都の管理下にあったと推察され、森田組東口マーケットは都の許可のもと建設されたと考えられる。

対象地区には戦後まで雑木林のままの根津山があり、これが戦後分譲されたことで、戦災復興土地区画整理事業では森田組東口マーケットの営業者の移転地、露店整理事業では露天商の移転地として、土地の所有権を持たずインフォーマルな存在として駅周辺に存在した営業者に公的な所有権を持つ可能性を与えた。多くはマーケットに入居したが、個人で土地を取得していくものもいた。また、根津山の分譲は浮動的な存在であったマーケット営業者や、露天商に土地取得の可能性を与えただけでなく、伊勢丹のような大資本にも土地取得の機会を与えている。

一方で、根津山だけでなく東口一帯に広がっていた住宅地の焼け跡も、戦後に復旧が進まなかったことで、比較的容易に他者が取得することができた可能性がある。美久仁小路や栄町通りのマーケットは、こうした住宅地の焼け跡や戦前から空地であった土地を森田組東口マーケットの営業者が取得してマーケットを建設し移転した

写真8——1957年の池袋駅周辺。池袋東口民衆駅が建設中であることがわかる(朝日新聞社提供)。

ものであった。

さらにこうした区画整理後のマーケットは、まとまって飲み屋街を形成していた。これらの地区は東京都の市街化計画で特殊飲食業や興行場・遊技場に指定されており、区画整理の換地設計の際に意図的にまとめられた。対象地区を含む東京都市計画第一〇‐一地区復興土地区画整理事業は、根津山など比較的自由に換地が行える土地が存在したため、こうした市街化計画の意図も反映しやすかった。

対象地区は戦災復興土地区画整理事業とともに、駅舎開発も早期に進んだ。区画整理では駅前広場に面して国鉄用地、西武鉄道所有地とともに奥行を深く大規模な駅ビルを建設することを想定した換地が行われていた。そして、国鉄所有地には東京丸物による民衆駅が、西武鉄道所有地には西武百貨店が建設され、駅前広場に沿って駅ビルの巨大な壁ができあがった。池袋駅東口の戦災復興の特徴はこうした一連の事業が一九六〇年前後までに完了したということである。

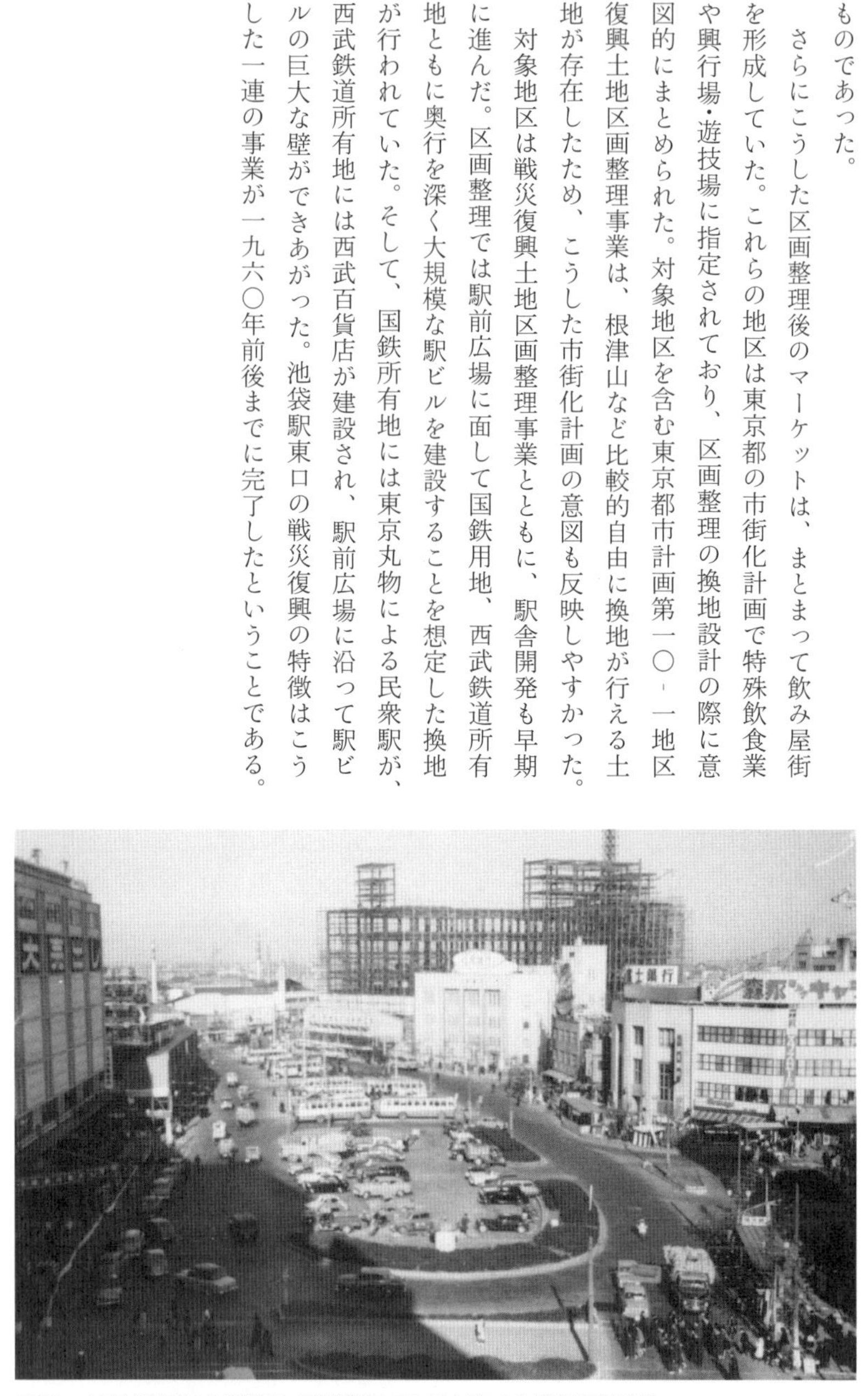

写真9――1956-57年頃の池袋駅東口。三越が建設中であることがわかる（豊島新聞社提供）。

2 マーケットの持続と遅延した戦災復興土地区画整理事業

つぎに写真1の**2**の範囲、池袋駅西口の戦災復興を見ていこう。池袋駅西口では、駅前から西へ伸びるバス通りの南側に、戦後巨大なマーケットができる。このマーケットが長期間存在し、戦災復興土地区画整理事業を遅延させることとなった。マーケットがどのように発生し、長期間存在し、また整理されていったのかを明らかにすることで、池袋駅西口の戦災復興過程を見ていきたい。

戦前の市街化と戦災　終戦までの形成過程

戦前期　一九三八年

図23は一九三八年の対象地区の火災保険特殊地図である。戦前の池袋駅西口は大通りに沿った街区のガワ部分と、裏通りの一部に商店街を形成している。さらにそこから路地を入り街区の内側へ入ると、住宅が建ち並んでいた。

池袋駅西口を東西に走るバス通り南側には、豊島師範学校があった。鉄筋コンクリート造三階建ての一棟を除き、すべて木造の校舎である。この木造校舎が空襲で焼失し、一主体が所有する広大な焼け跡が生まれたことが、戦後に闇市を生む背景となる。

建物疎開と戦災　一九四四-四五年

第一章で見たとおり、池袋駅東西両口には戦前に駅前広場の計画があった。この計画は着工されなかったが、駅前広場の計画は交通疎開空地事業に引き継がれている。

池袋駅西口では疎開事業の第三次指定（一九四四年四月一七日）によって駅前の建物が除去され、交通疎開空地がつくられた[*47]。対象地区の交通疎開空地の範囲はおおむね一九三〇年代後半に計画された駅前広場の範囲と一致することは第一章で見たとおりである。池袋駅西口の交通疎開空地に指定されたエリアの建物は一九四四年一一月までに除去された。

池袋駅周辺は一九四五年四月一三日の大空襲で焼き尽くされた。先に見た図3は一九四五年八月から九月にかけて撮影された米軍の航空写真をもとに、焼け残った建物のみが描かれた地図である。空襲を受けた池袋駅西口には、鉄道施設が三棟と、豊島師範学校の鉄筋コンクリート造の建物が焼け残っている他、まばらに建物が確認

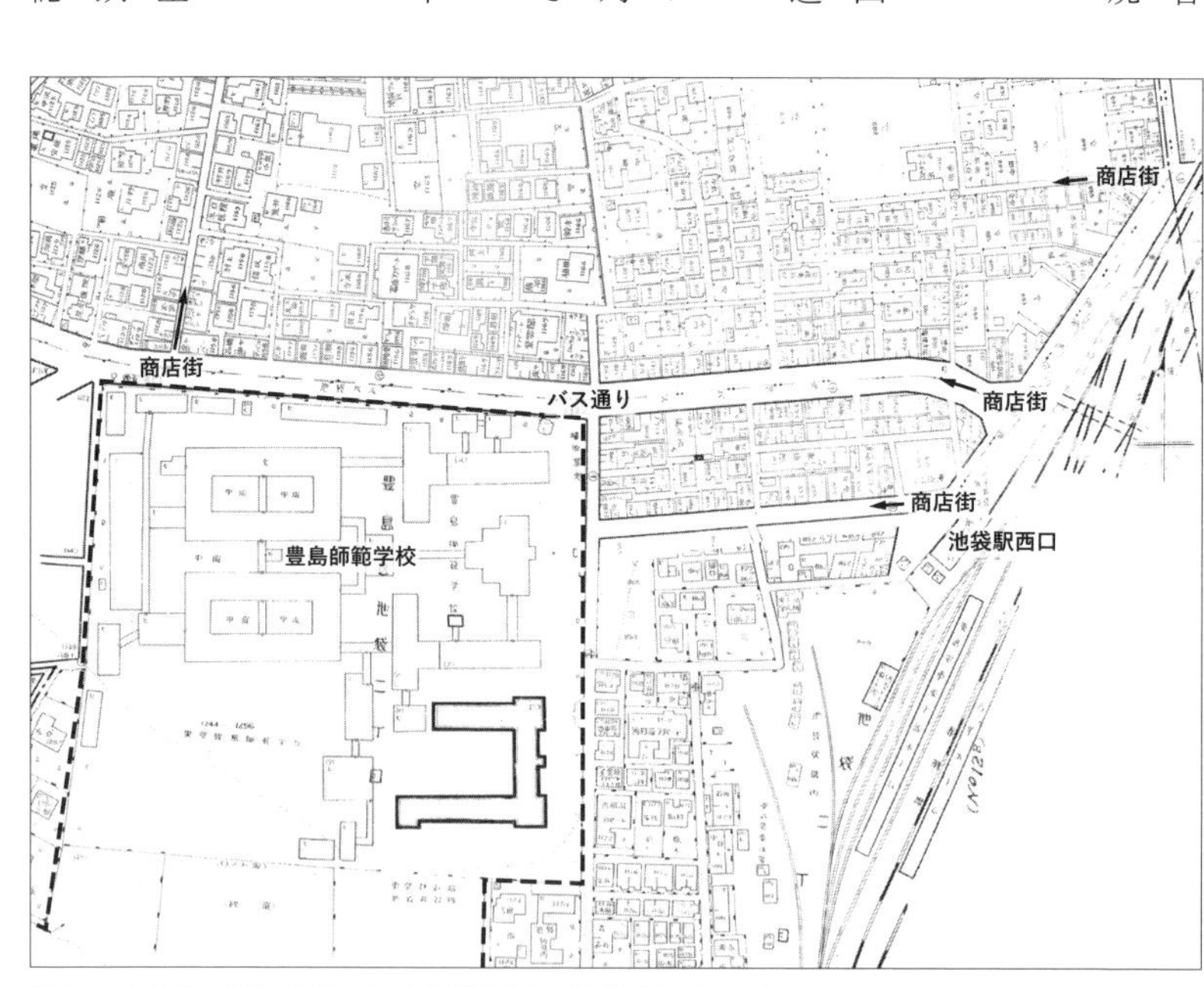

図23──1938年の池袋駅西口の火災保険特殊地図（都市整図社発行）に筆者追記。

できる。しかし、戦後も建物として利用されたのは豊島師範学校の校舎だけであった。

また、豊島区では区の西部（長崎、千早、要町、高松）が焼け残り、これが池袋駅西口の戦災復興に大きな影響を及ぼす。こうした地域は間借りなどで人口が増え、徒歩で池袋駅周辺のマーケットへ来る人々が多く住んでいた。一九四七年に池袋駅周辺のマーケットを調査した星野朗は、駅の西側に広く焼け残った住宅地があったため、西側に伸びるようにマーケットが展開していったと指摘している［＊48］。

マーケットの建設と豊島師範学校の土地　一九四五‐四七年

星野朗の調査によれば、対象地区に一九四七年五月までに建設されたマーケットは、東京マーケット、森田組西口マーケット、仁栄マーケット、永安公司A（永安マーケット）、永安公司B（永安マーケット）、復興商店街（復興マーケット）の六つのマーケットである。さらに、一九四七年八月八日に米軍によって撮影された航空写真「USA-M390-34」からは、復興マーケットの南側に上原組マーケットが建設されていることが確認できる［＊49］。池袋駅西口には終戦から一九四七年八月までに七つのマーケットが建設された。

東京マーケット

戦後、池袋駅西口で最も早く建設されたマーケットは東武鉄道線路際の東京マーケットで、一九四六年七月に開店した［＊50］。建物配置は写真10・図24のとおりで、街路形状に沿ってL字型の通路をつくり、その通路に対して木造長屋を四棟配置し、全体で四八の区画を持っていた。

星野朗によれば、一九四七年二月から五月時点でマーケットに入居していた店舗は、飲食店が一五軒と最も多く、ついで古物商、食料品店、日用品店が続き、一〇区画は空き家であったという。東京マーケットの立地は、東武鉄道と国鉄の線路の下を抜けて東口と西口をつなぐ「歩行者専用地下道とは僅かながら離れており、それに加えて北方にひろがる後背地はすべて焼失したまま復興していない」ため、「商店街としての活発さにかけて」いたという［＊51］。

森田組西口マーケット・永安公司B

森田組（親分・森田信一）は東口にマーケットを開設して半年後の一九四六年一〇月、西口にもマーケットを開設している。場所は豊島師範学校の敷地の東側、池袋駅を出て西へ一〇〇メートル弱進んだ街区である（図4）。この街区は、四分の三程度の面積を森田組

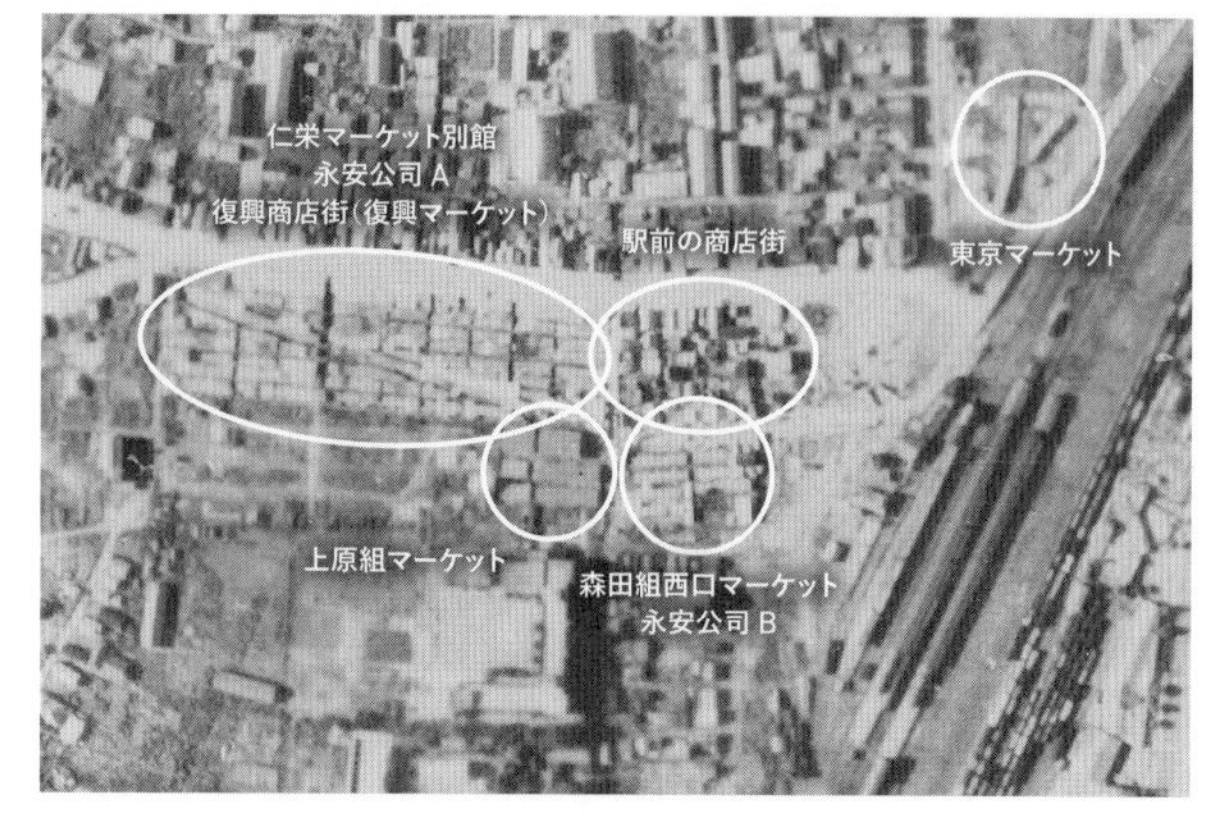

写真10——東京マーケット、森田組西口マーケット、永安公司A・B、仁栄マーケット、復興商店街（復興マーケット）、上原組マーケットの航空写真。1947年8月8日米軍撮影の「USA-M390-34」をトリミング、国土地理院所蔵。

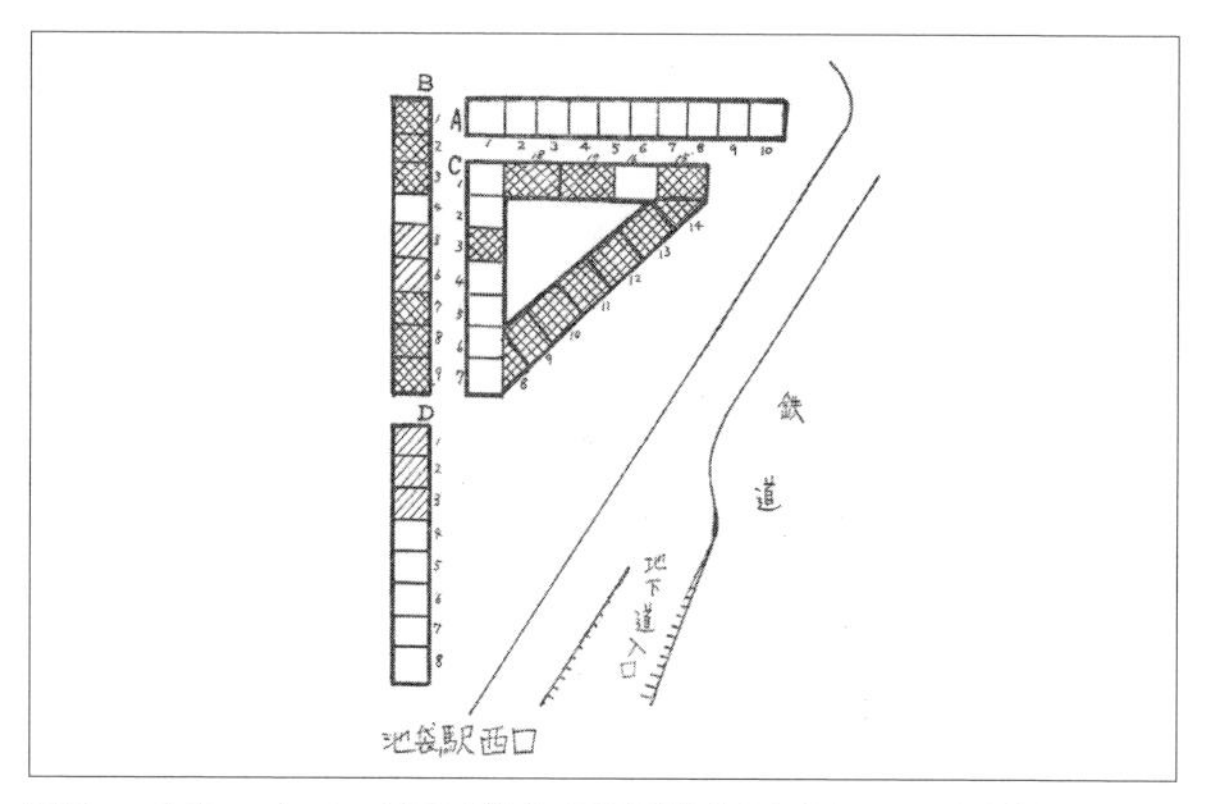

図24——東京マーケットの平面図（出典：星野朗「池袋駅を中心とする連鎖商店街について」▨は食料品の店、▩は飲食店）

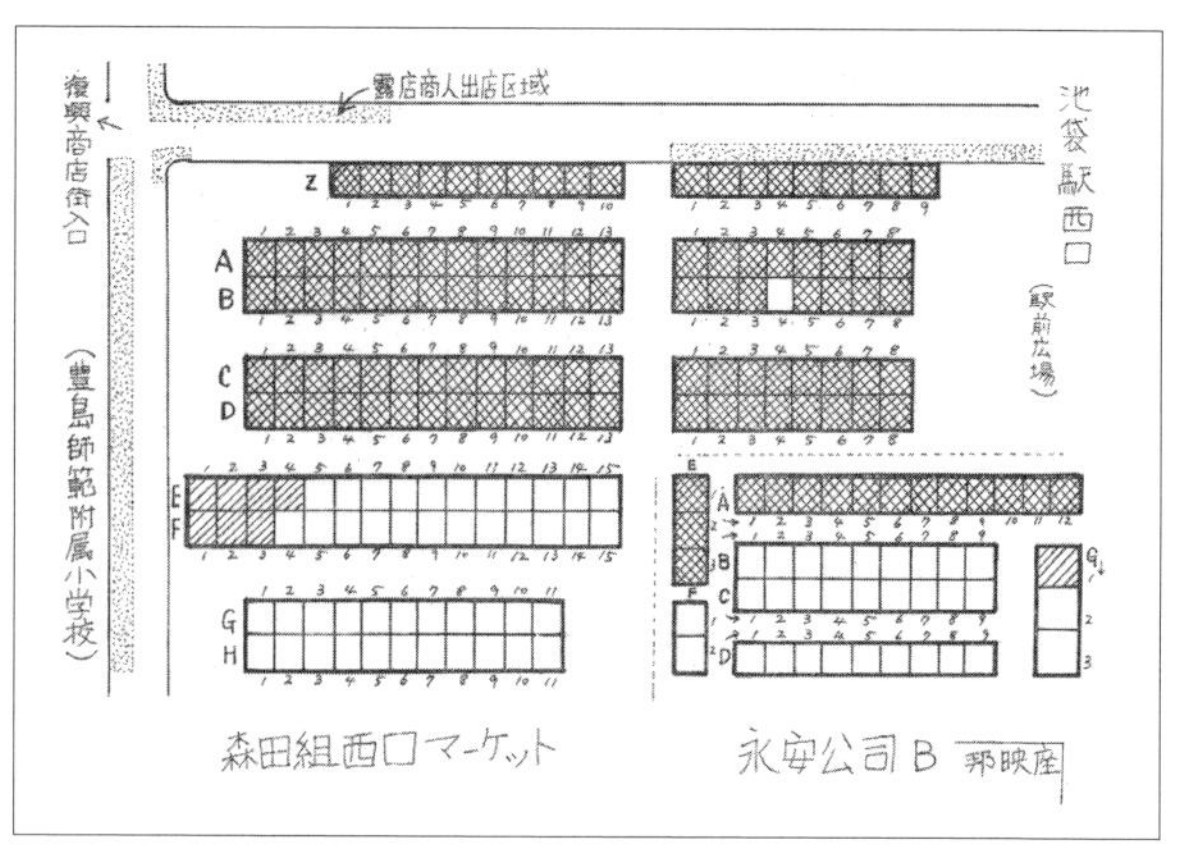

図25——森田組西口マーケット・永安公司Bの平面図（出典：星野朗「池袋駅を中心とする連鎖商店街について」▨は食料品の店、▩は飲食店）

西口マーケットが、残り四分の一を永安公司（星野朗は永安公司が二ヵ所に存在するため、便宜的にこちらを永安公司Bと呼んでいる。また、資料によっては永安マーケットとも呼ばれている）が占めている。

森田組西口マーケットは写真10・図25のとおり、東西方向に棟を平行にして長屋を並べている。街区内に四本の通路を通し、この通路に向かって並ぶ八列の長屋と街区南側の道路に向かって店を開く一列の長屋で構成されている。マーケットの一区画あたりの面積は、すべて一坪で、全体で一三六の区画がある。星野によれば「使用してある材木は、金融事情もやや円滑化し始めたころのためか、商店街をつくるために製材された材木が使用されている」といい[＊52]、小規模であるが東口の森田組マーケットに比較すれば、本建築に近い資材を使用していたようである。

森田組西口マーケットの店舗の業種構成をみると、「一三六軒のうち四五軒が未開店で、開店している九一軒中八三軒が、酒をのませる店になっている。この総店舗数のうち六一パーセント、開店中の九一パーセントがいわゆる『のみ屋』という構成は森田組東口マーケットより一層たかい割合を示している」[＊53]。この他の店舗は、魚屋が四軒、八百屋三軒、電気器具店が一軒となっている。

同じ街区に建つ永安公司Bは、森田組西口マーケット建設の四ヵ月後の一九四七年二月に完成している。建物は、森田組西口マーケットとの境界にL字型に長屋を配置し、「L」の内側に通路を二本つくって長屋を並べている（写真10・図25）。この森田組西口マーケットとの境界に建つ店は、すべて森田組のマーケットに対して背を向けており、永安公司Bは森田組西口マーケットから独立した店舗配置となっている。また、駅側（東側）に他の区画よりも面積の大きい区画を並べていることが特徴である。この三つの区画のみマーケット内の通路ではなく、東側の道路に向かって店を開いている。区画は全部で四七あるものの、そのうち二六軒が空き家となっている。開店している二一軒中一五軒が飲み屋であり、こうした性質は森田組西口マーケットに近いものがある。

さて、ここまで森田組西口マーケットと永安公司Bを一緒に見てきたが、ここでこの街区の土地所有について見てみたい。図26は、森田組西口マーケットと永安公司Bが建つ街区の土地所有を示している。これを見ると、森田組西口マーケットと永安公司Bが建つ土地は所有者が異なる。少なくとも森田組西口マーケットは森田組によって地主の許可なく建設されているが[＊54]、土地所有形態とマーケットの配置が一致していることから、土地の所有境界を前提に開発を行ったと考えてよいだろう。永安公司Bの開発者と地主との関

図26──森田組西口マーケットと永安公司Bの敷地となった土地の所有と地割。地割は東京都市計画第10-2工区換地確定図(区画整理以前)より作成。

係は不明である。

豊島師範学校の土地

図4で⑤仁栄マーケット別館、⑦永安公司A、⑧復興商店街が建っている土地は、豊島師範学校の焼け跡である。同校は戦災を受けて一九四七年一月に小金井に移転しているが(付属小学校は同地に残っている)、同時期に当時の豊島師範学校の校長を介して同校の土地が地元有力者たちに借地されている。

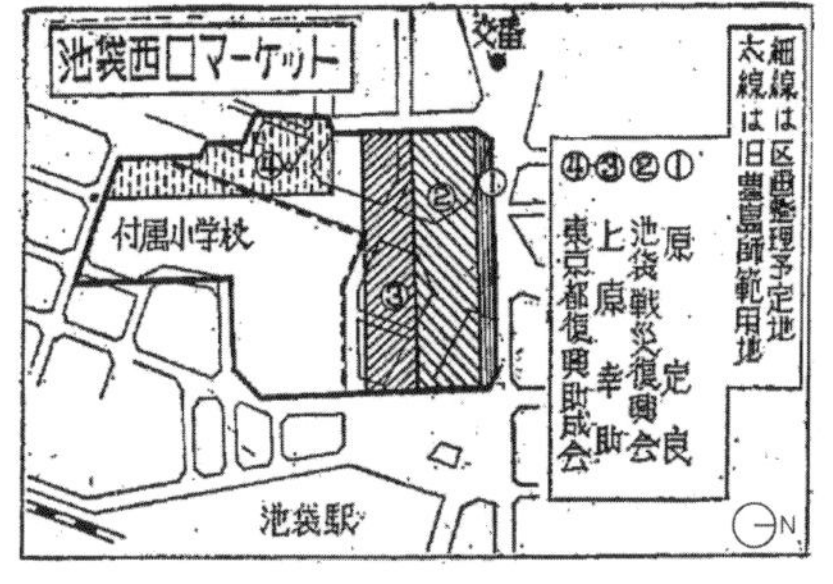

図27──豊島師範学校の土地を借地した主体と、借地した場所(出典:「無法地帯・池袋　西口マーケット、10年ぶり実態調査へ　都で区画整理に本腰」『読売新聞』1955年7月1日朝刊7面)。

その経緯が、一九五五年七月一日の『読売新聞』に整理されている[*55]。まず、豊島師範学校の土地が借地されるきっかけとなったのは、元都議会議員の原定良がバス通りに面した豊島師範学校の土地三八五坪の使用願いを当時の所有者である文部省に提出したことである。原は被災者、引揚者の援護施設をつくるという名目で、土地使用願いを提出し受理される。これに倣って、池袋戦災復興会(代表者・井本常作)、東京都復興助成会(代表者・樺沢金作)、上原幸助(上原組親分)も土地使用願いを提出した。文部省は、次の四点を条件に土地の使用を認め、四者は当時校長であった「大野○毅氏」[＊56]と借地契約を結んでいる。その条件とは、①第三者に転貸、譲渡をしない、②期限満了の一九四八年三月三一日には借地前の土地に復旧して返還する、③期限前でも所有者が必要とするときは即時返還する、④契約解除のときは代償を要求しない、という四点であった。こうして、原定良が三八五坪、池袋戦災復興会が二七六八坪、東京都復興助成会が二五八三坪、上原幸助が二〇〇〇坪を借地することとなった(図27)。

しかし、この条件はまったく履行されることはなかった。まず、転貸や譲渡を禁止していたにもかかわらず、それぞれの借地にマーケットが建設され、建物が賃借あるいは売買された。さらに、原定良は土地の使用権を洪仁栄と堤栄治に譲り、洪は三〇数軒の業者に月三〇〇〇円前後で店舗を貸与し、堤もまた間口一間から二間の長屋式貸店舗を建設して一区画二〇万円から五〇万円で建物と土地使用権を営業者に譲渡するなどし、権利関係の複雑化が進んだ。同様に池袋戦災復興会でも飲食店、洋服店など約五〇〇名の業者に入居料として一区画三〇〇〇円から四〇〇〇円を徴収し、使用料として負担金の名目で月三〇〇円から五〇〇円で転貸していた。そして、返還期限である一九四八年三月三一日を過ぎても同地に建設されたマーケットは立ち退かなかった。以降、一九五一年に土地の所有権が文部省から都に移ってからも、同地はマーケットに占拠されたままで、借地契約から戦災復興土地区画整理事業によって整理されるまでの約一五年間、地代はまったく支払われなかった。

仁栄マーケット別館

では、具体的に豊島師範学校の土地に建ったマーケットを見ていこう。

仁栄マーケット別館は、原定良から土地使用権を譲り受けた洪仁栄が建設したマーケットで、一九四六年一二月一日に開店した(図28)。建物としては一列の長屋に一六の区画を持ち、一二軒の飲食店と二区画の空き家以外は小売店であった。大通りに面していたため、飲み屋や飲食店よりも小売店の利益が多かったのであろう。

永安公司A

永安公司Aは仁栄マーケット別館の西側に隣接し、一九四七年二月に完成している(図28)。このマーケットを開発したのは原定良か堤栄治のいずれかであるが、どちらであったかは不明である。マーケットの名称から、森田組西口マーケットに隣接する永安公司Bも、原定良か堤栄治のいずれかが開発したものと考えられる。仁栄マーケット別館と同様、一列の長屋に一三の区画をもち、店舗構成は一三区画のうち六軒が化粧品・薬品で最も多く、一軒の飲食店を除いて小売店である。

復興商店街（復興マーケット）

復興商店街（復興マーケットとも呼ばれている。以下、復興マーケット）は池袋駅周辺のマーケットでは最大規模のもので、一九四七年二月に完成している。仁栄マーケット別館と永安公司Aの裏側に位置し、人通りの多いバス通りに面するのは北西の出入口のみであった。

復興マーケットの最大の特徴は、建物の配置にある（図28）。全体は東西方向に六区画を持つ長屋を背中合わせで並べる構成で、東西方向に四本の通路をつくり、その通路に向かって店を開いている。しかし、その構成を切断するように敷地北西のバス通りから、森田組西口マーケット方向へ向かって対角線状の通路と、それに面した長屋を配置している。この対角線状の通路は、対象地区西側に広がる焼け残り住宅地から続くバス通りと、池袋駅西口を最短距離でつないでいたため、朝夕の通行人はもちろん、多くの人々が使用する通路となっていた[＊57]。復興マーケットが建設される以前から、豊島師範学校校舎の焼け跡を抜け、焼け残った住宅地と駅をつなぐ道ができていたのではないか。池袋戦災復興会はその焼け跡の道をマーケット建設に先行して存在する重要な動線として残しながら、復興マーケットを建設した。この豊島師範学校の土地を斜めに抜ける道は、戦災復興土地区画整理事業においても継承された。

復興マーケットは建物の配置に明快な意図があるだけでなく、建物も「かなりしっかりしていて、材料もよく、一軒が三坪、中央で斜交する棟でも一軒二坪」と比較的広かったという[＊58]。このため

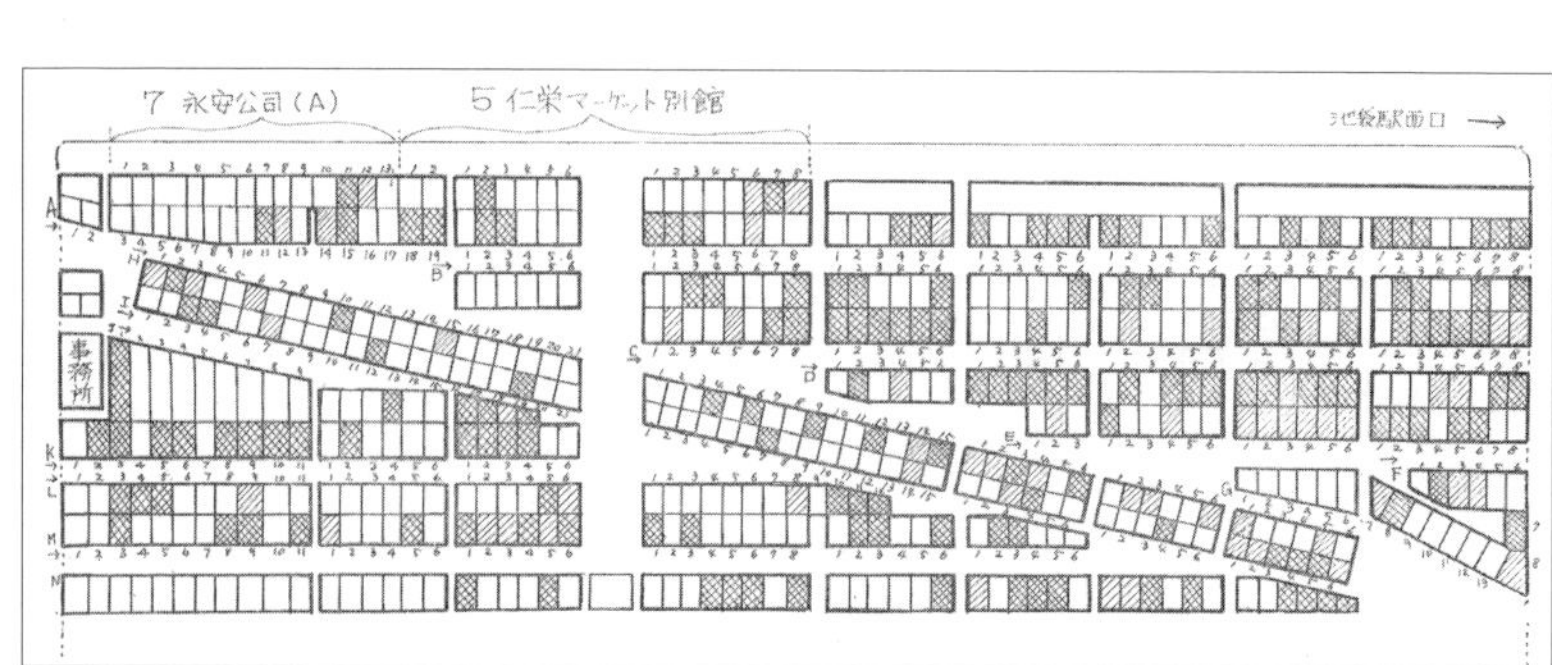

図28──仁栄マーケット・永安公司A・復興商店街の平面図。（出典：星野朗「池袋駅を中心とする連鎖商店街について」▨は食料品の店、▩は飲食店）

マーケットまで通勤する営業者もいたが、店舗併用住宅として居住している人のほうが多かった。この傾向はこの後さらに進み、専用住宅も多く存在するようになる。一九五〇‐一九五一年に行われた立教大学社会福祉研究室の調査によれば、調査当時、復興マーケットの五一〇区画のうち、一八二区画が専用住宅になっている[*59]。

星野が調査した当時、店舗構成は全四九二区画のうち約三分の一の一五四軒が飲食店で、とくにマーケットの東西方向に並ぶ区画に多く、次いで多い食料品や日用品の小売店は対角線上に配置された区画に多く、空き家は西南端の動線上奥になってしまう場所に多かった[*60]。マーケット内の区画の位置が、店舗の業種に影響を与えていることがわかる。

上原組マーケット

上原組マーケットは復興マーケットの南側、森田組西口マーケットの西側に建設されたマーケットである。一九四七年二月から五月にかけて星野朗が行った池袋駅周辺のマーケット調査には、上原組マーケットの記録はないが、一九四七年八月八日に撮影された航空写真(写真10)には映り込んでいる。復興マーケットや森田組西口マーケットと比べ規模が大きいことが航空写真から読みとれる。復興マーケット、森田組西口マーケット同様に東西方向に長屋を並べた構成で、マーケット内に二本の通路を形成している。店舗数や店舗構成については不明である。

マーケットの持続と池袋西口民衆駅の建設　一九四八‐五三年

一九四八年から五三年にかけて、東口では駅前の森田組東口マーケットの整理が行われ、区画整理がほぼ完了しているが、西口ではマーケットの整理はまったく進まなかった。一九五一年に上原組マーケットが火災で焼失し、被災者に代替地を与える案が出されたため、その後に六〇〇軒を超える西口に広がるマーケット営業者にも換地を与えるかどうか、という議論が起こるが、各方面からの反対で頓挫し同時に区画整理の気運も低下していった。

他方で、国鉄の駅舎は東京都内初の民衆駅としてきわめて早期に再建されており、その用地だけは早期に換地指定されている。その背景には、国鉄の意図が大きく働いていたものと考えられる。対象地区は、都内初の民衆駅が誕生した場所である一方、都内で最も遅くまで戦災復興土地区画整理事業が進まなかった場所でもある。

一九五〇年から一九五一年の復興マーケット

先にも見たとおり、一九五〇年から一九五一年にかけて復興マーケットを対象に、立教大学社会福祉研究室が調査を行っている[＊61]。この調査によれば、このころには仁栄マーケットがバス通り沿い全体に広がり、永安公司Aはなくなっている。また、復興マーケットの店舗数も五一〇店舗に増え、このうち、空き家は一軒のみであるが契約済でほぼすべての区画が使用されている状態であった。

池袋駅西口の戦災復興土地区画整理事業

池袋駅西口を対象とした戦災復興土地区画整理事業(東京都市計画第一〇-二地区復興土地区画整理事業)は、一九四六年四月二五日に都市計画決定し、一九四八年九月二日に事業計画決定がなされ、一九六八年七月六日に換地処分されている[＊62]。

区画整理によって、幅員一八-二五メートル、延長二七六メートルの都市計画道路補助第一七二号線と、幅員二五メートル、延長五六八メートルの都市計画道路補助第七三号線が整備され、都市計画道路補助第七八号線が拡幅された(図29-b)。この第七三号線と第七八号線の交点に、仁栄マーケットや復興マーケットが位置しており、区画整理では大規模な移転が必要であった。先述したとおり、区画整理では復興マーケットの対角線状の道を継承するように、豊島通りから池袋駅西口に向かって斜めの計画道路が新設されている(図33)。

西口のマーケットの整理が本格的に進むのは一九五七年以降であるが、一九五〇年には池袋西口民衆駅が開業する。この駅ビルを建設するために、駅舎の敷地の分だけ早期に区画整理が行われ、永安公司Bと森田組西口マーケットの一部が整理された。

池袋西口民衆駅の建設

後に国内最大規模の民衆駅となる東京駅・新宿駅・池袋駅の駅舎の戦災復興計画は、一九四七年から策定が始まっていた[＊63]。そのなかで、民衆駅会社(停車場会社)による民衆駅建設のパイロット事業として国鉄内部で選ばれたのが、池袋駅西口であった。当時、東京駅は戦災にあった丸ノ内口駅舎の修復中で、新宿には関東大震災後に建設された鉄筋コンクリート造の駅舎が焼け残っていたため、戦災で駅舎が焼失してしまった池袋が選択されたのであろう。

民衆駅会社とは、民衆駅を建設・経営するための民間企業である。戦後復興期、自己資金による駅ビルの不動産開発を許されなかった国鉄が、それでも駅舎の戦災復興を進めるために計画したのが池袋西口民衆駅であった。

一九四六年の春ごろから民衆駅方式による駅舎の建設方法が、当時運輸省施設局建築課長であった伊藤滋によって模索されていた。伊藤滋は、一九二〇年代に増加する都市内交通の旅客をさばくための駅舎設計方法を確立した国鉄の建築家である。代表作に御茶ノ水駅があり、一九四七年八月には旅客流動理論の集大成ともいうべき博士論文「省線電車駅に於ける旅客施設の設計について」を著し、同年から二年間は日本建築学会の副会長を務めている。

戦後復興期、伊藤は、外部資金に頼って国鉄の復興を進めるために「国鉄の事業の内、民間に委せられるものを放出して沢山の専門会社に分担させる」ことを考える。すでに「アメリカの鉄道では、線路会社、車輛会社、構内運営会社、石炭積込会社といった無数の会社があるので、その流儀を採用することによって、民間資金の活用をしようというのである。…そうした諸会社の一つに（筆者注、ユニオンステーションの）停車場会社が数えられたのはいうまでもなく、既にアメリカに数個の実例もあつた」という[*64]。つまり、駅舎を設計・建設・経営することを目的とする会社（停車場会社あるいは民衆駅会社と呼ばれた）を民間資本で設立し、その会社に民衆駅を建設させるという方法である。

伊藤は一九四七年一月に国鉄を退職したが、嘱託として籍を残しながら[*65]、同年一一月二七日池袋駅西口に民間資本による駅舎を含むデパート計画を立案し、国鉄に対して建設の申請を行った。翌四八年二月に、停車場およびその付帯施設の建設、経営、賃貸その他を目的とする日本停車場株式会社を国鉄ＯＢであり事業家の矢下治藏[*66]に発起させ、同年六月資本金三五〇〇万円を以って設立の登記を完了した[*67]。矢下を社長に据え、伊藤は副社長に就任する。会社の重役一三名のうち六名は元国鉄幹部、社員二六名のうち国鉄退職者は六名であり、矢下をはじめ国鉄退職者が多くを占めていた[*68]。

池袋駅西口の民衆駅建設予定地は国鉄と東武鉄道の土地にまたがっていたため、両者の間で土地の使用に関する交渉が行われ、東武鉄道の土地を国鉄が借り受け、それを日本停車場に使用させることとなった[*69]。

さらに建設予定地に建っていた「やみ建築」[*70]を撤去し更地にすることに手間取っているうちに、当初第一号の民衆駅として国鉄が計画していた池袋西口民衆駅は、豊橋駅に先を越され第二号の民衆駅として竣工することになる[*71]。この「やみ建築」とは、森田組西口マーケットの一部と、永安公司Ｂの一部である。写真10と図30

を比較すると、両マーケットの東側が斜めに削られていることがわかる。

池袋西口民衆駅建設計画の途中で、民衆駅会社である日本停車場は当初計画していた建物の南側に接続して、別館を建設することとした。そして、土地所有者である東武鉄道にこの別館の建設を申請した。東武鉄道はその建物内に東武鉄道の出札室、派出室、案内所を設置することを条件に土地の使用を承認した[＊72]。こうして、池袋西口民衆駅は本館一階に国鉄の駅舎機能、別館の一階に東武鉄道の駅舎機能を備え、両者がコンコースでつながる建物として計画が進んだ(図31)。

こうして日本停車場、国鉄、東武鉄道の三社が協同して計画は進んだが、池袋西口民衆駅の建設予定地は戦災復興土地区画整理事業用地内にあったため、東京都に換地を指定してもらわなければ、着工できなかった。そのため日本停車場は東京都に民衆駅の敷地の換地を指定するよう申請した。これにもとづいて一九四九年七月二九日東京都知事から換地予定地指定通知がなされた。その後、国鉄と東武鉄道の間で、換地予定地の境界線の変更について協議が行われ、都知事に対して換地指定地の変更願いが提出され、最終的に翌五〇年七月一七日に承認された[＊73]。池袋西口民衆駅周辺の国鉄所有地および東武鉄道所有地の換地は図32のとおりである。民衆駅が建った区画整理以後の土地は国鉄所有であったが、他の国鉄用地からは離れた飛び地であった。

一般に区画整理で換地が指定される際は、工区内全体の土地の換地が同時に指定されるため、すべての土地に換地が存在する状態になる。しかし、このとき、駅周辺の区画整理と比較して、国鉄用地と東武鉄道用地をきわめて迅速に換地指定したために、区画整理後の国鉄用地になる民有地に対して、東京都が換地を与えることができなかったため、この民有地の所有者は、換地が指定されるまで土地を使用できなくなってしまった。そのため国鉄がこの民有地の換地決定(一九五三年八月)までの期間、地代を支払うことで補償している[＊74]。

こうして一九四八年一二月二三日に国鉄から建設承認を受けた池袋西口民衆駅の建設は、翌四九年一一月一日に本館に着工、一九五〇年一二月六日に竣工し、別館は同年一二月一一日に着工、翌五一年三月二〇日に竣工した[＊75]。工事費一億三七六万三千円は、全額日本停車場の負担であった。同社はこの建設費を銀行からの借入金とテナントとして入居予定の東横百貨店からの特別賃貸料の前渡金五〇〇〇万円によって調達した。建物はすべて日本停車場の所有と

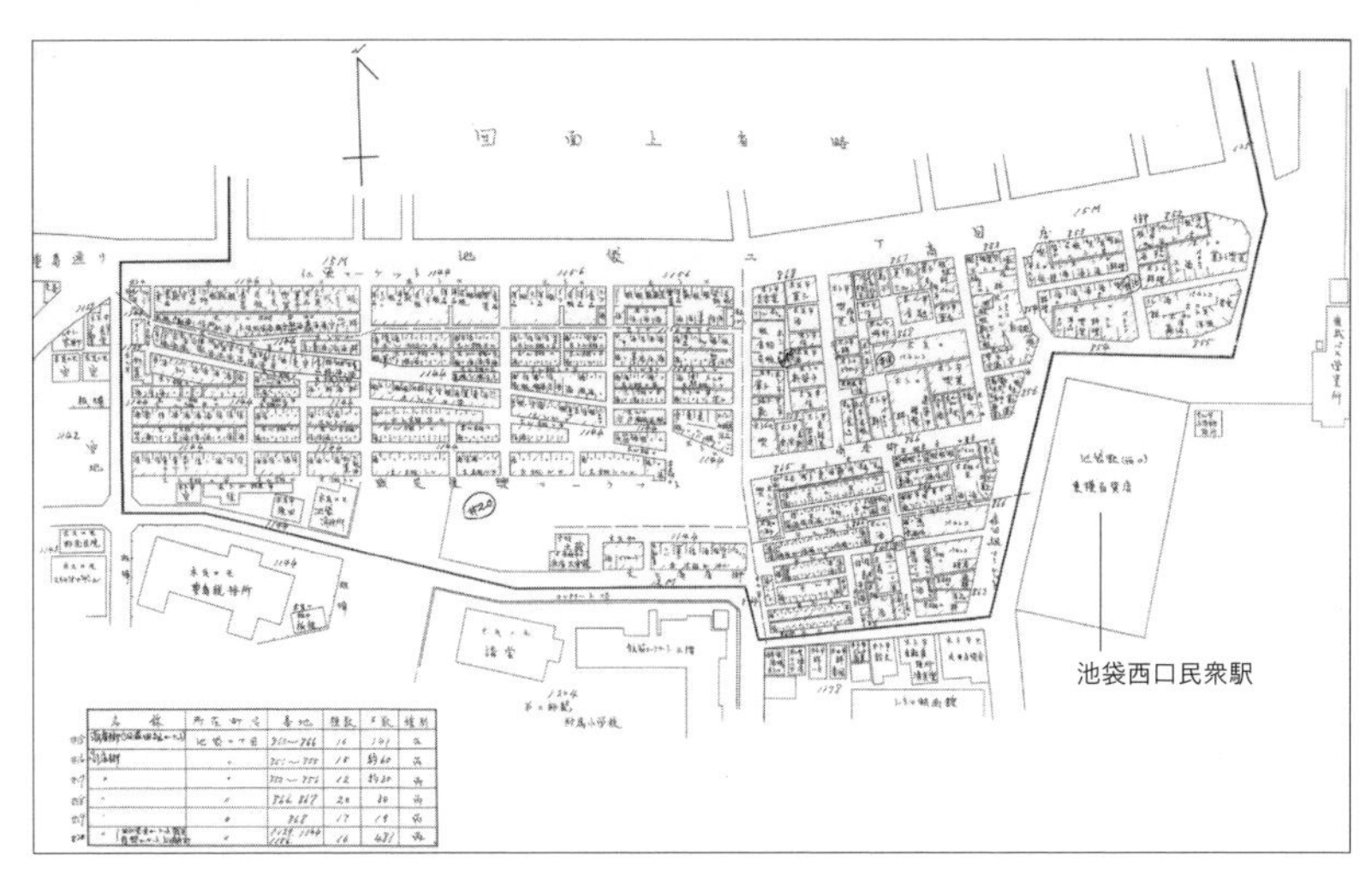

図30──1953年の池袋駅西口の新興市場地図（都市整図社発行）に筆者追記。

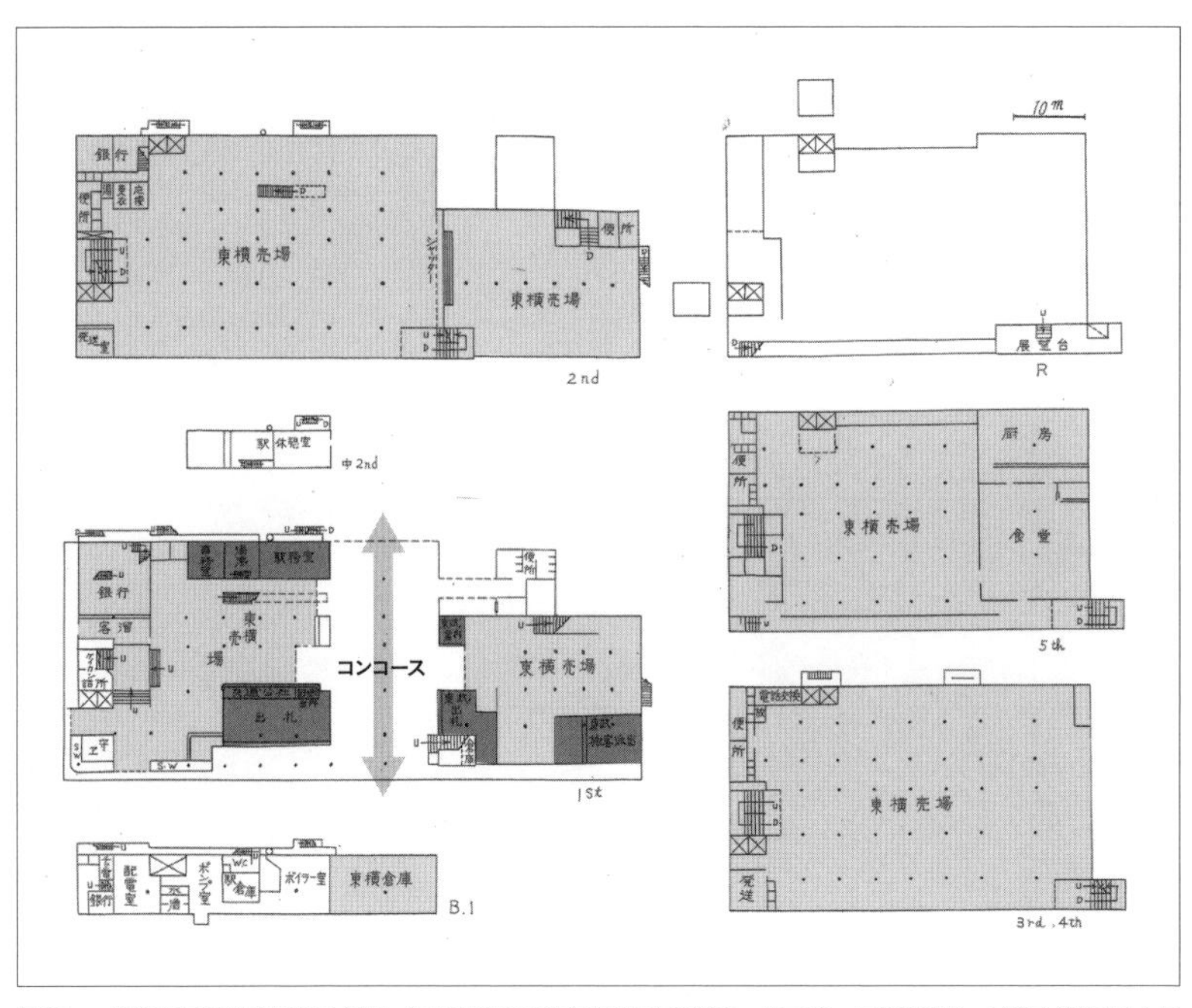

図31──池袋西口民衆駅平面図（出典：施設事務研究会編『施設事務叢書　第二篇　民衆駅概論　付構内営業』日本国有鉄道、1956年、208頁）に筆者追記。

なり減価償却年数（六〇年）を経過した後、同社から無償で国鉄に譲渡されることとなった。土地は国鉄用地であるため日本停車場から土地使用料が国鉄に支払われ、国鉄は駅業務施設の使用料を同社に支払うこととなった。鉄筋コンクリート造地下一階地上四階建てであったが、一九五三年増築され地上五階建てとなった。

こうして伊藤滋自らが民間事業者として計画を進めた池袋西口民衆駅が建設された。一階に国鉄と東武鉄道の駅業務機能を備え、それ以外の部分は東横百貨店や野村証券などへ賃貸され、日本停車場は不動産経営を行っていく。同社は池袋駅西口のあと、一九五〇年に新宿駅東口の民衆駅建設の請願書を提出していることから［＊76］、池袋駅西口の民衆駅の建設だけ目的としてつくられた会社ではなく、各地の民衆駅の建設を不動産開発を目的としていたと考えられる。

上原組マーケットの火災と移転

この時期、池袋駅西口には民衆駅が建設されたものの、その他の区画整理や、マーケットの整理は進んでいない。そうしたなかで、上原組マーケットで火災が起き、建物が消失したことをきっかけに、東京都は区画整理を進めようと、マーケットの再建を中止させた。同時に不法占拠化していたマーケットに対して換地を与え区画整理を進めるという案も出ている。当初は借地契約を結んでいた元豊島師範学校の焼け跡に建つマーケットも、この時期には返還期限を過ぎ不法占拠化していた。新宿の野原組マーケットが火災で消失した際は再建が黙認された。池袋駅西口ではどうであったか具体的に見ていこう。

一九五一年一月一一日、上原組マーケットから出火、マーケット全六棟のうち四棟、三九世帯を全焼した［＊77］。同地区は国有地で、戦災復興土地区画整理事業用地でもあったため、東京都は上原組マーケットの被災者に対して都市計画を遂行することを伝え、関係当局は同地域に鉄条網を張り復旧工事中止を命じた［＊78］。これに対し、豊島師範付属小学校読書室の仮設収容所に入所していた上原組マーケットの被災者は、火災のあった夜に被災者大会を開き、都の反対を押し切って一二日朝から一軒あたり四万円平均の資金を出し合って、バラックを再建することを決議した［＊79］。

都は応急策として「豊島区日出町と国電大塚駅前の三角壕舎十二棟を仮設収容所とし、業者の営業については池袋消防署わきに間口六尺、奥行三尺の車つき屋台を出すよう勧告し」［＊80］、そして「将来区画整理後に換地を与える」［＊81］という条件を出した。しかし、業者は反対し物別れに終わっている。この東京都の提案は実現しなかったものの、土地所有権のないマーケット営業者に対して、「換地を与える」という案が出ていることに注目したい。

一九五一年二月二二日の『読売新聞』は、焼失した上原組マーケット営業者のうち二五世帯六〇名の被災者のために二月二一日、豊島区役所は同付属小学校裏に仮小屋を一両日中につくり、完成次第被災者をここに移し、そのうち引揚者は都直営の引揚寮に収容することになったと報道している。さらに、都建設局が豊島師範学校用地を大蔵省の了解を求め都に返還してもらうことが決定したため、恒久的な対策として同地の民間への払い下げを検討することとなったとしている[＊82]。つまり、マーケット営業者に対して、移転代替地を都有地の払い下げによって用意しようという計画で、厳密には区画整理による換地ではない。

しかし、実際には都が代替地を斡旋することができず、マーケット営業者への土地の払い下げは行われなかった。都が代替地を用意できるまでの仮収容所として用意した、付属小学校裏の三坪の三角壕舎と幕舎も一九五一年五月いっぱいで撤去され、被災者は池袋駅東口側の線路沿いの一二戸の三角壕舎に移転した。こうして上原マーケットの焼失部分は再建されることなく、営業者も移転していった。一方で上原組マーケットの残り部分は、一九五三年の新興市場地図(図30)では「文化商店街」と呼ばれ、同地に存続していることが確認できる。

上原組マーケットの火事の翌年一九五二年初旬、東京都は豊島師範学校跡地を占拠する営業者に換地を与え、池袋駅西口の戦災復興土地区画整理事業を強行する計画を示した[＊83]。上原組マーケットの一部除去が進んだことで、さらに区画整理を進めようとする計画であった。マーケットの移転の換地として、付属小学校校庭の西南約七〇〇坪をはじめ、校庭真向かいの池袋二丁目一二五五・一二五三番地などの一部を指定した。これが実現すれば、小学校が恒久的に飲み屋を中心とした歓楽街に取り囲まれることとなる。これには、文部省も付属小学校の有力なPTA、そして地元も強く反発した。

結局、このマーケットに換地を与える計画には反対の声が強く、都の強硬姿勢も弱まり、中止となったが、六〇〇軒を超えるマーケット営業者に対して、都が換地(移転代替地)を与えることを計画し、半ば強行しようとした、という事実には注目したい。区画整理を進めるために、フォーマルな土地所有権や借地権を持たない膨大な数のマーケット営業者に対し、土地取得の斡旋を都が行っていたのである(写真11)。

マーケットの整理と東武会館の建設　一九五四-七〇年

一九五四年から一九六三年の一〇年間、徐々に進んだ池袋駅西口の戦災復興土地区画整理事業が、後半の五年で急激に進展し完了へと向かう。この間にマーケットの整理が進んだが、営業者の占有権や営業権を補償し、立ち退かせるために巨額の資金が投入された。区画整理が進むと東武が駅ビル開発を進め、木造マーケットに覆われた池袋駅西口がビル街へと変化していった。

それでは、この間の池袋駅西口の変化をマーケットの整理と東武会館の建設に注目して見ていこう(写真12)。

東武会館建設計画

一九五〇年末、池袋駅西口の民衆駅に東横百貨店が開店した。東口では終戦直後から武蔵野デパートが開店し、改築を続けて一九五六年には七階建ての西武百貨店を完成させている。その隣接地には一九五〇年代前半から民衆駅建設の計画があり、東京丸物が入居することになっていた。また、駅前広場を挟んだその向かいでは一九五七年に三越百貨店が開店し、一九五九年までに池袋駅周辺には四つの百貨店がひしめきあうようになっていた。

こうした池袋駅周辺での百貨店建設ラッシュに出遅れていた東武

写真11──1953年の池袋駅西口。左手前に森田組西口マーケット、左手奥に豊島師範学校付属小学校の鉄筋コンクリート造の校舎、中央奥に復興マーケット他が確認できる。毎日新聞社提供の3枚の写真を合成。

写真12──1955年の復興マーケットと池袋西口民衆駅(豊島新聞社提供)

鉄道も、この時期に百貨店建設の計画に乗り出した。しかし、各地の商店街の百貨店新設・増床に対する反発は強く、東武は地元を説明に回ったが理解が得られないでいた。

そこで、名称を東武百貨店ではなく東武会館とし、当面は百貨店をつくらず、アミューズメントビルを建設するという計画に変更する。むろん、百貨店の申請が通れば、いつでも百貨店に改築する方針であった。この案が地元の了解を得て、建設が決定したのは一九五七年一月のことであった。そして、同年二月には東武鉄道社内に設けられた池袋東武会館建設部が設計を進め、一九五九年一月東武会館は着工された[＊84]。

池袋駅西口の区画整理　本格始動

終戦から一〇年間、遅々として進まなかった池袋駅西口の戦災復興土地区画整理事業が、一九五〇年代後半になってようやく本格化する。一九五六年四月二日、東京都市計画第一〇－二地区復興土地区画整理事業を担当する東京都建設局第四復興区画整理事務所の出張所が、池袋駅東口から西口へと移転した。この時、同出張所は「西口の仕事はむしろこれからだ。三一年度からは西口の区画整理に専念する。その意気込みを、この辺の人に見てもらうためもあって、事務所を西口に移した」とコメントしている[＊85]。

そして翌五七年、ついにマーケットの整理が開始される。第四復興区画整理事務所は、同年九月一六日から本格的な区画整理を開始し、豊島区池袋二丁目八五二・八五三・八五四番地の店舗二七軒に対して「二六日までに自発的に立退くよう」期限付きの最終警告書を出した。これらの土地は民衆駅の北側の都有地で、商店が不法占拠していた地区である。「同地区は終戦直後、都が道路用地として整地したところへ〝車つき屋台〟が根をすえてしまった」[＊86]場所であった。

この立ち退きを求められた二七軒は、すでに一九五六年末から自発的に立ち退くよう第四復興区画整理事務所から再三警告書を出されていた。一九五七年一〇月八日になり、ようやく立ち退きが始まった。商店が立ち退いた後は有刺鉄線で囲まれ「都管理地」との立札が立てられた[＊87]。一九五八年の火災保険特殊地図では、一九五七年一〇月八日から整理された部分が空地になっている（図33）。

これと同時期に、東京マーケット周辺の戦災復興土地区画整理事業が施行されている。対象地区を含む東京都市計画第一〇－二地区復興土地区画整理事業の換地明細書は五冊存在したが、うち二冊が散逸しており東京都に保管されていない。東京マーケットの建っていた土地の換地明細書は、散逸している二冊に含まれ、換地の状況を把握できない。そのため、東京マーケットの土地がどこに換地されたのか不明であるが、一九五八年の火災保険特殊地図から、東京マーケットが建っていた土地の近くにマーケットが新築されていることがわかる。このマーケットと東京マーケットの関連を資料から明らかにすることはできないが、池袋駅西口においては区画整理後の土地にマーケットが新設されたのはここのみで、一九七〇年代まで同地にマーケットとして存在した。

池袋駅西口のマーケットでの取り締まり強化

一九五〇年代、暴力団がらみの違法な店が増え治安が悪くなっていた池袋駅西口一帯のマーケット街に対して、一九五五年半ばから警察、保健所、都公安委員会が協力して厳しい取り締まりを始めた。こうした取り締まりが始まる前は、復興マーケットや森田組西口マーケットに飲食店が何店舗あるのかということすら、所轄の保健所や警察署は把握していなかった［＊88］。また西口の区画整理が進まなかった大きな理由のひとつに、暴力団による反発があったが、悪質な店舗や暴力団に対する取り締まりを強化することで、区画整理がスムーズに進められていく。一九五五年六月二九日、客に暴力を

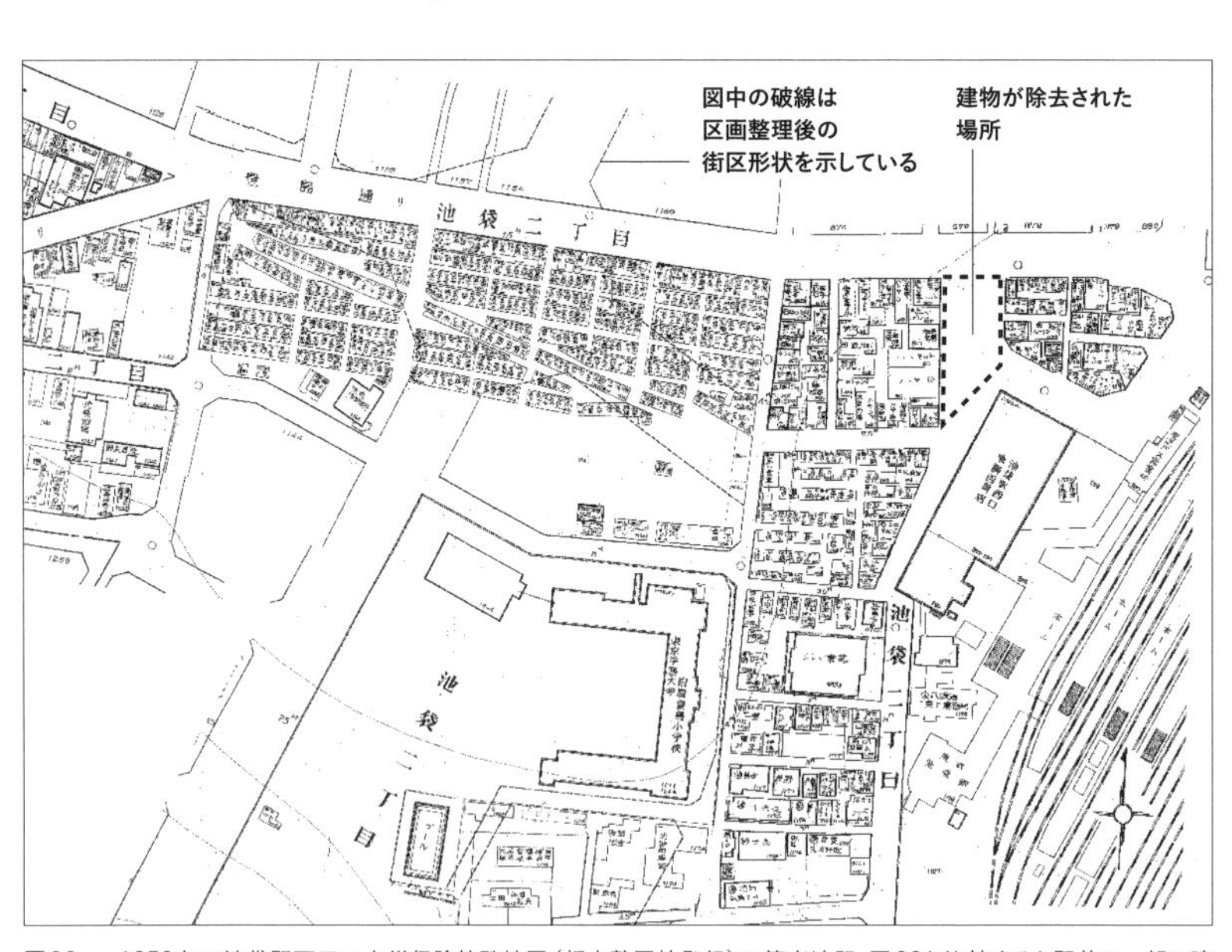

図33──1958年の池袋駅西口の火災保険特殊地図（都市整図社発行）に筆者追記。図30と比較すると駅前の一部の建物が除去されたことがわかる。

ふるい、金を巻き上げた飲食店の摘発に都公安委員会が乗り出す[＊89]。これに続いて、保健所もマーケット内の飲食店の衛生面の取り締まりに乗り出した[＊90]。

池袋駅西口のマーケット街に対する取り締まりは、一九六〇年からさらに強化された。とくに暴力団関係の飲食店の取り締まりを強化することを目的に、警視庁から防犯課員二〇人、暴力団取り締まりの捜査四課員六人が投入され、さらに池袋署からマーケット街専門の「ふくろう部隊」約二〇人が一九六〇年七月一八日新設された。そして、機動隊を含め毎日一〇〇人体制で池袋駅西口のマーケット街の取り締まりにあたることとなった[＊91]。

こうした警察の取り締まりと併行して、マーケット営業者の間でも「池袋西口浄化連合自治会」という組織が生まれ、治安を守るため自主的に提灯を持って見回りをしていた[＊92](写真13)。

復興マーケットの取り壊し

これまで、再三にわたって都建設局第四区画整理事務所が区画整理の実施を計画しながら、この地帯の背後にある組織暴力団の妨害にあって、その都度取りやめになっていたが、一九五〇年代半ばからの警察や保健所の取り締まりが功を奏し、一九六〇年以降、区画整理が進展することとなった[＊93]。

占有者と都との間で立ち退き料、営業補償費の話し合いがつき、まず一九六〇年一〇月に上原組関係の三九戸が立ち退き、さらに同年末に三四戸が立ち退いた。

そして、翌六一年二月一日、復興マーケットの取り壊しが始まった。復興マーケットの店舗は一九六一年一月一七日から一斉に休業し、二月一日にまず五〇戸の撤去が行われ、二月一五日までに五〇九戸すべて撤去された(写真14・15)。

写真13――1962年の森口組西口マーケット(朝日新聞社提供)

写真14――マーケットの撤去。奥には池袋西口民衆駅が見える（豊島新聞社提供）。

写真15――取り壊し中のマーケット（出典：東京都豊島区企画部広報課『写真でみる豊島区50年のあゆみ』東京都豊島区、1982年、54頁）

森田組西口マーケットの撤去

　そして池袋駅西口に最後まで残っていた森田組西口マーケットも、まず一九六二年一一月三〇日、都建設局第四区画整理事務所により六軒が強制撤去される。マーケットの建物所有者と居住者二二〇世帯に対しては、都建設局から同年一一月末までに建物を取り壊して立ち退くようにと通知していたが、一部の居住者は立ち退きの時期や補償金の額を不満として、立ち退きを渋っていた。そのため、都建設局は二八日に最後通告を出し、三〇日から強制取り壊しを行った[＊94]。森田組西口マーケットが建っていた土地は民有地であり、元豊島師範学校の土地のように公有地ではなかったにもかかわらず、都によって立ち退きの補償が行われた。

　占有者の立ち退きは一九六二年一二月二〇日までに行われ、総計八〇〇戸ほどの上原組マーケット、復興マーケット、森田組西口マーケットの撤去により、池袋駅西口のマーケットの整理がすべて完了した。東京都市計画第一〇‐二地区復興土地区画整理事業の告示から一六年後のマーケットの整理完了であった。この間に都が支払った立ち退き料は五億円を上回っている[＊95]。

東武百貨店の設立と東武会館の建設

　一九六〇年前後、池袋駅西口ではマーケットの整理が進むと同時に、東武用地に駅ビルが建設された。

　東武鉄道は一九五九年一月に東武会館を着工していたが、翌六〇年になって、百貨店の新設がある程度の規模までは認められそうだという情報が入ったため、同年九月一日に東武鉄道の全額出資で株式会社東武百貨店を設立した。ついで同年一二月一〇日には、同様に東武鉄道の全額出資で株式会社東武会館を設立し、アミューズメントビルの運営主体となった。百貨店の新設が認められた場合は、建設中の東武会館を改築し、百貨店に転用するつもりであったが、その場合、東武百貨店は東武会館のテナントとして入居することとした［＊96］。東武会館の建設工事は難航をきわめ、三年五ヵ月を要して一九六二年五月二五日に竣工した。四階以下を百貨店形式、五～七階にスケートリンク、五階に食堂、六・七階に名画座を設置し、五月二九日に東武会館はオープンした［＊97］。

元豊島師範学校用地の換地

一九六二年末までにマーケットの整理が完了した池袋駅西口では、区画整理が進み一九六三年中にはおおむね街路が整備された。

図29は旧豊島師範学校および同校付属小学校の土地の換地を示している。換地処分時点（一九六八年七月六日）で、図29の土地1－3・5・6は都有地、土地4は大蔵省用地であった。おもに都市計画道路補助第七三号線沿いに換地され、土地2は焼け残った東京学芸大学校付属小学校（一九四九年の学制改革により校名変更。旧豊島師範学校付属小学校）の鉄筋コンクリート造の校舎を移動させないように換地されている。

土地2の敷地には旧豊島師範学校が移転してからも付属小学校が存続していたが、周辺環境の悪化から一九六四年までに小金井へ移転している。同地はその後、スケートリンクがつくられた程度でしばらくは開発されていなかったが、一九九〇年には東京芸術劇場が開業している。

都有地の払い下げと池袋西口センタービルの誕生

こうした区画整理が行われるなか、マーケットの営業者を対象に都有地の払い下げが行われている。しかし、価格が高かったため多くの営業者は購入権を譲渡し、転出していった。マーケットの組合のひとつであった池袋西口商業協同組合（旧仁栄マーケット）は共同で一三〇坪の都有地を買い入れ、地下二階、地上八階建ての池袋西口センタービルを建設した。ビルは一九六七年に竣工し、一・二階には組合員が優先的に入居し、他の階はテナントとして貸し出した［＊98］。池袋西口センタービルの場所は、図29の土地5の北側部分である。

こうして池袋駅西口の戦災復興が終わった。

3 大規模な土地が規定した池袋の戦災復興

戦災復興の母型　焼け野原には何が刻まれていたか

戦災はすべてを焼き尽くし、戦前の痕跡を消してしまったわけではない。焼け野原となっても、そこは戦前の池袋が残り、戦災復興を規定していた。

池袋駅近傍でマーケットが発生した土地は大別して、①都の管理下にあった東西両駅前の交通疎開空地、②豊島師範学校の焼け跡である国有地、③駅前の私有地の三つであった。

①都の管理下にあった東西両駅前の交通疎開空地は、終戦直後から都の管理下にあったためか、不法占拠による闇市の形成は見られなかった。一九四六年春に東口の交通疎開空地に森田組東口マーケットが建設されたが、都の許可のもとに建設されたものと考えられる。また、西口の交通疎開空地は一九四七年時点でもほとんど空地のまま航空写真に写っている。

②豊島師範学校の焼け跡である国有地には、二年間の借地契約が交わされマーケットが建設された。しかし、これは二年では除去されず、その後は再三の立ち退き要求には従わず、同地は長期にマー

ケットが占拠することになった。短期間であれ、借地契約を結んだことが要因である。

③駅前の私有地には地割に沿ったマーケットが建設されており、地主あるいは借地人によるマーケットの開発、あるいは地割や所有境界を意識して開発がなされていた。このなかには、不法占拠であった森田組西口マーケットも含まれる。

　また、東口の戦災復興土地区画整理事業では、終戦直後まで根津育英会の所有地であった根津山の土地が分譲されたことが大きな意味を持っていた。

闇市の変容・持続のタイポロジー

　池袋駅周辺のマーケットおよび露店がつくられた土地の性質と、その後の変遷から整理すると以下のようになる（図34）。

　森田組東口マーケットは、交通疎開空地に建設された。一九四九年に整理が開始され、一九五一年ごろには完了している。都は整理にあたって、建物所有者と営業者に立ち退き料を支払っている。そして、都の斡旋によって営業者は集団で根津山や焼け跡の土地を購入しマーケットを新設して移転していった。また、住宅組合をつくっての移転や、株式会社によるマーケットの開発も見られた。そして、こうした集団移転だけでなく、個人で根津山の土地を購入して店舗を建設していく営業者もいた。池袋駅東口では一九五〇年ごろに区画整理が進み、根津山の土地をマーケットの整理や露店整理事業にあてられたことや、市街地化が進んでおらず、焼け跡などの土地が購入しやすかったことがマーケットの早期の整理と移転につながったと考えられる。この際、東京都による占有権と営業権の金銭的補償と、代替地の斡旋がセットとなって行われたことが特徴である。

　豊島師範学校跡地に建設されたマーケットには復興マーケット、仁栄マーケット、永安公司、上原組マーケットがある。先に見たとおり、こうしたマーケットは二年間の借地契約終了後も同地を不法占拠し続けた。こうしたマーケットの整理が本格化するのは一九六〇年ごろで、営業者は立ち退き料と営業補償費を受け取ってマーケットを自ら退去していった。

　こうした立ち退き交渉と併行して、都有地の払い下げが行われたが、この時期には地価は高騰しており、営業者の多くは土地を購入することができなかった。そして、一部の営業者のみが払い下げを受け、池袋西口センタービルを建設した。

　私有地に建設されたマーケットは、東口では平和マーケット、

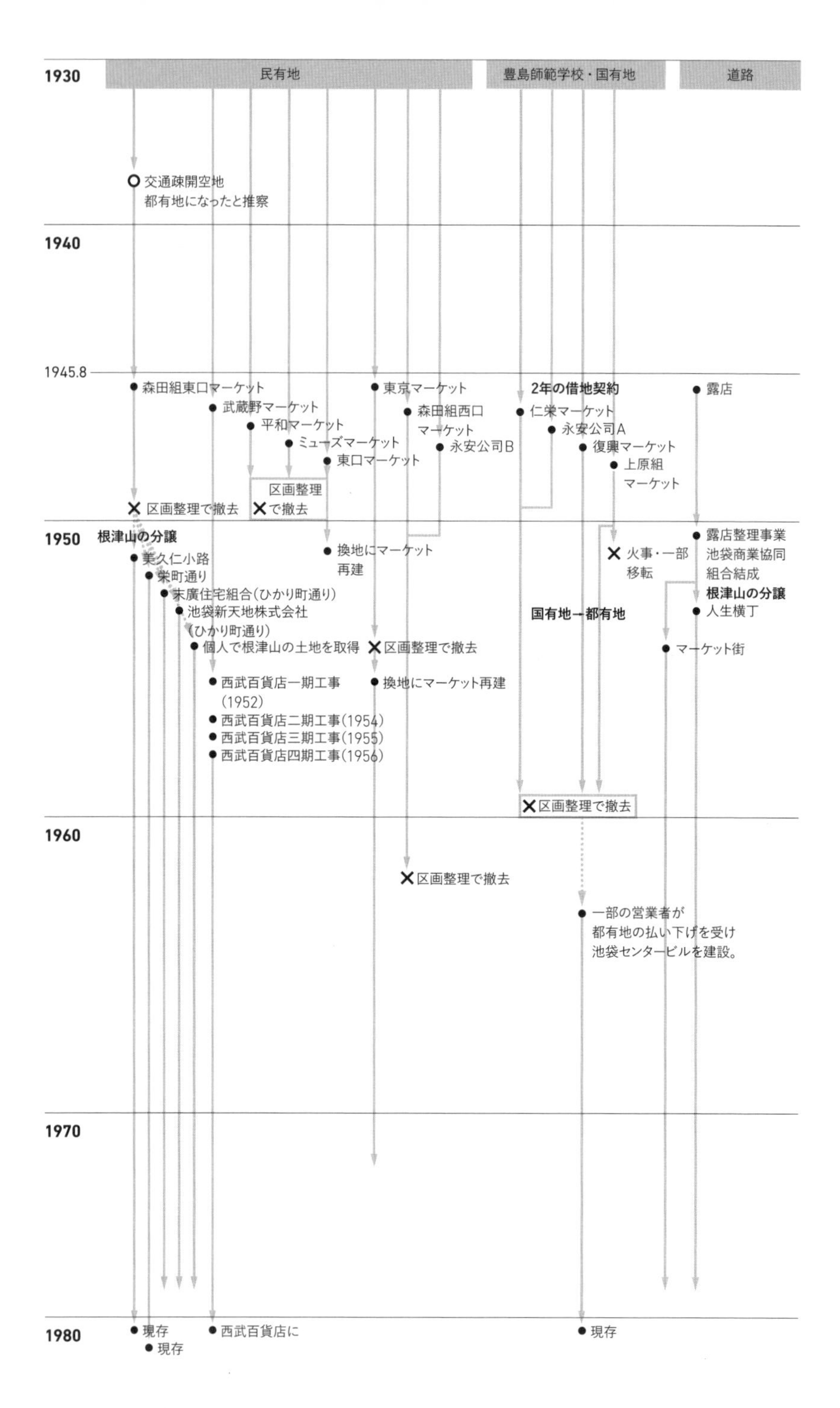

図34——池袋駅近傍におけるマーケットの発生と変容

ミューズマーケット、東口マーケット、西口では東京マーケット、森田組西口マーケット、永安公司Bがあった。このうち、東口の三つのマーケットは一九五〇年ごろに区画整理が行われた。東口マーケットの換地ではマーケットが再建されていることが確認できたが、それ以外のふたつのマーケットでは区画整理前後で営業者に連続性があるか判別することはできなかった。

同様に西口でも東京マーケットの土地は一九五〇年代に区画整理され、換地にマーケットが再建された。一方で、民有地を不法占拠していた森田組西口マーケットは池袋駅近傍では最後まで残り、一九六二年になってようやく、都から立ち退き料と営業補償費を受け取って立ち退いた。

最後に露店を確認したい。池袋駅近傍に存在した露店は、露店整理事業によって池袋商業協同組合を結成し、根津山の土地を購入してふたつのマーケットを建設した。これらのマーケットは土地も建物の組合の所有としていたが、ともに現存していない。

東口では、根津山の土地が分譲されたことによって、区画整理用地内にマーケットが多数再建され、営業者が移ったことが大きな特徴である。一方の西口は区画整理が進まず、一九六〇年ごろまでマーケットが存続したことが大きな特徴であろう。

駅ビルと百貨店の隆盛

終戦直後はマーケットによって担われていた駅周辺の商業空間も、一九五〇年ごろから駅ビルへと置き換わっていく。

池袋西口民衆駅は国鉄の民衆駅方式による駅舎建設のパイロット事業として取り組まれ、一九五〇年末に東横百貨店をテナントに迎え開業した。これが、池袋駅周辺で最初の本格的な百貨店である。森田組西口マーケットを一部除去することになったが、駅ビルの建設が比較的スムーズに進んだのは、戦後も西口の交通疎開空地が空地として残っていたためである。

区画整理では駅ビル用地が広く取られ、東西口で大規模な民衆駅と私鉄の駅ビルが建設された。三越を含め、区画整理後の駅前には百貨店が集中し、隆盛をきわめた。

注

＊1――由井常彦編『セゾンの歴史　上巻』リブロポート、一九九一年、九頁。

＊2――株式会社三越本社編『株式会社三越一〇〇年の記録』株式会社三越、二〇〇五年、一二一頁。

＊3――豊島区池袋一丁目、同二丁目、雑司ヶ谷町五丁目地内。東京都『東京都戦災誌』株式会社明元社、二〇〇五年、一八六-一八八頁。

＊4――星野朗・松平誠「池袋『やみ市』の実態――第二次世界大戦後の戦災復興マーケット」『応用社会学研究』二五号、一九八四年、一一九-一四二頁所収。

＊5――『応用社会学研究』二五号、一九八四年、八三-一五三頁。

＊6――松平誠は森田組東口マーケットを都内最初の連鎖市場（マーケット）であると強く主張しているが、マーケットと呼ばれる長屋状の建物は戦前から存在し、また戦後でいえば新宿東口の新宿マーケットは一九四五年中には木造長屋形式の店舗になっている。また、松平が『ヤミ市　東京池袋』（ドメス出版、一九八五年）で不都合な部分を省略をしながら引用している一九四六年一月一九日の『朝日新聞』を見ると、松平がマーケットを指す言葉であるとした「連鎖市場」、「連鎖店」は店が連なる建物形状を示した言葉ではなく、「チェーンストア」を意味し、経営形態を示している言葉であることがわかる。

＊7――「池袋に連鎖市場の店開き」『朝日新聞』一九四六年二月一三日朝刊、二面。

＊8――星野・松平前掲「池袋『やみ市』の実態」一二二頁、一二八頁。

＊9――第四章で確認することになる渋谷駅西口では、交通疎開空地として都に買収された土地が、一九四七年ごろになっても戦前の所有者に返還（売却）されず、都有地のまま、戦災復興土地区画整理事業で削除され、区画整理後に駅前広場（道路）の土地が創出され東京都に所有権が帰属している。マーケットに占拠された新宿駅東口、池袋駅東口の交通疎開空地は、その所有権が戦前の所有者に還っており、マーケットに占拠されなかった渋谷駅西口の交通疎開空地の土地は、戦前の所有者に権利が返還されていない。同じ交通疎開空地でも、戦災復興土地区画整理事業における取り扱いが大きく異なっており、それがマーケットの形成と大きく関係している。

＊10――由井前掲『セゾンの歴史　上巻』四四頁。

＊11――武蔵野デパートは西武鉄道所有の土地[1188-4][1188-12][1190-1][1190-4]に建設されている。図22-a・表4参照。

＊12――由井前掲『セゾンの歴史　上巻』（四四-四五頁）では武蔵野デパートの総建坪を二〇坪、通路（二・七メートル×三〇メートル）としている。つまり、通路だけで二五坪あったということになり、その両側に並んでいた店舗の総建坪が二〇坪とは考えにくい。また、同書四五頁の武蔵野デパートの復原図では店舗が二八戸並んでいる。総建坪が二〇坪で平屋であるならば、一店舗あたりの面積は約〇・七一四坪（二・三六平方メートル）となり、同時期のマーケットの区画としても狭すぎる。そして、このマーケット以前に使用されていたテントが四八坪強あったことからも、再建したマーケットの総建坪が二〇坪であったとは考えにくい。さらに、一九四七年八月八日に米軍によって撮影された航空写真「USA-M390-34」から見ても、武蔵野デパートの通路の長さは五〇メートル以上あったと推察される。以上から、星野朗の調査の店舗数四〇戸、総建坪二〇〇坪という情報が正しいと判断した。

＊13――由井前掲『セゾンの歴史　上巻』四二頁。

＊14――同書、四五頁。

＊15――同書、四六頁。

＊16――星野・松平前掲「池袋『やみ市』の実態」一二四頁。

＊17――同書、一二四頁、一二八頁。

＊18――同書、一二四頁、一二八頁。

＊19――「元森田組手入れ」『朝日新聞』一九四八年七月二一日朝刊、二面。

＊20――「元森田組幹部検挙」『朝日新聞』一九四八年七月三〇日朝刊、二面。

＊21――由井前掲『セゾンの歴史　上巻』四七‐四八頁。

＊22――同書、四三頁。

＊23――同書、四三頁。

＊24――建設省編『戦災復興誌　第拾巻』都市計画協会、一九六一年、八三頁。

＊25――東京都建設局区画整理部計画課『甦った東京　東京都戦災復興土地区画整理事業誌』一九八七年、二二六頁。

＊26――由井前掲『セゾンの歴史　上巻』四三頁。

＊27――東京都建設局区画整理部計画課前掲『甦った東京　東京都戦災復興土地区画整理事業誌』一〇六頁。

＊28――「池袋マーケット立退き延期を申入れ」『朝日新聞』一九四九年二月一七日朝刊、三面。

＊29――「池袋東口マーケット取りこわし」『読売新聞』一九四九年三月二日朝刊、二面。

＊30――「池袋東口マーケット取り壊し始まる」『朝日新聞』一九四九年三月二日朝刊、二面。

＊31――松平誠『ヤミ市東京池袋』ドメス出版、一九八五年、一三一頁。

＊32――志田恒平（仮名）の聞き取りについては、松平前掲『ヤミ市　東京池袋』八〇‐一〇九頁。

＊33――加賀谷勇（仮名）の聞き取りの内容は、松平同書一一〇‐一三〇頁。

＊34――橋本健二『居酒屋ほろ酔い考現学』毎日新聞社、二〇〇八年、一〇〇頁。

＊35――「デパート新地図　大阪方の攻勢　狙う東京駅、銀座、新宿、池袋」『読売新聞』一九五二年一一月二三日夕刊、三面。

＊36――「生まれかわる露店商　池袋に新商店街　土地・資金・漸く纏まる」『読売新聞』一九五一年七月一四日朝刊、四面。

＊37――「池袋露店に立退要求　月末までの期限付きで」『朝日新聞』一九五一年一一月一六日朝刊、三面。

＊38――「池袋東口の露店解消」『朝日新聞』一九五二年一一月一二日朝刊、八面。

＊39――由井前掲『セゾンの歴史　上巻』五八‐五九頁。

＊40――同書、六二‐六四頁。

＊41――「私鉄や地下鉄を結ぶ　池袋交通会館九月に着工」『読売新聞』一九五二年六月一八日朝刊、四面。

＊42――「「大池袋」の建設進む　上・信越線の引入れか」『朝日新聞』一九五二年七月二日朝刊、四面。

＊43――「関西百貨店また進出　京都の〝丸物〟池袋東口へ　明後年実現」『読売新聞』一九五四年一〇月三〇日朝刊、七面。

＊44――石榑督和「国鉄民衆駅の誕生と展開――駅本屋の戦災復興と大都市ターミナルビル開発」『前現代都市・建築遺産計画学的検討［若手奨励］特別研究委員会』日本建築学会、二〇一三年三月、六六頁。

＊45――由井前掲『セゾンの歴史　上巻』一〇九頁。

＊46――株式会社三越本社前掲『株式会社三越一〇〇年の記録』一九〇頁。

＊47――豊島区池袋一丁目、同二丁目、雑司ヶ谷町五丁目地内。東京都前掲『東京都戦災誌』一八六‐一八八頁。

＊48――星野朗「池袋駅を中心とする連鎖商店街について」『応用社会学研究』二五号、一九八四年、一一九‐一四二頁。

＊49――立教大学社会福祉研究室「池袋戦災復興マーケット実態調査」『Human relations』(立教大学文学部社会学科研究室、二号、一九五四年、一五一－一六三頁)によれば、一九五〇年から一九五一年にかけては復興マーケットの南側に上原組マーケットが存在したことが確認できるため、一九四七年八月八日に米軍によって撮影された航空写真「USA-M390-34」に確認できるマーケットが上原組マーケットであると断定した。また、「無法地帯・池袋　西口マーケット、一〇年ぶり実態調査へ　都で区画整理に本腰」(『読売新聞』一九五五年七月一日朝刊七面)では同地を上原組親分である「豊島区池袋二丁目1060の上原幸助氏」が借地していたことが明記されている。

＊50――星野前掲「池袋駅を中心とする連鎖商店街について」一一九－一四二頁。

＊51――同論文、一二二頁。

＊52――同論文、一二二頁。

＊53――同論文、一二二頁。

＊54――『池袋西口商業協同組合創立五〇周年記念(池袋西口センタービル竣工三五周年)』池袋西口商業協同組合、二〇〇二年、二九頁。

＊55――「無法地帯・池袋　西口マーケット、一〇年ぶり実態調査へ　都で区画整理に本腰」『読売新聞』一九五五年七月一日朝刊、七面。

＊56――同記事「無法地帯・池袋　西口マーケット、一〇年ぶり実態調査へ　都で区画整理に本腰」に氏名の記載があるが、「大野〇毅氏」の〇の文字が判読できない。

＊57――星野前掲「池袋駅を中心とする連鎖商店街について」一二三頁。

＊58――同論文、一二三頁。

＊59――立教大学社会福祉研究室前掲「池袋戦災復興マーケット実態調査」一五四頁。

＊60――星野前掲「池袋駅を中心とする連鎖商店街について」一二三頁。

＊61――立教大学社会福祉研究室前掲「池袋戦災復興マーケット実態調査」一五三－一六三頁。

＊62――東京都建設局区画整理部計画課前掲『甦った東京　東京都戦災復興土地区画整理事業誌』一〇八頁。

＊63――山崎兌・天沼彦一・福岡博次「東京・新宿・池袋の綜合駅計画に就て」『大会学術講演梗概集 計画系』一－二号、日本建築学会、一九四七年、一四頁。

＊64――伊藤滋「民衆駅略録」『鉄道建築ニュース』一四二号、一九六一年、二〇－二四頁。

＊65――小野田滋「鉄道建築のモダニスト　伊藤滋」『RRR――railway research review』五四巻七号、一九九七年、三二－三三頁、および「伊藤滋氏経歴」『鉄道建築ニュース』二六三号、鉄道建築協会、一九七一年、四頁。

＊66――矢下治藏は鉄道省出身の事業家。一九二七年三月鉄道省教習所を卒業、名古屋鉄道局長野運輸事務所勤務となる。一九三三年一二月依願退職し、一九三五年四月神邦鉱業に入社、一九四〇年四月同社代表取締役に。一九四三年一月に雨竜鉱業開発代表取締役に。一九四五年に両社ともに辞任。戦後は日本停車場株式会社を設立したほか、ミツヤゴルフ、厚木国際ゴルフ場、厚木国際観光の社長に就任。一九六三年六月には日停モータースの社長に就任。一九六五年には池袋西口駐車場の取締役に就任。一九六九年六月日本交通協会理事。一九七一年四月一九日逝去。日本交通協会鉄道先人録編集部『鉄道先人録』(日本停車場株式会社出版事業部、一九七二年、三六三－三六四頁)より。

＊67――一九五三年一〇月三〇日(金)第一七回国会 参議院 決算委員会 一号 会議録。国会会議録検索システム。http://kokkai.ndl.go.jp/[2013-10]

＊68――行政管理庁監察部『日本国有鉄道第一次報告書』一九五三年、一三一－一

三二頁。

*69——東武会館『東武会館建設の歴史』上巻、一九八五年、一頁。

*70——駅前を不法占拠した闇市の建物のこと。田崎茂「池袋西口本屋新築工事」『鉄道建築ニュース』第一三号、鉄道建築協会、一九五一年、六 - 一一頁。

*71——太田和夫『素描・太田和夫』建築家会館、一九九一年、六四頁。

*72——東武会館前掲『東武会館建設の歴史』上巻、二頁。

*73——同書、四頁。

*74——行政管理庁監察部前掲『日本国有鉄道第一次報告書』二三九 - 二四〇頁。

*75——施設事務研究会編『施設事務叢書　第二篇　民衆駅概論　付構内営業』日本国有鉄道、一九五六年、四 - 五頁。

*76——一九五五年一〇月一一日(火)第二二回国会 参議院 決算委員会 閉二号 議録。国会会議録検索システム。http://kokkai.ndl.go.jp/(2013-10)。

*77——「池袋でマーケット三百坪焼ける」(『朝日新聞』一九五一年一月一二日朝刊二面)および「池袋西口マーケット焼く」(『読売新聞』一九五一年一月一一日夕刊二面)および「解決の見通し漸くつく　池袋の焼失マーケット再建」(『読売新聞』一九五一年二月二二日朝刊四面)にこの火災に関する報道がある。一月一一日の『読売新聞』ではマーケット五棟、四七世帯(約一六〇名)を全焼と報道している。また、二月二二日の『読売新聞』では四三世帯を全焼と報道している。消失した正確な建物の棟数と世帯数は不明。

*78——「建築中止でもむ　燻ぶる池袋焼跡」『読売新聞』一九五一年一月一三日朝刊、二面。

*79——「都の反対押し切りか　池袋マーケット再建」『読売新聞』一九五一年一月一二日朝刊、三面。

*80——前掲「建築中止でもむ　燻ぶる池袋焼跡」『読売新聞』。

*81——「焼跡使用禁止　池袋マーケット」『朝日新聞』一九五一年一月一三日朝刊、三面。

*82——「解決の見通し漸くつく　池袋の焼失マーケット再建」『読売新聞』一九五一年二月二二日朝刊、四面。

*83——「飲み屋街に包囲される付属豊島校　校庭の一部にも進出　都の〝区画整理〟強行で　日高文部次官談　安岡都副知事談　甲斐池袋署長談」『朝日新聞』一九五二年一月二二日朝刊、三面。

*84——東武鉄道社史編纂室『東武鉄道百年史』東武鉄道株式会社、一九九八年、六〇四 - 六〇五頁。

*85——「池袋区画整理、西口へ　予定地区中の最難関」『朝日新聞』一九五六年四月二日朝刊、八面。

*86——「池袋西口　区画整理に乗出す　三年計画　マーケットの奥までやる」『読売新聞』一九五七年九月一八日朝刊、六面。

*87——「広場になる池袋西口　マーケットの取払い作業開始」『朝日新聞』一九五七年一〇月九日朝刊、一〇面。

*88——「陽の当たらない街・池袋　手ぬるい保健所　野放し営業に悪の花」『読売新聞』一九五五年六月二四日朝刊、七面。

*89——「〝暴力の街〟池袋粛正へ　都公安委乗出す　飲食店ラ・セーヌ　営業許可取消し」『読売新聞』一九五五年六月二九日朝刊、七面。

*90——「保健所も乗出す　池袋マーケットの粛正」『読売新聞』一九五五年六月二九日夕刊、三面。

*91——「黒い地帯　池袋西口マーケット街　きょうから徹底的取り締まり　警視庁も協力」『読売新聞』一九六〇年七月一八日夕刊、六面。

*92——「ちょうちんで業者パトロール　池袋西口浄化へ」『朝日新聞』一九六〇年七月一八日朝刊、一〇面。

*93——「〝黒い地帯〟とりこわし始まる　池袋西口マーケット　混乱もなくまず五

〇戸」『読売新聞』一九六一年二月一日夕刊、六面。

*94——「六軒を強制撤去　池袋の〝森田マーケット〟」『読売新聞』一九六二年一一月三〇日夕刊、五面。

*95——「池袋駅西口　戦後処理やっと終わる　最後のマーケット撤去」『読売新聞』一九六二年一二月一七日夕刊、五面。

*96——東武鉄道社史編纂室前掲『東武鉄道百年史』六一〇‐六一一頁。

*97——同書、六七〇‐六七三頁。

*98——前掲『池袋西口商業協同組合創立五〇周年記念（池袋西口センタービル竣工三五周年）』。

IV

地主が開発したマーケットの簇生（そうせい）と変容

渋谷の戦災復興過程

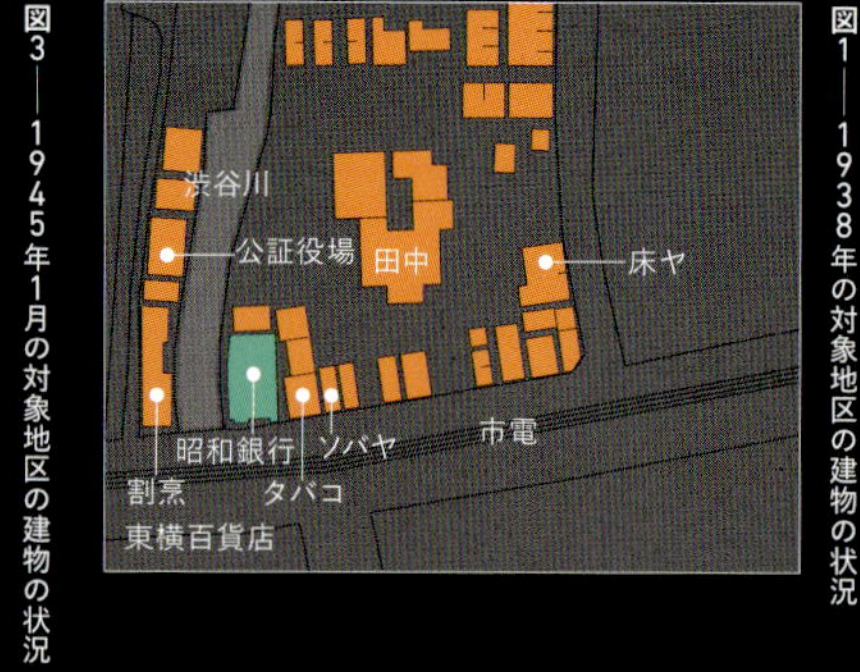

図1――1938年の対象地区の建物の状況

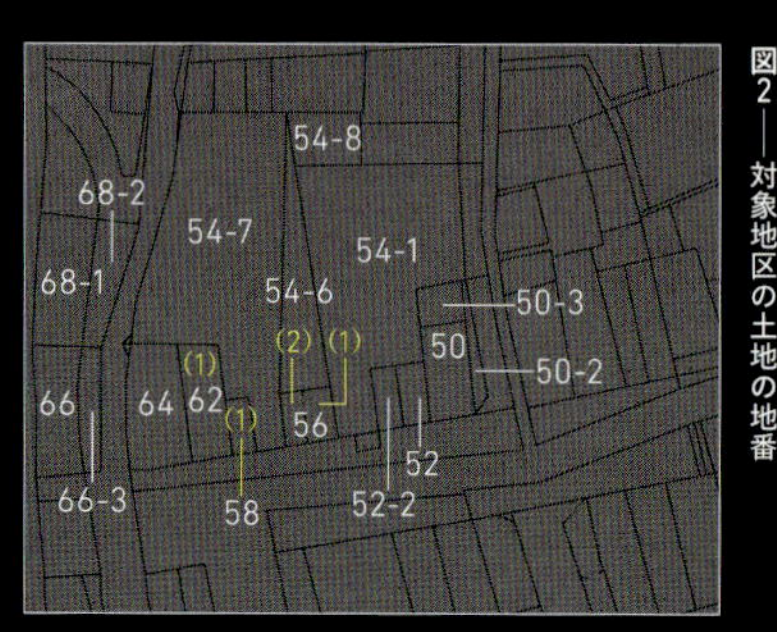

図2――対象地区の土地の地番

地割は戦災復興土地区画整理事業換地確定図（区画整理以前）を使用。地番を振った土地は1938年時点と地積や地割の変化がない。

図3――1945年1月の対象地区の建物の状況

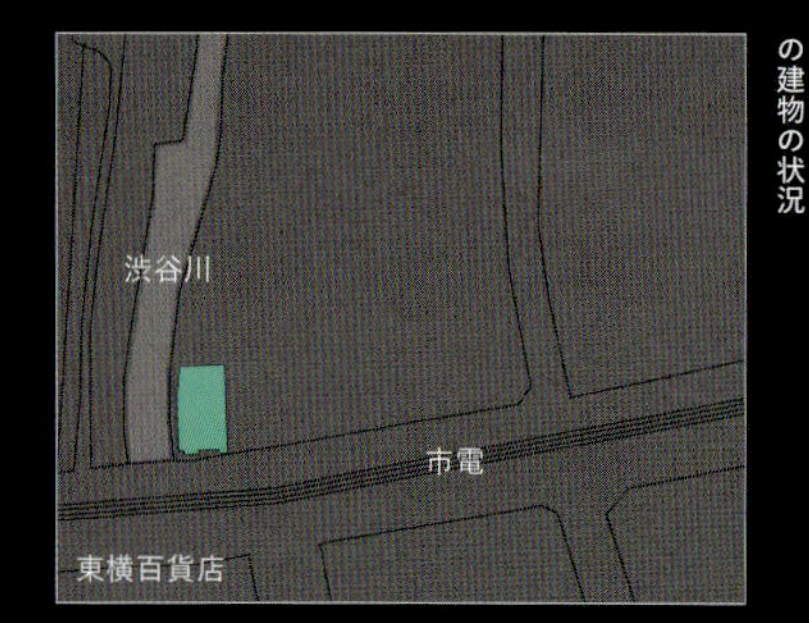

図4――1945年戦災を受けた対象地区の建物の状況

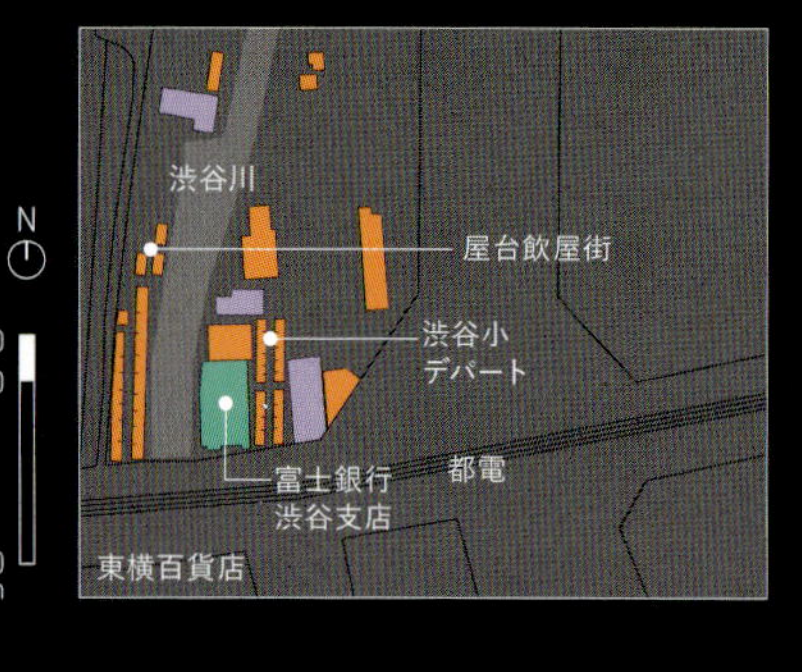

図5――1949年の対象地区の建物の状況

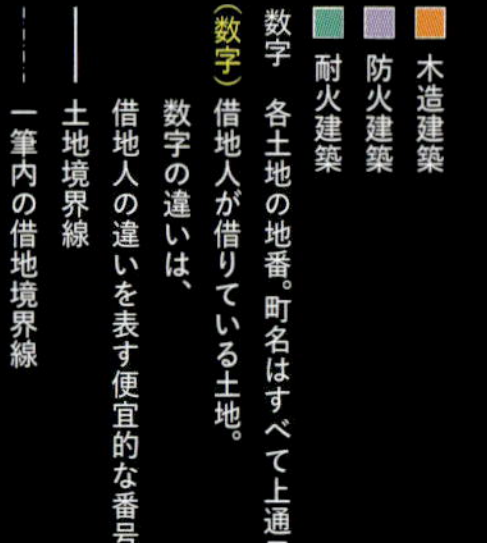

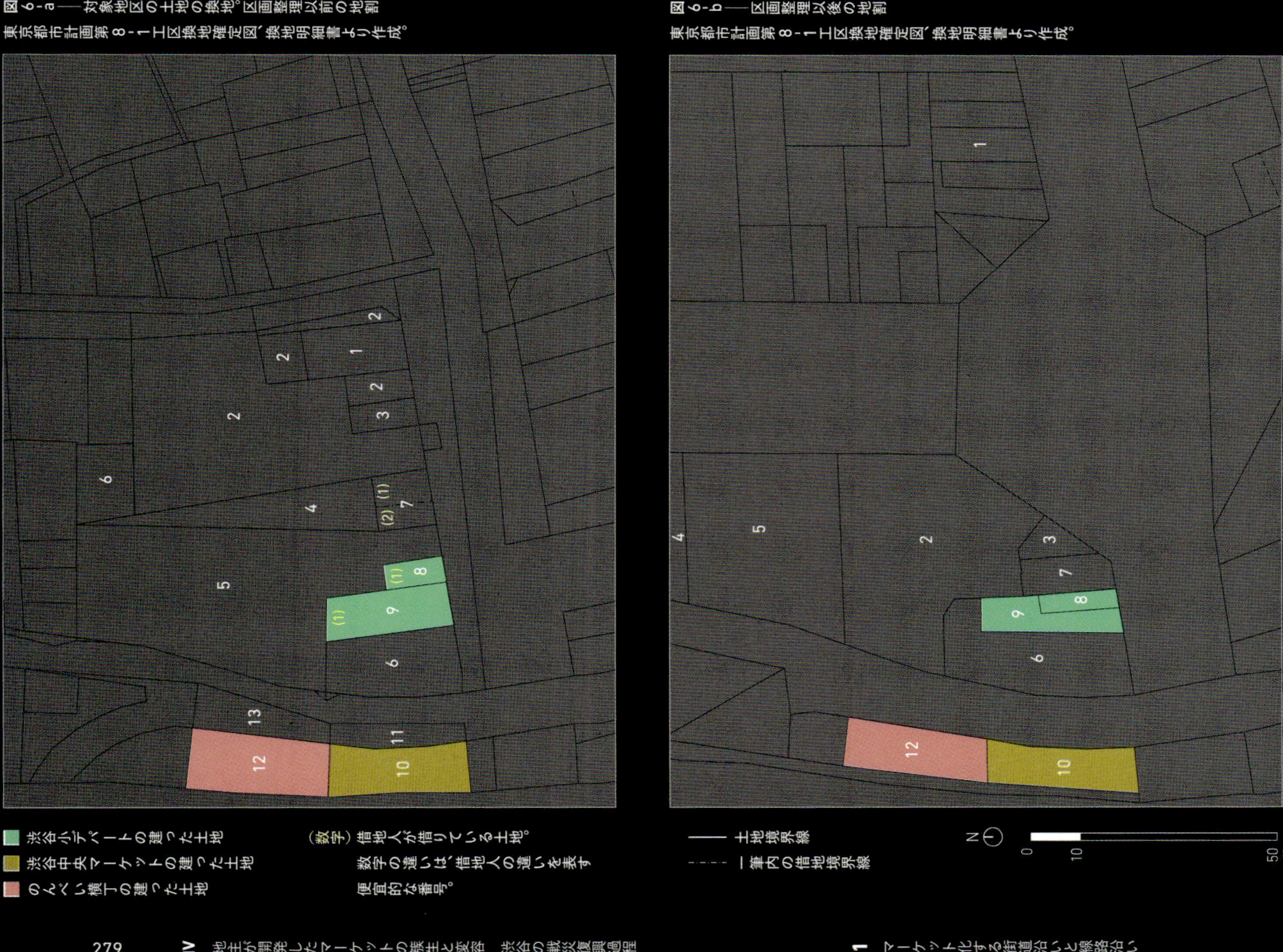

図6-a——対象地区の土地の換地。区画整理以前の地割
東京都市計画第8-1工区換地確定図、換地明細書より作成。

図6-b——区画整理以後の地割
東京都市計画第8-1工区換地確定図、換地明細書より作成。

表1——図6に関する換地情報

	戦災復興土地区画整理事業　以前				戦災復興土地区画整理事業　以後					
	町丁名	地番	地目	地積（㎡）	町丁名	地番	地目	地積（㎡）	減歩率（%）	
1	上通二丁目	50	宅地	148.76	渋谷一丁目	14-3	宅地	138.84	93.33	
2	上通二丁目	50-2	宅地	82.41	渋谷一丁目	24-6	宅地	1204.36	71.23	*1
	上通二丁目	50-3	宅地	88.10						
	上通二丁目	52	宅地	90.91						
	上通二丁目	54-1	宅地	1429.42						
3	上通二丁目	52-2	宅地	74.38	渋谷一丁目	24-5	宅地	74.51	100.17	
4	上通二丁目	54-6	宅地	374.18	渋谷一丁目	24-8	宅地	250.51	66.95	
5	上通二丁目	54-7	宅地	1536.23	渋谷一丁目	24-7	宅地	1017.22	66.22	
6	上通二丁目	54-8	宅地	186.05	渋谷一丁目	24-1	宅地	452.69	96.12	*1
	上通二丁目	64	宅地	284.89						
7	上通二丁目	56	宅地	137.49	渋谷一丁目	24-4	宅地	123.1	89.54	
8	上通二丁目	58	宅地	66.12	渋谷一丁目	24-3	宅地	56.09	84.84	
9	上通二丁目	62	宅地	175.21	渋谷一丁目	24-2	宅地	148.72	84.88	
10	上通二丁目	66	宅地	250.02	渋谷一丁目	25-1	宅地	234.61	93.84	
11	上通二丁目	66-3	宅地	100.33	-	-	-	-	0.00	*2
12	上通二丁目	68-1	都有地	220.17	渋谷一丁目	25-2	宅地	248	112.64	
13	上通二丁目	68-2	宅地	190.84	-	-	-	-	0.00	*2

＊1——合筆
＊2——法105条2項により消滅

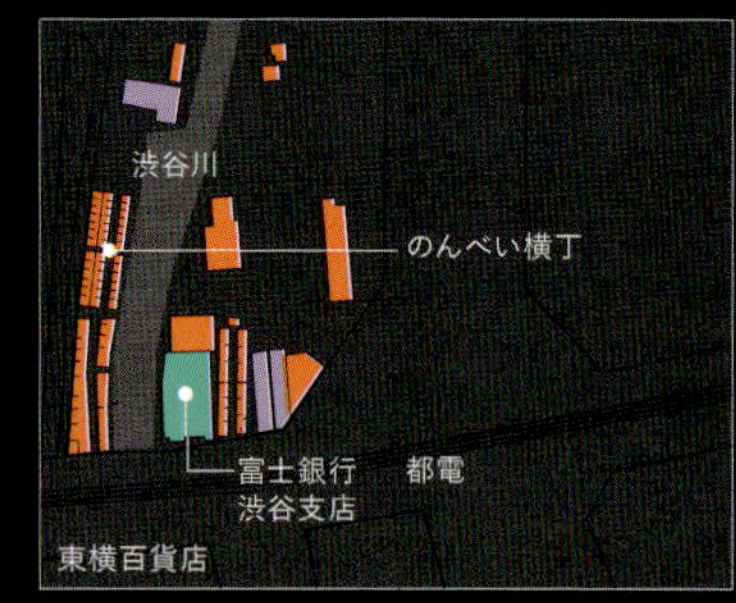

図7——1953年の対象地区の建物の状況

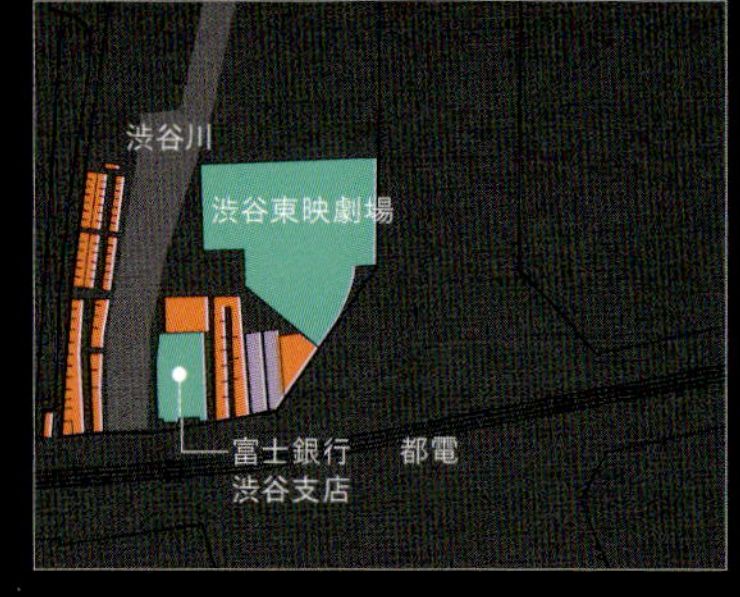

図8——1955年の対象地区の建物の状況

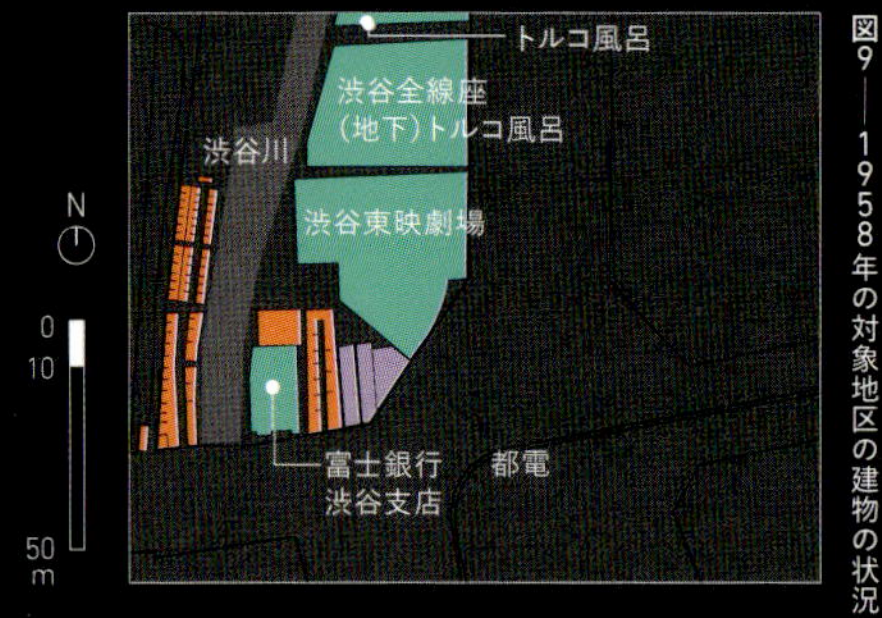

図9——1958年の対象地区の建物の状況

図10——戦前に東京市が駅前広場計画に際して買収した土地
旧土地台帳および東京都市計画第8-1工区換地確定図（区画整理以前）より作成。

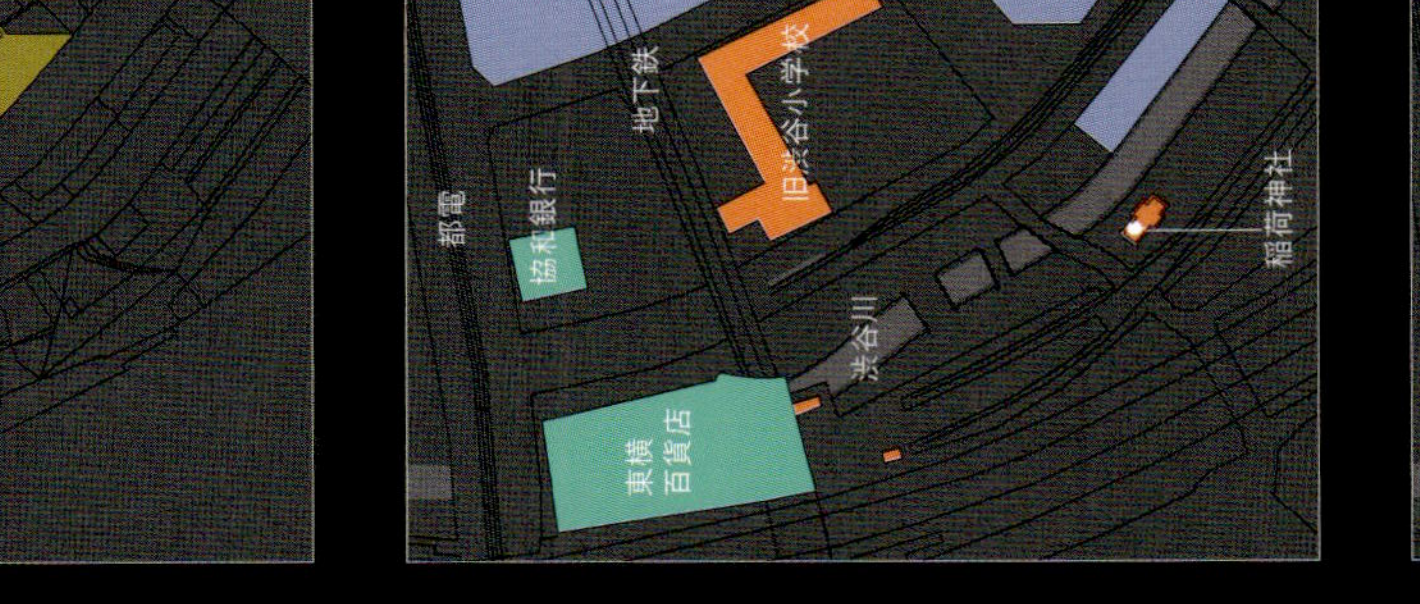

図11——1945年1月の対象地区の建物の状況
解像度の低い航空写真から読みとったため、街区内の建物の形状が不明。

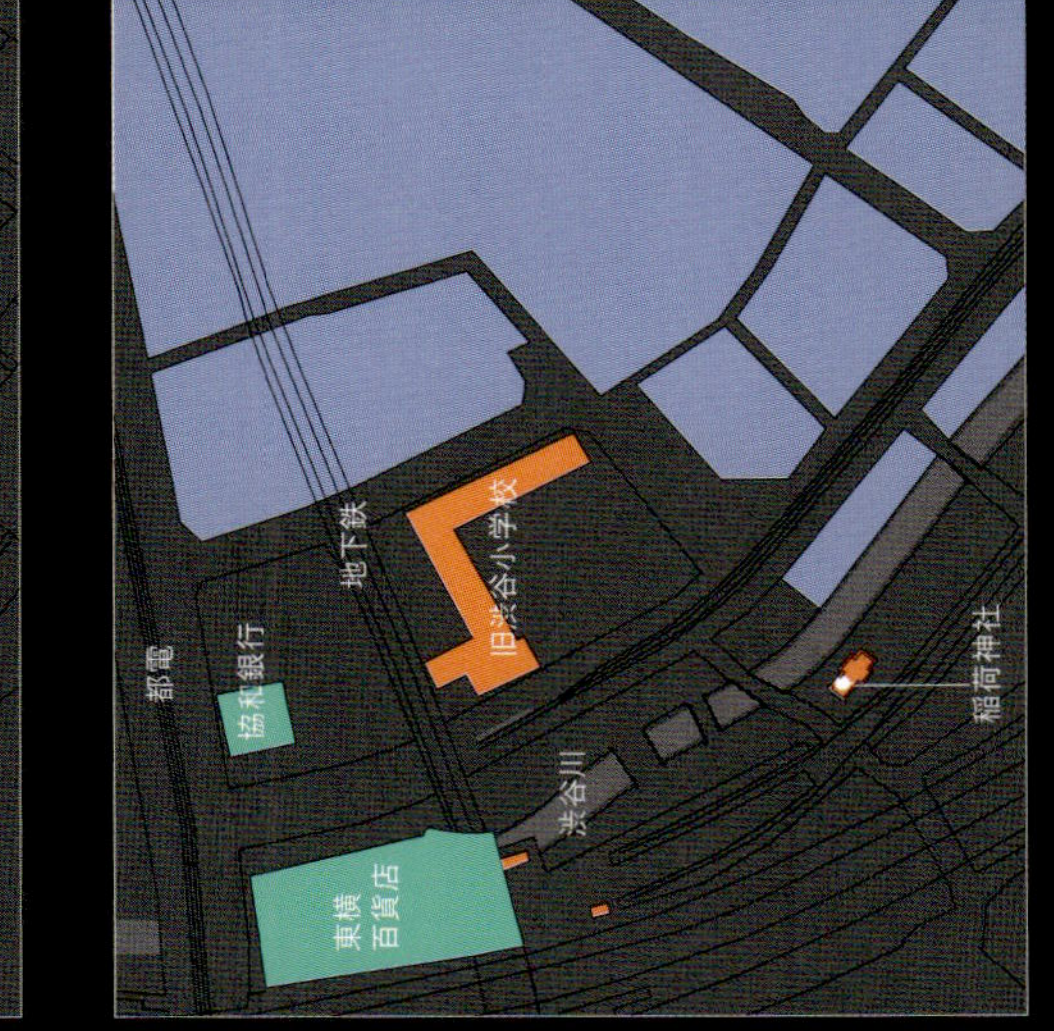

図12——1945年戦災を受けた後の対象地区の建物の状況

■ 戦前に東京市が買収（1940 or 43年）
■ 建物が立っている街区
■ 木造建築
■ 耐火建築

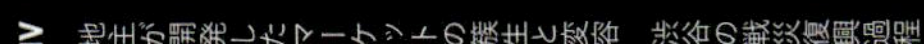

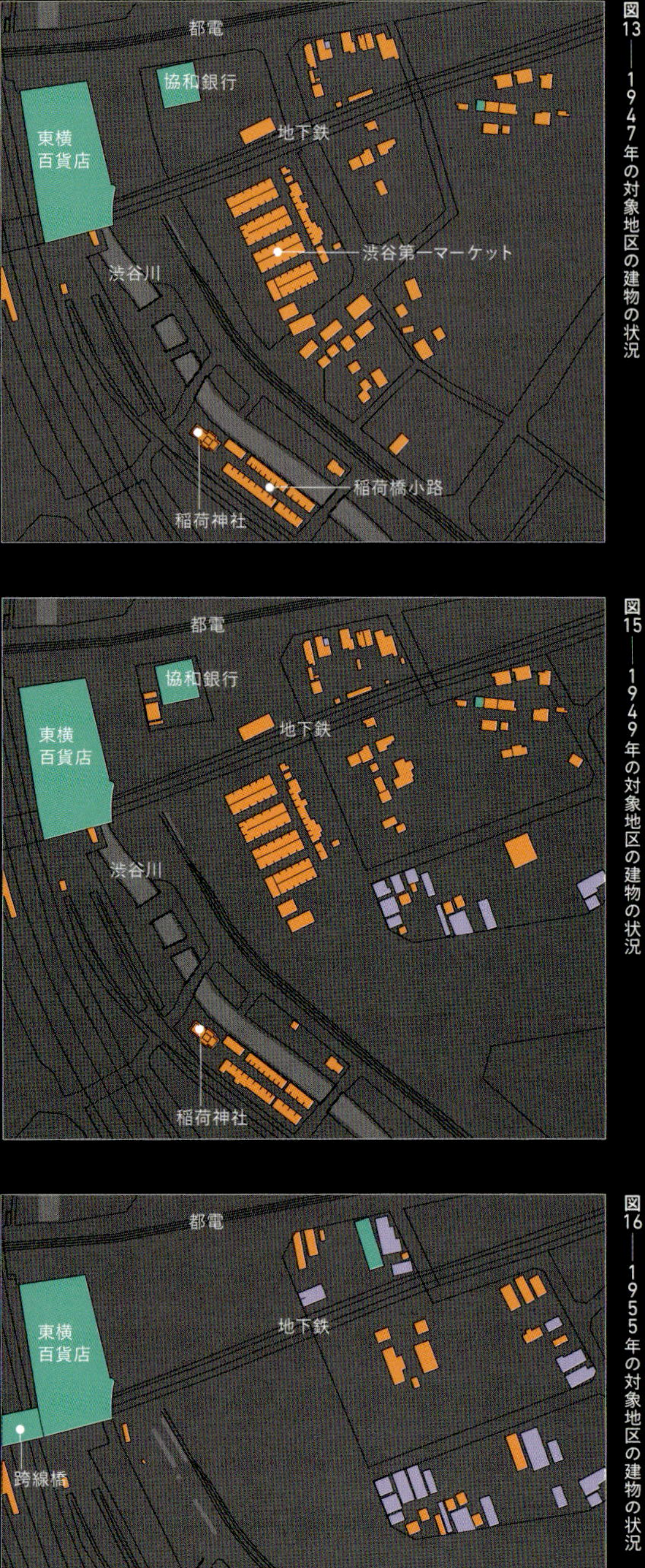

図13——1947年の対象地区の建物の状況

図15——1949年の対象地区の建物の状況

図16——1955年の対象地区の建物の状況

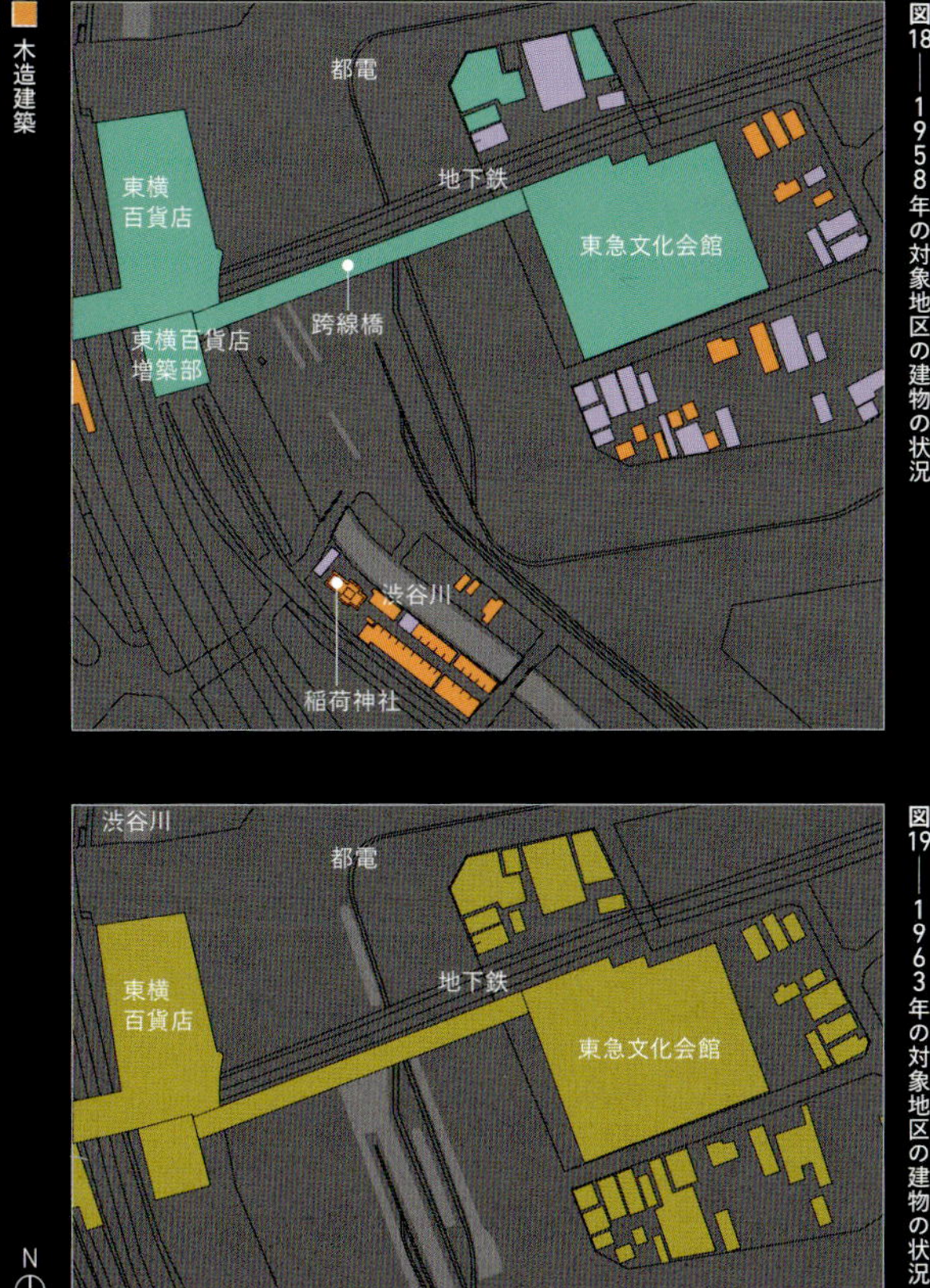

図18——1958年の対象地区の建物の状況

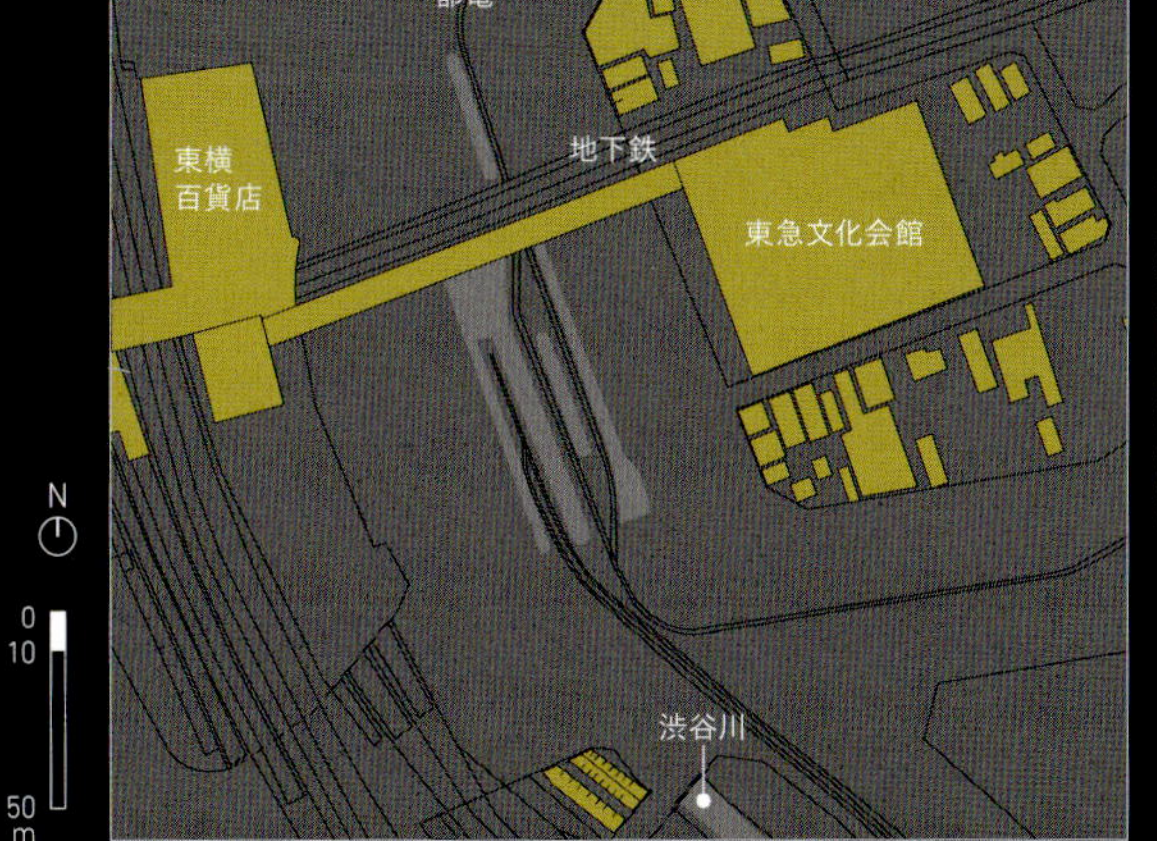

図19——1963年の対象地区の建物の状況

図14-a——東急所有の土地の換地。区画整理以前の地割。東京都市計画第8-1工区復興土地区画整理事業（1966年9月1日換地処分）換地確定図、換地明細書より作成。

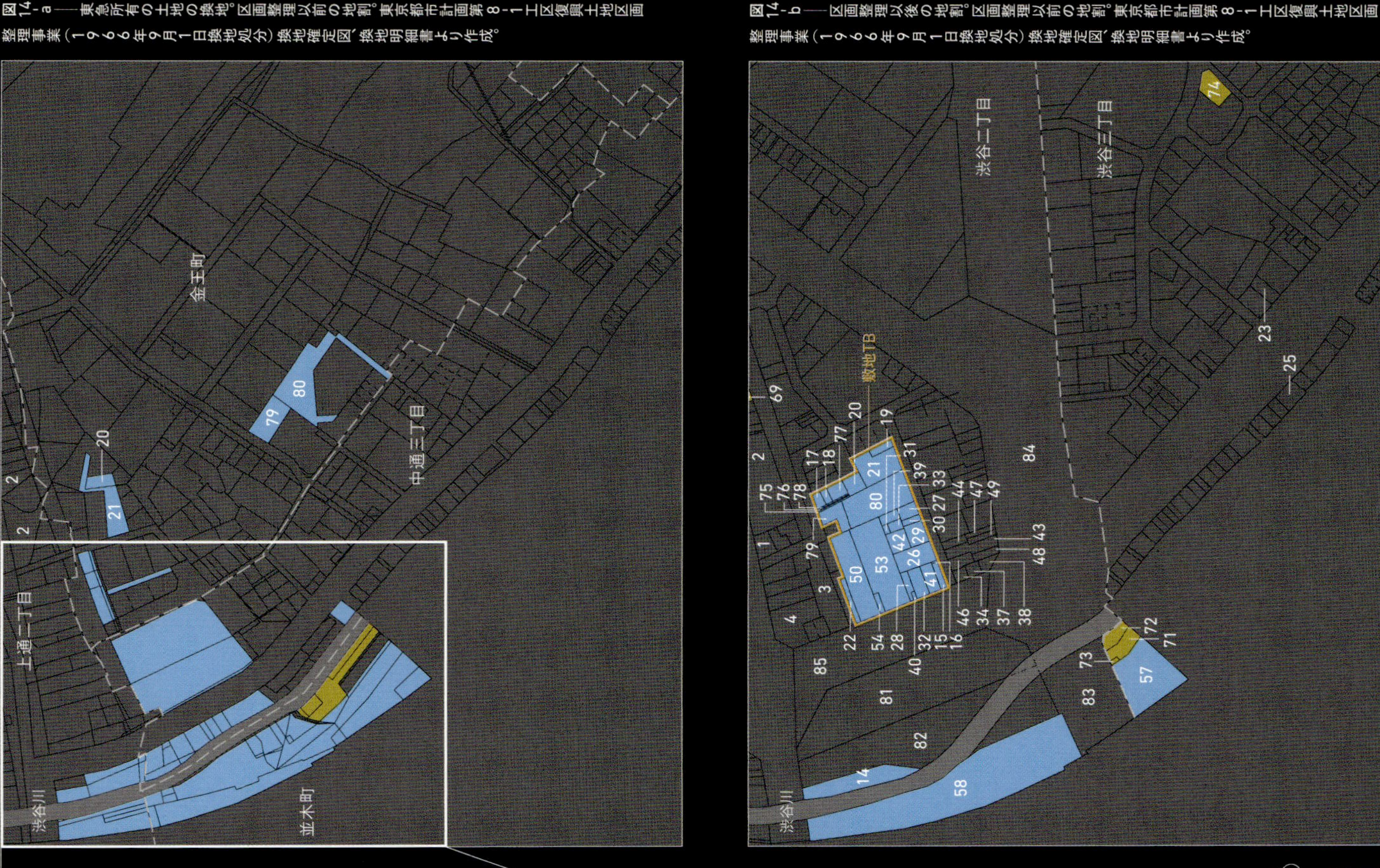

図14-b——区画整理以後の地割。区画整理以前の地割。東京都市計画第8-1工区復興土地区画整理事業（1966年9月1日換地処分）換地確定図、換地明細書より作成。

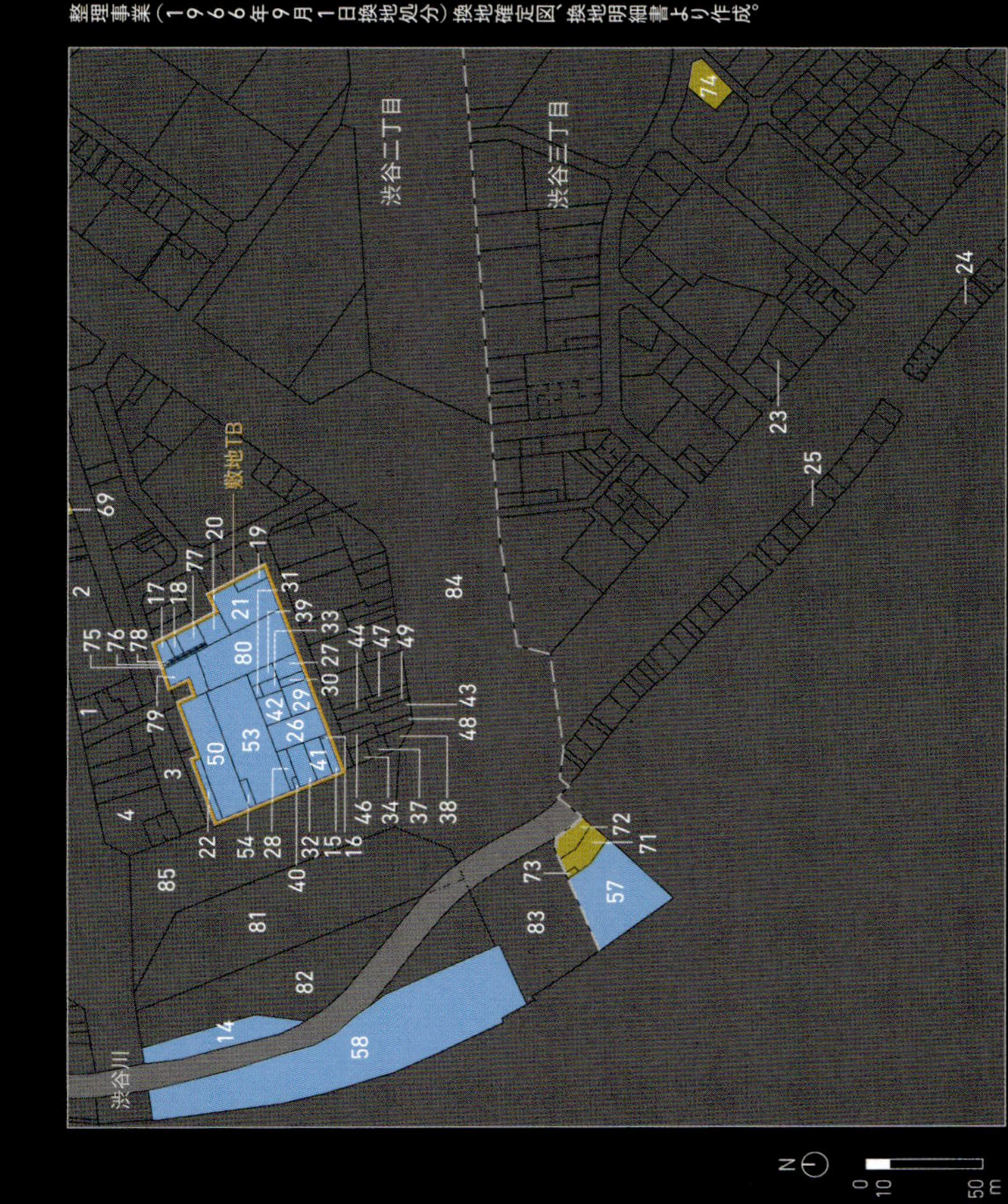

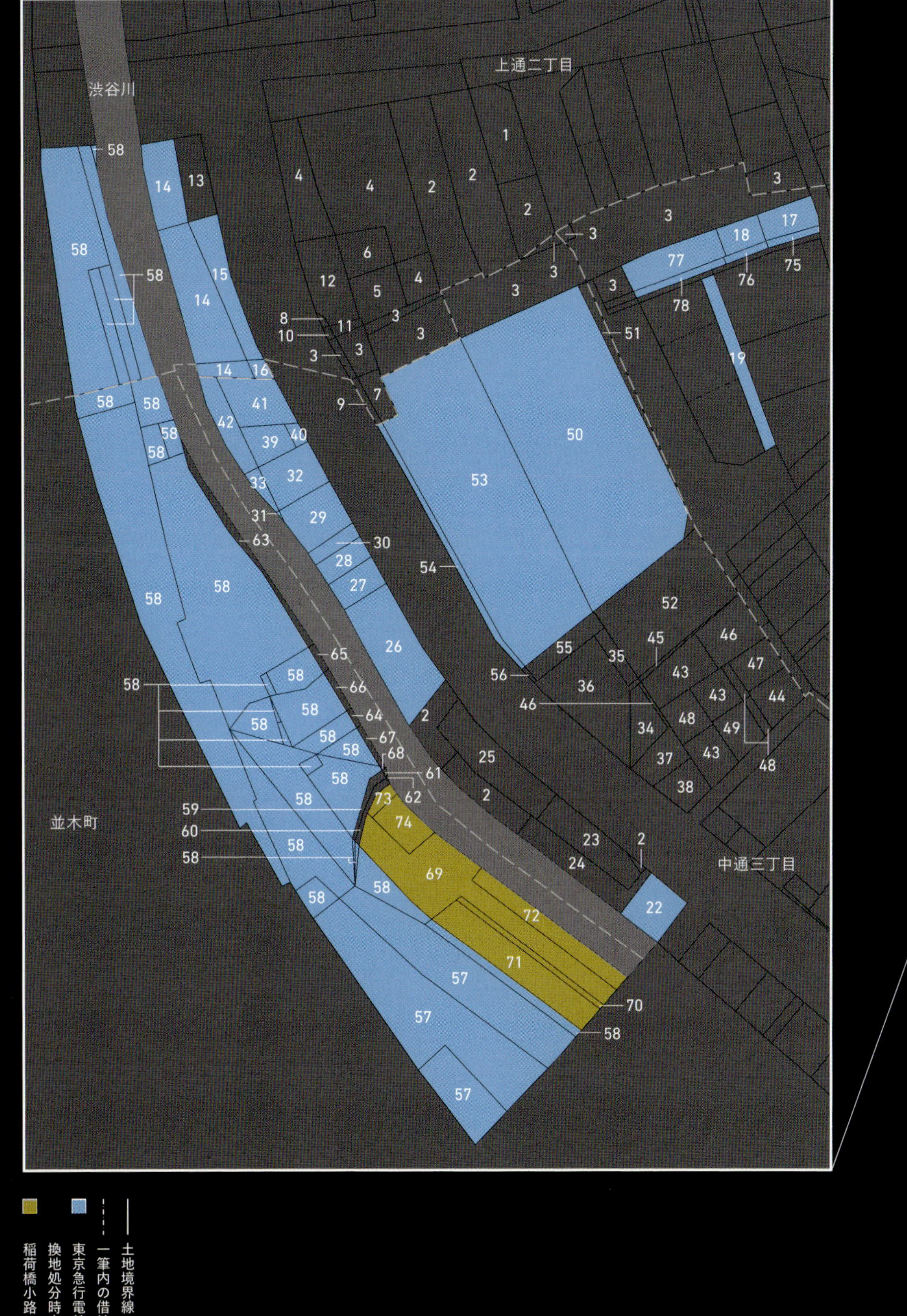

土地境界線
一筆内の借地境界線
東京急行電鉄の換地処分時点での所有地
稲荷橋小路の建った土地

表2──図14に関する換地情報

	戦災復興土地区画整理事業　以前				戦災復興土地区画整理事業　以後				
	町丁名	地番	地目	地積(㎡)	町丁名	地番	地目	地積(㎡)	減歩率(%)
1	上通二丁目	41-1	宅地	198.35	渋谷二丁目	19-3	宅地	150.44	75.85
2	上通二丁目	23-1	宅地	140.69	渋谷二丁目	19-4	宅地	1315.63	69.98 *1
	上通二丁目	27-2	境内地	614.28					
	上通二丁目	41-3	宅地	149.65					
	上通二丁目	43	宅地	372.50					
	上通二丁目	45	宅地	396.63					
	中通三丁目	41-3	宅地	3.07					
	中通三丁目	41-4	宅地	100.50					
	中通三丁目	43	宅地	102.68					
3	上通二丁目	31-5	鉄道用地	27.77	渋谷二丁目	28-2	鉄道用地	600.56	59.20 *1
	上通二丁目	47-4	鉄道用地	126.94					
	上通二丁目	47-5	鉄道用地	7.93					
	上通二丁目	49-6	鉄道用地	2.98					
	上通二丁目	49-8	鉄道用地	16.86					
	金王町	36-4	鉄道用地	0.96					
	金王町	36-5	鉄道用地	523.64					
	金王町	36-20	鉄道用地	1.98					
	中通三丁目	58-2	鉄道用地	301.49					
	中通三丁目	58-5	鉄道用地	3.97					
4	上通二丁目	47-1	宅地	73.36	渋谷二丁目	20-2	宅地	566.9	77.05 *1
	上通二丁目	47-3	宅地	582.61					
	上通二丁目	49-1	宅地	79.77					
5	上通二丁目	47-6	道路	106.12	–	–	–	–	0.00 *2
6	上通二丁目	47-7	道路	100.17	–	–	–	–	0.00 *2
7	上通二丁目	49-2	道路	109.09	–	–	–	–	0.00 *2
8	上通二丁目	49-3	道路	0.99	–	–	–	–	0.00 *2
9	上通二丁目	49-4	道路	0.59	–	–	–	–	0.00 *2
10	上通二丁目	49-5	道路	0.99	–	–	–	–	0.00 *2
11	上通二丁目	49-7	道路	3.97	–	–	–	–	0.00 *2
12	上通二丁目	49-9	道路	115.04	–	–	–	–	0.00 *2
13	上通二丁目	51	道路	103.14	–	–	–	–	0.00 *2
14	上通二丁目	51-2	鉄道用地	114.05	渋谷二丁目	23-1	鉄道用地	592.06	248.75 *1
	上通二丁目	53-2	鉄道用地	117.02					
	上通二丁目	53-4	鉄道用地	6.94					
15	上通二丁目	53	宅地	52.89	渋谷二丁目	21-1	宅地	54.74	103.49
16	上通二丁目	53-3	宅地	3.31	渋谷二丁目	21-2	宅地	3.4	102.85
17	金王町	36-6	宅地	82.45	渋谷二丁目	21-31	宅地	51.1	61.98
18	金王町	36-9	宅地	60.50	渋谷二丁目	21-32	宅地	37.58	62.12
19	金王町	36-30	宅地	32.57	渋谷二丁目	21-26	宅地	66.04	202.76
20	金王町	36-31	宅地	160.66	渋谷二丁目	21-34	宅地	120.66	75.10
21	金王町	36-32	宅地	487.04	渋谷二丁目	21-25	宅地	399.96	82.12
22	中通三丁目	39	宅地	126.55	渋谷二丁目	21-10	宅地	84.66	66.90
23	中通三丁目	41-1	宅地	167.31	渋谷三丁目	10-18	宅地	133.09	79.55
24	中通三丁目	41-2	宅地	144.69	渋谷三丁目	16-3	宅地	124.23	85.86
25	中通三丁目	41-5	宅地	207.01	渋谷三丁目	17-4	宅地	164.66	79.54

26	中通三丁目	45	宅地	264.46	渋谷二丁目	21-14	宅地	274.54	103.81	
27	中通三丁目	47	宅地	83.70	渋谷二丁目	21-20	宅地	80.97	96.74	
28	中通三丁目	49	宅地	60.50	渋谷二丁目	21-6	宅地	62.31	103.00	
29	中通三丁目	51-1	宅地	141.03	渋谷二丁目	21-15	宅地	146.41	103.82	
30	中通三丁目	51-2	宅地	40.33	渋谷二丁目	21-19	宅地	41.91	103.92	
31	中通三丁目	51-3	宅地	18.51	渋谷二丁目	21-17	宅地	19.27	104.09	
32	中通三丁目	53	宅地	129.82	渋谷二丁目	21-4	宅地	134.94	103.95	
33	中通三丁目	53-2	宅地	47.44	渋谷二丁目	21-18	宅地	49.15	103.61	
34	中通三丁目	54-1	宅地	74.31	渋谷二丁目	22-1	宅地	60.72	81.71	
35	中通三丁目	54-2	–	–	–	–	–	–	–	*3
36	中通三丁目	54-3	道路	303.47	–	–	–	–	0.00	*2
37	中通三丁目	54-4	宅地	89.16	渋谷二丁目	22-2	宅地	67.27	75.45	
38	中通三丁目	54-5	宅地	101.09	渋谷二丁目	22-3	宅地	68.09	67.36	
39	中通三丁目	55-1	宅地	65.39	渋谷二丁目	21-21	宅地	67.8	103.69	
40	中通三丁目	55-2	宅地	8.30	渋谷二丁目	21-5	宅地	8.59	103.52	
41	中通三丁目	55-3	宅地	115.70	渋谷二丁目	21-3	宅地	120.29	103.96	
42	中通三丁目	55-4	宅地	131.77	渋谷二丁目	21-16	宅地	136.85	103.86	
43	中通三丁目	56-1	宅地	126.55	渋谷二丁目	22-6	宅地	200.39	70.26	*1
	中通三丁目	56-7	宅地	79.34						
	中通三丁目	56-9	宅地	79.34						
44	中通三丁目	56-2	宅地	88.13	渋谷二丁目	22-7	宅地	66.8	75.80	
45	中通三丁目	56-3	道路	5.95	–	–	–	–	0.00	*2
46	中通三丁目	56-4	宅地	132.23	渋谷二丁目	22-5	宅地	99.07	70.56	*1
	中通三丁目	54-6	宅地	8.17						
47	中通三丁目	56-5	宅地	80.99	渋谷二丁目	22-9	宅地	54.54	67.34	
48	中通三丁目	56-6	宅地	17.19	渋谷二丁目	22-4	宅地	70.64	61.23	*1
	中通三丁目	56-10	宅地	80.99						
	中通三丁目	56-11	宅地	17.19						
49	中通三丁目	56-8	宅地	85.95	渋谷二丁目	22-8	宅地	56.56	65.81	
50	中通三丁目	58-1	宅地	994.61	渋谷二丁目	21-9	宅地	636.39	63.98	
51	中通三丁目	58-3	道路	10.91	–	–	–	–	0.00	*2
52	中通三丁目	58-4	道路	516.05	–	–	–	–	0.00	*2
53	中通三丁目	60-1	宅地	1510.75	渋谷二丁目	21-7	宅地	967.76	64.06	
54	中通三丁目	60-2	宅地	49.59	渋谷二丁目	21-8	宅地	31.73	63.99	
55	中通三丁目	60-3	–	–	–	–	–	–	–	*3
56	中通三丁目	60-4	–	–	–	–	–	–	–	*3
57	並木町	27-1	鉄道用地	125.95	渋谷三丁目	19-1	鉄道用地	949.95	65.79	*1
	並木町	28-1	鉄道用地	713.06						
	並木町	28-3	鉄道用地	604.96						
58	並木町	28-2	鉄道用地	25.79	渋谷二丁目	24-1	鉄道用地	3802.9	110.74	*1
	並木町	29-1	鉄道用地	412.56						
	並木町	29-4	鉄道用地	13.88						
	並木町	29-5	鉄道用地	15.87						
	並木町	29-6	鉄道用地	920.33						
	並木町	30-1	鉄道用地	909.42						
	並木町	30-2	鉄道用地	24.79						
	並木町	30-3	鉄道用地	9.92						
	並木町	30-4	鉄道用地	7.93						

58	並木町	30-5	鉄道用地	19.83	渋谷二丁目	24-1	鉄道用地	3802.9	110.74	
	並木町	30-6	鉄道用地	214.22						
	並木町	30-9	鉄道用地	0.69						
	並木町	30-10	鉄道用地	0.99						
	並木町	30-11	鉄道用地	18.84						
	並木町	30-12	鉄道用地	108.10						
	並木町	30-13	鉄道用地	12.89						
	並木町	30-14	鉄道用地	17.85						
	並木町	30-15	鉄道用地	120.00						
	並木町	30-20	鉄道用地	1.98						
	並木町	30-21	鉄道用地	1.98						
	並木町	30-22	鉄道用地	0.99						
	並木町	30-27	鉄道用地	2.98						
	並木町	31-4	鉄道用地	18.84						
	上通二丁目	55-1	鉄道用地	0.99						
	上通二丁目	55-2	鉄道用地	24.79						
	上通二丁目	55-4	鉄道用地	105.12						
	上通二丁目	55-5	鉄道用地	25.79						
	上通二丁目	55-6	鉄道用地	396.69						
59	並木町	30-7	用排水路	5.95	–	–	–	–	0.00	*2
60	並木町	30-8	用排水路	4.96	–	–	–	–	0.00	*2
61	並木町	30-16	宅地	604.96	–	–	–	–	0.00	*2
62	並木町	30-17	宅地	515.70	–	–	–	–	0.00	*2
63	並木町	30-18	鉄道用地	11.90	–	–	–	–	0.00	*2
64	並木町	30-19	鉄道用地	2.98	–	–	–	–	0.00	*2
65	並木町	30-23	鉄道用地	6.64	–	–	–	–	0.00	*2
66	並木町	30-24	鉄道用地	8.40	–	–	–	–	0.00	*2
67	並木町	30-25	鉄道用地	33.72	–	–	–	–	0.00	*2
68	並木町	30-26	鉄道用地	0.69	–	–	–	–	0.00	*2
69	並木町	31-1	宅地	439.84	渋谷二丁目	19-8	宅地	238.41	54.20	
70	並木町	31-2	宅地	68.43	–	–	–	–	0.00	*2
71	並木町	31-3	宅地	256.86	渋谷三丁目	19-2	宅地	197.61	76.93	
72	並木町	31-5	宅地	208.26	渋谷三丁目	19-4	宅地	160.79	77.20	
73	並木町	31-6	宅地	13.32	渋谷三丁目	19-3	宅地	14.8	111.09	
74	並木町	31-7	宅地	82.38	渋谷三丁目	4-2	宅地	232.79	282.58	
75	金王町	36-7	宅地	6.50	渋谷二丁目	21-37	宅地	13.35	205.38	
76	金王町	36-8	宅地	5.22	渋谷二丁目	21-36	宅地	10.64	203.83	
77	金王町	36-15	宅地	42.87	渋谷二丁目	21-33	宅地	87.33	203.71	
78	金王町	36-16	宅地	8.22	渋谷二丁目	21-35	宅地	17.02	207.06	
79	金王町	41-3	宅地	109.33	渋谷二丁目	21-23	宅地	228.19	208.72	
80	金王町	53-4	宅地	360.30	渋谷二丁目	21-22	宅地	752.59	208.88	
81	–	–	–	–	渋谷二丁目	25-4	公衆用道路	4066.47	–	*4
82	–	–	–	–	渋谷二丁目	25-5	鉄道用池	2512.56	–	*4
83	–	–	–	–	渋谷二丁目	25-6	鉄道用池	771.79	–	*4
84	–	–	–	–	渋谷二丁目	27-1	公衆用道路	19232.71	–	*5
85	–	–	–	–	渋谷二丁目	27-2	公衆用道路	3982.75	–	*5

*1──合筆
*2──法105条2項により消滅
*3──換地明細書なし
*4──法105条3項により帰属
*5──法105条1項により帰属

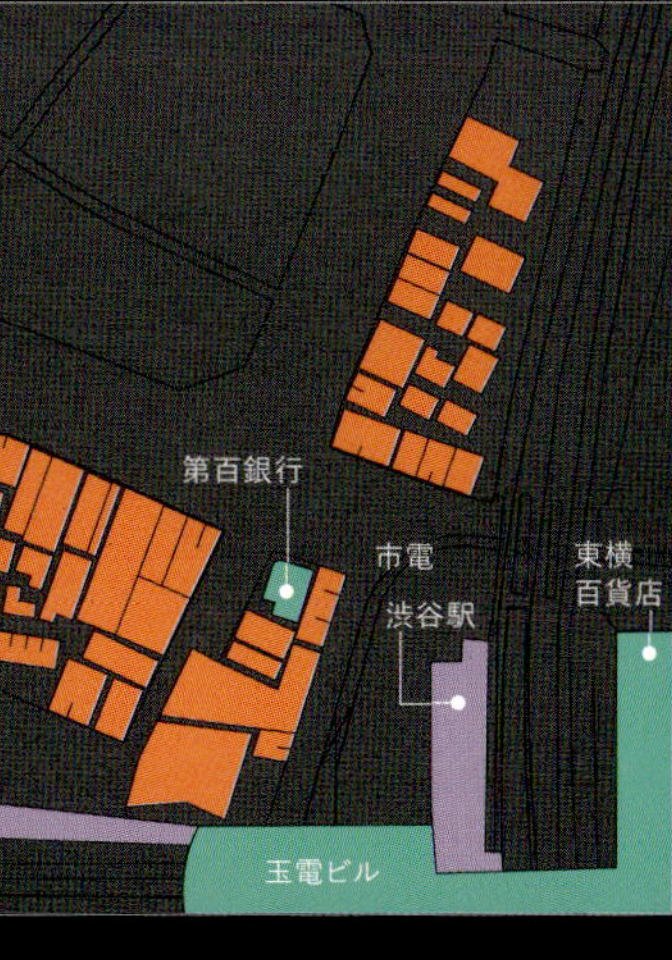

図20——1940年の対象地区の建物の状況

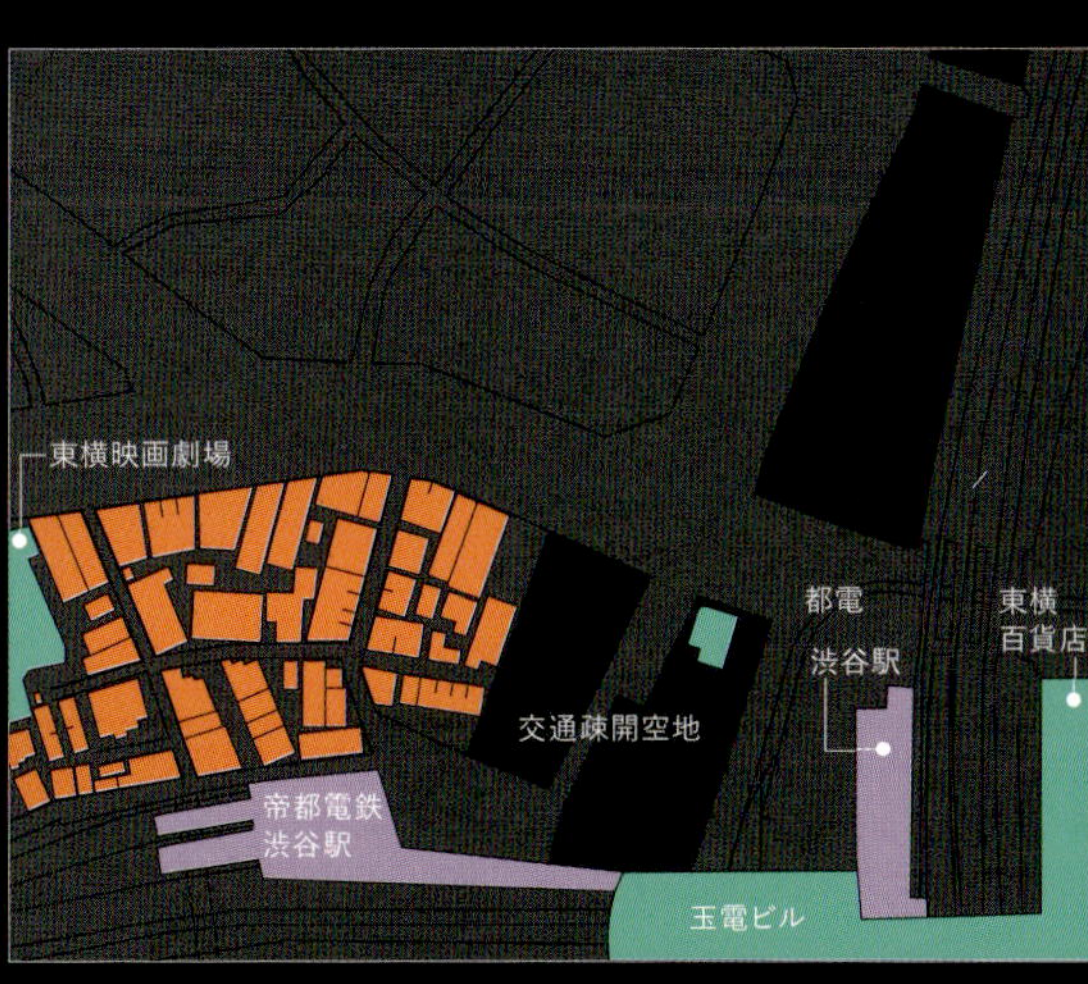

図21——1945年1月の対象地区の建物の状況

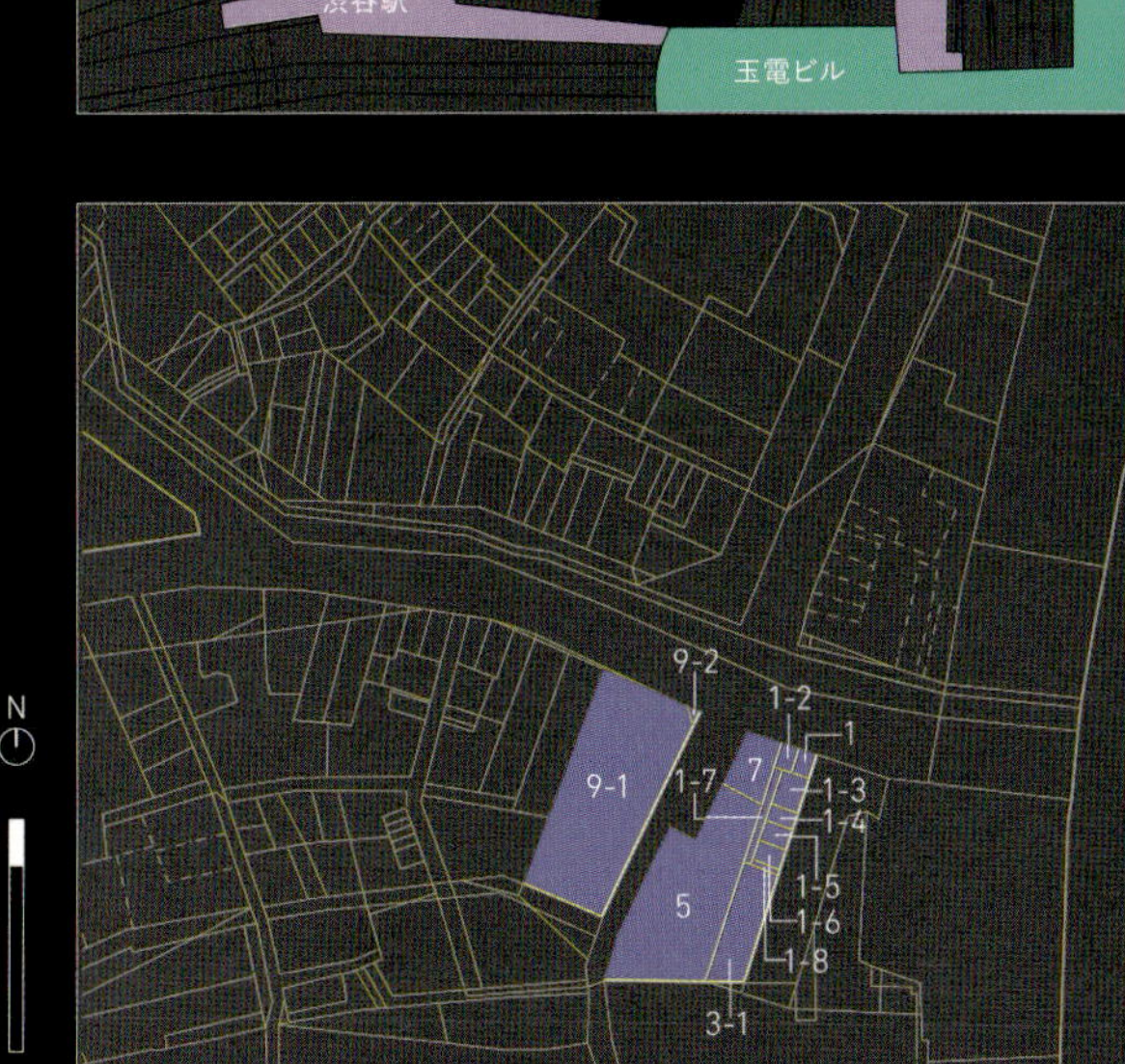

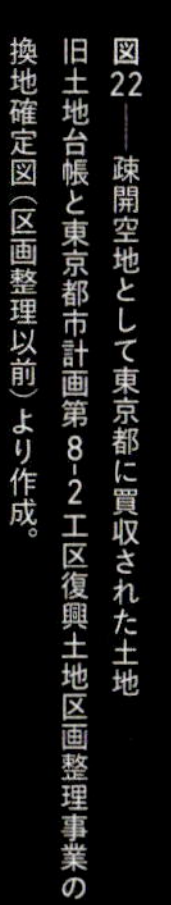
図22——疎開空地として東京都に買収された土地
旧土地台帳と東京都市計画第8-2工区復興土地区画整理事業の換地確定図（区画整理以前）より作成。

木造建築
防火建築
耐火建築
土地境界線
一筆内の借地境界線
疎開空地として都に買収された土地（1945年）

図23——1945年5月末の対象地区の建物の状況

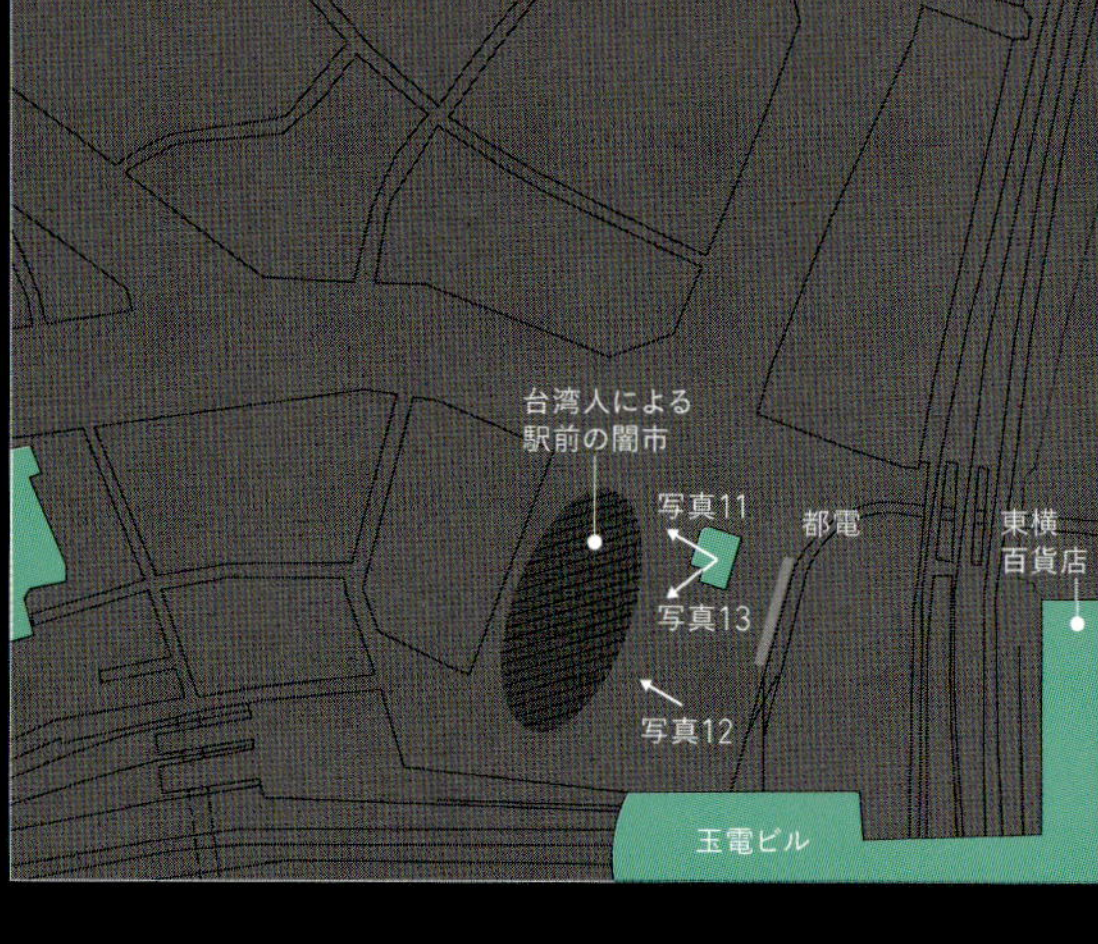

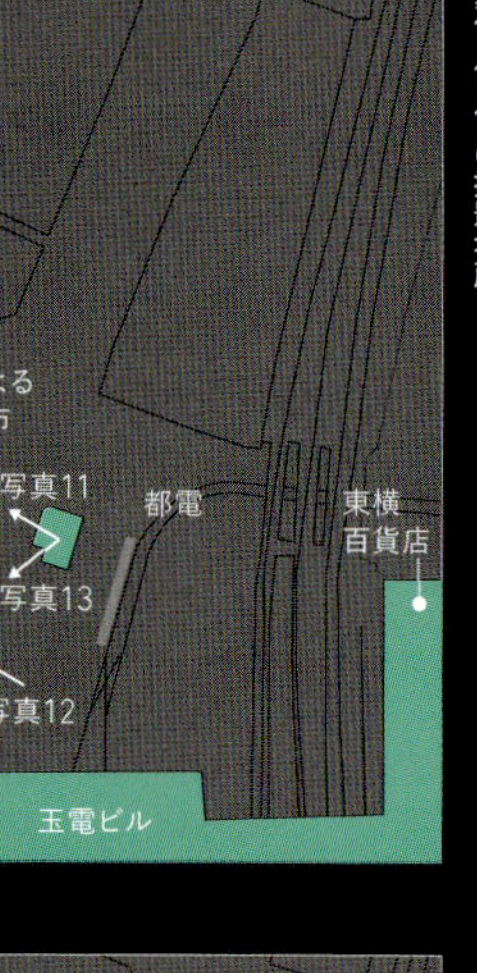

図24——台湾人グループが建設した駅前マーケットの位置と写真11・12・13の撮影場所。

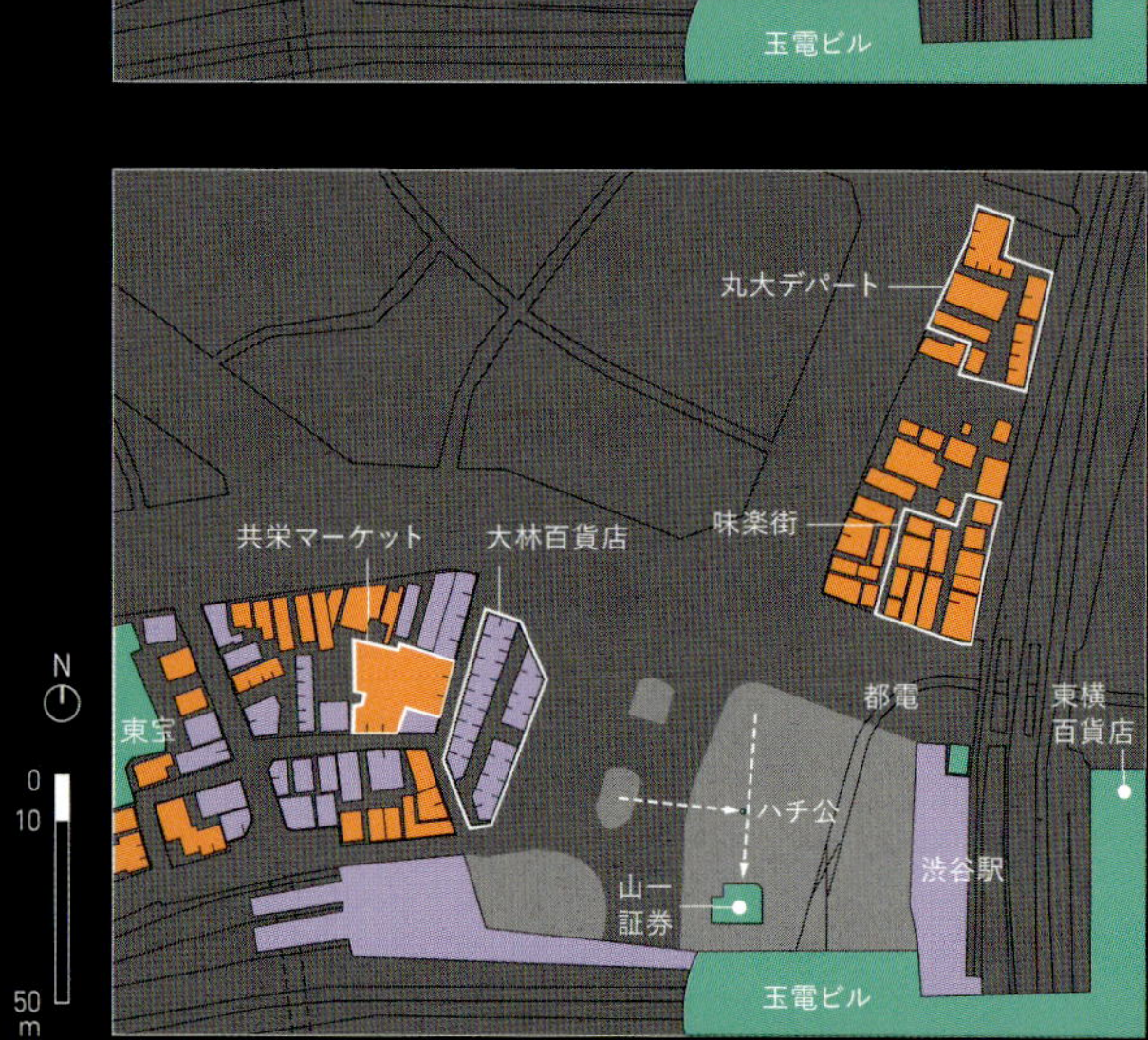

図25——1949年の対象地区の建物の状況

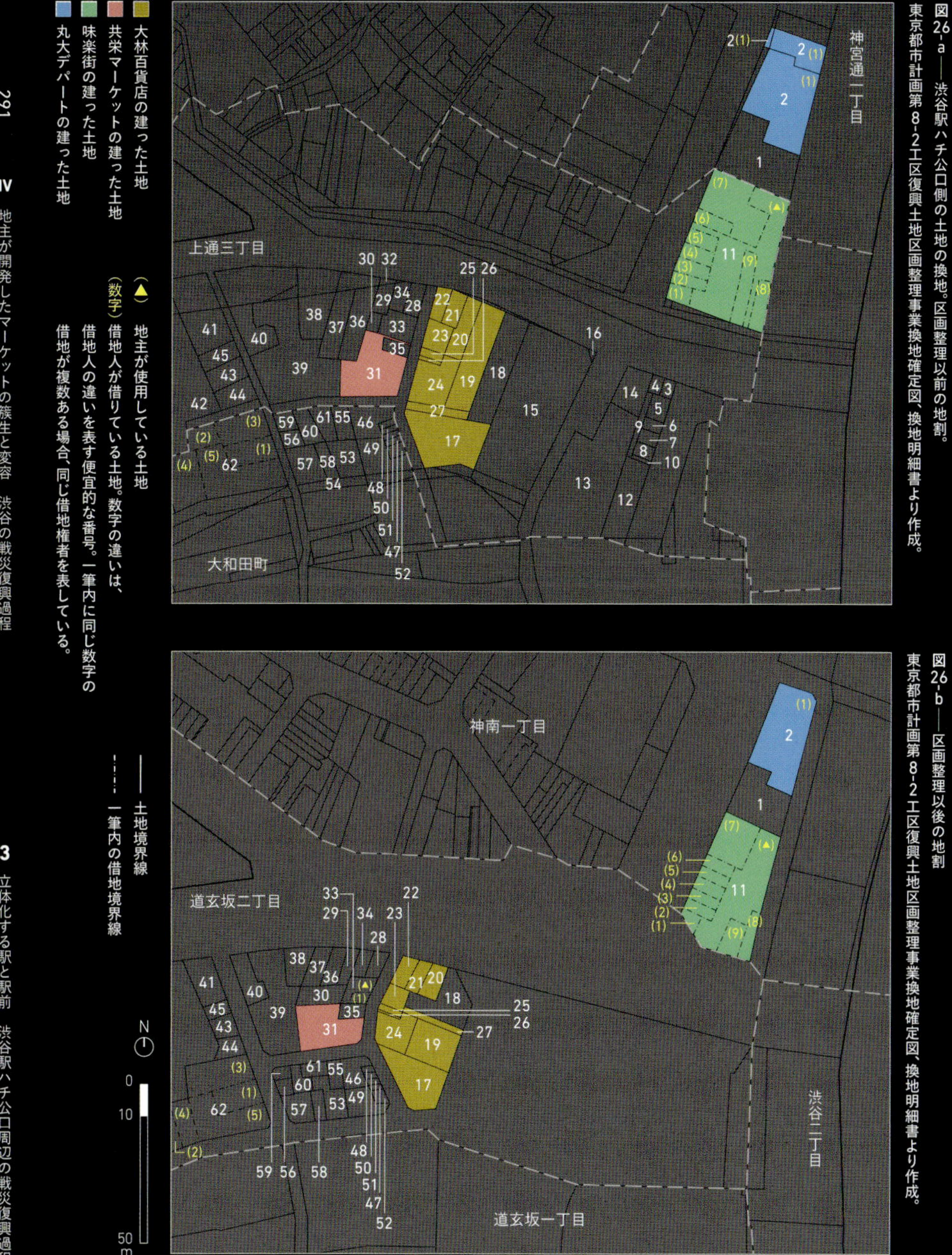

図26-a——渋谷駅ハチ公口側の土地の換地。区画整理以前の地割。東京都市計画第8-2工区復興土地区画整理事業換地確定図、換地明細書より作成。

図26-b——区画整理以後の地割 東京都市計画第8-2工区復興土地区画整理事業換地確定図、換地明細書より作成。

表3──図26に関する換地情報

	戦災復興土地区画整理事業　以前				戦災復興土地区画整理事業　以後					
	町丁名	地番	地目	地積(㎡)	町丁名	地番	地目	地積(㎡)	減歩率(%)	
1	神宮通1丁目	2-1	宅地	315.96	神南1丁目	31-2	宅地	258.08	81.68	
2	神宮通1丁目	2-3	宅地	433.38	神南1丁目	31-3	宅地	466.87	90.59	*1
	神宮通1丁目	4-1	宅地	71.04						
	神宮通1丁目	4-4	宅地	10.97						
3	上通3丁目	1	防空用地	21.71	-	-	-	-	0.00	*2
4	上通3丁目	1-2	都有宅地	19.00	-	-	-	-	0.00	*2
5	上通3丁目	1-3	防空用地	48.46	-	-	-	-	0.00	*2
6	上通3丁目	1-4	防空用地	24.23	-	-	-	-	0.00	*2
7	上通3丁目	1-5	防空用地	24.23	-	-	-	-	0.00	*2
8	上通3丁目	1-6	防空用地	24.00	-	-	-	-	0.00	*2
9	上通3丁目	1-7	都有宅地	39.00	-	-	-	-	0.00	*2
10	上通3丁目	1-8	都有宅地	6.61	-	-	-	-	0.00	*2
11	上通3丁目	2-1	宅地	1275.14	神南1丁目	31-1	宅地	943.91	74.02	
12	上通3丁目	3-1	防空用地	202.08	-	-	-	-	0.00	*2
13	上通3丁目	5	防空用地	839.23	-	-	-	-	0.00	*2
14	上通3丁目	7	防空用地	125.48	-	-	-	-	0.00	*2
15	上通3丁目	9-1	宅地	992.06	-	-	-	-	0.00	*2
16	上通3丁目	9-2	宅地	1.19	-	-	-	-	0.00	*3
17	上通3丁目	11-2	宅地	364.89	道玄坂2丁目	33-1	宅地	245.42	67.26	
18	上通3丁目	11-3	宅地	289.88	道玄坂2丁目	33-9	宅地	200.49	69.16	
19	上通3丁目	11-4	宅地	300.59	道玄坂2丁目	33-11	宅地	201.68	67.09	
20	上通3丁目	11-5	宅地	92.52	道玄坂2丁目	33-8	宅地	66.90	72.31	
21	上通3丁目	11-6	宅地	54.24	道玄坂2丁目	33-7	宅地	48.72	89.82	
22	上通3丁目	11-7	宅地	54.71	道玄坂2丁目	33-6	宅地	49.32	90.15	
23	上通3丁目	11-8	宅地	74.61	道玄坂2丁目	33-5	宅地	53.86	72.19	
24	上通3丁目	11-9	宅地	179.14	道玄坂2丁目	33-2	宅地	120.20	67.10	
25	上通3丁目	11-11	宅地	19.17	道玄坂2丁目	33-4	宅地	13.85	72.25	
26	上通3丁目	11-12	宅地	3.30	道玄坂2丁目	33-3	宅地	2.37	71.82	
27	上通3丁目	11-13	宅地	53.71	道玄坂2丁目	33-10	宅地	37.02	68.93	
28	上通3丁目	13-1	宅地	63.20	道玄坂2丁目	35-10	宅地	47.25	74.76	
29	上通3丁目	13-2	宅地	50.41	道玄坂2丁目	35-6	宅地	43.59	86.47	
30	上通3丁目	13-3	宅地	26.14	道玄坂2丁目	35-7	宅地	22.59	86.42	
31	上通3丁目	13-5	宅地	292.36	道玄坂2丁目	35-15	宅地	213.02	72.86	
32	上通3丁目	13-7	宅地	18.44	-	-	-	-	0.00	*3
33	上通3丁目	13-10	宅地	7.27	道玄坂2丁目	35-8	宅地	5.51	75.79	
34	上通3丁目	13-14	宅地	42.97	道玄坂2丁目	35-9	宅地	32.12	74.75	
35	上通3丁目	13-15	宅地	52.26	道玄坂2丁目	35-14	宅地	38.08	72.87	
36	上通3丁目	15-1	宅地	145.09	道玄坂2丁目	35-5	宅地	104.56	72.07	
37	上通3丁目	15-3	宅地	144.26	道玄坂2丁目	35-4	宅地	104.85	72.68	
38	上通3丁目	17	宅地	124.62	道玄坂2丁目	35-3	宅地	90.08	72.28	
39	上通3丁目	19-1	宅地	589.81	道玄坂2丁目	35-2	宅地	427.53	72.49	
40	上通3丁目	19-4	宅地	137.81	道玄坂2丁目	35-1	宅地	99.70	72.35	
41	上通3丁目	21-1	宅地	174.01	道玄坂2丁目	36-11	宅地	130.87	75.21	
42	上通3丁目	21-3	宅地	65.22	道玄坂2丁目	36-16	宅地	66.67	102.22	
43	上通3丁目	21-7	宅地	79.90	道玄坂2丁目	36-13	宅地	51.47	64.42	

44	上通3丁目	21-10	宅地	79.90	道玄坂2丁目	36-14	宅地	51.73	64.74
45	上通3丁目	21-11	宅地	48.42	道玄坂2丁目	36-12	宅地	36.46	75.30
46	大和田町	11-2	宅地	40.06	道玄坂2丁目	34-7	宅地	75.93	189.54
47	大和田町	11-6	宅地	11.57	道玄坂2丁目	34-11	宅地	8.33	72.00
48	大和田町	11-7	宅地	11.33	道玄坂2丁目	34-8	宅地	8.16	72.02
49	大和田町	11-8	宅地	125.61	道玄坂2丁目	34-13	宅地	93.95	74.80
50	大和田町	11-9	宅地	11.33	道玄坂2丁目	34-9	宅地	8.16	72.02
51	大和田町	11-10	宅地	11.33	道玄坂2丁目	34-10	宅地	8.16	72.02
52	大和田町	11-11	宅地	23.14	道玄坂2丁目	34-12	宅地	16.66	72.00
53	大和田町	12-1	宅地	130.71	道玄坂2丁目	34-14	宅地	91.10	69.70
54	大和田町	12-3	公衆用道路	72.00	-	-	-	-	0.00 *3
55	大和田町	12-4	宅地	61.68	道玄坂2丁目	34-6	宅地	41.28	66.93
56	大和田町	12-7	宅地	34.71	道玄坂2丁目	34-2	宅地	26.47	76.26
57	大和田町	12-11	宅地	114.71	道玄坂2丁目	34-1	宅地	79.23	69.07
58	大和田町	12-12	宅地	51.40	道玄坂2丁目	34-15	宅地	35.50	69.07
59	大和田町	12-13	宅地	33.48	道玄坂2丁目	34-3	宅地	23.14	69.12
60	大和田町	12-14	宅地	62.28	道玄坂2丁目	34-4	宅地	43.00	69.04
61	大和田町	12-15	宅地	56.46	道玄坂2丁目	34-5	宅地	39.00	69.08
62	大和田町	30-1	宅地	1104.13	道玄坂2丁目	36-15	宅地	702.05	63.58

＊1──合筆
＊2──法90条により金銭清算法104条1項により消滅
＊3──法105条2項により消滅

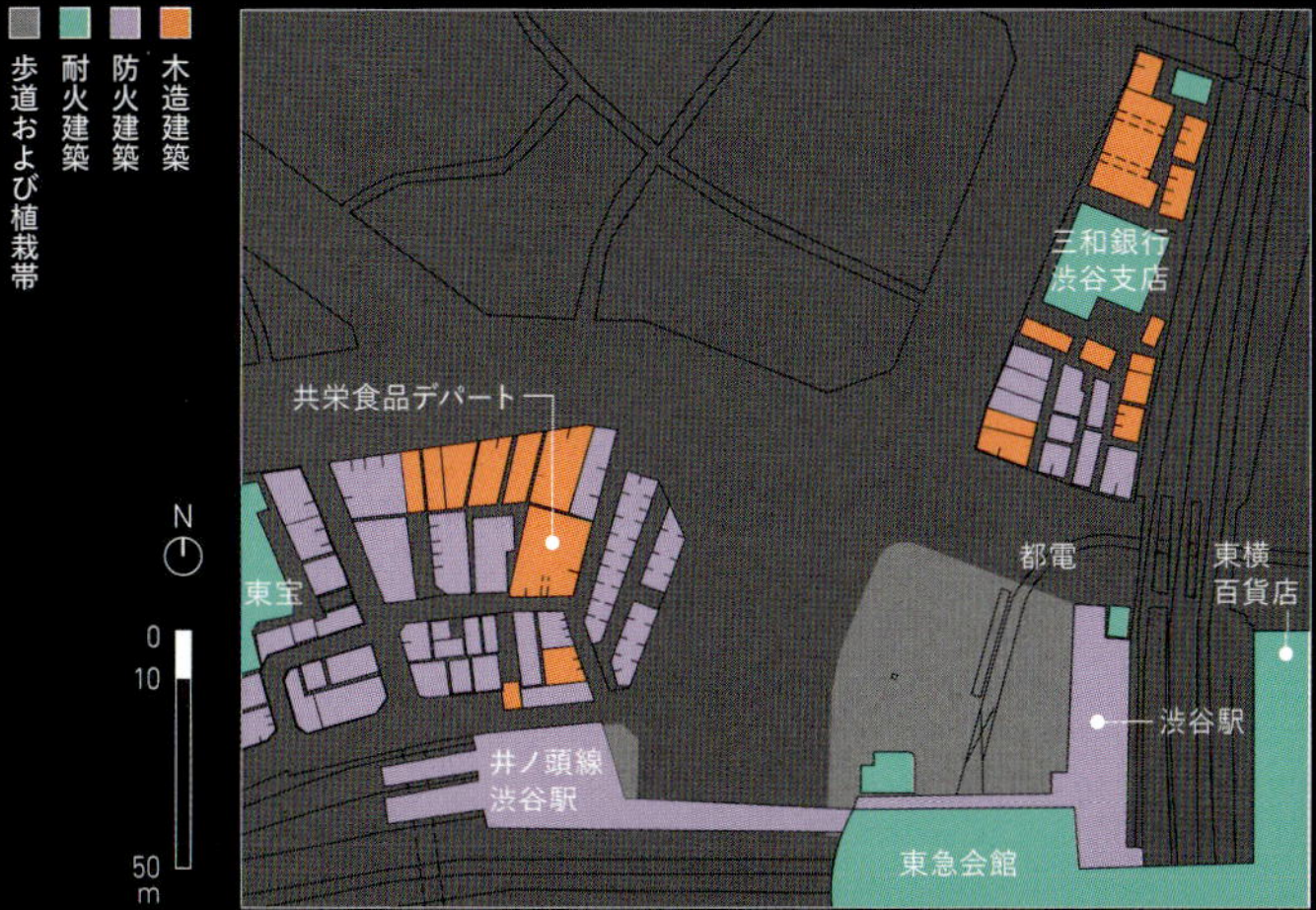

図28──1955年の対象地区の建物の状況

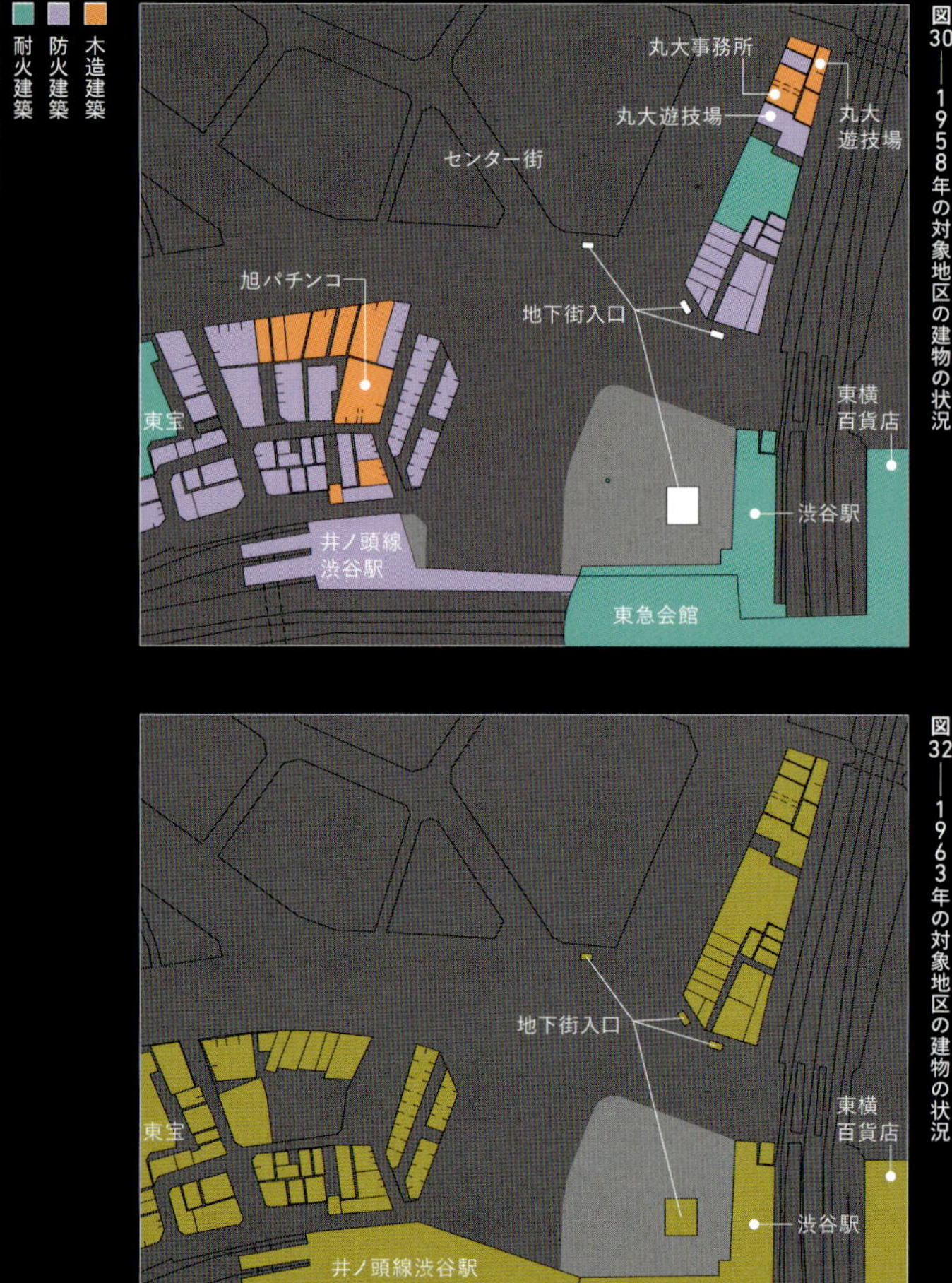

図30——1958年の対象地区の建物の状況

図32——1963年の対象地区の建物の状況

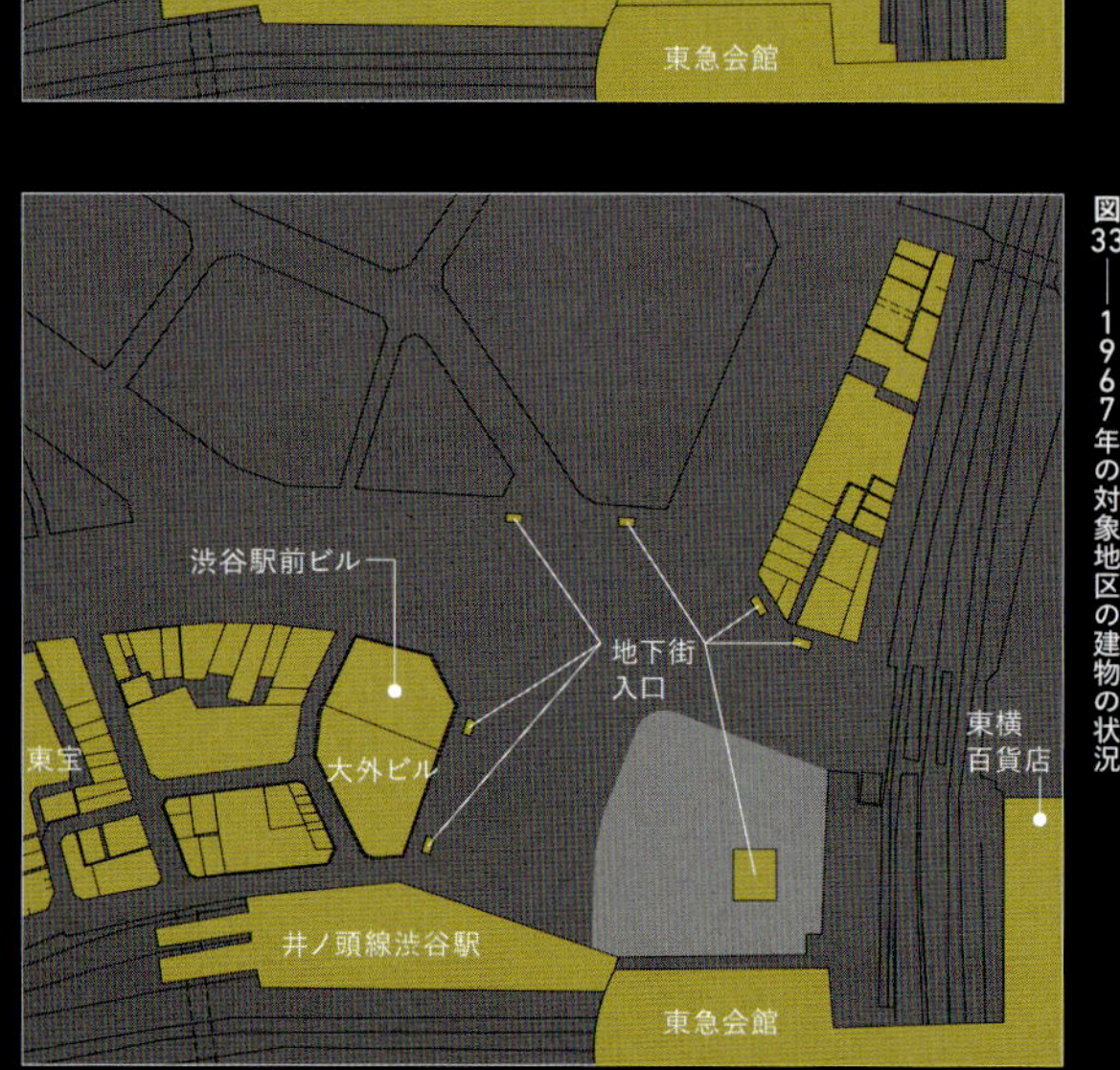

図33——1967年の対象地区の建物の状況

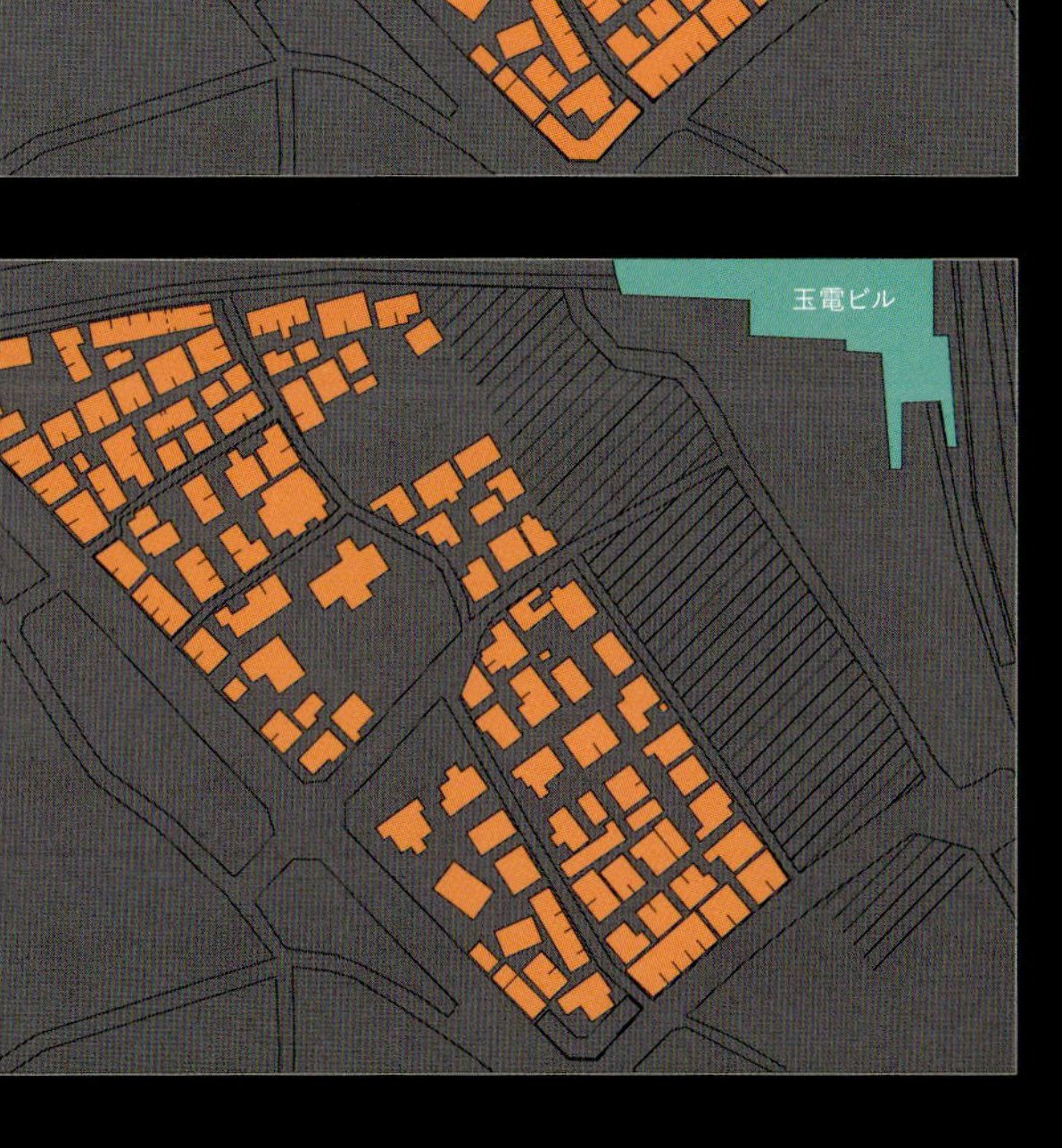

図34——1933年の対象地区の建物の状況

図35——1945年1月の対象地区の建物の状況。交通疎開空地として建物が除去された範囲を斜線で示す。

図36——交通疎開空地として東京都に買収された土地
旧土地台帳と東京都市計画第8-2工区復興土地区画整理事業換地確定図より作成。

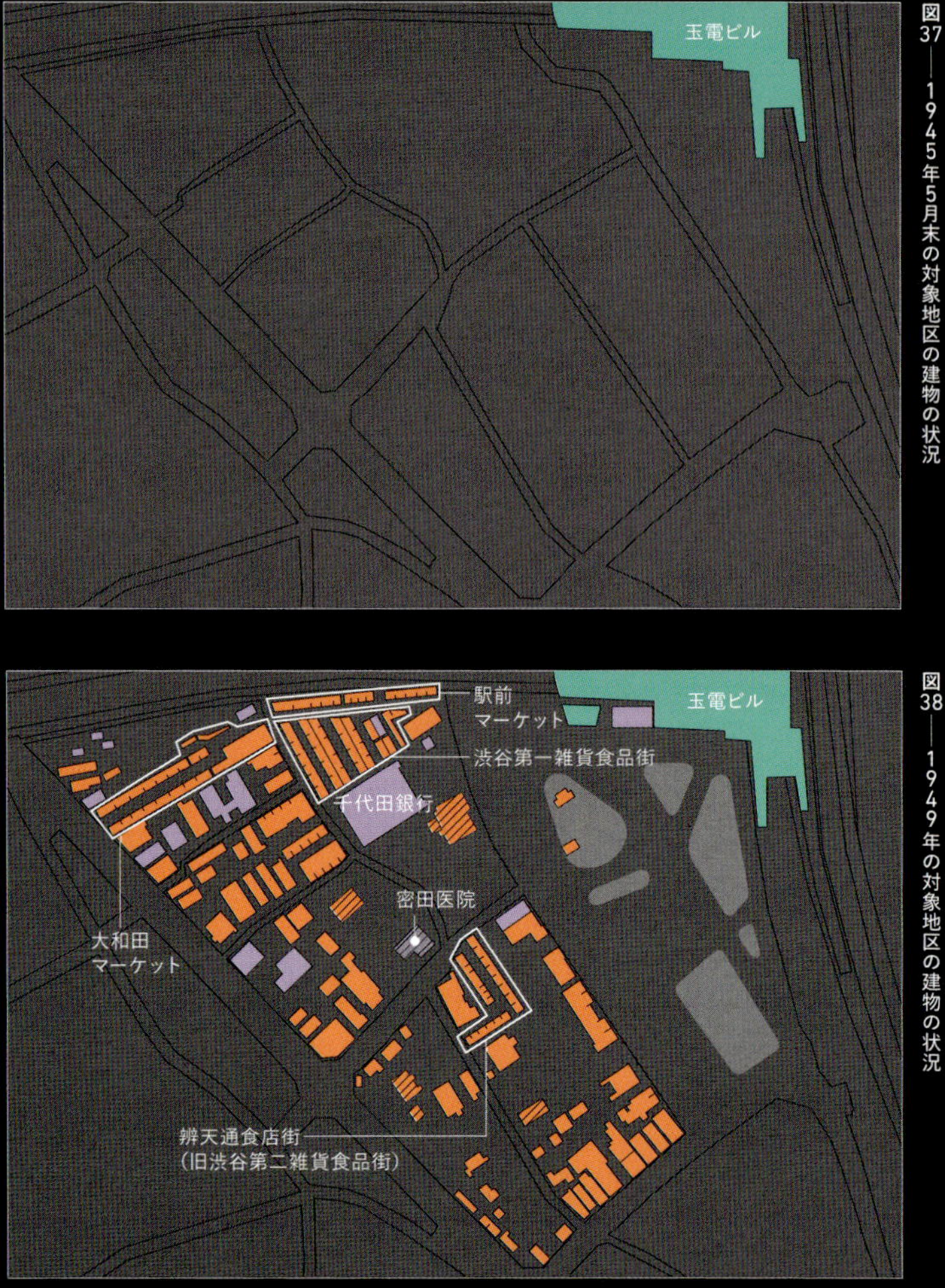

図37――1945年5月末の対象地区の建物の状況

図38――1949年の対象地区の建物の状況

図39――1955年の対象地区の建物の状況

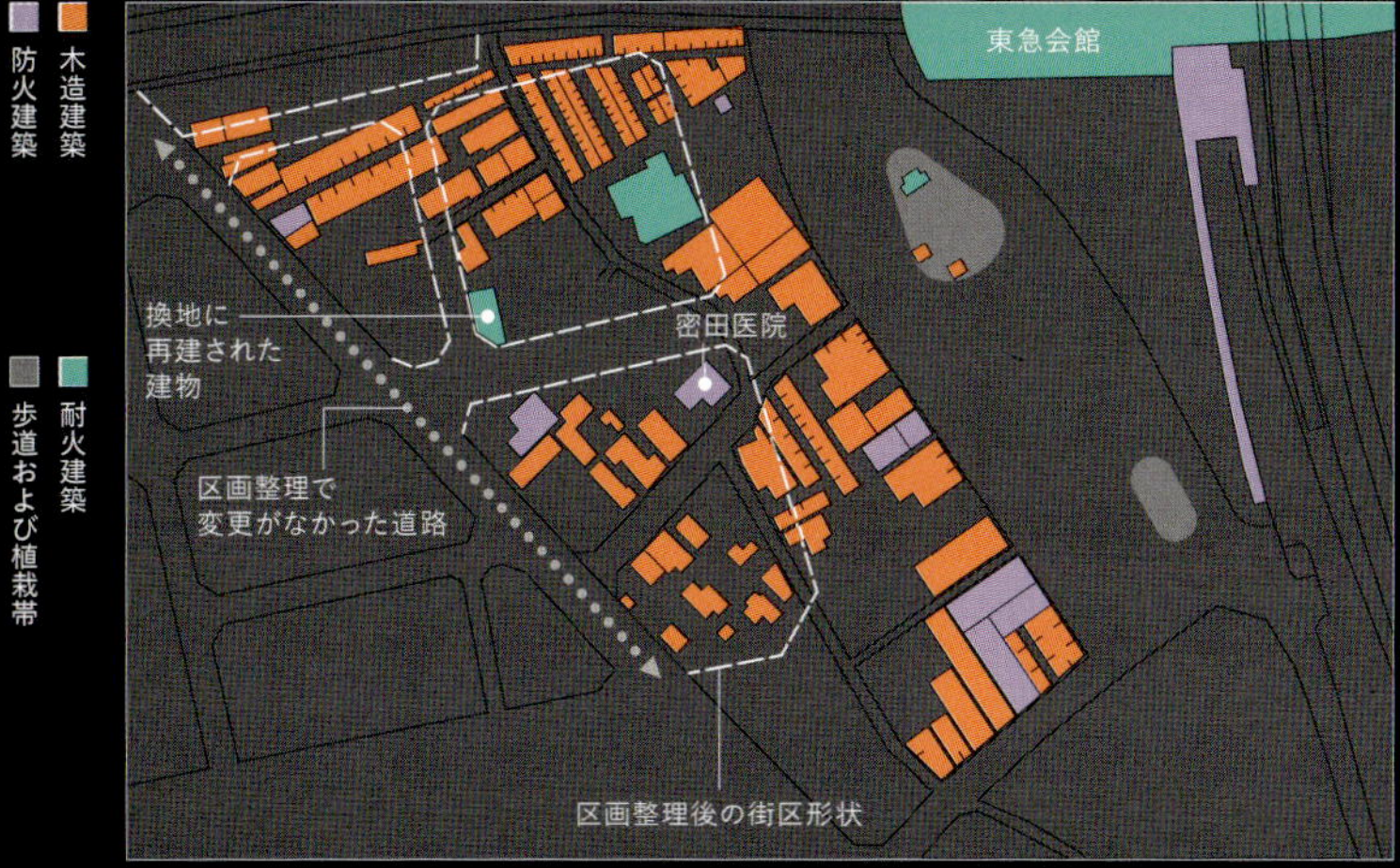

木造建築
防火建築
耐火建築
歩道および植栽帯
東急会館
換地に
再建された
建物
密田医院
区画整理で
変更がなかった道路
区画整理後の街区形状
図41——1958年の対象地区の建物の状況

建物
バス停
東急会館
大和田マーケットの換地
駅前マーケットと
渋谷第一雑貨食品街の換地
渋谷駅前会館(飯島)ビル
辨天通食店街の
換地(3筆)
密田医院
図42——1963年の対象地区の建物の状況

東急会館
渋谷駅前会館
(飯島)ビル
渋谷三菱
ビルディング
渋谷東急ビル
渋谷駅
西口ビル
N
0
10
50
m
図43——1973年の対象地区の建物の状況

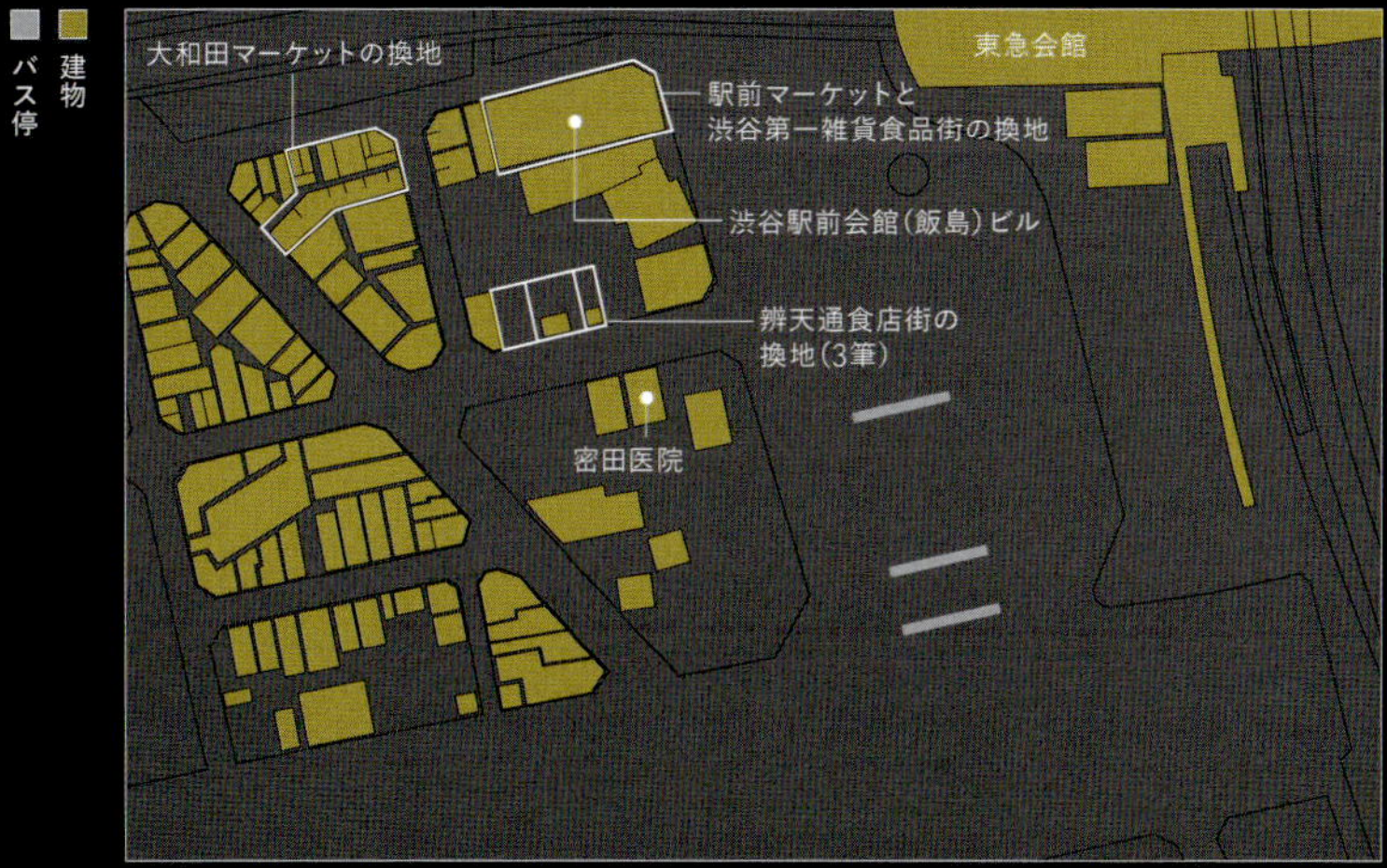

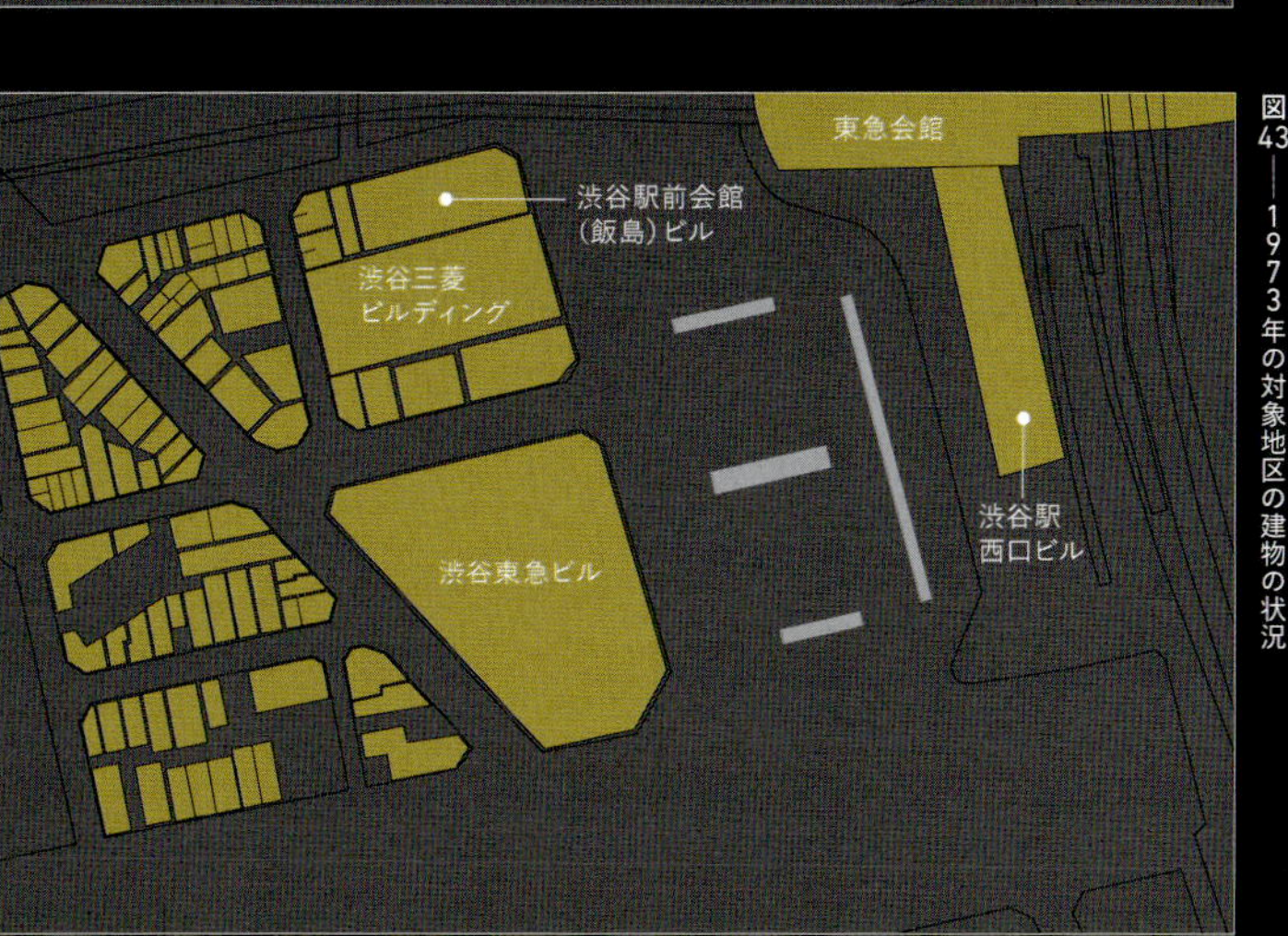

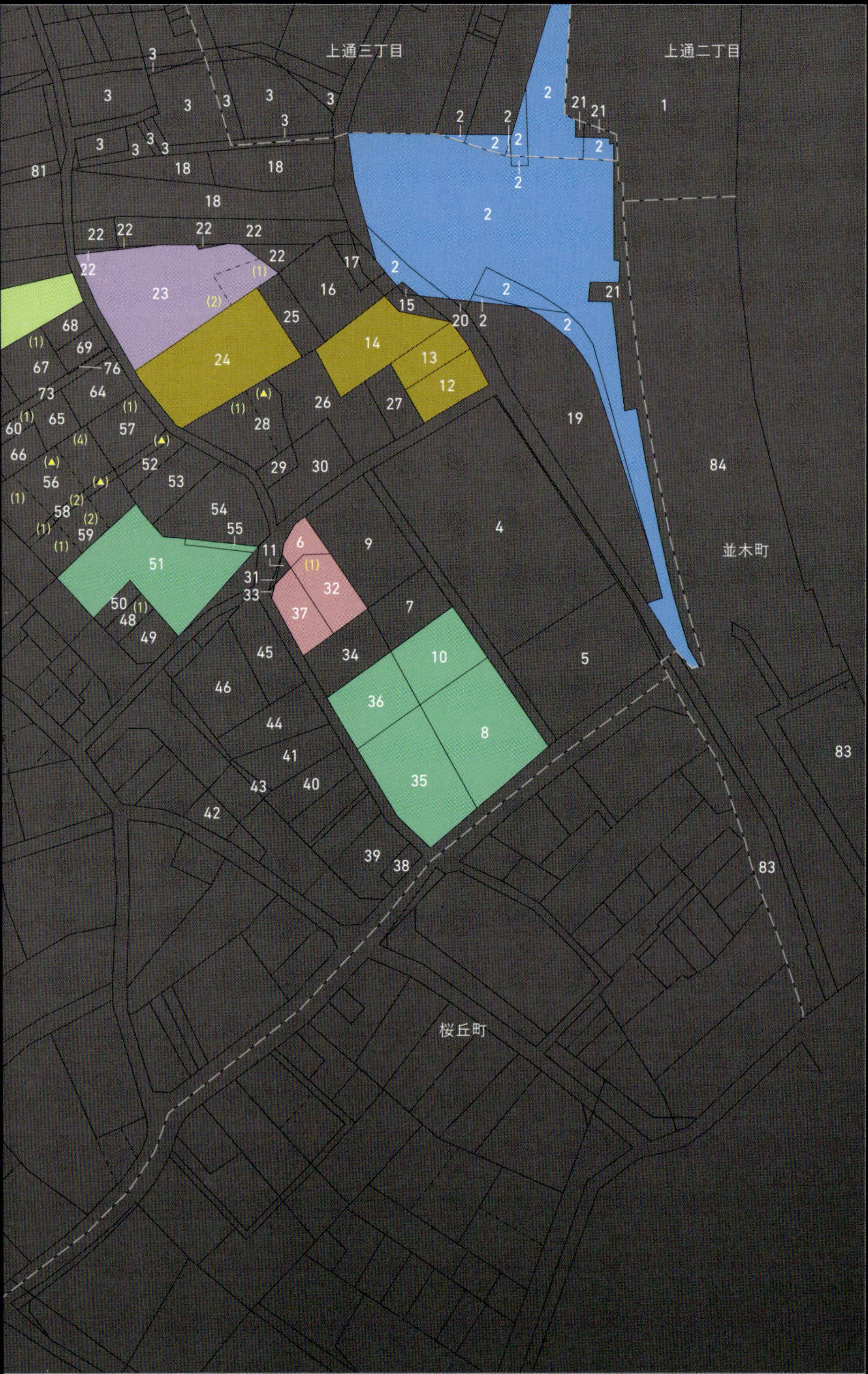

図40-a——渋谷駅西口周辺の換地。区画整理以前の地割。東京都市計画第8-2工区復興土地区画整理事業換地確定図、換地明細書より作成。

上通三丁目
上通二丁目
並木町
桜丘町

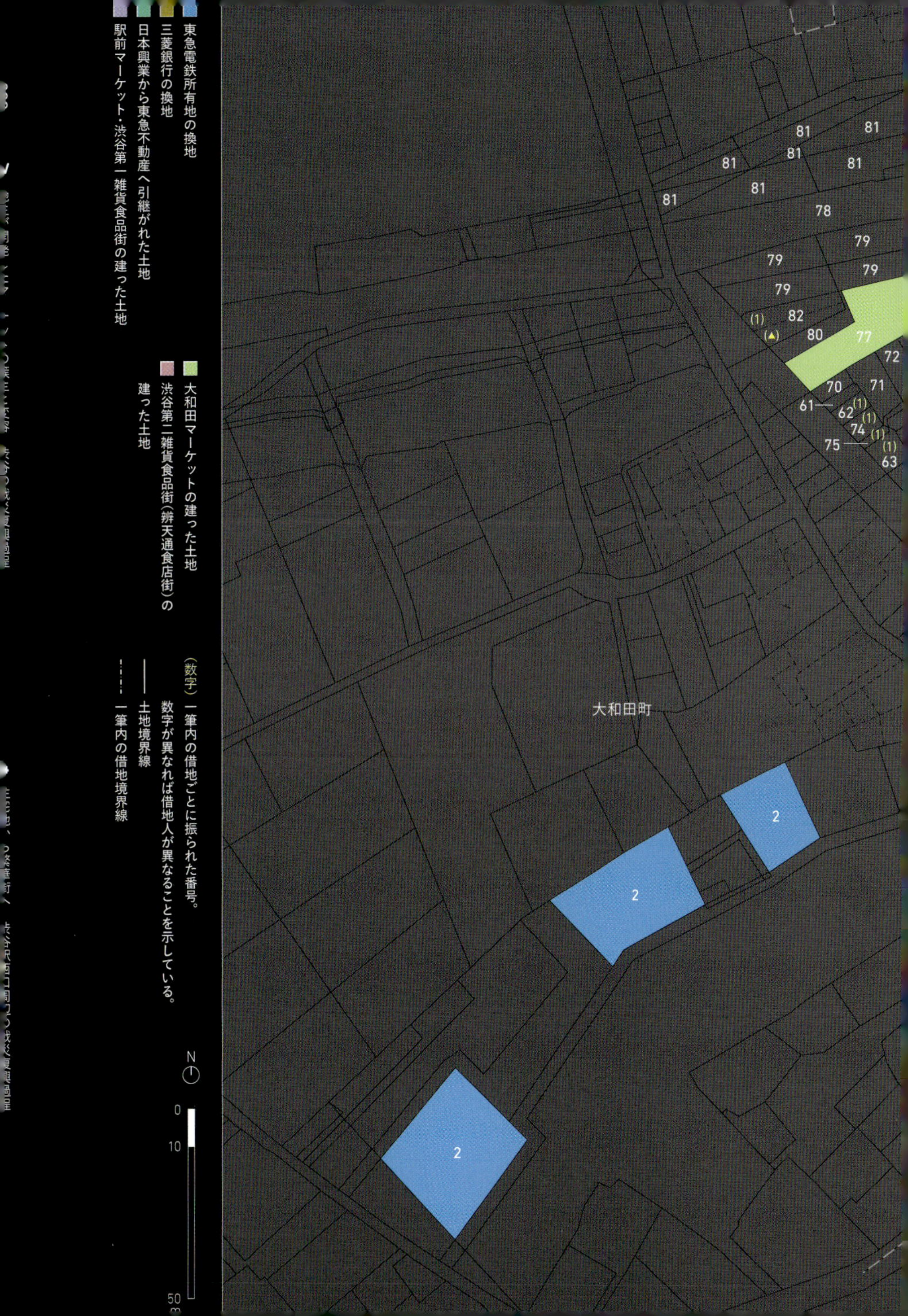
東急電鉄所有地の換地
三菱銀行の換地
日本興業から東急不動産へ引継がれた土地
駅前マーケット・渋谷第一雑貨食品街の建った土地
大和田マーケットの建った土地
渋谷第二雑貨食品街(辨天通食店街)の建った土地
(数字) 一筆内の借地ごとに振られた番号。数字が異なれば借地人が異なることを示している。
土地境界線
一筆内の借地境界線
N
0
10
50
81
81
81
81
81
81
81
78
79
79
79
79
(1)
82
(▲)
80
77
72
70
71
61
62
(1)
(1)
74
(1)
75
(1)
63
大和田町
2
2
2

図40-b——区画整理以後の地割。東京都市計画第8-2工区復興土地区画整理事業換地確定図、換地明細書より作成。

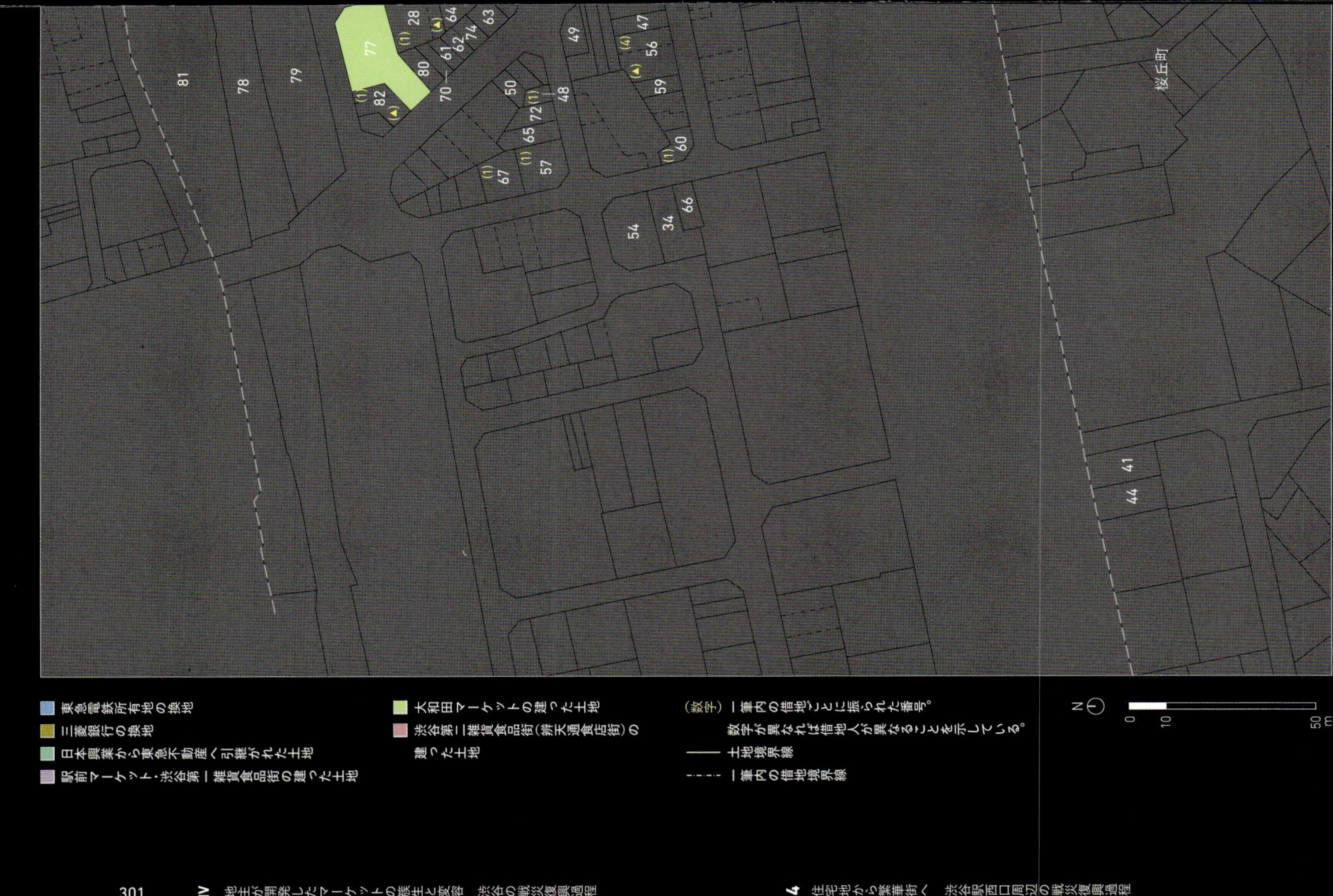
81
78
79
77
82
(1)
(▲)
28
80
70
61
62
64
74
63
67
50
65
72
57
48
49
54
34
66
60
59
56
47
(4)
44
41
桜丘町
東急電鉄所有地の換地
三菱銀行の換地
日本興業から東急不動産へ引継がれた土地
駅前マーケット・渋谷第一雑貨食品街の建った土地
大和田マーケットの建った土地
渋谷第二雑貨食品街(辨天通食店街)の建った土地
(数字) 一筆内の借地ごとに振られた番号。数字が異なれば借地人が異なることを示している。
土地境界線
一筆内の借地境界線
N
0
10
50 m

表4──図40に関する換地情報

	戦災復興土地区画整理事業　以前				戦災復興土地区画整理事業　以後				
	町丁名	地番	地目	地積（㎡）	町丁名	地番	地目	地積（㎡）	減歩率(%)
1	上通2丁目	55-3	鉄道用地	2113.98	渋谷2丁目	30-2	鉄道用地	1468.97	93.24 *1
					渋谷2丁目	30-3	鉄道用地	200.10	
					道玄坂2丁目	31-1	鉄道用地	301.97	
2	上通3丁目	3-3	軌道用地	373.00	道玄坂1丁目	11-2	鉄道用地	3273.95	60.63 *2
	上通3丁目	3-4	軌道用地	46.00					
	上通3丁目	3-5	軌道用地	49.00					
	上通3丁目	3-6	軌道用地	3.30					
	上通3丁目	3-7	軌道用地	52.00					
	上通3丁目	3-10	軌道用地	3.30					
	大和田町	8-2	鉄道用地	92.00					
	大和田町	8-3	鉄道用地	2214.00					
	大和田町	8-4	鉄道用地	6.61					
	大和田町	8-5	鉄道用地	119.00					
	大和田町	8-7	鉄道用地	9.91					
	大和田町	8-9	廃道敷	83.00					
	大和田町	98-6	宅地	419.99					
	大和田町	98-7	宅地	739.86					
	大和田町	98-8	宅地	1189.35					
3	大和田町	9-2	鉄道用地	175.2	道玄坂1丁目	14-4	鉄道用地	978.71	65.69 *3
	大和田町	11-1	鉄道用地	267.76					
	大和田町	11-3	鉄道用地	3.3					
	大和田町	12-2	鉄道用地	310.74					
	大和田町	13-1	鉄道用地	82.64					
	大和田町	13-2	鉄道用地	9.91					
	大和田町	13-3	鉄道用地	102.47					
	上通3丁目	9-3	鉄道用地	49.58					
	上通3丁目	11-1	鉄道用地	383.47					
	上通3丁目	11-18	鉄道用地	79.33					
	上通3丁目	11-22	廃道敷	25.42					
4	大和田町	1-1	宅地	1269.58	-	-	-	-	0.00 *4
5	大和田町	1-3	都有宅地	912	-	-	-	-	0.00 *4
6	大和田町	1-4	宅地	83.2	道玄坂1丁目	13-16	宅地	49.54	59.54
7	大和田町	1-6	宅地	252.76	道玄坂1丁目	12-12	宅地	157.33	62.24
8	大和田町	1-7	宅地	661.09	道玄坂1丁目	12-14	宅地	411.51	62.25
9	大和田町	1-8	宅地	516.62	道玄坂1丁目	12-11	宅地	320.26	61.99
10	大和田町	1-9	宅地	337.19	道玄坂1丁目	12-13	宅地	209.88	62.24
11	大和田町	1-10	宅地	13.22	道玄坂1丁目	13-4	宅地	7.79	58.93
12	大和田町	2	宅地	204.95	道玄坂1丁目	13-14	宅地	128.09	62.50
13	大和田町	3	宅地	158.67	道玄坂1丁目	13-13	宅地	99.17	62.50
14	大和田町	4-1	宅地	424.59	道玄坂1丁目	13-12	宅地	265.37	62.50
15	大和田町	4-2	都有地	3.3	-	-	-	-	0.00 *5
16	大和田町	5-1	都有地	320.66	-	-	-	-	0.00 *4
17	大和田町	6-1	宅地	47.43	道玄坂1丁目	13-10	宅地	66.08	139.32
18	大和田町	7	鉄道用地	733	道玄坂1丁目	14-5	鉄道用地	622.14	51.89 *3
	大和田町	9	鉄道用地	314					
	大和田町	10	鉄道用地	152					

19	大和田町	8-1	都有地	1143.8	-	-	-	-	0.00	*4
20	大和田町	8-6	都有地	6.61	-	-	-	-	0.00	*4
21	大和田町	8-8	鉄道用地	390	道玄坂1丁目	11-3	鉄道用地	445.91	102.29	*3
	上通3丁目	3-8	軌道用地	9.91						
	上通3丁目	3-9	軌道用地	36						
22	大和田町	14-1	鉄道用地	311	道玄坂1丁目	14-6	鉄道用地	361.05	79.84	*3
	大和田町	14-2	鉄道用地	56						
	大和田町	14-3	鉄道用地	3.3						
	大和田町	14-4	鉄道用地	3.3						
	大和田町	14-5	鉄道用地	72						
	大和田町	14-6	鉄道用地	6.61						
23	大和田町	15	宅地	936.85	道玄坂1丁目	13-11	宅地	562.84	60.08	
24	大和田町	16-1	宅地	734.71	道玄坂1丁目	13-7	宅地	459.18	62.50	
25	大和田町	16-2	宅地	151.23	-	-	-	-	0.00	*4
26	大和田町	17-1	宅地	375.7	道玄坂1丁目	13-15	宅地	293.55	78.13	
27	大和田町	17-2	都有地	142.14	-	-	-	-	0.00	*5
28	大和田町	17-3	宅地	282.57	道玄坂1丁目	15-11	宅地	227.73	80.59	
29	大和田町	17-5	宅地	93.61	道玄坂1丁目	13-6	宅地	58.50	62.49	
30	大和田町	17-6	宅地	254.38	道玄坂1丁目	13-5	宅地	158.98	62.50	
31	大和田町	18-3	宅地	7.23	道玄坂1丁目	13-3	宅地	4.51	62.38	
32	大和田町	18-4	宅地	207.6	道玄坂1丁目	13-17	宅地	131.05	63.13	
33	大和田町	18-5	宅地	3.47	道玄坂1丁目	13-2	宅地	2.16	62.25	
34	大和田町	18-6	宅地	246.51	道玄坂1丁目	20-4	宅地	170.44	69.14	
35	大和田町	18-7	宅地	566.34	道玄坂1丁目	12-1	宅地	352.52	62.25	
36	大和田町	18-8	宅地	323.96	道玄坂1丁目	12-2	宅地	201.65	62.25	
37	大和田町	18-9	宅地	141.35	道玄坂1丁目	13-18	宅地	88.34	62.50	
38	大和田町	19	宅地	31.47	桜丘町	106-14	宅地	66.11	210.07	
39	大和田町	20-1	宅地	210.64	道玄坂1丁目	18-2	宅地	171.47	81.40	
40	大和田町	21-1	宅地	471.8	道玄坂1丁目	19-5	宅地	328.42	69.61	
41	大和田町	22-1	宅地	246.77	桜丘町	109-10	宅地	163.60	66.30	
42	大和田町	22-2	宅地	83.20	道玄坂1丁目	12-4	宅地	53.63	64.46	
43	大和田町	22-7	宅地	17.95	道玄坂1丁目	12-3	宅地	12.25	68.25	
44	大和田町	22-8	宅地	246.77	桜丘町	109-9	宅地	163.63	66.31	
45	大和田町	22-9	宅地	271.07	道玄坂1丁目	12-6	宅地	182.18	67.21	
46	大和田町	22-11	宅地	406.94	道玄坂1丁目	12-5	宅地	268.76	66.04	
47	大和田町	23-2	宅地	55.33	道玄坂1丁目	17-12	宅地	65.85	119.01	
48	大和田町	24-1	宅地	31.27	道玄坂1丁目	16-12	宅地	34.21	109.40	
49	大和田町	24-4	宅地	75.43	道玄坂1丁目	17-4	宅地	76.76	101.76	
50	大和田町	24-7	宅地	43.1	道玄坂1丁目	16-9	宅地	46.80	108.58	
51	大和田町	25-1	宅地	733.75	道玄坂1丁目	12-7	宅地	456.03	62.15	
52	大和田町	25-5	宅地	115.7	道玄坂1丁目	12-9	宅地	75.37	65.14	
53	大和田町	25-10	宅地	232.95	道玄坂1丁目	12-10	宅地	151.73	65.13	
54	大和田町	25-11	宅地	360.46	道玄坂1丁目	20-3	宅地	234.84	65.15	
55	大和田町	25-12	宅地	21.81	道玄坂1丁目	12-8	宅地	13.55	62.13	
56	大和田町	26-1	宅地	412.95	道玄坂1丁目	15-1	宅地	88.39	68.46	*1
					道玄坂1丁目	17-13	宅地	194.30		
57	大和田町	26-2	宅地	226.44	道玄坂1丁目	16-1	宅地	158.47	69.98	
58	大和田町	26-5	宅地	85.95	-	-	-	-	0.00	*6

59	大和田町	26-6	宅地	313.58	道玄坂1丁目	13-1	宅地	66.41	67.21	*1
					道玄坂1丁目	17-14	宅地	55.23		
					道玄坂1丁目	19-4	宅地	89.12		
60	大和田町	27-1	宅地	59.07	道玄坂1丁目	17-1	宅地	65.42	110.75	
61	大和田町	27-6	宅地	39.8	道玄坂1丁目	15-5	宅地	32.92	82.71	
62	大和田町	27-7	宅地	47.27	道玄坂1丁目	15-4	宅地	31.60	66.85	
63	大和田町	27-8	宅地	85.95	道玄坂1丁目	15-2	宅地	62.71	72.96	
64	大和田町	27-10	宅地	196.76	道玄坂1丁目	15-12	宅地	125.88	63.98	
65	大和田町	27-11	宅地	118.18	道玄坂1丁目	16-14	宅地	86.38	73.09	
66	大和田町	27-12	宅地	102.47	道玄坂1丁目	20-5	宅地	66.28	64.68	
67	大和田町	27-13	宅地	201.65	道玄坂1丁目	16-2	宅地	128.46	63.70	
68	大和田町	27-14	宅地	99.17	道玄坂1丁目	13-8	宅地	66.11	66.66	
69	大和田町	27-15	宅地	78.90	道玄坂1丁目	13-9	宅地	66.44	84.21	
70	大和田町	27-16	宅地	39.76	道玄坂1丁目	15-6	宅地	32.92	82.80	
71	大和田町	27-17	宅地	133.88	道玄坂1丁目	17-11	宅地	83.30	62.22	
72	大和田町	27-18	宅地	99.17	道玄坂1丁目	16-13	宅地	66.04	66.59	
73	大和田町	27-20	宅地	78.61	-	-	-	-	0.00	*6
74	大和田町	27-21	宅地	54.31	道玄坂1丁目	15-3	宅地	39.63	72.97	
75	大和田町	27-22	宅地	16.52	-	-	-	-	0.00	*6
76	大和田町	27-23	宅地	7.04	-	-	-	-	0.00	*6
77	大和田町	28-1	宅地	707.86	道玄坂1丁目	15-8	宅地	403.14	56.95	
78	大和田町	28-2	鉄道用地	1266	道玄坂1丁目	14-2	鉄道用地	931.99	73.62	
79	大和田町	28-5	鉄道用地	317	道玄坂1丁目	14-1	鉄道用地	1062.04	103.51	*3
	大和田町	28-6	鉄道用地	254						
	大和田町	34-3	鉄道用地	221						
	大和田町	34-4	鉄道用地	234						
80	大和田町	28-7	宅地	101.09	道玄坂1丁目	15-7	宅地	65.61	64.90	
81	大和田町	29-1	鉄道用地	697	道玄坂1丁目	14-3	鉄道用地	1568.29	110.13	*3
	大和田町	29-2	鉄道用地	56						
	大和田町	29-3	鉄道用地	69						
	大和田町	30-2	鉄道用地	188						
	大和田町	32-2	鉄道用地	92						
	大和田町	32-3	鉄道用地	115						
	大和田町	33-1	鉄道用地	178						
	大和田町	33-2	鉄道用地	29						
82	大和田町	34-1	宅地	155.57	道玄坂1丁目	15-9	宅地	100.81	64.80	
83	並木町	27-2	鉄道用地	1256	渋谷3丁目	100	鉄道用地	1490.00	88.27	*3
	並木町	29-3	鉄道用地	432						
84	並木町	29-2	鉄道用地	5279.73	渋谷2丁目	30-1	鉄道用地	3756.00	88.94	*1
					道玄坂1丁目	11-1	鉄道用地	940.00		

＊1──分筆
＊2──1番地役権法104条5項により消滅　合筆
＊3──合筆
＊4──法90条により金銭清算法104条1項により消滅
＊5──法105条2項により消滅
＊6──法95条6項により金銭清算法104条1項により消滅

線から面へ　闇市の形成を契機とした繁華街の展開

一八八五年に品川と赤羽をつないだ日本鉄道と大山街道との結節点として、同年に誕生した渋谷駅は、谷地の底に存在した。この谷に向かって玉川電気鉄道、東京市電、東横電鉄、地下鉄がターミナルを設け、戦前には渋谷は東京のインナー・リング西側の交通上の要衝となっていた。

しかし、戦前の渋谷の繁華街は大山街道である道玄坂と宮益坂の一部に限られ、駅前であっても住宅地が広がっていた。繁華街は線状に形成されていたにすぎない。現在のように、駅を中心とした面的なエリアに繁華街が展開するのは戦後になってからであり、戦後復興期の闇市の形成が大きな影響を与えている。

本章の内容を先取りして言えば、渋谷の闇市を起源とするマーケットの特徴は、新宿や池袋のように大規模な土地をインフォーマルに占拠し、形成が進んだわけではないということである。すなわち、小規模な土地のフォーマルな地権者が、渋谷の多くのマーケットを開発していったのである。交通疎開空地や公有地を一時的に使用する許可を得て形成が進んだ新宿、池袋の闇市と比べ、渋谷の闇市はどのように形成されたのか。具体的に見ていこう。

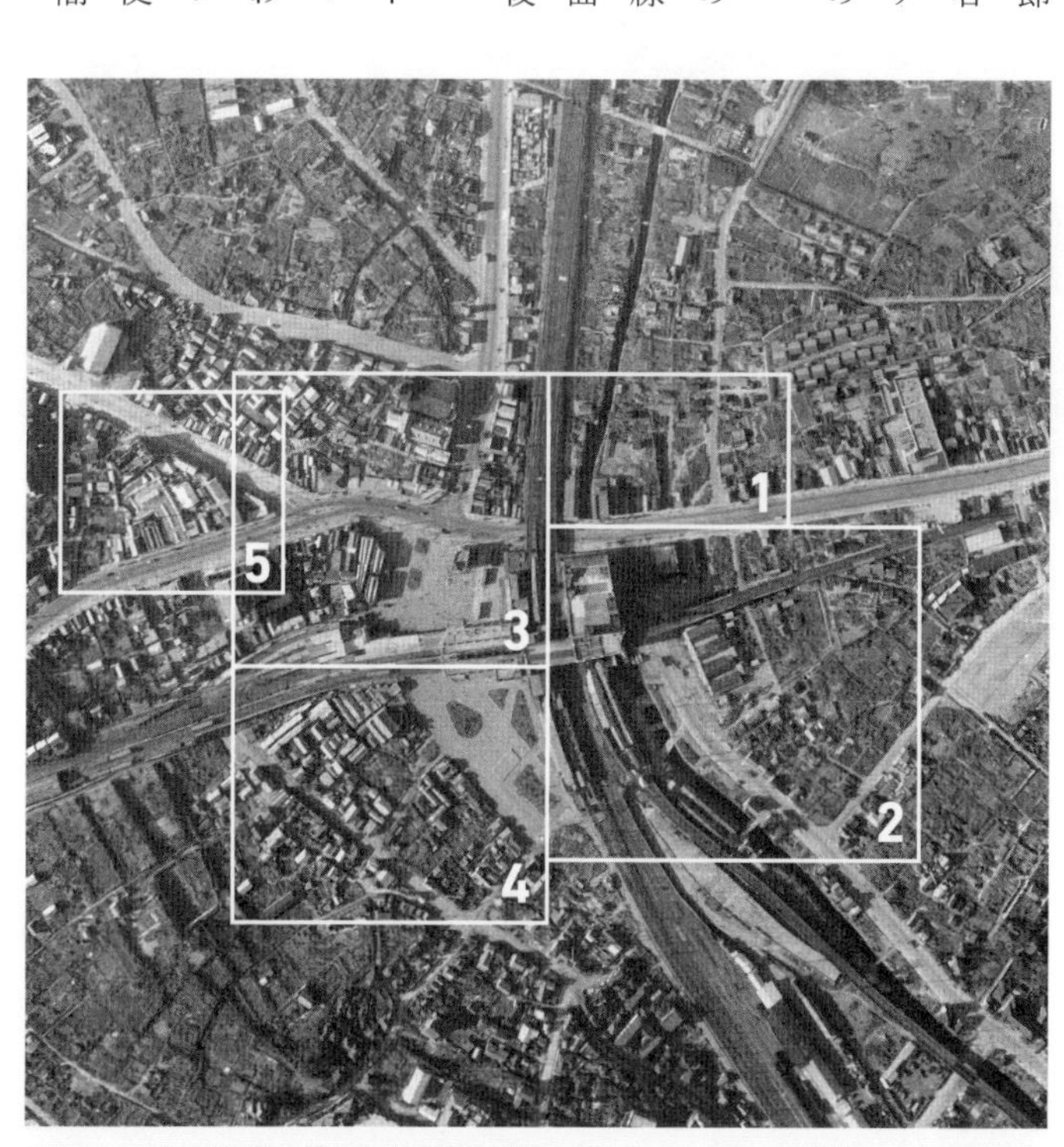

写真1──本章の対象地区。1947年米軍撮影の航空写真「USA-M449-116」に加筆。国土地理院所蔵

1 マーケット化する街道沿いと線路沿い

本節が対象とする地区は、渋谷駅の山手線の東側、大山街道の北側に位置する一角である（写真1の**1**）。大山街道を挟んだ地区の南側には東横百貨店が戦前から存在する。ここには戦後に建設され、二〇年以上存続したマーケットがふたつ存在した。また、露天商が一九五〇年ごろに露店整理事業によって集団移転して建設したマーケット（のんべい横丁）も、先のマーケットに隣接して建てられ、増改築を繰り返しながら現存している。渋谷駅付近では、戦後に建設されたマーケットが長期間存在し、かつ現存する唯一の地区である。

街道沿いの商店街と裏長屋　戦前から終戦まで

戦前期　一九三八年

図1は一九三八年の対象地区である。戦前期の対象地区は大山街道に沿って商店が並び、その裏側である地区中央に一軒の邸宅が建ち、そのさらに裏には長屋の住宅が並んでいた。建物は大山街道沿いの昭和銀行だけが鉄筋コンクリート造で、あとはすべて木造であった。

戦後にマーケットが建設される渋谷川と国鉄線路に挟まれた土地には、松本楼という割烹店（土地［上通二丁目66］）や、公証役場（土地［上通二丁目68-1］）などが立っている（図1・2）。もう一ヵ所、戦後にマーケットが建設される昭和銀行の東側には、タバコ屋（土地［上通二丁目62］）やそば屋などが並んでいる。

第一章で見たとおり、戦前期には渋谷駅前の広場と周辺街路を整備する計画があった（第一章図14）。対象地区も計画範囲に含まれており、街区を縦断する街路計画があったが実施されず、戦災復興土地区画整理事業で実現することとなる。

建物疎開と戦災　一九四四-四五年

対象地区では渋谷川と国鉄線路に挟まれたエリアが疎開空地として、建物が除去される。図3の斜線部がそのエリアである。一九四四年三月一七日には土地［上通二丁目68-1］が都に買収され、建物も一九四五年一月初旬には除去されている［＊1］。

渋谷区の広範囲が一九四五年五月二四日と二五日の二日にわたって空襲に遭い、劫火に包まれた。対象地区は五月二五日に焼夷弾攻撃を受け、鉄筋コンクリート造の昭和銀行を除き、すべて灰燼に帰した［＊2］（図4）。

早期に進んだ戦災復興土地区画整理事業とマーケットの開発

地主が開発した渋谷中央マーケット　一九四五-四七年

写真2は一九四七年九月八日に米軍によって撮影された対象地区の航空写真である。大山街道に沿って建物が再建されつつあり、このなかに一九四九年以降の火災保険特殊地図で確認できるマーケットがひとつある。渋谷川と国鉄の線路に挟まれた土地［上通二丁目

写真2――1947年9月8日の対象地区の航空写真。渋谷中央マーケットが建設されていることがわかる。米軍撮影の航空写真「USA-M449-116」に追記、国土地理院所蔵。

66」に建つマーケットで、一九五三年の新興市場地図[＊3]によれば、このマーケットは「渋谷中央マーケット」という名称である。しかし、この渋谷中央マーケットは、新聞では「松本マーケット」とも呼ばれている[＊4]。松本マーケット（渋谷中央マーケット）の建つ土地［上通二丁目66」は、明治末期から在地地主である松本家が所有していた土地であり、戦前には先述の松本楼が立っていた。マーケットの名称から地主自らがマーケットを建設し店子へ貸していたと考えられる。

この他、対象地区では街道に沿ってバラックによる商店の再建が進んでいる。こうしたバラックの裏側には雑草が生い茂っており、空地が目立つ状態であった。

戦災復興土地区画整理事業の施行　一九四八-四九年

対象地区を含む東京都市計画第八地区復興土地区画整理事業は、一九四八年九月三〇日に換地予定地が決定している（以降、何度も変更がある）[＊5]。これに従い、対象地区では早くも翌四九年には区画整理が進み街区形状が変更されている。

図5は一九四九年の対象地区の建物の状況、図6は対象地区の戦災復興土地区画整理事業による換地を示している。対象地区の大山街道沿いでは換地に従って建物が建てられ（図6・表1の土地3・7など）、一部では防火建築が再建され、マーケットも新たにひとつ建設されている。一九五三年の新興市場地図によれば、昭和銀行の東側の土地（図6・表1の土地9）に建つマーケットは「渋谷小デパート」と呼ばれていた。

渋谷小デパートの建つ土地8・9（図6・表1）は明治末期に市野家が購入して以来、一九六〇年代に旧土地台帳が廃止されるまで同家の所有地である。ここも渋谷中央マーケットと同様に、戦後に土地が売買されておらず、相続による所有権変更のみであるため、戦後に土地が不法占拠されたとは考えにくい。また、この土地を所有していた市野家は戦前戦後を通じて在地地主であることから、地主自らがマーケットを建設したと考えてよいだろう。

図6を確認すると、戦災復興土地区画整理事業によって対象地区の東側に通っていた道路が大幅に拡幅されている。この道路拡幅により、対象地区の宅地の面積がそれぞれ狭くなっているものの、土地1（図6・表1）以外の土地は同一街区内で換地されている。

図5の作成に使用した一九四九年の火災保険特殊地図からは、マーケットの区画の数が読み取れる。渋谷中央マーケットは敷地の長手方向に通路をつくり、その両側に一棟ずつの木造長屋で区画を

並べている。区画数は一六で、大山街道沿いの二店舗(不動産屋と喫茶店)を除き「のみや」となっている。同様に渋谷小デパートも、大山街道から通路を一本敷地へ引き込み、その両側に木造長屋四棟を並べ一九の区画を備えている。ここでは大山街道に近い三店舗が小売店で、それ以外の大半が「のみや」となっている。両マーケットともに、街道から奥まった場所が飲み屋になる店舗構成となっていた。

　また、一九四九年の火災保険特殊地図には、一九四四年に都有地となっていた土地12(図6・表1)に「屋台飲屋街」との記載がある。ここは露店整理事業によって「道玄坂、エビス駅前などに散在していた」[*6]露店(おもに飲食店の屋台)が集まり渋谷常設商業協同組合を結成し[*7]、都有地の払い下げを受け、のんべい横丁を建設することになる場所である。図5の時点ではのんべい横丁は建設されていないものの、すでに屋台が集まり飲み屋街を形成していた(写真3)。これがマーケットになるのは一九五一年のことである。

のんべい横丁の建設　一九五〇-五三年

　図7は一九五三年の対象地区の建物の状況を示している。渋谷中央マーケット(松本マーケット)、渋谷小デパートの両マーケットともに改築され、またのんべい横丁が建設されている。渋谷小デパートは店舗数が一四に減少し、通路の奥に便所が設けられている。また、渋谷中央マーケットでは東側の店舗は敷地内部の通路に正面を向けているが、西側の店舗は通路ではなく敷地西側の公道に正面を向けるように改築されている。

　渋谷中央マーケットの土地10(図6・表1)は戦前戦後を通じて松本家の土地であったが、一九五二年一月一六日に計一四名の権利者に売却されている。地権者の数が、この当時のマーケットの区画数と一致することからも、この一四名は渋谷中央マーケットの営業者であろう。こうして地主が建設した渋谷中央マーケットの土地は、終戦から六年半後に営業者へと売却された。

　図5では「屋台飲屋街」となっていた場所にのんべい横丁が建設されている。渋谷中央マーケットの通路に接続するように、敷地長手方向へ通路を一本通し、その通路の両側と西側の公道へ向かって三九の店舗を開くように、計六棟の長屋が並べられている。渋谷常設商業協同組合で、都有地である土地12(図6・表1)を「一坪五千円で払い下げてもらい五カ年の割賦返済、そして、支払い完了とともに所有権取得とする契約が、都との間に結ばれ」[*8]た。こうして、マーケット建設時には土地の所有権変更の登記はされておらず、一九五六年七月三日に渋谷東横前飲食街協同組合名義で登記されている。

写真3──東横百貨店屋上から北側を見る。のんべい横丁となる土地に屋台が集まっていることがわかる。渋谷常設商業協同組合が露店整理事業で土地の払い下げを受けたのち、当初は屋台での営業を行っていたことがわかる（出典：東京都建設局区画整理部計画課『甦った東京 東京都戦災復興土地区画整理事業誌』東京都建設局区画整理部計画課、1987年、口絵）。

写真4──東横百貨店から北側を見る。写真3では屋台が並んでいた場所にマーケットが建設されていることがわかる（白根記念渋谷区郷土博物館提供）。

写真5──1957年の渋谷川。写真右側に増改築が進んだ渋谷中央マーケットとのんべい横丁が写る（白根記念渋谷区郷土博物館提供）。

建物の不燃化と繁華街への変容　一九五四・六八年

一九五四年以降は戦災復興土地区画整理事業で完成した明治通りに沿って、大型の建物の建設が進む。これより前に大山街道と明治通りの交差点に鉄筋コンクリート造の渋谷東映劇場が建設され、一九五三年一一月にオープンする（図8）。続いて、その北側に鉄筋コンクリート造の映画館、渋谷全線座が建設され一九五六年にオープン。さらに一九五八年までに、その北側に鉄筋コンクリート造の建物が建設されている。この建物と、先の渋谷全線座の地下にはトルコ風呂と称されていた性風俗店が入居しており、映画館とともに歓楽街を形成していた（図9）。

対象地区はこれ以降一九七〇年代まで大きな変化はないが、一九七〇年代なかごろになるとマーケットが共同ビル化していく。渋谷小デパートはマーケットだけでなく、富士銀行を含め土地6・8・9（図6・表1）を敷地として共同ビルを建設する。一方で、渋谷中央マーケットは大山街道沿い東側の一角を除いてまとまって共同ビルへと建て替わった。

これらの共同ビルは現在も同地に存続し、また、のんべい横丁も増改築を繰り返しながら現存している。

マーケットから共同ビルへ

本節の対象地区には戦後三つのマーケットが建設された。そのうちのひとつであるのんべい横丁は露店整理事業によって、東京都から土地の払い下げを受けていた。これ以外の渋谷中央マーケットと、渋谷小デパートはともに戦前戦後を通じて一主体が所有する土地に、土地の権利者が建設したマーケットであった（渋谷中央マーケットの土地は一九五二年に営業者が買い取っている）。

本節の対象地区に建設されたマーケットは、第二章で見た新宿のマーケットとは大きく異なり、すべて公式な権利関係のもと建設されたものであった。そのため、都市計画に際して整理に合うことはなく、戦後復興期から高度成長期にかけても持続性を持ち、一九七〇年代半ばになると共同ビルへと建て替わっていった。

本節で扱ったマーケットは権利関係の整理から、そのまま三つのタイプとして分類できる。ひとつ目は戦前戦後を通じて土地権利者に変化がないまま、戦後にマーケットが建設され、一九七〇年代半ばに共同ビルへと建て変わった「渋谷小デパート」。ふたつ目は、戦前からの土地権利者が戦後にマーケットを開発し、後に営業者へ土地を売却した「渋谷中央マーケット」。三つ目は露店整理事業によって建設された「のんべい横丁」で、組合によって土地が取得されていた。

2 東急所有地の戦災復興

マーケットから東急文化会館へ

本節が対象とする地区は、渋谷駅東口付近である（写真1の**2**）。第一章で見たとおり、戦前の駅前広場計画が着工されながら戦時下で工事が中断したエリアで、戦前は駅に隣接して小学校があり、大山街道沿い以外はおもに住宅地であった。

戦前、渋谷の都市としての重心は道玄坂方面にあり、渋谷駅東口付近は場末であった。この場末で、東急は戦中期に払い下げを受けていた駅前の旧渋谷小学校の土地に、一九五六年、東急文化会館を建設する。おもに住宅地であった渋谷駅東口付近が、戦前の駅前広場計画、戦災、戦災復興を経験し、どのように変化していったのか。本節では、とくに東急の動きに注目して見ていきたい。

中断した駅前広場の整備事業
終戦までの渋谷駅東口付近

第一章で見たとおり、渋谷駅東口付近では駅前広場計画が着工されながら戦時下で中断した。図10のとおり、一九四〇年もしくは一九四三年に図の黄色い網掛け部の土地を東京市が買収し、道路にするために建物を撤去しており、事業が実施されつつあった。図10の土地[58-1][60-1][60-2]には渋谷国民学校（旧渋谷小学校）が建っていたが、一九四三年に渋谷区美竹町に移転しており、同時に土地[60-1][60-2]を東京急行電鉄（以下東急とする）が東京市から買収している[＊9]。

渋谷国民学校の建物は東京都市計画渋谷駅付近広場及街路計画の渋谷町道路第六号路線にかかっていたため、その部分が除去されたが、残りは東急が本社事務所の分室として利用していた[＊10]。一九四四年当時、渋谷駅東側の渋谷川沿岸（東急所有地）には建物が建っていない。これが戦前の駅前広場計画によるものなのか、東急が自ら疎開事業を行ったためなのかは不明であるが、いずれにしても図11が一九四四年当時の対象地区の建物の状況である。

また対象地区は一九四五年五月二五日に焼夷弾攻撃を受け、鉄筋コンクリート造の東横百貨店、協和銀行を除き、すべて灰燼に帰した[＊11]（図12）。

マーケットの建設と戦災復興土地区画整理事業計画

渋谷第一マーケットと稲荷橋小路　一九四五-四七年

図13は一九四七年の対象地区の建物の状況を示している。駅前のかつて渋谷国民学校であった東急の所有地と、渋谷川の西側の稲荷神社の境内にマーケットが建設されている。また、戦前の駅前広場計画でつくられた道路にバラックがまばらに建設されている。

一九五三年に描かれた新興市場地図によれば、東急の土地に建つマーケットは「渋谷第一マーケット」、稲荷神社の境内に建つマーケットは「稲荷橋小路」という名称である[＊12]。

渋谷第一マーケットは東西方向に三本の通路を設け、その両側に店舗を並べている。渋谷駅側を正面としているため通路を抜けても通り抜けられないよう、突き当たりには通路に直行する向きで長屋状の店舗が配置され、通路は左右へと折れることになる。

東急の社史によれば、戦後各地の盛り場に闇市ができ繁盛していたが、「渋谷のハチ公前広場にできたやみ市のように第三国人が占拠し、物議をかもしていた所が多かった」[＊13]ため、東急では渋谷国民学校跡地がハチ公前広場のように不法占拠されることを警戒し、この土地の管理を地元有力者の大宮福之助に依頼したという。大宮は「ここに七〇軒のバラック店舗を建てて賃貸し、これが渋谷第一マーケットになった」[＊14]。一方で一九五三年一〇月三一日の『読売新聞』は、「同マーケットは終戦直後、東急から土地を借りた東横百貨店が建て地元有力者の大宮福之助氏が百貨店から営業権を賃借、各店舗は大宮氏から賃借」して店を開いていると伝えている[＊15]。

このふたつの情報は内容が異なるが、いずれにせよ地主である東急、あるいは建物所有者である東横百貨店と、マーケットを経営する大宮福之助との間にはフォーマルな賃借関係が成立しており、不法占拠ではなかった。むしろ、不法占拠を恐れた東急もしくは東横百貨店が、自らマーケットを建設することでそれを防ごうとしたという意図が見える[＊16]。終戦直後は国鉄私鉄ともに線路の復旧、輸送力の強化に力を注いでいたため、建物の再建には予算が回っていなかった。そのため、ここでも東急自らが建物を再建するのではなく、地元有力者に管理を委ねたものと考えられる。

稲荷橋小路は、稲荷神社の参道両側に長屋状の店舗を並べている。一九四七年九月八日に米軍が撮影した航空写真「USA-M449-116」を見るかぎり、ひとつづきの屋根がかけられた長屋であり、自然発生的に生まれたというよりは、一体的に建設されたマーケットと考えてよいだろう。後述するが、このマーケットは戦災復興土地区画整理事業に際して、稲荷神社の土地の換地に再建されている。建物は取り壊されれば、それに関わる権利が消滅してしまう。それにもかかわらず、換地にマーケットが再建されたということは、稲荷橋小路は稲荷神社が建設したマーケットであるか、あるいはマーケットの営業者と稲荷神社との間には賃貸関係にあったと考えてよいであろう。稲荷橋小路もフォーマルな権利関係のもと建設されたマーケットであった。

戦災復興土地区画整理事業の換地　一九四八-四九年

前節同様、対象地区を含む東京都市計画第八-一地区復興土地区画整理事業は、一九四八年九月三〇日に換地予定地が決定している（以降、何度も変更がある）[＊17]。

図14は戦災復興土地区画整理事業による対象地区の換地を示している。同事業によって、渋谷駅東口付近の基盤整備として渋谷川の付け替え工事が行われ、駅前広場（土地81・82［図14・表2］）ができ、南北方向の明治通り（土地85［図14・表2］）東西方向の国道二四六号線（土地83・84［図14・表2］）が整備された。

注目する必要があるのは、戦災復興土地区画整理事業の第八-二地区に存在する東急の土地が、東急の渋谷駅と東横百貨店の土地14・57・58（図14・表2）と、後に東急文化会館が建設される敷地TB（図14）に集約されていることである。敷地TBには、戦後に渋谷第一マーケットが建設された土地50・53・54（図14・表2）の換地も含まれている。

稲荷神社の土地は、原位置換地された国道二四六号線の南側の土地71・72・73（図14・表2）と、飛び換地された土地69・74（図14・表2）の三ヵ所に分かれることになった。

図15は一九四九年の建物の状況を示している。渋谷第一マーケットの東側では、戦災復興土地区画整理事業によって街区形状が変わり、換地に沿って建物が建てられている。とくに敷地TBの南側の街区では、防火建築による再建が進んでいる。

一九四九年の火災保険特殊地図からは、渋谷第一マーケットに六一の区画があることがわかる。店舗は飲み屋が多いが、肉屋、パチンコ屋、床屋、クリーニング屋、常磐相互銀行なども入居している（写真6）。営業者はマーケットに入居する契約を結ぶ際に、大宮に対して権利金を支払い、さらに店舗の一部を増改築する際にも一万円前後の「権利金」を支払っていたという［＊18］。

稲荷橋小路では、四棟の長屋に二五区画の店舗が存在し、参道に社務所と一緒に並んでいる（図15）。

戦災復興土地区画整理事業の施行と東急文化会館の誕生

渋谷第一マーケットの立ち退き　一九五〇-五五年

一九五二年一二月二七日、東京都から東急に対して戦災復興土地区画整理事業にもとづいて環状五号線（明治通り）を拡幅するため、

写真6——1950年ごろの渋谷第1マーケット（渋谷区郷土写真保存会提供）

翌五三年三月二六日までに渋谷第一マーケットを撤去するよう通達がなされた。東急は立ち退き交渉を進めるため、臨時建設部内に第一マーケット処理班(山本忍総務部長が班長を兼任)を設けた[＊19]。そして同年三月に東横百貨店と大宮福之助は渋谷第一マーケットに関わる権利すべてを東急に委譲している[＊20]。

東急の社史によれば、東急が営業者へ土地明渡しを求めた際、渋谷第一マーケットには七〇店の占有者がいたという[＊21]。そのほか、一九五三年一〇月三一日の『読売新聞』には、渋谷第一マーケットは「敷地七二二坪、建物一二棟、五五軒、居住者約四〇〇人」[＊22]との記載がある。また、一九五三年の新興市場地図からは六七軒の店舗が確認でき、住宅となっている区画も存在する。このとき、実際に渋谷第一マーケットに入居していた店舗数は不明であるが、店舗だけでなく相当数の居住者がいたことは確かである。

東急の立ち退き交渉に対して渋谷第一マーケットの営業者は、渋谷マーケット商業協同組合を結成し対抗、居住権や営業権を主張し、占有者は一向に立ち退こうとしなかった。第一マーケット処理班山本班長は「店子との契約書には公用徴収のときには立退くとの条項がある」とし、立ち退きを求める正当性を主張している。そのため第一マーケット処理班では一九五三年九月に渋谷簡易裁判所に調停を求めるとともに、同年一〇月一六日にはマーケットの一角に「東急総務部分室大沢事務所」を設け、上野の土建業者だった大沢武三郎[＊23]に調停以外の組合側との交渉を一任するという強行策に出た[＊24]。

これに対して組合側は、「暴力団による威圧的な解決方法だとして渋谷署に陳情」した。組合側としては、「区画整理には応じるが、地主の一方的な明渡し要求は承服できないと、あくまで区画整理で与えられるべき換地を貸すか補償金を与えよと主張、東急側の〝各個撃破〟を恐れて交渉は組合で行うことにした」という[＊25]。

こうした状況のなか、まず渋谷第一マーケットのうち非組合員の店舗五軒が約一〇万円の補償を受けて、一九五三年一〇月末までに立ち退いた。続いて、交渉の末に組合員の約半数が一九五五年三月一日に立ち退きに関する契約を結び、立ち退いた。残った店舗は代替地を要求し立ち退かないため、東急が「渋谷区栄通一丁目に約八二五平方メートルの土地を購入し、木造の店舗を建てて」一九五五年六月三〇日までに移転させた[＊26]。こうして東京都の立ち退き要求から二年半を経て、渋谷第一マーケットの立ち退きが完了した。

図16は一九五五年の対象地区を示している。渋谷第一マーケットが立ち退き、稲荷神社周辺を残して区画整理が進んだことがわかる

（写真7）。また、大山街道沿いや、敷地TBの街区でも本建築が立ち始めている。そして、一九五六年一一月には敷地TBに東急文化会館が建設されることになる。

幻のバスターミナル計画

一九五五年には東急文化会館が着工されるが、その計画以前に、同じ敷地には坂倉準三設計のバスターミナル建設計画が存在した[＊27]。図17はこのバスターミナルが描かれた計画図である。坂倉が渋谷総合計画に携わるのは一九五二年からであり、東急文化会館の着工が一九五五年のため、このバスターミナルが計画されたのは一九五二年から五五年の間である。さらに図17からは、宮益坂を走る都電が渋谷駅ハチ公口を終点としていることがわかる。一九五三年末にはこの都電の終点を駅東口広場にすることが決定していることから、このバスターミナルの計画が描かれた図17は一九五二年から一九五三年末ごろまでのものと考えられる。

図17ではバスターミナルビルと渋谷駅の間が空中歩廊でつなが

写真7──1957年の稲荷橋小路周辺。渋谷川の西側（右）に社殿と増改築の進んだ稲荷橋小路が見える（渋谷区郷土写真保存会提供）。

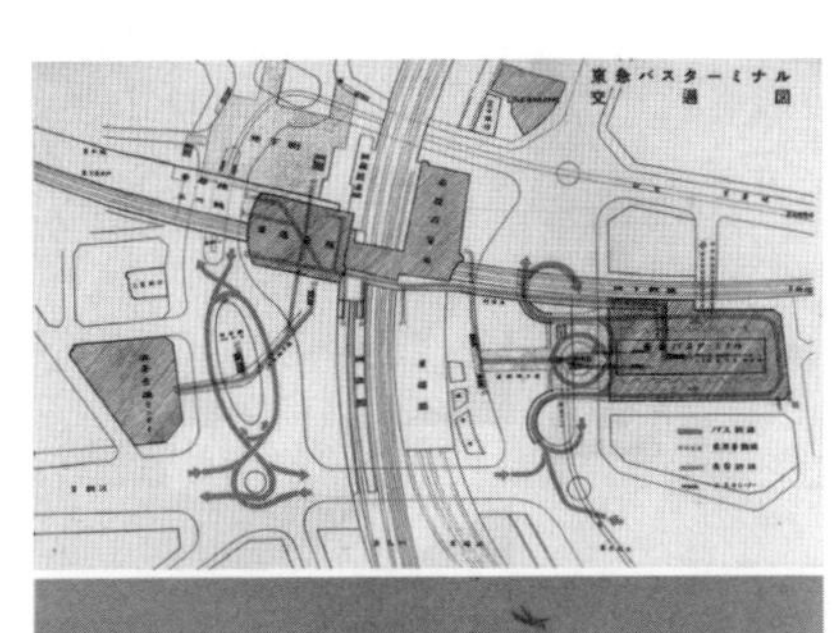

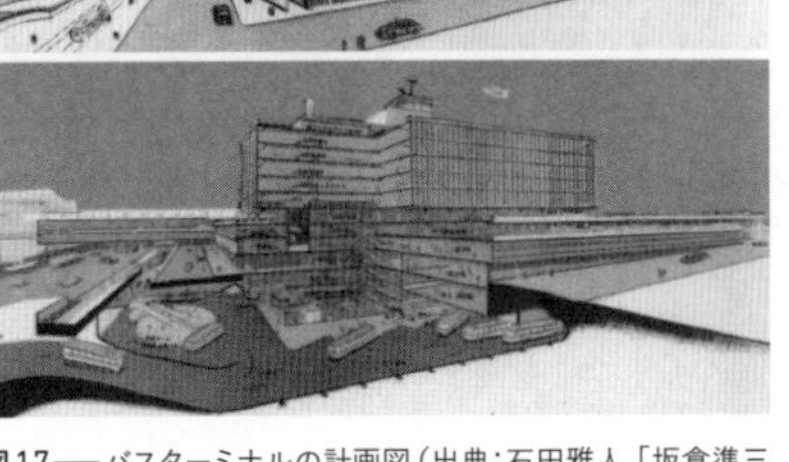

図17──バスターミナルの計画図（出典：石田雅人「坂倉準三と渋谷計画」明治大学修士論文、2009年）

れている。この構成は東急文化会館にも通じるものがある。特徴的なのは、空中歩廊以外にも連絡地下通路によって東横百貨店や渋谷駅につながっており、ビル間のサーキュレーションを、立体的につくろうとしていたことが読み取れる。このバスターミナル計画は実現しなかったものの、計画は部分的に東急文化会館に引き継がれている。

東急文化会館の誕生　一九五六・五八年

終戦から一〇年を経過しても、渋谷の繁華街は道玄坂と宮益坂の谷間周辺にかぎられ、しかもそれが山手線と渋谷川によって東西に分断されていた。また、一九五四年当時、渋谷は一日当たりの乗降客数が約一〇〇万人に上るにもかかわらず滞留時間は短く、ひとり平均わずか五分に過ぎなかった。これは銀座の四五分、新宿・池袋の一五分と比較してもきわめて短く、渋谷が繁華街ではなく乗り換え地点としての性格が強かったことがわかる[＊28]。

こうした状況で、一九五一年八月東急電鉄に相談役(一九五二年五月会長に就任)として復帰した五島慶太は、渋谷を東急の事業の中心に据え、さらに多角的な事業を展開し渋谷の発展に尽くすことが東急電鉄の発展につながるという、戦前からの経営方針を積極的に推し進める。そして、一九五二年春に東急電鉄は渋谷総合計画の研究を坂倉準三に依頼し、何度も検討が重ねられた[＊29]。

そして、まず東急会館および東急会館と東横百貨店をつなぐ跨線橋に着手、ともに一九五四年一一月に竣工した。この東急会館内の東横ホールは、後に副都心での歌舞伎や演劇の普及と大衆化に大きな効果を挙げた。さらに、東急電鉄は敷地ＴＢ(図14)に東急文化会館を建設、一九五六年一一月三〇日に竣工し、一二月一日から営業を開始した。東急文化会館は設計を坂倉準三建築研究所、施工は清水建設、構造設計は大阪建築事務所が担当、敷地面積が五〇九二平方メートル、延べ面積二万九〇七二平方メートルであった。東急文化会館内のプログラムは次のとおりである[＊30]。

地階　定員五〇〇人のニュース映画館東急ジャーナル
一階　定員一五〇〇人のロードショー劇場パンテオン
二階　商店
三階　理髪室・美容室
四階　東京田中千代服装学園
五階　定員一〇〇〇人の洋画封切館渋谷東急
六階　定員五〇〇人の東急名画座

七階　結婚式披露などの宴会場ゴールデンホール
八階　大社婚儀殿とゴールデンホール、
　　　天文博物館五島プラネタリウム

さらに、分断された東西の道玄坂と宮益坂を緊密に連絡するため、東急文化会館と東横百貨店東館〈東急文化会館建設とともに増築を行った。一九五六年一一月竣工〉をつなぐ跨線橋を建設した〈一九五六年一一月竣工〉。こうして東急電鉄は渋谷の立体的発展を促進し、渋谷の繁華街のエリアを広げていく。

図18は一九五八年の対象地区の建物の状況を示している。東横百貨店の増築、東急文化会館の竣工、そしてそれらをつなぐ跨線橋の竣工によって、山手線西側の東急会館から東口駅前広場を跨いだ東急文化会館までが一体につながることとなった。

東急電鉄の施設以外では、大山街道沿いでは本建築、とくに耐火建築の建設が進んでいる。そして、山手線の西側を終点としていた都電が〈大山街道→明治通り→国道二四六号線〉と回るルートに変更されている。これによって、明治通りを渋谷駅に向かって北上し東口広場を終点としていた都電と接続する停車場が広場内にできている〈写真8〉。

稲荷橋小路の移転　一九五九-六三年

図19は一九六三年の対象地区の建物の状況を示している。一九五九年から六三年の間に稲荷神社付近の区画整理が進み、これで対象地区の戦災復興土地区画整理事業は、ほぼ完成している。

先述のとおり、稲荷神社の土地は三ヵ所に分かれて換地された。このうち国道二四六号線の南側の一角の土地71・72・73〈図14・表2〉に、マーケットが再建されている。稲荷橋小路には、一九五八年時

写真8——1958年の渋谷駅東口。写真左手、駅前広場奥に稲荷神社の社殿と稲荷橋小路の建物が確認できる（白根記念渋谷区郷土博物館提供）。

点で二四店舗存在しているが、一九六三年には土地71・72・73（図14・表2）に建設されているマーケットも店舗数は二四である。図19の原図として使用した住宅地図は、文字がつぶれてしまっているため店名の比較ができないが、店舗数が一致することから土地71・72・73（図14・表2）に建設されたマーケットは稲荷橋小路が移転したものであろう。この新設マーケットは一九七〇年ごろまで同地に存在し、その後共同ビルへと建替えられている。

大資本の開発と神社境内のマーケットの持続

以上、渋谷駅東口付近の戦災復興過程を見てきた。戦後復興期、対象地区にはふたつのマーケットが建設されている。ひとつは稲荷神社参道に建設された稲荷橋小路、もうひとつは東急電鉄所有地に建設された渋谷第一マーケットであった。両者ともに不法占拠ではなく、フォーマルな権利関係のもと建設されたが、戦災復興土地区画整理事業によって動く必要に迫られたときの変化が異なっていた。

稲荷橋小路は、稲荷神社の土地の換地に新たにマーケットを再建し、移動している。移動前後で店舗数が一致することからも、地主である稲荷神社が積極的にマーケット営業者の移転を認めたといってよいだろう。こうして、稲荷橋小路の営業者は、区画整理後も同様な営業が続けられたものと考えられる。

一方で、渋谷第一マーケットは東急が自社の土地を闇市に不法占拠されることを恐れたため、東急の意向でマーケットが建設され、地元有力者である大宮福之助によって管理されていた。一九五三年、東急電鉄は都から渋谷第一マーケットの立ち退きを要求された。東急は占有者と交渉し、金銭による補償を前提として立ち退きを進めたが、占有者は組合をつくりこれに対抗した。立ち退きを早期に進めたい東急は、暴力団指定されている組織を使い、立ち退きを進めた。約半数は金銭による補償で立ち退いたが、残りは抵抗したため、東急はやむを得ず、渋谷区栄通一丁目に約八二五平方メートルの土地を購入し、木造の店舗を建てて移転させた。このように渋谷第一マーケットは不法占拠ではなかったものの、戦災復興土地区画整理事業に際しては地主と占有者の間に対立が生じた。

3 立体化する駅と駅前

渋谷駅ハチ公口周辺の戦災復興過程

本節が対象とする地区は写真1の**3**の範囲で、現在のハチ公前広場周辺の地区である。戦前戦後を通じて山手線の駅舎が建っていた場所であり、渋谷駅近傍のなかでも戦前から歓楽街として栄えていた道玄坂方面へと続く渋谷駅の顔といえる地区である。

渋谷の闇市の特徴のひとつは、新宿や池袋ではテキ屋組織に組み込まれてしまっていた華僑の人々が、独立して大きな勢力を持っていたことであろう。本節の対象地区には、そうした台湾人グループが建設した駅前マーケットが存在した。彼らは、渋谷警察署と激しく交戦した渋谷事件の当事者でもある。

本節ではこうした台湾人の動きも確認しつつ、渋谷駅ハチ公口の戦後の形成過程を追っていく。

道玄坂の成長と玉電ビルの建設　戦前から終戦まで

戦前期　駅舎の改築と道玄坂の露店

図20は一九四〇年の対象地区の建物の状況を示している。玉川電気鉄道のターミナルビルとして一九三七年に着工された玉電ビルは、

ほぼ東横百貨店と同じ規模の鉄骨鉄筋コンクリート造地上七階、地下二階、延べ一万七四三八平方メートルの計画で、当初は大半を百貨店として利用し、二階を玉川電気鉄道の渋谷駅、三・四階を東京高速鉄道渋谷駅とする構想であった。

一九三六年一〇月五日、五島慶太によって進められていた玉川電気鉄道の株式買収が完了し、玉川電気鉄道は東京横浜電鉄によって系列化される。同月二二日には玉川電気鉄道の社長に五島慶太が就任し、玉電ビルの構想を発展させ、東京高速鉄道、玉川電車鉄道、帝都電鉄の三者で連絡工事に関する契約を締結。玉電ビルを介する相互連絡体制を構築した[＊31]。そして、一九三八年一二月二〇日に東京高速鉄道が同ビルの三階へ、翌三九年六月一日には東京横浜電鉄玉川線が二階へ乗り入れた。さらに同年九月二〇日には帝都電鉄線と玉電ビルの連絡橋が開通、一九四〇年六月二三日には国鉄と玉川線の連絡階段の使用が開始され、五島慶太の玉電ビル構想が進行していった。

こうして玉川電気鉄道によって構想・着工された玉電ビルは、東京横浜電鉄によって総合ターミナルとしての機能を備える駅舎へと再編されていった。しかし、戦時の資材統制のため、工事は四階で中止され、百貨店が入居する予定であった上階は完成しなかった（写真9）。

この時期の対象地区では、駅前の第百銀行と大山街道沿いの東横映画劇場と駅舎が鉄筋コンクリート造であるが、それ以外の建物はすべて木造であった。大通りに面して比較的面積の広い商店が並び、その裏側にそれよりもフットプリントの小さな建物が並んでいる。大山街道の北側、山手線の西には街区の内側に住宅が見られる。帝都電鉄渋谷駅の北側の街区では、細い道路に沿っても床屋や喫茶などの小規模な店が並び、「イシヤ」と記載された店舗も数件確認できる。これは砂利を運んでいた玉電の影響で、駅周辺に石材を取り扱う店ができたためであろう。

戦前の渋谷の一番の繁華街は、駅前から道玄坂にかけてであった。しかし、渋谷そのものが、明治時代後半に沼を埋めて街の形を整え始めたような「新開地」[＊32]であり、道玄坂が歓楽街として隆盛を見せるのは関東大震災後である。そうした戦前期の対象地区を見た今和次郎は、「改札口を出ると同時に、向こう側に軒をつらねた店店の看板、…そのさま、いかにも雑然として、今なお街としての完成の過渡期にあることを思はせる」と語っている[＊33]。この時期、対象地区が徐々に街として成長しつつある時期であった（写真10）。

少し時代を遡るが、一九〇八年、道玄坂では夜の暗い商店街へ客を引き寄せるために夜店を出すことを思いつき、毎晩五銭ずつ油代を出し合って露天商を呼び始めていた。これが成功し、道玄坂の商店も賑わうようになり「今まで先祖からの田畑を守っていた人達も鋤、鍬を捨てて、ぽつりぽつりと」道玄坂へ店を出し始めたという[*34]。なかには息子や娘を分家させる際に、道玄坂へ店を持たせた者も少なくなかったようである。

明治末には頼んで出していた夜店も、「大正七、八年頃には逆に露天商が土地の顔役に場所代を払って、僅かな地割を貰うにも苦労していた」[*35]。道玄坂の場所割りは、「一枚上りと云ふて、一軒づつ毎日移動してゆくやり方で、最も、平等のデモクラシックの方法だつたが、いつのまにか、世話役による毎日の場所割に変化してゐた」という[*36]。こうした利権が発生したのが、「大正七、八年頃」なのであろう。

露天商は「自分たちに割当てられた僅かな場所に三寸を組んで、青白いアセチレン瓦斯の灯で」[*37]道玄坂の夜を彩っていた。当時の駅前から道玄坂にかけての露店は次のような様子であったという。

写真9──工事が途中で止まった玉電ビル（出典：『東急会館工事報告書1955』）

写真10──1943年の渋谷駅前。市電の軌道の奥に交通疎開空地となり除去される建物、戦後に曳家されることになる鉄筋コンクリート造の建物がみえる（渋谷区郷土写真保存会提供）。

「瓦斯の灯に浮かび出る小さな店は、古本屋、ローソク屋、ボタン屋、金物屋、大正琴、尺八を売る店、五銭玉でキューピーの買える玩具屋、よりどり拾銭で櫛、かんざし、カチューシャ止めも売っている小間物屋、ふわふわと真綿のような電気アメ、カルメ焼き、煎り立ての塩豌豆、香ばしい焼きとうもろこし、氷まんじゅう、金魚屋、虫売り、廻りどうろう。吊りしのぶに赤いガラス玉をさげた風鈴屋。やげん堀の七色とうがらし、鼈甲あめに糝粉細工。と、限りもない。
又、坂下、渋谷駅前には牛めし、おでん、焼とり、支那そばの屋台が店を張り、甘く肉の煮える匂いや、香ばしい焼とりのけむりを上げ、風にはためく紺ののれん、ゆれる縄のれんの中から、「チュウ一杯上りつ」と、いう威勢のいい声で活気づいていた。
ともあれ日が暮れれば、この坂の両側五丁ばかりはまったく露天商の世界になって、逞しい夜の命がここに溢れた」[*38]

この駅から道玄坂に並んだ露店は、戦後には範囲を広げて並ぶこととなる。その一部が、一九四九年からの露店整理事業によってのんべい横丁を建設し、集団で移転した(本章一節)。

建物疎開と戦災　一九四四-四五年

渋谷駅ハチ公口の渋谷駅前一帯と山手線沿いでは、鉄筋コンクリート造の三菱銀行(旧第百銀行)を除いた木造の建物が疎開空地のためすべて除去された。図21の斜線部が、建物が除去されたエリアである。

大山街道と玉川線の間のエリアは、疎開事業の第一次(一九四四年一月二六日)で指定された渋谷区上通三丁目地内の七九〇坪の交通疎開空地である[*39]。この範囲の土地は、建物が除去されなかった三菱銀行の土地を含めすべて、一九四四年五月から翌四五年三月の間に東京都に買収されている(図22)。戦後、台湾人グループと警察、新橋の闇市を組織した松田組などが交戦した駅前の闇市は、ここに建設される。大山街道の北側、山手線沿いの建物は一九四五年一月初旬には除去されている[*40]。

渋谷駅ハチ公口付近も前節までの対象地区と同様、一九四五年五月二五日に焼夷弾攻撃を受けた[*41]。木造の建物は焼け、鉄筋コンクリート造の三菱銀行、東横映画劇場、玉電ビルだけが焼け残った(図23)。

渋谷事件とマーケットの形成　一九四五-四七年

終戦直後の渋谷駅ハチ公口周辺

渋谷の闇市を撮影した最も古い写真は、一九四五年の対象地区を撮影した写真11である。この写真は視点の高さ、位置から、鉄筋コンクリート造の旧三菱銀行の屋上から撮影されたと思われる。画面の右中央から左へと抜けていく通りが道玄坂。道玄坂の途中、画面中央でY字路になって右へ抜けていく道が現在のBunkamura通りで、この二本の道路に挟まれた場所が、松平誠が『ヤミ市――幻のガイドブック』で「エネルギッシュな三角地帯」と呼んだ渋谷駅近傍で最も大きな闇市が広がっていた場所である。この三角地帯では焼け残った道玄坂キネマのビルも闇市に飲み込まれている。この三角地帯については後述する。

道玄坂の歩道には、台やむしろの上に商品を並べただけの露店が並んでおり、これに集まる人々で溢れかえっている。この露店は駅前から続いているが、駅前広場では何人もの人間が大量の商品を販売している場所もある。その奥に目を向ければ、対象地区の街区にもバラックが建設されていることがわかる。こうした歩道と駅前広場での露天市場(闇市)と、街区内のバラックの建設によって、終戦直後から対象地区は再生していった。

では、渋谷に闇市を組織したのはどんな人々であったか。新宿や池袋の闇市が、いくつかの統制の強い「組」組織のもとで運営されていたのに対して、渋谷の闇市は「組」の勢力が入り乱れ、まとまりがないまま動き始めていた[*42]。実際、第二章で見た新宿のマーケットに比べ、渋谷では小規模なマーケットが駅周辺に集積している。また、「組」組織の名前を冠したマーケットも見当たらない。さらに、安藤昇が安藤組(株式会社東興業)を設立し、不動産売買、

写真11――駅から道玄坂方面をみる。(白根記念渋谷区郷土博物館提供)

興行、警備、水商売の用心棒、賭博などで渋谷を席巻するのは一九五〇年代に入ってからである。

一方で、新宿では「組」組織の内部へ組み込まれていた旧日本植民地住民の団体、とくに台湾人組織が特権的な立場を利用して闇市を組織したことが、渋谷の闇市のひとつの特徴であろう。そして渋谷では、闇市の縄張り争いや違反品販売に関して、台湾人団体と日本人「組」組織、警察が激しく交戦していく。

台湾人による駅前マーケットの建設と渋谷事件

渋谷では終戦直後から台湾人グループが勢力を伸ばし、渋谷駅前の都有地に闇市をつくっていった。GHQは旧日本植民地住民を、日本人ではなく、また連合国側に属するわけでもないが、連合国民と同等の待遇をすべきと位置づけていた。彼らは、その特権を利用し、闇市で米や食料品・ゴム製品などの禁制品を売って巨利を得る。こうした事態に対しても、当初警察は取り締まることができず、逆に渋谷署員が彼らに呼び出されて、十数時間にわたって軟禁されるという事件まで起きている[＊43]。

この闇市は、一九四六年半ばには「駅前マーケット」[＊44]と呼ばれるようになっていた。台湾人が建設した駅前マーケットを写した写真が二枚ある。写真12は一九四六年七月一七日に駅前マーケットを撮影した写真で、画面後方には道玄坂キネマが、画面左には東横映画劇場が写っていることから、撮影場所は図24の「写真12」の位置であろう。これによって、台湾人が建設した駅前マーケットの位置がわかる(図24)。駅前マーケットがあった場所は、終戦までに都が交通疎開空地として買収していた土地で、駅前マーケットは都有地を不法占拠していたことになる。

二枚目の写真13は写真12を撮影した翌日に駅前マーケットを撮影した写真であるが、画面中央上部に写る看板が写真12に写る看板と同一のものであることから、この写真13は旧三菱銀行から撮影されたのだろう。

台湾人組織はこの時期、闇市だけでなく駅前のロータリーから消防署に通じる一角を「中国租界」とする計画を進めていた。さらに一九四六年四月一日から駅前の歩道上に凱旋門をつくり始めた。第二次世界大戦の戦勝国となった中華民国は、日本に中華民国軍を一万四五〇〇人進駐させることを決めており[＊45]、渋谷の台湾人組織はこれを迎えるために凱旋門を計画したのである。警察は即座にこの門の撤去を命令したが、彼らは日本の法律は台湾人には適用できないと主張し、撤去を拒否して警察と対立する。そこで、渋谷署はまず駅前マーケット一帯に武器の一斉摘発を実施し、次に凱旋門を切り倒した。

これ以降、台湾人組織と警察の対立は、新橋の松田組を巻き込んで激化する。一九四六年六月末に松田組の顧問夫妻が台湾人組織に襲撃されたことをきっかけに、翌七月一六日に松田組が渋谷の駅前マーケットへ殴り込みをかける事件が発生し、死傷者を出した。このとき駆けつけた警官が、全治三週間の怪我をおったが、警察は徹底的な調査を進めることもできず、犯人を逮捕できないという状態であった。

このような状況を打開するために、渋谷署は駅前マーケットの闇物資の取り締まりを強行する。一九四六年七月一五日午後、総員三〇〇人の警察官が駅前マーケットを包囲し、取り締まりにあたる。警察は禁制品を押収し、公定価格で買い上げ、十数名を逮捕した。しかし、二日後の七月一七日には、駅前マーケットでは早くも禁制品を販売するようになっていた。そのため再び渋谷署は取り締まりに出動し、禁制品を没収するとともに十数名を逮捕した。

写真12──1946年7月17日の台湾人グループが建設した駅前マーケット。写真の右手上部に写っている看板は写真13にも見える。中央奥に写る中層の建物のシルエットは道玄坂キネマである（朝日新聞社提供）。

写真13──1946年7月18日の台湾人グループが建設した駅前マーケット。写真の中央上部、庇の上に掲げられたのと同じ看板が写真12にも見て取れる（朝日新聞社提供）。

こうした渋谷署による二度の取り締まりが行われたが、台湾人組織はさらに警察との対立姿勢を強めていき、以降GHQが介入することになった。そして、駅前マーケットへの二度目の取り締まりの二日後、一九四六年七月一九日に渋谷事件が起きる。

「この事件は七月一九日のことであった。渋谷署においては、台湾人と松田組との紛争に関連して、台湾人がトラックで麻布区広尾方面に移動中の事実を把握するとともに、かねて同署襲撃の情報を入手していたので、相当厳重な警戒を敷いていた。すると午後九時頃になって台湾人の乗車したジープ二台・乗用車一台およびトラック五台が同署前にさしかかったので、警戒中の警察官が先頭車の停止を命じて検問したところ、穏やかな態度をしめした。そこで通行を許すと、車上から警戒中の署員に向かって雑言を浴びせながら動き出したが、トラックの三両目が署長の目の前を通過した瞬間、突然車上から署長に向かって拳銃が発砲され、署長の側近にいた芳賀巡査部長に命中した。署側もこれに応戦、彼らは発砲しながら逃走したが、最後尾のトラックだけは運転手が負傷したために、焼けあとに突込み、その乗員全員を逮捕した。芳賀部長は、八月一〇日遂に殉職し、ほかにも負傷者四名を出した。一方、台湾人側にも死者五人、負傷者一四、五名があった」[＊46]

この事件をきっかけに、警察は都内全体の闇市への取り締まりをさらに強める。その結果、渋谷事件以降、台湾人の暴挙は次第に下火になっていく。

渋谷事件の翌日の七月二〇日、警視庁は東京露店商同業組合の幹部を呼び出し、都下二〇一ヵ所の露店市場全体に自粛を命じ、この自粛期間に、①許可のない者の出店、②指定地域外の出店、③禁制品の取扱いを禁止し、「新生青空市場」として再出発するよう指導した[＊47]。

そしてこの日、渋谷と新橋のふたつの闇市は「永久閉鎖」とされ、バラックやヨシズの一切が取り払われた。七月二一日の渋谷には一店の出店もなくなった。こうして、渋谷駅前に台湾人組織が不法占拠し建設した駅前マーケットは消滅した。

仮設的に再生した渋谷駅ハチ公口周辺　一九四七年

写真14は一九四七年九月八日に米軍が撮影した航空写真である。駅前マーケットが撤去された対象地区には暫定的な駅前広場が整備

されている。この駅前広場の中央に一九四八年八月にハチ公像が再建されている。

一九四七年までに対象地区では、戦前に近い密度で都市組織が再生している。そしてこの時期、対象地区には四つのマーケットが存在した[*48]。マーケット内の戸数、業種については一九四九年の火災保険特殊地図、名称については「新興市場地図」（一九五三年）をもとにしながら、この四つのマーケットを見ていこう。

ひとつ目は、かつての駅前マーケットの西側の土地17・19〜27（図26・表3）に建設された大林百貨店で、駅前広場に面している。大林百貨店が建つ土地のうち、19・24が戦前戦後を通じて大林健介の所有地であることから、地主の大林が中心となってマーケットを建設したと考えられる。大林が所有する土地19・24以外の土地を借り受けてマーケットを建設したのか、あるいは他の地主と共同でマーケットを建設したのかは不明である。「新興市場地図」によれば、戸数は二八で、木造二階建てトタン葺き、モルタル壁の長屋四棟で構成されており、屋根は切妻屋根であったが看板建築状に立面がつく

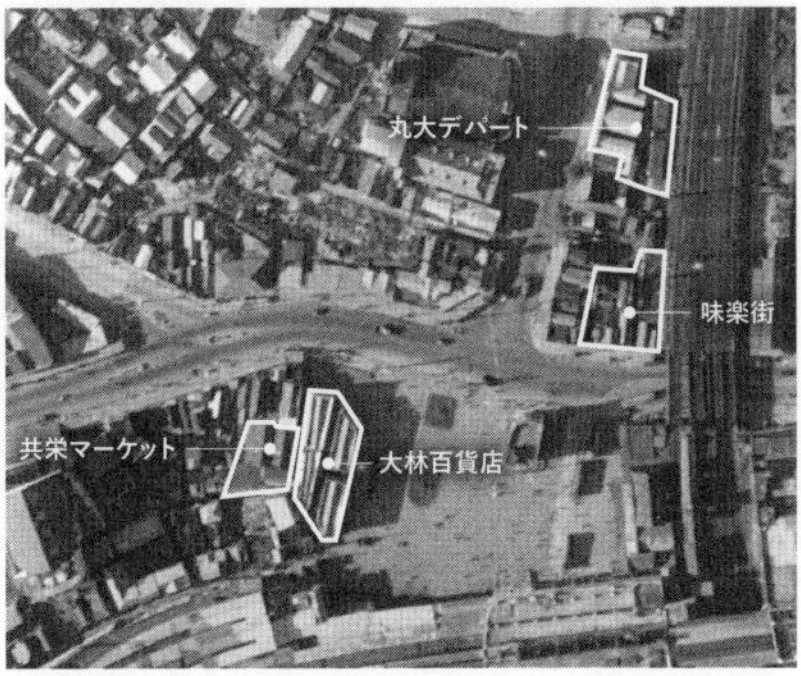

丸大デパート
味楽街
共栄マーケット
大林百貨店

写真14――1947年9月8日の対象地区の航空写真。1947年米軍撮影の航空写真「USA-M449-116」に加筆（国土地理院所蔵）。

写真15――曳家工事中の元三菱銀行の建物。奥には大林百貨店がみえる（渋谷区郷土写真保存会提供）。

られている。駅前広場に対して広く立面を向けているため、ファサード上部には大きな看板が取り付けられている（写真15）。

ふたつ目は大林百貨店の西側に位置する共栄マーケットである。このマーケットは、これまで見てきた、屋外の通路を敷地に通しそこへ複数の長屋を並べていたマーケットとは異なり、一棟の建物でできている。つまり、通路も店舗の区画も同じ建物のなかに存在した。「新興市場地図」によれば、共栄マーケット内部には一四戸の店舗が存在した。共栄マーケットが建設された土地31は、一九二八年から一九五八年までひとりの地主が所有し、一九五八年に相続された後すぐに売却されている（図26）。この間、一九四九年ごろまでは共栄マーケット、その後は共栄食品デパートと名称が変わり、土地売却後はマーケットではなくなり、旭パチンコに変わった。地主の氏名とマーケットの名称には関連性を見出せず、また共栄マーケットを建設した主体が誰であったのかは不明である。

三つ目と四つ目のマーケットは、大山街道北側の山手線に沿った街区に建設された味楽街と丸大デパートである。

味楽街は大山街道に面したマーケットで、「新興市場地図」によれば一四棟の建物で構成され一四戸の店舗が存在した。つまり、すべて戸建ての建物で構成されたマーケットであった。味楽街もその開発者については不明である。写真14から建物の配置を見ても一体的に開発された意図は見られない。個別に建てられた商店がまとまって味楽街という組織をつくっていたと考えられる。業種はおもに料理店であった。

丸大デパートは井の頭通りと山手線の間に建設されており、井の頭通りから二本の通路を敷地に引き込み店を並べている。写真14から、棟続きの屋根が観察でき、一体的に建設されていることがわかる。また、井の頭通り側には看板建築状のファサードをつくっている。「新興市場地図」によれば八棟の建物に対して、二一戸の店舗が存在した。丸大デパートが建つ土地は2（図26・表3）で、土地2のうち［神宮通一丁目2-3］は一九三九年から、［神宮通一丁目4-1］［神宮通一丁目4-4］は一九三八年から片倉米穀肥料株式会社（現在の片倉チッカリン株式会社）の所有地であった。この土地を丸大という法人が借地し、マーケットを建設した。これ以降丸大は現在まで、同地を借地している。二〇一六年現在、土地2（図26-b・表3）では、北側に地主の片倉チッカリン渋谷ビルが、南側には丸大ビル（借地）が立っている。

以上、対象地区には一九四七年までに四つのマーケットが建設されている。これらのマーケットも、これまで見てきた渋谷駅東口のマーケット同様、それぞれにフォーマルな権利関係のもと建設されたものであった。

交通疎開空地跡地の戦後

新宿駅東口では交通疎開空地として都に買収された土地が一九四七年に、戦前の地主へ再売却されていた。しかし、戦前に交通疎開空地として都に買収された渋谷駅ハチ公口付近の土地（図22）は、戦前の地主へ再売却されることはなかった。

写真14をよく確認すると、駅前広場に縁石のラインが見える。この縁石は写真15にも見ることができ、台湾人組織による駅前マーケットが撤去された後、暫定的な駅前広場として整備された際のものである。駅前広場も街路も舗装されていないが、島状に歩行者空間が整備されていたことが読み取れる。こうした点は、野村専太郎と尾津喜之助によってマーケットが建設され、駅前の空地が埋まってしまった新宿駅東口駅前の街区とは大きく異なる点である。戦後の早い時期に渋谷の駅前にはこうした都市計画的な広場が、暫定的なものであれ整備されていたことには注目したい。

戦災復興土地区画整理事業の施行と東急会館の誕生 一九四八 - 五五年

戦災復興土地区画整理事業と旧三菱銀行ビルの曳家

渋谷駅ハチ公口付近を含む東京都市計画第八 - 二地区復興土地区画整理事業は一九七二年九月二〇日に換地処分されている。図26は換地処分時点での区画整理前後の地割を示している。

渋谷駅ハチ公口付近で交通疎開空地として戦中期に都に買収された土地は、戦後になっても戦前の所有者に売却されることなく都有地のままであった。そのため、区画整理ではこれらの都有地に換地を設定せず、処分することで、公有地を新たにつくり駅前広場の造成を行っている。処分された土地が多かったため、渋谷駅ハチ公口付近の土地は、飛び換地されることなくほぼ原位置に換地されている。

この換地で注目したいのは、味楽街と丸大デパートの土地である。味楽街と丸大デパートの土地には借地であることを示す番号がふってある。あくまで一九七二年当時の状況であるが、味楽街の土地11（図26・表3）は地主（▲）と九者の借地人によって使用されていたこと、丸大デパートの土地2は一名の借地人（丸大）によって使用されていたことがわかる。

こうした区画整理を進めるために、この時期、旧三菱銀行が曳家されている。銀行の建物を九〇度回転させ、駅前広場の中央から玉電ビルの北側へ移動した。旧三菱銀行の建物が移転した土地は都有地であり、また、建物も戦後には東京都の所有となっていた（写真15・図25）。

東急会館の建設

一九五〇年代前半から半ばにかけて、東急が渋谷駅周辺の開発を急速に進めている。先述のとおり、一九五二年春に東急電鉄は渋谷総合計画を建築家坂倉準三に依頼した。このとき、五島慶太は坂倉を連れて東急文化会館の敷地など渋谷駅周辺を歩き、計画を話しながら先頭に立って案内したという［＊49］。これ以降、坂倉は渋谷駅周辺で次々にプロジェクトを実現していく。一九五四年に東急会館および跨線廊、一九五六年に東急文化会館、東急文化会館連絡通路、東横百貨店増築、一九六〇年に京王線連絡通路ファサード、一九七〇年には渋谷駅西口ビルを竣工させている。

東急会館竣工時の『東急会館パンフレット』には渋谷総合計画完成予想図が示されている（図27）。これを見ると、一九五四年当時には東急会館、東急文化会館以外にバスターミナルが計画されていたことがわかる。図17では東急文化会館の位置に計画されていたバスターミナルが、一九五四年時点では東急渋谷ビル（東急不動産）の位置に計画されている。

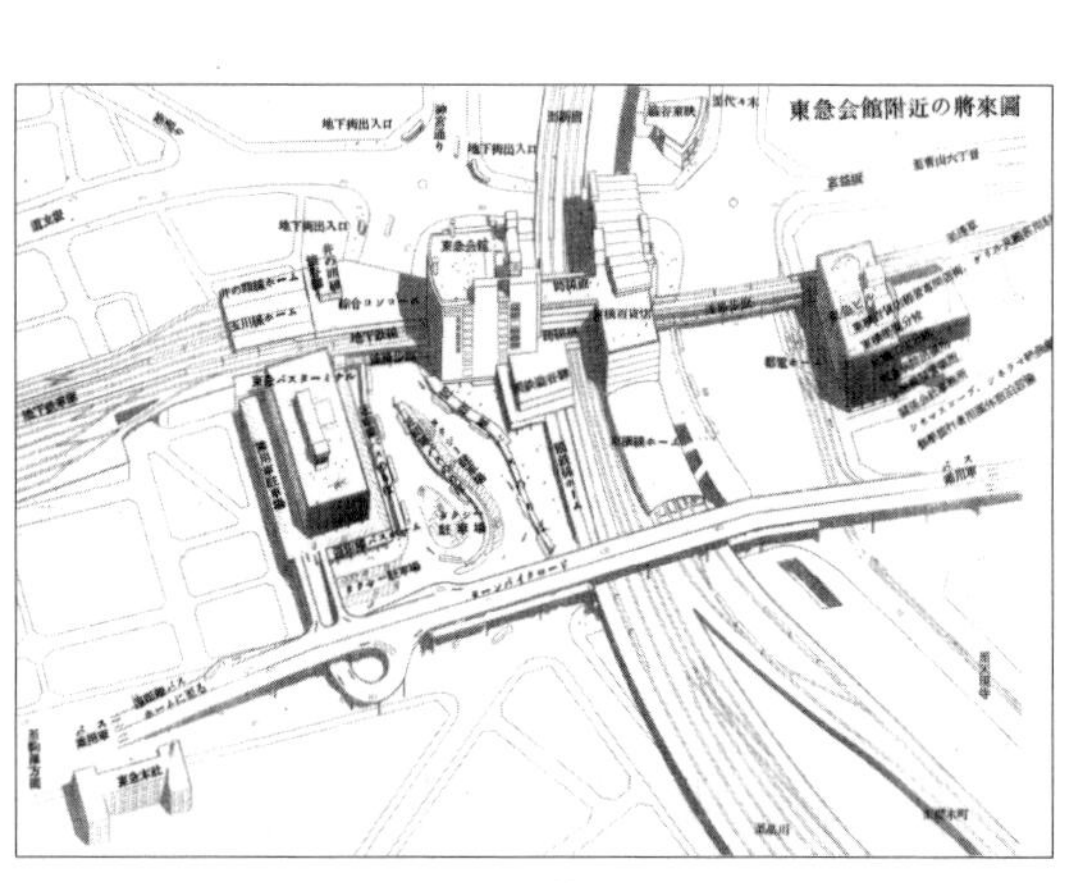

図27──渋谷総合計画完成予想図（出典：『東急会館パンフレット』）

こうした全体計画は国鉄をはじめとする東急以外の権利者との兼

ね合いですぐに着工できる部分は少なかったが、計画の中核を担う東急会館は戦中期に工事が中断した玉電ビルの増改築工事であったため、最初に着工することができた[＊50]。

東急会館は渋谷駅のシンボルとして、また渋谷の谷に集中する国鉄線、玉川線、京王帝都線、地下鉄銀座線など各種交通機関を連絡する総合駅として計画された。東急会館の計画では、戦後に東急電鉄沿線の人口が増加したことによって激増した渋谷駅の利用者（一日一二〇万人）の流動を円滑にするとともに、迷路のようにわかりにくい動線の改善が注目された。さらに駅の上部に床を積み東横百貨店の売場面積を増やすとともに、東横ホールを完備することで渋谷と東急電鉄沿線の文化性向上に寄与することをめざした。その後、東急会館の改築工事には、隣接する東横百貨店との間をつなぐために、すでに国鉄を跨いでいる地下鉄線の上に跨線廊を設置する計画が加わり、工事はきわめて複雑なものとなっていた。

東急会館の改築工事では、すでに戦中期にでき上がっていた旧玉電ビルの二・三階に、京王帝都井の頭線との連絡歩廊を設置した。これにより、旧玉電ビルよりも南北方向に平面が一〇メートル拡張し、その結果二階のコンコースの面積が約三倍半拡がり、乗降客の連絡の混雑を解消した。

建物の高さは四三メートルの計画であったが、当時の建築基準法では三一メートルの高さ制限があったため、東京都の建築審査委員会（審査委員長・内田祥三）では、東急会館の確認申請に対して約半年間審議が行われた。最終的に建築審査委員会では、(一)渋谷駅周辺の区画整理事業が一、二年後に完成した後は東急会館の周囲に東西約二五〇メートル、南北約三〇〇メートルの一大広場ができること、(二)東急会館がホールなど、公共的な性格を持っていること、(三)東急会館の敷地が宮益坂と道玄坂との間の窪地となっているため、高さのある建物が建っても不自然ではないこと、(四)東急会館の敷地の東側は山手線を隔てて東横百貨店本館および東横線ホームであり、西側は玉川線、地下鉄線、帝都線であり、南北両面は広場となっているため、日照その他の関係で近隣住民が被害を受ける可能性が少ないこと、(五)都市計画から見ても渋谷ターミナルに高層建築があってもよいのではないかという考えから、許可が下りることとなった。

またこれ以外の理由として駅舎改造のための資金の問題があった。つまり、国鉄の駅舎改造もこの計画に組み込まれていることが重要であった。戦災にあった駅舎や、老朽化した駅舎、利用者が激増した駅舎の改良工事には莫大な資金を必要とするが、国鉄にはその資金がなく、戦後は民衆駅方式によって主要な駅の改築を進めていたということは、先に見たとおりである。渋谷では、不足している資金を東急会館建設で補おうとしたのである。東急会館の二階には国鉄山手線の改札口が設けられており、東急電鉄や玉電、京王井の頭線が国鉄渋谷駅に集まる形でターミナルを形成していたがゆえにこうしたことは可能となった。東京の鉄道交通網の形成の特徴が、ターミナルビルの特徴として現れた注目すべき点である。こうして、東急会館は一九五四年一一月一五日に竣工している。

戦前に建設されていた東横百貨店と東急会館の間は、地下鉄線路がつないでいたものの、地上には山手線が走っており、東急会館が完成しても両ビルは動線がつながっておらず一体の建物として利用できない状態であった。そのため、東横百貨店と東急会館を商業ビルとして一体的に利用し、さらに渋谷の街全体を東西方向につなぐために、地下鉄の上部五〜八階までの四層を幅一六メートル、長さ三二メートルの大広間でつなぐ跨線廊が東急会館建設中に計画された。これまで百貨店などの商業施設が国鉄線の上部に建設された例はなかったが、すでに山手線の上部三階レベルに営団地下鉄銀座線渋谷駅があったため、その上に跨線廊を建設するという主旨で国鉄の承認を得ることができた。

駅中心直上部における跨線廊の施工は困難をきわめ、さらに一日の作業時間も深夜のわずか一時間半しかとれないという悪条件であったが、突貫工事によって一九五四年一〇月二一日竣工した。これによって渋谷駅は西から東へ京王線連絡通路、東急会館、跨線廊、東横百貨店、東急文化会館連絡通路、東急文化会館とつながることとなった。

渋谷の露店整理事業　しぶちか建設計画

終戦直後から渋谷の路上で商売を行っていた露天商は、一九四九年から行われた東京都の露店整理事業ではふたつに分かれて商業施設の建設をめざすこととなった[＊51]。ひとつは、先に見た飲食系露店の「のんべい横丁」への集団移転である。そしてもうひとつが、物品販売業の露店が集まって建設をめざした「しぶちか」であった。

戦後の渋谷の露店は図29の場所に並んでいたが、出店地によって一等地、二等地というように格付けがあった。一等地は道玄坂、次が栄通り(現在のBunkamura通り)、三番目が現在の西武百貨店の前であった。露店整理事業が開始されたとき、渋谷には露店が三五〇店あり、そのうち一二〇店が飲食店、二三〇店は物品販売業であった。これらの露店は六人の親分によって統括されていた[＊52]。道玄坂は戦前、平日(ひらび)商人の常設露店慣行地であったことから、この六人には戦前の常設露店を仕切っていた平日商人と、戦後台頭してきたテキ屋の親分が入り交じっていたと考えられる。

東京都の露店整理事業は露天商が集まって協同組合を結成し、組合として融資を受け、土地を取得してマーケットやビルを建設し、集団で移転するというものであった。渋谷の露天商は渋谷常設商業協同組合を結成し、露店整理事業を進めることになる。この組合の代表者となり、しぶちかの建設に取り組んだのは並木貞人という露天商であった。

都内の公道上の露店は一九五一年一二月末までにすべて撤去されているが、地下街建設を計画した渋谷の物品販売業の露店の場合は他の露店整理事業と比較すると、移転先への入居が六年以上遅れている。この間、並木と組合理事が東京都や横浜の地元有力者へ交渉を続けたことで、渋谷の露天商は渋谷駅西口広場での露店営業認可や、横浜への集団露店移動営業許可を受け、露店での営業を続けることができた。並木は渋谷の露店整理事業を組合長として牽引しただけでなく、公道上から露店の撤去が完了した一九五一年一二月末から、しぶちかが竣工する一九五七年一二月までの間の露天商の生活基盤の確保にも尽力していた。

しぶちかの建設計画は、渋谷区役所職員、区会議員、渋谷常設商業協同組合の代表者などで構成された委員会において発案された。その委員会で区役所関係者から次のような提案が出された。

「渋谷駅周辺を大改造するなら、その一環として駅前に地下商店街を建設し、ここへ露店業者を収容し、営業させたらどうだろう。ただし、莫大な建設費用をどこから工面するか、その計画実施はどうするか、また、露店が営業をはじめたとしても採算があうかどうかといった種々の問題がある。どれも難しい問題だが…」[*53]

並木がこれに強く賛同したことから、地下街建設という露店整理

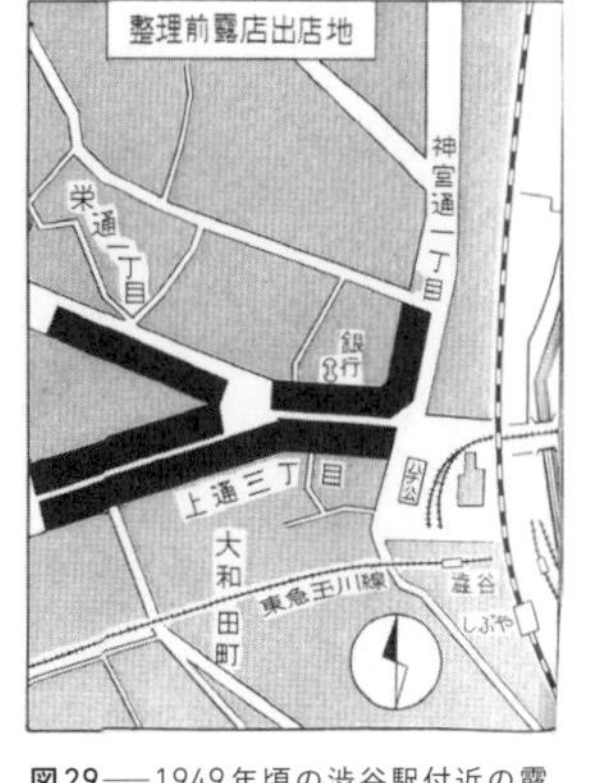

図29──1949年頃の渋谷駅付近の露店出店場所（出典：東京都臨時露店対策部『露店』、1952年）。

事業の計画が始まった。しかしこの計画には、都に地下商店街建設の許可を得なければならないこと、建設費四億円を捻出することなど難問が山積みであった。こうした難問を抱えた地下商店街建設の計画を後押しした人物がいる。それは東京の戦災復興を現場で指揮した東京都建設局長であった都市計画家・石川栄耀と、安井誠一郎都知事の実弟で参議院議員の安井謙であった。安井謙は新宿駅西口の帝都高速度交通営団用地のマーケットの立ち退き問題にも政治家として関わり、マーケット営業者の借地契約確保に尽力した人物である。石川は、露天商による地下商店街建設の計画に難色を示していた都職員を説得して回り、一九五二年には並木を代表とする渋谷常設街商協同組合(のんべい横丁建設後の組合名)に対して、東京都からの地下街建設許可見込みを取り付ける。さらに石川は、資金繰りが難航していた並木に対して、東急に資金援助を求めることを助言し、東急の五島慶太、東京都の石川栄耀、並木による三者会談が実現した。しかし、東急は「地下商店街の前例がなく…東急側が店舗参加をしたところで収益があるかどうかまったく分からない。さらに、大企業である東急と露店集団の共存共栄は至難」[*54]との見解から、地下街構想への参画、建設の援助を行わない意思を示した。

これに対して石川を中心に、東京都は威信をかけて東急の説得にかかった。駅前に地下街を建設するという露店整理事業としては特異な事業であったため、都の露店整理事業から除外されたものの、都の露店整理事業が端緒であったため、都としても責務があった。石川と東京都の交渉により、渋谷常設街商協同組合と東急がともに次の条件を承諾したことで、東急資本による駅前広場地下商店街建設事業が動き始めた。

その条件とは、次の四項目である[*55]。

一、東京都が渋谷常設街商協同組合に与えた地下街建設に関するいっさいの権利を東急に譲渡すること。

二、完成した地下街のうち一五〇坪を東急から並木側(渋谷常設街商協同組合)に無償譲渡すること。

三、地下街管理会社を設け、東急だけでなく並木側(渋谷常設街商協同組合)からも重役を迎え入れること。

四、地下街建設のために費やした並木の私財約五〇〇〇万円を東急が補償すること。

東急では地下街建設に関する問題解決、建設工事ならびに管理運営を行うことを目的とした渋谷地下街株式会社を一九五三年一二月二三日に設立し、地下街建設を実行に移した。社長に西本定喜（東急電鉄専務）、専務に斉藤忠（東急電鉄自動車部次長）、取締役に五島慶太、鈴木幸七、木下久雄、高橋禎二郎、狩谷幸知、馬淵寅雄、石川栄耀、監査役に河村錯一（東横百貨店取締役）、安井謙（参議院議員）が就任した[＊56]。

さらに東急は地下街建設を引き受けるにあたって、東京都に次の三つの条件を付けている。第一に渋谷駅周辺の戦災復興土地区画整理事業を完成させること。第二に東急会館前に立っている山一証券ビル（旧三菱銀行）を撤去すること。第三に西口にある都電の停留所を東急文化会館前に移設統合することであった。こうした条件のもと、地下街建設計画は進み、一九五六年九月二〇日に着工された。

都市組織の変化

図25と図28を比較すると、一瞥するだけでも防火・耐火建築が増えていることがわかる。同時に建築面積も増えており、図25よりも図28の方が建物同士の隙間が狭くなっていることがわかる。また、図28の左下、映画館の東宝の南側では区画整理が進み、街区が角切りされた形状に変化している。

戦災復興土地区画整理事業の進展としぶちかの開業
一九五六・六七年

都市組織の変化

一九五六年から六七年にかけての渋谷駅ハチ公口付近の変化は、大きく三つあり、これはそのまま東急が地下街建設を東京都から引き受ける際に出した三つの条件に一致する。それでは図28と図30の比較から具体的に見てみよう。

まずひとつ目は、山一証券ビル（旧三菱銀行ビル）の撤去である。このビルは地下街建設予定地に建っており、工事の面からも撤去する必要があった。この当時、このビルには山一証券渋谷支店のほか東京海上火災支店、富国生命支店が入居していた[＊57]。建物の権利関係が錯綜しており、東京都による立ち退きの交渉には時間を要したが、一九五六年一月、入居者の立ち退きと権利関係の補償の問題が解決し、ビルは取り壊されている[＊58]。

ふたつ目は、山手線の下をくぐって渋谷駅西口広場にアクセスしていた都電の停車場が、東口の東急文化会館前へ移設したことである（本章第二節参照）。都電の軌道、停車場の移転は一九五七年三月二六日に完了した[＊59]。

三つ目は、渋谷駅前の戦災復興土地区画整理が進んだことである。区画整理が完了しなければ、地下街の出入口をつくることができなかったため、区画整理の進展は着工の必須条件であった。一九五三年一〇月、東京都は建設局に渋谷地下街建設促進連絡協議会を設置し、戦災復興土地区画整理事業の促進を図ったが、予定通りには進まず、対象地区の北側の区画整理が完了したのは一九五六年九月のことであった。この区画整理が完了したことによって、地下街は着工されることになる（写真16）。駅前交差点の西側にも出入口を設ける予定であったが、こちらの区画整理が完了するのは一九六〇年代中盤であった。

区画整理が進捗したことによって、対象地区北西の街区では現在のセンター街が誕生している。丸大デパートは区画整理後にマーケットではなくなるが、丸大は同地の借地を続け、遊技場としてパチンコ店や雀荘を経営している。一方で味楽街は区画整理後の土地11（図26・表3）にL字状の路地を通し、この路地と周辺の道路に面して店を並べており、区画整理前の性質を残した建物の配置になっている。

渋谷駅前の地下街オープン

一九五七年一二月一日の開店をめざして順調に地下街の工事は進められていた。しかし、同年の夏、東急が渋谷常設街商協同組合と合意していた四項目の条項を全面的に破棄すると主張し始めた。並木側にとって最も重要な条項であった、地下街のうち一五〇坪を渋谷常設街商協同組合へ無償譲渡するという条件も東急は反故にし、露天商に地下街所有者の東急と賃貸契約を結んで借家人として入居するよう要求した[＊60]。

この東急の四条件条項の反故に対して、当然組合は反発し、交渉を行ったがまったく聞き入れられず、開店予定の一九五七年一二月一日を迎えることとなった。当日には、東急経営の東光ストアのみがオープンした。

その後、組合も譲歩し①権利金なしで月坪あたり三千円の家賃、②敷金は一ヵ月分、③転貸・転売を認めるという条件で交渉を進めたが、東急はこれに対して①家賃は坪四千円で権利金なし、②敷金は三ヵ月分、③転売と転貸は認めないという案を返し、対立が続いた[＊61]。

結局、組合側は東急の要求を全面的に受け入れ、同年一二月一一日にしぶちかもオープンを迎えた。露天商たちは東急から店を賃貸し、借家人として地下街へ入居した。

図31は渋谷駅西口広場の地下階と地下街の二〇一四年時点の平面図である。東急フードショーの範囲が、かつての東光ストアで、壁を隔てた北側がしぶちかである。東急は渋谷常設街商協同組合が東京都から得た地下街建設の許可に関わる権利を無償で譲り受け、地下街を建設した。東急は民間企業でありながら、駅前広場地下に広大な商業空間を所有しているが、その背景には以上のような経緯があったのである。

写真16──1957年の渋谷駅ハチ公口。地下街が建設中。写真奥に大林百貨店が見える(白根記念渋谷区郷土博物館提供)。

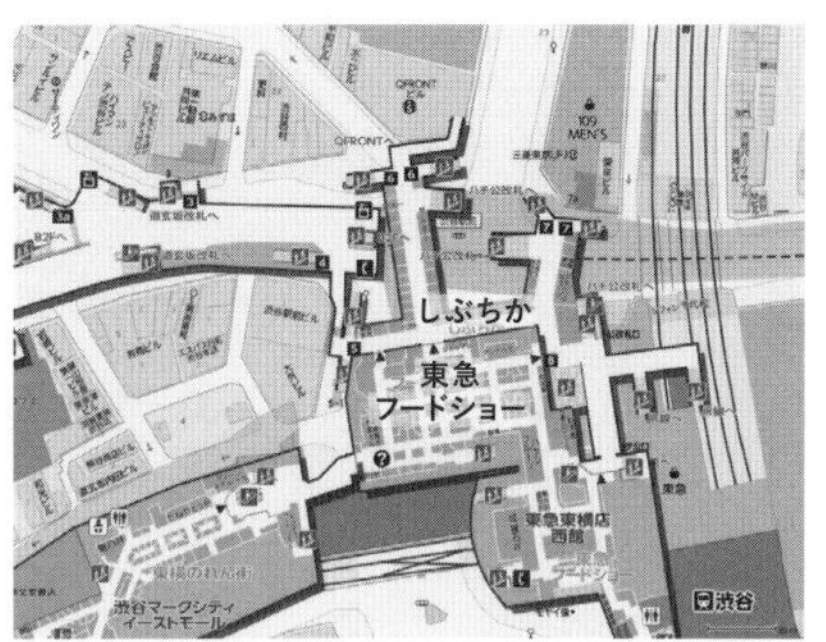

図31──2014年の渋谷駅ハチ公口の地下街・地下階の平面図(出典:Yahoo! 地図)

戦災復興土地区画整理事業の完了と京王ビルの竣工

図32は一九六三年の対象地区の建物の状況を示している。

京王電鉄では一九五八年一〇月に井ノ頭線渋谷駅の新駅ビル建設に着手し、一九六〇年四月に完成させている。この駅ビルの設計も坂倉準三が担当した[＊62]。

この時期、対象地区では唯一残っていた、駅前広場西側の街区の戦災復興土地区画整理事業が動き出し、大林百貨店の西側の街区の区画整理が進んでいる。さらに一九六七年になると、大林百貨店の街区の区画整理も進み、換地に渋谷駅前ビルと大外ビルが建てられている（図33）。こうして対象地区の戦災復興土地区画整理事業は完了した。

闇市を起源とする零細資本と東急の躍進

不法占拠で誕生した駅前マーケットと、それを組織した台湾人グループは、戦後復興期の一時期、渋谷において強力な影響力を持っていたが、戦前戦後を通じた渋谷駅ハチ公口周辺の形成過程のなかで見ればきわめて短期的な存在であった。一方でそれ以外のマーケットはフォーマルな権利関係のもとに建設されており持続性が高かった。

他方で対象地区では、土地を持たない露天商の整理が、地下街建設という特殊な形で進んだ。地下街建設には多額の資金が必要であったため、露天商は東急に資金援助を求め、計画が実現へと向かったが、結果的には東急が利権を独占することになった。零細な露天商が、ターミナルの近傍で店を持つための奮闘とその挫折を「しぶちか」の建設過程は示していた。逆に東急は露天商集団が得た地下街建設の権利を譲り受けたことで、公共用地の下に地下街を建設することができた。

4 住宅地から繁華街へ

渋谷駅西口周辺の戦災復興過程

本節では渋谷駅の南西側、写真1の**4**の範囲の形成過程を見ていく。戦前はいくつかの工場以外は住宅が密集する地区であったが、戦後に複数のマーケットが建設され、繁華街へと変わっていった地区である。

玉電ビルの建設と交通疎開空地　終戦までの渋谷駅西口周辺

戦前期　一九三三年

図34は一九三三年の対象地区の建物の状況を表している。戦前期、対象地区は建物が隙間を空けながら並んだ住宅地であった。対象地区を囲む南・東・西の街路に対しては長屋が並んでいることがわかる。火災保険特殊地図からはこうした建物の機能を読みとれないが、戦前の土地利用を示した戦災復興土地区画整理事業の図面「土地区画整理第八地区　現在ノ土地利用状況図(一九四八年一〇月一九日)」[＊63]では「商店街」と記載されていることから、小規模な店舗が街区のガワ部分に並んでいたと考えられる。

一九三三年当時は、対象地区北東に木造の玉川電車の渋谷駅が建っていたが、前節で見たとおり、一九三七年には玉電ビルへの改築が始まる。玉電ビルは、一九三七年に地上七階、地下二階のターミナルビルとして計画されたが、同年の鉄鋼統制令によって四階までを建設して工事の中止を命じられた。

交通疎開空地と戦災　一九四四-四五年

対象地区では、渋谷駅の西側一帯が交通疎開空地に指定され、建物が除去されている（図35の斜線部）。これは疎開事業の第三次（一九四四年四月一七日）で指定された約二六〇〇坪の交通疎開空地である［＊64］。

交通疎開空地に指定され、建物が除去された範囲のうち、図36の青色の土地は一九四五年前半に東京都に買収されている。第一章第二節で先述したとおり、この交通疎開空地は戦前に計画された駅前広場計画に酷似した規模と形態で整備されていた。

本節の対象地区も前節までの対象地区と同様、一九四五年五月二五日に焼夷弾攻撃を受け、焼け残ったのは玉電ビルのみであった（図37）。

仮設的な都市組織の再生　一九四五-四九年

ここでは一九四七年九月八日に米軍が撮影した航空写真「USA-M449-116」（写真17）と、後年の火災保険特殊地図（一九四九年）、新興市場地図（一九五三年）から一九四七年九月八日当時の対象地区を復原していく。

まず、戦中期に交通疎開空地に指定され、建物が除去された範囲のうち、東京都に買収された土地（図36）と、その間に位置する範囲が広場のように整備され、島状の緑地が五つ配置されていることがわかる。前節で見た渋谷駅ハチ公口付近と同様、交通疎開空地が一九四七年九月の時点で駅前広場として利用されている。こうした事実が、これまでの都市計画史では取り上げられてこなかったことは、すでに指摘したとおりである。

写真17の駅前広場の西側に目を向ければ、焼け跡に雑草が生い茂り、空地のままとなっている場所も見受けられるが、六割以上の土地に建物が建っている。再建された建物の多くは屋根が白く光っており、木っ端や防水加工を施した紙をトントン葺きと呼ばれる工法で葺いた屋根であることがわかる。写真17からは、一九四九年の火災保険特殊地図で確認できる四つのマーケットがすべて確認できる［＊65］。

まず、駅前広場の西側、玉川線の南側に位置する駅前マーケットと渋谷第一雑貨食品街である。このふたつのマーケットはともに土

写真17――1947年9月8日の対象地区のマーケット。1947年米軍撮影の航空写真「USA-M449-116」に加筆。

地23（図40・表4）の上に建っているが、両マーケットは東西方向の路地によって区画されており、一九五三年の新興市場地図でもそれぞれ個別のマーケットとして描かれている。

駅前マーケットは線路に沿って一列に三棟の長屋を並べ、玉川線を背にして南側の渋谷第一雑貨食品街に向かって一四戸の店を開いている。一方で、渋谷第一雑貨食品街は駅前マーケットの前の路地と交差する向きに四本の通路を設け、六棟の長屋を並べ、その通路と西側の道路に向かって三一戸の店舗を並べている。両マーケットともにほとんどの店舗が飲食店と飲み屋で、一部古着屋や玩具屋などの小売店が混じっている。

駅前マーケットと渋谷第一雑貨食品街が建っている土地23（図40・表4）は、一九二二年に飯島昌三郎が取得し、それ以降も継続して飯島家が所有している（飯島家は取得当初から不在地主）。戦災復興土地区画整理事業では、この土地23（図40・表4）は二者の借地として換地されており、駅前マーケットと渋谷第一雑貨食品街の建つ部分はひとつの主体が借りている借地として取り扱われている。図40は換地処分時（一九七二年九月二〇日）の状況で、一九四七年時点での状況ではないことを留意する必要があるが、駅前マーケット、渋谷第一雑貨食品街ともに土地所有の境界を跨ぐことなく建設されている。こうした点から、ある主体が地主と賃貸契約を結んだうえでマーケットを建設したものと推察される。ただ、同一の主体が借地をしているにもかかわらず、なぜ別個のマーケットとして認識されていたかは不明である。マーケットの名称は一九五三年の新興市場地図の情報であるため、戦後しばらくして営業者組合などが分裂したために、別個のマーケットと認識されるようになった可能性もある。

三つ目は、このふたつのマーケットの西側に位置する大和田マーケットである。大和田マーケットは敷地の東西両側で接道しており、敷地内部で東西の道路をつなぐように通路が設けられ、この通路の両側に六棟の長屋が配置されている。大和田マーケットは二一戸の区画を持っていた。一九四九年の火災保険特殊地図からは、写真17で切妻屋根になっている場所に大和田食堂という比較的広い店があり、それ以外の店舗はその八分の一程度の面積であったことがわかる。

大和田マーケットが建っている土地77（図40・表4）は、戦前期は一九二〇年五月二一日に伊澤孫兵衛が取得して以降、伊澤家が所有していた土地で、戦後になり一九四六年二月一五日に個人へと売却されている。その五ヵ月後の七月一一日、今度は個人から渋谷興業有限会社という法人に売却されている。大和田マーケットは、この渋谷興業有限会社によって建設された［＊66］。

渋谷興業は、戦中期に存在した渋谷区内の食堂組合に所属していた六、七名の食堂経営者が一九四六年六月に設立した企業で、土地77（図40・表4）を購入後、同地に大和田マーケットを建設し、そのなかで大和田食堂を経営するとともにマーケットの店を復員してきた人々や、引揚者に貸し出していた。また、戦災復興土地区画整理事業後も土地77（図40・表4）で不動産経営を行い、現在も同地に建つビルで営業を続けている。

四つ目は、駅前広場から西側の街区へ入る道路に接して建っている渋谷第二雑貨食品街（のちの辨天通食店街）である。北側で接した道路から敷地内に一本の通路を引き込み、両側に一棟ずつ長屋を並べる配置となっている。通路はL字状に折れ、西側の道路に再び接道しているが、L字状に折れてからは、片側のみに一棟の長屋が並んでいる。計三棟の長屋に、二一店舗の区画が設けられている。マーケット名から、渋谷第一雑貨食品街を開発した人物が、それに次いで建設したマーケットであると推察される。渋谷第二雑貨食品街が建つ土地6・32・37（図40・表4）［＊67］は、終戦から一九四七年までに所有権の変更がなく、土地所有者は不在地主である。この土地の形状と、マーケットの配置は一致せず、これまで見てきたマーケットのように土地の形状を意識した開発とはいい難く、渋谷第二雑貨食品街を開発した主体が土地権利者と賃貸契約を結んでいたかは不明である。

写真17からは、対象地区ではこれらのマーケット以外にもバラックによる都市組織の再生が進んでいることがわかる。とくに駅前広場と、対象地区西側の直線状の道路に沿って商店が建ち並んでいる。

図38は一九四九年の対象地区の建物の状況を示している。一九四七年九月八日に撮影された写真17と比較すると、斜線で示した七棟が新たに建設されている。この間、対象地区の建物には変化が少なかったことがわかる。

火災保険特殊地図から、一九四九年当時の対象地区の実態に迫っていきたい。これ以降に見ていくほとんどの建物は一九四七年にはすでに建設されている。

まず、渋谷第一雑貨食品街の南側、駅前広場に沿って千代田銀行が建設されていることに注目したい。戦前は小規模な商店街と住宅によって構成されていた対象地区に、銀行が建設されている。戦前の渋谷の商業地区は、前節で扱った駅北西側の道玄坂界隈から宮益坂にかぎられていたが、戦後間もない時期から本節の対象地区も商業地区として認識されるようになったと考えてよいだろう。さらに駅前広場と対象地区南側の道路に沿って商店が建ち並んでいる。戸建ての商店と、長屋状の店舗が並んでいるが、これらはマーケットの一区画の大きさと比較すると五～一〇倍程度の面積であった。また、ガードをくぐり道玄坂へ接続できる対象地区北西側のエリアでは、幅員一〇メートルの表通りだけでなく、その内側の細い道路にも、靴屋、魚屋、古物屋などが建ち並んでいる。このように、戦前は住宅を中心としたエリアだった対象地区が、戦後には商店が並ぶ地区へと変化していた。

戦災復興土地区画整理事業による換地と駅前の変容 一九五〇-五五年

一九五〇年以降、戦災復興土地区画整理事業によって、対象地区の都市組織が仮設的なものから、恒常的なものへと変わっていく。

図39は一九五五年の対象地区の建物の状況を示している。大きな変化としては、玉電ビルが改築され東急会館が建設されたこと、駅前広場の一部に歩行者空間が整備されたこと、三菱銀行(旧千代田銀行)が鉄筋コンクリート造の建物へ建て替えられたことである。これらは区画整理の換地と関係している。

図40は対象地区の戦災復興土地区画整理事業前後の地割を示している。まず、東急会館が建設された東急電鉄の土地の換地を見ていこう。東急の土地は戦前に着工された玉電ビルの範囲にまとまって換地されている。駅周辺の所有地だけでなく、駅から南西側に二〇〇メートルほどの位置に東急が所有していた三筆の土地も集約されて換地されている。前節で見たとおり、玉電ビルから東急会館へ改築する際に、平面的には南北方向へ一〇メートル拡張されている。対象地区側(南側)への平面的な拡張は、既存の玉電ビルのヴォリュームへ合わせるものであったため、もともと東急が所有していた土地への拡張であったが、北側には既存ヴォリュームはなく都有地が広がる位置への建物の拡張であった。そのため、区画整理では東急所有地が北側へ拡張するように換地されている。こうした換地が確定したため、東急会館が着工された(写真18)。

東急会館の改築が進むと、駅前広場の歩行者空間が再整備されている。東急会館の南側に存在した三つの緑地がなくなり、縁石で区切られた歩行者空間が整備されている。この駅前広場の大半の土地

写真18――渋谷駅屋上から西をみる。1951年撮影。写真左手には戦中に工事が止まった玉電ビルの屋上、その奥には大和田マーケットが見える。写真右手には曳家された旧三菱銀行の建物が見える(白根記念渋谷区郷土博物館提供)。

写真19――渋谷駅南口付近から西を見る。写真中央に駅前マーケットが見える(白根記念渋谷区郷土博物館提供)。

写真20――駅前マーケットと渋谷第一雑貨食品街の間の通り。1958年撮影。この当時、通りの名前は「渋谷駅前食店街」と記されている(白根記念渋谷区郷土博物館提供)。

は、終戦までに交通疎開空地として東京都に買収されていたが、戦後になっても戦前の所有者へ売却されることはなかった。戦災復興土地区画整理事業では、これらの土地に換地を指定せず、土地が処分されたことで、区画整理後に駅前広場などの公共用道路が新たに創出されていった（写真19）。

次に三菱銀行の鉄筋コンクリート造の建物への建替えを見ていきたい。図39を見ると、改築された三菱銀行（旧千代田銀行）の建物は、駅前広場側に空地を設け、ヴォリュームが少し振られ、周辺の都市組織とずれた配置になっている。これは、区画整理以前の土地と換地の重なる部分に建物を建設したためである。この時期、対象地区でも徐々に区画整理が進んでいるものの、先に見た四つのマーケットの建物には大きな変化がない（写真20）。

マーケットの変容と渋谷東急ビルの建設　一九五六 - 七三年

一九五六年以降、対象地区では戦災復興土地区画整理事業による建物の移転、除去、再建が始まっている。

図41は一九五八年の対象地区の建物の状況と、破線で区画整理後の街区形状を示している。対象地区周辺の区画整理では、北西から南西へ斜めに通る直線状の道路は変更せず、その周辺の街区を矩形に近づけるように街区設計が行われた。この時期までに対象地区西側の区画整理が完了し、また国道二四六号線が通る対象地区の南側では建物の移転・除去が進んでいる。そして、対象地区の中心部では、すでに換地に再建された建物も見受けられる。

区画整理中の駅前マーケットと渋谷第一雑貨食品街、大和田マーケットを写した写真がある（写真21）。この当時、大和田マーケットは大和田胡同と呼ばれていた。奥には東急会館に接続する銀座線の高架が見える。

マーケットの変容

図42は一九六三年の対象地区の建物の状況を示している。本建築での再建がなされていない土地もあるが、おおむね区画整理は完了している。以下、対象地区に戦後誕生した四つのマーケットの換地に注目して都市組織の動きを見ていこう。

まず、駅前マーケットと渋谷第一雑貨食品街について見ていきたい。両マーケットが建っていた土地23（図40・表4）は、区画整理後も駅前広場に面した場所に原位置換地されている。区画整理後の土地には「渋谷駅前会館（飯島）ビル」が建設されている。もともとこの土地23（図40・表4）は二者によって借地されており、借地（1）の位置には渋谷第一雑貨食品街とは別に建物が建っていた（図38）。ところが一九五五年までに、この建物は解体され、渋谷第一雑貨食品街と連続した建物が建ち、一体となってマーケットを形成するようになっており、区画整理後は借地（1）と借地（2）の権利者および地主である飯島家が資金を出し合い、渋谷駅前会館（飯島）ビルを建設している（図42）。渋谷駅前会館（飯島）ビルは、駅前広場に面した一階に八百屋が入居するビルとして現存している。

次に大和田マーケットの換地を見てみよう。大和田マーケットが建っていた土地77は図40のように換地されている。角地に位置しながら、街区の反対側で区画整理前から接道する道路に接続するように換地されている。区画整理後の土地には、接道する三方向から通路を引き込んだマーケットが建設されている（図42）。先述したとおり、大和田マーケットは渋谷興業によって建設され、換地にも同社によるマーケット「渋谷胡同」が建設された。住宅地図からは、大和田食堂など、大和田マーケットに入居していた店舗も確認でき、区画整理以前の営業者が区画整理後の土地へ移転している。このマーケット渋谷胡同は、一九七七年に「ザ・レンガビル」に建て替えられ、多くの居酒屋が入居する雑居ビルとして現存している。

写真21──大和田胡同（旧大和田マーケット）入口から渋谷駅方面を見る。（渋谷区郷土写真保存会提供）

他方で、旧渋谷第二雑貨食品街（辨天通食店街）の換地では、共同ビルの建設、マーケットの再建、営業者の連続性といったものは見られない。辨天通食店街の建つ土地6・32・37は区画整理では、三筆が隣接して原位置換地されている（図40）。

渋谷東急ビルの建設

一九五〇年代半ば以降、東急不動産による渋谷東急ビルの建設事業が、対象地区の駅前広場に隣接して進められた。ここで渋谷東急ビルの建設過程を概観しておきたい。渋谷東急ビルは街区全体を敷地に建設されたビルであるが、敷地すべてが東急不動産の所有地であったわけではない。

先述したとおり、当初の東急の渋谷総合計画では渋谷東急ビルの位置にバスターミナルを建設する予定であった(図27)。この敷地となる土地の五割ほどは、一九四八年から一九五〇年の間に日本興業が買収していた土地で、一九五四年四月一日に東急不動産が日本興業を吸収合併したことで、これらの土地が東急不動産の所有地となり、開発計画が本格化した[*68]。

しかし、東急不動産が日本興業から土地を引き継いだとき、そこには数十軒の不法占拠者の家屋が建てられており、東急不動産はその処理にあたることになった。東急不動産は権利関係の処理を東急電鉄管財部に委託し、立ち退き交渉が進められた。しかし交渉は難航し、一九六〇年に権利関係処理の業務の委託が終了した時点でも解決には至っておらず、引き続き東急不動産による立ち退き交渉が行われ、翌六一年四月になってようやく東急不動産の所有地が完全に更地となった。

こうした不法占拠者の処理と並行して、東急不動産では渋谷東急ビル建設予定の街区内の土地の買収が進められた。一九六三年二月までに東急不動産は土地7・42・43・45・46を取得し、図40-bの破線で囲んだ範囲を自社所有地としている。

一方で、東急不動産がビル建設を計画している街区には住友銀行の所有地九七坪と、密田医院の所有地六八坪があった。当時、店舗ビルを計画していた住友銀行からの申し出もあり、一九六二年ごろから東急不動産と住友銀行の間で共同ビル建設の話し合いが続けられていた。その話し合いで、密田医院の土地は住友銀行が買収することが決まり、交渉を進めていたが四五坪を買収できただけで、二三坪は密田医院の所有のままだった(土地52(図40・表4))。そのため、共同ビルの話し合いに密田医院を加え、三者で計画を練るが、これにより計画策定が長期化することが予想された。こうした状況に、ビル建設の遅れを懸念した東急不動産は、自社所有地のみでビルを建設する案をまとめ一九六三年七月九日に着工に踏み切った。しかし、東急不動産は、土地の有効利用を考えても一街区すべてを敷地としたビルを建設すべきとの判断は変えておらず、着工後も三者共同ビル建設の話し合いは継続して進められた(写真22)。

その後、東急不動産と住友銀行との話し合いが進み「両者で共同ビルを建設し、建物は各所有地上の部分を所有部分とし、境界線上の柱や壁は共有にする」ということでまとまり、一九六三年一〇月に両社による共同ビル案の建築確認申請を東京都へ提出した。しかし、フロアが所有区分によって分割されていては、利用上著しい支障をきたすことがわかっており、その後も話し合いが続けられ、最終的には東急不動産「所有部分の一・二階の一部を住友銀行に譲り」、東急不動産は「住友銀行所有部分のうち、三階以上を全部譲り受ける」ということで、一九六四年七月に計画がまとまった。その後、密田医院所有地についても話し合いが進み、「密田医院所有部分のうち、六階以上を」東急不動産が譲り受けるという条件で、共同ビルとする合意が得られた。この時、すでに五階までの鉄骨が組み上がっていた。

こうして共同ビルの計画がまとまり、地下一・二階が店舗街、地上一・二階が住友銀行などの金融機関と密田医院および店舗、三・四階が店舗街、五-八階が事務所、九階が飲食街という複合ビルとして、渋谷東急ビルは建設された。渋谷東急ビルは、一九六五年六月一二日に竣工し、翌一三日に開業した。

駅舎建設と駅前の開発

図43は一九七三年の対象地区の建物の状況を示している。一九六四年からの一〇年間に、駅前広場周辺で大規模な開発が進んだ。

写真22――1964年の渋谷駅西口周辺。バスターミナル奥が渋谷東急ビルが建設されることになる街区。左手には建設中の首都高速道路が見える(渋谷区郷土写真保存会提供)。

ひとつ目は渋谷三菱ビルディングの建設である。三菱銀行の建物は、東急会館を除けば対象地区で最も早く鉄筋コンクリート造に改築した建物であった。しかし、それはあくまで戦災復興土地区画整理事業が行われている過渡期の建物であり、区画整理後の土地いっぱいに建てられたものではなかった。一九六九年、三菱銀行渋谷支店は、地下二階、地上一〇階建ての渋谷三菱ビルディングとして改築された。

この三菱銀行の改築と同時期、一九七〇年一〇月に一九五〇年代前半に改築を行った渋谷駅（東急会館）に接続して渋谷駅西口ビルが竣工している。『東京急行電鉄五〇年史』によれば、渋谷駅西口ビルは、東急会館と三‐五階で接続する増築部分として、東急電鉄用地と国鉄渋谷駅南口駅舎の建設計画用地に跨って建てられたもので、鉄骨コンクリート造地下二階、地上八階、延べ床面積一万一三二〇平方メートル、総興業費一二億円であったという。建物の利用区分は、地下二階は機械室、地下一階は店舗・国鉄機械室、地上一・二階は店舗・コンコース・国鉄駅務室、三階は事務室・店舗・コンコース・国鉄駅務室、四〜八階は事務室・店舗となっていた［*69］。戦後、国鉄所有地に民間資本で駅ビルを建設する場合、民衆駅方式がとられていたが、この駅ビルはその方式では建設されていない。どのような事業スキームで建設されたのか、渋谷駅の形成史としてはきわめて重要と考えるが、その実態は明らかでない。

　渋谷駅西口ビルの南面のファサードはガラスを用いて全階吹き抜けのショースペースがつくられており、首都高速道路を通過する車からの視線を集めていた。この渋谷駅西口ビルの完成によって、同ビル一階の駅前広場に面してコンコースが整備され、東急会館を抜けてハチ公口に至る動線が確保された。こうして旅客は西口から駅北側・東側へと自由に行き来できるようになった。この渋谷駅西口ビルの完成をもって、坂倉準三による渋谷駅とその近傍におけるターミナルビルに関するプロジェクトは完結した。

　こうして、駅前広場は大型ビルに囲まれ、その裏側（西側）に中小の商店が並ぶ、現在の対象地区の基盤となる都市組織ができあがっていった。

マーケットの持続と大資本による駅前ビルの建設

さて、以上のように渋谷駅西口周辺の形成過程をマーケットの形成と整理および大資本の開発を中心に見てきた。この節で形成と変容を見たマーケット四つのうち、駅前マーケット、渋谷第一雑貨食品街、大和田マーケットは、マーケットの開発と土地の形状や権利関係に相関性が見られたが、一方で辨天通食店街（旧渋谷第二雑貨食品街）にはそうした関係性を指摘できなかった。建物と土地の関係性の弱さは、そのまま戦災復興土地区画整理事業前後でのマーケットの性質の持続に現れた。マーケットと土地の相関性を見出せた前者の三つのマーケットには、区画整理後にも権利の持続性、営業者の連続性があるが、後者のマーケットにはこうした持続性を見ることができなかった。つまり当然のことであるが、マーケット開発者あるいはマーケットの建物所有者が、土地権利者と一致するもしくは賃貸契約を結んでいる場合には、マーケットの持続性は高く、そうではないマーケットは区画整理に際して消滅していったのである。

一方で渋谷駅の駅前広場に面しては、区画整理後に大資本によるビルが建設されていった。単一資本による渋谷三菱ビルディング、共同ビルである渋谷東急ビル、渋谷駅前会館、渋谷駅西口ビルが建設され、渋谷駅西口の顔をつくっていった。

こうして、戦前は住宅が中心であった対象地区が、渋谷駅周辺でも重要な位置を占める繁華街へと変貌していった。

5 道玄坂三角地帯の戦災復興過程

本節の対象地区は松平誠が「エネルギッシュな三角地帯」[*70]と呼んで、渋谷の闇市の代表的な場所として取り上げた、現在の109を頂点として道玄坂を一辺とし、Bunkamura通りをもうひとつの一辺とする地区である。現在は109のほか渋谷プライム、ヤマダ電機LABI渋谷などが立っている。対象地区は渋谷駅周辺で最も広範囲にマーケットが建設された場所で、戦後から一九六〇年代前半まで飲み屋、古着屋、洋服店が密集し賑わった。またその一部は恋文横丁としても知られた。

対象地区は、戦災復興土地区画整理事業では第八-二地区に含まれていたが、マーケットの整理が懸案となっている間に区画整理事業が終息し、途中で事業地区から外れた場所である。そのため、現在も宅地が入り組んだ状態のままである。ただ対象地区は、一九六五年春に起きた火事をきっかけに、防災建築街区造成法の助成を受けて再開発が進んだ。

本節の対象地区は、これまでの対象地区と異なり、戦災復興土地区画整理事業の換地確定図の範囲にも含まれておらず、他の節と同水準の復原ができないため、火災保険特殊地図・新興市場地図・住宅地図の比較によって、その形成過程を追っていくこととする。

道玄坂の商店街　終戦までの対象地区

図44は一九四〇年の対象地区を示した火災保険特殊地図である。戦前の対象地区は建物の配置から、三角形の街区の三辺のうち、まず道玄坂（南側）に沿って商店が並び、次いで宇田川町側（北側）の通りに、最後に円山町側（西側）に商店が並んでいることがわかる。道玄坂の安田銀行と、宇田川町側の通りの道玄坂キネマのみが耐火建築で、その他は防火建築（蔵と思われる）が一棟ある以外は木造の建物で構成されていた。道玄坂キネマと道玄坂沿いのキリンビアホールは、対象地区では抜き出てフットプリントの大きな建物であった。株式会社渋谷相互倶楽部が経営する、道玄坂キネマが建つ土地［栄通一丁目5］は、「戦時中は防空法で都が接収管理していた」［*71］（図45）。戦中期に都の管理不動産となっていたことで、戦後に道玄坂キネマの建物は闇市に飲み込まれることとなる。

通り沿いは店舗と店舗併用住宅で構成されており、街区の内側は長屋が並び専用住宅であったと考えられる。また、対象地区には「越

図44――1940年の対象地区の火災保険特殊地図（都市整図社発行）に筆者追記。

乃湯」という銭湯が確認できる。これは、戦後に渋谷区長となる佐藤健造［*72］とその妻が経営していた風呂屋である。この土地を中心として、戦後対象地区で最も大規模なマーケットが建設されることとなる。

先に見たとおり、道玄坂には一九〇八年から地元の要請で夜店が建ち並び、大正期後半にはたいへんな賑わいを見せており、渋谷で最も繁華な通りとなっていた。

本節の対象地区も前節までの対象地区と同様、一九四五年五月二五日に焼夷弾攻撃を受け、焼け残ったのは道玄坂キネマの建物だけであった。

マーケットの形成と持続

マーケットの形成 一九四五-四七年

対象地区では、終戦から一九四七年九月八日までに街区の八割以上の土地でバラックによる再建がなされており、その半分以上の面積を占めるのがマーケットであった。図45は一九四五年終戦時点での対象地区の地割（マーケットが建設された土地のみ）を示している。

この地割と写真23を比較しながら、対象地区にこの時期までに建設された四つのマーケット［*73］を順に見ていこう。

まずひとつ目は、土地［上通三丁目20］に建設された丸國マーケットである。丸國マーケットは、東京露店商同業組合渋谷支部長である國松遷三によって建設・管理されていた。南側で道玄坂、東側で区道、北側の一部で現Bunkamura通りに接しており、道玄坂から二ヵ所、区道から一ヵ所、現Bunkamura通りから一ヵ所で通路を敷地に引き込んでいる。マーケットの建設経緯、地主と國松遷三の権利関係については不明であるが、マーケットの配置は土地［上通三丁目20］の形状に沿っており、土地所有境界を想定して建設されている。地主と國松の間には、なんらかの貸借関係があったことが推察される。

ふたつ目は、対象地区で最大の面積を持つ道玄坂百貨街である。道玄坂百貨街は、先述の佐藤健造の妻・佐藤ハル所有の土地［上通三丁目24］と［栄通一丁目7］を中心に建設され、戦前には越乃湯があった場所である。写真23の実線で囲んだ範囲のマーケットは計画的に配置されており、土地［上通三丁目24］と［栄通一丁目7］の範囲に建設されている。一方で、土地［栄通一丁目7］の残りの部分と、土地［栄通一丁目5］にかけては、先の計画的なマーケットに付随して建設されたような配置となっており、焼け残った道玄坂キネマの建物の内部を占有してマーケットを建設している。当初の道玄坂百貨街の動線は、道玄坂から二本の通路が引き込まれ、土地［栄通一丁目7］の奥で島状に配置された店舗を回って折り返すようになっていた。この動線の一部から［栄通一丁目7］の裏へ、そして［栄通一丁目5］へと抜ける動線がつくられ、北側へ拡張していったと考えられる。

佐藤ハル所有の土地［上通三丁目24］［栄通一丁目7］内に建設されたマーケット（道玄坂百貨街の一部）は、佐藤ハルが建設し、引揚者に権利金なしで貸与していたものである［*74］。建物の所有者は佐藤健造であったが、加藤音一という人物をマーケットの取締役とし管理にあたらせていた［*75］。この加藤音一と佐藤健造が中心となり、土地［栄通一丁目7］の残存部分と、戦時中に都の管理下におかれていた土地［栄通一丁目5］にもマーケットを広げていったと考えられ、全体を合わせて道玄坂百貨街というマーケットになっていた。

道玄坂キネマが建っていた土地［栄通一丁目5］は、一九四七年に「マ（筆者注、マッカーサー）司令部の覚え書きで…東京都から元の所

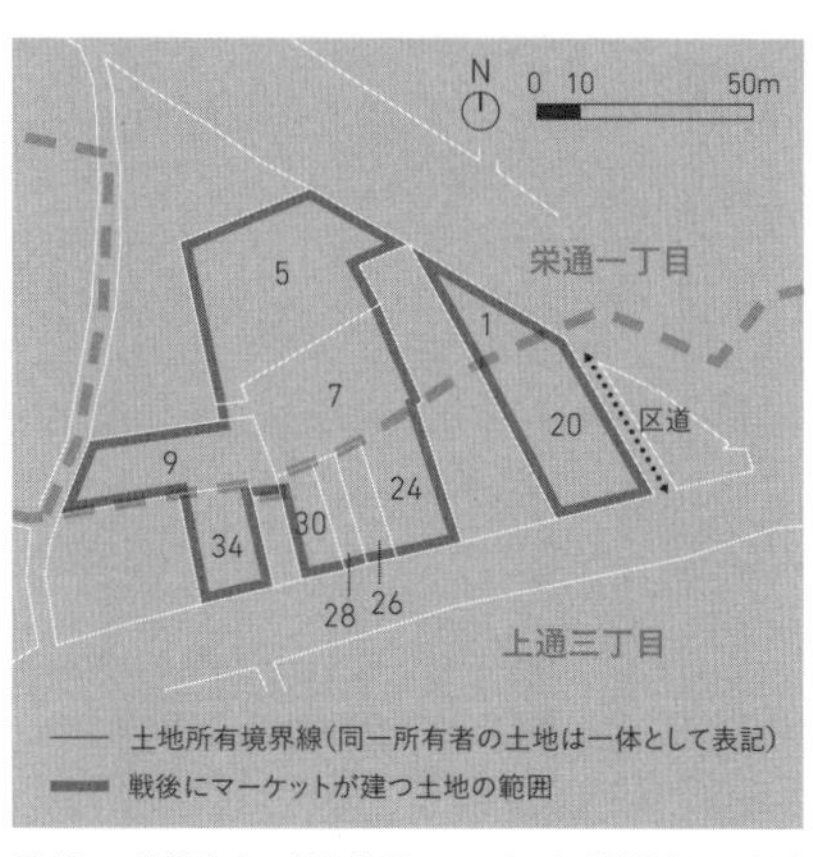

図45——終戦時点の対象地区のマーケットが建設された土地の地割と地番。一般財団法人民事法務協会「登記情報提供サービス」（http://www1.touki.or.jp/gateway.html［2013-11-19］）公開の地図と旧土地台帳記載事項から復原。

写真23——1947年9月8日の対象地区のマーケット。1947年米軍撮影の航空写真「USA-M449-116」に加筆。

有者の渋谷相互クラブ(ママ)に返されることになった」[*76]が、終戦からこの時までは都の管理下にあったため、道玄坂百貨街に不法占拠されていても地主である渋谷相互倶楽部は反発しなかったと考えられる。さらに、その後この土地[栄通一丁目5]を引き継いだ地主の松竹株式会社に対して、占有店舗からはまったく地代が支払われておらず、一九四七年の都からの土地返還以降は不法占拠状態であったといえる[*77]。

三つ目は、土地[上通三丁目26][上通三丁目28]に建設されたフクヤデパートである。その建設経緯、開発主体については不明である。また、土地[上通三丁目26][上通三丁目28]の当時の所有者の氏名と、マーケット名には相関性が見られない。道玄坂から二本の通路を引き込み、敷地奥でつなげるU時型のサーキュレーションを持つマーケットであった。

四つ目は、フクヤデパートの西側に位置するマーケットで、切妻屋根の建物を二棟つなげその内側に通路を一本引き込んだマーケットである。一九五三年にはマーケットから一戸建ての店舗に改築されダイマル洋装店となっているが、それ以前の名称は不明である。

このマーケットが建つ土地[上通三丁目30]の所有者は山口マツであるが、ダイマル洋装店とそれ以前のマーケットとの関係は不明である。

以上が一九四七年九月八日時点で観察できる対象地区のマーケットである。道玄坂百貨街の北側の部分を除き、これら四つのマーケットはすべて戦前からの土地形状に従うように建設されていた。地主とマーケットの開発者の関係が明らかな道玄坂百貨街を含め、焼け跡に自然発生的にできた闇市がマーケット化したというよりは、土地の権利を意識したうえでどのマーケットも建設されている。

さらに、対象地区のマーケットの形成は戦前期の同地の都市組織の形成に影響を受けている。すなわち、対象地区では明らかに道玄坂に対して、より多くの建物を並べることを意図した形状に地割がなされおり、この土地形状に従って建設されたマーケットも現在のBunkamura通りよりも道玄坂側から通路を引き込んでいる。

マーケットの持続と恋文横丁の誕生　一九四八-四九年

次に図46から、一九四七年九月八日から一九四九年までの対象地区の変化、一九四九年のマーケットの状況をより詳細に見ていきたい。

図46から、この間、対象地区の南西部分で再建が進んだことがわかる。まず、土地[上通三丁目34]に寺尾マーケットが建設されてい

る。道玄坂に沿って三店舗を並べ、通路を一本敷地へ引き込み、その両側に店舗を並べた、計九店舗で構成されたマーケットである。店舗構成は中華そば屋、電気屋、時計店、帽子店、用品店、革製品の販売などで小売店だけというわけでもない。寺尾マーケットが建設された土地［上通三丁目34］は、戦前は安田銀行が建っていた土地で、この時期も所有者は株式会社安田貯蓄銀行である。マーケットは土地境界に沿って建設されており、寺尾マーケットの開発者は土地［上通三丁目34］の範囲を想定していたと考えられるが、地主と開発者との間の権利関係については不明である。

さらに土地［栄通一丁目9］には新たにマーケットが建設されている。メリケン横丁というマーケットで、おもに古着屋が並んでいた。円山町側の通りから通路を引き込み、その通路は道玄坂百貨街へと接続している。通路の両側に長屋を並べ、一五戸の店舗で構成されたマーケットである。

次に、一九四七年時点ですでに建設されていたマーケットを詳細に見ていこう。まず、丸國マーケットを確認すると、一九四七年とこの時期を比較しても通路のサーキュレーションに変更はない。敷地長手方向に二本の通路を通し、その通路に向かって計四三戸の店舗を並べている。敷地北西奥には「事ム所」との記載があり、マーケッ

図46──1949年の対象地区の火災保険特殊地図（都市整図社発行）に筆者追記。

ト事務所であると推察される。

道玄坂百貨街の建物にも大きな変化はない。道玄坂から二本の通路を、現Bunkamura通りからも二本（入口は三ヵ所）の通路を引き込み、さらに南西側でメリケン横丁からの通路に接続している。そして、これらの通路に対して一〇二戸の店舗が並んでいる。店舗の大半は古着屋とパチンコ店、飲み屋である。

フクヤデパートの建物にも大きな変化はない。道玄坂から引き込んだU字型の通路に、二一戸の店舗が並んでいる。ここも古着屋や衣料店が多いが、半数は魚屋、化粧品、文具などの小売店である。

その西側の名称不明のマーケットは道玄坂から通路を一本引き込み、北側でメリケン横丁、道玄坂百貨街と接続している。切妻屋根に覆われたマーケット内部の通路には、一四戸の店が並ぶ。このうち一二店舗が古着屋であった。

これ以降、マーケットは増改築によって、徐々に姿を変えていくが、動線はほとんど変化がない。次に一九五〇年から一九六〇年までの対象地区のマーケットを、サーキュレーションを中心に見ていこう。

図47は一九五三年の新興市場地図である。フクヤデパートの通路の一本が道玄坂百貨街側まで貫通するようになっている。この通路をつくるため、フクヤデパート側でも道玄坂百貨街側でも店舗の改築が行われている。

このころ、対象地区には「恋文横丁」と呼ばれる路地が誕生している。『朝日新聞』によれば、一九四〇年代後半、道玄坂百貨街に「元陸軍将校の菅谷篤二さんという人が古着屋を開店した。菅谷さんは英、仏語が達者だった。それを伝え聞いたか、夜の女やオンリーたちがＧＩへ出す英文の恋文の代筆を頼みにくるようになり、菅谷さんは『手紙の店』という看板まで出した」という[*78]。一九五三年は、朝鮮戦争が休戦した年で、朝鮮戦争のためにアメリカから来日していた多くの軍人が、この年に帰っていった。そうした米兵との別れを惜しんだ日本人女性のために、菅谷は英語の手紙を代筆した。そして、菅谷の店をモデルに丹羽文雄が「恋文」という小説を書いた。『朝日新聞』で連載されたその小説は大きな反響を呼び、女優・田中絹代の監督第一号作品として一九五三年に映画化もされた。そうした影響で、菅谷の店がある通りは、このころ、道玄坂百貨街ではなく「恋文横丁」と呼ばれるようになっていった（写真24）。

一九五五年以降の火災保険特殊地図・新興市場地図には通路に「恋文横丁」との記載が確認でき、一九六〇年の新興市場地図（図49）で

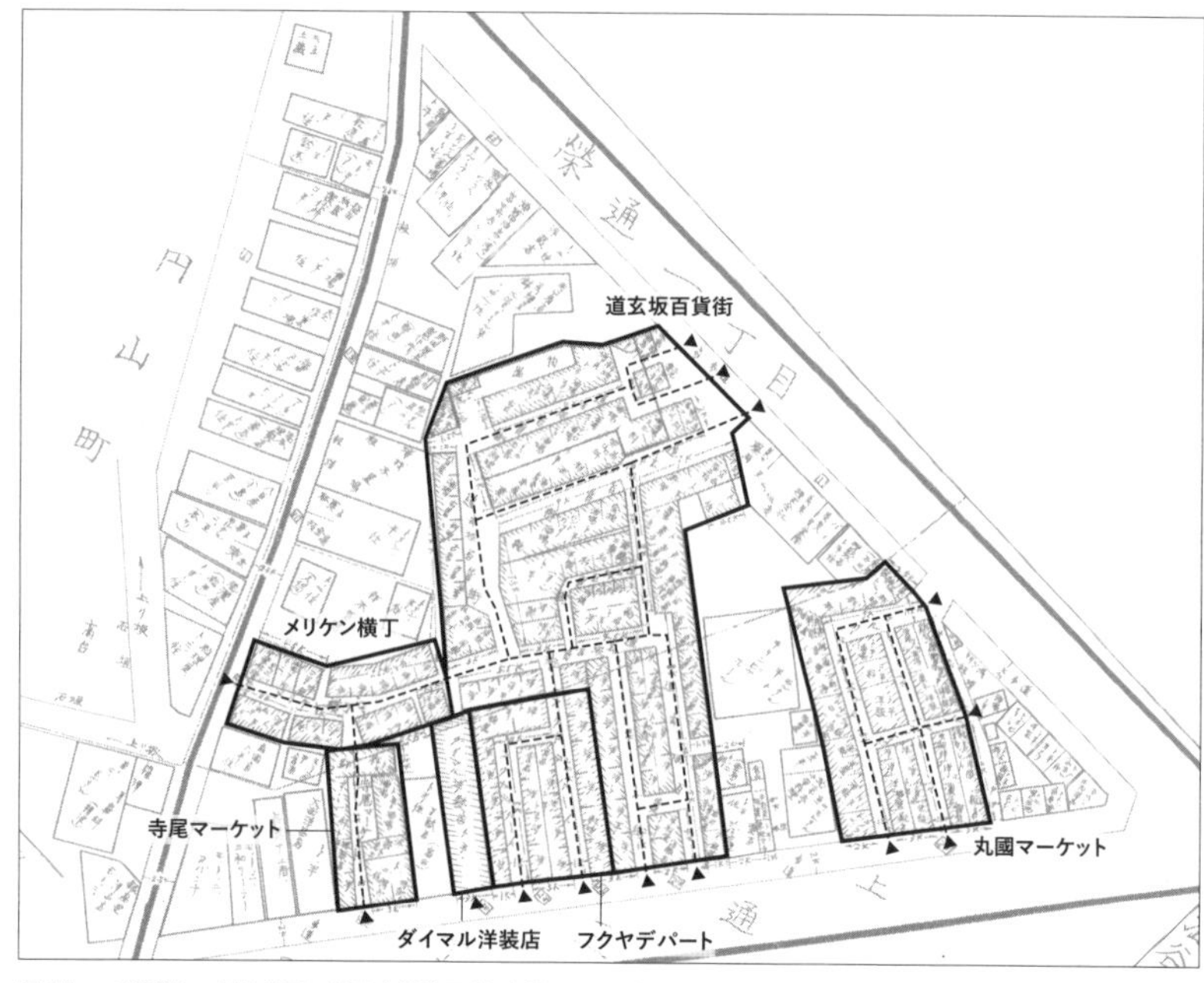

図47——1953年の対象地区の新興市場地図(都市整図社発行)に筆者追記。

写真25——1955年ごろの道玄坂。写真中央の交差点が現在109のある交差点(白根記念渋谷区郷土博物館提供)。

写真24——恋文横丁の入口(白根記念渋谷区郷土博物館提供)

図48——1955年の対象地区の火災保険特殊地図（都市整図社発行）に筆者追記。

は「手紙の店」を確認できる。

この恋文横丁は、道玄坂百貨街の北側の一部で、土地［栄通一丁目5］に建設されたマーケットであった。先述したとおり、土地［栄通一丁目5］は戦前戦後を通じて渋谷相互倶楽部の所有地であったが、戦時中から一九四七年までは都の管理下にあった。一九四七年に渋谷相互倶楽部に権利が戻されたが、同地には不法占拠する道玄坂百貨街の一部が建っていた。渋谷相互倶楽部は一九四七年に解散したため、土地［栄通一丁目5］は渋谷相互倶楽部の大株主であった松竹に引き継がれた（一〇万円で購入）。松竹はここに映画館を建設する予定であったため、一九五一年七月、同地を不法占拠した佐藤健造（当時渋谷区長）と東京都を相手どって、不法占拠と明渡しを東京地裁に訴えた。その結果、一九六〇年三月四日までに土地を明け渡すことで松竹と佐藤健造、恋文横丁協同組合の和解が成立している［＊79］。こうして、一九五〇年代なかごろに親しまれた恋文横丁は、立ち退きが進められることとなった。

一九五四年には東急会館が完成し、渋谷駅上には旧東横百貨店と合わせて約一万坪の百貨店ができた。一九五四年、道玄坂の商店街は「横のデパート」としてこれに対抗しようと、アーケードを設けた［＊80］。一九五五年の火災保険特殊地図（図48）では、道玄坂側のマーケットの通路が点線で表示されているが、これがアーケードの印である。道玄坂側のマーケットの通路七本中六本にアーケードが設置された。百貨店に対抗するために設置されたアーケードであったが、後にマーケット内で火災が発生した際には、その被害を拡大する要因にもなった（写真25）。

不法占拠の解消と再開発

恋文横丁の立ち退き　一九六一-六五年

戦災復興土地区画整理事業の対象範囲からも外され、一九六〇年前後まで安定して存在した対象地区のマーケットであったが、一九六〇年代には開発圧力により変化が迫られた。

一九六三年の住宅地図（図50）を確認すると、道玄坂百貨街のうち北側の土地［栄通一丁目5］の建物が除去されていることがわかる。先述したとおり、土地［栄通一丁目5］は地主である松竹と、営業者組織である恋文横丁協同組合との間で立ち退きと土地売買をめぐって争いが起きていた場所で、訴訟の結果、一九六〇年三月四日までに土地を明け渡すことで和解が成立していた。しかし、一九五八年

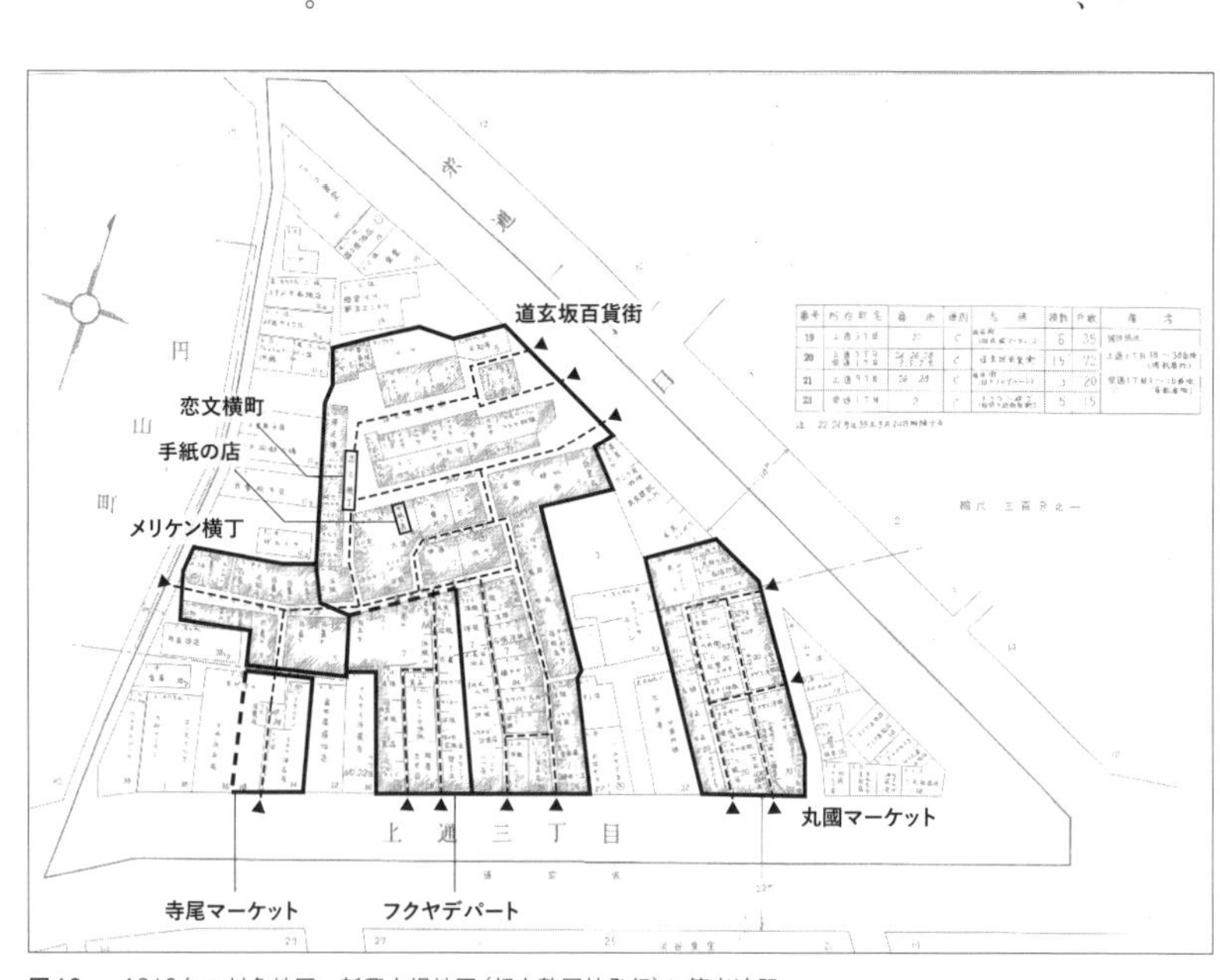

図49――1960年の対象地区の新興市場地図（都市整図社発行）に筆者追記。

末に松竹が土地を手放す可能性が出たと恋文横丁協同組合が認識し、再び係争に発展。立ち退きが延期されていた。

係争の結果、一九六一年「一月三一日限りで居住者は立退き、土地の代金二億七千五百万円を松竹に支払えば、土地は地元でどのように処分してもよい」という結論を松竹が出した[*81]。当初、恋文横丁協同組合では土地を購入し共同ビルを建設して、再出発することを計画していたが、計画がまとまらず最終的には第三者へ売ることになった。そして、三七軒の恋文横丁協同組合の営業者は、一九六二年一月二二日ごろから店を閉じ、移転していった。図50は恋文横丁立ち退き後の同地の状況を示している。

土地[栄通一丁目5]の旧土地台帳によれば、一九六二年六月五日、この土地を株式会社長谷川工務店が買い取っている。そして、翌六三年には土地[栄通一丁目5]の建物の除去が完了し、一九六五年の住宅地図では長谷川スカイラインビルが建設されていることがわかる。

他方で、一九六二年八月には対象地区の地権者・借家人で道玄坂防災建築街区造成組合を結成し、街区一帯をビル化する道玄坂防災建築街区造成事業「道玄坂センタービル」が計画されている。道玄坂センタービルは地下三階、地上一九階の計画で、店舗、事務所、住宅を含む複合ビルの計画であった。平面的には先の長谷川スカイラ

図50——1963年の対象地区の住宅地図(住宅協会東京支所発行)に筆者追記。

インビルや、その西側の建物を避けながら、街区全体を不燃共同ビルにするものであった[＊82]。この計画は権利関係が複雑化しすぎていたため、そのままの計画では進まず、結局三つのブロックに分かれて事業化されることとなった。そして、この事業が動き出す最大の要因はマーケットの火災であった。

火災によるマーケットの消失と再開発　一九六五-七八年

一九六五年三月三〇日二三時半ごろ、道玄坂百貨街の中心部付近から出火し、道玄坂百貨街と隣接する福屋百貨街（フクヤデパート）の店舗および店舗併用住宅約五〇店、一一〇〇平方メートルを全焼した。「飲食店などで使う油に引火したうえ、アーケードが煙突の役目をして、恋文横丁の碁会所も一店焼けた」という[＊83]。この火事で焼けた範囲は図51の破線の範囲であると推察される。

火事から一日おいた同年四月一日、地主と営業者が復旧工事をめぐって対立する事件が発生し、渋谷署員二〇名が出動している。先述したとおり、焼け跡の土地［上通三丁目］［栄通一丁目7］は佐藤ハルの所有地であった。一九六五年三月三一日の『読売新聞』によれば、佐藤は以前からマーケットの営業者に対して立ち退き交渉を進めていたが思うように進んでおらず、一九六四年までに一四軒が立ち退いたが、それ以外は火災まで残っていた。その一方で、佐藤は一九六三年一一月にはこの土地を株式会社緑屋に売却していた。こうした背景から火事を契機に立ち退きを進めようとした地主側（佐藤と緑屋）は、作業員五〇人派遣し、焼け跡をトタンで囲い営業者が同地へ戻ることを妨害し、立ち退きを進めようとしたため、道玄坂百貨街組合の組合員と対立したのであった[＊84]。

その後の地主と道玄坂百貨街組合との交渉の詳細は不明であるが、図51をみるかぎりマーケットは再建されていない。そして、対象地区の防災建築街区造成事業第一ブロックとして、一九六七年ごろ、同地には緑屋ビル（現プライム）が建設された[＊85]。その範囲は道玄坂百貨街の旧佐藤ハル所有地と、フクヤデパートのあった土地［上通三丁目26］［上通三丁目28］、そしてダイマル洋装店のあった土地［上通三丁目30］である。また、道玄坂に沿って、寺尾マーケットがあった土地［上通三丁目34］から対象地区の西端までの土地も防災建築街区造成事業第三ブロックとして共同ビル「道玄坂センタービル」となっている[＊86]（図52）。

こうして対象地区の再開発が進み、一九七〇年代半ばにはマーケットとして残っているのは丸國マーケットのみとなった。

対象地区の防災建築街区造成事業で第二ブロックに指定されてい

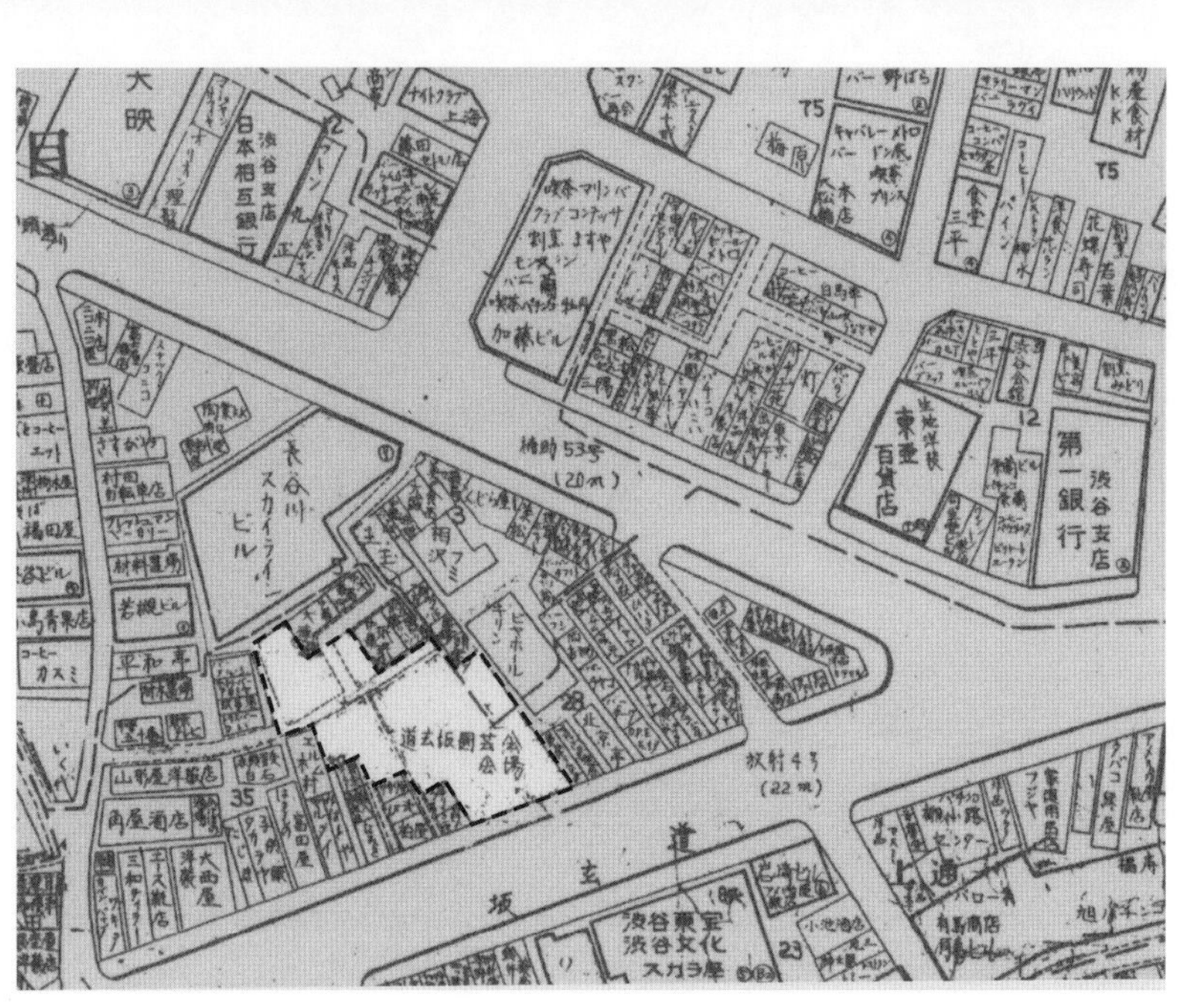

図51──1967年の対象地区の住宅地図（住宅協会地図部発行）に筆者追記。

た丸國マーケットを中心とするエリアの再開発は、地主、借地人、借家人あわせて六〇人の権利者の調整がつかず、他の第一ブロック、第三ブロックと比較して着工が遅延していた。しかし、防災建築街区造成事業の補助金の期限が切れる一九七六年三月に合意に至り、同年八月までに既存建物を取り壊し、共同ビルに着工することとなった[*87]。建設費は約四〇億円で、一～七階にテナントとして入居予定の東急百貨店から得られる権利金、敷金などをこれにあてる計画であった。

この再開発計画では丸國マーケット東の区道の廃止が検討されていた。これに区議会では、社会党・共産党から「新ビルの工事費四十億円を東急百貨店が新ビルの一部を借りる際の『保証金』という名目で引き受けていることから『区道の廃止は東急百貨店への払い下げになりかねない』」との反発意見も出ている[*88]。反発はあったものの、この区道廃止は一九七六年六月九日の区議会で可決され、再開発事業は進められた。

一九六〇年代半ばには、宇田川町にセゾングループが進出し、公園通りを中心に勢力を伸ばしていた。東急としてはこれに対抗し、渋谷駅から東急百貨店本店へと続く現Bunkamura通りに顧客を吸収するための拠点として、対象地区の再開発ビルへの出店を計画して

図52――1973年の対象地区の住宅地図（公共施設地図航空発行）に筆者追記。

いたことは確かだ。

こうして、一九七九年四月二八日に、東急モールズデベロップメントの前身である東急商業開発が「ファッションコミュニティ109（現・SHIBUYA 109）」を、対象地区の防災建築街区造成事業第二ブロックの共同ビルに開業した。ファッションコミュニティ109は、開業当初は購買層が二〇代後半から三〇代の女性向けの店舗を配置していたが、やがて一〇代後半から二〇代前半の女性向けの店舗を集積するように方針転換をした。同ビルは今なお東急グループの売上げの多くを占める旗艦店である。

マーケットの持続と防災建築街区造成法による不燃共同ビルの建設

戦後、対象地区に発生したマーケットは佐藤ハル所有地の道玄坂百貨街以外は、その建設経緯が明確にはわからなかった。ただ、土地所有と建物の関係を分析することで、マーケットは無秩序に建設されたわけではなく、戦前からの地割に従って建設されていることがわかった。戦前の対象地区は、道玄坂を中心に形成されたため、道玄坂に宅地を並べる地割形状となっており、戦後のマーケットも必然的にこの性質を形態的に引き継ぐこととなった。

対象地区は戦災復興土地区画整理事業の範囲から外れ、一九六〇年代までマーケットが増改築を続けながら残っていた。これが次の二点を契機として、開発圧力に押され再開発されていった。

ひとつ目は、土地不法占拠問題の解消である。松竹所有の土地［栄通一丁目5］における恋文横丁協同組合の不法占拠は、約一〇年の係争を経て、一九六一年に和解が成立した。権利関係が整理されたことで、土地は転売され、第三者によるビルが建設された。これに影響されてか、隣接する佐藤ハルの所有地も一九六三年に緑屋へ売却され、再開発へと向かった。

もうひとつは火事である。一九六五年に道玄坂百貨街とフクヤデパートが火災で焼失したことが契機となり、防災建築街区造成事業による共同ビルの建設が進んだ。同事業は当初は街区全体の事業として計画されていたが、権利関係の複雑さから一体での事業は進展せず、三つのブロックに分割されて事業化した。

対象地区は渋谷駅近傍でも最も遅くまで闇市を起源とするマーケットが残っていた場所であるが、以上のようにマーケットは一九七〇年代までに姿を変えていった。

6 地権者が開発したマーケットと渋谷を立体的につないだ東急の開発

闇市の変容・持続のタイポロジー

渋谷駅近傍に発生した闇市を起源とするマーケットの特徴は、小規模なマーケットが私有地に合法的に建設されたことであろう。これは新宿や池袋のマーケットとは大きく異なる特徴である。

渋谷駅周辺のマーケットおよび露店が生まれた土地の性質と、その後の変遷から整理すると、①交通疎開空地に建設されたもの、②私有地に不法占拠で建設されたもの、③私有地に合法的に建設されたもの、④公道に並んだ露店の四つに分類できる。ここではそれぞれの類型ごとにマーケットの変容過程を見ていく。

①交通疎開空地に建設されたマーケットは台湾人による駅前マーケットのみである。戦中期に交通疎開空地指定された土地は都に買収され、戦後も都有地のまま区画整理が行われた。同マーケットは、渋谷事件の直後一九四六年半ばに警察によって閉鎖されている。その後の渋谷の元交通疎開空地は、広場として利用されていた。

②私有地に不法占拠で建設されたマーケットであると明らかになっているものは、道玄坂百貨街の一部で、戦中期から一九四七年

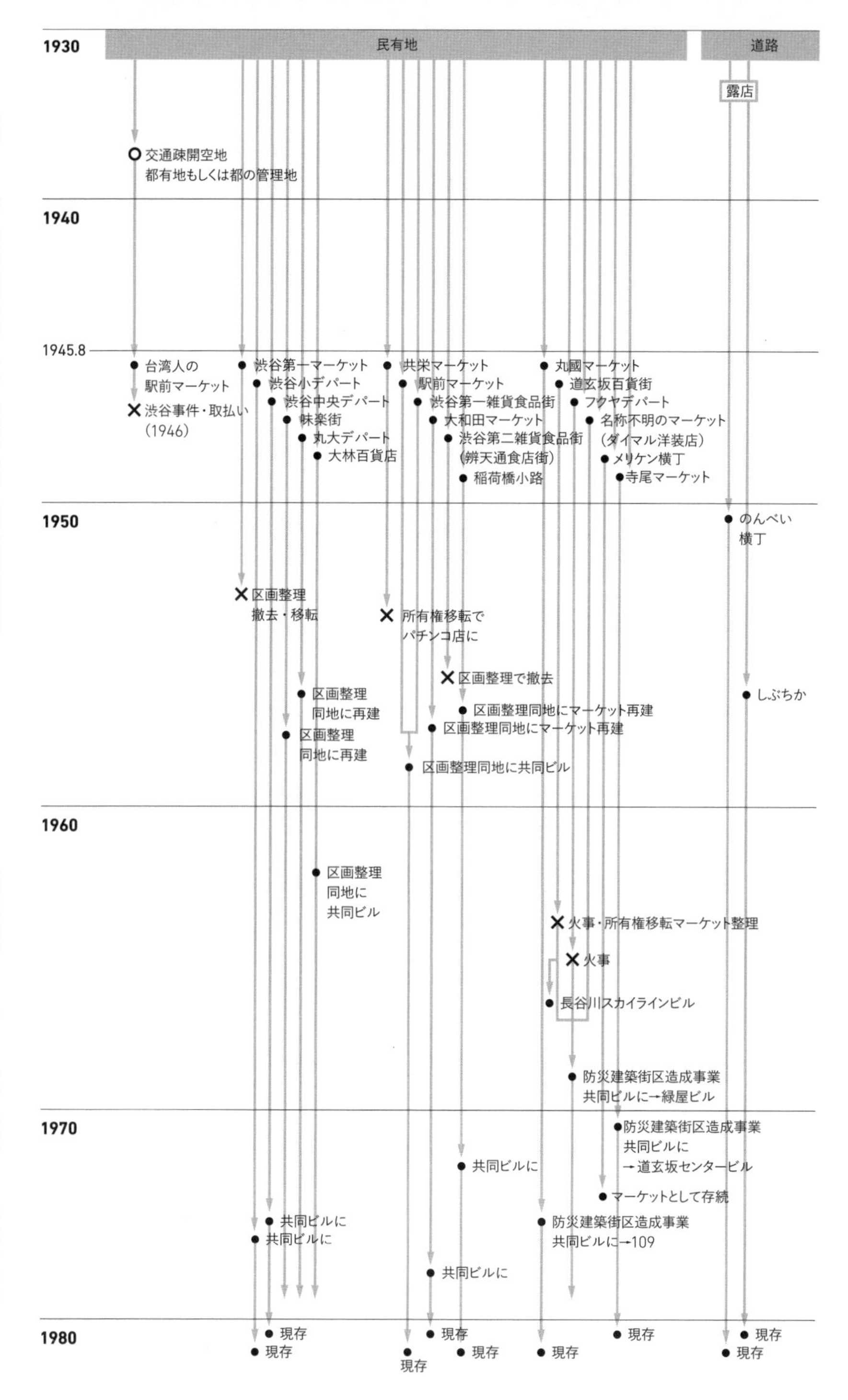

図53——渋谷駅近傍におけるマーケットの発生と変容

まで都の管理地となっていた場所のマーケットのみである。一九四七年に都の管理から外れた土地を占拠していたマーケット営業者と地主の松竹の間で係争が起き、一九六二年に営業者が立ち退き再開発が進んでいる。

③台湾人による駅前マーケットと道玄坂百貨街の一部を除いたマーケットのほとんどが、私有地に合法的に建設されたマーケットであった。区画整理用地内のマーケットは、区画整理後も換地にマーケットを建設するか共同ビルを建設して、その性質を持続させていた。また、区画整理用地から外れた三角地帯も、防災建築街区造成法によって再開発が行われた。道玄坂百貨街は火災を契機として営業者の立ち退きが進められたが、丸國マーケットの営業者は再開発ビルへ権利者として再開発事業に参加していた。区画整理による換地にマーケットを建設した場所でも、多くは一九七〇年代に共同ビルへの建替えが行われていった。

④公道に並んだ露店のうち、飲食店は露店整理事業によって都有地の払い下げを受け、マーケットを建設して集団移転した。このマーケットはのんべい横丁として現存している。また、小売の露店はまとまって地下街を建設することになった。資金難で事業がなかなか進まなかったが、東急資本によって建設されることになり、露店営業者はテナントとして地下街に入居した。

渋谷駅近傍のマーケットの形成の特徴は、台湾人の駅前マーケットを除き、小規模なマーケットが民有地に建設されたことである。渋谷の闇市の特徴として、松平誠が「組」組織の非統制をあげていたが、それはマーケットの形成と組織の多様性にも現れている。

こうしたマーケットの多くは、フォーマルな土地所有や賃貸契約のもとに建設されたものと考えられ、マーケットの建物と地割を比較すると、大半のマーケットが地割に従って建設されていることがわかった。

戦後の渋谷における東急の開発

渋谷の戦災復興の特徴は東急が大きな力を発揮したということも指摘しなければならない。とくに顕著なのは、東口の戦災復興土地区画整理事業によって東急の所有地が集約され、東急文化会館の用地が用意されたことである。また、露店を収容した地下街の建設では、露天商との契約を反古にしたことで、私企業でありながら東急が駅前広場の地下に広大な不動産（地下街）を開発し所有することを可能にした。

注

*1――一九四五年一月六日に陸軍によって撮影された航空写真「95F15-C4-54」から建物が除去されていることがわかる。

*2――『新修渋谷区史　下巻』東京都渋谷区、一九六六年、二五一九 - 二五二二頁。

*3――「渋谷区認定新興市場地区図　図五　渋谷一二・一三・一四・一五・一六」都市整図社、一九五三年一月。

*4――「渋谷に新名物〝のんべい横町〟　露店四〇軒が区の世話で集る」『読売新聞』一九五一年八月一一日朝刊、四面。

*5――建設省『戦災復興誌　第拾巻』都市計画協会、一九六一年、九〇頁。

*6――前掲「渋谷に新名物〝のんべい横町〟　露店四〇軒が区の世話で集る」『読売新聞』。

*7――東京都商工指導所・税務経営指導協会『露店問題に関する資料』一九五二年四月、七〇 - 七一頁。

*8――渋谷地下商店街振興組合編『しぶちか二十五周年誌』渋谷地下商店街振興組合、一九八四年、一〇四頁。

*9――土地［58-1］は一九四一年七月二三日に東京横浜電鉄（後の東京急行電鉄）が明和不動産株式会社より買収している。

*10――東京急行電鉄株式会社社史編纂事務局『東京急行電鉄五〇年史』東京急行電鉄株式会社社史編纂委員会、一九七三年、四三六頁。

*11――前掲『新修渋谷区史　下巻』二五一九 - 二五二二頁。

*12――「渋谷区認定新興市場地区図　図四　渋谷一〇・一一」都市整図社、一九五三年一月。

*13――東京急行電鉄株式会社社史編纂事務局前掲『東京急行電鉄五〇年史』四三六頁。

*14――同書、四三六頁。

*15――「区画整理の波紋 渋谷第一マーケット 明渡し急ぐ東急」『読売新聞』一九五三年一〇月三一日朝刊、六面。

*16――七尾和晃は『闇市の帝王　王長徳と封印された「戦後」』（草思社、二〇〇七年、一四三 - 一五一頁）で、渋谷第一マーケットは王長徳が取得した土地に自ら建設し経営していたが、後に五島慶太が土地を譲って欲しいと申し出たため売却したとしている。しかし、先に見たとおりこの土地は戦前から東急の所有地であり、旧土地台帳には王長徳が取得したという記録はない。

*17――建設省前掲『戦災復興誌　第拾巻』九〇頁。

*18――前掲「区画整理の波紋　渋谷第一マーケット　明渡し急ぐ東急」『読売新聞』。

*19――東京急行電鉄株式会社社史編纂事務局前掲『東京急行電鉄五〇年史』四三六 - 四三七頁。

*20――前掲「区画整理の波紋　渋谷第一マーケット　明渡し急ぐ東急」『読売新聞』。

*21――東京急行電鉄株式会社社史編纂事務局前掲『東京急行電鉄五〇年史』四三七頁。

*22――前掲「区画整理の波紋　渋谷第一マーケット　明渡し急ぐ東急」『読売新聞』。

*23――大沢武三郎は右翼団体の政治結社「愛国青年連盟　上野総本部」の初代団長、全日本愛国者団体会議顧問などを務めている。当時、大沢武三郎が率いる大沢組は上野署、愛宕署の管内暴力団リストに含まれ、一九五〇年

春の警視庁の暴力団取締では二〇名以上が検挙されている。

*24——前掲「区画整理の波紋　渋谷第一マーケット　明渡し急ぐ東急」『読売新聞』。

*25——同記事。

*26——同記事。

*27——バスターミナルの計画については、石田雅人「坂倉準三と渋谷計画—大都市ターミナル形成の一例として」明治大学大学院二〇〇八年度修士論文、二〇〇九年、七七頁。

*28——磯村英一『都市論集Ⅱ　都市の社会理論』有斐閣、一九八九年。一九五四年六月に行われた調査より。

*29——石田雅人前掲「坂倉準三と渋谷計画」六八頁。

*30——同論文、七三頁。

*31——玉電ビルの建設、五島慶太による玉電ビル建設構想の発展については加藤新一「東京急行電鉄——戦前期「東急」の事業展開と渋谷『総合駅』の形成」『民鉄経営の歴史と文化　東日本編』古今書院、一九九二年、五三-六六頁。

*32——藤田佳世『渋谷道玄坂』彌生書房、一九七六年、一九-二三頁。

*33——今和次郎『新版大東京案内　上』筑摩書房、二〇〇一年、二四五頁。底本は『新版大東京案内』中央公論社、一九二九年。

*34——藤田佳世前掲『渋谷道玄坂』二〇頁。

*35——同書、二四頁。

*36——横井弘三『露店研究』出版タイムス社、一九三一年、一六一頁。

*37——藤田佳世前掲『渋谷道玄坂』二四頁。

*38——同書、二四頁。

*39——東京都『東京都戦災誌』明元社、二〇〇五年、一八六-一八八頁。

*40——一九四五年一月六日に陸軍によって撮影された航空写真「95F15-C4-54」より。

*41——前掲『新修渋谷区史　下巻』二五一九-二五二二頁。

*42——松平誠『ヤミ市　幻のガイドブック』筑摩書房、一九九五年、一二二頁。

*43——前掲『新修渋谷区史　下巻』二五四〇頁。

*44——同書、二五四二頁。

*45——青井哲人「渋谷——ヤミ市から若者の街へ」『盛り場はヤミ市から生まれた』青弓社、二〇一三年、九三頁。

*46——前掲『新修渋谷区史　下巻』二五四三-二五四四頁。

*47——「岐路に立つ青空市場　新橋と渋谷閉鎖　自粛三項目通達」『朝日新聞』一九四六年七月二二日朝刊、二面。

*48——一九五三年に都市整図社が作成した「新興市場地図」で新興市場に認定されているものをマーケットと呼んでいる。大林百貨店と共栄マーケットの名称は「渋谷区新興市場地図　図八　渋谷二五・二六・二七・二八・二九・三〇」(都市整図社、一九五三年二月)より。味楽街と丸大デパートの名称については「渋谷区認定新興市場地区図　図五　渋谷一二・一三・一四・一五・一六」(都市整図社、一九五三年)より。

*49——青井哲人「難波・渋谷・新宿——戦後都市と坂倉準三のターミナルプロジェクト群」『建築家　坂倉準三展　モダニズムを生きる——人間、都市、空間』神奈川県立近代美術館、二〇〇九年、一七三頁。

*50——東急会館および跨線廊の建設については、石田雅人前掲「坂倉準三と渋谷計画」六七-七〇頁を参照した。

*51——渋谷地下商店街振興組合編前掲『しぶちか二十五周年誌』一〇三-一〇四頁。

*52——同書、一〇〇頁。

*53——同書、一〇四頁。

*54——同書、一二三-一二四頁。

*55――同書、一二五頁。
*56――東京急行電鉄株式会社社史編纂事務局前掲『東京急行電鉄五〇年史』五四〇頁。
*57――「地下街建設へ動く　すっきりする渋谷駅前」『朝日新聞』一九五六年一月一三日朝刊、八面。
*58――東京急行電鉄株式会社社史編纂事務局前掲『東京急行電鉄五〇年史』五四〇頁。
*59――同書、五四一頁。
*60――渋谷地下商店街振興組合編前掲『しぶちか二十五周年誌』一二六頁。先の四項目を条件として東急と渋谷常設街商協同組合、東京都の三者が合意したことは、当然、東急の社史には記載されていない。
*61――「開店休業の渋谷地下街　家賃めぐってゴタゴタ」『朝日新聞』一九五七年一二月五日朝刊、一二面。
*62――京王電鉄株式会社広報部『京王電鉄五〇年史』京王電鉄株式会社、一九九八年、六八頁。
*63――中島伸「戦災復興土地区画整理事業による街区設計と空間形成の実態に関する研究――東京都戦災復興土地区画整理事業地区を事例として」(東京大学博士論文、二〇一三年)所収。「土地区画整理第八地区　現在ノ土地利用状況図」と記されているが、戦後の土地利用状況を示しておらず、戦前の土地利用状況が示されている。この図面が作成された一九四八年一〇月一九日には、対象地区にはすでにマーケットが建設されており、土地利用状況はこの図とは大きく異なる。この図が戦災復興期の同地の状況ではなく、なぜ戦前の市街地の状況を描いていたのかは不明であるが、この点については今後、戦災復興土地区画整理事業研究の重要なテーマとなるであろう。
*64――東京都前掲『東京都戦災誌』一八六―一八八頁。
*65――マーケットの名称は「渋谷区新興市場地図　図八　渋谷二五・二六・二七・二八・二九・三〇」(都市整図社、一九五三年)を参照している。
*66――大和田マーケットの建設経緯と渋谷興業有限会社についての情報は、二〇一五年一月二二日に筆者が行った渋谷興業への聞き取り調査による。
*67――渋谷第二雑貨食品街は、換地図でいえば[大和田町1-4][大和田町18-4][大和田町18-9]に跨って建設されているが、[大和田町18-9]は一九四八年四月一〇日に[大和田町18-4]から分筆された土地である。
*68――渋谷東急ビルの建設については、東急不動産株式会社総務部社史編纂チーム『街づくり五十年』東急不動産株式会社、一九七三年、二五六―二六八頁を参照した。同書のなかに渋谷東急ビルの土地に関する図面があるが、本論文では戦災復興土地区画整理事業の換地確定図と旧土地台帳の情報を優先して記述を進めている。
*69――東京急行電鉄株式会社社史編纂事務局前掲『東京急行電鉄五〇年史』六二三―六二四頁。
*70――松平誠前掲『ヤミ市　幻のガイドブック』二一頁。
*71――「もめる恋文横丁　地主松竹へ〝土地譲れ〟とデモ」『朝日新聞』一九六〇年一一月一七日夕刊、五面。
*72――佐藤健造は地方自治法施行以来の第一代・第二代の渋谷区長で、それぞれ一九四七年四月一二日～一九五一年四月四日、一九五一年四月二五日～一九五三年四月三〇日の計六年間渋谷区長を務めた。前掲『新修渋谷区史下巻』二六五二頁より。
*73――マーケットの名称については「新興市場地図」(都市整図社、一九五三年)を参照した。
*74――「警官も出動大もめ　道玄坂焼け跡　地主が立ちのき要求」『読売新聞』一

九六五年四月二日夕刊、六面。

＊75——「私設の区役所　渋谷道玄坂のボス検挙」『読売新聞』一九五一年六月一九日夕刊、二面。

＊76——前掲「もめる恋文横丁　地主松竹へ　〝土地譲れ〟とデモ」『朝日新聞』。

＊77——同記事。

＊78——「〝恋文横丁〟の灯は消えた　話合いつき立ちのき」『朝日新聞』一九六二年二月二日朝刊、一二面。

＊79——前掲「もめる恋文横丁　地主松竹へ　〝土地譲れ〟とデモ」『朝日新聞』。

＊80——「道玄坂商店街を圧倒　横の連結で対抗を準備　東急会館」『読売新聞』一九五四年一〇月二二日朝刊、八面。

＊81——前掲「〝恋文横丁〟の灯は消えた　話合いつき立ちのき」『朝日新聞』。

＊82——社団法人全国市街地再開発協会『図集・市街地再開発』社団法人全国市街地再開発協会、一九七〇年、一一四‐一一五頁。

＊83——「深夜の道玄坂で大火　二つの百貨街五〇店」『読売新聞』一九六五年三月三一日朝刊、一五面。

＊84——「警官も出動大もめ　道玄坂焼け跡　地主が立ちのき要求」『読売新聞』一九六五年四月二日夕刊、六面。

＊85——初田香成『都市の戦後　雑踏の中の都市計画と建築』東京大学出版会、二〇一一年、一〇〇頁。

＊86——「渋谷の〝戦後〟また一つ　道玄坂のマーケット街　八月に取り壊し　七階ビルに衣替え　『東急』がらみに反発も」『朝日新聞』一九七六年五月二〇日朝刊、二〇面。

＊87——前掲「渋谷の〝戦後〟また一つ　道玄坂のマーケット街　八月に取り壊し　七階ビルに衣替え　『東急』がらみに反発も」『朝日新聞』。

＊88——「道玄坂　再開発計画、軌道に　区道廃止、区議会可決」『読売新聞』一九七六年六月一〇日朝刊、二〇面。

結章

所有と占有からみる都市史

1 ターミナルと闇市

マーケットが建設された土地

本書は新宿駅、池袋駅、渋谷駅近傍の都市形成過程を明らかにするために、一九三〇年代後半から一九七〇年ごろまでの各地区の都市組織を段階的に復原し、それらを比較することで都市組織を動態として捉え、とくに闇市を起源とするマーケットに注目することで各地区の形成過程を明らかにしてきた。第二・三・四章で見た新宿・池袋・渋谷のマーケットの形成過程を土地の性質から整理すると、交通疎開空地、都有地、国有地などの公有地に大規模なマーケットが建設された新宿、池袋に対して、渋谷では私有地に規模の小さなマーケットが建ち並んだことが明らかになった。新宿および池袋では土地の所有権・借地権を半ば無視したかたちでマーケットが建設されたため、序章で示した仮説でいえばフェーズ三の戦災復興土地区画整理事業において、地主と借地人の土地を換地するだけでなく、マーケットの所有者と営業者に対して占有権と営業権の補償を行うことを迫られた。一方で、渋谷ではフェーズ二において公式な土地権利関係のもとマーケットが建設されたため、フェーズ三に移っても地権者と占有者および営業者にズレが少なかった。

こうした見取りから、ターミナル近傍に発生したマーケットを次のふたつに分類する。ひとつは開発者がなんら権利を持たない土地を占有し、建設したマーケットであり、これを「テキ屋的開発としてのマーケット」とする。もうひとつは地主あるいは借地人などが建設した「地権者の開発としてのマーケット」である。交通疎開空地の土地が戦前の権利者へと返還され、また終戦直後に交わされた短期的な借地契約の期限が切れたフェーズ二の終盤において、この二類型の差異は顕在化し「テキ屋的開発としてのマーケット」は不法占拠化した。また、本書で復原した各時期の都市組織の分析からは「テキ屋的開発としてのマーケット」は地割を無視したかたちで複数の土地に跨って建設されており、一方の「地権者の開発としてのマーケット」は同一所有者の土地（大半が一筆）に沿って配置されていることが明らかになった。

「地権者の開発としてのマーケット」は、一筆あるいは同一の所有者の土地に限定してマーケットを建設しているため、「テキ屋的開発としてのマーケット」に比して小規模であった。戦後復興期のマーケットの形成と、その後の変容の過程は「テキ屋的開発としてのマーケット」であれ、「地権者の開発としてのマーケット」であれ、土地所有の状況や交通疎開空地の整備など終戦までの場所の性質に規定されていたのである。

こうした終戦までの場所の性質とマーケットの形成を地区ごとに整理すると表1のようになる。新宿では、四つのテキ屋組織が公有地を中心にマーケットを建設しているが、すべてテキ屋的開発として建設され、土地所有境界を跨いだ大規模なマーケットであった。新宿駅近傍のマーケットの開発主体は、この四つの「組」組織である。これに対して、渋谷は地権者の開発としてのマーケットが大半を占め、二〇弱もの主体がマーケットの開発に関わっている。これらのマーケットは新宿のものに比べ小規模で、台湾人によって交通疎開空地跡地に建設された駅前マーケットを除き、私有地に建設されていた。そして、こうした対極的な性質をもつ新宿と渋谷の間に位置づけられるのが池袋のマーケットである。大規模なマーケットは公有地あるいは都の管理地に建設されたテキ屋的開発のマーケットであるため、巨視的に見た形成過程が示す性質は新宿に近いものの、地権者の開発と考えられるマーケットも散見された。

表1——フェーズ2に新宿・池袋・渋谷駅近傍に建設されたマーケット

方面	戦前の都市化の概略	駅前広場計画	交通疎開空地	土地所有	マーケット名	開発主体	マーケットの開発類型
新宿							
東口	駅と新宿追分をつなぐ新宿通りを中心に商店街を形成。駅付近では新宿通りから南側に入ると、劇場が点在するものの、線路付近は倉庫街となっていた。	計画のみ	鉄道に沿って新宿通りから甲州街道にかけての1900坪が交通疎開空地に。	都有地あるいは都の管理地（都が借地）	**・和田組マーケット**	和田組（和田薫）	テキ屋的開発
				1944年から1947年までは交通疎開空地として都有地。1947年に戦前の地権者に返還されてからマーケットが建設された。	**・野原組マーケット①** **・野原組マーケット②**	野原組（野原松次郎）	テキ屋的開発
			交通疎開空地に指定されなかった土地	私有地	**・新宿マーケット**	尾津組（尾津喜之助）	テキ屋的開発
西口	東京都専売局の工場が移転し、駅前広場が概成したものの、周辺の宅地は更地のまま終戦を迎える。	1941年に概成	なし	都有地・帝都高速度交通営団所有地	**・安田組マーケット**	安田組（安田朝信）	テキ屋的開発
		区画整理で基盤整備が行われた	なし	私有地			
池袋							
東口	明治通りを中心に商店街が形成される。駅前の裏通りにはカフェ街が生まれたが、駅前以外は住宅地であった。駅から比較的に近い場所に根津山が雑木林として戦後まで残されていたことが、戦後の同地の形成に大きな役割を果たす。	計画のみ	国鉄駅舎前の駅前広場計画地と武蔵野線周辺が交通疎開空地に。	都有地あるいは都の管理地（都が借地）	**・森田組東口マーケット**	森田組（森田信一）	テキ屋的開発
			交通疎開空地に指定されなかった土地	私有地	**・武蔵野デパート**	西武（地主）	地権者の開発
					・平和マーケット **・ミューズマーケット** **・東口マーケット**	不明（地権者）	
西口	駅から豊島師範学校へ続く通称バス通りを中心に商店街が生まれる。豊島師範学校の土地が国有地として広く存在したことが特徴。大通り沿いは商店街となっていたが、そこから一歩街区内部へと入ると、東口同様住宅地となっていた。		国鉄駅舎前の駅前広場計画地が交通疎開空地に。	都有地あるいは都の管理地（都が借地）	**・駅前の商店街**	不明	不法占拠で商店街が建設された（とくにフェーズ3の初期）
			交通疎開空地に指定されなかった土地	国有地（豊島師範学校）	**・仁栄マーケット別館**	洪仁栄（同地の一時使用許可を得ていた原定良から土地使用権を譲り受けた）	テキ屋的開発
					・永安公司A	不明（原定良 or 堤栄治）	
					・復興商店街（復興マーケット）	池袋戦災復興会（井本常作）	
					・上原組マーケット	上原組（上原幸助）	

				私有地	・森田組西口マーケット	森田組（森田信一）	テキ屋的開発
					・永安公司B	不明（原定良 or 堤栄治）	
					・東京マーケット	不明（地権者）	地権者の開発
渋谷							
東口	宮益坂の大山街道に商店街が形成されるが、それ以外はほとんど住宅街。大山街道沿いには東横百貨店が開店していた。1940年代前半に東急が渋谷小学校用地の払い下げを受け、駅前の土地集積を進めていた。	一部が事業化しているが未完	交通疎開空地には指定されていないが、建物が除去され、空地となっている。	私有地	**・渋谷第一マーケット**	東急（地主）	地権者の開発
			国鉄の線路に沿って疎開空地がとられている。		**・渋谷中央マーケット（松本マーケット）**	松本家（地主）	
			交通疎開空地に指定されなかった土地		**・渋谷小デパート** **・稲荷橋小路**	不明（地権者）	
西口	道玄坂の大山街道沿いとその周辺に商店街が形成され、夜には夜店が並んでいた。玉電軌道の南側はすべて住宅街であった。駅前には玉電ビルが建設されたが、戦時体制下で工事が中断。戦後の東急会館の工事に引継がれる。	計画のみ	玉電ビルの北西・南西側の駅前広場計画地が交通疎開空地に。	都有地あるいは都の管理地（都が借地）	**・駅前マーケット**	台湾人集団	テキ屋的開発
			交通疎開空地に指定されなかった土地	都の管理地（1947年に返還）	**・道玄坂百貨街（不法占拠）**	佐藤健造（隣地の地主の夫）	テキ屋的開発
				私有地	**・道玄坂百貨街**	佐藤健造（地主の夫）	地権者の開発
				私有地	**・大林百貨店**	大林家（地主）	地権者の開発
					・丸大デパート	丸大（借地人）	
					・共栄マーケット	不明（地権者）	
					・大和田マーケット	渋谷興業有限会社（地主）	
					・丸國マーケット	國松遷三（東京露店商同業組合渋谷支部長）	
					・味楽街 **・駅前マーケット** **・渋谷第一雑貨食品街** **・渋谷第二雑貨食品街** **・フクヤデパート** **・寺尾マーケット** **・メリケン横丁** **・名称不明のマーケット**	不明（地権者）	

テキ屋的開発としてのマーケットの形成と変容

占有権と営業権の補償

序章では、フェーズ三（一九四九年以降）において戦災復興土地区画整理事業は、駅前の土地を不法占拠するマーケットを無条件に排除するのではなく、占有権と営業権を補償したうえで整理を行ったと捉えることができるのではないかという仮説を示した。第二・三・四章で検証したところ、テキ屋的開発として建設された新宿と池袋のマーケットでは仮説を実証することができた（図1）。一方で、地権者の開発として建設されたマーケットの変容の過程は、地権者と借家人の関係として整理ができる（図2）。これについては後述することとする。第二・三章の内容を踏まえ、ここではテキ屋的開発としてのマーケットの整理過程を見ていこう。

まず、「テキ屋的開発としてのマーケット」の整理過程では、戦災復興土地区画整理事業によって整理されたマーケットと、整理されなかったマーケットがあることを確認しておこう。戦災復興土地区画整理事業によって駅前の不法占拠マーケット（テキ屋的開発としてのマーケット）が整理されていったのは、一九五〇年ごろと一九六〇年前後に集中している。そして、両時期におけるマーケットの整理は、ともに都が占有権と営業権を金銭で補償することで進められたが、時期によってマーケットの移転・変容の過程が大きく異なっていた。

一九五〇年前後は東京で戦災復興土地区画整理事業が開始された時期である。マーケットの整理は、占有権と営業権の補償と、都による移転地・代替地の斡旋がセットになって行われている。そのため、整理されたマーケットの多くは集団で移転することができた。新宿のゴールデン街、新宿駅前の共栄社跡地の暫定的なマーケット、池袋の美久仁小路、栄町通り、ひかり町通りのマーケットなどはこの例である。池袋駅東口の根津山は、戦災復興土地区画整理事業を円滑に進めるために都が西武から買収した土地で、都がここを分譲したことで行き場のない闇市の営業者が土地を取得することができた。そのほか集団でマーケットを再建しただけでなく、個人で土地を取得していく者もいた。

一方で、一九六〇年前後の戦災復興土地区画整理によるマーケットの整理も占有権と営業権を金銭で補償することで進められたが、このころまでに副都心ターミナル近傍では地価が上昇し、建物の再建が進んでいたため空地もなくなり、営業者は集団でマーケットの移転地・代替地を得ることがむずかしくなっていた。そのため、マーケットの営業者は、個別に移転あるいは転廃業していくこととなっ

図1――テキ屋的開発としてのマーケットの変容

テキ屋的開発としてのマーケット(不法占拠)

↓ 何の権利も持たない土地を一時的に占有して商業空間を作り出す。

↓ 1947〜48年に不法占拠が顕在化。

↓ 建物になったことで占有権・営業権が発生。

新宿
・新宿マーケット
・和田組マーケット
・野原組マーケット
・安田組マーケット

池袋
・森田組東口マーケット
・復興商店街
・仁栄マーケット
・永安公司A
・上原組マーケット
・森田組西口マーケット
・永安公司B

渋谷
・駅前マーケット(台湾人)
・恋文横丁(道玄坂百貨街)

→ **戦災復興土地区画整理事業で整理される**

→ **1950年前後の整理**
都が占有権(建物所有者)・営業権(営業者)を金銭で補償。
＋
代替地を斡旋

→ **営業者は地主へ**
営業者は集団(一部は組合を結成)で土地を購入。マーケットを再建。

新宿 ・三光町商店街
池袋 ・美久仁小路
・栄町通り
・ひかり町通り

↓ 地価高騰 市街地化

→ **1960年前後の整理**
都が占有権・営業権を金銭で補償。
＋
都有地の余裕があれば払い下げを提案。

→ **個別に移転・転廃業**
営業者は補償金を受け取り個別に移転・転廃業。
都有地に余裕があった池袋西口では払い下げの提案があったが、地価が高く払下げを受けられた営業者は一部であった。

池袋 ・池袋西口センタービル

→ **戦災復興土地区画整理事業で整理されない**

→ **駅前再開発(駅ビルの建設)**
地主が占有権・営業権を金銭で補償。
＋
地主が所有地の一部を貸す。
or
地主の所有する建物の一部を貸す。

→ **営業者は借地人・借家人へ**
営業者は地主の土地の一部を集団(株式会社を設立)で借地し共同ビルを建設、あるいは地主の所有する地下街へテナントとして入居する権利を得た。

新宿 ・新宿西口会館
・新宿西口広場地下街
(小田急エース)

→ **営業者が土地を買収・借地**
戦災復興土地区画整理事業で整理されなかったマーケットの営業者の一部は地主から土地を購入。
他方、地主が起こした不法占拠に関わる裁判の判決がおり、占有者に地上権が認められ、公式な借地契約を結んだ場合もあった。

→ **営業者が地主・借地人へ**
マーケットを取り壊されることなく、営業者が地主・借地人になっていった。
恋文横丁などのように即時転売する場合もあった。

新宿 ・思い出横丁
・新宿マーケット
渋谷 ・恋文横丁(道玄坂百貨街)

た。新宿の野原組マーケット、池袋駅西口の復興マーケットなどはこの例である。池袋西口センタービルは、営業者が土地の払い下げを受けたこの時期の整理としては例外的な事例であった。

他方で、戦災復興土地区画整理事業によって整理されなかったマーケットでも、地主から立ち退きを求められ、係争をするなかで権利を獲得していったものもあった。マーケット営業者は、交渉次第で地主から土地を買収したり、土地の一部を借地したり、地主が建設した建物へテナントとして入居する場合があった。新宿の新宿マーケット、安田組マーケットの一部（思い出横丁）、新宿西口会館、新宿西口広場地下街（小田急エース）、道玄坂百貨街の一部である恋文横丁などである。

地権者の開発としてのマーケットの形成と変容

地権者の開発したマーケットは、地主もしくは借地人が建設したマーケットに複数の営業者が入居したものであるから、その変化の過程においてもその権利関係は地権者と借家人の関係として捉えられる。もちろんそのなかで、開発のために立ち退きを進めたい地権者あるいは建物所有者と、入居者との対立が起きることもあった。

渋谷駅近傍のマーケットは大半が地権者の開発したマーケットであり、そのほとんどは戦災復興土地区画整理事業で取り壊されるが、換地にマーケットを再建したり共同ビルを建設することによって、その性質を持続させている（図2）。

地権者と入居者の対立の事例として、渋谷第一マーケットがある。戦災復興土地区画整理事業に際して、大規模な開発を意図していた東急の土地に建つ渋谷第一マーケットの営業者は、立ち退きを求められることとなった。半数ほどの営業者は金銭的な補償を受け取り立ち退いたが、その他の営業者は代替地を求め闘争を続けたため、東急は別に土地を購入し建設したマーケットに営業者を収容した。

他方で、地権者が開発したマーケットのうち、戦災復興土地区画整理事業の工区から外れていた渋谷の三角地帯のマーケットは一九六〇年代まで更新されることなく残存した。一九六〇年代半ばのマーケット内での火災を契機に一部の営業者が立ち退き、さらに防災建築街区造成事業によって、その後に共同ビル化が進んだ。渋谷センタービル、緑屋ビル、109が、防災建築街区造成事業によって建設された共同ビルである。

図2——地権者の開発としてのマーケットの変容

地権者の開発としてのマーケット（合法的占有）

↓ 地権者（地主・借地人）が開発したマーケット

渋谷
・渋谷第一マーケット
・渋谷小デパート
・渋谷中央マーケット
・味楽街
・丸大デパート
・大林百貨店
・共栄マーケット
・駅前マーケット
・渋谷第一雑貨食品街
・大和田マーケット
・渋谷第二雑貨食品街
・丸國マーケット
・道玄坂百貨街（南側）
・フクヤデパート
・マーケット
（後のダイマル洋装店）
・メリケン横丁
・寺尾マーケット
・稲荷橋小路
・マーケット26-2
・マーケット1-7

池袋
・平和マーケット
・ミューズマーケット
・東口マーケット
・東京マーケット

新宿
・龍宮マーケット

戦災復興土地区画整理事業地区内
換地が指定される

営業者も換地へ移転
換地にマーケットを再建。
or
換地の共同ビルを建設。

営業者は借家人として移転
区画整理以前の営業者は引き続き借家人として再建されたマーケットもしくは共同ビル（この場合は営業者も権利者になる）に入居。

渋谷
・渋谷小デパート
・渋谷中央マーケット
・旧味楽街（名称不明）
・丸大遊技場
・渋谷駅前ビル
・渋谷駅前会館
・旧大和田マーケット
（名称不明）
・旧稲荷橋小路（名称不明）

池袋
・旧東口マーケット
（名称不明）
・旧東京マーケット
（名称不明）

新宿
・第一尾津ビル
・第二尾津ビル

営業者を立退かせて地主が再開発
地主が占有権・営業権を金銭で補償。
＋
一部の営業者は地主が買った別の土地に移転。

営業者は立退き
一部は別地のマーケットに借家人として移転

渋谷
・東急文化会館
（旧渋谷第一マーケット）

戦災復興土地区画整理事業地区外
区画整理の影響を受けない

1960年代半ば以降に再開発
防災建築街区造成事業

営業者も再開発ビルの権利者へ

渋谷
・渋谷センタービル
・緑屋ビル
・109

2 ターミナルと有力資本

終戦後のターミナル近傍の都市組織の再生を担ったマーケットは一九五〇年以降、戦災復興土地区画整理事業や駅前再開発、防災建築街区造成事業によって変容を迫られた。姿を変えて持続するものもあれば、整理されていくものもあった。こうした過程で、マーケットに変わってターミナル近傍の商業空間として隆盛してくるのは、戦前からの有力資本による百貨店や商店であった。

有力資本の優遇的な換地

戦前から鉄筋コンクリート造の建物を建設していた新宿の高野、中村屋、聚楽、新宿ホテル、新宿武蔵野館といった有力資本の土地は、堅牢建物が建っているが故に戦災復興土地区画整理事業では原位置換地が行われ、減歩もほとんどされていない。当然、区画整理では公平性を担保すべきであるから、減歩されなかった土地については金銭的な清算が行われたことが予想されるが、こうしたことを具体的に明らかにできる資料は管見の限りだがない。さらに仮に仮換地が指定された時点（一九四〇年代後半）で、こうした不公平を金銭的に清算していたとしても、その後に新宿・池袋・渋谷は急激に発展したため換地処分時点では地価は高騰していたはずで、金銭清算など微々たるものであったに違いない。減歩の少なかった有力資本が大きな含み益を得たことは確かであろう。

また、高野や中村屋の換地が他の土地より有利な形で行われていたことも確認した。そして、三越は戦後に複数の土地を取得し、戦災復興土地区画整理事業でこれらの土地がもともとの三越所有地に隣接して集約されたことで、三越はフットプリントを大きくし売場の増床を行えたことも明らかにした。渋谷における東急文化会館の用地の捻出や、池袋駅西口の民衆駅の用地も地主の意図が反映された換地だったことは疑問の余地がない。

さらに大資本は開発のために闇市を出自とする商店を取り込んでいった。新宿駅西口の小田急は駅舎を建設するためにマーケット営業者を地下街に収容し、東急は露天商とともに地下街の建設を進めることで公共用地の地下に開発を行うことができた。

戦災復興土地区画整理事業における駅舎用地

新宿、池袋は戦災復興土地区画整理事業で駅舎用地が広く取られたが、渋谷では戦前の計画を引き継ぐ規模にとどまり、駅舎用地はほとんど広がっていない。これは国鉄の駅ビル建設が積極的に計画された新宿や池袋と、戦前から東急の支配下にあったとでもいえるほどに国鉄の駅が相対的に小さくなっていた渋谷の差とも考えられる。国鉄の駅舎建設を考慮した新宿と池袋の換地と、国鉄が駅舎建設を半ば諦めた渋谷の換地には大きな差があった。

3 ターミナルを中心とした都市形成

経路としての類型

以上のように戦災復興期にターミナル近傍に現れたマーケットの性質と変容の過程、その後の有力資本の換地を見ることで、山手線西側のターミナル近傍の形成過程の特徴を示した。こうした過程を通時的に整理すると、図3のようになる。フェーズ二、フェーズ三における形成過程は戦前の土地所有権の性質の差や、基盤整備事業の有無、戦災復興土地区画整理事業や再開発事業との関係などから変化のパタンが決定されていた。それらを経路として類型化した。

すなわちテキ屋的開発としてのマーケットを類型A、地権者の開発としてのマーケットを類型B、大資本の建物を類型C、戦後に現れた露店を類型Dとして、それぞれの変容経路を見ていきたい。どの類型もフェーズ二の終盤からフェーズ三にかけて経路が分かれている。

類型A　テキ屋的開発としてのマーケット

まず類型Aはおもに戦災復興土地区画整理事業によって一九五〇

年ごろと一九六〇年ごろに集中して整理と権利の処分が行われ、前者の時期には合わせて移転地の斡旋が行われていたことはくりかえし述べてきたとおりである。こうした事業によって、フェーズ二において錯綜していた権利関係は単純化され、インフォーマルな権利しかもっていなかった類型Aは、フォーマルな権利関係で構成された市街地へと整理され組み込まれていった。不法占拠化したテキ屋的開発としてのマーケット（類型A）は、フェーズ二の終盤からフェーズ三の初期にかけて三つの経路に分岐する。詳しく見ていこう。

ひとつ目は一九四九年から一九五二年にかけての戦災復興土地区画整理事業による整理で、インフォーマルな権利（占有権・営業権）が金銭で補償された経路A1である。類型Aのうち、この経路A1をたどるものは、フェーズ二において交通疎開空地など都有地や都の管理地に建設されたマーケットである。A1の経路はさらに、恒久的な土地を協同組合で得て移転した経路A1-1、恒久的な土地を個人で得て移転した経路A1-2、暫定的な移転地に期限付きのマーケットを建設して移転した経路A1-3、土地の斡旋を受けず個人で移転・転廃業した経路A1-4に分かれている。

ふたつ目の経路はマーケット営業者が地主から土地を買い取るか、あるいは借地契約を結んでフォーマルな地権者へと変化する経路A2である。この経路をたどるマーケットは、私有地の焼け跡を不法占拠して建設されたマーケットであり、地主の反発が強かったところでは、立ち退きを進められるか、係争によって営業者が公式な借地人となり（旧新宿マーケット）、地主の反発が弱かったところではマーケットの営業者が土地を買収し店舗ごとに土地を分筆したことで現存している（思い出横丁）。

最後の三つ目の経路は上記ふたつの経路のような変化がなく、不法占拠のまま一九五〇年代半ばを迎えているマーケットがたどった経路A3である。経路A3のマーケットは一九六〇年前後に戦災復興土地区画整理事業あるいは駅前再開発によって整理されていく。このときの戦災復興土地区画整理事業による整理では、経路A1-3で暫定的に移転していたマーケットも合わせて整理が行われている。経路A1と同様にインフォーマルな権利が金銭で補償され、処分されているが、すでにこの当時はターミナル周辺が市街地化し地価も高騰しており、代替地・移転地の斡旋が難しい状況にあったため、マーケット営業者の大半が散り散りに移転していった。このような経路をたどり、類型Aはフォーマルな権利関係へと組み込まれていった。

図3——ターミナルの形成過程

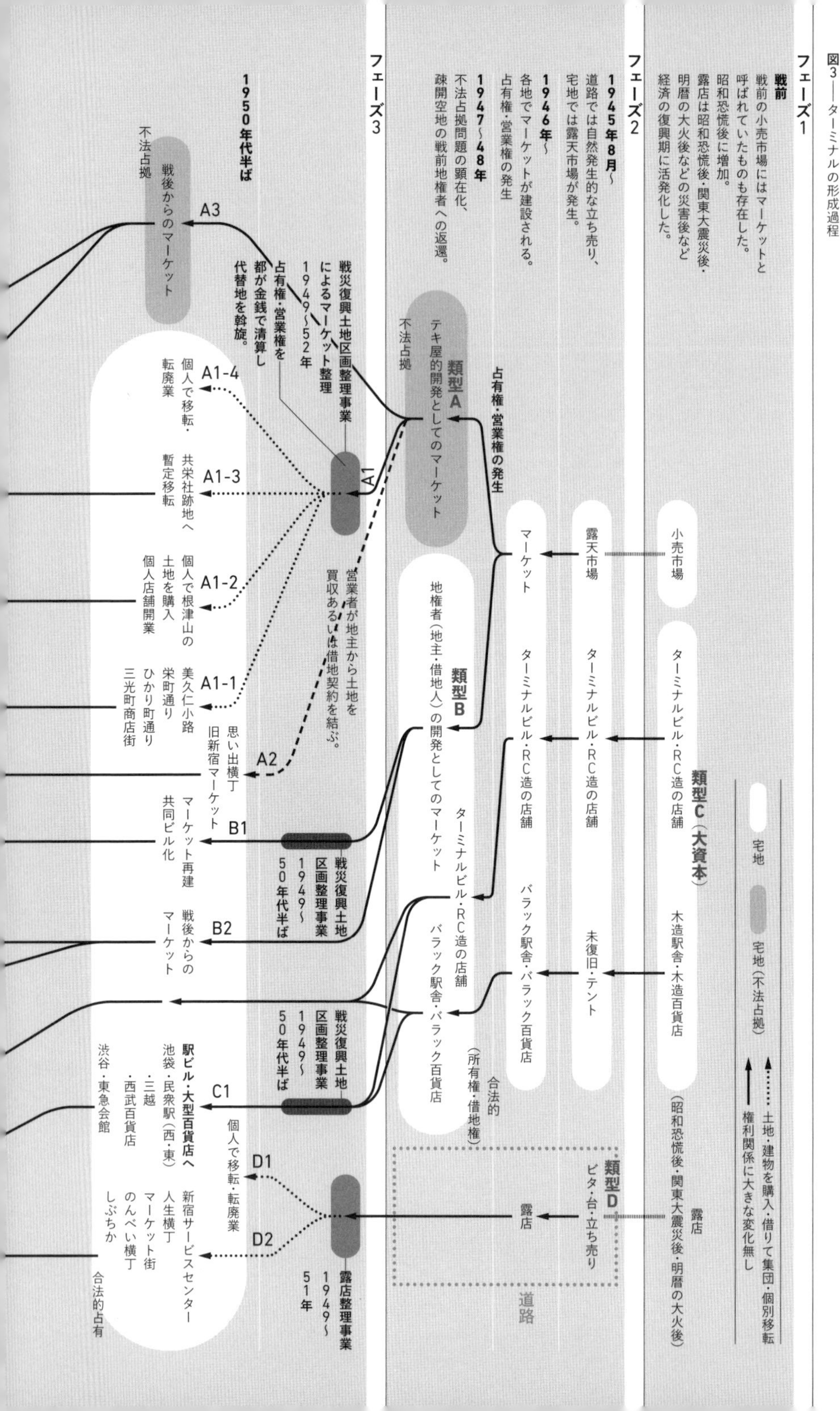

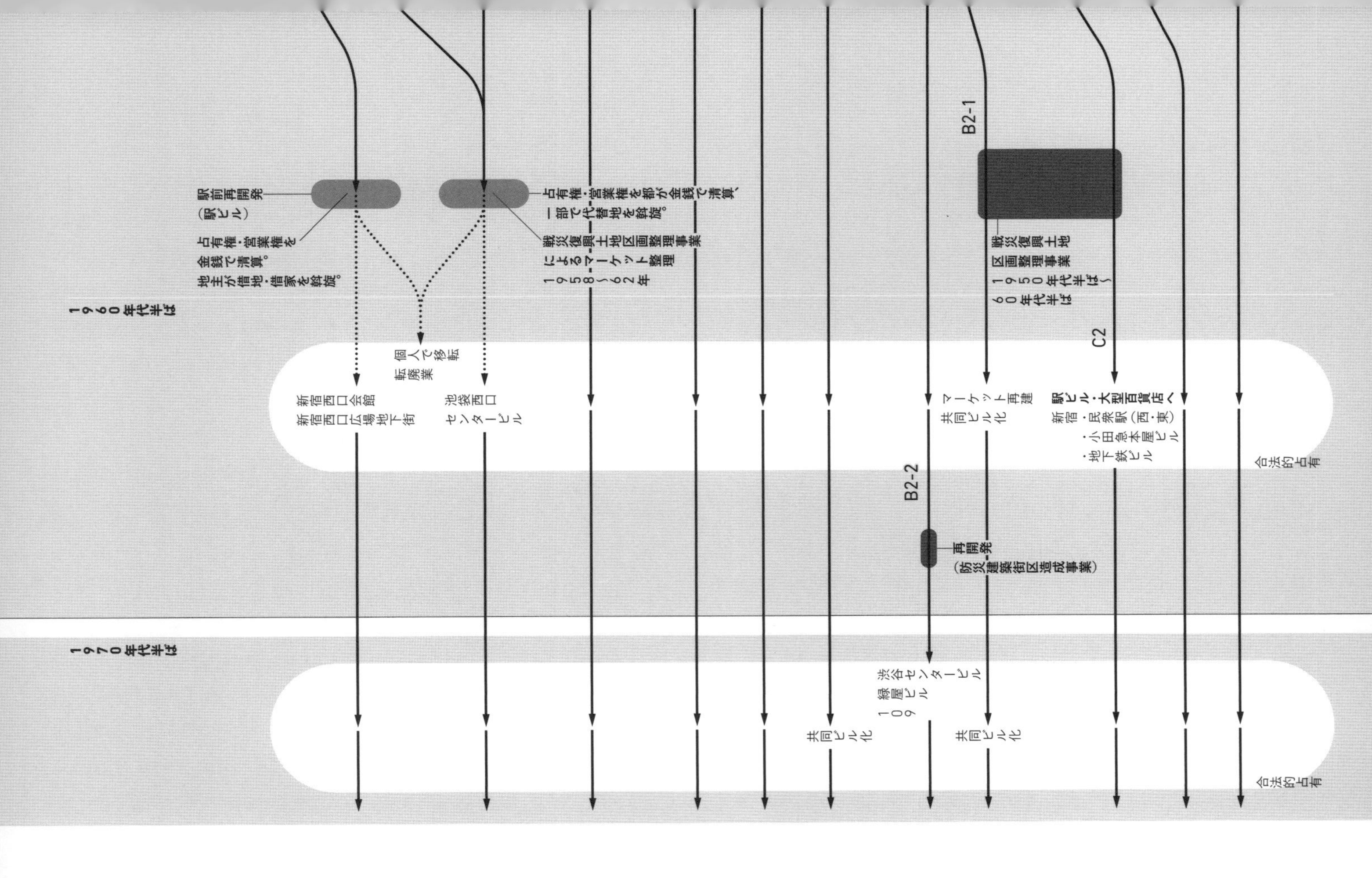

1960年代半ば
1970年代半ば
駅前再開発
（駅ビル）
占有権・営業権を
金銭で清算。
地主が借地・借家を斡旋。
占有権・営業権を都が金銭で清算、
一部で代替地を斡旋。
戦災復興土地区画整理事業
によるマーケット整理
1958〜62年
個人で移転
転廃業
新宿西口会館
新宿西口広場地下街
池袋西口
センタービル
B2-1
戦災復興土地
区画整理事業
1950年代半ば〜
60年代半ば
C2
マーケット再建
共同ビル化
駅ビル・大型百貨店へ
新宿・民衆駅（西・東）
・小田急本屋ビル
・地下鉄ビル
合法的占有
B2-2
再開発
（防災建築街区造成事業）
渋谷センタービル
緑屋ビル
109
共同ビル化
共同ビル化
合法的占有

類型B　地権者の開発としてのマーケット

類型Bは一九五〇年代半ばまでに区画整理が行われた経路B1と、区画整理が行われなかった経路B2に分岐し、さらに経路B2は一九五〇年代半ばから一九六〇年代半ばまでに区画整理が行われた経路B2-1と、区画整理工区から外され、一九六〇年代後半以降に再開発事業（防災建築街区造成事業）によって整理された経路B2-2に分かれた。

類型Bはフォーマルな権利関係のもと建設されたマーケットであるため、区画整理後においても換地にマーケットや共同ビルが建設され、営業者が移転し権利が持続した。換地に再建されたマーケットは、一九七〇年代に共同ビル化している。

類型C　大資本の開発

類型Cの建物には戦前から耐火建築となっていたターミナルビルや百貨店などの店舗と、木造のままであった駅舎や百貨店が含まれる。前者は戦災に耐え焼け残り、フェーズ二・フェーズ三の初期を通して利用されている。一方の木造の駅舎・百貨店は戦災で焼失し、フェーズ二では徐々にバラックによって復旧していった。こうした類型Cは一九四九年から一九五〇年代半ばの戦災復興土地区画整理事業による経路C1と、一九五〇年代半ばから一九六〇年代半ばの戦災復興土地区画整理事業による経路C2に分かれていく。経路C1をたどるのは、戦後にマーケットによって駅前の公有地を不法占拠されていなかった渋谷駅近傍と、駅周辺の区画整理が早期に進んだ池袋駅近傍である。

一方、一九六〇年ごろに整理が行われるまでマーケットが駅前を占拠していた新宿では経路C2をたどることとなった。類型Aと類型Cは表裏一体の関係であったことが明らかである。

類型D　露店の変容過程

類型Dは戦後おもに公道上に発生した露店の変容過程である。終戦直後は立ち売りや、地面に敷いたムシロや台の上に商品を並べて店を開いていたが、徐々に天幕が付き、今日我々が縁日で見るような露店の形態を整えていく。もちろんそうした形態は戦前からであり、戦後は物資が揃うようになってから形を整えていった。こうした露店は一九四九年から一九五一年にかけての東京都の露店整理事業によって公道上から整理されていく。整理過程では融資を受け個人で転廃業する経路D1と、集団で協同組合を結成し、移転地の斡旋と共同建築の建設費と土地購入費の融資を受け集団移転する経路

D2に分岐した。いずれの経路も道路占有権という曖昧な権利しかもたなかった露天商を、土地建物を所有するフォーマルな権利関係へと組み込んでいくものであった。

このように本書では、山手線の巨大ターミナル近傍の形成過程を明らかにした。とくに戦災復興過程は、終戦直後のマーケットによる不法占拠によって発生した占有権と営業権の補償を都市計画に組み込んでいったことが、特質として浮かび上がった。

図3に整理した東京のインナーリングの巨大ターミナル近傍の形成過程は、時間を経るにつれて経路が増えていくが、戦後復興期に複雑化した空間に対する権利関係を単純化していく過程であった。

4 闇市と戦災復興土地区画整理事業

最後に日本都市史において闇市・マーケットが与えた正負の影響、そして都市計画史における戦災復興土地区画整理事業の意義を議論しよう。

日本都市史における闇市・マーケット

闇市・マーケットはフェーズ二の経済復興期において商品交換の主要な場となった重要な存在であり、また自然発生的に生まれた闇市がマーケットへと姿を変え、フェーズ二における市街地の再生を担った。露店やマーケットは、鉄道ネットワークの拠点であるターミナル近傍に簇生（そうせい）したが、こうした建物類型は歴史的に見ても災害後などの経済復興期に都市空間に現れてきた。

初田香成は『都市の戦後――雑踏のなかの都市計画と建築』（東京大学出版会、二〇一一年、八三‐一三一頁）で、戦後の東京に現れたマーケットの一部が戦前の小売市場と連続性があることを指摘している。小売市場は地主が小資本で開発できるリスクの少ない商業建築として、とくに昭和恐慌後に爆発的に出現したとされ、露店も明暦の大火後、関東大震災後、昭和恐慌後などの経済復興期にその動きを活発化させていたことが指摘されている。戦後の露店やマーケットも、こうした日本の都市の持つ再生のシステムとして、経済復興期の普通の資本が動かない際に現れる建物類型として位置づけられるだろう。

これまで見てきたように、巨大なマーケットに建設用地を提供したのは戦前からの公有地あるいは戦中に生まれた交通疎開空地であり、一時的な使用期間を超えてマーケットが土地を占拠し続けたことで常態化していた。しかし、こうした公有地の不法占拠が仮に起きなかったとしても、戦前から東京の都市構造を支える鉄道ネットワークの拠点となっていたインナーリングの西側のターミナル近傍には、マーケットが建設される強い需要があったと考えられる。また、公有地の不法占拠が発生せず、私有地において地割ごとにマーケットが建設された渋谷の戦災復興過程はそれを実証的に示しているだろう。

このように闇市・マーケット・露店はフェーズ二における都市組織の再生に重要な役割を果たしたが、何度も確認してきたようにフェーズ三においてはこれが都市計画を攪乱する要因となっていた。すなわち、闇市・マーケット・露店はフェーズ一ですでに計画され交通疎開空地として一部概成していた基盤整備事業を逆行させ、さらには恒常的な都市空間の形成過程（フェーズ三）においては都市計画の遂行を妨げる強い攪乱要因となっていたのである。近年の闇市研究（たとえば橋本健二・初田香成編『盛り場はヤミ市から生まれた・増補版』青弓社、二〇一六年など）が闇市と盛り場の連続性を強調し、その正の部分のみを評価するなかで、本書では闇市・マーケット・露店が都市にとっての攪乱要因でもあったことを改めて指摘したい。盛り場との連続性の議論は、闇市・マーケット・露店が都市形成に与えた影響（攪乱）を示し、その権利の整理・処分の過程を明らかにしたうえで、それでも持続した性質として議論すべきである。そして闇市・マーケット・露店の整理・処分という問題は、都市計画史における制度技術の問題として戦災復興土地区画整理事業が担った特質としてきわめて重要である。

戦災復興土地区画整理事業の歴史的意義

闇市が都市計画にとっての攪乱要因となったのは、インフォーマルな権利関係のもとに成り立っていたからであり、そのため戦災復興土地区画整理事業はそれを整理・処分する制度技術としての性格を持つことになった。

不動産に関わる権利は、それを動かすときに問われることになる。本来の区画整理事業は土地所有権と借地権を保存し、土地の交換分合によって都市基盤の改善を行う技術であり、インフォーマルな権利（占有権・営業権）の処分・補償といったものは技術的に担っていなかったはずである。歴史的に見れば、明治期の日本や同時期の欧米諸国が再開発の手法としていたスラム・クリアランスとは異なり、戦災復興土地区画整理事業はインフォーマルな権利を処分したうえで、一部をフォーマルな権利関係のもとへ組み込んでいく制度技術として鍛えられたといえるであろう。

また本書では、こうした闇市の整理の裏側で、大資本が土地の取得と戦災復興土地区画整理による集約を行っていたことも見てきた。こうした大資本の勢力伸長を推進するような換地設計が、計画段階でどれほど意図的に行われていたかは、今後さらなる実証的な検証を必要とするが、戦災復興土地区画整理事業を遂行する公権力側にこうした意図があった可能性を示している。

本書はフォーマルな性質と、インフォーマルな性質が、綯い交ぜになりながら進んだ都市形成をみるものであった。これが戦後の日本の都市である。

復原図作成に使用した資料と作成手順

本書は復原図を作成し議論を進めるという、都市史研究としてはオーソドックスな方法をとっている。本書の特徴は、復原図を数年単位で繰り返し作成することによって、新宿・池袋・渋谷のダイナミックな形成過程を都市組織レベルで捉えたことにある。ここでは、復原図を作成するにあたり用いた資料と、作成の手順を概説したい。

本書で作成した復原図には、①建物の状況を示した図、②地割と地番、土地所有を示した図、③戦災復興土地区画整理事業による土地の換地を示した図の三種類がある。こうした復原図作成に当たっては、建物や街区形状に関する地図資料と、土地の境界を示す地図資料、土地の所有に関わる登記資料、戦災復興土地区画整理事業に関する地図資料と換地情報を組み合わせて使用している。

建物の状況を示す復原図

建物や街区形状に関する地図情報として、新宿と渋谷についてでは東京特別都市計画事業復興土地区画整理の「現形予定図」に描かれた対象地区を基準に、一九三〇年代から一九五〇年代については都市整図社作成の「火災保険特殊地図」を、一九六〇年代から一九七〇年代前半については住宅地図を参照して各年代の状況を復原した。

東京特別都市計画事業復興土地区画整理の「現形予定図」は、戦災復興土地区画整理事業前の建物の状況と、計画図を重ねた図面である。一九四八年前後の建物の配置が正確に描かれているため、本書で復原図を作成する際の基準とした。東京特別都市計画事業復興土地区画整理の「現形予定図」は、中島伸「戦災復興土地区画整理事業による街区設計と空間形成の実態に関する研究――東京都戦災復興土地区画整理事業地区を事例として」（東京大学博士論文、二〇一三年）の巻末資料に納められている。

火災保険特殊地図は、株式会社都市整図社が火災保険会社の要請によって描いた地図である。火災保険をかける際に建物の評価額を算定するために描かれた地図で、建物の形状とともに防火性能（構造・屋根材など）が記録されている。一九三〇年代から一九六〇年ごろまで複数回描かれており、とくに戦後復興期は建物の更新が激しかったため、多いところでは数年単位で描かれている。都市組織の動態を捉えようとする本書にはきわめて有用な地図資料である。ただし、建物や道がデフォルメして描かれている場合があるため、地図としての正確性はそれほど高くないことに留意する必要があった。そのため、復原図作成の上では東京特別都市計画事業復興土地区画整理の「現形予定図」を基準とした。

また、こうした新宿と渋谷に比べ、池袋は戦後の火災保険特殊地図が段階的には描かれていなかったため、新宿と渋谷と同様の精度では復原図を作成できなかった。そのため、火災保険特殊地図をそのまま利用し分析している。

地割と土地所有関係を示す復原図

土地の境界に関する地図資料としては、旧土地台帳付属地図が各法務局出張所に所蔵されている。しかし、旧土地台帳付属地図は精度が低く、比較分析のための図面資料としては不十分であったため、戦災復興土地区画整理事業の換地確定図の区画整理以前の図（東京都都市整備局所蔵）を基準に、地図史料編纂会『地籍台帳・地籍地図［東京］』（柏書房、一九八九年）や『東京地籍図 復刻版』（不二出版、二〇一〇－一二年）および旧土地台帳（法務局出張所所蔵）の記載事項などを参照して各時期の土地境界を復原した。換地確定図は、戦災復興土地区画整理事業の各地区の換地処分時点での区画整理以前と以後の地割と地番を示した図面である。そのため、換地確定図の地割は戦災復興土地区画整理事業の始まった一九四〇年代末のものではなく、後年のものであることに留意する必要がある。図面資料としての精度が高いため、換地確定図を基準としながら土地所有関係の変遷を遡り、土地境界線を消していくことで対象とする時期の地割を復原した。

土地所有の変遷については旧土地台帳から情報を得ているが、補足的に一般財団法人民事法務協会が提供する登記情報提供サービス（http://www1.touki.or.jp/）から、旧土地台帳廃止以降（一九六〇年以降）の土地所有関係についての情報を得ている。

戦災復興土地区画整理事業換地確定図と換地による土地の動き

戦災復興土地区画整理事業に関する情報ついては、東京都市整備局所蔵の換地確定図・換地明細書から分析を行った。換地確定図には土地ごとに地番がふってあるが、区画整理以前と以後では地番は一致しない。換地確定図からだけでは、どの土地がどの土地へ換地されたのか判断できないのである。

換地についての情報が記されたのが換地明細書である。換地明細書には、土地一筆につき区画整理以前の町丁名・地番・地目・地積と、区画整理以後の街区番号・町丁名・地番・地目・地積と、土地の関わる抵当権など所有権以外の権利の情報、所有者名、所有者の住所が記載されている。本書に関わる調査では、個人情報保護の関係から所有者名、所有者の住所、抵当権など所有権以外の権利については情報を得られなかったが、それ以外の事項については換地明細書から情報を得ている。本書では換地確定図をもとに換地処分時点での区画整理以前と以後の地割を復原し、さらに換地明細書の情報から換地を復原した。

東京の今と本書の内容はどのように関係するのだろうか。最後に現在の東京の変化を簡単に見ることで、少し考えてみたい。

二〇二〇年の東京オリンピック開催が決定して以降、急激に東京の再開発が加速し、東京は劇的に変化しつつある。こうした再開発が急激に進むエリアは、二〇〇二年に施行された都市再生特別措置法にもとづく特定都市再生緊急整備地域に指定されている。特定都市再生緊急整備地域の特徴は、土地利用規制の緩和に加え、本来であれば行政が行う都市計画を、事業者が自ら計画し、行政に対して提案できる点にある。つまり、一般的な都市計画と比べ、事業者の意図が大きく反映されるのである。東京では広範囲を一帯的に指定した東京都心・臨海地域、新宿駅周辺地域、渋谷駅周辺地域、池袋駅周辺地域、品川駅・田町駅周辺地域の五区域が指定されている。こうした地域を中心に、都や国は五輪開催を経済の活性化に役立て、交通インフラの整備と規制緩和によって海外からの投資を呼び込み、東京を改造していくことで、グローバルな都市間競争において確固たる位置を確立する戦略をたてている。

本書で見てきたとおり、新宿・池袋・渋谷は、終戦直後からの闇市の成立と、一九五〇年代から六〇年代にかけての再開発を契機として、現在の副都心と呼ばれる機能を備えるようになった地域である。現在、これら三ヵ所の駅周辺で計画・事業化されている再開発事業の多くは、戦後復興期から前回の東京オリンピックまでに再開発されたものの再々開発であると考えてよい。本書で形成過程を見てきた戦後の都市空間、例えば闇市の名残を残す飲み屋街や共同ビル、坂倉準三が設計した駅や駅前広場、民衆駅などは今後、消えていくだろう。

こうした再開発は、魅力的な都市空間を壊し均質なビル群へと街を変えてしまうものだ、という批判がある。ではそうした空間を保存すべきなのか。私は、新宿・池袋・渋谷などの巨大ターミナル近傍にかぎっては、もはや再開発を繰り返す場所として割り切るべきだと考える。本書で見てきた都市形成は、ダイナミックに変化する巨大ターミナル近傍の基盤を見ることであった。もちろん、再開発が行われる際、その都市空間の設計は問われねばならないが。

東京は広い。東京を均質に見るのではなく、エリアごとの歴史的蓄積に即した変化の型を考える必要がある。戦後の都市空間を残す場所、資本を投下し開発を繰り返す場所、選択が必要である。東京が多様性を失わないために。

本書は、筆者が博士論文として二〇一四年六月三〇日に明治大学へ提出した「闇市の形成と土地所有からみる戦後東京の副都心ターミナル近傍の形成過程に関する研究」(二〇一四年九月学位取得)をもとに、大幅に構成し直したものである。本書を出版することができたのは、筆者が多くの素晴らしい先生方、先輩方、友人に恵まれたからである。以下、謝辞を述べさせていただきたい。

学部から大学院に進学し青井哲人先生のもとで学んだことが、すべての始まりであった。青井先生には、建築をとおして世界を見る方法、考える楽しさ、そしてそれを文章としてアウトプットするときの姿勢を身近に見せていただき、教えていただいた。また、青井研究室では、素晴らしい同期、後輩に恵まれた。フィールドワークで物と向き合う楽しさ、文献から学び考えること、チームで調査し議論すること。あまりにも基本的なことだが、ふらふらと生きてきた筆者にとって青井研究室で学んだことは大きい。

博士学位請求にあたっては山本俊哉先生、田村誠邦先生に副査をお引き受けいただき、ご指導をいただいた。都市に実践的に関わる両先生からは、歴史研究でありながら現在の都市との関係を考える意義を学ばせていただいた。

ヤミ市研究会の橋本健二先生、初田香成先生、井上健一郎さん、中島和也さん、村上しほりさん、逆井聡人さんには同じ闇市を研究する立場から多くのご助言をいただいた。日本建築学会前現代委員会の中島直人先生、市川尭之さん、北垣亮馬先生、倉方俊輔先生、小山雄資先生、高岡伸一先生、田中傑先生、中島伸先生、中野茂夫先生、西成典久先生、藤岡泰寛先生からは戦後建築史・都市史の最前線の研究を学ばせていただいた。日埜直彦さん、川上真由子さん、山岸剛さん、戸田穣さん、橋本純さん、佐藤美弥さん、かつしかけいたさんには、まち歩きをしながら都市・建築に関わる多くのことを教えていただき、議論をしていただいた。加藤政洋先生、松原康介先生には研究会で重要なご助言をいただいた。市川紘司さん、吉本憲生さん、髙橋元貴さん、宮脇哲司さん、本橋仁さん、高道昌志さん、福村任生さんら同世代の研究者にも恵まれ切磋琢磨した。そしてここでは名前を挙げることのできなかったたくさんの先生と友にも心から感謝の辞を捧げたい。本当にありがとうございました。

本書の刊行にあたっては、鹿島出版会の川尻大介さんと中野デザイン事務所の中野豪雄さん、川瀬亜美さんにたいへんお世話になった。中野さんと川瀬さんには本書の膨大な情報を非常に読み取りやすく、そして美しいグラフィックに仕上げていただいた。川尻さんには、博士課程在学中から叱咤激励をいただき、書籍化にあたっても多くのアイデアをいただき、議論していただいた。お三方には深謝申し上げる。

最後にいつもそばで支えてくれている妻・奈緒子と、岐阜の両親に心より感謝したい。いつもありがとう。

二〇一六年八月　石榑督和

ら

ラッキーストリート　153, 154

陸上交通事業調整法　052, 053

立教大学社会福祉研究室　255, 256, 274

龍宮マーケット　072, 103, 105, 106, 109, 110, 177, 178, 184, 383

六十三軒部　116–118, 120, 122–125, 132–135

露店　023–026, 035, 037, 039, 096, 098–102, 116, 120, 121, 130, 133, 153, 154, 156, 170–177, 181, 183, 186, 187, 219, 227, 228, 237, 238, 240, 270, 271, 273, 309, 321, 323–325, 334–336, 368–372, 386, 388, 390, 392, 393

露店街　101, 102, 113

露店市場　115, 182, 328

露天商　023, 025, 026, 037, 038, 118, 121, 127, 130, 156, 181, 184, 229, 238, 245, 306, 323, 324, 334–336, 338, 340, 370, 385, 391

露店整理事業　101, 170–175, 177, 181, 187, 193, 214, 228–230, 235, 237, 245, 269–271, 306, 309–311, 324, 334–336, 370, 388, 390, 392

露店部　116, 118, 120, 123, 125, 127, 129, 131–133, 135, 177

路面電車　048–050, 053

わ

和田組　078, 100, 102, 112–118, 120–123, 125, 127, 131, 132, 135, 172, 177, 182–184, 378

和田組マーケット　076–083, 103, 112–136, 155, 177, 178, 182, 184, 378, 381

八十八軒部　118, 123, 127–133, 135
八十四軒部　116, 118, 135, 136
花園商業組合　127, 129, 130
ハモニカ横丁　103
払い下げ　098, 102–104, 129, 152, 154, 162, 165, 166, 173, 175, 181, 187, 224, 228, 237, 261, 267, 269, 270, 309–312, 365, 370, 379, 381, 382,
日掛貯金東京殖産　129
東口マーケット　196, 197, 221, 223, 226, 227, 235, 239, 240, 270, 271, 273, 378, 383
ひかり町通り　193, 233, 235, 236, 270, 380, 381, 388
曳家　075, 107, 108, 110, 323, 329, 331, 332, 346
平日商人　026, 037, 171, 228, 335
フクヤデパート　356–362, 364, 367, 369, 379, 383
復興商店街（復興マーケット）　218, 220, 231, 237, 249, 250, 252, 254–256, 262, 264–266, 269, 270, 272, 274, 378, 381, 382
不法占拠　017, 023, 024, 028, 034, 035, 062, 096, 100, 103, 106–110, 113, 116, 133, 136, 153, 155, 156, 160, 164, 166, 174, 177, 178, 181, 260, 263, 268, 269, 271, 275, 308, 313, 314, 320, 326, 328, 340, 349, 357, 361, 362, 367, 368, 377–381, 387, 388, 390, 391, 393
平和マーケット　196, 197, 219, 221, 223, 225, 239, 240, 269, 270, 378, 383
辨天通食店街　296, 297, 299, 301, 343, 344, 348, 351, 369
防災建築街区造成事業　363–367, 369, 382–384, 389, 390

ま

松本マーケット　308, 309, 379
丸國マーケット　026, 355, 356, 358, 360–362, 364, 365, 369, 370, 379, 383
丸大デパート　291, 296, 329–331, 338, 369, 372, 379, 383
丸ノ内線　107, 157, 160–162, 164, 165, 240, 241, 243, 244
美久仁小路　194, 195, 233, 234, 236, 245, 270, 380, 381, 388
三越　020, 084–086, 097, 099, 102, 105, 115, 137–139, 141, 172, 177, 179, 215–217, 232, 243, 244, 246, 262, 271–273, 385, 388
緑屋　364, 367, 369, 382, 383, 389
宮益坂　057, 058, 305, 317–319, 333, 345, 379
ミューズマーケット　196, 197, 219, 221, 223, 226, 227, 239, 240, 270, 271, 378, 383
味楽街　291, 329–331, 338, 369, 372, 379, 383
民衆駅方式　140, 185, 257, 271, 334, 351
民衆駅会社　134, 240, 241, 243, 244, 256–258
武蔵野鉄道　048, 049, 060, 064, 215, 219, 229
武蔵野デパート　064, 214, 219, 222–224, 228, 229, 262, 272, 378
メトロプロムナード　107
メリケン横丁　358–362, 369, 379, 383
森田組　219, 228, 231, 249, 251, 273, 378, 379
森田組西口マーケット　249–251, 254–257, 262, 264, 266, 269–271, 379, 381
森田組東口マーケット　191, 219–223, 227–235, 237, 239, 244, 245, 251, 268–270, 272, 378, 381

や

安田組　152–158, 160, 161, 172, 173, 177, 378
安田組マーケット　152–160, 164, 168–170, 173, 177–179, 378, 381, 382
屋台　107, 115, 130, 183, 184, 232, 260, 263, 278, 309, 310, 324
山手線　005, 016–018, 021, 027, 036, 046–052, 057, 058, 060, 099, 215, 224, 306, 318, 319, 321, 322, 324, 330, 333, 334, 337, 386, 391
ヨシズ張り　099, 115
淀橋警察署　098, 099, 104, 153
淀橋浄水場　056, 150, 159, 185
夜店　024, 171, 187, 323, 355, 379

角筈第一土地区画整理組合　152
帝都高速度交通営団（営団）　053, 152, 154, 157, 160–162, 164–167, 169, 177, 178, 334, 336, 378
テキ屋　024–026, 034, 035, 037, 093, 096–100, 109, 114, 116–118, 123, 153, 156, 171, 173, 176, 180, 219, 222, 225, 228, 335, 388
テキ屋組織　023, 026, 093, 098, 118, 120, 135, 321, 377
テキ屋的開発　377–381, 386–388
鉄道会館　140–142, 148, 185, 243
鉄道国有法　048
寺尾マーケット　356–358, 360–362, 364, 369, 379, 383
東急（東京急行電鉄）　020, 047, 052, 053, 163, 237, 241, 281–288, 299, 301, 312–320, 332–334, 336–340, 346, 349, 351, 365, 368–374, 379, 382, 385
東急会館　102, 293, 294, 296, 297, 318, 319, 323, 331–334, 337, 345–347, 350, 351, 361, 374, 379, 388
東急不動産　299–301, 332, 348, 349, 373
東急文化会館　102, 281–288, 312–320, 332, 334, 337, 370, 383, 385
東京オリンピック　166, 398
東京専売局淀橋工場　150
東京建物　089, 113, 116, 117, 119, 123–125, 131, 132, 136, 165, 182, 186
東京都復興助成会　252, 253
東京マーケット　249, 250, 263, 264, 270, 271, 379, 383
東京丸物　140, 142, 230, 244, 246, 262
東京横浜電鉄　020, 050, 051, 322, 371
東京露店商同業組合　025, 026, 037, 173, 219, 328, 355, 379
道玄坂　227, 291–293, 300–305, 309, 312, 318, 319, 321–325, 333–345, 353–368, 372–374, 379
道玄坂キネマ　325–327, 354–356
道玄坂センタービル　363, 364, 369
道玄坂百貨街　355–362. 364, 366–370, 379, 381–383
東武会館　262–267, 275
東武鉄道　020, 048, 052, 060, 207, 208, 213, 216, 229, 249, 257, 258, 260, 263, 266, 275, 276
東武百貨店　263, 266, 267
東横百貨店　020, 037, 058, 241, 244, 258, 260, 262, 271, 278, 280–283, 289, 293, 294, 306, 310, 313–316, 318, 319, 322, 332–334, 337, 361, 379
都市組織　018, 024, 027–031, 034, 036, 038, 093, 101, 104–106, 109, 110, 117–120, 132, 134, 136–138, 157, 158, 170, 176, 214, 329, 337, 338, 342–345, 347, 351, 376, 377, 384, 393, 395, 396
豊島師範学校　060, 204, 213, 247–249, 252–254, 260–262, 266–270, 378
土地区画整理委員　127, 156, 229
ととや　083, 100, 135

な

中村屋　071, 072, 075, 095, 096, 099–103, 105–107, 110, 113, 137, 139, 174, 177, 179, 180, 182, 384, 385
日本停車場　141, 144, 257, 258, 260, 274
日本鉄道　047–049, 113, 305
庭場　099, 117, 171, 173, 180
根津育英会　216, 229, 238, 269
ネットワーク　016, 045, 392, 393
根津山　190–203, 213–246, 269–271, 378, 380, 388
野原組　096, 101–105, 108–110, 172, 173, 177, 178, 181, 378
野原組マーケット　103, 107–110, 177, 178, 260, 378, 381, 382
野原商事　104, 105
野村工事　101, 103, 105, 110, 132, 135, 173, 178, 180, 181
のんべい横丁（のんべい横町）　279, 280, 306, 309–311, 324, 334, 336, 369–371, 388

は

馬車鉄道　048
ハチ公　289–294, 313, 317, 321–340, 342, 351

仁栄マーケット　249, 250, 252–254, 256, 267, 269, 270, 378, 381
新興市場地図　088, 089, 164, 234, 238, 259, 261, 308, 313, 316, 329, 330, 343, 344, 354, 359, 360, 362, 372, 373
人口集中地区　042–044, 048
新宿西口会館　089, 164–166, 168, 169, 179, 186, 187, 381, 382, 389
新宿西口街商組合　155
新宿駅西口　033, 038, 087–092, 149–169, 336
新宿駅西口本屋ビル　162–168, 186
新宿駅東口　038, 061, 065, 066, 071–075, 095–111, 112, 114, 134, 135, 140, 141, 144, 145, 147, 149, 157, 162, 222, 245, 260, 272, 331
新宿駅付近広場及街路計画　150, 151
新宿驛前廣場計畫概要　055, 056
新宿街商かおる親睦会　121
新宿区事業協同組合　125, 127–129, 131–133, 177, 184
新宿小路商業会　124, 125, 183, 184
新宿交通文化センター　145, 146
新宿購買利用組合　119, 183
新宿サービスセンター　173–175, 177, 228, 388
新宿ステーションビル　107, 134, 148, 168
新宿ステーションビルディング　083, 140, 144–148, 185
新宿角筈六十三軒区画整理対策委員会　120, 122, 123, 135, 183
新宿西口事業協同組合　161, 162, 164, 186
新宿繁栄協同組合　163
新宿東口協同組合　126, 133, 134
新宿東口民衆駅　140–148, 185
新宿副都心計画　158–160
新宿副都心建設公社　159, 166, 186
新宿マーケット　099, 100–103, 105, 109, 115, 120, 153, 174, 175, 177, 178, 272, 378, 381, 382, 387, 388
新宿武蔵野館　076–078, 083, 097, 102, 113, 114, 117, 133, 179, 384
新宿武蔵野商業組合　120–125, 128, 131, 182, 183
人生横丁　232, 234, 236–238, 270, 388
末廣住宅組合　235–237, 270
西武軌道　049–051, 070
西武鉄道　050, 052, 053, 064, 142, 146, 213, 219, 222, 224, 228, 229, 237, 238, 240, 241, 246, 272
西武百貨店　229, 230, 240–242, 244, 246, 262, 270, 334, 388
先行形態論　032
戦災復興土地区画整理　017–020, 031, 034, 035, 037, 064, 066, 073, 074, 081, 084–086, 091, 094, 102–112, 117, 118, 120, 122, 123, 127, 130–133, 137–140, 156–159, 162, 167, 177, 179, 181, 193, 195, 197, 200, 204–212, 214, 219, 222, 227–240, 243, 245–269, 272–274, 278, 280, 286, 292, 302, 307, 308, 310, 313–315, 319, 320, 331, 337–341, 343–347, 350, 351, 353, 362, 367, 370, 373, 376, 380–390, 392–397
占有権　018, 024, 034, 035, 100, 106, 108, 123, 154, 156, 177, 178, 262, 269, 376, 380, 381, 383, 387–389, 391, 394
占有者　024, 034, 100, 160–164, 166, 178, 231, 265, 266, 316, 320, 377, 381
総武鉄道　047

た

ターミナル　005, 006, 016–018, 020, 021, 023, 024, 027, 028, 033–038, 045–047, 049–051, 053, 054, 056, 060, 093, 109, 138, 141, 151, 163, 167, 180, 185, 213, 215, 229, 237, 244, 273, 305, 317, 318, 321, 322, 332–334, 340, 342, 349–351, 372, 376–393, 399
第一マーケット処理班　316
大新宿計画　174, 175
大丸　021, 140, 142, 167, 243
高島屋　020, 021, 140–147, 185
高野　071, 072, 075, 095, 096, 099, 101–103, 108–110, 139, 179, 181, 384, 385
玉川電気鉄道(玉電)　049, 051–053, 057, 305, 322, 334, 379
玉電ビル　289, 290, 295, 296, 321–323, 332, 333, 341,342,345, 346, 372, 379

官設鉄道　047
換地確定図　072, 073, 079, 190–199, 204, 205, 207, 208, 221, 222, 226, 227, 252, 278, 279, 281, 284, 289, 291, 295, 298, 300, 353, 373, 396, 397
換地明細書　073, 082, 192–199, 204, 205, 207, 208, 263, 264, 279, 284, 288, 291, 298, 300, 397
関東大震災　005, 017, 018, 020, 024, 031, 037, 039, 046, 050, 054, 057, 113, 149, 256, 322, 388, 392
軌道条例　048
基盤整備　017, 018, 036, 045, 054–066, 110, 157, 243, 314, 386, 393
旧土地台帳　055, 056, 059, 060, 062, 064, 068, 071, 077, 078, 096–098, 105, 114, 116, 125, 128, 158, 163, 180, 182, 220, 225–227, 233, 235, 238, 245, 281, 289, 295, 308, 356, 363, 371, 373, 396, 397
共栄社　077, 117, 125, 129, 131, 135, 177, 184, 380, 388
共栄マーケット　290, 291, 329, 330, 369, 372, 379, 383
共同ビル　177, 310, 311, 320, 348–350, 352, 363–367, 369, 370, 381–383, 388–390, 398
「組」組織　025, 026, 120, 121, 155, 176, 228, 325, 326, 370, 377
京王電気軌道　049, 050
京王百貨店　020, 092
警視庁　025, 026, 104, 120, 150, 151, 153, 265, 275, 328, 372
堅牢建物　094, 108, 110, 133, 137–139, 179, 384
恋文横丁　353, 357–364, 367, 373, 374, 381, 382
甲州街道　047, 048, 056, 070, 093, 097, 102, 112, 114, 133, 152, 159, 378
交通疎開空地　033–036, 055, 056, 061–066, 068, 093, 097, 100, 113,114, 137, 152, 177, 178, 213, 214, 216, 219, 220, 222, 245, 248, 268–272, 289, 295, 305, 323, 324, 326, 331, 341, 342, 347, 368, 369, 376–379, 387, 393
甲武鉄道　047, 048, 113
ゴールデン街　127–131, 177, 181, 184, 380
国鉄　016, 017, 020, 021, 023, 036, 037, 043, 046, 047, 050, 053, 056, 057, 067, 109, 133, 141–143, 145–148, 153–156, 162, 163, 166, 185, 199–202, 207, 208, 215, 220, 222, 230, 240, 241, 243, 244, 246, 249, 255–258, 260, 271, 273, 307, 314, 322, 332–334, 351, 379, 380, 385
越乃湯　354, 355

さ

再開発　017, 163, 168, 238, 353, 362–367, 370, 374, 381, 383, 384, 386, 387, 389, 390, 394, 398, 399
栄町通り　194, 195, 233, 234, 236, 245, 270, 380, 381, 388
三角地帯　325, 353–367, 370, 382
三光商店街振興組合　127
市街化計画図　239
市電　017, 033, 049–052, 057, 170, 215, 278, 289, 305, 323
しぶちか　334, 335, 337–340, 369, 371–373, 388
渋谷駅西口　055, 061, 062, 272, 295–303, 335, 337, 339, 341–352
渋谷駅西口ビル　332, 351, 352
渋谷駅東口　020, 055, 059, 060, 312–314, 319, 320, 330
渋谷驛前廣場計畫概要　055–059, 062
渋谷川　278, 280–285, 307, 310, 313, 314, 317, 318
渋谷興業（有限会社）　344, 348, 373, 379
渋谷事件　321, 325–328, 368, 369
渋谷常設商業協同組合　309, 310, 335
渋谷小デパート　278, 279, 308–311, 369, 379, 383
渋谷第一雑貨食品街　296, 297, 299, 301, 342–348, 351, 369, 379, 383
渋谷第一マーケット　282, 313–316, 320, 369, 371, 372, 379, 382, 382
渋谷第二雑貨食品街　269, 299, 301, 343–345, 348, 357, 369, 373, 379, 383
渋谷中央マーケット　279, 307–311, 379, 383
渋谷東急ビル　297, 300, 347–352, 373
常設露店　171, 173, 335

あ

池袋駅西口　060, 065, 207, 230, 247–249, 254, 256, 257, 259–267, 276
池袋駅東口　063, 190–203, 214–246, 261, 263, 269, 272
池袋驛前廣場計畫概要　055, 056, 060
池袋商業協同組合　236–238, 270, 271
池袋商業協同組合マーケット街　236–238
池袋新天地　235–237, 270
池袋戦災復興会　252–254, 378
池袋西口商業協同組合　267, 274, 276
池袋西口センタービル　267, 269, 274, 276, 381, 382, 389
池袋西口民衆駅　064, 141, 144, 185, 241, 255–260, 262, 266, 271
池袋東口民衆駅　241, 243–245
伊勢丹　102, 141, 147, 172–175, 177, 180, 181, 193, 237, 245
109　353, 360, 366, 369, 382, 383, 389
稲荷橋小路　282, 285, 313–315, 317, 319, 320, 369, 379, 383
インナーリング　017, 027, 028, 030, 036, 038, 391, 393
インフォーマル　018, 034, 110, 111, 245, 305, 387, 393, 394
上原組　252, 265, 274, 378
上原組マーケット　249, 250, 255, 260, 261, 266, 269, 270, 274, 378, 381
永安公司　249–254, 256, 257, 269–271, 378, 379, 381
永安マーケット　249, 251
営業権　018, 024, 034, 035, 106, 108, 123, 262, 269, 314, 316, 376, 380, 381, 383, 387, 388, 389, 391, 394
営業者　024, 026, 034, 035, 104, 107, 108, 112, 115, 116, 118, 120–125, 127–130, 133–135, 153, 160–164, 168, 169, 177–179, 182, 186, 187, 218, 224, 228–235, 237, 240, 244, 245, 253, 255, 261, 262, 265, 267, 269–271, 309, 311, 314–316, 320, 336, 344, 348, 351, 362–364, 370, 376, 377, 380–383, 385, 387, 388, 390
駅前広場　016, 032, 034, 036, 041–068, 093, 103, 104, 107–110, 125–127, 133, 134, 140–142, 145–152, 157, 159, 166, 182, 186, 214–216, 231, 232, 236, 240, 242–244, 246, 248, 262, 272, 281, 312–314, 319, 325, 328–332, 336,339, 342, 344–348, 350–352, 370, 378, 379, 398
駅前マーケット　186, 290, 296, 297, 299, 301, 321, 326–329, 340, 342, 343, 346, 347, 351, 368–370, 377, 379, 381, 383
大林百貨店　290, 291, 329, 330, 339, 369, 372, 379, 383
大山街道　047, 057–059, 305–310, 312, 317, 319, 322, 324, 330, 379
大和田マーケット　296, 297, 299, 301, 343, 344, 346–348, 351, 369, 371, 379, 383
小田急エース　155, 160, 166, 177, 186, 187, 381, 382
小田急電鉄　052, 156, 159, 160, 165
小田急百貨店　020, 092, 159, 167, 168, 186
小田原急行鉄道　050, 056
尾津組　096, 098–101, 103, 109, 115, 121, 135, 153, 155, 165, 172, 175, 177, 180, 181, 184, 378
尾津組商事　100
尾津商事　104
思い出横丁　153, 157, 158, 163, 167, 169, 177, 178, 381, 382, 387, 388
親分　025, 026, 037, 115, 121, 153, 173, 181, 219, 228, 249, 252, 274, 334, 335

か

かおる会　118, 121, 182
火災保険特殊地図　075, 088, 089, 115, 125, 127, 128, 130, 134, 132, 164, 171, 172, 216, 217, 219, 226, 230, 232, 233, 235, 236, 238, 240, 247, 248, 263, 264, 307–309, 315, 341, 342, 344, 354, 358, 359, 361, 396

や

矢下治藏　144, 257, 274

安井 謙　161, 336, 337

安方四郎　099, 104, 153

安田朝信　096, 098, 153–157, 160, 165, 180, 186, 378

安田善一　100, 113, 135, 138, 180

安田与一　113

わ

和田栄一　078, 125, 131, 132, 134, 135

和田 薫　026, 096, 113–116, 118, 121–125, 127, 131, 182, 183, 378

和田友一　078, 116, 127, 131, 132, 156

渡辺文雄　152, 158, 163

あ

青井哲人　030, 039, 372
安藤楢六　156, 157, 167
安藤 昇　325
飯田慶三　142, 144–146
石川栄耀　150, 175, 336, 337
市島敬造　096, 101, 102, 113, 116, 117, 124
伊藤 滋　067, 185, 257, 260, 274
井野碩哉　143–145, 147, 185
上原幸助　252, 253, 274, 378
大沢武三郎　316, 371
大宮福之助　313–316, 320
尾津喜之助　026, 072, 073, 096, 098–105, 109, 110, 113, 120, 130, 132, 138, 155, 173–175, 177, 178, 180, 182, 187, 331, 378

か

影山光洋　097, 098, 102, 114
加藤音一　356
金子正巳　158, 163, 186, 187
賀屋興宣　161, 162
清田洋二　156
國松遷三　026, 355, 379
クリストファー･アレクザンダー　038, 039
越沢 明　038, 054, 056, 067, 150, 151, 185, 186
五島慶太　241, 318, 322, 332, 336, 337, 371, 372
今和次郎　050, 051, 067, 096, 170, 187, 322, 372

さ

坂倉準三　159, 167, 317, 318, 332, 339, 351, 372, 398
佐藤健造　355, 356, 361, 373, 379
佐藤ハル　355, 356, 364, 366, 367
陣内秀信　005, 029, 038

た

田中栄一　161
田中 傑　031, 039
堤 清二　147
堤康次郎　224, 241

な

中島 伸　019, 239, 373, 396
中谷礼仁　032, 033, 038, 039
並木貞人　335, 336, 338
根津嘉一郎　213, 216, 229
野原松次郎　096, 109, 181, 378
野村専太郎　101, 103, 105, 156, 180, 181, 187, 331

は

初田香成　026, 037–039, 150, 184, 187, 374, 392, 393
濱野 茂　143–147
林 唯義　161
原 定良　252–254, 378, 379
原 武史　046, 047, 050, 067
平山巳之吉　135, 181, 185
比留間重雄　026, 156, 171, 173, 187
星野 朗　218–220, 222, 223, 225–227, 240, 249–251, 254, 255, 272–274

ま

マイク･モラスキー　024, 037
牧野良三　147
松平 誠　039, 180, 182–184, 218, 220, 226, 231, 272, 273, 325, 353,370,372, 373
松本 裕　030, 038
丸山 茂　026, 121, 173
森田信一　026, 219, 228, 249, 378, 379

石榑督和　ISHIGURE Masakazu
建築史・都市史、東京理科大学工学部建築学科助教
一九八六年岐阜県生まれ。二〇一四年明治大学大学院
理工学研究科博士後期課程修了。博士（工学）。
著書に『盛り場はヤミ市から生まれた・増補版』（共著、青弓社、二〇一六年）、
『PUBLIC PRODUCE「公共的空間」をつくる7つの事例』
（共著、ユウブックス、二〇一八年）、
『津波のあいだ、生きられた村』（共著、鹿島出版会、二〇一九年）ほか。
二〇一五年に論文「闇市の形成と土地所有からみる
新宿東口駅前街区の戦後復興過程」で日本建築学会奨励賞受賞、
本書の元となる論文「闇市の形成と土地所有からみる戦後東京の
副都心ターミナル近傍の形成過程に関する研究」で
住総研第一回博士論文賞（二〇一六年）、山田一宇賞（二〇一八年）を受賞。
本書で二〇二〇年日本建築学会著作賞を受賞。
二〇一四－二〇一五年明治大学兼任講師、二〇一五－二〇一七年
明治大学助教、二〇一六年よりツバメアーキテクツ参画。
二〇一七年より現職、二〇二一年四月
関西学院大学建築学部建築学科准教授着任予定。

一五八頁写真18の著作権者をご存じの方は小社出版事業部までご連絡ください。

戦後東京と闇市
新宿・池袋・渋谷の形成過程と都市組織

二〇一六年九月二〇日　第一刷発行
二〇二〇年八月二〇日　第三刷

著者　石榑督和
発行者　坪内文生
発行所　鹿島出版会
〒一〇四 - 〇〇二八
東京都中央区八重洲二 - 五 - 一四
電話　〇三 - 六二〇二 - 五二〇〇
振替　〇〇一六〇 - 二 - 一八〇八八三

アートディレクション
中野豪雄（中野デザイン事務所）
デザイン　川瀬亜美（中野デザイン事務所）
編集協力　松井真平（millegraph）
印刷　壮光舎印刷
製本　牧製本

ISBN 978-4-306-07328-9 C3052

URL : http://www.kajima-publishing.co.jp
e-mail : info@kajima-publishing.co.jp